KB211999

전쟁이 만든 세계

500년간 지속된
서구의 군사혁명과
전쟁으로 가는 어두운 길

전쟁이
만 든

THE DARK PATH

세   계

| 윌리엄슨 머리Williamson Murray 지음 | 고현석 옮김 |

미래의창

목차

PART 4 세계 무대에서의 군사-사회 혁명

PART 5 제5차 군사-사회 혁명의 출현

군인이자 사상가이자 교육자인 리처드 하트 진라이히,
해병이자 학자이자 교육자인 프랭크 G. 호프먼에게
이 책을 바칩니다.

PART 1

제1차 군사-사회 혁명

[근대국가와 근대 군대의 출현]

THE DARK PATH

CHAPTER 1

서구세계와
어두운 전쟁의 길

역사적인 배경의 다양한 차이를 감안하더라도 전쟁은 인간의 다른 모든 활동에 비해 서로 더 많이 닮아있다. 클라우제비츠가 주장했듯이 모든 전쟁은 위험과 공포, 혼란이라는 특수한 속성을 가진다. 대체적으로 볼 때 전쟁에서는 대규모 집단이 자신의 의지를 다른 집단에 강요하면서, 다른 상황에서는 상상도 할 수 없는 사건들이 일어나기 때문이다.

마이클 하워드 *Michael Howard*, 《**전쟁의 원인** *The Causes of War and Other Essays*》

정체	독립적인 정치적 조직이나 단위를 의미하는 용어. 국가, 자치령, 독립운동 단체 등과 같이 독자적인 정치적 권한과 구조를 가진 조직체를 지칭한다. 국제 관계에서 하나의 독립된 행위자로 인정받는 정치적 실체를 의미한다.
앙시앵 레짐	프랑스혁명(1789) 이전의 프랑스 군주제 체제를 지칭. 절대왕정 하에서 귀족과 성직자 계급이 특권을 누리던 봉건적 사회 질서를 의미한다. 과도한 세금과 특권층의 면세 특권, 신분제도의 불평등이 혁명의 주요 원인이 되었다.
9년전쟁(1688~1697)	프랑스의 루이 14세와 유럽 연합국(신성로마제국, 영국, 네덜란드 등) 사이의 전쟁. 프랑스의 유럽 지배 야망을 저지하기 위한 전쟁이었으며, 오렌지공 윌리엄이 주도한 대동맹이 프랑스에 맞섰다. 레이스베이크 조약으로 종결되었다.
7년전쟁(1756~1763)	프로이센과 영국 연합이 오스트리아, 프랑스, 러시아 연합과 싸운 대규모 전쟁. 유럽, 북미, 인도 등 세계 각지에서 벌어져 '진정한 첫 세계대전'으로 불린다. 결과적으로 영국이 프랑스를 누르고 세계 최강국으로 부상했으며, 프로이센은 유럽 강국으로 발돋움했다.
카를 5세(1500~1558)	신성로마제국 황제이자 스페인 국왕으로, 합스부르크가의 황제로서 유럽 역사상 가장 광대한 제국을 통치했다. 종교개혁 시기의 주요 인물로, 가톨릭 교회를 수호하려 했으나 결국 아우크스부르크 화의로 타협했다. 말년에는 제국을 아들 펠리페 2세(스페인)와 동생 페르디난트(신성로마제국)에게 분할하여 양위했다.

현대 역사학자들의 생각과는 달리, 전쟁은 우리가 살고 있는 세상의 많은 부분을 만들어왔다. 고대 그리스 철학자 헤라클레이토스는 "전쟁은 모든 것의 아버지"라고 말했는데, 이는 그가 글을 쓸 당시의 도시국가, 폴리스*poleis* 세계를 매우 적절하게 묘사한 말이었다. 당시 전쟁은 도시국가의 흥망성쇠를 결정했다. 지중해 지역의 패권은 그리스에서 마케도니아로, 그 뒤를 이어 로마로 넘어갔지만, 유럽에서의 충돌은 끝나기는커녕 오히려 확산됐다. 이런 충돌은 아우구스투스가 지중해 지역을 하나의 정체political entity로 통합할 때까지 계속됐다. 로마제국의 안정과 생존은 로마 군단의 규율과 훈련에 의존했으며, 이 모델은 그 후 17세기 유럽 군대들의 전술 혁신에 중요한 역할을 했다.[1] 하지만 결국 로마의 패권도 기후, 질병, 지리적 요소가 함께 작용한 결과 야만족에게 넘어갔다. 당시 야만족이 가진 힘의 유일한 원천은 다름 아닌 칼과 창이었다.[2]

서기 5세기 서로마 제국의 붕괴로 암흑기가 시작됐다. 그때부터는 전쟁이 아니라 약탈과 강탈, 살육 그리고 땅을 차지하기 위한 강력한 부족들의 난투가 이어졌다. 그 뒤 11세기가 되자 서유럽에 남은 로마세계는 이런 분할과 재연합을 통해 어느 정도 질서가 잡히기는 했다. 하지만 그 질서는 충돌이 계속되고 있는 가운데 소규모 정체들 간에 성립된 파편적이고 폭력적인 것이었다. 여러 가지 측면에서 중세 집단들의 끊임없는 전쟁은 그리스 폴리스들의 전쟁과 비슷하다. 다만 이 집단들의 전쟁은 폴리스 간 전쟁보다 사람들에게 더 잔혹하고 파괴적이었다는 점에서 다를 뿐이다.[3]

1500년의 유럽인들은 언어, 지리적 요인 그리고 곧 종교에 의해 분열됐기 때문에 세계를 지배할 수 있는 위치에 있었다고 보기 어렵다.[4] 또한 당시 유럽인들은 수학, 과학, 공학 분야에서 다른 문명의 중심지들보다 우위에 있지 않았다. 대체적으로 볼 때 당시 유럽인들의 수학, 과학, 공학 같은 학문은 아랍 세계와 중국으로부터 빌려온 것에 불과했다.[5] 유럽인들이 세계무대에서 역사상 전례가 없는 방식으로 폭발적으로 성장한 것은 그들의 호전적이고 경쟁적인 시스템 때문이었다. 이에 대해 미국의 역사학자 윌리엄 H. 맥닐William H. McNeil은 "아메리카 대륙에서 정복자 에르난 코르테스Hernán Cortés와 프란시스코 피사로Francisco Pizarro가 보인 용기와 대담함 그리고 잔혹함, 인도양 지역에서 포르투갈의 탐험가인 알메이다Almeida가 드러낸 잔인함을 생각하면 유럽인들의 호전성이 지구상의 다른 주요 문명들의 태도 및 성향과 비교할 때, 얼마나 강력한지 분명하게 드러난다."라고 썼다.[6]

이 책은 현재 서구가 전 세계를 지배하게 만든 서구의 군사적 변화를 다룬다. 또한 이 책은 서구의 전쟁 방식과 1500년부터 현재까지 그 전쟁 방식의 변천 과정에 관한 것이기도 하다. 이 책의 초점은 서구세계를 구성했던 무자비하고 때로는 살인적인 국가들 간의 경쟁에 맞춰져 있다. 이 경쟁에 참여한 국가들은 어쩔 수 없이 끊임없는 변화, 혁신, 적응을 해야만 했다. 이 책은 유럽 문명이 아닌 다른 문명들의 (매우 흥미로울 수 있는) 전쟁 역사에 대해서는 다루지 않는다. 결국 그 문명들의 군대는 서양 군대와의 경쟁에서 패배했고, 일본, 중국, 인도 등이 20세기 들어 글로벌 군사 경쟁에 뛰어들긴 했지만, 그들은 서구가 4세기에 걸쳐 만든 군사적 틀을 수용한 것에 불과하기 때문이다.

이 책의 핵심은 유럽이 글로벌 커먼즈global commons(미래 세대를 포함한 전 인류의 이익을 위해 인류가 협조해 지켜야 할 대상, 즉 지구 전체를 뜻한다. - 옮긴이)의 중심으로 어떻게 폭발적으로 성장했는지, 그 성장의 규모와 장기적인 결과가 어떤 것인지, 서양의 우위를 가능하게 한 근본적인 요인이 무엇인지에 대한 것이다. 일반적으로 군사학자들은 유럽의 역사를 전쟁의 역사로 보며, 기술 발달의 관점에서 유럽의 역사를 설명하기도 한다.[7] 하지만 여기서는 그런 관점을 선택하지 않을 것이다. 물론 서양의 전쟁 방식에서 기술 발달은 중요했고, 전쟁과 군사작전의 결과도 그 못지않게 중요했다. 하지만 기술 발달, 전쟁과 군사작전의 결과는 모두 전쟁 수행의 근간이 되는 더 큰 흐름과 발달을 반영한다. 실제로, 서양이 팽창해 전 세계를 지배하게 만든 원동력은 병참, 재정, 혁신, 군사 조직의 문화 같은 요인들이었다.[8] 무엇보다도, 유럽의 힘이 폭발적으로 성장하게 만든 원동력은 공격적이고 탐욕스러운 유럽 국가들 간의 치열한 경쟁이었다. 이런 경쟁은 이들 나라의 혁신을 이끌어 새로운 접근방식을 개발하도록 다그쳤다.

하지만 대부분의 경우 군사 역사학자들은 대규모 무력 충돌에 초점을 맞춘다. 1500년 이후 500년 동안 결정적이었다고 말할 수 있는 전쟁은 거의 없다.[9] 16세기에는 결정적인 전쟁이 확실히 존재하지 않았다. 당시는 포위전이 전쟁의 핵심이었고 재정 능력이 정권과 군사 조직의 대규모 전쟁 수행 능력을 결정하던 시기였다. 스웨덴의 구스타브 2세가 1631년 브라이텐펠트Breitenfeld 전투에서 결정적인 승리를 거둠으로써 합스부르크 왕가에 의해 독일이 통일된 가톨릭 국가가 되는 것을 막았다고는 하지만, 30년 전쟁은 그 후 18년이나 더 지속됐다. 그로부터 75년 후 말버러 공작Duke of Marlborough이 스페인 왕위계승전쟁에서 승리를 거둠으로써 포위전 중심의 기존 전투 방식을 없애버렸다.[10] 하지만 말버러 공작이 이끈 연합군은 루이 14세의 군대를 제압하는 데 성공했음에도 불구하고 태양왕(루이 14세)의 손자인 펠리페 5세가 스페인 왕좌에 오르는 것을 막지는 못했다.

워털루 전투에서 참패하긴 했지만, 나폴레옹은 지금까지도 장군들의 우상으로 남아있다. 대부분의 역사가와 전쟁학자들은 아우스터리츠 전투로 정점을 찍은 1805년 나폴레옹 전쟁을 역사상 가장 인상적인 군사작전으로 꼽는다. 하지만 아우스터리츠 전투로 나폴레옹 전쟁이 끝났다고는 말하기 힘들다. 물론, 그로부터 불과 8년 뒤 치명적인 러시아 원정의 여파로 1805년에 나폴레옹이 이끌었던 대육군Grande Armée의 군사력은 크게 약화됐다. 1813년에 나폴레옹은 바우첸, 뤼첸, 드레스덴에서 잇달아 인상적인 승리를 거뒀지만, 결국 그가 맞이하게 될 최종적인 패배를 지연시키지는 못했다.[11]

1813년 10월, 대對프랑스 연합군은 라이프치히에서 나폴레옹을 궁지에 몰아넣고 대규모 소모전을 벌였는데, 프랑스군은 수적으로 열세였음에도 불구하고 퇴각 전까지 사상자가 3만8,000여 명에 불과했던 반면 연합군 측 사상자는 5만4,000명이 넘었다. 라이프치히 전투의 결과에 결정적인 역할을 한 것은 군의 지휘능력보다는 보병대대, 기병 대대, 포병대의 수 그리고 전투원들이 전장에 가져온 탄약의 양이었다. 나폴레옹은 "신은 병사의 수가 가장 많은 군대의 편이다."라고 말했다고 전해진다. 이 말은 신이 병사의 수가 가장 많은 군대를 선호할 뿐만 아니라 자원이 가장 많은 군대를 선호한다는 의미로 확대해석할 수도 있다. 나폴레옹전쟁에서도 결정적인 승리는 없었다. 군사 역사를 살펴보면 나폴레옹 이전의 전쟁과 19세기 중반과 20세기의 큰 전쟁에서도 결정적인 승리는 없었다는 것을 잘 알 수 있다.

하지만 나폴레옹의 유령은 영국의 석학 B. H. 리델 하트B. H. Liddell Hart가 말한 것처럼 21세기에 이르기까지 장군들을 괴롭히고 있다. 예를 들어, 로버트 E. 리Robert E. Lee는 북버지니아군을 지휘하는 3년 동안 결정적인 전투를 추구했다.[12] 하지만 리는 그가 가장 큰 승리를 거둔 챈슬러스빌 전투에서 포토맥 군Army of the Potomac(남북전쟁 중에 동부 전선에서 주로 활약한 북군의 주력군 - 옮긴이)보다 더 많은 병사를 잃었다.[13] 결정적인 승리를 추구하면서 리는 북부를 두 번 침공했고, 그 결과로 북부에 비해 인구가 적은 남부가 감당할 수 없을 정도로 많은 사상자가 앤티텀과 게티스버그에서 발생했다.[14] 거의 모든 전투에서 리의 북버지니아군은 상대편보다 많은 사상자를 냈다. 연방Union(남북전쟁 당시 노예제 폐지와 합중국 유지를 지지한 20개 주 - 옮긴이)은 전장에서의 승리가 아닌 소모전을 통해 남북전쟁에서 이겼다. 인력과 자원이 열세였던 남부 연맹Confederacy은 전투에서 이기든 지든 상관없이 어려움을 겪었다.

제1차 세계대전에서도 결정적인 전투는 없었다. 당시 독일군은 단 몇 주 만에 먼저 프랑스를 정복한 뒤 러시아를 공략할 계획으로 전쟁을 시작했다. 슐리펜 계획Schlieffen plan으로 불리는 이 계획은 1866년과 1870년의 승리를 재현하려고 했으나, 당시 독일은 프로이센의 독일 통일 전쟁 성공이 오토 폰 비스마르크의 마법 같은 전략을 통해서 가능했다는 사실을 인식하지 못했다. 1914년 마른Marne 전투에서 프랑스가 승리하면서 독일군은 후퇴할 수밖에 없었다.[15] 이 전투로 프랑스는 비참한 패배는 면했지만 전쟁은 그 후 4년 동안 암울하게 계속됐다. 1918년 3월, 에리히 루덴도르프 장군은 미하엘 공세Michael offensive를 시작으로 연합군을 상대로 결정적인 승리를 거두기 위해 연이은 공격을 시도했고, 전술적으로나 영토상으로나 상당한 이득을 거뒀다. 하지만 전략적 프레임워크나 작전 목표가 없었던 독일은 거의 100만 명의 사상자를 내고 군대를 지치게 만들었으며, 결국 1918년 가을에 이르러 연합군의 맹공격에 무너지고 말았다.[16] 연합군의 승리를 이끈 결정적 요인은 전술적 우위가 아니라 인력과 자원의 우위였다.[17]

그로부터 20년이 안 돼 일어난 다음 전쟁은 이 교훈, 즉 인력과 자원이 지휘 능력보다 훨씬 중요하다는 교훈을 더 분명하게 드러냈다. 1941년 6월 소련을 침공한 독일군은 놀라운 승리를 연이어 거뒀다. 독일군은 민스크에서 약 30만 명의 소련군을 생포했고, 스몰렌스크에서는 30만 명, 키예프(키이우)에서는 60만 명 이상, 브랸스크 전투와 뱌지마 전투에서는 60만 명 이상의 소련군을 생포했다. 하지만 현재의 역사학자들은 1941년 10월, 어쩌면 그 이전에 독일군이 전투와 전쟁에서 패배했음이 분명하다고 본다.[18]

그 이유는 작전 승리와 전략적 패배의 차이에서 찾을 수 있다. 소련은 인력, 원자재, 산업 생산에서 우위를 점하고 있었기 때문에 막대한 손실을 상쇄할 수 있었지만 독일은 그렇지 못했다. 게다가 독일군의 군수(병참) 및 정보 시스템은 그나마 우월했던 독일군의 전술과 작전을 근본적으로 망쳤다. 전쟁 초기 소련의 끔찍한 무능력 덕분에 독일군은 1941년 12월, 보급품과 장비가 부족했음에도 모스크바 문턱까지 병력을 전진시킬 수 있었다. 당시 독일이 패배한 이유는 혹독한 겨울 추위보다는 소모전에 오래 시달렸기 때문이었다. 그 시점부터 독일의 전술적 우위는 오히려 전쟁을 장기화하면서 유럽에 훨씬 더 큰 고통을 안겨주었을 뿐이다.

소모전이라는 유령은 1500년 이래로 모든 전쟁에 따라붙었다. 소모전은 대규모 군사작전의 수행과 전략적 결과에 지배적인 영향을 미쳐왔으며, 정치가와 지휘관이 나쁜 선택을 하도록 강요했다. 또한 소모전은 재정과 자원을 잠식하고 결정적인 승리를 신기루로 만들기도 했다. 독일군은 제1차 세계대전 당시 1916년 베르됭Verdun과 솜Somme에서 벌어진 끔찍한 유혈 사태의 여파에서 결국 완전히 회복하지 못했고, 제2차 세계대전에서는 1941년 러시아 작전에서 입은 인적·물적 손실을 회복하지 못했다. 또한 1942년 이후로는 교전 상대 국가들에 비해 독일이 보유한 산업력과 원자재가 부족해지면서 전투 사단들이 보유한 기계 동력 차량의 수가 점점 줄어들었고, 그에 따라 마차에 수송을 의존하게 됨으로써 군의 기계화 수준이 지속적으로 감소했다.

현재도 소모전은 대립하는 군대에 각각 다른 방식으로 영향을 미치고 있다. 프랑스혁명 전쟁 초기에 공화국 군대는 앙시앵 레짐ancien régime(프랑스혁명 이전 왕이 지배하던 구 체제 - 옮긴이)의 군대에 비해 많은 사상자를 냈지만 작전 속도를 조절할 수 있었다. 이는 공화국 군대가 국민총동원령 levée en masse을 통해 사상자를 신속하게 대체할 수 있었던 반면, 앙시앵 레짐의 군대는 훈련기간이 길고 비용이 많이 드는 신병훈련에 의존해 사상자로 인한 손실을 대체하기가 어려웠기 때문이다. 하지만 역사가 말해주듯 결정적인 승리를 위한 노력은 계속됐다. 20세기 말, 미군은 '신속하고 결정적인 작전rapid decisive operations'을 추구하기 위해 참모진과 싱크탱크를 동원했다. 2003년 2월의 이라크 침공은 이 계획에 따른 것이었다. 미군이 사담 후세인의 군대를 괴멸시킨 것만 생각한다면 미국의 이라크 침공은 그 목적을 달성했다고 할 수 있다. 하지만 정치적 또는 전략적 프레임워크 없이 진행된 이라크 점령으로 미군은 수렁에 빠지게 됐다.[19]

미국의 이라크 점령이 참담하게 실패한 것은 군 지도자들과 정치 지도자들이 전쟁 목표에 대한 현실적인 평가를 반영하는 전략적 프레임워크를 개발하지 못해 벌어진 수많은 실패 사례 중 (현재까지는) 가장 최근의 것일 뿐이다. 독일의 군사 사상가 카를 폰 클라우제비츠Carl von Clausewitz가 냉소적으로 지적했듯이 "전쟁을 시작하는 사람은 — 혹은 제정신인 사람이라면 — 전쟁을 시작하기 전에 무엇을 얻고자 하는지, 어떻게 전쟁을 수행할 것이지 명확하게 생각해야 한다."[20] 하지만 전쟁을 일으킨 사람들 중 전쟁을 통해 달성하고자 하는 목표에 사용 가능한 수단을 연결하는 데 신경을 쓴 사람은 거의 없다.

역사상 정치 지도자가 결정적인 전략적 결과를 달성하기 위해 군사적 수단과 정치적 목적의 균형을 맞춘 몇 안 되는 사례 중 하나로 1864년 덴마크, 1866년 오스트리아, 1870년 프랑스와의 전쟁에서 탁월한 전쟁 수행 능력으로 독일 통일을 이룬 오토 폰 비스마르크를 들 수 있다. 그런데 비스마르크가 전장에서 목표를 실현할 수 있는 전략적 프레임워크를 만들어 놓았음에도 불구하고, 그의 후계자들은 정치적 문제가 항상 군사적 고려 사항보다 우선해야 한다는 그의 주장을 잘못 이해해 재앙을 자초했다.[21] 결국, 한 나라의 군사력이 아무리 뛰어나다 해도 전략에 허점이 있으면, 군사력이 약해도 효과적인 전략을 구사하는 적에게 백전백패하게 되어 있다.

유럽 국가들의 정치적·군사적 경쟁은 본질적으로 기원전 3세기와 2세기에 로마가 카르타고와 그리스에 그랬던 것처럼 경쟁국을 압도할 수 있는 초강대국의 출현을 막았다. 이 경우 승자와 패자의 차이는 전략적 차이보다는 자원, 재정, 마찰friction(전쟁에서의 마찰이란, 전쟁을 수행하는 데 방해가 되는 요소를 말한다. - 옮긴이), 우연, 의지 같은 요소의 차이였다고 할 수 있다.

전쟁의 소모적 성격과 비용을 증가시킨 요인 중 하나는 1500년대 이후 전략적 도전과제와 전술적 프레임워크의 변화에 따라 군대 규모가 지속적으로 증가한 데 있다. 15세기에 개발된 혁신적인 요새 시스템인 *성형요새星形要塞*, *trace italienne*(화포를 이용한 공격을 방어하기 위해 축성됐던 요새의 한 양식. 포탄을 효율적으로 방어하기 위한 성곽의 배치가 별 모양을 닮았기 때문에 '성星'형 요새라고 부른다. - 옮긴이)의 등장으로 전쟁은 포위전이 주를 이루게 됐다.[22] 이런 형태의 요새 구축으로 인한 비용 증가로 군대를 유지하고 전쟁을 수행하는 국가의 능력은 더 제한받게 됐다. 16세기 중반 스페인의 경우, 펠리페 2세는 저지대 국가들Low Countries(오늘날의 벨기에, 네덜란드, 룩셈부르크 그리고 프랑스 북부 지역 일부와 독일 서부 지역 일부 - 옮긴이), 이탈리아, 지중해 지역에서 다각적인 도전에 직면했다. 이들 지역 모두가 대규모 군대의 투입을 요구하는 곳이었다. 그는 스페인의 전략을 결정할 때 전략적 현실보다 신앙을 우선시했기 때문에 어려운 결정을 제대로 내리지 못했다.[23] 게다가 저지대 국가에서는 요새화된 도시들이 늘어나고 있었기 때문에 네덜란드 지배하의 도시들을 공격해 점령하는 것은 악몽과도 같은 일이었다. 과도한 군비 확장은 군사력뿐만 아니라 재정 및 경제 체제의 안정성에도 영향을 미쳤다. 채권자들에게 돈을 갚을 수 없었던 펠리페 2세는 파산을 선언했고, 병사들에게도 임금을 지급할 수 없게 됐다. 또한, 그 후 발생한 내란은 네덜란드 공화국을 점령하려는 스페인의 노력을 약화시켰다.[24]

17세기 말 근대국가modern state와 근대국가의 군사제도가 완전히 확립될 무렵, 전쟁은 야전에서 군대를 유지하고 해상에서 해군을 지원하는 재정 및 경제 시스템의 역량에 따라 승패가 갈렸다. 대부분의 경우 승리는 마지막까지 살아남은 쪽에게 돌아갔다.[25] 이런 상황은 특히 18세기에 영국과 전쟁을 벌이던 프랑스에게 특히 힘들었다. 프랑스는 지상전에 전념해야 했기 때문에 9년 전쟁과 7년 전쟁 모두에서 해군에 대한 지원을 줄일수밖에 없었다. 그로 인해 7년 전쟁에서 프랑스는 퀘벡 지역을 잃고 인도에서는 영국에 크게 패했다.

끊임없이 변화하는 전쟁

서구의 군사 지도자들은 기술의 발전이 결국 전쟁의 승패를 결정하는 소모전이라는 철옹성을 무너뜨릴 수 있을 것이라고 막연히 기대하지만, 이는 마치 열역학 제2법칙에서 벗어나기를 바라는 것과 비슷한 생각이다. 예를 들어, 1991년에 제1차 걸프전이 끝난 후 미국 국방부는 군사-기술 혁명이라는 이름으로 불리던 것에 매료됐다. 국방 전문가들은 이 혁명으로 미군이 단 몇 주 만에 사담 후세인 군대를 물리칠 수 있었으며, 이 혁명이 눈에 보이는 특성뿐만 아니라 전쟁의 본질 자체를 변화시켰다고 주장했다.[26] 미 합참 부의장 윌리엄 오언스 제독은 한 인터뷰에서 다음과 같이 주장하기도 했다. "기술은 미군이 '전쟁의 안개fog of war'를 걷어내게 만들 수 있다. …… 지배적 전장 인식 능력Dominant Battlefield Awareness, 즉 전장의 모든 것을 보고 이해하는 능력이 가능할 수도 있다."[27] 그는 또한 "이 새로운 시스템은 이전과 같은 위험 없이 군사력을 사용할 수 있는 능력을 약속한다."고 덧붙였다.[28] 하지만 그로부터 불과 10년 뒤 미국이 이라크에서 겪은 일은 이 주장이 얼마나 헛된 것인지 여실히 보여줬다. 차량 폭탄과 AK-47 소총으로 무장한 이라크 반군이 미군에게 끝도 없는 어려움을 안겨주었기 때문이다.

1991년 이라크와의 전쟁에서 승리한 것에 대한 미국의 반응은 결코 변하지 않는 전쟁의 본질과 1500년 이후 서구에서 지속적으로 변화해온 전쟁의 성격에 대한 오해를 드러낸다. 전쟁의 본질은 실무단계에서 전략적 단계로 비선형적nonlinear으로 이어지는 요소들로 구성된다. 전쟁에서는 마찰, 불확실성, 우연 그리고 무엇보다도 전투의 공포가 결합해 예측할 수 없는 결과를 만들어내기 때문이다. "불확실성은 적군, 환경 그리고 심지어 아군의 상황에 대해서도 알 수 없는 형태로 전투에 만연해 있다. 전쟁의 특성상 확실성은 존재할 수 없으며, 전쟁에서의 모든 행동은 불완전하고 부정확하거나 심지어 모순되는 정보에 기초한다."[29] 무엇보다도, 비선형적인 요소들의 상호작용은 현재도 여전히 예측이 불가능하다.

마찰은 전쟁의 근본적인 속성 중에서도 핵심을 차지한다. 그 어떤 기술로도 전쟁에서 마찰을 제거할 수는 없다. 마찰의 쌍둥이 자매인 우연은 두 위대한 전쟁 이론가인 투키디데스와 클라우제비츠의 주요 주제다.[30] 우연 혹은 운명을 뜻하는 투키디데스가 말한 "뛰케Τύχη, tychē"는 거의 모든 일이 우발적이라는 뜻을 내포한다. 즉, 인물의 성격, 정치가와 군 지도자 간의 관계, 예기치 못한 사건의 영향 그리고 심지어 가장 지위가 낮은 개인이라도 잘 짜인 계획을 지연시키거나 방해할 수 있는 가능성을 배제할 수 없으며 이로 인해 결과가 달라질 수 있음을 의미한다. 우연은 항상 전쟁을 지배해왔고 앞으로도 그럴 것이다.

전쟁의 근본적인 속성은 절대 변하지 않지만, 전쟁의 성격은 그 반대라고 할 수 있다. 15세기 이후 서양에서는 급진적이고 진화적인 변화가 전쟁의 필수적인 요소가 됐다. 하지만 여전히 전쟁은 사람이 목적을 가지고 하는 행동, 즉 학습하고 적응하는 두 군사력 간의 충돌이기 때문에 전쟁의 특성은 정치적·전략적 프레임워크의 변화, 혁신과 적응 그리고 기술의 발달에 의해 형성되고 변화했다. [31]

가장 중요한 변화의 프레임워크는 두 가지 형태로 나타났다. 한 형태는 근본적으로 전장을 뒤흔든 대규모 군사-사회 혁명이었고, 다른 한 형태는 전쟁 수행 방식에 직접적인 영향을 미쳤으며 군사-사회 혁명보다 훨씬 더 자주 일어난 군사 혁신이었다. 군사-사회 혁명은 전쟁의 특성만 변화시킨 것이 아니다. 이 혁명은 처음에는 서양 그리고 그 후에는 전 세계의 경제, 금융, 정치 체제도 변화시켰다.[32] 군사-사회 혁명의 전편 또는 속편으로서의 군사 혁신은 전쟁 수행 능력을 직간접적으로 개선하고, 더 광범위한 변화를 위한 토대를 구축하는 데 기여했다. 또한 군사 혁신은 재정 및 경제 분야에서는 군사 조직이 지속적으로 전쟁을 수행하고 점점 더 먼 거리에서 전력을 투사하는 데 필요한 지원 구조를 확장하기도 했다.

군사-사회 혁명과 군사 혁신의 패턴

- **제1차 군사-사회 혁명**: 근대국가 그리고 근대국가의 훈련된 군사

  조직의 탄생(1500년~현재)

  군사 혁신: 화약 혁명, 대양해군ocean-going navy의 성장, 성형 요새,

  17세기 전술 혁명

- **제2차 군사-사회 혁명**: 산업혁명(1750년~현재)

  군사 혁신: 생산방식의 근본적인 변화 시작, 석탄 혁명, 증기 기관

- **제3차 군사-사회 혁명**: 프랑스혁명(1789년~현재)

  군사 혁신: 사회와 자원의 이데올로기적 동원, '총력전total war'의

  시작

- **제4차 군사-사회 혁명**: 산업혁명과 프랑스혁명의 결합(1861년~현재)

  군사 혁신: 교통 혁명, 통신 혁명, 내연기관, 항공기, 복합 무기, 고사

  포 발사, 전략 포격, 농업혁명, 증기 터빈으로 구동되는 강철 선박

- **제5차 군사-사회 혁명**: 과학-컴퓨팅 혁명(1944년~현재)

  군사 혁신: 핵무기, 컴퓨터, 정밀 타격 무기, 인공지능

변화는 때로는 급격하게 이뤄지기도 하고, 때로는 상당한 시간에 걸쳐 발생하기도 한다. 미국 육군사관학교 역사학 교수 클리포드 로저스는 "서양의 부상은 단 한 번의 혁명으로 이루어진 것이 아니라, '단속 평형 진화punctuated equilibrium evolution' 과정, 즉 일련의 격렬한 혁명적 사건들을 통해 이뤄졌으며, 각각의 혁명적 사건들은 느린 진화적 변화를 기반으로 구축됐다. ······ (이런 혁명들이) 지속되는 시간은 혁명의 범위에 따라, 즉 전복되

는 대상이 정부, 사회, 사회구조, 사상, 경제 중 어떤 것인지에 따라 1년에서 100년까지 다양할 수 있다."라고 지적한 바 있다(단속 평형이론은 유성 생식을 하는 생물 종의 진화 양상은 대부분의 기간 동안 큰 변화 없는 안정기와 비교적 짧은 시간에 급속한 종 분화가 이루어지는 분화기로 나뉜다는 진화 이론이다. - 옮긴이).[33]

따라서 변화는 프랑스혁명 때처럼 갑작스럽게 찾아올 수도 있고, 산업혁명처럼 오랜 기간에 걸쳐 지속적으로 진행될 수도 있다. 하지만 이 두 경우 모두에서 이런 변화는 전쟁의 성격에 지속적으로 영향을 미쳤다. 단속 평형이라는 비유는 19세기 중반 이전 대부분의 기간 동안 변화가 상대적으로 느린 속도로 진행되었다는 사실을 포착한다. 17세기 후반, 총검을 고리를 통해 총구 주위에 끼우는 기술이 개발되는 등 중요한 혁신이 이뤄졌지만, 이런 혁신이 군사 작전의 근본적인 구조를 바꾸지는 못했다. 그럼에도 불구하고 서양의 전쟁방식은 그 핵심에 혁신과 적응에 대한 의지가 내재돼 있었다. 산업혁명이 시작된 이래로 기술과 전술의 변화는 기하급수적으로 가속화됐다. 이는 곧 전쟁의 성격이 그 이전 어느 때보다 빠르게 변화했다는 뜻이다. 특히 20세기에는 과학, 기술, 혁신이 상호작용하면서 전장이 점점 더 치명적으로 변화했다.

이런 군사-사회 혁명 중 가장 중요한 제1차 군사-사회 혁명, 즉 근대국가 그리고 근대국가의 훈련된 군사 조직의 탄생이 18세기 초에 결실을 맺기까지는 1500년부터 1700년까지 많은 시간이 걸렸다. 그렇다면 그 과정은 혁명적이었을까? 나는 그 과정이 유럽의 정치체제와 군사 조직을 변화시키는 시스템적 변화를 수반했기 때문에 혁명적이었다고 본다. 또한 그 과정이 18세기 말 프랑스혁명과 산업혁명의 원동력이 되었을 것이라고 생각한다.

프랑스혁명이나 산업혁명 같은 대규모 혁명이 근대국가와 그 군사 조직의 탄생을 가져온 이전의 군사-사회 혁명, 즉 군사 혁신의 형태로 발생한 혁명을 대체한 것은 아니다. 오히려 이 두 혁명은 제1차 군사-사회 혁명의 성과를 기반으로 일어난 것이었다. 어떤 경우에는 이 두 혁명이 결합해 전쟁의 성격을 끔찍한 방식으로 바꾸기도 했다. 게다가 군사-사회 혁명은 때때로 서로 겹치기도 했다. 17세기 후반 근대국가의 성립은 프랑스혁명의 토대가 되었고, 프랑스혁명은 국가를 인구와 자원을 동원하는 데더 효과적인 형태로 만들었기 때문이다. 제4차 군사-사회 혁명을 일으킨프랑스혁명과 산업혁명의 결합은 미국 남북전쟁이 왜 그렇게 오래 지속되고 많은 비용이 들었는지 이해하는 데 도움이 된다. 두 차례에 걸친 세계대전이 왜 그렇게 길었고, 많은 비용을 수반했는지도 이 두 혁명의 결합으로 설명할 수 있다.

군사 혁신은 군사-사회 혁명의 전편으로, 또는 군사-사회 혁명과 동시에, 또는 그 이후에 발생했다. 따라서 군사 혁신은 전쟁의 지형을 바꾼대지진에 수반되는 초기 충격이나 여진으로 생각할 수도 있다.[34] 그렇다면 무엇이 서구의 전쟁방식에 큰 영향을 준 이런 군사 혁신을 촉발했을까? 핵심적인 촉발 요인은 중국에서 휴대용 화약 무기가 등장한 지 한 세기가 채 지나지 않은 1200년대에 화약이 유럽에 도착한 것이었다.[35]

초석saltpeter(질산칼륨 분자의 광물 형태 - 옮긴이), 유황, 숯을 섞어 만든 기괴한 혼합물인 화약은 전쟁의 성격에 큰 변화를 가져왔다. 화약은 무기, 전술, 병참이 발전할 수 있는 길을 열었고, 전쟁의 비용을 증가시키고 전쟁자체를 복잡하게 만들었다. 화약은 살상과 파괴에 대한 수많은 새로운 접근 방식을 제공했기 때문에 유럽의 정체들은 치열한 경쟁 속에서 혁신과 적응을 할 수밖에 없었다. 이런 의미에서 화약의 발견은 군사 분야에서 최초이자 가장 중요한 혁명이었다. 화약은 중국에서 발명됐지만, 중국은 자국의 이익이 걸려있는 영역에서 치열한 경쟁이 없었기 때문에 굳이 화약을 이용한 혁신의 필요성이 없었다. 하지만 정치적·군사적 경쟁이 치열했던 유럽에서는 화약 혁명으로 인해 전쟁 수행의 모든 측면에서 끊임없는 혁신과 개선이 이뤄졌다.

화약이 등장하기 전까지 전쟁의 살상 과정과 무기는 수천 년 동안 변하지 않고 그대로 유지됐다. 그때까지 살상은 창, 칼, 날카로운 화살촉 등 자르고, 치고, 찌르는 무기의 도움을 받았다. 이러한 무기의 형태와 무기 제작에 사용되는 금속의 종류는 시대와 장소에 따라 달라졌지만, 차이점보다는 유사성이 더 컸다. 전투는 사람과 사람이 맞붙는 일이었다. 병사가 창을 던지거나 화살을 쏠 수 있는 거리에 따라 전투의 승패가 결정되었고, 대부분의 살상은 베거나 찌르거나 부수는 무기를 통해 직접적으로 수행되었다.

석기시대부터 중세시대까지 전술 구성은 거의 비슷하게 유지됐다. 평화시에는 혁신이 일어나지 않았고 전장에서의 응용도 거의 일어나지 않았다. 실제로 14세기 스위스의 전투 대형은 그리스 도시국가의 팔랑크스 phalanx(중장보병의 밀집 방진 – 옮긴이)와 비슷했다. 또한, 서기 3세기의 기갑 파르티아 기병대도 중세의 기갑 기사들의 방진과 크게 다르지 않았다. 기원전 5세기와 4세기의 주요 그리스 전함은 트리레미스*τριήρης*, trirémis(지중해의 고대 해양 문명에서 사용된 갤리선 형태의 고대 선박 – 옮긴이)였다. 이 형태의 전함은 16세기까지 지중해 해군의 중추로 남아있었다. 지중해 지역에서 함선

설계와 해전 수행 방식이 바뀐 것은 갤리선에 대포가 도입된 이후였다.[36]

분열되어 있고 호전적이며 야심 찬 유럽의 국가들과 준국가들semi-state(국가의 성격을 어느 정도 가진 정체 - 옮긴이)이 화약을 확보하게 되자 전쟁의 성격은 엄청나게 변화했다. 이 변화로 인한 경쟁은 전쟁과 무자비한 권력 쟁취에 광적으로 몰두하던 지배 계급 사이에 혁신의 분위기를 조성했다. 투키디데스는 펠로폰네소스 전쟁에 관한 기념비적인 역사서에서 아테네인들이 제국을 추구한 근거를 다음과 같이 설명했다.

"신에 대한 우리의 생각과 인간에 대한 지식에 근거해 우리는 무엇이든 가능하다면 지배하는 것이 자연의 일반적이고 필연적인 법칙이라는 결론을 내릴 수 있다. 이 법칙은 우리가 스스로 만든 것이 아니며, 이 법칙에 의거해 행동한 것이 우리가 처음도 아니다. 우리는 이미 존재하는 법칙을 발견했을 뿐이며, 이 법칙은 우리 뒤에 오는 사람들에게도 영원히 적용될 것이다."[37]

소규모 정체들 사이의 치열한 경쟁의 산물인 이 견해는 세계에 대한 유럽인들의 접근방식과도 일치한다.

하지만 모든 혁신이 전쟁의 직접적인 결과라고 할 수는 없다. 네덜란드에서 처음 도입돼 1688년 명예혁명을 통해 영국에 전파된 금융 혁명은 영국이 재정적 힘을 키우고 스페인 왕위계승전쟁에서 중요한 역할을 하는 밑거름이 되었다.[38] 영국은 왕이 아닌 정부가 수익을 보장하는 연금을 판매해 수익 시스템을 구축함으로써 상대적으로 인구와 경제 규모가 작았음에도 다른 나라들보다 훨씬 유리한 고지를 선점했다. 영국은 스페인과 오스트리아의 왕위계승전쟁과 7년 전쟁에서 승자로 부상했다. 재정적 안

정은 프랑스혁명 및 나폴레옹과의 전쟁에서 군대와 동맹국을 지원하는 데 더 큰 역할을 했다.[39]

1500년에서 1815년 사이에는 혁신이 서서히 이뤄졌다. 특히 무기 분야에서 그랬다. 총검이 달린 머스킷musket(긴 총신을 가진 전장식 화기 - 옮긴이)이 17세기 말에 등장함에 따라 보병을 기병으로부터 보호하기 위한 창이 필요 없게 됐고, 이 머스킷은 1840년대까지 계속 사용됐다. 1800년대 초 영국 웰링턴 군대의 주요 무기였던 브라운 베스 머스킷은 그로부터 1세기 전 말버러 공작이 이끌었던 군대가 사용했던 머스킷과 별반 다르지 않았다. 무기 개발이 이처럼 더뎠던 이유 중 하나는 비용 문제였다. 새로운 보병 무기를 도입하려면 막대한 재정 지출이 필요했기 때문이다. 이런 상황은 19세기 초까지 이어졌는데, 일라이 휘트니Eli Whitney가 머스킷의 부품을 표준화시켜 서로 갈아 끼워 조립하는 것이 가능해지면서 무기 생산 비용은 비로소 크게 낮아졌다.

18세기의 마지막 몇 십 년 동안 일어난 제2차, 제3차 군사-사회 혁명은 전쟁의 성격을 크게 변화시켰다. 영국에서 시작된 산업혁명은 18세기 중반 이후 임계점에 도달했다. 화약 혁명과 매우 유사한 방식으로(하지만 더 평화적인 방식으로) 산업혁명은 인간이 상호작용하는 방식에 큰 변화를 가져왔다. 또한 산업혁명은 생산 과정에도 큰 변화를 일으켰다. 산업혁명으로 인해 역사상 처음으로 동물의 근육, 물, 바람이 아닌 다른 것에서 동력을 얻을 수 있게 됐기 때문이다.

1792~1815년 사이에 일어난 대규모 군사적 충돌에 산업혁명이 미친 영향은 처음에는 간접적인 것이었다. 당시에는 산업혁명이 아직 무기 기술을 바꾸지 않았기 때문이다. 하지만 산업혁명은 영국 경제의 성장 속

도, 성장에 드는 비용, 생산 규모를 변화시켰고, 영국이 중부유럽과 동유럽 국가들의 군대에 충분할 정도의 자금과 무기를 제공할 수 있는 흑자 상태를 창출했다. 결국 나폴레옹은 적들의 압도적인 병력뿐만 아니라 영국이 동맹국들에게 제공한 재정적·경제적 힘에 밀려 패배했다고도 할 수 있다.

화약 혁명, 산업혁명 그리고 이어지는 대규모 군사-사회 혁명은 프랑스혁명이다. 프랑스혁명은 전쟁의 성격에 직접적인 영향을 미쳤다. 첫째, 프랑스혁명은 국가가 인력과 자원을 동원할 수 있는 능력을 강화했다. 국경에서의 군대 붕괴와 반혁명 세력의 프랑스 내 반란에 직면한 프랑스 의회는 국민총동원령을 통해 국가의 인력과 자원을 가동했고, 내부의 적을 무자비하게 숙청함으로써 20세기와 21세기 혁명 정권의 선례를 남겼다.

1792년의 프랑스혁명군은 제대로 훈련이 되지 않은 지원병들과 귀족들의 도주로 인해 군기가 빠진 장교들로 구성된 상태에서 앙시앵 레짐의 잘 훈련된 군대와 맞섰다. 하지만 공화정의 병사들은 즉석에서 전투를 배웠고, 중요하게는 그 수가 훨씬 더 많았다. 유능하면서도 무자비하기로 유명했던 공화국 군대의 장교, 라자르 오슈Lazare Hoche는 공화국 군대의 전술에 대해 "기동력도, 기술도, 무기도, 화력도, 애국심도 없었다."라고 말했다.[40] 하지만 프랑스혁명군 병사들이 성공적으로 싸울 수 있었던 것은 애국심과 열정뿐만 아니라 전술과 작전 능력이 향상되었기 때문이므로, 오슈의 이 말은 과장된 것이라고 할 수 있다. 나폴레옹은 공화국과 그 지도자들이 확립한 선례, 특히 1798년에 제정된 주르당 징병법Jourdan Conscription Law을 활용하여 근대적 특성을 풍부하게 갖춘 행정 국가를 건설했다. 하지만 아이러니하게도 프랑스혁명의 우수한 인력과 자원의 혜택을 받은 나폴레옹 제국은 1814~1815년, 영국의 자금과 자원 지원을 받아 프랑스와 비슷한 수준의 힘을 가지게 됐던 다른 유럽 국가들보다 먼저 무너졌다.

어떤 면에서 미국 남북전쟁은 나폴레옹 전쟁을 연상시킨다.[41] 남북 양측은 나폴레옹의 결정적인 승리를 재현하려고 노력했기 때문이다. 로버트 E. 리는 장군으로서는 큰 명성을 얻었지만, 그의 '승리'는 엄청난 수의 사상자를 수반했기 때문에 결과적으로 남부 연맹의 붕괴를 초래했다. 하지만 이 전쟁은 프랑스혁명과 산업혁명이 결합된 제4차 군사-사회 혁명의 출현을 알리는 신호탄이기도 했다. 산업혁명은 간접적으로 중요한 역할을 했는데, 이는 증기기관차와 증기선박이 북부 연방의 군사력을 북미 대륙 전체로 확장시키는 역할을 했기 때문이다.[42] 교통 혁명은 1864년과 1865년에 남부 연맹의 허리를 꺾은 연방군의 대규모 군사작전을 수송 면에서 뒷받침했다. 이런 군사 혁신은 그 후 수십 년 동안 미국의 군사력을 확장하는 데 큰 역할을 했으며, 교통 혁명은 경제와 사회 전반에도 큰 영향을 미쳤다.

프랑스혁명에 대한 기억도 남북전쟁에 적지 않은 영향을 미쳤다. 북부 연방의 율리시스 S. 그랜트Ulysses S. Grant 장군의 회고록을 보면 프랑스혁명이 남부 연맹군 동원에 미친 영향에 대해 이렇게 적고 있다.

"샤일로 전투Battle of Shiloh(남북전쟁 초기인 1862년 4월 6일~4월 7일에 서부 전선에서 일어난 주요 전투 중 하나 - 옮긴이)까지만 하더라도 나를 비롯한 수천 명의 시민들은 정부군이 결정적인 승리를 한 번만 거둔다면 반란군이 곧 무너질 것이라고 믿었다. 우리는 도넬슨 요새 전투와 헨리 요새 전투의 승리가 그런 결정적인 승리라고 믿었다. …… 하지만 빼앗긴 땅을 되찾기 위해 소집된 남부 연맹군이 용감하게 공세를 취하기 시작했을 때 나는 남군을

완전히 정복하지 못한다면 북부 연방을 구할 수 없을 것이라고 생각하게 됐다." [43]

당시 북부와 남부는 신문 등의 매체를 통해 최후까지 전쟁을 이어가야 한다는 여론전을 펼쳤다. 하지만 안타깝게도 유럽인들은 미국 남북전쟁이 주는 경고를 깨닫지 못했다. 미국은 멀리 떨어져 있었고, 전쟁에 대한 유럽의 해석은 잘못된 서사에 치우치는 경향이 강했다. 특히 영국에서는 북버지니아군(남군)의 귀족 기병대가 압도적인 수의 연방군에 맞서 영웅적으로 패배했다는 이야기가 전쟁에 대한 분석의 주류를 이루곤 했다.

제1차 세계대전의 소요 비용을 증가시키고 복잡성을 증가시킨 것은 수많은 새로운 기술과 역량이었다. 1914년 이전에는 새로운 기술과 역량의 발달 대부분이 민간 영역에서 이뤄졌었다. 고속도로와 터널 건설을 개선하기 위한 니트로글리세린과 유도체의 발명은 포병의 능력을 변화시켰고, 미국 서부에서 소를 가두기 위해 발명된 철조망은 서부 전선을 교착상태로 몰아넣는 데 중요한 역할을 했다.[44] 1914년 이전의 해군력의 발전 속도를 생각하면 1914년 이후에 일어난 기술적 변화의 속도가 얼마나 빨라졌는지 잘 알 수 있다. 젊은 시절 범선을 타고 바다로 나갔던 제독들은 1914년 이후에는 20노트 이상의 속도로 움직일 수 있는 2만 톤급 전함을 지휘하게 됐다. 지상전에서도 엄청난 변화가 일어났다. 내연기관은 수송방식을 크게 바꾸었고, 비행기의 등장으로 전쟁의 성격은 차원이 완전히 달라졌다.

제1차 세계대전 초기 몇 달 동안 끔찍할 정도로 사망자가 대거 발생한 일은 현대 세계가 본질적으로 취약하며, 대규모 전쟁이 일어나면 세계가 경제적으로 또는 혁명을 통해 붕괴될 것이라는 민간 전문가들의 예측이 맞았다는 것을 보여준다. 따라서 장군들은 얼마나 죽든 상관없이 신속하고 결정적인 승리를 추구했다.[45] 게다가 인구와 산업력의 증가로 주요 강대국들은 필수적인 산업 생산을 유지하면서 전선에 무한한 인력을 공급할 수 있게 되었다. 프랑스혁명과 산업혁명이 결합된 제4차 군사-사회 혁명은 정치적 지원과 생산 능력을 결합시킴으로써 1917년 러시아, 1918년 터키, 오스트리아-헝가리, 독일이 붕괴될 때까지 전쟁이 지속되는 4년간의 소모전으로 이어졌다.

1914년의 전술적 문제는 장군들이 너무 어리석어서 평시 기술 변화의 중요성을 이해하지 못했기 때문에 발생한 것이 아니었다. 오히려 문제는 이러한 변화가 너무 복잡한 의미를 내포한 나머지 명확하거나 쉬운 해결책을 제시하지 못한다는 것이었다. 따라서 암울했던 4년의 전쟁은 수많은 군사 혁신을 가져왔다. 지상전의 경우, 가장 중요한 것은 보병과 포병 지원, 전차(탱크), 항공기를 서로 연합시킴으로써 적의 방어를 제압한다는 연합 작전의 창안이었다.

혁신은 또 다른 혁신을 이끌었다. 그 중 가장 눈에 띄는 것은 항공기의 사용으로, 그로 인해 지상전에서도 변화가 일어났다. 교착상태가 지속되는 경우, 특히 적의 참호들을 공중에서 정찰할 비행기가 필요해졌고, 이에 따라 적의 정찰기를 격추하고 아군의 정찰기를 보호하기 위한 노력이 이어졌다. 곧 전투기가 등장했고 그 뒤를 이어 폭격기가 등장했다. 공중전은 새로운 개념이었지만, 두 가지 필요성, 즉 손실을 감당하지 않고 임무를 완수하기 위한 공중 우위가 필요하다는 사실과 공중 작전의 수행을 위해서는 전례 없는 수준의 산업 생산 및 군수 지원이 필요하다는 사실을 중심으로 빠르게 진화했다. 1918년에는 공중 작전을 제외하고는 다음 세계 대전에서 실현될 모든 주요 항공 임무가 등장했다. 지휘관들에 대한 역사적 평가와는 달리, 제1차 세계대전은 그 다음 세계대전에 비해 더 창의적이고 복잡한 기술 및 전술적 발전을 수반했다.[46]

하지만 결국 제1차 세계대전은 다른 모든 전쟁과 마찬가지로 소모전으로 끝났다. 결정적인 전투는 없었다. 연합군이 승리한 이유는 병력과 물자가 다 떨어질 때까지 독일군을 몰아붙였기 때문이었다. 전략이 없었던 독일군은 패배했고 우월한 자원을 활용한다는 최소한의 전략을 가졌던 연합군은 승리했다. 제1차 세계대전에 참전했거나 그 전쟁으로 인해 고통을 당한 사람들은 그 전쟁이 준 암울한 교훈에서 벗어나지 못했다. 영국의 지도자들은 전쟁은 끔찍한 실수였으며, 다른 어떤 유럽 강대국도 다시는 전쟁을 진지하게 고려해서는 안 된다는 결론을 내렸다.[47] 그 결과, 영국군은 재정적 지원을 거의 받지 못한 채 산발적으로 다음 전쟁을 준비하는 데 그쳤다. 1939년이 되자 영국군은 지난 전쟁에서 얻은 전술적 교훈을 대부분 잊어버린 상태였다.

독일군은 다른 길을 걸었다. 독일군이 전쟁에서 얻은 교훈은 승리가 임박했을 때 유대인과 공산주의자들이 무패를 이어가던 독일군의 뒤통수를 쳤다는 것이었다.[48] 독일군은 전술적 교훈을 주의 깊게 연구해, 다음 전쟁 첫 해에 엄청난 성과를 거두었다.[49] 하지만 독일군은 전쟁이 준 전략적 교훈에 대해서는 생각하지 못했고, 다음 전쟁에서도 지난 전쟁에서 저지른 모든 전략적 실수를 반복했다. 또한 독일군은 제1차 세계대전에서 그들의 성과를 저해했던 병참 및 정보 오류 역시 무시했다.

제1차 세계대전 이후 이뤄진 전쟁 관련 분석의 대부분은 결정적인 전투라는 묘약을 강조하는 경향이 강했다. 특히 공군력을 우선시한 미국과 영국 군 관계자들은 폭격기가 육군과 해군을 쓸모없게 만들고 참호 소모전을 종식시킬 결정적인 무기라는 무모하기 그지없는 주장을 펼쳤다. 이 주장의 아이러니는 제2차 세계대전 당시 영국 공군RAF과 미국 제8공군, 제15공군이 독일을 상대로 벌인 전략 폭격 작전으로 인해 해당 임무를 수행하던 항공기와 조종사들의 소모가 극심했다는 사실에 있다.[50] 공중전은 산업 자원 측면에서 큰 비용을 초래했지만 동시에 상당한 성과를 거둔 것도 사실이다.[51]

제2차 세계대전은 제1차 세계대전에 비해 주요 신무기의 수가 적었다. 대부분의 경우, 제2차 세계대전의 군사 혁신은 이전 전쟁에서의 군사 혁신의 뒤를 이은 것이었다. 주요한 개선을 이끈 것은 기술의 발전이 아니라 개념적 사고conceptual thinking였다. 1940년 봄, 독일군이 프랑스군을 상대로 놀라운 성공을 거둘 수 있었던 것은 장갑 전투 차량과 복합 무기 활용 전술을 결합한 덕분이었다.[52] 같은 해 영국 전투사령부는 기존 방공망을 레이더와 결합해 개선하는 체계적인 접근 방식을 구축했다.

무기 시스템의 성능은 추가적인 기술 개선으로 크게 향상됐다. 제1차 세계대전이 화학자들의 전쟁이었다면 제2차 세계대전은 물리학자들의 전쟁이었다. 물리학자들의 가장 두드러진 활약은 1940년 초 영국의 두 물리학자 존 랜들John Randall과 해리 부트Harry Boot가 공진기형 마그네트론cavity magnetron을 개발한 것이었다. 이 발명으로 마이크로파 레이더의 개발이 가능해졌고, 영국과 미국의 항공기는 공중과 지상의 표적을 모두 식별할 수 있게 되었다. 레이더는 해상에서 널리 사용되기 시작하면서 독일의 유보트U-boat(잠수함)에 효과적으로 대항했다.

전쟁 초기부터 서구 열강은 과학과 분석을 다양한 경우에 응용하는 지적 전쟁에서 우위를 점했는데 특히 공중전과 해전에서 두드러졌다.[53] 이 상황에서 독일 지도자들은 오만함에 빠져 자신의 능력을 과대평가하고 상대방의 정교함을 과소평가해 결과적으로 연합군을 도운 셈이 됐다. 독일군은 레이더 기술과 시스템 분석과 같은 중요한 분야에서 자신들이 얼마나 뒤처져 있는지 전혀 인식하지 못했던 것 같다.

전쟁의 마지막 몇 년 동안 기술 적응 및 혁신과 과학적 발전을 결합하는 피드백 루프가 가속화돼 제5차 군사-사회 혁명이 일어났다. 냉전으로 인해 무기 시스템과 그 능력이 꾸준히 향상되었고, 핵무기의 존재는 군사 준비에 과학과 기술을 포함할 수밖에 없게 만들었다. 아이러니하게도, 이런 무기의 가공할 파괴력은 미국과 소련이 평화의 경계를 넘어 문명을 종식시킬 수 있는 제3차 세계대전으로 치닫는 것을 막는 데 결정적인 역할을 한 것으로 보인다.

냉전 기간 내내 군사적 경쟁은 서구 민간의 기술 변화를 주도했다. 미사일 개선을 위해 컴퓨터를 소형화하려는 미국의 노력은 1980년대 초 민간용 컴퓨터의 폭발적인 보급을 앞당긴 칩 기술 개발에 결정적인 역할을 했다. 하지만 냉전이 종식된 이후에는 그 반대의 상황이 발생했다. 제1차 세계대전 발발 이후 처음으로 민간 기술 개발이 군사 기술 개발을 이끄는 일이 벌어진 것이었다. 이것이 지니는 의미가 무엇인지 아직까지 명확하게 알 수는 없지만, 매우 심각하고 우려스러운 일임은 분명하다.

프롤로그로서의 과거

서구가 끊임없이 새로운 무기와 전쟁방식을 개발하도록 이끈 '어두운 길dark path'은 15세기 초반부터 현재까지 세계의 다른 많은 부분들로 확장되고 있다. 이 길은 결정적인 전투라는 마법의 묘약을 찾는 전쟁 수행자들을 유혹했으며(이 마법의 묘약을 찾는 데 성공한 예는 없다), 전쟁 비용을 계속 상승시키고 있다. 전쟁은 전투가 결정하는 것이 아니라 소모전과 정치적 지원에 의해 승부가 결정된다. 지난 5세기 동안 대규모 군사-사회 혁명들은 전쟁의 지형을 변화시켜 왔으며, 전쟁의 성격에 매우 직접적으로 영향을 미친 군사 혁신을 촉발해왔다.

이 책은 두 가지 큰 주제를 다루고 있다. 첫 번째는 유럽 국가들 간의 잔인한 경쟁이 대규모 군사-사회 혁명과 그에 수반되는 군사 혁신을 촉발했다는 것이고, 두 번째는 이 대규모 혁명과 혁신이 전쟁의 근본적인 성격을 지속적으로 진화하도록 강요하는 분위기를 조성했다는 것이다. 혁신의 원동력은 혁신과 적응에 대한 끊임없는 의지였다. 이런 의지는 결국 결정적인 승리를 향한 열망으로 이어졌고, 아이러니하게도 혁명과 제도적 변화는 점점 더 먼 신기루로 변해갔다. 하지만 혁신과 적응에 대한 의지는 유럽 국가들 사이의 치열한 경쟁에 의해 생겨난 것이기도 했다. 전쟁이 더 진화할수록 소모전이 결정적인 요소로 부상했다.

21세기에 더욱 심화되고 있는 제5차 군사-사회 혁명은 비핵전쟁을 더욱 치명적으로 만들고, 핵전쟁의 가능성도 더욱 높일 것이다. 물론 인류가 아마겟돈(최후의 전쟁)을 일으킬지 여부는 미래만이 답할 수 있는 질문이다. 그러나 과거의 증거는 그 확률이 지혜와 반비례한다는 것을 보여준다.

CHAPTER 2

근대국가와
군사 제도의 발전

그리스인들의 후계자들은 가장 현대적인 방식으로 전투를 연장하고, 확장하고, 미화하기 위해 더욱 기발한 방법을 모색했으며, 결국 그들의 사회구성체 전체가 전장으로 이끌려 나올 때까지 전쟁을 계속했다.

빅터 데이비스 핸슨*Victor Davis Hanson*, 《서양의 전쟁 방식*The Western Way of War*》

위그노	16~17세기 프랑스의 개신교도들로, 주로 도시 상공인층이 많았다. 가톨릭과의 종교전쟁에서 주체가 되었으며, 1598년 낭트 칙령으로 종교의 자유를 얻었다. 그러나 1685년 루이 14세가 칙령을 폐지하면서 대규모 망명이 발생했다.
오렌지 공 윌리엄 (1650~1702)	네덜란드 총독이자 후에 영국 국왕이 된 윌리엄 3세. 1688년 명예혁명으로 영국 왕위에 올랐으며, 의회민주주의의 기틀을 마련했다. 프랑스의 루이 14세에 대항하는 유럽 동맹을 주도하여 세력 균형을 유지하려 했다.
프랜시스 드레이크 (1540~1596)	영국의 유명한 해적이자 탐험가로, 엘리자베스 1세의 후원을 받았다. 스페인 보물선을 약탈하고 두 번째로 세계 일주에 성공했으며, 1588년 스페인 무적함대 격파에 큰 공을 세웠다. 해적에서 기사로 신분이 상승한 대표적 인물이다.
구스타부스 **아돌푸스**(1594~1632)	스웨덴의 국왕이자 군사 혁신가로, '근대 전쟁의 아버지'로 불린다. 30년 전쟁에서 경포와 소형 머스킷을 도입하여 기동성과 화력을 결합한 혁신적인 전술을 개발했다. 또한 체계적인 군사 훈련과 보급 체계를 확립했으며, 브라이텐펠트 전투에서 그의 혁신적 전술이 빛을 발했다. 30년 전쟁의 흐름을 바꾼 주요 인물이다.
넌서치 조약(1585)	엘리자베스 1세의 영국과 네덜란드 사이에 체결된 군사동맹 조약으로 영국은 네덜란드에 군사적·재정적 지원을 제공하기로 약속했으며, 이는 영국이 스페인과의 전쟁에 공식적으로 개입하게 된 계기가 되었으며 후에 스페인 무적함대 침공의 한 원인이 되기도 했다.

근대국가와 그 직접적인 통제를 받는 군사제도는 16세기 유럽에서 등장하기 시작했지만, 이것이 무르익기 위해서는 17세기의 행정 및 조직적 발전이 필요했다. 16세기부터 18세기까지 근대국가와 군대의 관료화는 서구가 세계를 지배할 수 있는 토대를 마련했다.[1]

16세기에 갓 출현한 근대국가들 간의 정치·경제·군사적 경쟁의 치열함은 마키아벨리의 저서에서 가장 잘 드러난다. 이러한 치열한 경쟁은 군사 조직에 기술 및 전술적 혁신을 강요했고, 이에 적응하지 못한 국가는 몰락했다. 스페인의 쇠퇴가 대표적인 예다.[2] 또한, 해군의 경우 정도가 덜하기는 했지만 전반적인 군대의 치사율과 비용 증가는 민간 사회의 정치 및 재정 변화를 포함한 변화와 적응을 강제했다. 그 결과, 1700년에 이르러 유럽 함대는 전 세계 바다를 지배할 수 있게 됐다. 여기서 중요한 것은 새로운 기술과 전쟁 방식이 경쟁이 치열한 유럽의 틀 안에서 경쟁 집단들에게 빠르게 전파됐다는 사실이다.

당시 경쟁의 주요 요인 중 하나는 정치에 접근하는 네덜란드와 영국의 방식이었다. 이 접근방식은 결국 전통적인 군주제보다 정치적으로 더 효율적이고 전쟁을 지원하는 데 필요한 자금과 자원을 조달하는 데 더 효과적인 것으로 입증된 일종의 경쟁적 과두제를 탄생시켰다. 따라서 17세기에 유럽 국가들이 발전시킨 정치 형태는 18세기의 대규모 전쟁들을 촉발했으며, 이 전쟁들은 글로벌 커먼즈의 지배권을 결정했다.

군사 혁신이 변화에 미친 영향

14세기에는 그 이전 수천 년 동안 유지되던 전쟁과 사회의 상호작용 프레임워크가 여러 가지 요인으로 인해 변화했다. 유럽인들은 덜 호전적이 된 것이 아니라 오히려 더 호전적으로 변화했다. 1346년에 발생한 페스트와 1315년부터 전 세계에 들이닥친 소빙하기는 중세의 세계관이 끝나는 데 지대한 영향을 미쳤다.[3] 페스트는 유럽 인구의 3분의 1을 몰살시켰고, 페스트의 장기적인 심리적·문화적 영향으로 많은 사람들이 중세의 종교·정치·경제의 기반인 기독교 신앙에 대해 의문을 품게 됐다.

14세기에는 기갑 기사의 지배력도 시험 대상에 올랐다. 보병을 중심으로 하는 군대가 봉건 군대에 승리하면서 새로운 전쟁의 시대가 열렸다. 역사학자들은 이를 보병 혁명infantry revolution이라고 부른다.[4] 1302년 쿠르트레 전투Battle of Courtrai에서 플랑드르 반군은 프랑스군을 물리쳤다. 그로부터 12년 후에 일어난 배넉번 전투Battle of Bannockburn에서 로버트 1세 브루스Robert I Bruce가 이끈 스코틀랜드군은 영국 에드워드 2세의 군대를 결정적으로 격퇴해 스코틀랜드의 독립을 지켜냈다. 1315년 스위스는 모르가르텐 전투에서 오스트리아 군대를 격파했다. 하지만 기갑 기사의 지배력에 대한 진정한 위협은 장궁_{長弓}의 등장과 함께 찾아왔다.[5] 장궁은 모든 면에서 놀라운 무기였다. "150파운드의 활은 60그램의 무거운 화살을 320야드(약 292미터), 가벼운 화살은 350야드까지 날릴 수 있었다. 화살촉이 넓은 화살은 갑옷을 쉽게 뚫을 수 있었고, 뾰족한 화살촉은 판금 갑옷을 뚫을 수도 있었다."[6] 활시위를 길게 당겨 쏘는 장궁은 사거리, 발사 속도, 타격 강도가 모두 뛰어났으며 당시 인간이 사용할 수 있는 가장 효과적인 살상무기였다.[7]

장궁 덕분에 영국군은 프랑스군을 상대로 연이어 큰 승리를 거둘 수 있었다. 1346년, 에드워드 3세는 슈보시chevauchee(공격 측의 군대가 상대방의 지역에서 벌이는 약탈과 초토화 작전 – 옮긴이)를 계속하면서 노르망디를 거쳐 파리로 향했다. 파리에서 후퇴한 그는 군대를 이끌고 센 강을 따라 전진하다 강을 건넜고, 그 뒤 솜 강을 건넜다. 그로부터 얼마 지나지 않아 영국군은 칼레Calais 부근에서 프랑스군에 따라잡혔지만, 영국군은 장궁으로 프랑스군의 기병대를 대파했다. 그로부터 10년 후, 프랑스군은 에드워드 3세의 아들인 에드워드 흑태자Edward the Black Prince가 이끈 영국군을 다시 추격하게 됐는데, 프랑스군은 보병을 주축으로 영국군을 공격했지만 이번에도 영국군에 대패했다. 장궁은 프랑스 기사들을 몰살시켰고, 영국 보병은 프랑스 왕을 사로잡았다. 그로부터 불과 50년 후, 영국의 헨리 5세는 아쟁쿠르Agincour에서 영국의 승리를 재현했고, 그는 10년 만에 영국과 프랑스의 왕권을 통합하는 데 성공했다.

하지만 장궁은 결국 역사 속으로 사라졌다. 장궁은 어릴 때부터 훈련을 받은 사람만 사용할 수 있는 무기였고, 혁신이 불가능했기 때문이다. 장궁은 특정 사회에서만 사용할 수 있는 문화적 무기였다고 할 수 있다.

게다가 15세기 후반이 되자 웨일스 고원과 잉글랜드 북부는 더 이상 젊은 이들이 장궁을 훈련하는 데 적합하지 않았다. 장궁은 고대의 무기 체계를 크게 개선한 것이었지만 다른 지역에서 장궁을 영국에서처럼 사용할 수 없었고, 미래의 가능성을 제시하는 무기도 아니었다.

16세기까지만 해도 전쟁에서 살인은 칼과 창, 화살로 인간끼리 벌이는 육탄전이었다. 즉, 누군가 말했듯이, 대규모 도살장에서 도살과 도축을 하는 것과 비슷했다. 세기가 바뀌어도 병사들이 사용하는 무기나 전술적 대형은 크게 달라지지 않았다. 로마제국의 500년 군사적 우위는 규율과 훈련에 의한 것이었으며, 서기 3세기에 그 규율이 무너지자 로마 병사들은 야만인과 다를 바 없어졌다. 간단히 말해, 15세기 이전 수천 년 동안 살상 방법에는 기술적인 혁신이 거의 없었지만 전술은 분명히 바뀌었다고 할 수 있다.

영국 침략자들을 상대로 프랑스 왕국이 최종 승리를 거둘 수 있었던 것은 화약 대포gunpowder cannon라는 새로운 무기의 등장으로 인해 가능했다. 화약은 중국에서 10세기에 발명됐으며, 처음에는 일종의 약으로 사용됐다. 화약은 빠르게 연소하는 특성이 있었기 때문에 중국인들은 화살을 쏘는 데 화약을 사용했고 나중에는 원시적인 총기에도 사용했다.[8] 하지만 전쟁에 대한 중국인들의 접근방식은 대부분 방어적이었다. 북쪽에서 야만인 군대가 내려오면 중국인들은 도시에 숨어 공격자들을 지치게 만드는 방식을 사용했다. 중국은 또한 내부 경쟁이 없었기 때문에 화약이 혁신의 도구가 되지 못했다. 하지만 화약을 만드는 방법에 대한 지식이 중국에서 이슬람 세계를 거쳐 유럽으로 전파되자, 경쟁이 치열한 유럽 국가들은 화약을 이웃 국가에 우위를 점하기 위한 수단으로 삼았다.

초기 대포에 대한 묘사는 1326년에 작성된 기록에 남아 있다.[9] 초기 대포는 에드워드 3세의 군대가 크레시Crecy에서 프랑스군을 상대로 사용한 것으로 추정된다. 하지만 그 정확도가 너무 떨어져 영국과 웨일스가 사용했던 장궁에 비하면 거의 피해를 입히지 못했다. 하지만 치열한 경쟁이 벌어지는 유럽의 정치 환경 속에서 많은 사람들이 화약 무기의 잠재력을 발견하고 그 치명성을 높이기 위해 큰 노력을 기울였다.[10] 아이러니하게도, 유럽인들이 더 효과적인 대포를 개발하기 위해 노력하는 과정에서 얻은 최고의 자산 중 하나는 청동을 주조해 교회 종을 만드는 데 필요한 경험을 쌓았다는 것이다.

15세기 중반, 프랑스군은 몇 달이 아닌 며칠 만에 성벽을 무너뜨릴 수 있을 만큼 강력한 포병을 보유하게 됐다.[11] 당시 프랑스군은 일련의 신속한 작전을 통해 노르망디와 프랑스 남서부에 있는 몇몇 거점에서 영국군을 몰아냈다. 동쪽에서는 오스만튀르크가 1453년에 동로마제국 수도 콘스탄티노플의 성벽을 무너뜨리기 위해, 주조 공장에서 콘스탄티노플로 운반된 거대한 대포를 사용했고, 다른 대포들은 포위 공격에 투입됐다. 15세기에 접어들면서 프랑스 포병이 이탈리아 도시 국가의 요새에 미친 영향에 대해 마키아벨리는 "아무리 두꺼운 성벽이라도 포병이 며칠 안에 파괴할 수 없는 성벽은 존재하지 않는다."라고 말했다.[12]

화약 혁명은 최초의 군사 혁신이었으며, 이후 수 세기에 걸쳐 영향을 미쳤다. 적을 죽이는 방법을 찾기 위해 끊임없이 노력한 유럽 군대는 훨씬 더 나은 대포와 소형 무기를 빠르게 발명했다.[13] 이런 무기들은 그 이전까지 수천 년 동안 수행됐던 전쟁의 성격에 큰 변화를 가져왔다. 화약 무기는 점점 더 강력해져 살상 거리가 엄청나게 늘어났고, 그 힘을 활용해 대포 설계와 화약 제조의 지속적인 혁신을 불러일으켰다. 1325년부터 1425년까지 "화약 포병은 급속도로 발전해 새로운 세대의 포병들은 그들의 아버지가 사용하던 것과는 전혀 다른 무기를 사용하게 됐다."[14] 무기의 치사율을 높이기 위한 혁신 노력이 유럽 전역에서 끊임없이 이어지면서 전쟁의 성격은 꾸준히 변화했다. 또한 이런 경쟁은 효율적인 관료제와 훈련된 군사 조직을 갖춘 국가를 탄생시키는 계기가 되기도 했다.

화약 혁명만큼이나 중요했던 요하네스 구텐베르크의 인쇄기 발명은 콘스탄티노플 함락과 거의 동시에 15세기 중반에 유럽의 정치·종교적 틀을 바꾸어 놓았다. 구텐베르크의 혁명으로 인해 책 인쇄에 사용되는 양피지가 훨씬 저렴한 재료인 종이로 대체됐다. 콘스탄티노플이 함락되면서 수많은 그리스·로마 문서와 책이 서구에 도착했고, 점점 수준이 높아진 대중은 인쇄기를 통해 새로운 학문을 접할 수 있게 되었다. 고대의 문헌들은 르네상스 시대의 정치 및 종교 사상뿐만 아니라 군사적 사고에도 영향을 미쳤다. 서기 1세기 로마-유대 전쟁의 역사를 기술한 플라비우스 요세푸스Flavius Josephus는 군사 관련 문헌이 가져온 변화를 다음과 같이 요약했다.

"(로마의) 전투 훈련은 실제와 다르지 않으며, 모든 병사는 마치 실제 전장에서 싸우는 것처럼 매일 열심히 훈련에 임한다. …… 그들의 훈련을 피 흘리지 않는 전투, 그들의 전투를 피 흘리는 훈련이라고 부르는 것은 전혀 과장이 아니다."[15]

마키아벨리는 포병이 영원히 무적일 것이라고 믿었지만, 사실은 그렇지 않았다.[16] 대포의 맹공격으로 성이 무너지기 시작하자 수십 년 만에 요새 설계에 혁명적인 변화가 시작되었기 때문이다. 포병에 대응하기 위한 첫 번째 노력은 방대한 양의 석조로 거대한 탑을 쌓는 것이었다. 하지만 이런 탑에는 심각한 결함이 있었고 비용이 너무 많이 들었다. 이 문제의 해결책은 포탄을 흡수할 수 있도록 돌이나 흙을 쌓아 낮고 넓게 확장한 요새를 세우는 것이었다. 좀 더 저렴한 대응책으로는 오래된 성벽 앞에 석조물, 흙, 기타 쓰레기를 쌓는 방법도 있었다. 이러한 즉흥적인 방법은 포위된 요새에서 많은 양의 벽돌이 무너져 틈새를 메울 때 주로 사용됐다.[17] 이 사례에서 우리는 한 군대의 혁신이 상대편의 빠른 모방을 불러오고, 어떤 경우에는 개선까지 이끌었다는 사실을 알 수 있다.

1515년 당시 교황령에 속했던 항구 도시 치비타베키아Civitavecchia에 구축된 사각형 형태의 각진 성형 요새는 이후 많은 요새의 모델이 되었다. 이 요새는 공격자가 방어 요새나 도시의 성벽을 뚫는 것을 더 어렵게 만드는 데 큰 공헌을 했다. 각진 요새는 성벽이 두꺼웠고 요새의 거의 모든 지점에서 측면 사격이 가능하여 포병이 그동안 누리던 장점을 무력화했다. 이는 사실상 두 번째 군사 혁신이었다. 점점 더 강력해지는 포병의 위협으로 인해 요새 설계에 혁신이 필요하게 된 것이었다. 이런 요새 구축 방식이 다른 지역에도 알려지면서 *성형 요새*는 2세기 동안 지속된 화약 무기에 대항해 방어자들에게 상당한 이점을 제공했다.

이 두 가지 군사 혁신은 전쟁 비용을 증가시켰다. 장기적으로는 행정, 재정 지원, 전술, 유럽 군대의 성격에 대한 개혁이 요구됐다.[18] 화약 포병에 대응함으로써 성형 요새는 전쟁의 성격에 완전히 새로운 요소를 불어넣었다. 이제 주요 요새를 점령할 수 있는 유일한 방법은 '전례 없는 규모의 군대'에 의한 전면 봉쇄뿐이었다.[19] 또한 포위 공격에는 수개월에 걸친 지속적인 병참 지원이 필요했기 때문에 전쟁 비용은 당연히 증가할 수밖에 없었다. 비용과 군사적 문제가 늘어난 이유는 새로운 형태의 요새가 주요 도시와 마을로 빠르게 확산되고 그 규모가 커졌기 때문이었다.

변화된 전술 환경에 대응하기 위해 국가들은 이전에는 볼 수 없었던 규모의 군대를 모았다. 1530년대와 1540년대 사이에 군대를 배치하고 지원하는 데 필요한 비용은 두 배로 증가했다.[20] 1530년 이전에는 최대 규모의 군대가 3만 명 정도에 불과했으나 1537년에 신성로마제국 황제 카를 5세는 이탈리아에서 6만 명의 군대를 동원했다. 그로부터 16년 후 네덜란드, 독일, 지중해의 적들로부터 위협을 받자 카를 5세는 거의 15만 명에 이르는 군대를 동원했다. 1574년 스페인 플랑드르 군대의 병력은 8만 6,000명에 이르렀다.[21] 그 결과, 전쟁을 수행하는 데 필요한 재정 및 병참 지원도 함께 확대됐다. 당연히 규모가 커질수록 군대에 대한 재정 지원은 어려울 수밖에 없었고, 결국 급료를 지급받지 못한 병사들의 반란으로 이어졌다. 1527년, 카를 5세가 병사들에게 급료를 지불하지 못하자 합스부르크 군대(대부분이 루터교도였다)의 사령관이었던 부르봉 공작은 로마로 진군했다. 그 결과, 수많은 수녀와 사제를 포함해 8,000명이 학살되고 열흘에 걸쳐 '영원한 도시' 로마가 초토화됐다. 당시의 한 목격자는 그들의 잔학 행위가 어찌나 심했는지 "종이와 잉크로 모두 기록할 수 없었으며, 다 기억이 나지 않을 정도였다."라고 적었다.[22]

카를 5세의 아들이자 후계자인 스페인의 펠리페 2세 치하에서도 상황은 거의 개선되지 않았다. 16세기에 아메리카 대륙에서 금과 은이 스페인으로 유입되었지만 펠리페 2세는 다섯 차례(1557년, 1560년, 1569년, 1575년, 1587년)에 걸쳐 파산을 선언했다. 이 때문에 병사들은 급료를 지급받지 못했고, 1572년부터 1607년 사이에 스페인 플랑드르 군대에서는 45건 이상의 반란이 발생했다. 일부 스페인인들은 스페인이 네덜란드에서 패한 것은 네덜란드의 저항보다 스페인 병사들의 내부 반란 때문이라는 주장을 하기도 했다.[23] 1576년 앤트워프에서 일어난 용병들의 반란은 알바 공작이 급료를 지급하겠다는 약속을 어겼기 때문이었다. 이 반란으로 인해 1,000채의 주택이 파괴되고 8,000명이 사망하면서 네덜란드 전역에 분노를 일으켰고, 스페인이 네덜란드를 손에 넣을 수 있었던 최고의 기회가 끝내 날아갔다.[24]

1530년대가 되자 성형 요새가 알프스를 넘어 전파됐다. 영국의 역사학자 제프리 파커Geoffrey Parker는 1529년부터 1572년 사이에 저지대 국가들에서 "4개의 성채, 12개의 완전히 새로운 성벽, 18개의 개보수된 성벽 등 약 43킬로미터에 달하는 근대식 방어 시설이 건설됐다."라고 말했다. 건설에 막대한 자금이 소요되는 이런 구조물을 세우기 위해서는 비용은 물론이고 병사들을 많이 동원해야 했기 때문에 전쟁 비용은 계속 늘어만 갔다. 1580년대에 이르러 성형 요새는 신대륙으로 확산됐고, 영국의 사략선들privateers(국가가 공인한 해적선 - 옮긴이)의 위협을 느낀 스페인은 아바나를 시작으로 카리브 해 전역에 성형 요새를 건설했다. 스페인의 아바나 방어 시도는 1490년대 콜럼버스가 카리브 해의 섬을 발견한 이후 유럽인들이 전 세계 바다를 향해 폭발적으로 확산했음을 보여주는 대표적인 예라고 할 수 있다.

유럽의 서쪽 바다에 전쟁의 길이 열린 것은 두 가지 중요한 발전 때문이었다. 15세기 초, 유럽 선박은 튼튼한 구조 덕분에 대서양의 거센 파도를 견딜 수 있었다. 지난 10여 년 동안 역사가들은 동남아시아 주변 해역으로 진출하려고 한 중국의 탐험 노력에 대해 많은 연구를 해왔다. 하지만 중국 제국을 운영하던 유교 관료들에게는 탐험에 대한 필요성이 절실하지 않았다. 이와는 대조적으로, 식량 확보에 늘 어려움을 겪고 있던 유럽의 나라들은 대서양으로 더 깊이 들어가 바다의 풍부한 어류를 수확하는 노력이 필수적이라고 생각했다. 덕분에 개선된 장비와 방향타를 장착한 새로운 기술이 개발됐고, 유럽 선박은 바람을 가르며 항해할 수 있었다.[26] 이와 더불어 천문 지식의 발전으로 바다에서 선박의 위치를 보다 정확하게 파악하고 해류와 바람의 흐름을 파악할 수 있게 되었다. 15세기 말, 역사상 두 번째로 선원들이 지브롤터에서 인도양으로 가는 길에 위치한 희망봉을 돌아 항해했다.[27]

이 신식 선박이 반동으로 인한 구조적 손상 없이 화약 대포를 탑재할수 있다는 사실은 매우 중요했다. 하지만 대서양 범선이 효과적인 해군 무기가 되기까지는 시간과 혁신이 필요했다. 다시 말하지만, 혁신과 변화는 유럽인들 간의 경쟁에 의해 주도된 것이다. 15세기부터 17세기까지 이루어진 범선의 꾸준한 개선은 중요한 군사 혁신의 하나로 간주해야 할 것이다. 또한 이는 해군력뿐만 아니라 유럽 경제에도 영향을 미쳤다. 덕분에 유럽인들은 전 세계 바다를 뒤덮은 어둠 속으로 군사·경제·정치적 힘을 더 멀리 뻗칠 수 있게 됐기 때문이다.

유럽인들의 이런 능력은 전 세계의 힘의 균형을 결정적으로 변화시켰다. 콜럼버스가 아메리카 해역에 진입하기 4년 전, 포르투갈 탐험가들이 희망봉에 도달했다. 1498년 바스코 다 가마는 포르투갈 함대를 이끌고 처음으로 인도양에 진출했다.[28] 1517년 포르투갈 함대는 메카에서 가까운 지다까지 위협했지만 격퇴당했고, 1542년에는 일본에 도달했다. 남아시아에 이어 동남아시아까지 진출한 포르투갈 함대의 등장은 수익성이 높은 향신료 무역에 대한 중동의 독점권을 약화시켰고, 유럽이 지중해에서 전 세계 해양으로 관심을 돌리는 계기가 됐다. 한편 스페인은 1521년에 멕시코의 아즈텍 제국을 정복했고, 1572년에는 무자비한 군사 행동, 기술적 우위, 질병을 결합해 잉카의 마지막 거점을 파괴했다.[29] 멕시코와 페루 정복은 스페인과 합스부르크 제국에 전례 없는 부를 가져왔고 16세기와 17세기에 그들이 벌인 대규모 전쟁에 필요한 자금을 조달했다. 또한 이로 인해 유럽 전역에서 인플레이션이 시작돼 전쟁 비용은 더욱 상승했다.

16세기 대부분 동안 개량된 대서양 범선은 해상 전투와 육상 공격 모두에서 갤리선이 지배적이었던 지중해의 해전에는 거의 영향을 미치지 못했다. 그 이유는 여러 가지였지만, 그중에서도 지중해의 지리적 특성, 조수 간만의 차가 거의 없다는 사실, 지중해와 대서양의 날씨 차이, 1500년대의 대포 비용 등 여러 요인과 관련이 있었다.[30] 또한 지중해 갤리선은 대서양과 태평양의 겨울 폭풍을 견뎌낼 필요가 없었다. 하지만 지중해 너머의 대양에서는 대서양 범선을 갖춘 세력들이 전 세계로 뻗어나갈 수 있는 잠재력을 갖게 됐다.[31]

16세기의 대규모 전략 전쟁

16세기 유럽 열강 간의 경쟁은 주로 합스부르크 왕가를 중심으로 이루어졌다. 이 3자 경쟁의 한쪽에는 합스부르크 가문이 주로 결혼을 통해 축적한 막대한 영토와 권력이 있었다. 1500년에 태어난 카를 5세는 1508년에 부르고뉴 공작이 되면서 네덜란드의 통치자가 되었고, 1516년에는 스페인 국왕, 1519년에는 신성로마제국 황제 겸 오스트리아 공작이 됐다. 당시 그는 아직 10대였다. 재위 기간 동안 그는 이탈리아의 대부분도 지배했다.[32] 합스부르크의 영토 확장은 전쟁터를 여러 지역으로 확장하는 결과를 가져왔고, 이로 인해 지출이 증가했다. 카를 5세의 전쟁을 뒷받침한 것은 아즈텍과 잉카 제국을 정복한 결과 스페인으로부터 유입된 금과 은 그리고 이후 스페인의 대규모 광산 사업을 통해 얻은 막대한 부였다.

합스부르크 왕가가 지배한 영토의 중심에는 인구가 많고 호전적인 프랑스가 있었다. 당시 프랑스의 지배세력은 합스부르크 왕가의 영토 확장을 허용할 생각이 없었다. 따라서 16세기의 대부분은 합스부르크 왕가와 프랑스 왕들 간의 투쟁으로 채워졌다. 또 다른 강대국은 오스만 제국으로, 콘스탄티노플을 중심으로 북서쪽으로는 발칸 반도를 통해 오스트리아와 빈으로, 북아프리카 해안에서는 이슬람 해적 도시 국가들의 도움을 받아 지중해를 통해 두 방향에서 유럽을 압박했다. 하지만 오스만 제국은 동쪽의 시아파 이슬람 세력인 이란과의 전쟁 때문에 유럽인들과의 전투에 집중하기 힘들었다.

종교는 와일드카드였다. 기독교와 이슬람은 7세기 아랍 부족이 지중해로 진출한 이래로 적대적인 관계였다. 1517년 마르틴 루터가 95개조 반박문을 자신이 사제로 일하던 성당 문에 못 박으면서 시작된 개신교 종교개혁으로 인해 정교회와 가톨릭교회 사이의 갈등은 더욱 복잡해졌다. 아이러니하게도 카를 5세는 이탈리아에서 전쟁을 치르느라 독일에서 종교적 반란의 싹을 제거하지 못했고, 그 사이 루터교는 상당한 지지층을 확보하게 되었다. 카를 5세는 군대를 구성하는 군인의 상당 부분을 독일인에게 의존했기 때문에 그들의 출신지를 다스리는 개신교 군주들과 영주들의

1580년 유럽의 정치적 지형도

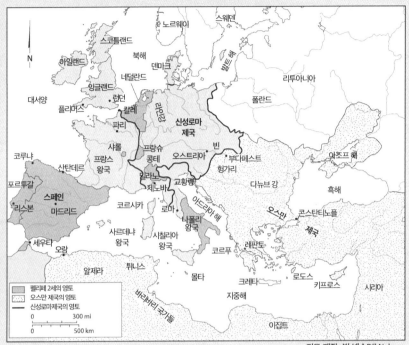

지도 제작: 빌 넬슨Bill Nelson

1580년의 유럽은 스페인의 펠리페 2세가 포르투갈을 합병하며 최고의 전성기를 맞이했지만, 종교 개혁으로 인한 종교 갈등과 신대륙 발견으로 인한 식민지 경쟁이 치열하게 벌어지며 새로운 질서를 향해 나아가고 있었다.

요구를 상당 부분 들어줄 수밖에 없었다.

합스부르크 왕가와 유럽의 적들 사이의 경쟁은 15세기 말부터 시작됐다. 한편 이탈리아의 도시 국가들은 15세기 대부분 동안 끝없는 싸움을 벌였다. 1494년 프랑스의 샤를 8세는 나폴리에 대한 소유권을 주장하며, 이탈리아를 침공했고, 이후 이탈리아 반도에서는 외부 세력이 전쟁을 주도하게 되었다.[33] 샤를 8세는 이탈리아 남부를 넘어서는 야망을 가지고 있었던 것으로 보인다. 그의 침공은 프랑스의 발루아 왕가와 합스부르크 왕가 사이의 일련의 전쟁을 촉발했다. 1497년, 잇단 패배와 군대의 소모로 인해 샤를 8세는 이탈리아에서 후퇴했고, 스페인 군대는 프랑스군의 잔여 세력을 정리했다. 그로부터 3년 후, 프랑스군은 복수를 위해 더 많은 군대를 이끌고 이탈리아로 돌아왔지만 더 큰 굴욕을 겪었다.

이런 패권 다툼에서 지상전만큼이나 중요한 것은 스페인, 베네치아, 오스만 제국 간의 지중해 해상 전쟁이었다. 이 세 국가 모두 갤리선을 기반으로 해군을 운용했지만, 해군을 사용하는 방식에는 상당한 전략적·전술적 차이가 있었다.[34] 16세기 초 화약 대포가 등장하면서 지중해 갤리선 전투는 크게 바뀌었고, 1510년부터는 뱃머리에 장착된 청동 대포가 함대의 무기는 물론 전술까지 지배하기 시작했다.

이런 변화가 왜 발생했는지는 정확하게 추정하기 어렵다. 존 프란시스 길마틴 주니어는 《화약과 갤리선Gunpowder and Galleys》에서 "전술력의 증가는 갤리선의 크기가 약간 증가하고, 그 보완선complements의 크기가 급격히 증가했으며, 갤리선 함대의 규모가 커진 결과였다."라고 말했다. 따라서 1571년 레판토Lepanto 해전에 투입된 함대의 크기는 1538년 프레베자Preve-za 해전에 투입된 함대의 약 2배에 달했다.[35] 하지만 두 번째 주요 변화 요인은 지중해가 아닌 외부에서 발생했다. 1543년에 영국인들이 주철 대포를 만드는 법을 발견한 것이다. 주철 대포는 청동 대포에 비해 효과는 떨어지고 폭발할 가능성이 있어 더 위험했지만, 만들기가 더 쉬웠고 제조 비용이 3분의 2밖에 들지 않았다.

그로부터 40년이 채 지나지 않아 북유럽의 거의 모든 국가에서 저렴한 철제 대포를 대량 생산하기 시작했다. 대포의 가격이 낮아지고 사용 가능한 대포의 수가 많아지면서 범선에 충분한 무기를 장착할 수 있게 됐고, 범선은 갤리선보다 더 효과적인 전쟁 무기가 됐다. 갤리선 함대 유지에 드는 비용이 증가하는 한편 대포로 무장한 범선에 비해 갤리선의 효율이 떨어지면서 갤리선 중심의 해전은 종말을 맞고 새로운 해군력의 시대를 예고했다. 하지만 스페인과 베네치아는 그 후로도 꽤 오랫동안 갤리선을 이용해 지중해 서쪽에서 오스만 제국의 공격을 막아낼 수 있었다.[36]

카를 5세의 또 다른 골칫거리는 프랑스의 야망이었다. 이들 간의 전쟁은 이탈리아를 중심으로 전개됐다. 카를 5세는 이탈리아에서 프랑스군을 저지하는 데 대부분 성공했지만, 이때문에 합스부르크 왕가에 대한 다른 위협에는 적절하게 대처하기 힘들었다. 오스만 세력과 연합한 북아프리카 해적을 제거하려는 스페인의 노력은 막대한 대가를 치렀음에도 계속 실패로 돌아갔다. 또한 카를 5세는 이탈리아에서 프랑스군과 계속 전쟁을 치러야 했기 때문에 발칸 반도에서 오스만튀르크의 진격이 시작됐을 때 스페인과 독일에 끊임없이 병력을 요청해야 했다. 카를 5세의 군대는 프랑스군과 이탈리아군에 맞서 대부분 승리를 거뒀지만 그들을 완전히 제거하지는 못했다. 합스부르크 왕가의 득세에 위협을 느낀 군주들은 카를 5세에 대항하기 위해 힘을 합쳤다. 1521~1529년, 1536~1537년,

1542~1544년, 1551~1558년의 프랑스와의 전쟁, 1521~1538년, 1541~1547
년 오스만튀르크와의 전쟁, 1546~1547년 독일 신교도와의 전쟁 등 모든
면에서 카를 5세의 통치는 전쟁의 연속이었다.

　1555년 10월부터 1556년 7월까지 카를 5세는 자신이 맡고 있던 모든
직책에서 물러났다. 그는 전시뿐만 아니라 평시에도 실질적인 통치자였지
만, 스페인, 이탈리아, 저지대 국가들을 물려받은 그의 아들 펠리페 2세는
대부분의 시간을 스페인의 궁전에서만 보내며 통치했다. 따라서 펠리페 2
세는 자신이 다스리는 영토 전체에 소용돌이치는 흐름에 대해 거의 이해
하지 못했고, 자신에게 닥친 어려움을 신이 극복해줄 것이라는 믿음에만
매달렸다.[37] 그럼에도 불구하고 펠리페 2세는 신대륙의 금과 은으로 부를
축적한 유럽 최고의 통치자였으며, 스페인 군대의 기본 전술 편성인 *테르
시오*tercio(1534년부터 1704년에 걸쳐 스페인 왕국이 채용한 군사편성 혹은 그 부대의 전
투대형을 말한다. 단순히 전투대형을 지칭할 때는 스페인 방진Spanish square이라고 부른다.
– 옮긴이)를 갖춘 그의 군대는 유럽에서 가장 실전에 강했다.

　전략 면에서 펠리페 2세의 문제는 그의 아버지와 마찬가지로 지나치
게 광범위한 영토를 다스리고 있다는 것이었다.[38] 당시 오스만은 지중해
에서 점점 더 공격적인 행보를 이어가고 있었다. 오스만 제국이 1565년에
몰타 기사단 전복을 시도하고 북아프리카의 해적 국가들을 지원한 것은
서부 지중해 지역에 대한 야망을 드러내는 분명한 신호였다. 이런 움직임
만큼 펠리페 2세에게 걱정스러운 것은 신교도들이 프랑스를 장악해 네덜
란드의 지배권을 빼앗길 수도 있다는 가능성이었다. 게다가 프랑스군은
이탈리아 북부를 계속 공략하고 있었는데, 이는 스페인의 지원군이 네덜
란드로 이동하는 데 있어 매우 중요한 지역이었다.

네덜란드는 펠리페 2세가 가장 큰 어려움을 안겨준 곳이었다. 카를 5세가 퇴위할 무렵, 그가 반포한 칙령으로 네덜란드 이교도들(신교도들)의 본거지는 대부분 무너진 상태였다. 따라서 카를 5세의 후계자인 펠리페 2세에게 남겨진 유일한 문제는 심각한 재정 상황이었다. 결국 1557년에 펠리페 2세는 파산을 선언했다. 그로부터 2년 뒤 왕은 네덜란드를 떠나 스페인으로 돌아갔고 다시는 네덜란드로 돌아오지 않았다. 그때부터 그는 마드리드의 안전한 궁전에 머물며 저지대 국가들의 악화되는 상황에 대처했다. 그가 떠난 후 네덜란드 전역에서 이교도가 증가했고, 지방 당국은 이교도들에 대한 기소를 거부했다. 가톨릭을 광신적으로 신봉했던 펠리페 2세는 당연히 개신교를 용납하지 않았다. 이로 인해 정치적 위기와 반란이 발생했고, 1566년 여름에는 네덜란드 당국이 통제력을 잃기에 이르렀다.[39] 네덜란드에서는 공공질서가 무너지고 광범위한 폭동이 발생했으며, 가톨릭 성지와 성상이 파괴됐다. 이에 대해 펠리페 2세는 알바 공작이 이끄는 대규모 병력을 이탈리아에서 네덜란드로 보내 이교도를 궤멸시키는 것으로 대응했다.

펠리페 2세가 이탈리아 북부에서 군대를 차출해 네덜란드로 보낼지 논의하는 동안 당시 네덜란드 총독이었던 파르마의 마르가리타 공작부인 Margaret of Parma은 칼뱅주의자들(개신교도들)의 반란을 어느 정도 진압한 상태였다. 첫 번째 반란이 종결됐음에도, 펠리페 2세는 알바 공작이 이끄는 스페인 군대를 네덜란드에 보내기로 결정했다. 브뤼셀에 도착한 알바 공작은 펠리페 2세에 대한 충성심을 유지하고 있던 도시들에 군대를 주둔시킬 것이라고 마르가리타 공작부인에게 통보했다. 스페인군은 즉시 요란스럽게 그 도시들에 입성했다. "8월 30일 나폴리군 테르시오의 19개 중대가 헨트Ghent로 진격했다. 주름 장식이 달린 스페인식 드레스를 입고 조랑말에 탄 수많은 매춘부들이 5열종대로 병사들의 뒤를 따랐다. 수많은 비전투 종군자들이 맨발에 모자도 쓰지 않은 채 병사들의 말, 수레, 짐을 돌보며 군대 행렬을 따라 행진했다."⁴⁰ 이 모습은 그 다음 세기에 등장할 근대적인 군대의 모습과는 거리가 멀었다. 군복도 입지 않고 시민이 지켜야 할 규율도 전혀 지키지 않았던 스페인 병사들은 네덜란드의 건실한 시민들에게 좋은 인상을 주지 못했다. 하지만 이런 겉모습과는 달리 스페인 병사들은 매우 용맹한 병사들이었다.

알바 공작은 마르가리타 공작부인으로부터 통치권을 인수한 뒤 정치나 종교상 복잡한 상황은 묵살한 채 군정을 실시했다. 이 새로운 정권은 이교도 1만2,000명을 재판에 회부해 9,000명에게 벌금을 부과했으며, 1,000명 이상을 처형했다. 1568년에 알바의 통치를 전복하려는 시도가 있었지만 참담하게 실패했다. 하지만 알바 공작은 군대를 지원하기 위해 영구적인 세금을 부과하려다 결국 도를 넘고 말았다.

네덜란드에서의 두 번째 반란은 1572년 4월 1일에 시작됐다. 위그노(프랑스의 개신교도)가 통제하는 항구도시들을 기반으로 영국 해협을 노리던 네덜란드 해적들은 스헬더 강과 라인 강 하구를 드나드는 선박들을 약탈하기 위한 거점으로 네덜란드 남부의 작은 항구도시 브릴Brill을 이용했다. '바다의 거지들Sea Beggars'이라고 불리던 이 해적들은 곧 영국 해협과 네덜란드 연안의 항구들을 장악했다. 스페인은 네덜란드에 지원군을 배치하기 위해 해상으로 이탈리아로 이동한 후, 알프스 고개와 '스페인의 길'로 불리던 라인 강을 따라 험난한 경로를 이동해야 했다. 이 해적들의 지도자인 오렌지 공 윌리엄William of Orange(네덜란드어로는 오라녜 - 옮긴이)은 빠른 속도로 놀라운 성공을 거두었고, 네덜란드 전체가 오렌지 공의 편이 됐다. 그럼에도 불구하고 알바 공작은 막강한 군대를 지휘하는 강인한 장군이었다. 그해 말까지 알바 공작은 반군 지역의 90%를 스페인 통제 지역으로 돌려놨다.

하지만 스페인에게는 아직 세 가지 걸림돌이 남아있었다. 첫째, 펠리페 2세는 해결해야 할 다른 문제들이 많았기 때문에 군대에 지급할 돈이 없었고, 이로 인해 군대는 반란 직전까지 이르렀다. 둘째, 스페인의 통제 하에 들어간 도시들은 질서 유지를 위해 스페인 군대가 계속 주둔해야 했지만, 그 과정에서 알바 공작의 야전 병사들 상당수가 빠져나갔다. 마지막으로, 반란이 계속되고 있는 두 지역에는 요새화된 마을이 24개 이상 있었기 때문에 알바 공작이 정복을 마무리하기에는 병사 수가 충분하지 않았다.[41] 9개월 동안 무급으로 지낸 병사들의 불만을 달래기 위해 알바 공작은 메헬렌Mechelen(현재 벨기에 안트베르펜 주 남부의 도시 - 옮긴이)이 저항 없이 항복했음에도 약탈을 허용했다. 이처럼 전쟁을 성공적으로 끝내는 데 가장 큰 걸림돌은 스페인 정부가 병사들에게 지속적으로 임금을 지급하지 않은 것과 그로 인한 병사들의 반란 행위였다. 1573년에서 1576년 사이에 플랑드르 군대는 세 차례 반란을 일으켰다. 그들에게는 분노할 만한 충분한 이유가 있었다. 1574년 모크Mook에서 일어난 반란은 3년 이상 밀린 급료 때문이었고, 1576년의 반란은 거의 2년 동안 급료를 받지 못한 병사들의 불만이 원인이었다.[42]

결국 스페인을 패배로 이끈 것은 군사적 효율성의 부족이 아니라 정치적·종교적 아집이었다. 또한 끊임없는 반란은 성공 직전에 모든 것을 수포로 만들었다. 1576년 가을, 펠리페 2세가 네덜란드와 강화조약을 체결하기로 합의한 후에도 스페인군은 안트베르펜을 공격해 16세기 최악의 잔학 행위 중 하나로 기록되는 약탈을 자행했다. '스페인의 분노'가 가라앉았을 때는 이미 8,000명의 시민이 살해되고, 도시의 대부분은 폐허가 된 상태였다.[43] 게다가 사실상 급료를 받지 못한 군대의 마구잡이식 횡포는 네덜란드에서 스페인의 정책을 약화시켰다. 그러나 이는 스페인만의 문제가 아니었다. 다른 유럽 국가의 군대도 비슷한 문제를 겪었기 때문이다.

비슷한 어려움을 겪은 대부분의 정치 지도자들과 마찬가지로 펠리페 2세도 군대의 실패를 외부의 간섭, 이 경우에는 프랑스와 영국의 탓으로 돌렸다. 그의 주장은 두 가지 면에서 옳았다. 프랑스는 네덜란드에서 반란이 시작될 때 재정적으로 상당한 지원을 했다. 영국은 조금 더 신중했다. 주요 전략적 결정을 내릴 때 항상 신중했던 영국의 엘리자베스 1세 여왕은 영국이 스페인에 비해 군사적으로 약하다는 것을 잘 알고 있었다. 하지만 1568년 그녀는 영국군이 해적을 피해 사우샘프턴과 플리머스로 피신한 스페인 선박에서 40만 플로린을 압수하는 것을 승인했고, 이는 무역 전쟁을 촉발했으며 엘리자베스 1세 여왕을 스코틀랜드의 여왕인 메리 스튜어트로 교체하려는 영국 북부 가톨릭 신자들의 반란을 부추겼다. 자신을 축출하려는 음모가 계속되자 엘리자베스 1세 여왕은 네덜란드 반군을 지원하게 되었고, 알바 공작은 그녀의 지원이 반란의 주요 요인이라고 생각했다.[44]

엘리자베스 1세가 스페인과의 전쟁에 나서게 된 결정적인 이유는 무엇이었을까? 첫째, 스페인이 네덜란드에 새로 파견한 사령관 파르마 공작이 네덜란드의 반란을 상당한 성공적으로 진압했기 때문에, 스페인이 저지대를 다시 장악할 경우 영국이 공격받을 위험이 제기되고 있었기 때문이다. 1585년 엘리자베스 1세와 네덜란드는 넌서치 조약Treaty of Nonsuch을 맺었는데, 엘리자베스 1세와 참모들은 이 조약이 스페인과의 전쟁을 의미한다고 생각했다. 이들은 해적 활동으로 이미 스페인에 잘 알려진 프랜시스 드레이크 경Sir Francis Drake에게 20척의 배를 이끌고 카리브 해에서 스페인군을 공격하라고 명령했다. 1492년 콜럼버스가 3척의 배로 탐험을 떠난 지 겨우 90년 만에 영국이 20척의 공격대를 꾸려 대서양을 건너는 데 성공한 것만큼 유럽 기술 발전의 영향력을 잘 보여주는 사례는 없다.

엘리자베스 1세가 스페인에 맞서려는 의지를 더욱 다지게 만든 것은 펠리페 2세가 자신을 암살하거나 왕위에서 축출하려는 여러 음모를 지원했기 때문이다. 1584년 광신적인 가톨릭 신자에 의한 오렌지 공 윌리엄 암살 사건은 엘리자베스 1세에게도 암살의 위험성을 일깨워주었다. 1587년 스코틀랜드의 메리 여왕이 엘리자베스 1세 암살 음모에 가담한 혐의로 참수당하자 펠리페 2세는 그 보복으로 영국 침공에 나섰다. 그의 계획은 스페인에서 출격하는 대규모 함대인 아르마다 함대(무적함대)가 영국 해협을 건너 영국 함대를 격파하고 네덜란드의 스페인 군대와 합류한 다음, 파르마 공작의 군대를 호위해 엘리자베스 1세를 제거한다는 것이었다.[45] 하지만 영국 함대는 아르마다 함대보다 항해에 더 능숙했고, 더 많은 근대식 무기를 탑재하고 있었다. 영국은 더 무거운 대포로 스페인 함대와 거리를 유지하며 원거리에서 포격을 이어갔다. 스페인 함대 중 침몰된 것은 단 한 척뿐이었지만, 다른 전함에도 막대한 피해를 입혔고, 영국제도 주변을 돌아 자국으로 돌아오는 길에 여러 척이 풍랑을 만나 침몰하기에 이르렀다.

이 전투를 시점으로, 유럽의 주요 강대국들은 해군을 강화하는 데 주력했고 전열함戰列艦, ship of the line(대포 50문 이상을 탑재하고 돛대가 3개인 범선 – 옮긴이)이 꾸준히 개발되기 시작했다. 17세기 마지막 수십 년 동안에는 네덜란드와 프랑스가 해군력 면에서 앞서나갔지만, 스코틀랜드의 스튜어트 왕가가 제거된 후에는 영국이 최강자가 됐다. 1588년 영국의 해적들이 스페인 무적함대를 격파한 일이 그 이후 해전의 판도를 결정했다고 할 수 있다.

전술과 기술

15세기와 16세기 내내 유럽 내의 군사적 경쟁은 특히 대포 분야에서 꾸준하고 인상적인 혁신을 가져왔다. 당시 휴대가능한 화약 무기는 그다지 역할이 크지 않았다. 1571년 네덜란드의 스페인 보병대는 창병 5명당 화약병 2명의 비율로 구성돼 있었다. 하지만 그로부터 30년 후, 그 비율은 총기로 무장한 보병 3명당 기병 1명으로 바뀌었다. 16세기 최고의 군대는 스페인의 *테르시오*tercio였는데, 이는 그들이 전술적으로 뛰어났기 때문이 아니라 거칠기로 소문 났기 때문이었다.

모든 주요 유럽 군대의 대형은 테르시오의 대형과 비슷했다. 테르시오는 약 1,600명의 병사가 정사각형으로 배치되고, 창병과 화승총병(후에 머스킷 총병)이 흩어져 있거나 모서리에 배치된 형태였다. 이 창병 진형은 고대 그리스의 팔랑크스와 크게 다르지 않았다. 테르시오는 밀도가 높기 때문에 병사들에게 전투의 공포로부터 보호받는다는 느낌을 주었다. 인간은 위험에 처하면 서로에게 의지하려는 경향이 있는데, 테르시오가 바로 그런 심리적 지지를 제공한 것이었다. 또한 테르시오는 병력을 정렬하는데 상대적으로 적은 수의 장교와 하사관이 필요하고, 기동하는 데 복잡한 명령이 필요하지 않다는 장점도 있었다.

테르시오의 단점은 일단 배치되면 기동성이 매우 약하다는 것이었다. 고대 그리스의 팔랑크스처럼 테르시오도 위치 선정에 크게 의존했다. 게다가 1500년대에 들어 기병과 화승총병의 수가 증가함에 따라 테르시오는 진형의 가장자리에만 배치할 수 있어 화력이 약화된다는 단점이 있었다. 또한 화력을 극대화하기 위해 대형을 넓게 펼치면 병사들에게 심리적 안정감을 제공하던 테르시오의 강점이 약화되는 기본적인 전술적·심리적 문제도 있었다. 보병 화력을 극대화하는 방법은 병사들을 선형적인 대형으로 분산 배치하는 것이었다. 하지만 이런 변화에는 상상력과 신중한 실험 그리고 자금이 필요했으며, 더 많은 장교와 병사들의 규율 강화, 지속적인 훈련이 필요했다.

획기적인 진전은 16세기 말에 이루어졌다. 1500년대 후반, 네덜란드 공화국의 세습 총독이었던 오라녜 공작 마우리츠Maurice of Orange는 사촌인 나사우-지겐 공작 요한 7세John VII, Count of Nassau-Siegen와 함께 화력을 높이면서 진형을 펼쳐 넓게 만드는 방법을 연구했다. 16세기의 진지한 군사학도들과 마찬가지로 이들도 고대 그리스와 로마의 군사 문헌을 파고들었다. 이들의 관심을 끌었던 것 중 하나는 로마인들이 전투에서 군대를 움직이는 데 사용한 일련의 명령어였다. 이에 대해 독일의 역사학자 한스 델브뤼크Hans Delbrück는 "잃어버린 기술을 여기서 다시 찾았다고 할 수 있다."라고 말했다.[46] 하지만 당시 네덜란드의 이 두 혁신가들은 고대의 명령어들을 현실에서 그대로 적용하는 것은 불가능하다는 문제에 부딪혔다. 실험 끝에 이들은 고대 로마 군대에서 사용된 명령어들이 예령(준비 명령)과 본령(실행 명령)의 두 단계로 이루어져 있다는 사실을 발견했다. 예를 들어, 명령을 내릴 때 "우향우"라고 한번에 발음하지 않고, "우향~우"라고 두 번에 나눠 발음하는 식이다.

이러한 명령 체계는 다양한 결과를 낳았다. 예를 들어, 병사들은 훈련장에서 명령을 듣기 위해 조용히 있어야 했다. 거듭되는 훈련을 통해 마우리츠의 병사들은 비슷한 규모의 다른 부대가 정렬하는 데 걸리는 시간보다 3분의 1을 단축할 수 있게 됐다.[47] 시간 내 행군을 강조한 훈련은 부대의 결속력을 더욱 강화했고, 심리적 보상으로는, 선사시대에 그랬던 것처럼 승리를 축하하는 춤도 추도록 했다.[48] 고대 로마 군대는 다른 방식으로도 네덜란드에 영향을 미쳤다. 가령 마우리츠 공작은 연대 규모를 약 1,600명에서 고대 로마의 연대 규모에 가까운 580명으로 줄여 기동성을 향상시켰다.[49]

마지막으로 네덜란드의 혁신가들은 장교의 수를 대폭 늘려 병사 한 명당 장교 수를 두 배로 늘렸다. 이에 대해 델브뤼크는 이렇게 썼다.

"네덜란드의 지휘관들은 자신들을 보좌하는 다른 고위급 군인들과 함께 근대적 개념의 장교가 됐다. 그들은 단순히 지휘만 하는 것이 아니라 그에 앞서 자신들이 나중에 지휘할 군인들을 먼저 양성했기 때문이다. 마우리츠 공작은 훈련 기술의 혁신가이자 진정한 군대 규율의 아버지가 됨으로써 장교라는 지위를 만든 사람이었다."[50]

엄격한 규율과 훈련을 도입하려면 두 가지 필수 요소가 필요했다. 첫째, 군인은 국가와 군주에 헌신하는 직업 군인이 되어야 했고, 둘째, 국가는 군인에게 정기적으로 급여를 지급해야 했는데, 네덜란드는 축적한 부를 바탕으로 이를 감당할 수 있었다. 이런 변화가 결실을 맺을 무렵, 전쟁의 성격과 군대의 전투 방식을 변화시키는 또 다른 군사 혁신이 일어났다.

마우리츠 공작과 그의 지휘관들은 자신들이 수행한 개혁의 의미를 완전히 파악하지는 못했다. 또한 네덜란드의 전쟁은 여전히 포위전과 진지전 위주였기 때문에 이런 개혁이 스페인에 대항할 때 큰 이점을 제공한 것도 아니었다. 17세기 중반 네덜란드가 무혈 독립을 쟁취할 무렵에는 스페인 군대가 너무 쇠약해졌고, 스페인은 그 후 다시는 유럽의 주요 강대국으로서의 지위를 회복하지 못했다. 네덜란드의 군사 혁신은 1616년에 나사우-지겐 공작 요한 7세가 독일의 지겐에 군사 아카데미를 설립한 덕분에 유럽 전역으로 빠르게 퍼져나갔고, 이는 유럽 전체에 상당한 영향을 미쳤다. 이 아카데미는 장교들에게 전쟁 기술을 교육했을 뿐만 아니라 네덜란드 시스템을 기반으로 한 일련의 매뉴얼을 제공하기도 했다.[51] 그럼에도 불구하고 보병 전술의 혁신은 천천히 이루어졌고, 두 걸음 전진할 때마다 한 걸음 후퇴하곤 했다.

살육의 시대

16세기 유럽에서는 전쟁의 규모, 폭력성, 지속 기간이 꾸준히 증가했고, 다음 세기에 어떤 일이 일어날지는 짐작조차 할 수 없었다. 17세기 전반에는 큰 전쟁이 일어나지 않은 기간이 정확하게 1년밖에 없었고, 후반에도 일 년 내내 전쟁이 없었던 해는 단 두 번밖에 없었다.[52] 이렇게 빈번한 전쟁으로 인해 마을이 불타고, 군인과 민간인이 학살당하고, 기아와 질병이 창궐했다. 게다가 소빙하기 중에서 가장 추운 기간이었기 때문에 비극은 더욱 끔찍했다. 당시에는 유럽 국가들 간의 끝없는 전쟁과 더불어 수많은 내전과 반란이 일어났으며, 주로 종교적 갈등으로 인해 상황은 악화됐다. 폭풍과 가뭄, 지속적인 추위가 반복되는 가운데, 특히 독일에서는 군대가 약탈을 일삼아 참혹함을 더했다.

그럼에도 군대는 계속 성장했다. 1626년에 스페인의 펠리페 4세는 자신이 급여를 지불하는 병사만 해도 30만 명에 달한다고 주장했지만, 이는 급여의 개념을 확대 해석한 결과인 것 같다. 요새 건설은 전쟁 비용을 더욱 증가시켰다. 1572년에서 1648년 사이에 네덜란드에서 대립하던 두 세력은 모두 50개의 요새를 건설하고 60개 도시의 요새를 근대화했다.[53] 이런 건설에는 더 많은 군대와 더 많은 병참 지원이 필요했고, 군사 작전은 일련의 포위 공격으로 전환되었다. 마우리츠 공작이 수행한 개혁의 완전한 의미를 처음으로 파악한 것은 스웨덴이었다. 거의 한 세기 동안 독일에서 가톨릭과 개신교 간의 긴장이 고조된 끝에 폭발한 30년 전쟁이 그 계기가 됐다. 이 전쟁은 루돌프 2세에 이어 광적인 가톨릭 신자인 페르디난트 2세가 신성로마제국의 황제로 선출되면서 촉발됐다. 보헤미아의 왕이기도 했던 페르디난트 2세는 참된 신앙에서 멀어진 체코 사람들에게 가톨릭을 따르라고 강요했다.

1618년 5월, 프라하에서는 신교도들이 페르디난트 2세를 보좌하는 가톨릭 성직자들을 2층 창문 밖으로 던져버리고, 팔츠의 선제후이자 칼뱅주의자인 프리드리히 5세를 보헤미아의 왕으로 선포하는 일이 벌어졌다. 이는 합스부르크 왕가 출신의 군주가 지배하는 오스트리아와 스페인으로서는 절대 받아들일 수 없는 일이었다. 결국 1619년 5월, 플랑드르 군대에 속한 스페인 군인 7,000명이 오스트리아 수도 빈으로 행군했다. 존 A. 린John A. Lynn은 17세기 초의 이 군대를 "왕의 소규모 핵심 병력, 지역의 전통적인 군대, 고용된 용병, 강력한 귀족들이 키운 사병"으로 다양하게 구성된 일종의 "혼종 계약 군대"라고 묘사했다.[54] 1620년에는 펠리페 3세가 4만 명에 이르는 병사들과 상당한 규모의 자금을 독일의 페르디난트 2세에게 지원했다. 이들의 도움으로 같은 해 11월 8일, 페르디난트 2세는 백산 전투Battle of White Mountain에서 체코 군대를 격파했다. 1621년에는 네덜란드와 스페인 사이에 전쟁이 재개됐고, 스웨덴과 폴란드도 전쟁을 시작했다.

페르디난트 2세는 체코를 상대로 승리한 후 체코 귀족들을 다수 처형하고 그들의 땅을 독일 가톨릭 귀족들에게 넘겼다.[55] 만약 그 시점에서 그가 멈췄다면 30년 전쟁은 아마도 3년 만에 끝났을 것이다. 하지만 페르디난트 2세는 프리드리히 5세를 축출하고 가톨릭 신자인 바이에른 막시밀리안 공작을 그 자리에 앉히기 위해 그를 팔츠의 선제후로 임명했다. 요한 폰 틸리 백작Count Johann von Tilly이 이끈 페르디난트 2세의 강력한 군대가 프리드리히 5세를 팔츠에서 쫓아내는 데는 그리 긴 시간이 걸리지 않았다. 1625년이 되자 가톨릭 동맹은 우세한 위치를 점했고 신교도 진영은 심각한 혼란에 빠졌다. 이 전쟁은 1625년 신교도 진영에 속한 덴마크의 국왕 크리스티안 4세가 개입함에 따라 다음 단계로 진입했다. 가톨릭 군대는 폰 틸리 백작과 체코 귀족인 알브레히트 폰 발렌슈타인이 이끌었다. 발렌슈타인은 자원과 신용으로 장교들을 모집하고 거액의 돈을 빌리는 능력으로 두각을 나타냈다.[56] 그는 신교도 가문에서 태어났지만 20대 초반에 가톨릭으로 개종했으며, 결혼한 뒤에는 아내의 돈으로 용병을 모집해 군대를 만들어 합스부르크 왕가를 지원했다. 자신의 고용주들에게 깊은 인상을 남긴 그는 덴마크에 맞서 독자적으로 활동하기도 했다.

1625년과 1629년 사이에 발렌슈타인은 보병 4만5,300명과 기병 1만6,600명이었던 용병 병력을 각각 11만1,000명과 1만7,900명으로 늘렸다. 그의 방식은 전혀 새로울 것이 없었는데, 그가 모집한 병사들은 대개가 자신과 비슷한 약탈자들이 모집한 병사들이었기 때문이다. 당시의 병참 체계는 아군이든 적군이든, 군대가 점령한 영토에서 식량을 구하는 데 의존했다. 메뚜기 떼만큼 독일을 깨끗하게 쓸어버리는 데 이 방법보다 효과적인 방법은 없었다.[57] 전쟁에서 승리하기 위한 발렌슈타인의 방식은 황제에게 군대를 계속 늘려 독일 전역을 점령하도록 촉구하는 것이었다. 1629년 말, 페르디난트 2세가 이끄는 군은 덴마크군을 완전히 격파했고, 발렌슈타인의 군대는 덴마크 섬들을 제외한 유틀란트 지역을 모두 점령했다.[58]

그런데 이 시점에서 제국의 손아귀에 거의 들어온 듯했던 승리가 빠져나갔다. 스페인 왕들처럼 페르디난트 2세도 정치적 편의보다 종교적 정통성을 더 중요하게 여겼다. 1629년에 페르디난트 2세가 발표한 '복원 칙령Edict of Restitution'으로 개신교 귀족들이 점령했던 모든 영토가 가톨릭 교회로 반환됐다. 이 조치는 개신교 귀족들의 반발을 불러일으키고 스웨덴이 개입할 수 있는 여지를 주는 매우 위험한 조치였다. 페르디난트 2세의 예수회 고해 신부는 당시 바이에른 선제후에게 황제의 이 결정에 대해 "이 칙령은 어떤 악이 닥치더라도 굳건히 지켜져야 합니다. 설령 황제가 이 칙령 때문에 오스트리아뿐만 아니라 그의 왕국을 전부 잃는다고 해도, 황제가 이 칙령으로 자신의 영혼을 구할 수 있다면 문제가 되지 않을 것입니다."라고 말했다.[59] 페르디난트 2세의 또 다른 중대한 실수는 발렌슈타인이 이끌던 군대가 해산한 뒤 그를 쫓아낸 것이었다.[60]

이렇게 해서 30년 전쟁의 와일드카드가 등장했다. 구스타부스 아돌푸스(구스타브 2세 아돌프)와 그가 이끈 스웨덴 군대가 1630년 7월 독일에 상륙한 것이다.[61] 그 무렵, 그는 발트 해 지역에서 폴란드와 러시아를 상대로 여러 차례 대규모 전투를 치르면서 스웨덴 정부와 군대의 전술을 지속적으로 개혁하고 있었다. 그는 마우리츠 공작의 개혁에 많은 영향을 받았지만, 거기서 멈추지 않고 개혁을 더 밀어붙였다. 독일에 상륙한 스웨덴 군대의 기본 전술 편성은 약 500명으로 구성된 대대였다. 여기서 중요한 것은 병사들의 충성 맹세 대상이 지휘관이 아닌 군주였다는 사실이다. 구스타부스 아돌푸스의 '전시 복무 규정Articles of War'에는 병사들의 의무가 규정돼 있었다. 예를 들어, 이 전쟁 조항에는 병사들이 명령에 따라 참호를 파야 한다는 조항이 명시돼 있었는데, 이는 로마 시대 이후 병사들이 거의 하지 않았던 일이었다. 모든 대대는 표준화된 포병 탄약과 무기를 보유했으며, 신속한 사격을 위해 탄창을 미리 준비했다. 마지막으로, 구스타부스는 스웨덴 기병대가 칼을 뽑고 돌격하도록 훈련시켰다.[62] 스웨덴은 국가 차원에서 병사들을 징집했고, 이들은 엄격한 훈련 체제 아래 전쟁에 대비하면서 동질적인 집단을 형성했다.

이들의 조직적인 훈련에는 일제 사격volley shooting이 포함돼 있었다. 이 전술 자체는 새롭지 않았지만 스웨덴군이 훈련된 방식으로 이 전술을 수행한 것 자체가 새로웠다. 보병과 함께 배치된 경포병은 기병이 돌격하기 전에 적의 진형을 무너뜨리는 파괴적인 일제 사격이 가능했다. 스웨덴군은 연속 사격이 가능한 6열 선형 대형을 이용했다. 구스타부스의 전술에서 특히 중요했던 점은 보병, 포병, 기병 등의 무기를 결합하는 데 중점을 두었다는 사실이다. 결국 스웨덴 군대를 막강하게 만든 것은 훈련과 규율의 결합이었다고 할 수 있다.

독일 개신교도들은 스웨덴의 지원을 그다지 반기지 않았다. 게다가 작센 선제후는 페르디난트 2세가 개신교도들에게 종교의 자유를 허용할 것이라고 생각했다. 1631년 5월 틸리 백작의 군대가 마그데부르크를 두 달간 포위 공격했지만 작센 선제후의 생각은 변하지 않았다. 포위 공격으로 인한 피해가 커지자 격분한 신성로마제국의 군인들은 도시 전체를 파괴하고 주민 2만5,000명 중 약 2만 명을 학살했는데, 이는 당시 기준으로도 충격적인 잔학 행위였다. 그해 8월, 보급품이 부족해진 틸리는 작센으로 진격했고 선제후는 스웨덴군에 합류할 수밖에 없었다. 신교도 연합군은 9월 17일 브라이텐펠트에서 틸리의 군대와 맞닥뜨렸다. 틸리에게는 3만 5,000명의 병사가 있었고, 스웨덴은 2만4,000명, 작센은 1만8,000명의 병력을 보유하고 있었다. 하지만 작센의 병사들은 전쟁 경험이 거의 없었는데, 틸리와 구스타부스 모두 그 사실을 잘 알고 있었다.[63] 스웨덴군에 합류한 연합군은 수적으로 약간 우세했던 데다, 포병도 상대적 우위를 점하고 있었다.

작센 군대가 연합군 전선의 왼쪽에 배치된 상황에서 틸리는 대부분의 테르시오를 작센 군대 공격에 투입했고, 작센 군대는 후퇴했다. 그 사이 스웨덴 기병대는 오른쪽에서 틸리의 기병대를 빠르게 처리했고, 스웨덴 포병은 중앙에서 신성로마제국군을 포격했다. 틸리의 기병대를 쫓아낸 구스타부스의 기병대는 신성로마제국의 포병대를 공격하기 위해 돌아왔다. 한편 틸리의 기병대는 도주하는 작센 병사들이 버린 지역으로 천천히 진격했고, 신성로마제국군은 승리를 확신하고 환호성을 질렀다. 하지만 바로 그때 스웨덴군이 등장했다. 구스타부스는 적군보다 더 신속하게 병력을 재배치한 후 잘 훈련된 연대를 왼쪽으로 돌려 신성로마제국군의 측면을 공략했다. 기병대의 지원을 받은 스웨덴군은 일제 사격으로 테르시오를 공격해 분쇄했다. 전투가 끝났을 때는 틸리의 병사 중 8,000명이 전사하고 9,000명이 포로로 잡힌 상태였다.

페르디난트 2세에게 브라이텐펠트 전투는 엄청난 패배였고, 그는 잠시 그라츠로 도피하기로 했다. 결과적으로, 이 전투는 신성로마제국이 통일된 가톨릭 독일을 만들 수 있는 기회를 영영 없애버리고 말았다. 이런 의미에서 브라이텐펠트 전투는 결정적인 전투라고 할 수 있다. 스웨덴의 전쟁 시스템은 전술에 대한 새로운 접근 방식을 보여주었으며, 이는 군사 혁신 중 가장 중요한 것으로 간주될 만하다. 그 세기 말까지 대부분의 주요 강대국들은 규율이 강하면서 고도로 훈련된 스웨덴의 국가 통제 군대의 사례를 모방하고 확장했다.

1632년 4월, 레흐 강 전투Battle of the River Lech에서 스웨덴군은 틸리에게 치명상을 입히고 그의 군대를 전멸시켰다. 절망에 빠진 황제는 어쩔 수 없이 발렌슈타인을 다시 불러들여야 했다. 1632년, 이 전쟁의 가장 위대한 장군들이 안개에 휩싸인 추운 뤼첸Lutzen의 전장에서 만났다. 그 무렵 신성로마제국군은 포병을 개선했고, 스웨덴군의 기동성은 안개 때문에 약화된 상태였다. 발렌슈타인은 화력을 높이기 위해 테르시오의 바깥 병력을 10명씩 줄이고 진형을 넓게 폈다.[64] 이 전투는 양측 모두에게 치명타를 안겼다. 스웨덴은 가장 중요한 자산인 구스타부스를 잃었고, 발렌슈타인은 후퇴 말고는 다른 길이 없었다. 일부 장교들이 자신을 배신했다고 믿은 발렌슈타인은 잔인한 숙청을 단행했다.[65] 그리고 1년이 조금 지난 후, 모든 사람의 두려움과 혐오, 불신 속에 그는 암살당했다.

구스타부스가 브라이텐펠트에서 상당한 성공을 거두었음에도 불구하고, 그가 독일로 데려온 군대는 스웨덴의 전략적 목표를 무리없이 이행하기에는 너무 규모가 작았다. 스웨덴은 독일에서 단독으로 전쟁을 수행하기에는 인구와 자원이 부족했다. 따라서 구스타부스가 유럽 중북부에 위치한 포메라니아Pomerania에 상륙하기 전에 그의 부하들은 독일 용병 4만 3,000명을 고용했다. 스웨덴 군인들이 브라이텐펠트에서 승리했고, 스웨덴 장군들은 전쟁 내내 인상적인 활약을 펼쳤지만 구스타부스는 대체할 수 없는 존재였다. 게다가 그의 후계자들이 이끄는 군대는 더 이상 스웨덴 군이라고 할 수도 없었다. 1633년까지 8만5,000명의 개신교 군대 중 스웨덴 출신은 3,000명에 불과했다.[66]

30년 전쟁이 끝날 무렵인 1648년에는 발트 해 지역에서 티롤까지 독일 전역이 군대에 의해 황폐화된 상태였다. 전쟁이 그렇게 오래 지속된 이유는 직접적인 피해 당사자인 독일인들이 사태를 통제할 수 없었다는 사실에 있다. 스웨덴과 프랑스는 독일인들과 상관없이 자신들의 목표를 추구했다. 이 전쟁에 대해 제프리 파커는 "지역적인 차원에서 본다면 이 전쟁은 결코 멈추지 않을 것처럼 보였다. 대규모 군대는 굶주리고 소규모 군대는 패배했지만, 약탈하는 병사들과 용병들을 막을 수 있는 것은 아무것도 없었다."라고 말했다.[67] 용병 대장을 통한 단기 입대는 병사들이 훈련과 규율을 따르거나 군사적 목표에 집중할 동기가 별로 없다는 뜻이기도 했다. 당시 병사들은 약탈 대상과 먹을 것을 찾아 시골 지역을 배회했다.

30년 전쟁의 종식은 평화를 가져오지 못했지만, 국제 관계와 유럽 국가들의 성격에 큰 변화를 가져왔다. 1648년 베스트팔렌 평화 조약에 따라 강대국들은 더 이상 종교를 이유로 싸우지 않게 됐다. 이와 비슷한 정도로 중요한 것은 근대국가와 군사 조직의 출현이었다. 국가는 여전히 용병을 모집했지만, 군주에게 충성을 맹세하는 연대 단위로 모집됐다. 모집한 용병들은 평시에도 마우리츠 공작과 구스타부스 아돌푸스의 새로운 전술 시스템이 요구하는 규율에 따라 일 년 내내 복무하게 됐다. 장교와 하사관이 주의 깊게 지켜보는 가운데 군대는 일렬 종대를 이뤄 맹렬한 포격과 돌격을 견뎌낼 수 있었다. 사실상 17세기 후반 유럽의 군대는 로마 군대의 훈련된 대형을 재창조한 셈이다.

근대적인 군사 조직의 결정적인 발전은 루이 14세 통치 기간에 프랑스에서 이뤄졌다.[68] 1643년에 프랑스가 승리한 로크루아 전투Battle of Rocroi는 스페인의 테르시오 시대에 종지부를 찍었다. 앙기앵 공작Duc d'Enghien이 이끈 프랑스 군대는 구스타부스 아돌푸스와 유사한 전술 체계를 활용해 스페인의 플랑드르 군대를 격파했고, 프랑스는 유럽 최고의 강국으로 부상했다. 태양왕 루이 14세의 군사 및 행정 개혁에 따라 프랑스는 반세기 이상 유럽의 전쟁을 지배했다. 군대의 규모는 계속 성장했다. 1650년대 스페인과의 전쟁에서 프랑스는 8~9만 명의 병력을 보유했고, 1690년대에는 루이 14세의 장군들이 요새 주둔지와 야전에 36만2,000명의 병력을 배치했다.[69]

특히 평시의 군대 성장은 행정 지원 구조의 대대적인 개선을 요구했다. 1630년대 프랑스 육군의 행정 서류는 연평균 약 1,000건이었지만, 1680년대 후반에는 1만 건에 달했다.[70] 이 필수적인 행정 개혁을 가능하게 한 관료들은 루이 14세의 전쟁 담당 장관이었던 미셸 르 텔리에Michel

Le Tellier와 그의 아들인 루부아 후작Marquis de Louvois이었다. 이들의 지휘 아래 민간인 관리들은 필요한 물자를 적재적소에 필요한 양만큼 보낼 수 있었다.[71]

하지만 이런 노력에도 불구하고 프랑스의 문제는 루이 14세가 프랑스의 재정 시스템을 개혁할 의지도, 능력도 없었다는 데 있었다.[72] 가장 치명적인 약점은 귀족과 성직자들이 최소한의 세금만을 낸다는 것이었으며, 이는 프랑스 사회에서 가장 부유한 계층이 전쟁을 재정적으로 거의 지원하지 않았다는 뜻이다. 물론 귀족들은 군대에서 복무하기 위해 상당한 금액을 지불해야 했다. 그들은 장교 지위를 얻기 위해 정부에 비용을 지불해야 했을 뿐만 아니라 정부가 제공하는 장비, 보급품의 부족분을 채워야 했고, 자신들이 복무할 연대에도 비용을 지불해야 했다.[73] 이에 못지않게 중요한 사실은 프랑스가 네덜란드나 영국처럼 신용을 동원하는 시스템을 개발하지 못했다는 점이다. 루이 14세는 장기 차입을 통해 전쟁 자금을 조달하는 대신 이자가 비싼 단기 대여금을 이용하거나 미래의 수입을 저당 잡히는 전통적인 방법을 따랐다. 통치 초기에 일어난 전쟁에서 그는 군대를 외국 영토에서 싸우게 하고 적으로부터 비용을 징수하는 방식으로 전쟁 비용을 충당했다. 하지만 스페인 왕위계승전쟁(1701~1714)은 대부분 프랑스 영토에서 벌어졌고, 이로 인해 루이 14세는 막대한 비용을 부담할 수밖에 없었다.

근대국가와 근대 군대 중 어떤 것이 먼저 생겨났는지에 대한 질문은 닭과 달걀 중 어느 것이 먼저인지 묻는 질문과 비슷하다. 가장 그럴듯한 대답은 근대국가와 그 군사제도가 17세기 후반에 공생적으로 발전했다는 것이다. 프랑스 군대의 혁신이 점진적으로 이루어졌다고 가정하면, 1662

년에 루이 14세가 군사 교리military doctrine와 군사 훈련을 확립하기 위한 시험대로서 '국왕 연대Regiment du Roi'를 창설한 것과 같은 중요한 순간도 있었다고 할 수 있다. 이 연대의 지휘관은 장 마르티네Jean Martiner 중령이 었고, 루이 14세는 연대장이었다. 그로부터 5년 후 마르티네는 자신의 이름을 딴 훈련법을 창안해 보병 감찰관이 되었고, 이 직책을 통해 군대 전체와 역사에 자신의 이름을 남겼다. 1670년대에 그는 계급별 사격 전술을 개발했다.[74] 이에 대해 폴 케네디는 "국가에 의한 군사력 독점과 관료화는 확실히 '국가 건설'의 핵심적인 부분이었으며, 이 과정은 상호적이었다. 국가의 강화된 권한과 자원이 1세기 전에는 존재하지 않았던 정도의 영속성permanance을 군대에 부여했기 때문이다."라고 말했다.[75]

성형 요새 구축을 위한 더 정교한 설계가 이뤄지면서 공성전 수행 방법도 개선되기 시작했다. 포위 공격과 요새 설계의 대가였던 세바스티앙 드 보방Sébastien de Vauban은 프랑스의 주요 국경에 요새 네트워크를 구축했다. 이 요새들은 개별적으로도 뛰어났을 뿐만 아니라 서로 연동되는 시스템을 구성했다. 포위 공격에 필요한 병참 요건은 엄청났다. 한 장군은 대규모 포위 공격에는 병력 330만 명분의 식량과 73만 필의 말, 4만 발의 24파운드 포탄, 472톤의 화약이 필요하다고 지적하기도 했다.[76] 게다가 적이 포위에서 벗어나는 것을 막기 위해서 공격군은 지원군도 필요했을 것이다. 30년 전쟁 동안 병사들의 약탈을 막기 위해서는 야전에서 군대를 충분히 먹일 필요가 있었기 때문에 요새의 중요성은 더욱 커졌다. 요새는 보급품 저장소 역할도 했기 때문이다. 군대의 규모가 커지고, 특히 병사들의 탈영 가능성을 고려할 때 징집에 새로운 제약이 가해지면서 병참의 중요성이 커졌다. 유럽 국가들이 군대를 연중 상비군으로 전문화하면서 주둔지에 있는 병사들에게 전장에서와 마찬가지로 식량을 공급하는 것이 중요해졌다.

루이 14세 통치 초기에 프랑스군은 구스타부스의 보병 진형 패턴인 6열 진형 패턴을 따랐고, 그 후에는 4열, 3열 진형 패턴으로 전술적 접근 방식을 수정했다. 이런 변화는 첫째, 훈련 시간의 증가와 둘째, 부대가 무너지지 않도록 진형 규율을 강화해야 한다는 두 가지 요인과 관련이 있었다. 후자는 병사들이 적과의 전투보다 상급자와 장교를 더 두려워해야 했다는 뜻이기도 하다.

화약 무기의 점진적인 개선도 계속됐다. 하지만 각각의 무기는 개별적으로 제조해야 했기 때문에 보병의 총기를 크게 개선하는 데는 비용이 많이 들었다. 천천히 타는 도화선(화승)이 필요 없는 플린트락 머스킷flintlock musket이 개발됐지만, 이 머스킷은 1699년까지도 프랑스 군대에서 화승총을 완전히 대체하지는 못했다.[77] 그 후 플러그식 총검plug bayonet, 소켓식 총검socket bayonet이 잇따라 발명되면서 점차 창은 군대에서 사라지게 됐다. 총검이 달린 머스킷은 보병 진형이 기병대를 막을 수 있게 해주었다.

돌이켜보면 머스킷은 그리 훌륭한 무기는 아니었다. 18세기 후반, 프로이센 병사가 80야드(약 73미터) 떨어진 헛간 크기의 표적을 향해 발사한 결과 100발 중 50발만 명중시켰을 정도였다.[78] 머스킷에는 강선腔線, rifling(총열 안쪽(총강)의 나선형 홈. 탄환은 이 나선형 홈을 따라 회전해 회전 관성을 가지게 되고 이로 인해 안정된 탄도를 가지게 된다 - 옮긴이)이 없고, 총알의 지름이 총열barrel(격발된 탄환이 지나가는 긴 철관 - 옮긴이)의 지름보다 작아 정확도가 낮다는 점이 문제였다. 하지만 머스킷은 어느 정도 신뢰할 수 있는 무기였고, 징집된 농민들도 쉽게 사용법을 배울 수 있는 무기이기도 했다.

프랑스의 이런 접근방식은 다른 유럽 군대의 모델이 됐다. 용병 대장과 용병들에 의존하는 대신 전문 상비군을 보유함으로써 독일의 제후들은 황제로부터 독립할 수 있는 보다 일관된 명분을 갖게 됐다.[79] 상비군은 또한 국제 정치에서도 더욱 신뢰할 수 있는 도구가 됐다. 여기서 중요한 것은 독일의 신흥 국가 중 두 곳인 바이에른과 프로이센이 스페인 왕위계승전쟁에서 중요한 역할을 했다는 사실이다. 프로이센은 적은 인구와 규모에도 불구하고 18세기 중반에 주요 강대국으로 부상했는데, 이는 새로운 전쟁 시스템을 흡수하고 자원 기반을 넘어 군대를 운용할 수 있는 능력이 없었다면 불가능했을 것이다.

17세기 말에는 강대국들의 전체적인 틀에 큰 변화가 일어났다. 1678년 오스만 제국은 오스트리아 합스부르크 왕가를 전복하기 위한 대대적인 공세를 시작했고, 1683년에는 오스만 군대가 빈을 포위하기에 이르렀다. 하지만 합스부르크 왕가의 수도가 함락될 위기에 처했을 때 폴란드-리투아니아 연방의 얀 3세 소비에스키Jan III Sobieski가 이끄는 폴란드 지원군이 도착해 오스만 군대를 격파했다. 이 작전은 서쪽의 기독교도들을 정복하려는 오스만튀르크의 마지막 시도였고, 그 시점부터는 수세에 몰리기 시작했다.

오스만튀르크 세력이 약해지는 동안 동쪽에서는 새로운 세력이 부상하고 있었다. 1682년, 훗날 표트르 대제Peter the Great로 불리게 된 표트르 1세가 러시아의 차르가 됐다. 그 시점에 동쪽에서는 러시아·스웨덴·프로이센·오스트리아가, 서쪽에서는 영국·프랑스·네덜란드가 유럽에서 권력을 다투는 두 경쟁 체제의 틀이 자리 잡았다.[80] 이러한 체제 간의 상호작용은 유럽 국가들의 전략과 정치를 더 복잡하게 만들었다. 하지만 최종적인 결과를 결정지은 것은 전쟁이었다. 훈련되고 대응 능력이 뛰어난 군사 조직을 갖춘 조직적이고 관료적인 국가들의 부상은 모든 군사-사회 혁명 중에서 가장 중요한 최초의 혁명이었다. 이 혁명이 다른 모든 혁명을 촉발했기 때문이다.

결론: 2보 전진, 1보 후퇴

1500년 이후 전쟁의 역사는 전투 방식의 혁명으로 점철돼 있다. 12세기에 중국이 화약을 발명한 후 화약은 무역 경로를 통해 유럽으로 빠르게 전파됐다. 하지만 중국이나 오스만 제국 모두 화약의 잠재력을 최대한으로 끌어내지는 못했다. 간단히 말해, 그들은 혁신과 적응의 비즈니스에 뛰어들지 않았다. 1453년 콘스탄티노플 성벽은 유럽의 전문가들이 설계, 제작, 발사한 대포에 의해 무너졌다. 오스만 제국은 17세기 후반까지 유럽의 기술과 전문가들을 계속 활용했지만 결국 경쟁에서 밀려났다. 오스만 제국은 군사 분야뿐만 아니라 정치·경제적으로도 혁신에 실패해 입지를 잃었다.

유럽 국가들 간의 끊임없는 충돌은 무기와 전술, 전쟁을 뒷받침하는 병참과 재정의 기본 구조에 변화와 적응을 가져왔다. 이런 변화는 육지뿐만 아니라 전 세계의 바다와 해양에서도 일어났다. 유럽인들은 신속하고 효과적으로 적응한 반면, 적응하지 못하거나 적응할 능력이 없는 국가들은 설 자리를 잃었다. 15세기의 새로운 선박 설계 및 건조 방법 같은 기술 변화는 군사 분야로 자연스럽게 유입됐다.

이렇게 혹독한 환경 속에서 결정적인 승리를 거둔 경우는 거의 없었다. 구스타부스 아돌푸스가 브라이텐펠트에서 거둔 승리는 합스부르크 왕가의 통일 가톨릭 독일 건설을 막았다는 점에서만 결정적이었다.

전쟁에서 중요한 것은 전투가 아니라 각 진영이 전투에 투입한 물자, 인력, 재정이었으며, 전쟁의 결과를 결정한 것은 바로 이런 자원의 소모였다. 전장에서 승리하더라도 대개는 감당할 수 없는 수의 사상자가 발생했다. 대부분의 경우 전략적 사고보다는 막연한 기대가 전쟁의 시작을 결정했다. 목적과 수단을 연결하려는 노력은 거의 없었기에, 병력과 재정의 소모만으로는 결정적인 승리를 거둘 수 없었다.

16세기와 17세기의 전쟁에서는 비용뿐만 아니라 전쟁에 참여한 군대와 해군의 규모도 꾸준히 증가했다. 이 과정은 16세기 초에 시작돼 지금까지 계속되고 있다. 펠리페 2세는 아메리카 대륙의 인디언 문명에서 강탈한 막대한 양의 금과 은을 소유하고 있었지만, 전쟁 비용을 감당하기에는 턱없이 부족했다. 신흥 국가들에게 군사력 못지않게 중요한 것은 병참 및 재정 지원이었다. 30년 전쟁이라는 재앙은 참가국들이 병사들에게 충분한 급료를 지급할 수 없었기 때문에 발생한 결과였다. 일반적으로 베스트팔렌 조약은 유럽 국가들 사이에 어느 정도 질서를 가져온 것으로 평가받는다. 하지만 더 중요했던 것은 미숙련 병사들이 급료를 지급받지 못해 발생한 참담한 결과로부터 유럽 국가들이 전장과 주둔지 모두에서 훈련된 군사 조직을 만들어야 한다는 교훈을 얻었다는 사실이다. 이러한 중대한 변화의 밑바탕에는 적응과 혁신에 대한 의지가 자리 잡고 있었다.

THE DARK PATH

CHAPTER 3

근대국가의 등장

신에 대한 우리의 생각과 인간에 대한 우리의 지식은 사람이 무엇이든 지배하는 것이 일반적이고 필연적인 자연의 법칙이라는 결론에 이르게 한다. 이 법칙은 우리 스스로 만든 법칙이 아니며, 이 법칙에 따라 행동한 것이 우리가 처음도 아니다. 우리는 이미 존재하는 법칙을 발견했을 뿐이며, 우리 뒤에 오는 사람들 사이에 이 법칙이 영원히 존재하도록 남겨둘 것이다.

투키디데스, 《펠로폰네소스 전쟁사》

레이스베이크 평화조약 (1697)	9년 전쟁을 종결시킨 평화조약으로, 프랑스와 대동맹(영국, 스페인, 네덜란드, 신성로마제국 등) 사이에 체결되었다. 이 조약으로 루이 14세는 이전의 정복지 일부를 포기해야 했으며, 유럽의 세력 균형이 일시적으로 확립되었다.
사부아 공자 외젠 (1663~1736)	합스부르크 제국의 가장 뛰어난 장군 중 한 명. 말보로 공작과 함께 스페인 왕위계승전쟁에서 프랑스군을 상대로 여러 차례 승리를 거두었으며, 오스만 제국과의 전쟁에서도 큰 성과를 올렸다. 뛰어난 전략가이자 전술가로 평가받는다.
스페인 왕위계승전쟁 (1701~1714)	스페인의 마지막 합스부르크 왕 카를로스 2세가 후계자 없이 사망하면서 발발한 대규모 유럽 전쟁. 프랑스 부르봉 왕가와 오스트리아 합스부르크 왕가가 스페인 왕위계승권을 두고 대립했다. 위트레흐트 조약으로 종결되었으며, 유럽의 세력 균형이 재편되는 계기가 되었다.
프리드리히 2세 (1712~1786)	'대왕'으로 불린 프로이센의 계몽군주. 뛰어난 군사 지도자이자 행정가로, 오스트리아 왕위계승전쟁과 7년 전쟁을 통해 프로이센을 유럽의 강국으로 발전시켰다. 계몽사상을 실천한 계몽군주로서 법체계와 교육 제도를 개혁했다.
윌리엄 피트 (1708~1778)	영국의 정치가로, 7년 전쟁 시기 영국의 전쟁 수행을 주도했다. 영국의 제국 건설에 크게 기여했으며, 특히 북미와 인도에서 프랑스를 몰아내는데 성공했다. 그의 정책으로 영국은 18세기 최강의 해상 제국으로 부상했다.

17세기 후반기에는 근대국가 성립에 필수적인 두 가지 요소에 급격한 변화가 있었다. 첫째, 초기 형성과정의 근대국가들은 세금 징수, 군대 조직의 체계화, 일상적 법 집행과 통치 등의 업무를 효과적으로 처리할 수 있는 관료 체계를 꾸준히 발전시켰다. 18세기 전쟁에서 결정적인 역할을 한 것은 육군과 해군이 국가에 의해 조직되고 배치돼 국가의 통제 하에 있었다는 점이다. 영국과 러시아가 강대국으로 부상한 것도 바로 이 때였다.[1]

또한 이 시기에는 해군력의 강화로 유럽인들이 먼 바다에 군사력과 경제력을 투사할 수 있게 되면서 세계의 바다들을 장악하기 위한 경쟁에 직간접적으로 관여하기 시작했다. 이 새로운 환경에서 경쟁한 신흥 강국은 스페인, 프랑스, 영국의 세 나라였는데, 이들 중 승자가 된 나라는 가장 작고 힘이 없어 보였던 영국이었다. 영국의 가장 큰 장점 중 하나는 대륙의 전략가들이 지상에서의 위협을 방어하는 데 상당한 자원을 투입해야 했던 반면에 영국은 그럴 필요가 없었다는 것이었다.[2]

스페인의 지배자들, 특히 펠리페 2세는 적이 너무 많았기 때문에 전략이 더욱 복잡해졌다. 프랑스, 네덜란드 그리고 그 후에는 영국이 그 적이 되었다.[3] 스페인이 결국 붕괴한 것은 이런 과도한 부담에도 원인이 있었다. 당시 프랑스의 상황은 지리적으로 여러 가지 면에서 스페인에 비해 열악했다. 프랑스는 루이 14세 치하에서 유럽 최고의 강국으로 부상하면서 거의 항상 적대적이었던 스페인과 충돌했을 뿐만 아니라, 합스부르크 왕가의 위협에도 대처해야 했으며, 프랑스의 북쪽 국경 너머에 위치했던 오스트리아령 네덜란드(현재의 벨기에)의 군대와도 대치해야 했다. 이처럼 프랑스는 내륙에 신경을 많이 써야 했기에 바다로 눈을 돌릴 틈이 없었다. 게다가 두 해안이 멀리 떨어져 있기 때문에 지중해 쪽 해안에서는 툴롱Toulon, 대서양 쪽 해안에서는 브레스트Brest에 해군력을 나눠 배치해야 했다.

영국의 경우는 전략적 우선순위가 프랑스와는 정반대였다. 영국은 브리튼 제도를 지키기 위해 해군력을 우선시해야 했다. 영국은 우선 영국 해협을 장악하는 데 집중한 다음 북해, 지중해, 대서양을 차례로 장악하는 전략을 세웠다. 그다음으로 대륙 지원이 뒤따랐는데 영국은 정교한 금융 시스템 덕분에 동맹국에 대한 금전적 지원을 할 수 있었을 뿐만 아니라 영국 해군에 필요한 자원도 조달할 수 있었다. 영국은 늘 유럽 대륙의 세력 균형에 신경을 썼다.[4] 프랑스와의 대규모 전쟁에서 영국의 가장 중요한 지리적 이점은 남부 해안의 훌륭한 항구들이었다. 당시 대륙 쪽에는 그 정도 수준의 항구가 거의 없었다. 실제로 당시 브레스트와 스헬더 강 하구 사이에는 전투 함대가 들어올 수 있을 정도의 수심을 갖춘 항구가 없었다. 브레스트조차 정박이 어렵고, 바람이 거세며, 함대를 배치하기에 불편한 위치에 있었다.

1672년부터 1690년까지, 루이 14세의 해군 장관 장밥티스트 콜베르Jean-Baptiste Colbert는 80척이 넘는 함선으로 구성된 대규모 함대를 구축했다. 하지만 여기에는 큰 허점이 있었다. 콜베르가 집행한 해군 구조물에 대한 지원금은 새로운 함대 구축에 투자한 자금의 반도 되지 않았던 것이다.[5] 실제로 콜베르는 대규모 건선거dry dock(선박이 들어올 때 물을 채우고, 선박이 들어온 뒤에는 물을 뺄 수 있는 시설 - 옮긴이)를 거의 만들지 않았다. 반면 영국은 해군력 운용과 유지에 지대한 관심을 기울였다. 1691년에 영국 해군은 6만7,000파운드가 넘는 비용이 소요되는 거대한 석조 건선거 건설을 시작했다. 1698년 채텀 조선소의 가치는 거의 4만5,000파운드, 포츠머스 조선소 가치는 3만5,000파운드에 달했다. 그로부터 13년 후 이 두 시설에 고용된 인원은 장교와 직원을 합쳐서 모두 6,488명에 이를 정도였다. 해군 역사가인 로저N. A. M. Rodger는 당시 상황에 대해 "(영국의) 조선소들은 다른 나라보다 100년 먼저 산업화 시대에 접어들었다."라고 말했다.[6]

제임스 2세가 그의 딸 메리와 그녀의 남편 오렌지 공William of Orange(후에 윌리엄 3세로 즉위)에 의해 폐위된 '명예혁명'은 영국과 영국 역사에서 중요한 전환점이었다.[7] 1688년 11월, 루이 14세가 독일에서 일어난 사건들로 정신이 없는 사이 오렌지 공은 2만 명의 네덜란드 군대, 463척의 함대와 함께 '개신교의 바람Protestant wind'을 타고 도버 해협을 건너 지지자들의 환영을 받으면서 영국에 상륙했다.[8] 제임스 2세는 결국 영국을 떠났다. 아이러니하게도 영국에서 일어난 이 평화로운 혁명은 루이 14세 재위 기간 중 가장 심각한 전략적 패배로 기록된다. 1688년의 이 혁명으로 영국에서는 군주와 의회 간의 논쟁적인 다툼이 의회에 유리하게 끝났다. 그때부터 의회는 3년마다(이후 7년마다) 선거를 통해 정기적으로 구성되기 시작했고, 국가의 세금과 재정을 담당하게 됐다. 명예혁명을 통해 이뤄진 합의에 따라 영국에서는 상비군이 공식적으로 설립됐고, 상비군은 왕이 아닌 의회의 통제를 받았다.[9] 결정적으로 윌리엄 3세는 네덜란드의 금융 시스템을 도입해 정부가 장기 채권을 발행해 전쟁 자금의 일부를 조달하고 후에 그 채권의 매각을 보장하도록 했다.[10] 이 채권은 자산가 계층이 구입했고, 이는 이들이 윌리엄 3세 정권을 정치적·재정적으로 지원하고 스튜어트 왕가의 복귀 가능성을 차단하는 명분이 됐다.

또한 새 정권은 조세제도를 대대적으로 개혁해, 귀족을 포함한 모든 계층으로 세금 부과를 확대했다. 이는 그로부터 한 세기 전 헨리 8세가 교회 소유 토지를 몰수하는 방법으로 교회 문제를 해결한 것과는 매우 대조를 이뤘다. 1694년 새 정권은 잉글랜드 은행(영란은행)을 설립했고, "'재정-군사 국가fiscal-military state'의 보병 격인 관세 및 소비세 징수 관리가 전국에서 이루어지기 시작했다." 그 결과, 스튜어트 왕조 치하에서 전쟁 자금 조달에 어려움을 겪던 영국 정부는 4,932만145파운드(국채 발행을 통한 1,600만 파운드 포함)를 조달해 9년 전쟁(1688~1697년)의 경비로 사용할 수 있었다.[11] 금융 개혁은 해군에게도 중요했다. 금융 개혁 덕분에 잉글랜드 은행은 해군이 진 부채를 상환하고 신용을 회복시켜 해군의 장기적인 재정 안정성을 확립했기 때문이다.[12] 이러한 정치 및 금융 개혁은 당시 영국 군대를 지원하는 데 필요한 재정 지원 시스템을 혁신적으로 개선했다는 점에서 일종의 군사 혁신이라고 볼 수 있다. 영국은 세계 최고 수준의 해군을 유지하기 위해 막대한 비용을 부담하면서도 대륙에 지상군을 배치하고 동맹국에 막대한 보조금을 제공할 수 있었다.

18세기에 들어서면서 전쟁 비용이 점점 더 증가하기 시작했다. 스페인 왕위계승전쟁 기간 동안 영국의 군사비 지출은 연 평균 535만5,583파운드였지만, 미국 독립전쟁 기간 동안에는 이 비용이 1,215만4,200파운드로 늘어났다. 영국의 국가 부채도 이 두 기간을 비교할 때 3,620만 파운드에서 2억4,290만 파운드로 늘어났다.[13] 하지만 이런 막대한 비용 지출에도 불구하고 영국이 파산하지 않은 것은 1715년, 5% 수익률의 영구 연금보험을 판매함으로써 금융 혁명을 완성했기 때문이다. 연금보험 가입자는 원금 상환을 요구할 수 없었지만, 이자율이 5% 미만으로 떨어지면 재무부는 가입자에게 연금보험 납입액을 돌려줬다. 또한 연금보험 소유자는 주식시장이 상승하면 다른 투자자에게 자신이 보유한 연금보험을 팔수도 있었다.[14]

루이 14세의 프랑스가 네덜란드, 영국, 합스부르크 왕가의 오스트리아, 독일의 작은 국가들로 구성된 연합군과 벌인 9년 전쟁은 근대국가가 등장한 이후 발생한 최초의 대규모 전쟁이었다. 프랑스군은 1693년 7월말, 네르빈덴Neerwinden에서 윌리엄 3세가 이끈 연합군을 물리친 적이 있긴 하지만 대부분의 전투는 포위전이었다. 네르빈덴 전투에서 프랑스군 사상자는 8,000명이었던 반면, 연합군의 사상자는 1만2,000명이었다. 이 전투에서 연합군은 대포의 대부분을 잃기도 했다. 프랑스군은 연합군을 전장에서 몰아냈지만, 연합군은 빠르게 손실을 보충했다.[15]

해군 측면에서 볼 때 프랑스와 연합군 간의 전투는 기존 방식에서 거의 벗어나지 못했다. 하지만 1693~1694년에 육지에서 벌어진 전투와 흉작의 압박으로 프랑스는 통상파괴guerre de course 전략(공해 상에서 군함이 아닌 상선 등의 민간 함선을 단순한 통행 제한과 같은 수동적 방식이 아닌 적극적 방식으로 공격, 약탈하는 전략 – 옮긴이)으로 영국의 상업 시스템을 와해시키려는 시도를 할 수밖에 없게 됐다. 그해 프랑스 해군의 예산은 52.7% 감소했고, 이후의 전쟁에서도 예산 감소는 계속됐다.[16] 전쟁 기간 동안 프랑스 사략선

(국가가 공인한 해적선. 노획물은 국가와 배분한다. - 옮긴이)은 영국 상선 4,000척을 나포했지만 영국의 무역을 중단시키기에는 역부족이었다.[17] 1697년이 되자 양측 모두 지칠 대로 지쳤다. 그해 열린 레이스베이크 평화조약Peace of Rijswijk에서, 프랑스는 알자스 지역을 제외하곤 거의 영토를 확보하지 못했다. 전체적으로 볼 때 이 전쟁은 프랑스의 패배였다. 이로 인해 영국의 명예혁명은 더욱 굳건히 자리 잡았고, 프랑스의 주요 적대국으로 영국이 부상했기 때문이다.

놀라운 사실은 그로부터 4년 뒤 이보다 훨씬 더 큰 전쟁이 일어났다는 것이다.[18] 스페인 왕위계승전쟁의 공식적인 원인은 스페인 국왕이 후계자 없이 사망한 데 있었다. 카를로스 2세(통일 스페인의 제5대 국왕이자 스페인 합스부르크 왕조의 마지막 왕 - 옮긴이)는 사망하면서 자신의 모든 영토를 루이 14세의 손자인 펠리페 5세에게 물려줬다. 하지만 이 전쟁의 더 중요한 원인은 루이 14세가 카를로스 2세의 유언을 받아들이기로 한 것이 아닌 다른 결정들에 있었다. 첫째, 루이 14세는 스페인령 네덜란드의 방어 요새들을 점령하기 위해 프랑스 군대를 보냈다. 이 요새들은 스페인이 네덜란드 영토를 방어하는 데 필수적인 요새들이었다. 둘째, 루이 14세는 손자인 펠리페 5세에게 스페인 식민지에 노예를 공급하는 독점권을 프랑스 상인들에게 부여하는 권한을 주었다. 비난받아 마땅하지만 수익성은 높은 노예무역에서 네덜란드와 영국을 배제시키려는 조치였다. 셋째, 1701년 9월에 제임스 2세가 사망한 후 루이 14세는 제임스 2세의 아들을 영국의 합법적인 왕으로 승인함으로써 1688년 명예혁명에 따른 합의에 직접적인 위협을 가했고, 그로부터 몇 달 만에 영국과 스코틀랜드의 전략적·상업적·정치적·종교적 이익에 위협을 가했다.[19]

영국에서는 전쟁이 시작된 직후 윌리엄 3세가 사망하고 제임스 2세의 딸인 앤이 왕위를 계승했다. 앤 역시 개신교 신자였기 때문에 왕위 계승에 별다른 어려움은 없었다. 앤 여왕은 후에 말버러 공작이 된 존 처칠과 그의 아내 사라와 가까웠고, 프랑스에 대항하는 연합군의 지도자로 처칠을 임명했다.[20] 1707년에 프랑스가 전장에 동원한 병력은 25만5,000명에 달했다. 당시 프랑스군은 스페인군의 지원을 받고 있는 상태였다. 이에 맞서 영국은 4만 명, 네덜란드는 6만 명, 오스트리아는 9만 명의 병력을 전장에 투입하겠다고 공언했다.[21]

네덜란드는 1702년과 1703년의 전투가 성공적이었다고 생각했다. 연합군이 수많은 요새를 점령했기 때문이었다. 하지만 말버러 공작(존 처칠)이 보기에 이 전투들은 모두 실패한 것이었다. 대규모 전투가 너무 위험하다고 판단한 네덜란드가 유리한 상황인데도 말버러 공작에게 전투를 허용하지 않았기 때문이었다. 말버러 공작은 당시에 네덜란드가 그렇게 몸을 사리지 않았다면 연합군이 프랑스군을 상대로 큰 승리를 거둘 수 있었을 것이라고 생각했다. 1704년, 말버러 공작은 독일 남부에서 프랑스의 위협이 강해지자 연합군의 전략을 변경했다. 라인 강변에 보급 기지를 설치해 병참로를 확보한 영국군은 독일의 소규모 국가들에서 파견된 부대의 지원을 받아 라인 강을 거슬러 올라가 사부아 공자 외젠Prince Eugene of Savoy이 이끄는 군대와 합류했다. 1704년 8월 12일, 이들은 블렌하임 근처에서 탈라르 원수Marchal Tallard가 이끄는 프랑스-바이에른 동맹군을 기습했다. 전투가 전개되면서 말버러 공작과 사부아 공자 외젠은 프랑스-바이에른 동맹군의 왼쪽 측면과 중앙의 병력들을 움직이지 못하게 만들었다.[22] 그날 늦은 오후 말버러 공작이 이끄는 연합군 기병대는 블렌하임 전

스페인 왕위계승전쟁: 1701년 당시 보방의 방어 시스템

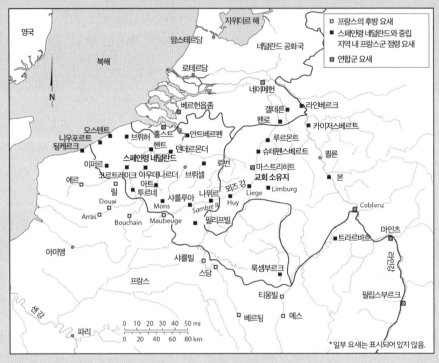

지도 제작: 빌 넬슨

1701년, 스페인 왕위를 둘러싸고 유럽의 주요 강국들이 대립하면서 스페인 왕위계승전쟁이 발발했다. 이 전쟁으로 유럽 국가들은 새로운 질서를 향한 격변기를 맞게 됐다.

장에서 프랑스군 우익을 격파하고 18개 보병대대를 포위했다. 프랑스-바이에른 동맹군 중에서 살아서 탈출한 병사는 3분의 1에 불과했다. 연합군은 장군 40명, 장교 1,150명, 병사 1만3,000명을 생포했다. 프랑스군은 약 2만 명이 죽거나 다쳤고 7,000명이 탈영했다. 반면 연합군 사상자는 1만3,000명이었다.[23] 블렌하임 전투는 루이 14세의 군대가 그때까지 겪었던 패배 중 최악이었다.

1705년 (본래의 부임지였던) 저지대 국가로 돌아온 말버러 공작은 네덜란드가 더 이상 싸우지 않으려는 것을 보고 좌절했다. 하지만 다음 해가 되자 상황이 달라졌다. 루이 14세와 그의 측근 장군들은 블렌하임 전투의 패배가 말버러 공작의 지휘 능력 때문이 아니라 프랑스 국가 자체의 리더십이 잘못됐기 때문이라는 결론을 내렸기 때문이다. 프랑스의 재정 상황을 걱정한 루이 14세는 원수들에게 전투에 나서라고 지시했다. 말버러 공작에게는 희소식이었다. 1706년 5월 23일 라미예 전투에서 연합군은 또다시 프랑스군을 기습했다. 전투가 끝났을 때 프랑스군의 사상자는 1만3,000명에 달했고, 그보다 더 많은 병사가 탈영한 상태였다. 반면 연합군의 사상자는 2,500명이 조금 넘는 정도였다. 그 후에 프랑스군은 비참한 도주를 계속하게 된다. 그의 승리를 기리기 위해 세워진 블렌하임 궁의 승리탑에는 다음의 글귀가 새겨져 있는 것을 볼 수 있다.

"그는 승리를 추구할 때와 거둘 때 모두 힘차고 탁월했다. 뢰번, 브뤼셀, 메헬렌, 리에주, 헨트, 아우데나르더, 안트베르펜, 다머, 브뤼허, 코르트레이크가 항복했고, 오스텐트, 메넌, 덴데르몬더, 아트가 점령되고, 브라반트, 플란데런(플랑드르)가 수복됐다."[24]

하지만 프랑스는 무너지지 않았다. 루이 14세가 뛰어난 장군인 방돔

원수Marshal Vendôme가 이끄는 지원군을 플랑드르로 서둘러 보내 프랑스군의 와해를 막았기 때문이다. 1706년은 프랑스에게 끔찍한 해였다. 플랑드르에서의 참패 외에도 토리노를 포위하고 있던 프랑스군을 사부아 공자 외젠이 괴멸시켰기 때문이었다.

1708년에도 루이 14세는 비참한 상황을 맞았다. 1708년 7월, 사부아 공자 외젠과 말버러 공작은 이틀 반 동안 약 80킬로미터를 빠르게 이동하면서 전투를 벌였다. 프랑스군 사령관 방돔이 전술적 전투를 벌이는 동안 연합군은 최대한 빨리 아우데나르더 다리를 넘어 병력을 밀어붙였다. 저녁 무렵 연합군은 프랑스 우익을 포위해 궤멸시키기 직전까지 갔지만, 밤이 되자 대부분의 프랑스군은 도주했다. 양측의 사상자 숫자를 살펴보면 연합군의 승리를 다시 한 번 확인할 수 있다. 연합군의 전사자와 부상자는 3,000여 명이었던 반면, 프랑스군 사상자는 포로를 포함해 1만3,000여 명에 달했다. 하지만 이 승리는 말버러 공작이 거둔 마지막 승리였다. 1709년, 국내의 정치적 문제에 직면한 말버러 공작은 다시 사보아 공자 외젠과 함께 프랑스의 말플라크 요새를 공격했다. 하지만 그는 결정적인 승리에 지나치게 집착하고 있었다. 전투가 끝났을 때 연합군은 요새를 점령했으나 사상자 수는 2만5,000명에 이르렀다. 그에 반해 프랑스군의 사상자는 그 절반에 불과했다. 이 승리는 피로스의 승리pyrrhic victory(싸움에서 이겨도 별 이득이 없이 손해만 큰 승리 - 옮긴이)라고 말하기도 어려울 정도로 상처뿐인 승리였다.[25]

한편 연합군은 다른 곳에서 프랑스와 스페인을 압박하고 있었다. 1703년 메수엔 조약Methuen Treaty으로 포르투갈은 영국에 예속되었고, 그 이듬해 연합군은 지브롤터를 점령했다.[26] 이로써 영국은 지중해의 강자가 됐다.[27] 하지만 1712년 1월, 말버러 공작은 영국에서 정치적 입지가 무너지면서 앤 여왕에 의해 해임당했다. 1715년 앤 여왕이 사망하고 영국 왕으로 즉위한 하노버 왕가의 조지 1세가 말버러 공작의 지위를 회복시켰지만 그때는 이미 전쟁이 끝난 뒤였다. 위트레흐트의 평화Peace of Utrecht(스페인 왕위계승전쟁의 수습을 위해 1713년에 프랑스가 영국, 네덜란드 공화국과 체결한 위트레흐트 조약으로 인한 평화 – 옮긴이)는 거의 그대로 지속됐다. 프랑스는 중요한 영토를 잃지 않았고 루이 14세의 손자는 스페인 왕좌를 지켰다.

하지만 겉으로 보이는 것과 현실은 달랐다. 프랑스는 단기 대출로 전쟁 자금을 조달했고, 루이 14세의 전쟁 부채는 26억 리브르에 달했다.[28] 반면, 영국은 군사적으로뿐만 아니라 경제적으로도 유럽 국가들의 전략적 동맹에서 강자로 부상했다. 전쟁은 프랑스의 전략적 입지를 전반적으로 해쳤을 뿐만 아니라 영국의 최대 무역 라이벌인 네덜란드도 약화시켰다. 영국은 메노르카Menorca와 지브롤터를 점령함으로써 지중해 지역에서 전략적 위치를 확보했다. 또한 영국은 북아메리카에서는 아카디아Acadia(북아메리카 북동부의 프랑스 식민지를 부르던 이름 – 옮긴이), 뉴펀들랜드, 허드슨만을 장악함으로써 누벨프랑스Nouvelle –France(북아메리카에 있던 프랑스의 식민지 – 옮긴이)를 완전히 지배하게 됐다.

스페인 왕위계승전쟁은 훈련되고 조직적이며 병참 지원을 받는 군대를 갖춘 근대국가가 벌인 최초의 글로벌 전쟁이라는 측면에서 매우 중요하다. 이 전쟁의 양측 모두 어려움에 직면했지만 전시 비용을 충당할 수 있는 수단을 찾아냈다. 대규모 파산도 없었다. 양측은 인도 아대륙, 카리브 해, 북아메리카에서 군사 작전을 펼쳤다. 로마제국의 군대처럼 새로운 형태의 유럽 군대도 제복을 입기 시작했다. 또한 그들은 고도로 훈련된 대형으로 배치돼 전투를 벌였다. 그들은 군사로서뿐만 아니라 시민으로서도 훈련을 받은 군인들이었으며, 그들을 모집하고 조직하고 그들에게 급여를 지급하는 국가의 요구에 부응하고 복종했다.

스페인 왕위계승전쟁은 근대국가와 그 군대의 탄생이라는 최초의 군사-사회 혁명의 마지막 단계에 해당한다. 하지만 17세기 초에 비해 군사 조직이 개선되었음에도 불구하고 전쟁이 더 결정적인 승리로 이어지지는 못했다. 전쟁은 여전히 장기간의 포위 공격과 주요 지형지물 점령을 중심으로 전개됐다. 말버러 공작과 사보아 공자 외젠의 전투는 매우 대단한 것이었지만, 그 전투들이 전쟁을 끝내지는 못했다. 결국 양측 모두 병사, 재정, 자원의 소모로 인해 지칠 대로 지쳤다. 최근 추정치에 따르면 이 전쟁으로 인한 부상자 및 사망자 수는 약 125만 명에 달했다. 여기에는 질병으로 인한 사망자는 포함되지 않았다.[29] 언제나 그렇듯 전쟁의 결과를 결정한 것은 소모전이었다.

스페인 왕위계승전쟁이 교착 상태에 빠지면서 북유럽과 동유럽에서는 30년 전쟁으로 탄생한 스웨덴 제국이 다른 발트 해 연안 국가들에 대항해 또 다른 대규모 전쟁을 벌이고 있었다. 스웨덴 제국에 도전한 나라는 러시아의 역대 최고 지도자 중 한 명인 표트르 대제가 통치하는 신흥 러시아였다. 16세기의 러시아에서 벗어나 새로운 러시아로 변모하는 데 따른 어려움 외에도 표트르 대제는 최고의 군사 시스템을 갖춘 스웨덴의 전사왕 카를 12세에 맞서야 하는 전략적 문제를 안고 있었다.[30] 이를 해결하기 위해 표트르 대제는 크림 타타르인(크림반도에 뿌리를 둔 튀르크계 민족 - 옮긴이)을 먼저 정복함으로써 러시아 사회와 군대를 근대화해야겠다는 결론을 내렸다. 1697~1698년 네덜란드와 영국을 여행하면서 기술 및 군사 정보를 흡수한 표트르 대제는 러시아를 서구화하기로 결심하고 귀국했다. 그의 비전 중 하나는 발트 해 동쪽 해안까지 러시아 영토를 확장하는 것이었다.

1697년 열네 살의 카를 12세가 스웨덴 왕위에 올랐을 때 덴마크, 폴란드, 러시아는 나이가 어린 왕을 얕잡아보고 이를 이용하기 위해 연합을 결성했다. 덴마크는 홀슈타인 지역, 폴란드와 러시아는 각각 리보니아Livonia와 에스토니아를 장악하는 것을 목표로 삼았다. 하지만 이 나라들은 자신들의 결정을 바로 후회하기 시작했다. 이 전쟁을 통해 카를 12세는 뛰어난 전투 지휘관이라는 것을 입증했다. 하지만 그는 나폴레옹처럼 언제 멈춰야 할지에 대한 전략적·정치적 감각이 부족했다. 카를 12세는 비교적 적은 수의 군대로 1700년 여름에 코펜하겐을 먼저 공격했고, 영국과 네덜란드 함대의 지원을 받아 참전 5개월 만에 덴마크군을 대북방 전쟁Great Northern War(러시아와 스웨덴 제국(1611~1721)이 북부, 중부, 동부 유럽의 주도권을 장악하기 위해 벌인 전쟁 - 옮긴이)에서 몰아냈다.

한편 폴란드와 러시아는 현재의 발트 해 연안 북부 국가들로 진군했다. 전자는 리가를 포위하고 후자는 나르바를 포위했다. 1700년 11월 20일, 카를 12세는 8,000명의 군대를 이끌고 나르바 포위망을 뚫은 뒤 약 4만 명의 러시아군에 맞서 싸웠다. 앞을 볼 수 없을 정도로 휘몰아치는 눈보라 속에서 스웨덴군은 표트르 대제의 군대를 격파했다. 스웨덴군의 사상자는 약 2,000명이었던 반면, 러시아군은 거의 전멸했다. 그 후 카를 12세는 러시아로 진격하는 대신 작센의 선제후이자 폴란드의 국왕인 아우구스트 2세에 대항했다. 그 후 카를 12세는 폴란드 전역에서 지속적인 군사작전을 수행해 폴란드를 격파했지만, 폴란드에서의 전투에 몰두하느라 러시아에 집중할 수 없었다. 결국 카를 12세는 아우구스트 2세를 작센으로 후퇴시켰고, 1706년에는 프라우슈타트 전투에서 작센 군대를 격파한 뒤, 발트 해 지역에서 상당한 문제를 일으키던 러시아에 맞서 전쟁을 시작했다.

하지만 표트르 대제는 이미 국가와 군사기관을 지속적으로 개혁하고 있었고, 역사에서 흔히 볼 수 있듯이 상대편은 러시아를 과소평가했다. 유럽 역사상 가장 추운 겨울날 중 하루인 1708년 1월 1일, 카를 12세가 이끄는 스웨덴 군대는 비스와Vistula 강을 건너 러시아를 침공했다. 한 해의 시작을 알리는 이 날은 군대의 침공이 시작된 날짜 중 가장 인상적인 날짜일 것이다. 3대 1의 열세에도 불구하고 홀로프친Holowczyn에서 러시아군을 격파한 카를 12세는 미완의 수도 상트페테르부르크 대신 모스크바로 진격하기로 결정했다. 하지만 러시아의 겨울과 러시아군의 초토화 작전으로 스웨덴군은 남쪽으로 방향을 틀어 우크라이나로 향할 수밖에 없었다.

지원군이 러시아군에게 패하고 스웨덴군이 2만 명으로 줄어든 상황에서 카를 12세는 폴타바Poltava 포위 공격을 시도했지만, 당시 그는 부상을 입고 있었기 때문에 전투는 대부분 장군들에게 맡겨야 했다. 표트르 대제가 재정비하고 재훈련시킨 4만5,000명의 러시아군은 폴타바 주둔군을 지원하기 위해 이동했다. 이 전투에서 스웨덴군은 러시아군의 전선을 거의 무너뜨릴 뻔했지만, 결국 수적 열세로 패배했다. 카를 12세는 콘스탄티노플로 피신했다.[31] 그는 1718년에 암살당할 때까지 전투를 계속했다. 하지만 폴타바 전투 이후 강대국이었던 스웨덴은 무너지기 시작했고 카를 12세의 패배 이후 러시아가 그 자리를 차지하게 됐다. 이 전투의 승리로 표트르 대제는 리보니아와 에스토니아를 장악했고, 러시아는 발트 해의 강대국이자 유럽의 주요 정치 세력으로 부상했다. 또한 표트르 대제는 러시아 국민들에게 러시아의 대외 팽창에 대한 열정을 각인시키기도 했다. 이 열정은 예카테리나 대제(예카테리나 2세)에서 블라디미르 푸틴까지 수많은 그의 후계자들이 가졌고, 지금도 가지고 있는 거의 병적인 열정이다.

글로벌 패권을 위한 전쟁

스페인 왕위계승전쟁으로 유럽 강대국들은 지쳐 있었고, 다시 대규모 전쟁을 일으키기까지는 25년이라는 세월이 지나야 했다. 오스트리아 왕위계승전쟁은 또 다른 주요 강대국 프로이센의 부상을 가져왔다. 프로이센은 군대를 증강하면서 흩어져 있던 영토를 하나로 묶은 프리드리히 빌헬름 1세(1640~1688, 흔히 대선제후Great Elector로 불린다. - 옮긴이)의 통치 아래 오스트리아에 이어 독일 정치의 최강자로 부상했다. 프리드리히 빌헬름 1세의 직계 후계자인 프리드리히 2세(프리드리히 대왕)는 영리한 정치로 스페인 왕위계승전쟁 기간 동안 연합국들과 동맹을 맺었다. 1740년 프리드리히 대왕이 즉위할 당시, 프로이센의 고도로 훈련되고 규율화된 군대는 유럽 최고 수준이었다.[32] 하지만 프로이센은 산업이나 무역, 농업 면에서는 별로 내세울 만한 것이 없는 나라였다. 따라서 프로이센은 군사적 측면만 지나치게 발달한 국가의 기형적 사례 또는 유럽식 국가와 군대가 결합한 전형적 모습이었다고 할 수 있다.

스페인 왕위계승전쟁 다음에 발생한 대규모 전쟁, 즉 오스트리아 왕위계승전쟁은 새로 즉위한 프리드리히 대왕이 유럽 정치의 연못에 수류탄을 던지면서 시작됐다. 《반마키아벨리론Anti-Machiavelli》이라는 제목의 소책자를 쓴 그는 마리아 테레지아가 물려받은 지 얼마 되지 않은 합스부르크 군주국을 지키겠다고 선언했다. 이를 위해 그는 프로이센 군대를 보내 실레시아Silesia(독일어로는 슐레지엔Schlesien) 지역을 점령했다. 이 점령 행위는 당시 기준으로도 노골적인 침략 행위나 마찬가지였다. 이 움직임은 프랑스에게 옛 합스부르크 왕가의 적을 공격할 수 있는 기회를 제공했다. 첫 전투인 몰비츠 전투Battle of Mollwitz에서 프리드리히 대왕의 활약은 그리 대단하지 않았고, 그는 결국 프로이센이 패배했다는 생각에 전장을 떠났다. 하지만 쿠르트 폰 슈베린 지휘관이 이끌었던 이 전투는 프로이센의 승리로 끝났다. 프리드리히 대왕은 전장을 떠났다가 다시 참전함으로써 마키아벨리에 대한 자신의 비판이 얼마나 거짓이었는지 보여준 셈이었다. 1748년에 유럽의 강대국들이 평화에 합의했을 때 달라진 것은 거의 없었다. 하지만 프리드리히 대왕은 실레지아를 점령함으로써 프로이센의 인구를 거의 두 배로 늘렸다.

18~19세기의 가장 중요한 전쟁인 7년 전쟁은 오스트리아 왕위계승전쟁이 끝난 지 불과 8년 후에 시작됐다. 가장 중요한 것은 이 전쟁을 통해 영국이 전 세계 해양 통제권을 확보했다는 사실이다. 부와 인구를 고려할 때, 프랑스는 바다에서 영국과 맞붙으면서도 대륙 전쟁을 치를 수 있어야 했지만 비효율적인 조세제도가 발목을 잡았다. 이 전쟁은 유럽 국가들이 군사-사회 혁명을 통해 대륙을 넘어 군대를 조직하고 규율하며 지원할 수 있는 관료화된 국가로 거듭나게 만든 놀라운 원동력이 무엇인지 잘 보여준 전쟁이었다.

7년 전쟁은 수천 킬로미터 떨어진 두 곳에서 발발했다. 1754년 5월 말, 현재의 피츠버그에서 멀지 않은 곳에서 젊은 조지 워싱턴이 이끄는 토지 투기꾼들이 항복한 프랑스군 장교를 살해하는 대형 사건이 발생했다.[33] 유럽에서 아직 전쟁이 발발하지 않은 상황에서 영국은 이 문제를 해결하기 위해 에드워드 브래독Edward Braddock 장군 휘하 보병 2개 연대를 보냈다. 1755년, 북미의 정치적·군사적 상황에 대비하지 못한 브래독의 레드코트 부대는 모노가헬라 강 근처에서 프랑스 군대와 인디언 군대에게 참혹한 패배를 당했다.[34]

한편 당시 유럽에서는 외교 혁명이 일어나고 있었다. 오스트리아가 영국과의 오랜 동맹을 깨고 프랑스와 러시아 편에 선 것이 혁명의 시발점이었다. 이 세 나라는 사실상 모두 여성이 통치하는 나라였다. 오스트리아는 마리아 테레지아 황후, 러시아는 옐리자베타 여제가 통치하고 있었고, 프랑스는 루이 15세의 정부인 퐁파두르 부인이 국왕에게 지대한 영향력을 행사하고 있었다. 프리드리히 대왕은 이 세 사람 모두의 분노를 샀고, 이들은 그를 무너뜨리기로 결심했다. 프로이센과 영국은 이들에게 맞서는 반反동맹을 결성했다. 당시 프랑스는 지나친 자신감을 가지고 전쟁에 뛰어든 것으로 보인다. 프랑스 일부 인사들은 영국이 차입을 통해 전쟁 자금을 조달하기 힘들 것이라고 보기도 했다. 실제로 당시 한 프랑스의 정치평론가는 "여기(프랑스)는 비옥한 땅, 귀중한 물건, 반짝이는 현금이 넘쳐난다. 신용의 부족은 이 모든 것에 영향을 미치지 않을 것이다."라고 말했다.[35]

하지만 이것은 끔찍한 판단 착오였다. 글로벌 커먼즈를 장악하기 위한 프랑스와 영국의 치열한 경쟁에서, 영국은 프랑스가 대륙에서 여러 가지

일에 정신이 팔려 있는 동안 영국 해군이 바다를 지배할 수 있는 재정적 자원을 확보했다. 프랑스는 인구와 경제력이 꾸준히 증가하고 있는 영국의 북아메리카 식민지의 놀라운 성장에 밀려 전쟁으로 내몰리고 있었다. 문제는 식민지가 뉴프랑스에 가하는 위협이 아니라 식민지가 영국의 글로벌 파워를 증강시키고 있는 데 있었다. 하지만 프랑스는 이를 우려하면서도 중부 유럽에서 벌어진 갈등 상황에 휘말릴 수밖에 없었다.[36]

명확한 전략적 우선순위도 없었고, 루이 15세의 "*내가 죽고 나서는 홍수가 나든지 말든지*après moi le deluge"라는 말로 특징 지을 수 있는 무능한 지도층으로 인해 프랑스는 허우적거렸다. 거의 모든 면에서 프랑스의 지도층은 무능하고 무지하며 둔감했다. 그들은 전쟁에서 패배했을 뿐만 아니라 국가와 경제를 파산 직전까지 몰고 갔다. 반면, 영국은 전쟁 초반에는 고전했지만 윌리엄 피트William Pitt라는 걸출한 인물이 등장해 전략을 바로잡았다. 피트는 비스마르크, 처칠과 함께 역사상 가장 위대한 전략가 중 한 명으로 꼽힐 만큼 탁월한 비전과 리더십을 발휘했다.

프리드리히 대왕은 오스트리아, 러시아, 프랑스의 위협에 적극적으로 대응했다(제1차 세계대전 초반에 그의 후계자들도 이와 비슷한 대응을 했다). 1756년 8월 프리드리히 대왕은 군대를 이끌고 작센을 침공했다.[37] 그 뒤 프로이센군은 보헤미아로 진군했지만 별다른 성과를 거두지 못했다. 영국 측의 상황도 그다지 좋지는 않았다. 지중해에서 영국 함대는 메노르카를 지키기 위해 전투를 벌였지만 결정적이지 못한 전투 끝에 존 빙John Byng 제독은 전투 재개를 포기하고 결국 지브롤터로 후퇴했다. 이에 대해 군법회의는 그에게 사형을 선고했고, 볼테르는 "*다른 사람들의 용기를 북돋기 위해pour encourage les autres*"라는 불멸의 표현으로 빙의 처형을 풍자했다. 빙은 1757년 3월 총살됐다.[38] 흥미로운 사실은 당시 군법회의가 빙에게 비겁함이 아니라 "적의 함선을 탈취 또는 파괴하기 위해 최선을 다하지 않았다."는 이유로 유죄를 선고했다는 것이다.[39] 빙의 처형이 영향을 미쳤는지는 확실하지 않지만, 당시 제1해군경 조지 앤슨의 지휘 하에서 해군의 리더십이 개선된 것만은 확실하다. 앤슨은 함대를 지휘할 만한 능력을 갖춘 최고 수준의 성실한 제독들을 선택했기 때문이다.

1757년에는 거의 일 년 내내 영국-프로이센 측에 나쁜 소식만 전해졌다. 프리드리히 대왕은 오스트리아령 보헤미아를 침공해 프라하를 포위 공격했지만, 프라하를 구하기 위해 달려온 오스트리아군과 맞붙어 콜린에서 패배했다. 동쪽과 서쪽에서도 상황은 나아지지 않았다. 러시아 군대가 동프로이센의 북동부에 있었던 주 국경에 도착해 메멜을 포위했고, 8월 말에는 동프로이센에서 프로이센 군대를 격파하는 데 성공했다. 서쪽에서는 무장하지 않은 스코틀랜드 포로를 학살한 것으로 유명한 컴벌랜드 공작 윌리엄 왕자가 이끄는 영국-독일 연합군이 함정에 빠지고 말았다. 덫에 걸린 그는 클로스터-체벤 협정에 동의했고, 이를 굴욕으로 여긴 그의 아버지 조지 2세의 분노를 샀다. 컴벌랜드 공작이 모든 공직에서 물러나면서 그를 대신해 윌리엄 피트가 영국의 전략을 주도할 수 있는 기회를 얻게 되었다.[40]

영국이 이렇게 어려움을 겪고 있을 때 프랑스도 끔찍한 선택을 하고 있었다. 1756~1757년 겨울, 프랑스군은 라인 강 하류에 군대를 집결시킨 후 독일로 진격했다. 조지 2세의 영지인 하노버 선제후국을 점령하기 위해서였다. 이 원정군은 프랑스 왕국이 보여줄 수 있는 최악의 부패를 보여준 군대였다. 이는 46명의 중장, 65명의 영관급 장교 그리고 왕족들만이

이 원정에 참여했다는 사실에서 잘 알 수 있다.[41]

피트는 프랑스의 식민지, 특히 북아메리카 뉴프랑스와의 전쟁에 집중함으로써 영국의 전략을 전환하기 시작했다. 하지만 그는 유럽 대륙에서 벌어지고 있던 상황을 좌시하지 않았고, 영국은 프랑스를 독일 서부에 묶어두고 하노버를 프랑스로부터 보호하기 위해 독일 동맹국들에게 충분한 재정 지원을 제공했다. 또한 영국은 역사상 전례가 없는 규모로 프리드리히 대왕을 지원했다. 피트의 전략이 효과를 내기 위해서는 프랑스를 대륙에서의 전쟁에 묶어둠으로써 해군에 대한 지원을 약화시켜야만 했기 때문이다.

실제로 피트는 북아메리카의 영국 식민지 주민들을 적극 지원했지만, 1757년의 군사작전은 대부분 영국의 실패로 끝났다. 당시 버지니아 총사령관과 버지니아 총독으로 북아메리카로 파견된 라우던 경은 식민지 주민들을 경멸했고, 식민지 주민들도 그에게 같은 감정을 드러냈다. 영국에 비협조적인 매사추세츠 의회가 소집되기 전인 1758년 늦겨울, 라우던 경은 식민지 주민 중에서 2,128명을 병사로 차출할 것을 요구했지만 주민들은 이를 거부했다. 완전히 교착 상태에 빠진 순간 피트의 새로운 지시가 도착했다. 라우던 경의 지휘권을 박탈한다는 내용이었다. 이에 못지않게 중요한 내용은 식민지 주민들이 병사들을 차출하는 데 필요한 모든 비용을 '보상'하겠다는 내용이 이 지시에 포함돼 있었다는 사실이다. 상황이 이렇게 변하자 매사추세츠 의회는 2,128명이 훨씬 넘는 7,000명을 차출하기로 합의했다. 다른 식민지 의회들도 이와 비슷한 정도로 열정적인 태도를 보였다.[42] 여기서 중요한 것은 피트의 새로운 지시가 식민지의 사회적·정치적 현실에 기초해 전쟁에 대비하면서 뉴프랑스에 대항하는 대규모 군사작전을 지원하도록 만들었다는 사실이다.[43] 하지만 당시 피트는 '대양 전략blue-water strategy(영국의 강력한 해군으로 프랑스의 해외 식민지를 공격하는 방법으로 프랑스를 약화시키는 전략 – 옮긴이)'을 추구하지는 않았다. 1758년과 1759년의 결정적인 시기에 영국은 대서양 건너편에서 벌어진 전쟁에 투입한 병력만큼의 병력을 유럽 대륙에서의 전쟁에 투입했기 때문이다.

이런 일들이 연속적으로 일어나는 동안 유럽 대륙 내에서의 전략적 상황은 변화하기 시작했다. 1757년 11월, 프리드리히 대왕은 행군 중이던 프랑스군을 공격했다. 기병대가 프랑스군의 대열을 와해시킨 후 보병대와 포병대가 작전을 마무리했다. 로스바흐 전투Battle of Roßbach로 불리겐 된 이 전투에서 프랑스군의 사상자는 1만 명이 넘었지만 프로이센군은 500명에 불과했다. 그로부터 한 달 뒤, 로이텐에서 오스트리아군을 만난 프리드리히 대왕은 보병을 옆쪽으로 진격시켜 상대의 좌익 진영을 무너뜨렸다. 오스트리아군의 사상자는 2만2,000여 명, 프로이센의 사상자는 6,000여 명이었다.[44] 이 두 번의 승리로 중부 유럽의 전략적 상황은 역전됐다. 프리드리히 대왕은 여전히 많은 어려움에 직면해 있었지만, 이 두 번의 승리로 인해 숨통이 트이게 됐다. 프로이센의 입지가 개선되자 피트는 연간 67만 파운드의 보조금을 승인하고 1만2,000명의 영국군을 독일 서부 방어에 투입했다.

1758년에도 유럽에서의 전투는 계속됐는데, 많은 비용을 쓴 만큼의 결정적인 전투는 나오지 않았다. 하지만 대양과 글로벌 수준에서 대세는 영국 쪽으로 기울고 있었다. 북아메리카, 노바스코샤의 루이스버그를 점령하기 위해 영국은 전열함을 무려 21척이나 동원해 1만2,000명의 상륙군을 지원하도록 했다. 1758년 7월 26일, 루이스버그 요새는 항복했다. 이 과정에서 영국군은 요새 서쪽의 만에 갇히게 된 프랑스군 전열함 5척을 파괴했다.[45] 이로써 영국이 세인트로렌스 강을 거슬러 올라가 퀘벡시티를 직접 공격할 수 있는 길이 열렸다.

당시 영국인들은 1759년을 '기적의 해annus mirabilis'로 불렀다. 그해 영국은 북아메리카에서 두 번의 대규모 공격으로 뉴프랑스를 정복하는 데 성공했기 때문이다. 프랑스는 아메리카 원주민의 독특한 전쟁 방식에 의존하여 방어를 했는데, 영국인들은 이 방식이 매우 야만적이라고 생각했다.[46] 심지어 당시 부임한 지 얼마 되지 않은 프랑스의 사령관 루이조제프드 몽캄Louis-Joseph de Montcalm도 이 방식이 형편없다고 생각했다.[47] 하지만 아메리카 원주민 지도자들에게는 유럽의 전쟁 방식이 오히려 기괴하게 보였다. 따라서 몽캄은 프랑스의 인디언 동맹군과의 관계가 좋지 않았고, 그 결과 프랑스의 캐나다 방어는 난항을 거듭했다. 이처럼 영국에게 유리한 상황에서 영국군은 올버니에서 조지 호수를 따라 몬트리올을 향해 진격했지만, 영국군 사령관 제프리 애머스트는 압도적인 수적 우세에도 불구하고 위험을 감수하려 하지 않았기 때문에 별다른 진전을 이루지 못했다.

제임스 울프 소장이 이끈 퀘벡시티 공격은 처음에는 별다른 진전을 이루지 못했다. 울프는 몽캄이 퀘벡시티의 방어선에서 나와 싸우기를 바랐지만 프랑스군은 이를 거부했다. 영국군이 세인트로렌스 강 하류 농경지를 초토화시켰는데도, 몽캄은 움직이지 않았고, 이에 울프는 "전쟁은 어려움을 선택하는 일"이라고 한탄했다.[48] 마침내 여름이 거의 끝나가는 절박한 상황에서 울프는 위험을 무릅쓰고 세인트로렌스 강을 따라 퀘벡시티 뒤쪽 절벽을 넘어 에이브러햄 평원까지 진격했다. 프랑스 보초병들은 영국군이 평원에서 전열을 구축할 때까지도 수비대에 경고를 보내는 데 실패했다. 그 시점에서 몽캄은 세인트로렌스 강 상류로 병사들을 보내놓은 상태였기 때문에, 그들이 돌아오기를 기다린 뒤 영국군을 더 강력한 힘을 가진 두 군대 사이에 가둘 수도 있었다. 하지만 그는 그렇게 하지 않고 도시 요새를 지키고 있던 정규군과 캐나다 민병대를 요새 밖으로 내보냈다. 고도로 훈련된 영국군은 프랑스군이 사거리에 들어올 때까지 기다렸다가 그들을 날려버렸다. 울프는 전장에서 전사했고 몽캄은 그날 밤 항복했다. 하지만 캐나다에 겨울이 다가오면서 승자들은 절박한 상황에 처했다. 보급품이 거의 바닥난 데다 여름 동안의 약탈로 세인트로렌스 강 하류의 농장에는 먹을 것이 거의 남지 않은 상태였다.[49] 하지만 강 상류의 프랑스군은 도시 성벽을 공격할 포병이 부족했다. 따라서 1760년 봄에 지원군과 보급품을 싣고 도착한 첫 번째 함대가 캐나다의 운명을 결정짓게 된다.

상황을 종료시킨 것은 1759년 11월 프랑스 해안 앞바다에서 벌어진 전투였다. 1758년 여름, 영국 해군은 브레스트에서 프랑스 함대를 교착 상태에 빠뜨렸고, 6주 동안 브레스트 항구를 봉쇄했지만 괴혈병으로 인해 함대는 본국으로 돌아갈 수밖에 없었다. 그 이듬해 괴혈병 문제가 사라지고 나서야 서부 전대 사령관 에드워드 호크 제독은 밀착 봉쇄를 유지할 수 있었다. 1759년 8월이 되자 호크 제독은 충분한 수의 전열함(32척)을 보유하게 돼 그 일부를 정비와 보급을 위해 항구로 돌려보낼 수 있게 됐다. 그가 괴혈병 문제를 해결할 수 있는 해상 재보급 시스템을 구축했다는 점도 주목할 만하다.

재정 문제가 점점 심각해지자 프랑스는 영국 제도를 침공하기 위해 수송 함대와 군대를 정비하기 시작했다. 당시 프랑스군은 키브롱 만Quiberon Bay을 이용했다. 브레스트의 보급 시스템으로는 함대는커녕 육군도 지원할 수 없었기 때문이었다. 프랑스의 계획은 함대를 브레스트에서 출발시켜 키브롱 만으로 향하게 한 다음, 수송함대와 합류시켜 영국으로 진격하는 것이었다. 11월 7일, 강풍 때문에 호크는 브레스트 앞바다에서 영국 남서쪽 해안으로 거점을 이동시킬 수밖에 없었다. 11월 16일, 위베르드 콩플랑 제독이 지휘하는 프랑스 함대는 21척의 함대를 이끌고 브레스트에서 출항했지만, 거센 바람 때문에 항로에서 벗어나고 말았다.

키브롱 만에 접근했을 때 또 다시 강풍이 불기 시작했다. 그때 프랑스군은 호크 제독이 이끄는 함대가 프랑스 함대를 추격하고 있다는 것을 알게 됐다. 악천후가 계속되고 있었고, 영국군에게는 키브롱 만 주변의 위험한 암초 위치를 알려주는 지도가 없었음에도 불구하고 호크 제독은 '전면 추격general chase'을 지시하는 제독의 깃발을 올렸다. 호크의 함대는 전속력으로 추격을 하기 시작했다. 영국군 전함들이 키브롱 만에 진입하자 폭풍우와 함께 어둠이 몰려왔다. 아침이 되자 프랑스 함선 두 척이 탈출했고, 두 척은 침몰했으며, 한 척은 나포됐고, 한 척은 좌초했으며, 다른 한 척은 파손돼 침몰했다. 콩플랑의 기함은 불에 탔다. 거센 파도의 도움을 받아 12척의 프랑스 군함이 빌렌 강Vilaine River을 거슬러 올라갔지만, 바닷물이 빠지면서 이 군함들은 모래톱에 걸려 다시 내려올 수 없게 됐다. 반면에, 호크 제독이 잃은 군함은 두 척에 불과했다. 이는 영국 제독이 승리한 해전 중 가장 인상적인 전투로 기록될 만큼 놀라운 성과였다.[50]

키브롱 만 해전에서 패배한 프랑스군은 퀘벡시티에 보급을 할 수 없게 됐다. 호크가 프랑스 함대를 격파한 데다, 프랑스에게는 함대를 새로 건조할 자금도 없었다. 이 전투는 "1759년의 결정적인 군사적 사건"이었다.[51] 이로써 영국은 캐나다 내 전쟁을 종결했을 뿐 아니라 해상에서 우위를 차지하게 됨으로써 인도에 대한 주도권까지 확보했다. 프랑스는 더 이상 인도 대륙을 장악하기 위해 경쟁할 수 없게 됐다.

큰 틀에서 보면 프랑스 해군은 키브롱 만 해전 이전부터 이미 경쟁에서 밀려난 상태였다. 프랑스는 1,450만 리브르의 부채를 안고 전쟁에 참전했는데, 1758년 6월에는 부채가 4,200만 리브르로 불어났고, 그중 상당 부분이 이자가 매우 높은 무담보 어음 형태였다. 퀘벡의 함락 소식은 결국 해군을 파산시키고 그 활동을 중단시켰다.[52] 1761년, 프랑스 정부는 해군 예산을 50% 삭감했다.

이 경쟁에서 영국의 우위는 함선 유지보수 능력에서도 볼 수 있었다. 프랑스는 1756년에야 처음으로 완전한 기능을 갖춘 드라이 독dry dock을 건설했고, 1780년이 되어서야 3층짜리 독을 만들 수 있었다.[53] 또한 영국 해군은 프랑스의 주요 항구를 밀착 봉쇄하고 전 세계에 전력을 투사할 수 있는 대규모 병참 시스템을 갖추고 있었다. 이 시스템은 1750년부터 1757년까지 2만7,321톤의 빵, 2,249톤의 소고기, 3,367톤의 돼지고기, 3,132톤의 밀가루, 11만47톤의 맥주, 35만1,692갤런의 브랜디 등을 함대에 공급했다.[54] 18세기 중반의 해군력은 선박, 조선소 유지보수, 병참 및 재정의 지속 가능성에 의존했다. 게다가 영국 해군의 우위는 호크 제독 같은 뛰어난 인물의 뒷받침에 힘입은 바도 크다. 여러 가지 면에서 영국 해군에 대한 지원 구조는 산업혁명이 첫발을 내딛는 발판이 됐다.

피트의 탁월한 전략으로 영국은 세계적인 제국으로 발돋움했다. 한 역사가는 그의 성공을 다음과 같은 말로 설명했다.

"피트는 명예혁명에서 비롯된 전략적 전통을 채택하고 개선했다. 피트는 아메리카에서 독일을 보호하고, 그 대가로 독일의 지원을 받아 아메리카를 장악하는 (적어도 그 당시에는 완벽했던) 전략적 선순환 구조를 만들었다. 또한 그는 영국에게 부담이었던 하노버 선제후국을 지정학적 자산으로 바꾸어 놓았다. 그는 '구 체제old system'를 대체할 신교도 후계자를 세웠으며, 급진주의자, 개척자, 토리당원, 정통 휘그당원 등 다양한 세력을 결집시켰다. 그는 사자와 어린 양을 한 곳에 눕게 했으며, 많은 사람들을 설득해 불편함을 참도록 만들었다."55

하지만 영국에서 피트의 정치적 입지는 1760년 11월에 조지 2세가 사망하면서 무너졌다. 영국 왕위는 그의 손자인 조지 3세에게 넘어갔고, 조지 3세는 영국의 첫 번째 제국이 와해되는 데 중요한 역할을 하게 된다. 왕위에 오른 조지 3세는 하노버를 방어하는 데 돈을 쓸 필요가 없다고 생각했고, 프로이센을 지원하는 데는 더더욱 인색했다. 한편 그 즈음 프리드리히 대왕은 숙적이었던 러시아의 옐리자베타 여제가 사망하고 표트르 3세가 왕위를 계승하자 한시름 놓을 수 있게 됐다. 표트르 3세는 프리드리히 대왕을 열렬히 존경했기 때문이었다. 이 새 차르는 겨우 6개월 동안 통치하다가 그의 부인인 예카테리나에 의해 폐위됐지만, 그 짧은 기간 동안 프리드리히 대왕을 구한 셈이었다. 1763년, 영국이 전쟁에서 철수하고 프랑스가 거의 파산에 이르렀으며 오스트리아가 지친 상황에서 열강은 파리 조약에 합의했다. 유일한 승자는 퀘벡과 인도 내 프랑스 영토를 얻은 영국이었다. 무엇보다도 7년 전쟁을 통해 영국 해군과 그 지원 인프라는 글로벌 커먼즈에서 지배적인 강자로 자리매김했다.

하지만 이런 성공은 영국의 리더십에 부정적인 영향을 미쳤다. 그다지 명석하지 못했던 조지 3세는 피트의 성공을 이끈 요인이 무엇인지 거의 이해하지 못했다. 이로 인해 몇 년 후 북아메리카 식민지에서 대규모 반란이 일어나게 되는 환경이 서서히 조성됐다.[56] 하지만 어리석음과 무능은 영국 지도자들의 실수 중 일부분에 지나지 않았다. 조지 3세와 그의 참모들은 아메리카 식민지를 방문한 적이 한 번도 없었고, 따라서 대서양 건너편의 상황을 조금도 파악하지 못했다. 몇몇 고위 장교들은 북아메리카에서 프랑스군과 싸워본 경험이 있었지만, 거의 대부분의 장교들은 상류층의 속물근성이라는 렌즈를 통해서만 식민지에서의 전쟁이 어떻게 전개될지 분석했다.

아마도 가장 큰 어려움은 전쟁이 벌어지는 땅의 크기를 제대로 가늠하지 못한 데에 있었을 것이다. 이에 대해 훗날 영국의 한 전쟁 전문가는 이렇게 말했다.

"우리는 지도의 축척을 제대로 이해하지 못해 실패했다. 지도에서 '아메리카'라는 단어가 차지하는 공간이 '요크셔'라는 단어가 차지하는 공간과 거의 비슷했기 때문에 우리는 그 두 지역이 거의 같은 크기라고 생각했다. 하지만 실제로, 찰스턴과 보스턴의 거리는 베네치아에서 런던만큼 멀었다."[57]

전쟁이 계속되는 동안 영국은 많은 문제에 직면했고, 그중 가장 중요한 것은 병참 문제였다. 영국의 병참 시스템으로는 군대를 먹일 수 있을 만큼 충분히 넓은 영토를 점령할 수 없었다. 따라서 영국은 건초를 제외한 모든 것을 영국에서 가져와야 했다.[58]

프랑스-인디언전쟁French and Indian War(1754~1763년, 북아메리카 대륙에서 오하이오 강 주변의 인디언 영토를 둘러싸고 일어난 영국과 프랑스의 식민지 쟁탈 전쟁 - 옮긴이)은 식민지 주민들이 전투에 투입한 병력에도 변화를 가져왔다. 프랑스군에 맞서 민병대에서 복무한 수많은 경험은 식민지 개척자들의 승리에 중요한 역할을 할 장교와 부사관NCO이라는 인적 자원을 형성했다. 이들은 전장에서 영국군에게 치명적인 적이 될 수 있는 민병대의 주축이 되었다.[59] 렉싱턴-콩코드 전투Battle of Lexington and Concord에서의 패배 이후 식민지 주민들을 냉정하게 평가한 몇 안 되는 영국 장교 중 한 명은 "그들 중에는 인디언과 캐나다인에 대항한 레인저스Rangers(정예부대)에서 복무한 경험이 있는 베테랑들이 있었으며, 이 나라는 온통 나무와 언덕으로 덮여 있어 그들의 전투 방식에 매우 유리하다."라고 지적하기도 했다.[60]

한편, 식민지 주민들은 현장에서 군대를 지원하면서 식민지 경제 또한 유지해야 하는 기본적인 문제에 직면해 있었다. 당시 그들은 상당 기간 농장을 비울 수 있을 정도의 잉여 노동력이 없었기 때문에 하이브리드 전쟁을 치를 수밖에 없었다.[61] 식민지 주민들이 전장에서 소규모로라도 정규군 역할을 유지하는 한 영국은 병력을 집중해야 했다. 하지만 식민지 농장들은 서로 거리가 상당히 떨어져 있어 영국은 군대에 필요한 식량을 확보하기 위해서는 병력을 넓은 지역으로 분산시킬 수밖에 없었다. 게다가 군대가 작은 단위로 식량을 구할 수 있도록 병력을 배치하면 1777년 베닝턴 전투에서처럼 민병대가 군대의 활동을 방해할 위험이 있었다. 베닝턴 전투는 새러토가 전투의 발판이 된 전투다. 게다가 해안 도시를 제외하고는 영국군이 현지 반군 민병대를 물리칠 수 있을 만큼 충분히 무장하고 훈련된 토착민 토리 민병대(미국 독립전쟁 기간 동안 영국 왕실에 충성했던 사람들로 구성된 민병대)를 조직할 수 있을 정도로 오래 머물 수 있는 곳이 없었다.

대양 건너편에서 대규모 군대를 지원할 수 있게 됐다는 것은 18세기에 엄청난 발전이 이뤄졌다는 사실을 잘 보여준다. 세계사의 관점에서 볼 때, 군사력을 투사하고 원거리에 있는 군대를 지원할 수 있는 능력의 확보는 국민국가nation-state 탄생 이후에 일어난 가장 인상적인 군사 혁신 중 하나라고 할 수 있다. 하지만 이런 능력을 확보했음에도 불구하고 영국은 아메리카 대륙에서의 반란을 제압할 수 없었다. 거리가 멀어도 너무 멀었기 때문이다. 영국이 가졌던 희망은 1776년 뉴욕과 그 주변의 침공이 실패하면서 사라졌다. 윌리엄 하우William Howe(미국 독립전쟁 당시 북아메리카 총사령관을 맡은 것으로 유명한 영국 육군의 장교 - 옮긴이)가 이끈 영국군이 전쟁 초기에 조지 워싱턴의 군대를 파괴하지 못한 덕분에 미국인들은 1776~1777년 겨울 트렌턴 전투와 프린스턴 전투에서 영국군에 반격할 수 있는 충분한 병력을 확보할 수 있었다. 군사적 측면에서 보면 이 전투들은 소규모 충돌에 불과했지만, 당시 미국인들은 그렇게 생각하지 않았다. 1777년 이후 영국이 다시 프랑스와 충돌하게 되자 영국과 식민지 개척자들과의 전쟁은 영국 본토에서 점점 관심의 중심에서 벗어나기 시작했고, 북아메리카에서의 패배는 피할 수 없는 일이 됐다.

결론: 국가의 도래

인간의 조건에 대해 설명하는 멋진 프랑스어 표현이 있다.

"변화가 거듭될수록 본질은 더욱 같아진다.Plus ça change, plus c'est la même chose."

이 말은 17세기 말에 근대국가와 그 군사 조직이 폭발적으로 출현한 현상에 대한 설명이기도 하다. 이 시기에 전쟁은 민족국가와 그 사회의 특성을 반영해 체계적으로 계획되고 실행되는 국가의 도구가 되었으며, 과거 전쟁과는 달리 훨씬 더 조직적이고 통제된 방식으로 수행되기 시작했다. "전쟁은 다른 수단에 의한 정치의 연속"이라는 클라우제비츠의 유명한 말은 1700년 이전에 일어난 일들에는 적용되기 힘든 말이다. 이 유명한 경구는 14~15세기의 에드워드 3세, 흑태자 에드워드, 헨리 5세가 프랑스를 침공할 때 벌인 약탈 원정이나 30년 전쟁 중에 독일에서 일어난 일을 설명하지 못하기 때문이다.

하지만 18세기에 새로 탄생한 국민국가들은 유럽 역사에서 평화가 거의 존재하지 않았던 사실상 살인적인 무한 경쟁 상태에 최소한의 질서를 가져왔다. 따라서 18세기에는 주요 강대국들이 그 이전보다 더 짧은 기간에 걸쳐 전쟁을 벌였다. 아이러니한 점은 이런 전쟁들이 국가의 조직적인 능력으로 인해 더 폭력적이었고 더 많은 사상자를 냈다는 사실이다. 게다가 18세기의 전쟁은 그 이전 세기들에 발생한 전쟁들에 비해 전술적인 면에서는 더 인상적으로 보였지만, 전략적 효과 면에서 더 결정적이었다고 할 수는 없다. 또한 18세기는 과거와 마찬가지로 소모전과 재정 고갈이 전장에서의 승리만큼이나 중요하다는 것이 입증된 시기이기도 하다. 하지만 세기가 바뀌면서 국제 체제(국제 관계)의 안정성은 물론 국가의 안정성 자체가 의심을 받기 시작했다.

THE DARK PATH

PART 2

제2차·제3차
군사-사회 혁명

[변화의 동인]

THE DARK PATH

CHAPTER 4

프랑스혁명과 산업혁명

후에 서양인들은 전쟁 수행에 더 많은 복잡성과 '과학'을 도입하면 어떻게든 전쟁을 더 잘 통제하거나 예측해 더 인도적으로 만들 수 있을 것이라고 생각했다. 그러나 그들이 실제로 이룬 것이라고는 본질적으로 매우 단순하고 잔인한 현실에서 미성숙한 영웅주의에 대한 숭배를 만들어냄으로써 그들이 보호하고자 했던 시민이나 국민들의 삶 속으로 전쟁으로 인한 살육이 침투하도록 한 것뿐이었다.

빅터 데이비스 핸슨*Victor Davis Hanson*, 《서양의 전쟁 방식*The Western Way of War*》

라자르 카르노 (1753~1823)	프랑스 혁명기의 뛰어난 군사 조직가로 '승리의 조직자'로 불렸다. 수학자이자 물리학자였던 그는 과학적 방법으로 혁명군을 근대적 군대로 재조직했다. 특히 국민징병제를 통해 대규모 군대를 창설하고, 젊은 장교들의 승진을 장려하여 혁명 전쟁의 승리에 큰 공헌을 했다.
총재정부 (1795~1799)	자코뱅파의 몰락 이후 수립된 프랑스 혁명 말기의 정부 형태. 5명의 총재가 집행부를 구성했으며, 보수적 성향의 중산층이 주도했다. 도전과 부패, 무능으로 인해 불안정했으며, 결국 나폴레옹의 브뤼메르 쿠데타로 종말을 맞았다.
클레멘스 폰 메테르니히 (1773~1859)	오스트리아 제국의 정치가이자 외교관으로, 1815년 빈 회의를 주도하여 나폴레옹 전쟁 이후의 유럽 질서를 수립했다. 정통주의와 세력균형을 바탕으로 한 보수적 국제질서(빈 체제)를 구축했으며, 자유주의와 민족주의 운동을 적극적으로 억압했다. 1848년 혁명으로 실각할 때까지 유럽의 보수 질서를 주도했다.
스페인 궤양	나폴레옹의 스페인 침공(1808~1814)과 이후의 게릴라전을 지칭하는 용어. 스페인 민중의 끈질긴 저항과 게릴라전으로 인해 프랑스군은 큰 피해를 입었으며, 이는 나폴레옹 제국의 심각한 약점이 되었다. 정규군 전투에서는 우세했으나 게릴라전에는 효과적으로 대응하지 못했다.

18세기의 마지막 10년이 다가오면서 강대국들은 상대적인 평화와 점진적인 정치적 변화의 시기에 접어든 것처럼 보였다.[1] 하지만 인간사에서 많은 일이 그렇듯이 전쟁과 인류가 상호작용하는 정치 지형에도 급격한 변화가 닥쳤다. 1789년에서 3년도 채 지나지 않았을 때 프랑스 국민은 부르봉 왕정을 전복하고 전쟁의 성격을 바꾸는 혁명적 상황을 만들어냈다. 프랑스혁명은 18세기의 마지막 몇 십 년 동안 폭발적으로 일어난 두 가지 군사-사회 혁명 중 하나다.

이런 정치·사회적 변화는 인류 역사상 그 규모와 범위, 사상자 수에서 전례가 없는 강대국 간 분쟁이 25년 동안 지속되는 계기가 됐다. 또한 프랑스혁명은 국가의 본질과 국가와 시민 간의 관계에도 변화를 가져왔다. 여기서 중요한 것은 프랑스혁명으로 정부가 보통사람들의 의지를 대표하게 됨으로써 민중populus의 전쟁 참여 의지가 높아졌다는 점이다. 또한 이러한 변화는 전시와 평시 모두에서 국가가 시민을 더 잘 통제할 수 있는 행정적·정치적 틀을 마련하는 발판이 되었다. 사실상 프랑스혁명은 20세기 국가의 관료적·제도적 기반이 되는 토대를 마련한 셈이다.

프랑스혁명은 1792년에 유럽 전역에서 일어난 대규모 전쟁의 원인이기도 했다. 파리의 혁명가들은 *앙시앵 레짐*에 전쟁을 선포했고, 프로이센과 오스트리아 군주가 루이 16세를 구하려 함으로써 이 혁명가들에게 전쟁의 구실을 제공했기 때문이다. 특히 혁명가들이 저지대 국가를 장악하는 데 성공한 것은 영국인들에게 그들의 안보에 대한 실존적 위협으로 다가왔다. 따라서 프랑스와 유럽 대륙 내 프랑스 동맹국들의 불신 속에서 경제력을 키우고 있던 영국의 개입으로 이 위대한 혁명 실험은 1815년에 일시적으로 중단을 맞게 된다.

프랑스혁명에 의해 탄생한 정권이 본질적으로 민주적이었다고 할 수는 없지만, 프랑스혁명이 18세기 후반의 민주화 운동에서 영감을 받은 것은 사실이다.[2] 대중의 의지와 국가의 자원 동원에 중점을 둔 프랑스혁명 정신은 미국 남북전쟁, 프로이센-프랑스전쟁(보불전쟁), 20세기의 세계대전 등에서 다양한 형태로 변형돼 다시 등장했다. 또한 자코뱅주의자들 Jacobins(프랑스혁명 당시 과격 공화주의 당원들 - 옮긴이)이 만든 관료제도는 나폴레옹에 의해 더욱 정교해지고 위로부터의 지시에 반응하는 효과적인 시스템으로 발전하면서 국가가 대중의 열정을 극대화할 수 있도록 만들었다. 열정이 떨어지면 이 근대국가(프랑스)의 통제 메커니즘은 시민을 결집하는 데 필요한 불가항력적인 힘*force majeure*을 제공했다.

프랑스가 군사-사회 혁명의 한가운데에 있을 때 영국 해협 건너편에서는 산업혁명이 진행 중이었다. 산업혁명이 촉발한 경제적·생산적 변화는 전쟁에도 장기적인 영향을 미쳤다. 산업혁명은 그 후 25년 동안 유럽의 전장에서 사용된 무기에 직접적으로는 거의 영향을 미치지 않았지만 간접적으로는 영향을 미쳤다. 산업혁명이 만들어낸 경제적 능력과 재정적 능력 그리고 기계설비로 영국은 중부 유럽과 동부 유럽의 앙시앵 레짐 정부를 지원하고 전장에서 앙시앵 레짐의 군대를 유지시킬 수 있는 수단을 확보하게 됐다. 또한 이런 경제력을 바탕으로 영국 해군은 전쟁 기간 내내 프랑스 해안을 봉쇄하면서, 산업혁명을 기반으로 성장하는 세계 무역을 통제할 수 있었다. 마지막으로, 산업혁명은 영국이 이베리아 반도로 강력한 군대를 동원할 수 있게 만들었다. 영국군은 이 전쟁에서 스페인 게릴라의 도움을 받아 길고 소모적인 전쟁 끝에 스페인에서 프랑스군을 몰아냈다.[3]

프랑스혁명

프랑스혁명을 초래한 정치적 폭발에는 여러 가지 원인이 있었다.[4] 그중 가장 확실한 원인은 프랑스 인구의 증가로 인해 장래가 불확실하고 불안정한 젊은이들이 늘어났다는 데 있었다.[5] 이는 경제 성장이 인구 성장을 따라잡지 못해서 발생한 현상이 아니었다. 이보다는 경제 성장이 젊은이들에게 기대감을 높였지만, 특히 귀족들의 특권을 허용한 앙시앵 레짐이 이런 기대감을 무너뜨렸기 때문에 발생한 것이었다. 마지막으로, 루이 16세가 비효율적인 정책을 펼치면서 일관된 정치 노선을 유지하지 못한 것도 혁명의 한 원인이었다.

1780년대 프랑스의 정치 지형은 혁명이 일어날 수 있는 충분한 요건을 제공했다.[6] 프랑스의 지도자들은 미국의 독립을 지원함으로써 7년 전쟁에서 굴욕적인 패배를 안겨준 영국에 어느 정도 복수를 했다고 생각했다. 하지만 프랑스는 18세기 내내 쌓인 엄청난 부채가 미국 독립전쟁 지원으로 더 늘어났다는 것 외에는 얻은 것이 거의 없었다. 프랑스는 루이 14세의 전쟁에 20억 리브르, 7년 전쟁에 12억 리브르, 미국 독립전쟁 지원에 10억 리브르를 쓴 상태였다.[7] 1780년대 후반이 되자 프랑스의 재정은 절망적인 상황으로 치달았다. 재정난을 더욱 악화시킨 것은 귀족에게 거의 부담을 주지 않는 조세 제도였다. 설상가상으로 귀족들은 농부들의 분노를 자아내는 권리와 특권을 소유하고 있었다. 당시 프랑스 민중의 형편은 중부 유럽이나 동유럽의 농노들에 비하면 그리 나쁘지는 않은 상태였다. 하지만 문맹율이 낮아지면서 그들은 귀족들의 특권 행사를 견디기 힘들어했고, 특히 군대를 중심으로 혁명적 사상이 사회 전반으로 확산되기 시작했다.[8]

경제적 요인과 지적 흐름은 곧 폭발적인 상황을 촉발했다. 한동안 개선되던 경제는 혁명 직전에는 심각한 침체를 겪고 있었다. 1788년의 흉작으로 도시에서는 식량 가격이 치솟았으며(빵 가격은 1789년 7월 14일 파리 시민들이 바스티유 감옥을 습격한 날 최고치를 기록했다),[9] 산업도 무너졌다. 도시에서는 빵을 구하기 위한 폭동이 일어났고, 농민들은 귀족들의 성과 시골 별장을 습격했고, 그들의 의무사항을 기록한 문서를 불태웠다.

1789년, 루이 16세는 사회적 동요와 근본적인 재정 위기를 해결하기 위해 1614년 이후 처음으로 삼부회를 소집했다. 하지만 이는 심각한 실수였다. 프랑스 삼부회는 세 신분(귀족, 가톨릭 고위 성직자, 평민)의 대표자가 비정기적으로 모여 중요 의제에 관하여 토론하는 장이었고, 그해 삼부회는 5월 초에 열렸다. 개회 즉시 삼부회 의원들의 일부가 혁명적 의제를 제안했고, 왕과 장관들은 얼마 지나지 않아 상황을 통제할 수 없게 됐다. 7월

14일, 군인들의 지원을 받은 파리 시민들이 왕권의 상징인 바스티유 감옥을 습격해 점거한 뒤 파괴했다. 폭도들은 요새의 지휘관을 찔러 죽이고 그의 머리를 창에 꽂아 행진했다.[10] 군인들의 자발적인 폭동 참여는 왕이 더 이상 군대에 의존할 수 없게 됐다는 분명한 신호였다. 10월에는 6,000명이 넘는 상퀼로트sans-culotte(프랑스어로 '퀼로트를 입지 않은 사람'이라는 의미로, 프랑스혁명의 추진력이 된 사회 계층이다. 상퀼로트는 주로 수공업자, 장인, 소상인, 근로자 등 무산 시민으로 당시 파리에서는 빈곤층에 속했다. 급진적인 혁명을 추구한 민중을 지칭하는 말로 사용되기도 한다. - 옮긴이)가 베르사유 궁전으로 행진해 근위대를 제압하고 루이 16세와 왕비와 왕세자를 파리의 튈르리 궁으로 옮겼다. 그곳에서 왕과 그의 가족은 더욱 격렬한 정치적 흐름의 인질이 됐다. 1791년 6월, 루이 16세는 점점 더 위험해지는 상황을 피해 오스트리아령 네덜란드로의 피신을 시도했지만 민병대에 잡혀 파리로 다시 끌려왔다. 국왕의 탈출 시도는 국왕이 혁명의 적이라는 것을 보여주는 동시에 프랑스 정치의 급진화를 부추기는 결과를 낳았다.

또한 여기서 중요한 것은 이 도주 시도가 루이 16세의 지위 회복을 위해 마지못해 다른 나라들이 개입하게 만들었다는 사실이다. 오스트리아, 프로이센, 러시아 등 이 문제에 개입한 세 강대국은 사실 프랑스에서 벌어지는 일에 별 관심이 없었다. 당시 이 나라들은 폴란드 왕국을 해체시키는 데 정신이 팔려 있었다.[11] 게다가 이 세 나라는 서로에 대한 불신이 깊었고, 폴란드 왕국이 무너졌을 때 자기 몫을 얻지 못할까 노심초사하고 있었다. 그나마 프랑스혁명에 진지한 관심을 보였던 나라는 오스트리아였는데 오스트리아령 네덜란드가 프랑스와 국경을 맞대고 있었기 때문이다. 그로부터 25년 뒤 클라우제비츠는 "프랑스혁명이 발발했을 때…… 오스트리아와 프로이센은 프랑스 군대가 심각하게 약화될 것으로 예상했다."라고 썼다.[12] 당시 그 두 나라는 최소한의 무력 행사로 프랑스 군주제를 회복할 수 있다고 생각했다.

프랑스혁명이 유럽의 평화를 얼마나 크게 위협했는지에 대해서는 영국조차도 그 폭발력을 거의 감지하지 못했다. 예를 들어, 영국이 프랑스와 다시 전쟁을 벌이기 불과 몇 주 전, 소小윌리엄 피트Willian Pitt the Younger(3장에서 등장한 대大피트William Pitt the Elder의 둘째 아들 - 옮긴이)는 "유럽의 상황으로 볼 때, 이 나라 역사상 지금보다 더 앞으로 15년간의 평화를 기대할 수 있는 시기는 없다."라고 말했다.[13] 하지만 그로부터 7년 뒤 그는 자신을 비판하는 사람들에게 전쟁을 정당화하면서 "우리는 옷장속의 의견이나 학자들의 추측과 싸우는 것이 아니라 무장한 의견과 전쟁을 벌이고 있다."라고 말했다.[14]

1792년 4월, 대륙 열강의 위협에 대응해 프랑스 의회는 오스트리아와 프로이센에 전쟁을 선포했다. 특히 오스트리아 황제(신성로마제국 황제 레오폴트 2세)와 프로이센 국왕(프리드리히 대왕)이 루이 16세의 복권을 요구하는 필니츠 선언Declaration of Pillnitz을 공포한 것이 파리의 혁명가들을 더욱 격분하게 만들었다. 당시 의회의 급진주의 세력인 지롱드파Girondists의 주도로 프랑스는 내부의 적과 외부의 적으로부터 혁명을 보호하는 것 외에는 뚜렷한 전략적 목표 없이 전쟁에 돌입했다. 물론, 당시 프랑스 내부의 혼란도 전쟁에 대한 열망을 불러일으키는 데 확실하게 일조했다. 실제로, 당시 지롱드파의 한 지도자는 "혁명을 완수하기 위해서는 전쟁이 불가피하다."라고 선언하기도 했다.[15] 이런 생각은 정치적으로는 옳았다는 것이 입증됐지만, 군사적으로는 재앙을 초래했다. 전쟁 초기에는 혁명의 열정이 군사적인 면에서 즉각적인 효과를 내지 못했기 때문이다.

하지만 지롱드파는 자신들이 새로운 형태의 전쟁을 벌이고 있다고 믿었다. 지롱드파 지도자 중 한 명은 이렇게 말했다. "이 전쟁은 프랑스인 대 프랑스인의 전쟁, 형제 대 형제의 전쟁이 군주 대 백성의 전쟁과 결합된 전쟁이다. 이 전쟁은 대외전쟁과 내전이 결합된 전쟁이기도 하다. 또한 이 전쟁은 귀족계급 대 평등의 전쟁이며, 특권 대 공동선common good의 전쟁, 악덕 대 공적인 도덕과 사적인 도덕의 전쟁이며, 모든 폭정 대 자유, 모든 폭정 대 개인의 안전의 전쟁이다."[16] 당시 많은 사람들은 프랑스혁명 세력이 앙시앵 레짐에 승리를 거둔 것은 당연하다고 생각했다. "루이 14세는 40만 명의 노예로도 유럽의 모든 강대국에 맞서 싸웠다. 수백만 명의 무장한 병력을 가진 우리가 그들을 두려워해야 할까?"[17]

하지만 고위급 장교와 중급 장교들의 탈영으로 프랑스 군대는 혼란에 빠졌다. 첫 전투는 재앙 수준이었다. 1792년 4월 오스트리아군과 처음 마주친 프랑스군 병사들은 "우리는 배신당했다! 나부터 살고 보자!"라면서 도망치기 바빴다. 이 병사들은 프랑스로 돌아가는 길에 자신들을 지휘한 장군을 살해하기도 했다.[18] 그 이후의 교전에서도 프랑스군은 별다를 바 없었다. 프로이센군이 국경에 나타나자 의회에 대한 파리 시민들의 불안감이 커졌고, 의회는 급기야 "시민 여러분, 조국이 위험에 처했습니다."라는 유명한 선언을 발표하기에 이르렀다.[19] 하지만 혁명의 열정은 무기, 전술, 규율의 약점을 고치는 데는 거의 도움이 되지 못했다. 혁명 세력은 심각한 우려에 빠질 수밖에 없었다. 그해 7월 말, 당시 프로이센 군대를 이끌던 브라운슈바이크 공작Duke of Brunswick이 프랑스 왕과 왕비를 구할 것이며, 왕과 왕비가 위험에 처하면 파리를 파괴하겠다는 의사를 밝혔기 때문이었다.

프로이센군과 오스트리아군이 프랑스로 이동하자 공포는 더욱 커졌고, 1792년 7월 말 베르됭 함락 소식이 파리에 전해지면서 프랑스에서는 '두 번째 혁명'이 시작됐다. 시민들이 튈르리궁을 습격하자 국왕은 의회로 피신해 도움을 요청했고, 국민위병國民衛兵, la Garde nationale(1789년의 프랑스 혁명 초기에 질서 유지와 자위를 목적으로 창설된 시민군 - 옮긴이)을 비롯한 혁명군은 국왕의 스위스 용병 근위대를 학살했다. 9월 초, 프로이센군이 파리를 향해 진격하고 있다는 소식이 수도에 전해진 직후 광기는 최고조에 이르렀다. 시민들은 감옥을 습격했고, 귀족, 비협조적인 성직자, 일반 범죄자는 물론 여성과 어린이까지 살해했으며, 끔찍한 고문을 저지르기도 했다. 이 학살로 1,000명 이상이 사망했다.[20] 하지만 사실 프로이센군에게는 루이 16세를 복위시키고 혁명 세력을 전복할 수 있는 방법이 없었다. 9월 20일, 브라운슈바이크 공작이 이끄는 프로이센군은 발미Valmy에서 프랑스혁명군에게 패해 후퇴했다. 이로써 대프랑스 연합군이 파리에 도달할 가능성은 모두 사라졌다.[21] 연합군은 벨기에로 후퇴했다.

당시 프로이센군과 동행한 괴테는 친한 장교들에게 다음과 같은 선견지명을 드러냈다. "오늘 이곳에서 세계 역사상 새로운 시대가 시작됐습니다. 우리 모두가 새로운 시대의 탄생에 함께했다고 볼 수 있습니다."[22]

가을이 되면서 프랑스군의 군사적 성공은 패배로 바뀌기 시작했다. 그 주된 원인은 혁명 정부가 군대에 병참 지원을 할 행정적 역량이 부족했다는 데 있었다. 하지만 이는 프랑스 민중의 혁명 의지를 더욱 불타게 만들었을 뿐이었다. 당시 무명 변호사 출신의 막시밀리앵 로베스피에르는 특히 의회에서 프랑스의 적으로 간주되는 사람들을 제거하기 위해 정치 상황을 조작하는 데 매우 능숙했고, 그와 그의 지지자들은 고도의 편집 증적인 행동을 보였다.

투키디데스는 혁명에 대해 다음과 같이 말한 바 있다. "온건함이라는 것은 자신의 남자답지 못한 성격을 감추려는 시도에 불과하다. 모든 측면에서 문제를 이해하는 능력이 있는 사람은 실제 행동에는 전혀 적합하지 않은 사람이다. 광적인 열정이야말로 진정한 남자의 특징이다."[23]

로베스피에르는 다음과 같은 말로 자신의 냉혹한 정치 철학에 대해 말했다. "평상시에 인민정부를 움직이는 동인이 미덕이라면, 혁명의 시기에 그 동인은 미덕과 공포 양쪽 모두다. 미덕이 없는 공포는 치명적이고, 공포가 없는 미덕은 무력하다. ……공포는 독재 정부를 움직이는 동인이라고 알려져 있다. ……여러분이 공화국의 창시자로서 자유의 적을 공포로 제압하는 것은 옳은 일일 것이다."[24]

로베스피에르와 그의 추종자들은 망명 귀족émigrés(프랑스혁명 시기에 재산을 챙겨 국외로 도주한 귀족 – 옮긴이)들과 내통했다는 이유로 국왕을 처형해야 한다고 주장했고, 루이 16세는 1793년 1월 21일 단두대에 올랐다. 군사 상황이 악화되고 지원자의 흐름이 말라가는 상황에서 의회는 1793년 3월 징병법을 도입했다. 징병법은 혁명 세력이 가톨릭교회의 입지를 최소한으로 약화시킨 가운데 프랑스 서부 해안의 방데Vendée 지방에서 봉기를 촉발함으로써 공화정의 내부 안정을 위협했다(프랑스 정부가 30만 징집령을 선포하자 원래 혁명 정부에 반감을 가지고 있던 프랑스 서부의 농민들이 이에 저항해 최초로 봉기했다. – 옮긴이). 혁명 세력에 대한 내부의 위협은 이제 외부의 적에 의한 위협만큼이나 위험한 수준에 이르렀다. 파리 시민들의 반응은 극렬했다. 리옹Lyon에서는 혁명 세력에 대한 분노가 최고조에 이르렀다. 리옹의 혁명 정부 대표자들은 봉기한 시민 수백 명을 대포 앞에 세워놓고 포도탄 (여러 개의 쇳덩이로 된 대포알)으로 그들을 쓰러뜨렸다. 학살이 진행되는 동안 혁명 정부는 "리옹은 자유에 대항해 전쟁을 일으켰다. 리옹은 이제 존재하지 않는다."라는 플래카드를 내걸었다.[25]

프랑스 혁명군이 국경에서 거둔 성과도 변변치 못했다. 1793년 3월, 샤를 뒤무리에가 이끈 혁명군은 네르빈덴과 뢰번에서 두 번의 큰 패배를 당했고, 그 결과 혁명군은 벨기에에서 후퇴했다. 전투에서 패배한 장군에게 내려진 형벌은 단두대 처형이었다. 뒤무리에는 군대를 설득해 파리로 진격하려다 실패한 후 오스트리아로 도망쳤고, 이 행동은 파리 시민들의 공포를 가중시켰다.[26] 뒤무리에 입장에서는 현명한 결정을 내린 것이었다. 1793년에 혁명 재판소는 17명의 장군에 대한 처형 명령을 내렸고, 그 이듬해에는 처형된 장군의 수가 67명으로 늘어났다.[27]

로베스피에르의 주변 사람들은 대부분 격렬한 혁명가이자 민족주의자였다. 로베스피에르의 가장 열렬한 지지자 중 한 명인 루이 드 생쥐스트는 조르주 당통을 비롯한 지롱드파의 목을 요구하며 다음과 같이 자코뱅파의 심정을 표현했다. "조국에 대한 신성한 사랑에는 무서운 것이 있다. 그것은 너무나 배타적이어서 동정심도, 두려움도, 인간성에 대한 고려도 없이 모든 것을 공익을 위해 희생시킨다."[28] 또 다른 자코뱅파 인물은 '민중의 대규모 봉기'를 촉구하면서 "민중만이 수많은 적을 섬멸할 수 있고, 민중만이 자유의 승리를 보장할 수 있다. …… 우리의 손 안에서 귀족은 스스로 파멸의 도구가 되어야 한다."라고 주장했다.[29]

국경에서의 패배는 국내의 반란으로 이어졌고, 이는 정권의 정치·사회적 통제력이 약화되고 있다는 분명한 경고였다. 남부 루아르 계곡 전역에서 일어난 반란은 특히 격렬했다. 1793년 초여름, 왕당파는 툴롱을 점령하고 프랑스 해군 기지와 함선을 영국 해군에 넘겼다. 공화국이 무너질 위기에 처하자 책임자들은 더욱 극단적인 조치를 취했다. 1793년 4월, 자코뱅파가 장악하고 있던 국민공회는 공공안전위원회를 설립했다. 뒤무리에의 도피는 자코뱅파가 지롱드파를 공격하고 단두대에 올릴 수 있는 계기를 제공했다. 공포가 확산되면서 국내 상황은 통제되기 시작했지만, 공공안전위원회는 국가 자원을 동원할 수 있을 정도로 무자비하면서 한편으로는 유능한 인물들이 장악하게 됐다.

군사적 측면에서 볼 때 핵심 인물은 프랑스혁명 전쟁 전에 군대에서 두각을 나타냈으며 광범위한 행정능력을 갖춘 라자르 카르노Lazare Carnot 였다. 카르노는 혁명 기간 동안의 공적을 인정받아 '승리 메이커'라는 칭호를 얻게 된 사람이었다. 전선 보급의 어려움을 감안해 카르노는 혁명군이 정복한 땅에서 보급품을 현지 조달하도록 조치했다. "전쟁에 대한 대가는 전쟁으로 치러야 한다."는 것이 그의 지론이었다.[30] 나폴레옹의 군대는 결국 이런 노력의 결과로 탄생한 것이었다. 하지만 카르노의 병참 전략은 정치적으로 볼 때는 단점이 있었다. 프랑스혁명군이 국토를 황폐화시킴에 따라 혁명의 모토인 "자유, 박애, 평등"이 외국에서는 거의 반향을 일으키지 못했기 때문이다.

프랑스에 대한 다른 나라들의 위협이 고조되자 1793년 8월 공공안전위원회는 의회가 국민총동원령을 제정해 발표하도록 했다. 이 국민총동원령에는 "지금부터 적군이 공화국의 영토에서 물러날 때까지 모든 프랑스인은 군 복무를 위해 영구 징집된다. 젊은이는 전쟁터로 갈 것이다. 기혼남성은 무기를 제조하고 식량을 운반하며, 부녀자들은 막사와 제복을 만들고 병원에서 간호를 맡을 것이며, 아이들은 낡은 옷감으로 붕대를 만들고 노인들은 광장에 모여 장병들의 사기를 고무하고 군주에 대한 증오심을 북돋고 공화국의 단결을 가르칠 것이다."라는 명령이 쓰여 있었다.[31] 또한 공공안전위원회는 시민사회의 규율을 바로잡기 위한 조치의 일환으로 "어떤 종류의 연합이나 집회도 금지된다. …… 어떤 경우에도 노동자들이 불만을 표출하기 위해 모이는 것은 허용되지 않으며, 집회는 해산되고 선동자와 주동자는 체포되어 법에 따라 처벌을 받게 된다."라고 선언했다.[32]

프랑스혁명은 이미 최초의 근대적인 권위주의 국가를 만드는 과정에 들어선 것이었다. 한 역사가는 이렇게 말했다. "새로운 정치는 계층적인 사회 구조를 없애면서 동시에 국가의 행동에 대한 모든 이론적 제한도 없앴다." 개인의 삶과 재산은 이제 무조건적으로 국가를 위해 봉사해야 했다. 당시 프랑스에서는 광범위한 경찰의 감시와 박해, 실제 및 상상의 적에 대한 박멸 그리고 거의 마구잡이식 징집이 이루어졌는데, 국가의 이런 잔혹성은 그 후 1917~1945년의 유럽에서나 다시 볼 수 있을 법한 것이었다.[33] 실제로 1798년에 장밥티스트 주르당Jean-Baptiste Jourdan 원수에 의해 제정된 징병법에는 "모든 프랑스인은 군인이며 국가를 방어할 의무가 있다."라고 명시돼 있었다.[34]

여기서 중요한 것은 프랑스혁명이 두 가지 중요한 방식으로 역사에 영향을 미쳤다는 점이다. 첫째, 프랑스혁명은 히틀러의 제3제국 수립과 러시아나 중국의 혁명 정부 수립처럼 서로 이질적인 움직임에 영감을 준 혁명적 전통을 확립했다. 하지만 이에 못지않게 중요한 영향은 시간이 지날수록 점점 더 국가 기관의 중요한 특징으로 자리 잡게 되는 관료주의적 국가 통제가 프랑스혁명에 의해 시작됐다는 것이다. 국가 통제에 국민총동원령이 지대한 역할을 한 것은 사실이지만, 현실적으로 국가의 의지를 강요한 것은 관료 인프라였다. 이 과정은 공공안전위원회에서 시작되었고, 나폴레옹 제국은 이 시스템을 더욱 공고히 했다. 이후 이 제도는 19세기에 걸쳐 유럽 전역으로 확산됐다.

국민총동원령은 외부 위협에 처한 프랑스 일부 지역에서 이미 시행중이었다. 혁명 정부가 국민총동원령을 공포하기 전에 이미 프랑스 북부 지역은 자체적으로 징병제를 실시했다. "전술 전쟁만으로는 적을 몰아내는 데 충분하지 않으며, 무기를 들 수 있는 모든 시민이 …… 집단으로 일어나 적을 분쇄해야 한다."[35] 광신적인 생각과 행정능력이 결합된 결과는 놀라웠다. 국민총동원령이 처음 발효됐을 때 프랑스 군대는 약 30만 명의 병력이 한꺼번에 충원됐다. 그로부터 1년 만에 프랑스는 100만 명의 병력을 보유하게 됐고, 그중 약 75만 명이 전장에 투입됐다.[36] 전례 없는 군대 확장은 장교단의 구조조정을 가져왔다. 이제 하급 장교와 부사관의 빠른 진급이 일상이 되었고, 전장에서의 무자비함과 능력만이 유일한 기준으로 자리 잡았다. 1794년에는 전체 장교의 49%가 1789년에는 군대에 입대하지도 않은 사람들이었다. 당시 프랑스 군대는 전쟁의 어려움을 감당할 능력이 되는 사람이라면 진급시킬 수밖에 없었다.[37]

국민총동원령은 프랑스의 무기 생산에도 큰 영향을 미쳤다. 경제는 이제 국가를 위해 봉사했고, 국가는 프랑스의 무기고에 전례 없는 확장을 요구했다. 혁명 이전에는 연간 1만~2만6천 정의 머스킷을 생산하던 생테티엔 공장은 1794년부터 1796년까지 연간 5만6,600정으로 생산량을 늘렸다.[38] 대포와 권총의 생산량도 마찬가지로 엄청나게 늘었다. 1789년에 프랑스 군대는 1,300정의 야포를 보유하고 있었지만, 6년 후 그 숫자는

2,550정으로 늘어났다.[39] 무기 생산 증대를 위한 위원회의 한 위원은 후에 이렇게 말했다. "인력을 확보하기 위해 우리는 직업이 무엇이든 철을 다룰 줄 아는 사람이라면 누구나 불러서 샤를빌 소총의 모형을 만들어 작업하도록 했다. 패턴 제작자가 없었기 때문에 조각가와 캐비닛 제작자를 섭외했다. 우리는 총이 필요했고 마침내 하루에 거의 750정의 총을 만들어낼 수 있었다."[40]

가장 인상적인 것은 야전 군대의 급격한 증가였다. 이에 대해 클라우제비츠는 《전쟁론》에서 이렇게 말했다.

"1793년, 모든 상상을 초월하는 세력이 등장했다. 갑자기 전쟁은 다시 민중, 즉 3,000만 명에 달하는 국민의 일이 됐다. 그들 모두는 자신을 시민이라고 생각했다. …… 프랑스 국민 모두가 전쟁에 참여했다. 그 이전까지는 정부와 군대만 전쟁에 참여했지만, 그때부터 국민 전체가 전쟁에 투입됐다. 그때부터, 사용할 수 있는 자원과 노력은 기존의 모든 한계를 뛰어넘었고, 전쟁 수행에 필요한 힘의 축적을 방해하는 것은 아무것도 없어졌으며, 결과적으로 프랑스의 적들은 최대의 위험에 직면했다."[41]

프랑스혁명 정부의 이런 전례 없는 노력에서 우리는 적응과 혁신에 대한 서구 국가들의 의지를 엿볼 수 있다. 예를 들어, 프랑스군은 자원병과 징집병을 통합하는 데 특히 효과적인 방법을 확립했는데, 예를 들어, 자원병 2개 대대와 1개 전열대대line battalion(전면에서 직접 적과 맞서 싸우는 최전방 대대 - 옮긴이)를 결합해 준여단demi-brigade을 조직했다.[42] 프랑스군은 자원병과 전열병(최전방 보병)을 분리하지 않고 오히려 통합했다. 그렇게 함으로써 프랑스군은 군대에 유입되는 자원병과 징집병에게 전장 경험을 전수할 수 있었다. 앙시앵 레짐의 기준으로 봤을 때 처음에 이 새로운 부대는 특별히 잘 훈련됐다고 할 수는 없지만, 병력의 숫자 그리고 병사들의 열정과 헌신적이면서도 혁신적인 전술 대응을 통해 결함을 보완했다. 프랑스군은 앙시앵 레짐의 관습에 얽매이지 않고 실험을 거듭했다. 그들은 승리를 거두기 시작했지만 때로는 승리만으로는 충분하지 않았다. 1793년 9월, 장-니콜라 우샤르 장군은 옹슈트 전투에서 오스트리아군을 격파하고 됭케르크에서 적의 포위망을 무너뜨렸다. 하지만 그로부터 두 달 뒤 그는 패배한 적을 추격하지 않았다는 이유로 단두대에 올라야 했다.[43] 그러던 1793년 가을, 새로운 병사들의 유입은 마침내 전세를 역전시켰다.[44]

1794년 여름, 프랑스군은 오스트리아군을 현재의 벨기에 지역에서 몰아냈다. 1795년 초, 프랑스군은 네덜란드를 정복했고, 프랑스 기병대는 혹독한 겨울날씨로 인해 얼어붙은 네덜란드 군함 14척을 나포했다.[45] 하지만 프랑스의 승리는 공화국군의 열정이나 전술적 탁월함 덕분이 아니었다. 비교적 훈련이 덜 되어 있긴 하지만 새로운 군대는 그 막대한 수에 힘입어 앙시앵 레짐의 군대였다면 감당할 수 없을 정도의 사상자를 내고도 승리를 거둔 것이었다. 프랑스군에는 전사한 병사들을 대체할 수 있을 만큼의 많은 지원병이 있었기 때문에 소모전이 미치는 영향은 적군에 비해 상대적으로 적었다. 이상주의, 혁신적인 작전 및 전술 개념, 손실을 기꺼이 감수하려는 의지로 뭉친 프랑스 군대는 전장에서 치명적인 힘을 발휘했다.

또한 프랑스군은 현장에서 빠르게 많은 것을 학습한 군대이기도 했다. 프랑스군에는 경험이 부족한 병사들이 많았기 때문에 전술적 혁신이 필요했다. 프랑스 장군들은 주력 부대 앞에 구름처럼 배치된 척후병들을 활용해 기동을 은폐하고 적을 교란했다. 이 새로운 군대는 병사들의 탈영이 거의 없었고, 장교들의 통제력이 약해질 때는 사병들이 주도권을 발휘할 수 있었다. 또한 교전 편성으로 인해 사상자가 많이 발생해도 버틸 수 있을 정도의 병력을 보유하고 있었다. 게다가 병력 증강으로 프랑스 장군들은 종렬대형column formation(부대를 사각형 모양으로 밀집시킨 대열 - 옮긴이)으로 병력을 전장에 투입할 수 있었다. 종렬대형은 병사의 손실이 크긴 했지만 선형대형linear formation을 무너뜨리는 데 효과적이었다. 이 대형은 포병이 미리 충분히 정지작업을 한 뒤에 특히 효과가 두드러졌다.[46] 또한 종렬대형은 경험이 부족한 병사들에게 선형대형에서는 얻을 수 없는 집단 역학이라는 심리적 안정감을 제공했다. 혁명 초반기 내내 프랑스의 전술은 지속적으로 진보했으며, 이는 끊임없이 변화하는 전쟁의 성격에 적응하기 위한 노력의 결과였다.

무기 기술 측면에서 18세기는 대포 제조법이 상당히 많이 발전한 시기였다. 18세기 중반에 이르자 네덜란드는 대포의 포강bore(대포 포신 속의 빈 부분 - 옮긴이)에 구멍을 내기 시작했다. 그 결과로 공차公差, tolerance(허용오차)가 개선되고 무게가 가볍고 정확도가 향상된 대포가 만들어졌고, 이는 포술의 대가였던 나폴레옹에게 큰 이점으로 작용했다. 혁명 직전 이루어진 기술 개선도 이에 못지않게 중요한 역할을 했다. 1760년대에, 7년 전쟁에서 프랑스 군대가 처참하게 패배한 일에서 교훈을 얻은 장 밥티스트 드 그리보발 백작은 기술의 변화를 프랑스 포병의 개혁과 결합시켰다. 첫째, 그는 포탄의 구경을 표준화해 전쟁 중 탄약 공급을 간소화함으로써 병참을 개선했다. 둘째, 그는 방아끈(대포의 방아쇠를 당기기 위해 사용하는 끈 - 옮긴이), 포차, 탄약상자의 무게를 약 50% 줄이고 표준화해 교체와 수리를 쉽게 만들었다. 마지막으로, 그는 포탄과 화약을 서지serge(짜임이 튼튼한 모직물 - 옮긴이)주머니에 포장해서 준비해두는 방법으로 발사 속도를 높였다.[47]

1770년대에 이르러서 프랑스군은 이러한 개혁을 제도화했다.

7년 전쟁 이후 두 번째 주요 개혁은 약 8~10만 명 규모의 전군 사단 all-arms division(다양한 유형의 전투 부대를 통합해 통합된 지휘 하에 함께 작전하도록 만든 군사 편성 - 옮긴이)을 창설한 것이었다. 프랑스군은 독립된 사단들을 함께 훈련시킴으로써 더욱 기동력 있고 효과적인 군대, 무엇보다도 자율적으로 행동할 수 있는 군대를 만들었다. 이를 통해 프랑스군 지휘관들은 전장에서의 전개 속도와 사격의 신속성 측면에서 유연성을 높일 수 있었다. 후에 나폴레옹은 이런 전군 사단들 2~4개를 하나의 군단으로 통합해 더욱 자율적으로 행동할 수 있는 소규모 군대를 조직하고, 필요할 경우 신속하게 본군main army에 통합할 수 있도록 했다. 이러한 새로운 편제를 통해 프랑스군은 군대를 더 넓은 영토에 분산 배치할 수 있었고, 식량 확보를 효율적으로 할 수 있었으며, 아군의 움직임을 보호하면서 적의 배치 상황을 파악할 수 있었다. 이러한 조직 개혁은 더 큰 규모의 군대를 통제하고 배치할 수 있게 해주었다는 점에서 일종의 군사 혁신이었다.

국민총동원령에 기초한 징집 제도로 무장한 프랑스군은 수적 우위와 전술로 앙시앵 레짐의 군대를 물리쳤다. 혁명을 통해 탄생한 새로운 프랑스는 앙시앵 레짐을 훨씬 능가하는 힘을 얻었고, 그 힘을 통해 생존할 수 있었으며, 미래의 황제에게 유럽 대부분을 정복할 수 있는 수단을 제공했다. 1800년부터 1815년까지 징병제를 통해 나폴레옹은 격렬한 전투에서 전사한 병사들을 대체할 200만 명의 새로운 병사를 확보했다.[48] 하지만 징병제로 확보한 병사들만으로 병사들의 지속적인 감소를 보충하기에는 역부족이었다. 1795년에는 병적에 기록된 병사 수가 75만 명에서 48만 명으로 줄었고, 그로부터 1년 뒤에는 40만 명으로 감소했다. 하지만 40만 명

도 루이 14세의 전성기 군대보다 더 많은 숫자였다.[49]

프랑스가 가졌던 이점이 또 하나 있다. 당시 프랑스의 적국들은 폴란드 분할이 프랑스혁명으로 인한 위험보다 더 중요하다고 생각했기 때문에 가장 실질적인 위협에 집중하지 못했다. 각 세력은 폴란드 민족주의자들의 필사적인 반란을 진압하면서 자신들의 몫을 챙기기 위해 혈안이 돼 있었다. 특히, 프로이센은 독일 내부의 다툼에 휘말려 있는 상태여서 프랑스에 대항하는 오스트리아를 지원하는 데 거의 관심이 없었다.[50] 1795년 이후 프로이센은 프랑스와의 전쟁에서 손을 뗐다.

한편 당시 로베스피에르를 비롯한 자코뱅파는 혁명을 점점 더 피로 물들이고 있었다. 1793~1794년의 공포정치로 약 2만 명의 프랑스 시민이 사망했다. 혁명이 절정에 달했던 1794년 여름에는 약 1,300명의 파리 시민이 단두대로 끌려갔다. 그 무렵 프랑스는 나라 안팎에서 상당히 큰 군사적 성공을 거두고 있었다. 가장 핵심적인 승리는 1794년 6월 26일, 장 밥티스트 주르당 장군이 플뢰뤼스에서 영국, 네덜란드, 오스트리아의 연합군을 격파한 것이었다. 이 승리는 사실상 공포정치의 명분이 사라졌다는 것을 의미했다. 그로부터 한 달 뒤 자코뱅파에 대한 반격이 시작됐다. 당시 로베스피에르는 신중함을 모두 잃은 상태였다. 그해 7월 26일, 전직 변호사 로베스피에르는 장황한 연설을 통해 자신이야말로 "자유의 노예이자 공화국의 살아있는 순교자"임을 강조하면서 적이 누구인지 분명히 밝혔다.[51] 하지만 그는 적들에 대응해 직접 움직이는 대신 지지자들을 동원해 적들을 협박했고, 협박을 받은 사람들은 로베스피에르와 그의 추종자들이 자신들의 생명에 직접적인 위협이 된다는 것을 확실하게 깨달았다.

라자르 카르노는 전쟁 전부터 로베스피에르의 친구였으며, 공화국이 위험에 처하자 두 사람은 긴밀히 협력했다. 하지만 위험이 사라지자 카르노는 로베스피에르의 급진주의를 거부했다. 카르노와 공공안전위원회의 다른 두 핵심 위원인 폴 바라스와 조제프 푸셰는 로베스피에르가 자신들을 단두대로 보낼 준비가 되어 있다는 것을 알고 있었다.[52] 그들은 로베스피에르나 생쥐스트보다는 덜 무자비했지만 역시나 거침이 없었고 행동에 나설 의지가 있는 사람들이었다.[53] 그들은 로베스피에르보다 먼저 공격에 나섰고, 7월 29일, 로베스피에르와 그의 동료로 연루된 70여 명이 함께 단두대로 끌려갔다.

한편 이 사건에서 살아남은 사람들은 매우 불편한 처지에 놓이게 됐다. 살아남은 사람들 중에는 로베스피에르의 지지자들도 있었고, 상퀼로트를 비롯해 권력에서 축출된 다양한 사람들이 있었다. 로베스피에르가 몰락한 후 수립된 총재정부Directory에서 권력을 장악한 사람들은 오로지 권력을 유지하려는 욕망으로 가득 차 있었다. 그들은 자신들의 권력을 유지시키는 공화력 3년 헌법Constitution de l'an III을 공포해 목표를 달성하려 했다. 하지만 그들은 결국 2만 명의 국민위병과 코뮌들communes의 위협을 받게 됐고, 총재정부의 총재 중 한 명인 폴 바라스에게 의회 보호를 위임했다.

총재정부와 학살 또는 단두대 사이를 지키는 병력은 불과 5,000명이었다. 군사적 배경이 없었던 바라스는 파리에서 일시적으로 실직 상태였던 나폴레옹 보나파르트라는 무명의 준장에게 도움을 청했다. 나폴레옹은 혁명가들의 무자비함으로 이에 응답했다. 나폴레옹은 곧 기병대 사령관이 될 조아킴 뮈라Joachim Murat 대위에게 의회가 열리고 있는 튈르리 궁전으로 포병대를 보내도록 했다. 나폴레옹은 그곳에 운집한 군중에게 포도탄을 발사하라고 지시했다. 포병대는 매우 가까운 거리에서 군중을 향해 대포를 발사했다. 훗날 나폴레옹은 당시 "포도탄의 독한 냄새"가 진동할 정도였다고 회상했다. 이 전투는 1시간 동안이나 이어졌다. 연기가 걷혔을 때는 200명이 사망하고 400명 이상이 부상을 입은 상태였다. 나폴레옹의 기병대도 30명이 사망하고 60명이 부상당하는 등 손실이 적지 않았다.[54] 그럼에도 불구하고 이 젊은 장군의 무자비함은 총재정부를 구했고, 분노한 군중을 진압한 성과로 그는 정상으로 오를 수 있는 확실한 길에 들어서게 됐다. 정계 인맥과 바라스의 내연녀였던 조제핀 드 보아르네Joséphine de Beauharnais의 도움을 받아 나폴레옹은 당시까지 별다른 두각을 나타내지 못했던 이탈리아 원정군의 지휘를 맡게 됐다.

나폴레옹 보나파르트는 역사의 와일드카드 중 하나였다. 그는 당시의 기존 관념에서 벗어나 역사를 근본적으로 다른 방향으로 전환시킨 천재적인 인물이었다. 레닌, 스탈린, 히틀러, 마오쩌둥 같은 20세기의 독재자들과 달리 그는 자신의 조국과 세계에 긍정적인 공헌을 했다. 나폴레옹의 전기를 쓴 한 유명한 군사 전기 작가는 그에 대해 "우리는 나폴레옹의 믿을 수 없을 정도로 광범위한 수준의 지적 능력과 순수한 힘에 주목해야 한다. …… 그는 편협한 직업군인이 아니었다. 그는 늘 군 전체를 살폈고, 그의 머릿속에서는 어떤 주제에 대해서든 늘 새로운 아이디어가 떠올랐다. 그는 '나무를 보지 못하는' 위험에 빠지지 않고 문제의 모든 측면을 볼 수 있는 뛰어난 능력을 가졌다."[55] 하지만 그 천재성에는 도덕적으로는 상상할 수 없는 일도 기꺼이 하려는 의지 역시 포함되어 있었다.

이탈리아 원정군은 프랑스 군대 중 가장 약했을 뿐만 아니라 전략적 중요성도 가장 떨어지는 군대였다. 총재정부도 이탈리아 원정군에 대한 기대가 별로 없었다. 하지만 나폴레옹은 이탈리아 원정군에게서 가능성을 보았고, 1796년 3월 지휘권을 잡은 후 군사 역사상 가장 위대한 작전 중 하나를 시작했다. 전체적인 계획은 프랑스의 주력 부대가 오스트리아 빈으로 진격하는 것이었다. 장 빅토르 마리 모로Jean Victor Marie Moreau와 주르당이 이끄는 군대는 라인 강과 다뉴브 강을 건너고, 나폴레옹이 지휘하는 군대는 오스트리아군을 이탈리아에 계속 묶어두는 역할을 맡았다. 4월 초, 프랑스 남부에서 알프스를 넘어 이탈리아로 진격한 나폴레옹은 오스트리아군과 피에몬테 왕국 군대를 상대로 연이어 승리를 거뒀다.[56] 이보다 더 중요했던 것은 적군을 분산시킨 뒤 피에몬테 군대를 격파했다는 사실이다. 그 결과, 피에몬테 왕국은 니스와 사부아Savoy를 프랑스에 양도하는 평화협정에 동의했다. 그 후 나폴레옹은 오스트리아군을 추격해 만토바에서 포위했다. 도시가 함락되기 전에 나폴레옹의 군대는 오스트리아군을 돕기 위해 달려온 지원 부대의 공격을 받게 됐다. 나폴레옹은 구원 부대의 공격에 대응하기 위해 포위망을 풀어야 했다. 오스트리아군은 만토바 요새에 보급품을 다시 보급했고, 나폴레옹은 다시 포위 공격에 나섰다.

한편 알프스 북쪽의 프랑스 장군들은 네레스하임과 프리드베르크에서 오스트리아군을 격파했지만 곧 라인 강 서안으로 밀려났다. 프랑스군은 이탈리아에서만 진전을 보이고 있었다. 나폴레옹은 또 다른 대규모 구원 부대와 마주쳤지만 뛰어난 자질을 발휘해 적들을 압도했고, 빠르고 무자비한 움직임으로 그들을 무너뜨렸다. 이탈리아에서 오스트리아의 입지가 악화되자 나폴레옹은 자신의 승리를 이용했다. 1797년 3월, 이탈리아 원정군은 타르비시오 전투에서 카를 대공Archduke Charles의 군대를 격파하고 빈에서 90킬로미터 떨어진 곳까지 진격해 오스트리아에 평화협상을 요구했다. 오랜 협상 끝에 두 나라는 캄포포르미오 조약Treaty of Campo Formio에 서명했고, 프랑스를 봉쇄하기 위한 동맹, 즉 윌리엄 피트의 1차 동맹을 종식시켰다.[57] 나폴레옹은 영웅이 되어 파리로 돌아왔다.

하지만 평화는 대륙에만 국한된 것이었다. 영국이 전쟁을 계속하는 한, 영국의 경제력과 프랑스의 팽창에 대한 저항감은 대륙의 주요 강대국들이 전쟁을 재개하도록 언제든지 부추길 수 있었다. 당시 총재정부는 나폴레옹에게 영국 침공을 지시했다. 하지만 나폴레옹은 프랑스가 영국 해협을 장악할 수 있는 수준의 해군을 보유하기 전까지는 그런 시도는 실패할 것이라고 결론지었다. 대신 나폴레옹은 알렉산더 대왕의 군사원정 재현이라는 낭만적인 꿈을 실현하고 영국과 동양의 무역을 차단하기 위한 이집트 공격을 제안했다. 5월 중순, 나폴레옹은 툴롱을 비롯한 프랑스 남부 항구도시들에서 병력을 실은 함대를 이집트로 진격시켰다. 이 군대는 약 3만 5,000명의 병력과 1,200마리의 말을 보유하고 있었다. 하지만 당시 이 함대의 뒤를 추격하고 있었던 인물이 있었으니, 바로 영국의 해군 제독 허레이쇼 넬슨Horatio Nelson이다.

프랑스군은 알렉산드리아로 바로 항해하지 않고 중간에 몰타와 크레타 섬에 들렀다. 나폴레옹의 군대가 크레타 섬으로 방향을 바꿈에 따라 넬슨은 혼란에 빠졌다. 알렉산드리아로 향했지만 프랑스 함대를 발견하지 못한 영국군은 지중해 중부로 뱃머리를 돌렸다. 나폴레옹과 프랑스 함대 그리고 수송선들이 알렉산드리아에 도착한 것은 마지막 영국 함선이 알렉산드리아를 떠난 지 겨우 두 시간이 지났을 때였다. 프랑스군은 수세기 동안 이집트를 지배했던 맘루크 왕조의 군대를 빠르게 격파했다. 하지만 넬슨은 1798년 8월 1일 알렉산드리아로 돌아와 자신이 바다의 제왕임을 증명했다. 아부키르 만 해전에서 프랑스 함대는 전멸했다. 영국은 프랑스군 전열함 11척과 호위함 2척을 침몰시키거나 나포했다.[58] 결국 나폴레옹의 군대는 이집트에서 고립됐다.

　나폴레옹이 이집트에 대한 프랑스의 지배를 공고히 하고 시리아를 침공하려고 하는 동안, 유럽에서 프랑스의 전략적 입지는 무너지고 있었다. 총재정부의 고압적인 외교로 인해 영국은 러시아와 오스트리아를 포함한 또 다른 대프랑스 동맹을 결성할 수 있었다. 한편, 당시 프랑스의 장군들도 총재정부의 외교관들보다 나을 것이 없었다. 1799년 6월이 되자 프랑스는 이탈리아에서 점령한 영토를 대부분 잃었고, 독일에서의 상황도 진전이 거의 없었다. 그 시기에 주르당 장군은 '모루'라는 별명을 얻었는데, "항상 망치질을 당했기 때문"이었다.[59] 그럼에도 불구하고 주르당 장군은 나폴레옹의 성공에 결정적인 역할을 하게 된다. 1798년 9월, 주르당 장군은 총재정부를 설득해 20~25세 사이의 모든 남성을 대상으로 '보편적이고 의무적인 징병제'를 도입하는 법안을 통과시켰기 때문이다. 이를 통해 총재정부는 전쟁을 계속하는 데 필요한 인력을 확보할 수 있었다.[60]

　이집트에서 철수한 나폴레옹은 1799년 10월, 파리로 돌아왔다. 파리는 불만으로 들끓고 있었다. 음모의 소용돌이 속에서 1799년 11월 9~10일, 나폴레옹과 그의 동료들은 브뤼메르 쿠데타coup d'état de Brumaire를 일으켜 정권을 장악했다. 나폴레옹이 권력을 장악할 수 있었던 가장 중요한 요인은 총재정부에 대한 군대의 불만에 있었다. 대부분의 군인들은 공화정의 이상을 믿었지만, 총재정부의 부패는 그들마저도 돌아서게 만들었다. 나폴레옹이 총재정부를 전복시킨 명분은, 아이러니하게도, 평화를 가져오겠다는 약속이었다.

산업혁명

1792년에서 1815년까지 진행된 프랑스와의 전쟁에서 영국은 상대를 무너뜨리기 위해 엄청난 노력을 기울였다. 영국 해군은 대륙봉쇄를 통해 프랑스군을 대륙에 가두면서 전 세계의 바다를 통제하고, 해적들로부터 영국 상인들을 보호했다. 영국은 대륙에도 군대를 투입했지만, 웰링턴 공작이 포르투갈과 스페인에서 벌어진 이베리아 반도 전쟁에서 승리하기 전까지는 대륙에서 별다른 성과를 거두지 못했다. 결국 영국은 대륙에서 나폴레옹에 맞선 동맹국들에게 자금과 군사장비 형태로 막대한 재정 지원을 하기 시작했다.[61]

영국과 프랑스가 서로에게 적대적이었던 이유는 두 강대국의 근본적인 전략적 이해관계가 충돌했기 때문이다. 엘리자베스 1세 여왕 시대부터 영국과 영국의 안보는 어떤 강대국도 저지대 국가들을 지배하지 못하도록 하는 전략에 기반을 두고 있었다. 이에 따라, 엘리자베스 1세는 펠리페 2세의 분노를 무릅쓰고 스페인에 맞서는 네덜란드 반군을 지원하는 한편, 카리브 해에서는 스페인 상선에 대한 해적의 공격을 지원하기도 했다. 또한 영국은 9년 전쟁과 스페인 왕위계승전쟁에서 루이 14세의 프랑스가 저지대 국가들로 지배권을 확장하는 것을 막기 위해 재정·군사적인 노력을 기울였다. 한편 프랑스는 자국 영토에 대한 가장 큰 위협은 항상 저지대 국가들을 통해 왔다고 판단했기 때문에 적어도 라인 강까지는 저지대를 통제함으로써 자국 안보를 강화하고자 오랫동안 노력했다. 양측의 노력은 필연적으로 상대방의 안보를 위협할 수밖에 없었는데, 여기서 영국이 프랑스와 수 세기 동안 대치한 끝에 결국 승리할 수 있었던 이유를 설명할 필요가 있다.

영국이 프랑스와의 전쟁에서 최종 승리하는 데 결정적인 역할을 한 요인은 영국이 동맹국들에게 제공한 막대한 재정·물질적 지원에 있었다. 물론 18세기의 이전 전쟁에서도 재정 지원과 직접적인 군사 지원이 중요한 역할을 했지만, 1793~1815년은 영국이 1차 산업혁명이라는 경제적 변혁을 겪고 있었기 때문에 그 이전과는 질적으로 달랐다. 실제로 당시 영국은 프랑스혁명만큼이나 중요한 군사-사회 혁명을 겪고 있었다. 그리고 이 혁명을 통해 영국은 프랑스의 정치사회적 실험을 종식시키려고 노력했고, 결국 이를 종식시킨 대프랑스 동맹국들에게 자금을 지원할 수 있었다. 한 역사가는 "1793년에서 1815년 사이에 영국은 동맹국들에 대한 원조를 늘리는 데 막대한 자금을 쏟아부었다. 전쟁이 끝날 때까지 영국은 6,583만228파운드를 지원했다."라며 영국의 기여에 대해 설명했다. 이 자금 중 거의 절반이 전쟁의 마지막 5년 동안 사용됐고, 1815년에는 크고 작은 30개 이상의 유럽 세력들이 영국의 자금 지원을 받기에 이르렀다.[62]

하지만 동맹국들에 대한 영국의 지원은 자금에만 그치지 않았다. 1813년 11월에 캐슬레이 자작이 영국 하원에 보고한 바에 따르면 영국은 그해 한 해 동안 나폴레옹과의 전쟁을 지원하기 위해 이베리아 반도의 동맹국들과 북유럽의 동맹국들에게 거의 100만 정의 머스킷을 지원했다.[63] 물론 캐슬레이가 과장했을 수도 있다. 하지만 그렇다고 해도, 머스킷과 탄약을 보냈다는 것 자체만으로도 영국은 대단한 노력을 했다고 할 수 있다. 영국이 동맹국들에게 제공한 대포와 박격포의 수는 수천 개는 아니더라도 최소 수백 개에 달했으며, 영국은 무기에 필요한 탄약과 부속품도 함께 제공했다. 영국의 무기와 군수품 수송은 나폴레옹 제국을 무너뜨리는 데 영국이 어떤 역할을 했는지 잘 보여준다. 프로이센과 러시아는 각각 10만 정 이상의 머스킷을 제공받았고, 러시아는 1,200톤의 탄약과 함께 116개의 대포를 추가로 제공받았다. 또한 영국은 스웨덴의 전쟁 참여를 지원하기 위해 4만 정의 머스킷을 스웨덴에 보냈다.

예를 들어, 당시 영국의 무기를 대륙으로 수송하기 위한 주요 기지 중한 곳이었던 슈트랄준트Straslund로 가는 배 한 척에는 프로이센 군대를 위한 화약 2,000통, 탄약 500만 발, 소총 2만 정과 기타 지원 물품이 실려 있었다.[64] 중요한 것은 이와 동시에 영국이 웰링턴 공작이 이끄는 이베리아반도 원정군과 그 동맹 군대인 포르투갈군에게도 이런 물품들을 제공했다는 사실이다. 당시 프로이센 군대는 보병 22만8,000명, 기병 3만1,100명, 포병 1만3,000명으로 구성돼 있었다.[65] 1806년 10월의 예나-아우어슈테트 전투 이후 나폴레옹 제국이 프로이센을 흡수하면서 프로이센군의 거의 모든 무기를 박탈했기 때문에 영국의 물자 지원은 필수적이었다. 영국의 지원은 프로이센이 제6차 대프랑스 동맹의 일원으로 참여해 독립국지위를 되찾는 과정에서 도움이 됐다. 1795년에서 1815년 사이에 영국이 생산한 소형 무기의 양은 321만2,000개로, 이는 무기 공급국으로서 영국의 중요성을 강조하는 수치다. 1814년에 이르자 영국은 거의 75만 정의 머스킷을 보유하게 됐다.[66]

나폴레옹은 영국을 "장사꾼들의 나라a nation of shopkeepers"라고 불렀다고 한다. 하지만 당시 영국은 산업혁명을 일으킨 기업가들의 나라였다. 프랑스가 유럽을 지배하려고 시도하는 동안 영국 경제는 전례 없는 경제 확장을 시작하고 있었다. 1770년대부터 시작된 영국 경제의 급성장은 결국프랑스를 무너뜨린 재정적·경제적 힘을 제공했다.[67]

영국의 무역과 제조업 확장이 나폴레옹의 패배에 결정적인 역할을 한 것은 분명하지만, 동맹국들에게 자금을 지원하는 영국은행의 능력도 그에 못지않게 중요했다. 1790년대 피트의 세금 제도 개혁도 영국의 힘을 더했다. 영국은 경제적인 이익을 얻는 사람들에게 소득세를 부과함으로써 그들이 전쟁을 지원하게 만들었다. 1797년 영국 정부 수입의 37%는 세금이었고, 나머지 63%는 다양한 형태의 차입금이었다. "재정 시스템 전체를 리모델링함으로써 영국은 경제적 성공으로 얻은 부를 군사적 용도에 사용하는 데 성공했다."[68]

영국 재정의 밑바탕에는 산업혁명이 있었다. 산업혁명으로 인해 인류는 처음으로 사람의 힘, 물, 풍력 이외의 동력을 이용해 생산 공정을 추진하기 시작했다. 특히 석탄은 놀라운 변화를 이끈 기계의 원동력이었다. 기업가 정신도 상상력과 지원을 제공했다. 《캠브리지 유럽 경제사》는 "산업혁명을 이끈 이러한 혁신의 풍부함과 다양성은 정리하기 어려울 정도로 방대하지만, 다음과 같은 (몇 가지) 원칙으로 요약할 수 있다. 인간의 능력과 노력을 기계로 대체하고, 생물 동력원을 무생물 동력으로 대체하고, 특히 열을 작업으로 전환하는 엔진을 도입함으로써 인간에게 새롭고 거의 무한한 에너지 공급의 길이 열렸다."[69]

산업혁명은 프랑스와의 전쟁에서 경제적·재정적 지원을 제공했을 뿐만 아니라 전쟁이 벌어진 25년 동안에 그 속도는 더 빨라졌다. 그 영향을 가장 확실하게 보여주는 것은 1인당 소득 증가였다. 1700년부터 1750년까지 영국의 1인당 소득은 매년 0.3%씩 증가했지만, 1750년부터 1800년 사이에는 거의 4배나 빠르게 증가했고, 1800년부터 1831년 사이에는 증가율이 연간 1.5%에 달했다. 전체적으로 GDP에서 제조업이 차지하는 비중은 1770년 20%에서 1812년 25%로 증가했다.[70] 이러한 성장을 이끈 원동력은 무역이었다. 1781년에서 1801년 사이에 영국으로의 총수입은 150% 이상 증가했고, 국내 수입(외국에서 생산된 상품이나 서비스를 국내 시장으로 들여와 판매하는 것 - 옮긴이)은 186% 늘었으며, 재수출(한 나라로 수입된 상품을 큰 변형 없이 다시 다른 나라로 수출하는 것 - 옮긴이)은 244% 증가했다.

금융시스템도 안정성을 제공했다. 1694년의 영국은행 설립은 프랑스가 1804년이 돼서야 비슷한 성격의 은행을 설립한 것과 극명한 대조를 이룬다. 영국 금융시스템의 일관성은 영국이 전쟁을 지원할 수 있게 만들었을 뿐만 아니라 산업혁명의 첫 단계에서 자본 투자를 가능하게 만들었다. 당시 발명가들과 기업가들은 프로젝트를 착수하는 데 필요한 자금을 비교적 쉽게 구할 수 있었다.[72]

18세기 영국에서는 여러 가지 요인이 복합적으로 작용해 경제 확장을 촉진했다. 당시 인구 증가로 인한 불안을 막는 데 가장 중요한 첫 번째 요인은 속도는 느리지만 상당한 양의 생산 증가였다.[73] 농업 혁신은 1751년에서 1814년 사이에 절정에 이르렀다. 하지만 그에 못지않게 중요한 조치는 농지를 울타리로 둘러싸고, 넓은 토지를 공유지에서 사유지로 전환한 것이었다. 울타리는 전통적으로 공유지에서 소와 양을 방목하던 농촌 주민들에게는 잘 사용되지 않았지만, 결국은 수확량을 증가시켰다. 1830년에 영국은 1750년에 비해 농업 종사자가 많지 않았지만, 그때보다 2배 많은 인구를 먹여 살리고 있었다. 또한 생산성 향상으로 영국의 공장에는 더 많은 노동자가 필요하게 됐다.[74]

영국 북부 전역에 걸친 운하 네트워크 확장과 도로 개선도 경제 확장에 도움이 됐다.[75] 1750년에 영국에서 배가 다닐 수 있는 수로는 1,000마일(1,600킬로미터) 정도밖에 되지 않았지만, 그 시점부터 운하 건설 속도가 빨라졌다.[76] 가장 중요한 운하들은 1757~1761년에 석탄 수송을 위해 건설된 것들이었다. 석탄은 무겁기 때문에 운하를 이용해 운반할 수밖에 없었다. 1750년에서 1850년 사이에 영국 내 운하의 총 길이는 약 1,000마일에서 4,250마일(약 6,840킬로미터)로 늘어났으며, 대부분은 영국의 산업 중심지인 미들랜즈에 집중돼 있었다. 1800년 영국의 석탄 생산량이 프랑스보다 20배나 많았다는 사실은 운하의 중요성을 시사한다. 그해 영국의 석탄 사용량은 1인당 연간 1톤으로, 이는 인구가 훨씬 적었던 1700년보다 두 배나 많은 양이었다.[77]

영국은 효율적인 수상 운송 외에 노동력 면에서도 이점을 누렸다. 영국 노동자들은 유럽 대륙의 노동자들에 비해 기술력이 뛰어났을 뿐만 아니라 기계에 대한 관심도 높았던 것으로 보인다. 노동자들의 이런 관심을 촉발한 것은 공장 소재지 근처뿐만 아니라 멀리 떨어진 곳에서도 인력을 채용하고 훈련시키려는 기업들의 의지였다. 농업 생산성 향상으로 인해 농장 일자리가 줄어든 가운데 기업들의 노동자 채용이 활발해지면서 영국의 노동력은 대륙의 노동력에 비해 이동성이 높아졌다. 실제로, 세기가 바뀔 때쯤에는 랭커셔의 기업들이 멀리 떨어져 있는 런던에서까지 노동력을 구하게 됐다.[78]

1차 산업혁명을 주도한 것은 석탄, 철, 면화였다. 18세기 초, 에이브러햄 다비Abraham Darby는 코크스coke(탄소 함량이 높고 불순물은 미량인 연료의 일종이다. 대개 석탄을 원료로 해서 만든다 – 옮긴이)를 사용해 철을 제련하는 새로운 방법을 개발했지만, 이 공정은 18세기 중반까지는 널리 사용되지 않았다. 당시 제철업자들은 '교련 공정puddling'과 압연 공정을 결합해 교량 건설에 유용한 모양의 철을 생산했다. 하지만 전쟁으로 인해 철 생산량도 늘어나야 했다. 1788년 선철 총 생산량은 약 7만 톤이었는데, 그중 20%는 구식 숯 용광로에서 생산된 것이었다. 그로부터 18년 후인 1806년에는 코크스로가 162개로 늘어난 반면, 구식 숯 용광로는 11개만 남게 됐다. 총 철 생산량은 350% 증가한 26만 톤 이상으로 증가했다.[79] 1750년에 영국은 자국에서 생산한 선철보다 두 배 많은 양의 선철을 수입했지만, 1814년이 되자 영국의 선철 수출량은 수입량보다 다섯 배나 더 많아졌다.[80] 생산량이 늘어나면서 선철의 가격은 점점 떨어졌고, 강철 생산량이 늘어났다. 결국 이는 모든 종류의 산업을 활성화하고 차세대 혁신 기술인 철도를 탄생시켰다.[81]

보링 기술boring technique(드릴로 뚫은 구멍을 크게 만드는 기술 - 옮긴이)의 개선과 함께 철 생산의 우위는 더 정확한 실린더 생산을 가능하게 했다. 이렇게 생산된 실린더는 증기기관에 중요한 역할을 했으며 군사적 용도로도 사용됐다. 또한 더 정확한 실린더 사용으로 영국 해군은 카로네이드포carronade(무거운 철환을 발사해 선체에 타격을 입힐 수 있는 단거리 철제 주물 활강포 - 옮긴이)를 사용할 수 있게 됐고, 기존 대포의 정확성도 높일 수 있었다. 또한 철 생산량이 증가하면서 영국은 엄청난 수의 머스킷과 대포를 생산할 수 있게 됐다. 한편, 영국의 면화 공장과 양모 공장은 동맹국 군대에게 상당한 양의 의복을 제공했다.

석탄, 철, 면화 생산을 동시에 발전시킨 것은 1770년대 제임스 와트가 개량한 증기기관이었다. 1776년에 스코틀랜드의 전기 작가 제임스 보스웰은 증기기관 생산 공장을 방문해 와트의 파트너인 매튜 볼튼의 안내로 공장을 둘러본 뒤 이렇게 기록했다.

"내가 '존슨 씨(새뮤얼 존슨, 당대 영국 최고의 시인이자 극작가 - 옮긴이)도 여기에 같이 오셨으면 좋았을 텐데요. 이 기계들의 광대함과 기발함은 그분의 '장대한 정신'과 어울릴 것 같습니다.'라고 말했더니, 볼튼 씨가 내게 한 말이 지금도 기억이 난다. 그는 '선생님, 저는 전 세계 사람들이 가지고 싶어 하는 것을 팔고 있습니다. 바로 동력이지요.'라고 말했다."

그 공장의 직원은 700명 정도였다.[82] 볼튼과 와트의 파트너십은 이전보다 더 효과적인 증기기관을 만들어냈다. 나중에 와트는 회고록에서 "품질이 좋으면서 저렴한 증기기관 엔진을 만드는 것이 목표였다."고 말했다. 여기에는 존 윌킨슨이 실린더와 슬리브sleeve(실린더 안에서 피스톤의 왕복 운동을 가능하게 하는 중요한 부품 - 옮긴이)의 공차를 높일 수 있는 보링 머신을 개발한 것이 핵심적인 역할을 했다. 18세기 말이 되자 영국에서 생산된 증기기관은 2,500개에 이르렀고, 그중 30%가 볼튼과 와트에 의해 생산된 것이었다.[83]

1774년에 윌킨슨은 대포 제작을 위해 철 블록에 구멍을 넓히는 기계에 대한 특허를 받았다. 그로부터 2년 만에 그는 볼튼과 와트와 협력해 공차가 훨씬 더 높은 실린더를 만들어냈다. 이는 사실상 공작기계 생산을 위한 첫걸음이었다. 이에 대해 경제사학자 조엘 모키르Joel Mokyr는 "기계에 의한 기계의 생산으로 …… 철과 강철을 사용하는 것이 더 기능적이라고 생각되는 거의 모든 것에 실제로 사용할 수 있게 됐다."라고 말했다.[84] 최초의 증기기관은 기존 시장이 있는 곳, 즉 광산에서 물을 퍼 올리는 데 사용됐다.[85] 하지만 증기기관은 곧 다른 용도, 특히 직물을 짜는 데도 사용할 수 있다는 것이 확실해졌다. 1780년대를 핵심적인 10년이라고 할 수 있는 이유는 이 시기에 직물 생산이 산업화되는 획기적인 발전이 이뤄졌다는 사실에 있다.[86] 게다가 1793년에 일라이 휘트니Eli Whitney가 면화의 씨앗을 분리하는 조면기를 발명함으로써 목화는 더욱 접근하기 쉽고 생산적인 원료가 됐다.

방적기와 수력방적기에 증기력을 사용함으로써 영국은 전례 없는 양의 직물을 생산할 수 있게 되었다. 그 결과, 수작업으로 만든 직물보다 더 저렴하고 내구성이 뛰어난 고품질의 직물 생산이 가능해졌다. 이로 인해 면직물의 가격은 꾸준히 하락했고, 결국 시대에 뒤진 면화 직공들은 노동시장에서 퇴출됐다. 일자리를 잃은 이들의 격렬한 대응은 '러다이트luddite' 운동으로 이어졌으며, 섬유 공장의 갑작스러운 출현은 영국의 유명한 시인 윌리엄 블레이크의 "이 어두운 사탄의 공장these dark Satanic Mills"이라는 표현을 탄생시켰다. 하지만 이런 공장들은 자원과 노동력을 집중시킴으로써 생산량을 크게 늘렸다. 예전에는 100파운드의 면직물을 방적하는 데 약 5만 시간이 걸린 반면, 1790년대에는 같은 양을 만들어내는 데 300시간밖에 걸리지 않았다.[87] 그 결과 1730년에 100만 파운드 미만이었던 면직물 생산량이 1815년에는 1억 파운드로 엄청나게 늘어났다. 1780년과 1850년 사이에 면직물 가격은 85%나 하락했다.[88] 1760년 영국은 250만 파운드의 원면raw cotton을 수입했는데, 그로부터 25년 후 원면 총 수입량은 2,200만 파운드로 증가했다.[89] 증기와 수력을 사용하는 기계와 훨씬 적은 노동력으로 생산된 옷감은 그럼에도 훨씬 더 높은 이윤을 남겼다.

나폴레옹이 베를린 칙령을 통해 영국과의 통상을 금지함에 따라 영국의 무역은 비교적 짧은 기간 동안(1807~1812년)이지만 영향을 받았다. 당시 프랑스는 정복한 나라들에게도 영국 상품에 대한 금수조치를 따르라고 강요했다. 하지만 영국과의 무역을 완전히 중단시키기에는 빈틈이 너무 많고 다양했다. 매년 밀수가 증가했고, 프랑스 당국은 그 흐름을 막을 수 없다는 것을 알게 됐다. 게다가 나폴레옹은 프랑스 농부들이 영국으로의 식료품 판매에 의존하고 있었기 때문에 영국으로의 수출을 허용해야 한다는 상당한 압박을 받고 있었다.

1805년부터 1811년까지 영국으로의 연간 수출 총액을 살펴보면 영국 경제의 목을 조르려는 나폴레옹의 시도가 얼마나 효과 없었는지 잘 알 수 있다. 그 기간의 연간 수출 총액은 1805년 4,850만 파운드, 1806년 4,080만 파운드, 1808년 3,520만 파운드, 1810년 6,100만 파운드, 1811년 3,950만 파운드였다. 아이러니하게도 1808년 나폴레옹의 스페인 침공으로 스페인의 아메리카 식민지가 영국 무역에 개방되면서 영국의 대 아메리카 수출은 거의 두 배로 증가했다.[90] 유럽 대륙의 다른 곳에서는 프랑스 당국이 영국 상품을 압수하고 폐기하는 등 무자비한 수입 규제를 시행했다. 하지만 이는 1807년 중반부터 1808년 중반, 1810년 중반부터 1812년 중반까지 3년 동안만 지속됐고, 나폴레옹이 정복한 국가에서와는 달리 프랑스에서는 금수조치가 그다지 가혹하지는 않았다. 무역 전쟁은 점령국의 경제 붕괴로 이어졌고, 이는 반프랑스 감정을 부추겼다. 오스트리아의 메테르니히Metternich는 이를 두고 "대륙 전역의 상인들을 힘들게 만드는 이 엄청난 양의 조례와 법령은 영국에 해를 끼치기보다 오히려 도움이 될 것"이라고 지적하기도 했다.[91]

이 시기 영국의 경제 성장에서 핵심적인 역할을 한 것은 상선업의 꾸준한 성장이었다. 1761년 영국의 상선 해병merchant marine(평소에는 상선으로 활동하다가 유사시에 해군을 돕는 일체의 선박 - 옮긴이)은 화물 적재능력이 46만 톤이었지만, 1788년에는 거의 60만 톤으로, 1800년에는 165만6,000톤으로 늘어났다.[92] 이런 성장에는 영국과 프랑스 간에 25년 동안 이어진 전쟁이 중요한 역할을 했다. 영국이 프랑스와 저지대 국가들의 항구를 봉쇄함으로써 영국의 라이벌들이 세계 무역에 나서는 것을 차단했기 때문에, 산업혁명의 산물들은 결국 영국 국적 선박을 통해서만 수송될 수 있었다. 또한 상선 설계의 획기적인 개선으로 필요한 승조원의 수가 줄어들면서 수익은 늘어났다.[93] 영국의 항구들에서 입항과 출항을 하는 선박의 절반 이상을 처리하던 런던 항구는 프랑스와의 전쟁 기간 동안 매년 약 1만 3,000척의 입출항을 기록했다. 1792년에서 1800년 사이에 영국의 무역액은 4,450만 파운드에서 7,370만 파운드로 연간 7%씩 증가했다.[94] 영국 상선들이 프랑스 해적들의 공격 목표가 되자 영국 해군성은 이 위협에 대응하기 위해 여러 가지 조치를 취했는데, 그중 가장 효과적인 것은 최대 800척의 상선이 함께 항해하는 '포괄적 호송 시스템global system of convoys'이었다.[95]

당시 영국 해군에 대한 정부의 지원을 보면 해군이 경제에 얼마나 중요한 역할을 했는지 알 수 있다. 7년 전쟁 기간 동안 영국 해군이 플리머스와 포츠머스에 있는 두 개의 가장 큰 조선소를 개선하는 데 들인 비용은 약 68만 파운드에 달했다. 또한 전쟁 기간 동안 영국 해군이 요구한 보급의 규모를 보면 해군의 병참 활동이 얼마나 대규모였는지 잘 알 수 있다. 실제로 1800년대 초반, 영국 해협 함대 소속 수병 3만6,000명은 6개월 동안 "비스킷 2,925톤, 소고기 1,671톤, 돼지고기 835톤, 완두콩 626톤, 오트밀 313톤, 버터 156톤, 치즈 313톤, 맥주 32턴tun(1턴은 약 1톤이다 – 옮긴이)"을 소비했다. 1765년에는 100문의 대포로 무장한 빅토리 호 같은 최상급 함선을 건조하는 데 6만3,174파운드의 세금이 들었다. 1800년에 웨스트라이딩West Riding에 있던 243개의 모직물 공장의 고정 가치가 40만2,651파운드로 추정되는 것을 고려하면 이는 그야말로 엄청난 비용이다. 시칠리아 해안에서 작전을 벌이던 넬슨 제독의 함대는 3만 갤런의 레몬주스를 주문했는데, 이는 괴혈병과 관련이 있었다.[96] 1795년에 영국 해군성은 레몬주스 복용으로 괴혈병을 치료할 수 있다는 사실을 인정했다.[97] 실제로 19세기 초 유럽에서 보건상 가장 우수한 곳은 프랑스 항구를 봉쇄하는 영국 해군 함정의 갑판이었다.

군대는 영국의 산업혁명에서 가장 중요한 역할을 한 요소 중 하나였다. 1792년 2,200만 파운드에서 1814년 1억2,300만 파운드로 공공지출이 폭발적으로 증가한 것만 봐도 전쟁의 규모가 어느 정도였는지 짐작할 수 있다.[98] 이는 상당한 적자 지출을 의미했다. 소비세가 1793년 1,357만 파운드에서 1815년 4,489만 파운드로 증가했다는 사실은 영국의 이런 경제적인 노력을 잘 드러낸다.[99] 대부분의 경제사학자들은 영국 경제의 폭발적인 성장에서 전쟁의 역할을 축소해서 보는 경향이 있다.[100] 하지만 사실, 영국 정부가 동맹국들에 제공한 6,580만 파운드는 영국 경제에 큰 도움이 됐다. 동맹국들은 이 자금으로 (영국이 만든) 군대 장비, 의복, 머스킷을 비롯한 무기를 구입했기 때문이다. 특히 대포와 머스킷을 비롯한 무기를 동맹국들이 구입하면서 영국의 선철 생산은 크게 늘어났다. 한편, 영국 해군과 육군도 무기를 만들기 위해서는 상당한 양의 철이 필요했다. 용광로에 대한 투자는 계속되는 전쟁으로 안정된 군수 시장이 형성되었음을 반영한다. 또한 이런 투자는 1820년대와 1830년대에 철도 건설과 증기선 제작으로 이어졌다.[101]

나폴레옹의 모험

쿠데타로 정권을 잡은 나폴레옹은 평화를 얻기 위해서는 오스트리아와 그들을 지원하는 영국을 전쟁에서 끌어내야 한다는 사실을 알았다.[102] 나폴레옹은 1800년 6월 마렝고에서 오스트리아 군대를 격파함으로써 첫걸음을 내딛었다. 하지만 오스트리아는 1800년 12월 호엔린덴에서 나폴레옹에게 다시 패배한 뒤에야 평화조약에 동의했다. 1802년 3월, 전쟁에 지친 영국은 아미앵 평화 조약Peace of Amiens에 동의했지만, 이 조약은 애초부터 오래 지속되기 힘든 것이었다. 이 조약에 따른 프랑스의 저지대 국가 지배는 영국의 전략적 이익에 반했을 뿐만 아니라, 이 조약에 의거해 나폴레옹은 가혹한 관세를 부과함으로써 평화조약이 경제적인 기회를 제공해주기를 바랐던 영국인들의 정치적 입지도 약화시켰기 때문이다. 결국 이 조약에 의한 평화는 나폴레옹의 야심에 의해 깨졌다고 할 수 있다. 이에 대해 역사학자 펠릭스 마컴Felix Markham은 "그 일이 그의 천재성을 넘어서는 일이었는지는 말할 수 없지만, 그의 인격을 넘어서는 일임에는 틀림없었다."라고 말했다.[103]

평화 조약을 체결한 지 14개월 후, 영국은 파리 주재 대사를 철수시켰다. 적대 행위가 재개된 지 2년 후 나폴레옹은 프랑스 개혁을 완료하고 영국 침공을 준비하기 시작했다.[104] 대륙의 평화 덕분에 나폴레옹은 군대를 엄격하게 훈련시켜 후에 대육군을 만들 수 있었다. 나폴레옹의 군 개혁 중 하나는 사단들을 합쳐 군단으로 만듦으로써 군대의 유연성을 높인 것이었다. 대육군은 나폴레옹이 이끌었던 군대 중 최강으로 각각 2~4개 사단으로 구성된 7개 군단, 기병 및 포병 예비군, 황실 근위대로 구성됐다.[105]

영국을 침공하기 위해 대육군은 다수의 바지선들과 함께 1805년 여름에 불로뉴 주변에 집중적으로 배치돼 프랑스 함대가 도착하기를 기다렸다. 하지만 8월이 됐는데도 함대가 도착할 기미는 보이지 않았다. 이 함대는 트라팔가 해전에서 나폴레옹의 숙적 넬슨 제독에게 대패했던 것이다.[106]

영국이 전쟁 비용을 충당한 방식, 즉 산업혁명으로 인한 경제 성장에 따른 세금 및 대출금에 의존하는 방식과 나폴레옹이 전쟁 비용을 충당한 방식은 매우 흥미로운 대조를 이룬다. 1805년에 나폴레옹이 적군을 상대로 빠른 승리를 거두려고 한 데는 프랑스의 심각한 재정적 어려움도 한몫했다.[107] 아우스터리츠 전투에서 승리해 1806년부터 1813년까지 유럽 중부를 프랑스가 지배하게 된 후, 프랑스 제국은 패전국으로부터의 배상금, 주요 전쟁에서 패배하고 점령당한 국가들의 배상금, 동맹국들의 기부금 등으로 유지됐다. 1804년부터 1814년까지 나폴레옹의 군비 지출 중 절반은 동맹국과 패전국으로부터의 추징금, 배상금, 기부금으로 충당됐다.[108] 1805년의 제3차 대프랑스 동맹Third Coalition은 영국 그리고 미온적인 태도를 보이던 오스트리아와 러시아 사이에서 그 이전 3년에 걸친 합의를 통해 형성된 동맹이다.[109] 오스트리아와 러시아는 만족을 모르는, 프랑스 새 황제의 끝없는 요구와 행동을 더 이상 들어줄 수 없다는 결론을 내렸다. 1805년 5월, 영국, 오스트리아, 러시아는 수많은 논쟁 끝에 50만 명에 가까운 병력을 투입하기로 합의했다.[110] 하지만 이 합의 과정 내내 러시아는 중부 유럽에서의 전쟁에 자국 군대를 투입하는 것을 꺼려했다. 이 상황에 대해 역사학자 폴 W. 슈뢰더는 "영국-러시아 동맹을 구할 수 있는 사람은 나폴레옹뿐이고, 그는 실제로 그렇게 했다."라고 지적했다. 결국 나폴레옹은 러시아의 젊은 군주 알렉산드르 1세가 영국과 오스

트리아를 지원할 수밖에 만들었기 때문이다.[111]

1805년 8월 24일, 나폴레옹은 폭풍우가 몰려오고 그의 함대가 아직 보이지 않는 상태에서 대육군에게 적을 향해 동쪽으로 진격하라는 명령을 내렸다. 이 역사적인 대규모 작전에서 프랑스군의 5개 군단은 독일로 진격해 울름Ulm 부근에 전진배치돼 있던 오스트리아군을 만났고, 10월 중순에는 훗날 "불행한 마크 장군"이라고 불리게 된 카를 마크 폰 라이버리히Karl Mack von Leiberich가 이끄는 군대를 함정에 빠뜨렸다. 그 후 프랑스군은 다뉴브 강을 따라 러시아군을 추격해 오스트리아 수도 빈을 점령했고, 마침내 11월 말, 프랑스군은 보헤미아의 한복판인 아우스터리츠 근처에서 오스트리아-러시아 동맹군과 마주하게 된다.

12월 2일, 오스트리아-러시아 동맹군은 약해 보이는 프랑스군 우측을 공격했다. 바로 그 순간 나폴레옹은 술트 원수Jean-de-Dieu Soult에게 병력을 이끌고 전장 한가운데 위치한 프라첸 고지Pratzen Heights를 공격하게 했다. 동맹국들의 전선은 와해됐고, 그 결과는 동맹국들에게 재앙이었다. 이 소식을 들은 윌리엄 피트는 "그 지도는 접어두게. 앞으로 10년 정도는 지도 따윈 필요없을 테니."라고 말했다. 아우스터리츠 전투는 혁명 기간 이뤄진 전투 조직 혁신의 완벽한 결과물이었다. 프랑스 대육군은 진정한 의미의 군사 혁신이 무엇인지 보여주었으며 그들의 기동력과 배치는 전투 내내 매우 뛰어났다.

나폴레옹은 전쟁의 원인이 무엇인지 정확히 이해하고 있었다. 그가 생각하기에 1805년의 전쟁은 영국이 구체제(앙시앵 레짐) 국가들에 자금을 지원하고 부추김으로써 발생한 것이었다. 따라서 나폴레옹은 승전 포고문에서 다음과 같은 말로 영국을 프랑스의 주적으로 지목했다.

"여기서 흘린 모든 피와 이 모든 불행이 그것을 초래한 배신자 섬 주민들에게 떨어지기를 바란다. 런던의 비겁한 과두 정치가들이 이 많은 재앙의 결과를 감당하기를 바란다."[113]

하지만 전장에서의 승리에도 불구하고 나폴레옹은 그 승리로 발생한 더 큰 정치·전략적 문제를 해결하는 데는 거의 관심을 보이지 않았다. 그 모든 주요 전략·정치적 문제에 대한 그의 해결책은 더 많은 전쟁을 수행하는 것이었다.

1806년이 되자 프로이센이 움직이기 시작했다. 독일 지역에서 나폴레옹의 행동에 불만을 품은 프로이센은 프리드리히 대왕의 유산을 물려받은 자국 군대가 유럽 최강이라는 생각을 가지고 전쟁에 나섰다. 하지만 곧 그 생각이 틀렸음이 입증됐다. 1806년 10월 14일 예나-아우어슈테트에서 벌어진 전투에서 프랑스 대육군은 신속한 작전으로 단 하루 만에 프로이센 군대를 격파했다. 이후 7주 동안 이어진 작전에서 프랑스는 발트 해까지 도망치는 프로이센군을 추격해 2만5,000명을 사살하거나 부상시키고 14만 명을 생포했으며, 대포 2천여 문을 탈취했다.[114] 그 후 나폴레옹은 1807년 2월에 동프로이센의 아일라우에서 희생이 컸음에도 결정적이지는 못했던 전투를 치른 뒤, 그해 6월에 프리틀란트 전투에서 마침내 러시아군을 격퇴했다. 이로써 나폴레옹은 로마시대 이후 어떤 통치자도 넘어서지 못한 전례 없는 권력과 권위로 유럽을 지배하게 됐다. 틸지트 평화조약Peace of Tilsit에 따라 동부 유럽에서의 전투는 일시적으로 중단됐다. 나폴레옹의 잇따른 군사적 승리로 러시아와 오스트리아는 당분간 움츠리고 있어야 했다. 이 승리로 나폴레옹은 도전이 거의 불가능한 위치로 올라섰다. 하지만 그는 지배력을 확장하려는 노력을 멈추지 않았다.

프로이센군의 완패는 즉각적이고도 장기적인 영향을 모두 가져왔다. 우선, 프로이센 군대뿐만 아니라 국가에 대한 근본적인 구조조정과 개혁이 이뤄졌다.[115] 또한 프로이센은 장기적으로는 패배에 대응하기 위해 일반 참모 시스템general staff system을 도입해 군대를 혁신했고, 시간이 지나면서 다른 서구 국가들의 군대도 이 시스템을 모방하기 시작했다.[116] 프로이센의 개혁은 전쟁과 군사작전에 대한 진지한 연구를 촉발했으며, 그로 인해 장교 교육이 전쟁 준비의 중요한 요소로 자리 잡게 됐다. 당시 프로이센의 군 제도를 개혁한 군사 전략가 게르하르트 폰 샤른호르스트Gerhard von Scharnhorst는 "이제부터 장교라는 직책을 갖기 위해서는 반드시 평시에 지식을 쌓고 교육을 받아야 한다."라고 말했다.[117] 어차피 나폴레옹의 천재성을 따라갈 수 없다면 우수한 지휘 시스템을 개발하는 수밖에 없다는 것이 당시 프로이센의 생각이었다.

1807년 동프로이센 틸지트에서 프로이센 왕국, 러시아 제국과 맺은 평화 조약은 나폴레옹의 경력의 정점을 찍는 사건이었다. 이 시점부터 나폴레옹은 점점 더 심각한 정치적·전략적 실수를 연이어 저지르기 시작했다. 예나-아우어슈테트 전투 직후 발표된 베를린 칙령에는 '영국 제도 봉쇄'가 명시되었으며, 그로부터 1년 후 발표된 밀라노 포고령은 경제 전쟁을 더욱 치열하게 만들었다. 하지만 영국은 여전히 완강했다. 틸지트 조약 직후 영국 해군은 코펜하겐 항구에 입항해 중립국인 덴마크의 군함 15척을 나포했다.[118] 그해 가을, 프랑스 군대는 이베리아 반도로 진격해 포르투갈 왕실과 섭정을 리스본에서 쫓아냈지만, 이들은 영국 해군의 호위를 받으며 브라질로 이주했다. 이 작전은 나폴레옹이 저지른 가장 치명적인 실수, 즉 이베리아 반도를 직접 지배하려는 노력의 시작이었다. 나폴레옹은

"오래된 왕조는 이제 너무 낡았다. …… 루이 14세의 작품은 재정비할 필요가 있다."라는 허술한 명분으로 스페인 왕국을 전복시키기 시작했다.[119]

하지만 보수적이고 신앙심이 매우 깊은 스페인 사람들은 정부 체제가 외국인에 의해 바뀌는 것을 달가워하지 않았다. 그 결과 도시와 시골 곳곳에서 체제를 전복시키기 위한 봉기가 아닌, 체제 유지를 위한 봉기가 일어났다. 스페인 군대도 이 봉기에 가담했다. 프랑스군은 즉각 도시에서 반란을 진압했지만, 스페인군은 외곽 지역에서 여전히 위협적인 존재였으며, 게릴라들은 시골 곳곳에서 프랑스군을 괴롭혔다. 이 게릴라전은 곧 누가 더 많이 학살할 수 있는지 겨루는 살벌한 경쟁으로 변화했다. 현대의 용어로 설명하면 스페인 전쟁은 하이브리드 전쟁이었다.[120] 지휘와 훈련 체계가 형편없었지만 스페인 정규군의 존재로 인해 프랑스군은 어쩔 수 없이 병력을 모아야 했으며, 현지에서의 식량 조달은 거의 불가능했다.

한편 영국은 이 복잡한 상황에서 이익을 챙기고 있었다. 1809년, 훗날 웰링턴 공작이 된 아서 웰즐리Arthur Wellesley가 포르투갈에 도착했다.[121] 웰링턴은 잇따라 전투를 승리로 이끌었고, 그 결과 영국은 프랑스군 공격을 위한 효과적인 전략을 마련할 수 있었다. 그의 승리는 당시 영국이 구사하던 세 가지 전략 중 하나를 보여준다. 첫째, 프랑스 항구 봉쇄를 통한 전 세계 해양 통제, 둘째, 나폴레옹과 싸우려는 대륙 국가들에 대한 재정 및 군사 지원, 셋째, 웰즐리가 이끄는 원정군의 이베리아 반도 배치였다. 하지만 웰링턴의 군대를 이베리아 반도에 주둔시키는 데는 많은 비용이 들었다. 1809년에는 300만 파운드, 1810년에는 그 두 배인 600만 파운드, 1811년에는 거의 1,100만 파운드의 비용이 들었다. 1813년, 나폴레옹의 이베리아 반도 원정군이 스페인을 침공하기 위해 포르투갈을 떠나면서 영

나폴레옹 전쟁 당시의 유럽, 1810년

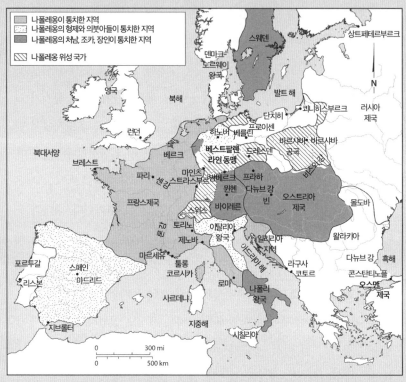

나폴레옹이 통치한 지역
나폴레옹의 형제와 의붓아들이 통치한 지역
나폴레옹의 처남, 조카, 장인이 통치한 지역

나폴레옹 위성 국가

스웨덴
덴마크
노르웨이
왕국
상트페테르부르크
발트 해
코니히스부르크
러시아
제국
단치히
영국
북해
프로이센
하노버 베를린
런던
베스트팔렌
드레스덴
바르샤바 바르샤바
공국
라인 동맹
북대서양
브레스트
베르크
프라하
비스와강
마인츠
파리 스트라스부르 뮌헨 다뉴브 강 오스트리아
센 강 바이에른 제국 빈
프랑스제국 스위스 몰도바
론 강
토리노 이탈리아
제노바 왕국 일리리아
마르세유 지역 왈라키아
포르투갈 툴롱 아드리아 해 라구사 다뉴브 강 흑해
스페인 코르시카 로마 코토르 콘스탄티노플
리스본 마드리드 나폴리 오스만
사르데냐 왕국 제국
지브롤터 지중해
시칠리아

0   300 mi
0   500 km

지도 제작: 빌 넬슨

1810년은 나폴레옹이 유럽 대부분을 장악하고 대륙 봉쇄령을 강화하며 최고의 전성기를
누렸지만, 스페인 반도 전쟁의 장기화와 러시아 원정의 실패의 싹이 보이기 시작한, 승리와
위기가 공존하던 시기였다.

국은 포르투갈뿐만 아니라 스페인에 더 많은 무기와 재정 지원을 제공해야 하는 문제에 직면했다.[122]

1811년, 프랑스의 앙드레 마세나André Masséna 원수가 이끈 포르투갈 내 웰링턴 기지 공격은 프랑스군의 허술한 병참 시스템이라는 약점과 바다를 통제하고 있었던 영국의 강점을 잘 보여준 예라고 할 수 있다. 1810년, 웰링턴은 타구스 강에서 해안까지 이르는 토레스 베드라스 라인Lines of Torres Vedras이라는 이름의 광범위한 요새 건설을 명령했다. 이 라인은 기본적으로 리스본이 위치한 반도를 보호하는 역할을 했다. 프랑스군이 진격하자 웰링턴은 토레스 베드라스 라인으로 후퇴했다.[123] 그곳에서 프랑스군이 마주하게 된 것은 난공불락의 요새 진지였다.

게다가 영국군은 포르투갈 국경에서 토레스 베드라스 라인에 이르는 모든 지역에 먹을 수 있는 것을 하나도 남겨두지 않았다. 식량과 탄약을 공급할 수 없는 취약한 병참 체계로 인해 프랑스군은 절망적인 상황에 처했다. 11월 중순이 되자 병사 절반이 굶주렸고, 말들도 죽거나 병에 걸리자 프랑스군은 후퇴했다. 반면 영국은 자국 군대와 동맹군들에게 식량을 배급하는 데 전혀 문제가 없었다. 1810년에 영국은 100만 배럴이 넘는 미국산 밀가루를 리스본으로 수입했다.[124] 식량 문제가 전혀 없었던 영국군과 포르투갈군은 그해 가을 마세나의 군대가 포르투갈을 떠나는 것을 지켜볼 수 있었다. 당시 웰링턴은 "언제든 저들을 궤멸시킬 수 있지만, 그러려면 1만 명의 병력이 필요하다. 하지만 우리는 지금 남은 병사들을 아껴야 한다."라며 추격을 하지 않았다.[125] 결국 나폴레옹이 '스페인 궤양Spanish ulcer'이라고 불렀던 이베리아 반도 전쟁으로 프랑스군은 30만 명의 병력을 잃었고, 이는 1813년과 1814년 전투에 큰 부담을 주었다.[126]

1809년 7월 초 오스트리아가 바그람Wagram 전투에서 프랑스군에 패배하자, 나폴레옹이 지휘하는 한 프랑스 군대를 무너뜨릴 수 없을 것이라는 생각이 유럽 전체에 팽배해졌다. 절망에 빠진 오스트리아는 공주 중 한 명을 나폴레옹과 결혼시킴으로써 사실상 프랑스와 동맹을 맺었다. 당시 메테르니히는 오스트리아의 정책은 "이리저리 피하고, 몸을 낮추면서 승자와 합의하는 것이어야 한다. 그렇게 해야만 우리는 구원의 날까지 우리의 존재를 보존할 수 있다."라고 말했다.[127] 1811년에 나폴레옹이 러시아를 침공하기 위해 군대를 준비시키자 사실상 거의 모든 유럽 국가가 프랑스를 지원했다.

돌이켜 보면, 나폴레옹 제국은 한 사람의 군사적 천재성을 바탕으로 세워졌기 때문에 취약할 수밖에 없었을 것이다. 하지만 당시 사람들은 프랑스의 약점을 거의 감지하지 못했다. 그렇다면 나폴레옹이 러시아를 침공하는 실수를 저지른 이유는 무엇일까? 가장 명백한 원인은 그의 과대망상에 있었다. 그는 러시아가 독립된 국가로 남아있는 것을 용납할 수 없었다. 영국에 대해서도 같은 생각을 가지고 있었지만, 프랑스 해군이 영국 해군을 물리칠 수 있을 정도로 전투 준비가 잘 된 함대를 보유하기 전까지는 영국을 건드릴 수 없었다.

1811년 여름, 러시아 원정군에 필요한 광범위한 병참 지원 구조 구축을 비롯한 모든 준비가 착착 진행되고 있었다. 하지만 유럽 대륙을 가로질러 대규모 군대를 이동시키면서 그 군대에 필요한 물품을 공급하는 데 따르는 병참 문제는 프랑스의 능력을 넘어서는 것이었다. 그로부터 129년 후 히틀러와 그의 장군들도 이 문제를 결국 극복하지 못했다.[128] 하지만 라자르 카르노의 제자였던 나폴레옹은 그의 스승처럼, 전쟁에 대한 대가는 전쟁으로 치러야 한다고 생각했다.[129] 문제는 폴란드 국경과 스몰렌스크 사이의 지역에서 식량이 거의 생산되지 않는다는 사실이었고, 나폴레옹은 그 지역을 가로지르면서 병사들이 충분히 보급을 받을 수 있도록 많은 노력을 기울였다. 출발 당시 원정군은 24일치 식량을 보유하고 있었다. 또한, 러시아 원정에 동원된 말은 25만 마리였는데, 나폴레옹은 이 말들 때문에 원정 출발 시점을 6월 말로 연기해야 했다. 6월이 돼야 그 말들이 먹을 수 있는 충분한 풀이 확보되기 때문이었다.

1812년 6월 24일, 나폴레옹의 대육군은 폴란드 기병대를 선두로 러시아 침공을 시작했다. 프랑스군과 동맹군이 진격하자 러시아군은 동쪽으로 빠져나갔다. 스몰렌스크에 도착했을 때 대육군은 코자크Cossack의 습격, 질병 그리고 보급로 확보의 필요성 때문에 점점 힘을 잃어가고 있었다.[130] 그럼에도 불구하고 나폴레옹은 러시아군이 식량과 사료 등 사실상 모든 가치 있는 것을 없애버리고 있는 동안 진격을 계속했다. 프랑스군은 스몰렌스크와 모스크바 사이의 지역에서 식량을 비롯한 물품들을 확보해야 했지만, 러시아군은 이 지역을 거의 사막 수준으로 황폐화했다. 또한, 원정군 본군의 병사 수도 꾸준히 감소했다. 이는 주로 소모전 때문이었다. 출발 당시 원정군의 병력은 42만2,000명이었지만, 비쳅스크Vitebsk에서는 27만5,000명, 스몰렌스크에서는 14만5,000명, 모스크바에서는 10만 명으로 줄었고, 이후 후퇴하는 동안 10만 명에서 9만6,000명, 8만2,000명, 5만5,000명, 3만2,000명으로 감소했다.[131] 결국 12월에 폴란드 영토에 도착한 병력은 8,000명에 불과했다.[132]

1812년 9월 7일, 원정군과 러시아군은 보로디노에서 맞붙었다. 당시 프랑스군은 13만 명 정도로 줄어들어 외곽 기동 시도가 불가능한 상태였기에 나폴레옹은 러시아군의 측면을 공격해 주의를 분산시키면서 다른 한 편으로는 정면을 공격했다. 당시 나폴레옹의 수석 참모 아르망 드 콜 랭쿠르는 적의 활약에 황제가 놀라움을 금치 못했다며 이렇게 기록했다. "러시아군은 필사적으로 저항했다. 그들은 진지와 영토를 내어줄 수밖에 없는 상황에서도 대열이 무너지거나 동요하지 않았다. 포병의 포격을 받 고, 기병의 칼날을 맞고, 보병의 총검 공격으로 후퇴하면서 그들은 결연하 게 죽음을 맞았다. …… 황제는 그렇게 대담하게 점령당하고 끈질기게 방 어하던 요새와 진지에서 그토록 적은 수의 포로가 나왔다는 것이 도저히 이해가 안 된다고 수차례나 반복해서 언급했다."[133]

그날 저녁 결국 러시아군은 후퇴했다. 그러나 프랑스군이 점령한 것 은 음산하고 피비린내 나는 현장이었다. 프랑스군은 3만 명이 넘는 사상 자를 냈고, 러시아군은 최소 4만4,000명을 잃었다. 나폴레옹 역시 14명의 중장과 33명의 소장을 잃었다.[134] 그럼에도 불구하고 보로디노 전투는 모 스크바로 향하는 길을 열었다. 하지만 오래된 러시아의 수도 모스크바를 점령하면 알렉산드르 1세가 항복할 것이라는 나폴레옹의 예상은 안타깝 게도 착각으로 끝났다. 나폴레옹은 알렉산드르 1세가 현실을 인식하기를 기대하며 모스크바에서 35일 동안 머물렀지만, 결국 그는 대육군에게 후 퇴를 명령했고, 이로 인해 사실상 군대 전체를 잃게 됐다. 영국이 스페인 에서 나폴레옹을 몰아내기 위해 엄청난 재정적 지원을 했다면, 러시아 또 한 같은 목적으로 인력과 영토를 희생했다. 나폴레옹은 이 두 가지 상황 에 대한 해결책이 없었다.

나폴레옹의 패배로 인한 충격은 유럽 전역에 폭발적으로 퍼졌다. 그럼 에도 불구하고 결국 그 후에 나폴레옹을 물리치게 되는 대연합군을 구성하는 일은 쉽지 않았다. 프랑스군 생존자들이 폴란드와 리투아니아로 돌아가기 위해 고군분투하는 동안 러시아인 대부분은 전쟁을 계속하는 것에 반대했다. 프로이센 국왕 프리드리히 빌헬름 3세는 처음에는 반프랑스 연합 참여를 고려하지 않았지만, 결국 장군들의 의견에 동의했다. 프랑스군과 동맹국군들이 러시아에서 후퇴하자 프로이센 사령관 루트비히 요르크 폰 바텐부르크 장군은 프로이센 군대를 프랑스와의 동맹에서 탈퇴시킨다는 내용의 타우로겐 협약Convention of Tauroggen을 러시아와 맺었다. 전략적으로 볼 때 이 협약은 나폴레옹이 더 이상 프로이센 동부에서 방어 진지를 구축할 수 없으며, 독일 중부 지역에 한해서 방어가 가능하다는 것을 의미했다.[135]

당시 민심, 특히 프로이센 동부의 민심은 프리드리히 빌헬름 3세가 결국 1813년 3월, 칼리슈 조약Convention of Kalisch에 서명함으로써 러시아와 연대하도록 만들었다. 그의 장군들은 소규모 군대를 모아 대규모 군대를 건설하기 위해 필사적인 노력을 하기 시작했다. 1792년 프랑스에서처럼 프로이센의 민족주의 혁명 세력은 영국의 무기, 군복 및 기타 전쟁 장비를 지원받아 22만8,000명의 보병, 3만1,100명의 기병, 1만3,000명의 포병으로 구성된 군대를 편성할 수 있었다.[136]

적국들이 연합군을 구성하기 위해 분투하는 동안 나폴레옹은 러시아 원정에서 살아남은 병사들, 새로운 징집병, 그 이전 몇 년 동안 군대 복무 경험이 없었던 병사들, 스페인에서 철수한 병사들을 하나로 묶어야 하는 어려움에 직면했다.[137] 게다가 이렇게 재구성된 군대는 장비를 갖추어야 했다. 이때 나폴레옹에게 도움을 준 것이 바로 그가 구축해놓은 행정 시스템과 혁명 민족주의였다. 이에 대해 콜랭쿠르는 다음과 같이 말했다.

"프랑스 국민 전체가 황제의 패배에 개의치 않았고, 국민 모두가 앞다투어 열정과 헌신을 보였다. 이는 프랑스의 정신을 보여준 영광스러운 예이며, 개인적으로는 황제 개인의 승리이기도 했다. 황제는 놀라운 에너지로 자신의 천재성을 발휘할 수 있는 모든 자원을 위대한 국가적 노력을 조직하고 인도하는 데 사용했다. 마치 마법처럼 모든 것이 실현되는 것 같았다."[138]

오스트리아가 뒤로 물러난 상태에서 1813년 4월에 다시 전쟁이 시작됐다. 메테르니히는 러시아가 너무 강해질 수도 있으며, 동맹국들이 '합리적인' 나폴레옹을 설득해 다른 정복지를 포기하고 라인란트 지배권 확보라는 절반의 성과에 만족하도록 할 수 있다고 믿었던 것 같다. 하지만 나폴레옹은 여전히 나폴레옹이었다. 1813년 봄, 나폴레옹은 뤼첸과 바우첸에서 두 번의 대승을 거뒀지만 기병대가 턱없이 부족해 추격이 불가능했다. 또한 이 두 전투에서는 양측의 사상자가 엄청나게 많이 발생했고, 나폴레옹은 이에 대해 "이 짐승들이 뭔가를 배우긴 한 것 같군."이라고 말했다고 한다.[139] 6월이 되자 양측 모두 지칠 대로 지쳐 있었다.

지친 나폴레옹은 휴전에 동의할 수밖에 없었지만, 평화의 가능성은 없었다. 8월에 오스트리아뿐만 아니라 스웨덴이 러시아와 프로이센에 합류하면서 적대 행위가 재개되었고, 이 군대들 모두 영국의 자금과 장비를 지원받았다. 대프랑스 연합군의 전략은 간단했다. 나폴레옹이 있으면 후퇴하고, 없으면 공격한다는 것이었다. 그 결과, 나폴레옹은 드레스덴 전투에서 인상적인 승리를 거두었지만 영국의 원조에 힘입은 연합군이 승기를 잡기 시작했다. 마침내 1813년 10월, 대프랑스 연합군은 라이프치히에서 나폴레옹을 무너뜨렸다.

이 새로운 전쟁의 시대에서 라이프치히 전투만큼 숫자의 중요성을 드러낸 전투는 없었다. 훗날 역사가들은 이 전투를 '국가 간 전투Battle of the Nations'라고 부르게 된다. 이 전투는 장군의 지휘 능력이 아니라 냉정한 숫자가 결과를 결정한 전투였다. 북쪽에서 동쪽과 남쪽으로 큰 고리를 그리며 라이프치히를 포위하고 있던 나폴레옹은 전투 시작 당시 17만7,500명의 병력과 700문의 대포를 보유하고 있었으며, 전투가 진행되는 동안 1만8,000명의 지원군이 도착했다. 이에 맞서 대프랑스 연합군은 두 군대를 합쳐 25만7,000명의 병력을 보유하고 있었고, 전투 중에 추가로 10만8,000명을 지원받았다. 연합군의 대포는 총 1,400문이었다.

연합군에 둘러싸인 나폴레옹은 병력을 움직일 수 있는 여지가 거의 없었고, 연합군 장군들은 그 이전 25년 동안에는 보여주지 못했던 능력을 이 전투에서 보였다. 10월 19일이 되자 프랑스 포병의 비축 포탄은 2만 발로 떨어졌고, 나폴레옹은 후퇴할 수밖에 없었다. 연합군의 사상자는 약 5만4,000명이었고, 프랑스군은 3만8,000명이 전사하거나 부상당했고, 3만 명이 포로로 잡혔다. 게다가 나폴레옹 군대는 대포의 거의 절반을 잃었고, 보급도 상당 부분 차단된 상태였다.[140]

라이프치히에서의 패배로 독일 중부 지역에 대한 프랑스의 지배는 끝났다. 이와 거의 동시에 이뤄진 연합군의 추격으로 나폴레옹은 라인란트를 잃었다. 연합군은 나폴레옹의 뒤를 쫓아 프랑스로 진격해 프로이센이 발미에서 이루지 못한 대승을 거뒀고, 이로 인해 나폴레옹은 1814년 4월 6일에 황제 자리에서 물러났다. 그 후 나폴레옹은 엘바 섬으로 유배됐다가 잠시 프랑스로 돌아왔으나, 당시 유일하게 나폴레옹과 비견될 만한 장군이었던 웰링턴의 손에 의해 워털루 전장에서 최후의 패배를 맞이했다.[141]

두 혁명의 상호 작용

18세기 후반의 두 위대한 군사-사회 혁명인 프랑스혁명과 산업혁명은 미래를 향한 신호탄이었다. 산업혁명의 영향은 간접적이었다. 영국의 산업·재정적 힘은 1813년에 연합군이 나폴레옹을 압도할 수 있는 수단을 제공했다. 프랑스혁명의 이데올로기적 원동력은 확실했다. 하지만 그에 못지않게 중요한 것은 1793~1794년 공화정의 가장 암울했던 시기에 혁명가들이 도입한 행정·정치 개혁이었고, 이후 나폴레옹이 이를 제도화해 유럽 전역으로 확산시켰다는 사실이다. 1813년에서 1815년 프랑스가 패배했음에도 불구하고 당시의 개혁은 현대 세계에 지속적인 영향을 미치고 있다.

미국 남북전쟁이나 20세기에 벌어진 두 차례의 세계대전과는 달리 나폴레옹 전쟁 시기의 무기와 전투 방식은 산업혁명의 영향을 거의 받지 않았다. 웰링턴이 워털루에서 프랑스군을 상대로 거둔 승리만큼 이 사실을 잘 보여주는 것은 없다. 웰링턴의 군대는 조직을 제외하면 그로부터 100년 전 말버러 공작이 스페인 왕위계승전쟁에서 프랑스에 대항해 이끌었던 레드코트 군대와 거의 다르지 않았다. 포병도 변화가 거의 없었다. 다만, 대포가 더 정확해지고 구성이 더 나아지기는 했다. 군단과 사단의 도입으로 전장에서 군대의 이동과 배치 속도가 빨라졌지만 전쟁 기술은 수세기 전과 동일했다.

전쟁의 성격 변화는 군대의 규모와 조직에서 나타났다. 이에 대한 가장 확실한 설명은 18세기에 유럽 인구가 상당히 늘어났고, 유럽, 특히 프랑스와 영국에서 점점 더 효과적인 관료주의 시스템이 등장했다는 데에서 찾을 수 있다. 프랑스의 경우, 혁명은 1793~1815년에 프랑스 군대가 충분한 인력을 확보할 수 있는 이념적·행정적 수단을 제공했다. 이러한 이데올로기적 추진력 외에도 나폴레옹은 징병제가 효과적으로 작동할 수 있는 정치·행정 구조를 만들었다. 주르당이 통과시킨 징병법은 국가가 국민을 강제적으로 징집할 수 있게 함으로써 프랑스가 전쟁에 계속 참전하는 데 결정적인 역할을 했다.

이념적 열정과 징병제로 인해 1792년에서 1815년 사이 프랑스에서만 약 150만 명의 젊은이들이 전장에서 목숨을 잃었고 이는 국가의 인구 감소에 결정적인 역할을 했다.[142] 한편, 영국은 전면적인 징병제를 실시할 정도로 국가적인 노력을 할 필요가 없었다. 영국의 잉여 인력 대부분은 자발적으로 산업혁명에 참여했다. 이렇듯 영국과 프랑스는 군사적 노력을 지속할 수 있었지만, 동유럽의 구체제 국가들은 그렇지 못했다. 프랑스제국과의 전쟁이 시작됨과 거의 동시에 이 국가들은 영국으로부터 재정적·물질적 지원을 필요로 했다. 하지만 프랑스에 맞서기 위해 국민을 동원한 후에도 이 국가들은 영국의 지원 없이는 자국 군대를 유지할 수 있는 경제적 역량이 모자랐고 그러기 위한 동기도 약한 상태였다.

"신은 가장 큰 군대의 편이다."라는 말이 있다. 1813년, 민족주의에 부분적으로 동기를 부여받고 산업혁명의 풍요로움에 힘입은 연합군은 역사상 가장 위대한 장군이 이끄는 군대를 전복시켰다. 오스트리아, 러시아, 프로이센의 군대는 산업혁명과 영국의 재정적 지원이 없었다면 라이프치히 전투에서 승리하지 못했을 것이다. 여기서 놀라운 사실은 전쟁으로 인해 막대한 재정적 비용을 치러야 했음에도 불구하고 영국 경제는 계속 성장했다는 것이다.

나폴레옹은 서구 역사상 가장 위대한 작전 지휘관으로 단연 돋보이는 인물이었다. 알렉산더 대왕을 그와 동등하다고 생각할 수도 있지만, 우리는 마케도니아군의 팔랑크스에 대해 아는 것이 거의 없고, 시대가 너무 달라 그 둘을 비교하는 것은 거의 불가능하다. 따라서 지금도 나폴레옹은 위대한 장군의 기준이 되고 있다. 하지만 1805년과 1806년에 오스트리아와 프로이센을 상대로 대승을 거둔 후 나폴레옹의 전쟁 능력은 약화되기 시작했다. 아우스터리츠와 예나-아우어슈테트에서 나폴레옹 군대는 결정적인 승리를 거두었지만, 이런 승리가 적국들을 완전히 궤멸시키지는 못했다.[143] 게다가 나폴레옹은 끝없는 전쟁을 종식시킬 전략적·정치적 비전을 갖지 못했다. 그의 답은 언제나 또 다른 '결정적인' 승리를 추구하는 것이었다.

하지만 나폴레옹은 스페인에서 부르봉 왕조를 전복시킨 뒤에는 더 이상 결정적인 승리를 거두지 못했다. 프랑스 군대는 스페인 군대를 격파하는 데는 큰 어려움이 없었지만, 스페인 군대를 완전히 무너뜨리지는 못했다. 그 사이 스페인의 시골 곳곳에서 게릴라들이 프랑스군을 피투성이로 만들었다. 나폴레옹이 스페인에서 겪은 이 재앙은 러시아에서 겪게 될 재앙의 전조였다. 보로디노에서의 승리나 모스크바 점령도 알렉산드르 1세를 설득해 평화안을 이끌어내기에는 역부족이었다. 그 후 1813년, 나폴레옹의 연이은 승리가 이어졌지만, 재정적 능력으로 무장한 영국의 지원을 받은 대프랑스 연합국들이 라이프치히에서 나폴레옹 군대가 무너질 때까지 계속 공격했기 때문에 그 해 나폴레옹의 승리는 별 의미가 없었다.

산업혁명 기간 내내 프랑스혁명의 이념적 후예들에게 결정적인 승리는 더 이상 주어지지 않았다. 그럼에도 불구하고 미국 남북전쟁 당시 남부군 총사령관 로버트 E. 리, 제1차 세계대전 초반 독일 육군을 이끌었던 알프레트 폰 슐리펜 같은 장군들은 지속적으로 결정적인 승리를 목표로 삼았다. 하지만 미국 남북전쟁에서 북버지니아군의 승리는 필연적인 패배를 지연시켰을 뿐이었으며, 항복만이 유일한 답이라는 사실을 인정할 때까지 남부 연맹군의 피를 흘리게 했다. 또한 1914년 8월에 시작된 슐리펜 계획은 실패했을 뿐만 아니라 독일이 결코 이길 수 없는 소모전에 끌려다니게 만들었다. 1940년과 1941년 독일의 작전 승리는 그 후 훨씬 더 끔찍한 패배를 할 수밖에 없는 전략적 상황을 유도했기 때문이다.

나폴레옹 전쟁의 사상자 수는 그 후에 일어날 전쟁을 예고하는 것이었다. 나폴레옹이 유럽을 황폐화시킨 15년 동안 양측에서 발생한 총 사망자는 약 200만~300만 명이었다. 이 수치는 30년 전쟁의 사망자 수치와 비슷하다. 나폴레옹 전쟁은 30년 전쟁의 반 밖에 안 되는 기간 동안 같은 수의 사망자를 냈던 것이다. 2세기 동안 유럽의 전쟁 기술이 발전한 까닭이었다.[144]

프로이센의 아우구스트 폰 그나이제나우 장군은 거의 25년에 걸친 유럽 전쟁의 전략적 결과에 대해 "영국은 그 누구보다 이 악당(나폴레옹)에게 많은 신세를 졌다. 영국을 이렇게 위대하고, 안전하고, 부유하게 만든 것은 이 악당이 벌인 사건들 때문이다. 영국은 이제 바다의 제왕이 됐으며, 유럽 무역에서도 세계 무역에서도 두려워할 경쟁상대가 남아 있지 않게 됐다."라고 요약했다. 프로이센의 야전 원수 게프하르트 폰 블뤼허는 좀 더 냉정하게 평가했다. 워털루 전투 직후 런던을 방문했을 때 그는 이렇게 말했다. "이 얼마나 약탈하기 좋은 도시인가."[145]

PART 3

제4차 군사-사회 혁명

[제2차와 제3차 군사-사회 혁명의 결합]

THE DARK PATH

CHAPTER 5

19세기 유럽과
미국의 전쟁

"그리고 전쟁이 일어났습니다."

에이브러햄 링컨, 취임 연설, 1864년

윌리엄 T. 셔먼
(1820~1891)

북부 연방의 장군으로 '총력전'의 선구자. 특히 1864년 애틀랜타에서 사바나까지의 '바다로의 행진'으로 유명하다. 민간 시설을 파괴하는 초토화 작전을 통해 남부의 전쟁 수행 능력과 의지를 무력화했다.

율리시스 S. 그랜트
(1822~1885)

북부 연방의 최고 장군이자 후에 대통령이 된 인물. 피커스버그 전투 승리로 미시시피 강을 장악했고, 1864년부터는 총사령관으로서 전면전을 통해 남부를 압박했다. 인명 피해를 감수하더라도 지속적인 공세를 펼치는 소모전 전략으로 승리를 이끌었다.

로버트 E. 리
(1807~1870)

남부 연맹의 최고 장군. 뛰어난 전술가로서 수적 열세에도 불구하고 여러 승리를 이끌었다. 게티스버그 전투에서의 패배가 전환점이 되었으나, 이후에도 뛰어난 방어전으로 북부군을 막아냈다. 1865년 애퍼매턱스에서 그랜트에게 항복했다.

오토 폰 비스마르크
(1815~1898)

프로이센의 정치가이자 '철혈 재상'. 1862~1890년간 프로이센과 독일 제국을 이끌었다. 현실주의적 외교와 군사력을 통해 독일 통일을 이룩했다. 덴마크(1864), 오스트리아(1866), 프랑스(1870~71)와의 전쟁을 통해 단계적으로 통일을 달성했다.

헬무트 폰 몰트케
(1800~1891)

프로이센의 뛰어난 전략가이자 참모총장. 철도를 이용한 신속한 동원과 분권적 지휘 체계를 확립했다. 1866년 오스트리아와의 전쟁과 1870년 프랑스와의 전쟁에서 현대적 참모본부 체계를 통해 결정적 승리를 이끌었다.

19세기 중반에는 대규모 전쟁이 다섯 번 있었다. 그중 크림전쟁 (1854~1855년), 제2차 이탈리아 독립전쟁으로도 불리는 프랑스-오스트리아전쟁(1859년), 오스트리아-프로이센전쟁(1866년), 프랑스-프로이센전쟁 (1870~1871년)은 유럽 열강들이 벌인 전쟁이었다. 유럽에서 일어난 이 전쟁들은 산업혁명으로 인한 기술적 진보와 관련이 있었지만, 프랑스-프로이센전쟁을 제외하고는 프랑스혁명 때처럼 참전국들이 국민을 총동원하지는 못했다.

하지만 대서양 건너편에서 벌어진 미국 남북전쟁은 양측을 한계점까지 몰아붙인 최초의 진정한 근대 전쟁으로 발전했다.[1] 이 전쟁은 프랑스혁명과 산업혁명이 직접적으로 결합한 제4차 대규모 군사-사회 혁명의 첫 번째 사례였다. 또한 이 전쟁은 클라우제비츠의 '총력전' 개념이 새로운 차원에 도달하는 계기가 되기도 했다.

크림전쟁과 프랑스-오스트리아전쟁

유럽 열강 간의 전쟁 중 첫 번째 전쟁은 러시아가 발칸 반도 문제에 개입해 튀르크와 충돌하면서 발생했다. 1854년, 러시아 군대가 오스만 제국의 영토를 침공하자 영국과 프랑스가 이에 맞서 전쟁을 선포했다. 여기서 우리는 나폴레옹전쟁 때와는 달리 산업혁명이 군대의 능력과 전쟁의 향방에 직접적인 영향을 미쳤다는 것을 알 수 있다. 증기기관을 장착한 전함 덕분에 연합군은 발칸 반도에 이어 크림 반도에 큰 어려움 없이 진군할 수 있었고, 현장의 기자들은 런던과 파리로 상황을 중계했다.[2] 하지만 러시아는 크림 반도에 군대를 배치하고 보급할 철도가 없었기 때문에 개입 규모에 한계가 있었다. 영국과 프랑스는 미니에탄minié bullet을 발사할 수 있는 강선 머스킷rifled musket로 병사들을 무장시켜 사거리를 3배로 늘리면서 정확도를 높였고, 러시아군은 나폴레옹 군대가 사용하던 무기를 모방해 사용했다. 그럼에도 불구하고 크림전쟁은 국가 생존에 거의 위협을 주지 않는 19세기 버전의 내각전쟁cabinet war으로, 전쟁 참가국 중 어떤 나라도 나폴레옹전쟁처럼 대중의 지지를 이끌어내지는 못했다.

1854년 9월, 크림 반도에 상륙한 프랑스군과 영국군은 세바스토폴로 진군하던 중에 알마 강이 내려다보이는 고지대에서 러시아군과 마주쳤다. 미니에탄의 도입으로 화력이 우세해진 프랑스-영국 연합군의 전력을 고려할 때 결과는 의심할 여지가 없었다. 이 승리로 연합군은 세바스토폴을 포위할 수 있었다. 러시아 군대는 포위된 항구도시 세바스토폴을 탈환하기 위해 두 번의 시도를 했으나 모두 실패했다. 첫 번째 시도에서는 영국군의 경기병 여단light brigade의 돌격이 이뤄졌는데 이는 당시 프랑스군 원수 피에르 보스케Pierre Bosquet가 "굉장해 보이지만 전쟁은 아니다."라는 신랄한 비판을 할 정도로 군사적 무능을 드러낸 군사 행동이었다. 두 번째 시도인 잉케르만 전투에서는 연합군이 강선 머스킷으로 러시아군을 집중 공격해 1만2,000명의 사상자를 냈다. 연합군 쪽 사상자는 3,000명에 불과했다.

양상은 포위전으로 전환돼 겨울 내내 지속됐다. 그러나 영국군의 참모 활동은 전무했다. 보급 체계는 붕괴됐고, 병원의 상황은 과거의 다른 군대들과 다르지 않을 정도로 끔찍했다. 현장을 취재한 신문기자들의 기사는 영국 대중의 항의를 이끌어냈고 이는 결국 영국군의 현대화로 이어졌다. 세바스토폴 주둔군이 심각한 위기에 처하자 러시아군은 1855년 8월 중순 필사적으로 돌파를 시도했지만, 이번에도 러시아군은 막대한 사상자를 내면서 격퇴당했다. 9월 8일, 결국 프랑스군은 말라코프 요새를 습격해 전쟁을 끝냈다.

크림전쟁에서는 제4차 군사-사회 혁명이 다가오고 있다는 징후가 거의 나타나지는 않았지만, 증기선과 미니에탄은 산업혁명이 이미 전쟁의 성격에 상당한 영향을 미치고 있었다는 점을 보여주었다. 이 두 가지 혁신과 변화의 산물이 없었다면 전쟁의 결과는 크게 달라졌을 것이다. 또한 이 전쟁은 기술 변화를 따라잡지 못한 국가가 미래의 전장에서 혹독한 대가를 치르게 될 것이라는 경고이기도 했다.

프랑스-오스트리아전쟁은 한 문단 이상으로 설명할 필요가 없어 보인다. 오스트리아가 지배하던 이탈리아 북부 지역에 사르데냐-피에몬테 왕국의 간섭이 계속되자 분노한 오스트리아는 1859년 4월 사르데냐-피에몬테의 지도자들에게 최후통첩을 보냈다. 5월에 전투가 시작되자 프랑스는 이탈리아 북부로 대규모 병력을 급파했다. 병력이 도착하기 전까지는 오스트리아군이 우위를 점하고 있었지만, 오스트리아군 지휘관들은 매우 신중하게 움직였다. 솔페리노 전투는 전장을 장악했다는 점에서 프랑스가 승리했다고 할 수 있지만, 오스트리아군의 후퇴는 질서정연했다. 그 시점에서 나폴레옹 3세는 독일연방의 국가들이 오스트리아를 지원할 것을 우려해 전쟁을 중단했고, 1859년 7월 11일, 오스트리아와 프랑스는 휴전에 합의했다. 장기적으로 볼 때 이 전쟁은 이탈리아를 통합의 길로 이끌었지만, 군사적 측면에서의 교훈은 거의 없는 전쟁이었다.

미국 남북전쟁

에이브러햄 링컨이 미국 대통령으로 당선되면서 1775년부터 시작된 민주주의 실험이 와해되기 시작했다.[3] 투키디데스 식으로 표현하자면, 미국 남북전쟁은 북부의 세력 성장과 그로 인한 남부의 두려움, 특히 남부 백인들의 경제와 정치 시스템이 의존하고 있던 '특이한 제도'인 노예제가 링컨의 당선으로 위협받을 수 있다는 두려움에서 비롯된 것이었다. 당시 사우스캐롤라이나 주 정치 지도자들의 선동적인 성향을 고려할 때 사우스캐롤라이나 주의 연방 탈퇴 결정은 예상치 못한 일은 아니었다. 조지아, 플로리다, 앨라배마, 미시시피, 루이지애나, 텍사스, 아칸소 등 '딥 사우스Deep South'의 다른 주들도 거의 즉각적으로 탈퇴를 결정했다. 문제는 나머지 노예주 중 어느 주가 합류할 것인가였다. 노스캐롤라이나, 테네시, 버지니아 등 '어퍼 사우스Upper South' 주들은 입장을 분명하게 밝히지는 않

남북전쟁 당시 남부 연맹과 유럽의 크기 비교

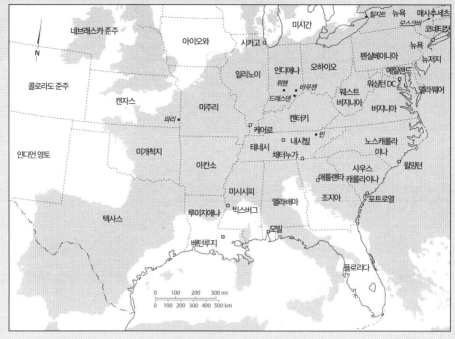

지도 제작: 빌 넬슨

남부 연맹을 4년간의 참혹한 전쟁으로 이끈 주요 요인 중 하나는 땅의 크기가 유럽 대륙보다 더 넓었다는 것이다. 심지어 이 넓은 땅에는 철도조차 제대로 깔려 있지 않았다.

았지만 내심 남부 연맹에 합류하기를 원했고, 경계주border states인 켄터키 주와 미주리 주의 경우 의견이 크게 분열돼 있었다. 전쟁은 1861년 4월 12일, 남부 연맹의 대통령 제퍼슨 데이비스가 찰스턴 항구 근처의 섬터 요새Fort Sumpter에 대한 포격을 명령하면서 시작됐다. 링컨이 민병대를 동원하기도 전에 어퍼 사우스의 노스캐롤라이나, 테네시, 버지니아는 남부 연맹에 가입했다. 사실 남부 연맹에 속한 주들은 섬터 요새 포격 이전에 이미 민병대를 동원하기 시작한 상태였다.

전략적인 관점에서 볼 때, 섬터 요새 공격으로 발생한 정치적 비용은 어퍼 사우스의 중립적인 주들을 남부 연맹으로 끌어들임으로 인해 얻은 이익보다 컸다. 이 공격으로 그 시점까지 남부 주들을 그냥 내버려 둘 것인지 아니면 연방으로 강제 복귀시키기 위한 조치를 취할 것인지에 대해 의견이 분분했던 북부에서는 분노가 폭발했던 것이다. 링컨은 섬터 요새 공격에 대응하여 북부 주들에 7만5,000명의 민병대를 소집할 것을 요청했다. 하지만 당시 어느 쪽도 전쟁이 오래 지속될 것이라고는 예상하지 못했다.

나폴레옹 제국의 붕괴 이후 45년 동안 산업혁명은 북아메리카로 확산돼 사회와 경제에 지대한 영향을 미쳤다. 혁명의 기술적 산물 중 하나인 철도는 북부 주들 사이를 연결해 유대를 형성했고, 북부가 대륙을 가로질러 전쟁을 수행할 수 있는 능력을 갖게 함으로써 전쟁에 큰 영향을 미쳤다. 이 전쟁에서 '결정적인 승리'는 없었지만, 냉정하게 경제적인 측면에서만 본다면 이 전쟁은 북부가 모든 면에서 유리한 전쟁이었다. 당시 북부의 인구는 2,210만 명이었던 반면, 남부의 인구는 900만 명에 불과했고, 그 중 40%가 노예였다.

산업혁명이 북부에 미친 영향은 엄청났다. 1860년 북부 주들의 공장 수는 11만274개였던 반면, 남부 주들은 1만8,026개로 미국 전체 공장 수의 15% 정도밖에 안 되는 수치였다.[4] 뉴욕 주의 공장들이 생산하는 양만 해도 남부 전체의 공장들의 총생산량의 2배에 달했다. 또한 펜실베이니아 주의 공장들이 생산하는 양도 이와 비슷했다. 게다가 매사추세츠의 생산량은 작은 주임에도 불구하고 남부 주들 전체의 생산량의 60%를 차지했다. 또한, 북부 제철소들의 1인당 연간생산량은 1850년에서 1860년 사이에 120% 증가했다.[5] 게다가 1863년 당시 북부의 병참 시스템은 남부보다 크게 앞서 있었는데, 매사추세츠의 공장들이 약 1,600킬로미터 떨어진 일리노이 주 케어로처럼 보급 기지 역할을 하던 도시로 물품을 보내면 그걸 다시 테네시 주 깊숙이 위치한 전선으로 보내는 게 가능했다. 또한 당시 미국 철의 94%, 석탄의 97%, 총기의 97%가 북부에서 생산될 정도로 주요 산업은 거의 전적으로 북부에 집중되어 있었다.[6]

전쟁 기간 동안 북부의 산업은 엄청난 성장을 거듭했다. 전쟁 수행과 직결된 산업이 특히 집중적으로 성장했다. 예를 들어 1864년, 북부의 철 생산량은 1860년의 총생산량보다 29% 증가했고, 석탄 생산량은 21% 증가했다. 전쟁으로 인한 산업 노동력 부족과 군복 수요 증가는 재봉틀의 대거 도입으로 이어졌다. 전체적으로 봤을 때, 1864년 북부의 제조업 지수는 1860년 미국 전체의 제조업 지수보다 13%나 높았다.[7]

1820년에서 1850년 사이에 매사추세츠 주 스프링필드의 무기 공장과 코네티컷 주 리버밸리의 민간 무기 제조업체들은 부품을 특정 크기로 절단하는 반자동 밀링 머신을 개발해, 교체용 부품을 대량 생산해냈다.[8] 그 결과 미국의 공장들은 전례 없는 양와 속도로 무기를 생산할 수 있게 됐다.[9] 북부의 산업은 해군력 증강과 유지에도 중요한 역할을 했고, 포함gun-boat의 개발은 아메리카 대륙 서부에 위치한 남부 연맹의 강 유역을 빠르게 접수하는 데 큰 역할을 했다. 이러한 산업력을 바탕으로 북군은 1864년까지 남군을 압도할 수 있는 대규모 병력 확장을 이룰 수 있었다. 하지만 북부의 산업력이 전쟁을 완전하게 지원하는 데 필요한 수준에 도달하는 데는 2년이라는 시간이 걸렸다.

당시 북부의 철도 시스템과 증기선 인프라는 북부 연방의 산업적 이점을 잘 드러낸다. 미국에서 증기기관은 산업 생산에 영향을 미쳤을 뿐만 아니라, 이로 인해 촉발된 교통혁명은 북동부 주들과 외국인 노동자들로 채워지고 있던 농업 분야에도 영향을 미쳤다. 1860년이 되자 미국 철도의 총 길이는 약 3만 마일(4만8,280킬로미터)에 이르렀다.[10] 북부의 기업가들은 동부 해안에서 시카고와 세인트루이스를 연결하는 3개의 간선 철도를 건설했고, 이 간선 철도들은 지선 철도를 통해 북부 전역의 크고 작은 도시로 이어져 아이오와, 위스콘신, 미네소타까지 뻗어나갔다. 이 철도 시스템은 중서부 주를 경제적·정치적으로 북동부와 연결했다. 이렇듯 북부의 철도는 서로 연결된 시스템이었지만, 남부의 철도는 그렇지 않았다. 남부의 철도는 주로 면화 및 담배 생산 지역에서 외국으로 향하는 배에 상품을 싣는 항구까지만 연결됐고, 남부 지역을 동서로 연결하는 철도는 단하나밖에 없었다.

1860년의 북부 철도 시스템을 떠받치고 있었던 것은 기관차, 화물차 그리고 철도 건설을 가능하게 한 산업 기반이었다. 북부에는 기관차를 제조하는 전문업체가 12개 이상 있었고, 기관차를 수리하고 때로는 제작하기도 하는 업체들도 있었다. 반면 남부의 경우 기관차를 제조할 수 있는 업체는 단 한 곳도 없었고 수리 시설도 거의 없었다.[11] 게다가 전쟁이 시작되자 재정적으로 취약한 남부는 대대적인 철도 수리에 필요한 물자를 거의 확보하지 못한 상태였다. 예를 들어, 1861년에 버지니아 중앙 철도가 보유 중인 레일은 9마일(15킬로미터) 정도의 철도를 수선할 수 있는 정도밖에는 되지 않았다.[12]

1859년 북부의 공장 노동자는 109만6,548명이었지만 남부는 12만8,530명에 불과했다.[13] 돌이켜보면, 공장 노동자의 수가 많다는 것은 북부 연방에 상당한 이점을 제공했다고 할 수 있다. 전쟁이 일어나기 몇 달 전, 남부 백인들은 북부의 '하층민mudsill(공장 노동자)'은 총소리만 듣고도 도망갈 것이라고 비웃었다. 하지만 북부 연방의 많은 공장 노동자들은 군용 철도와 증기선 수리공장에서 일하면서 고장 난 기관차, 화물차, 증기선을 수리하고 군대에 보급품을 공급하는 창고를 세우는 일을 도왔다. 셔먼 장군의 애틀랜타 함락은 이들이 없었다면 불가능했을 것이다.

기관차 제작과 수리가 연방주들에 집중되면서 엔진, 브레이크, 차축 온도검지장치hot box detector(차축과열감지장치), 바퀴를 유지 및 수리하는 데 필요한 정비사들이 북부로 몰려들었다. 그 결과, 남부 연맹의 철도는 수리 부족으로 계속 붕괴된 반면, 북부 연방은 철도 시스템과 여객 및 화물 열차를 확장할 수 있었다. 1863년과 1864년 사이에 일리노이 중앙 철도는 기관차 수를 112대에서 148대로, 화물차 수를 2,312대에서 3,337대로 늘렸다.[14] 1865년까지 북부의 철도는 1860년에 비해 철도 선로가 70% 증가한 반면, 남부의 철도 선로 증가율은 0%에 머물렀다.[15]

전쟁이 끝날 무렵, 북부 연방의 교통 시스템에 새로운 요소가 추가됐다. 북부의 군대가 점령한 남부 연맹 영토에서 군사 작전을 수행하는 데 필요한 물자를 지원하기 위해 자체 철도를 건설하기 시작한 것이었다.

1865년, 미국 군용 철도는 미국과 유럽의 모든 상용 철도를 합친 것보다 규모가 큰 세계 최대 철도 시스템으로, 약 2,600마일(4,184킬로미터)의 철도를 관리하고, 433대의 기관차와 6,605대의 객차를 운행했다.[16] 전쟁 마지막 해 북부의 군용 철도와 증기선은 398만2,438명의 승객(이 중 337만6,610명이 군인)을 수송했고 40만7,143마리의 말을 포함한 71만6,420마리의 동물을 운송했다. 또한 병사들을 위한 식량 410만 톤, 보급품 370만 톤, 탄약 및 무기 130만 톤, 의료품 등 기타 20만 톤 이상을 수송했다.[17]

철도 확장과 함께 당시 대부분 단선 선로였던 철도 교통을 통제하는 데 필수적인 전신망도 급속히 확장됐다. 1840년대에 시작된 통신 혁명은 남부와 북부의 작은 마을과 농장까지 신문과 미디어 문화가 확산되는 계기가 되었다. 신문과 잡지는 양측 모두에게 전쟁에 대한 지원을 호소하는 데 도움이 되었으며, 전장에서 벌어지는 사건을 대중이 어떻게 바라보는지에 대한 바로미터를 제공하기도 했다. 특히 신문과 잡지는 사상자가 늘어나는 상황에서 전쟁에 대한 대중의 지지를 공고히 다지는 데 결정적인 역할을 했다.

남부든 북부든 자원과 인력을 동원하려면 프랑스혁명과 산업혁명의 힘을 결합해 제4차 군사-사회 혁명을 일으켜야 했다. 1865년까지 남부 연맹은 88만 명, 북부 연방은 220만 명의 병사를 동원한 상태였다. 중요한 사실은 1861~1862년에 북군에 지원자가 엄청나게 많이 몰렸다는 것이다. 전쟁 첫해에는 65만8,000명이 북군에 입대했고, 전쟁이 길어질 것이 분명해지자 1862년 8월 링컨의 지원자 모집 요청으로 42만1,000명이 추가로 입대했다. 일반적인 복무 기간인 3년보다 짧은 3개월 또는 2년 복무에 지원한 사람들의 수도 14만5,000명이나 됐다. 더 인상적인 것은 1864년 3년의 입대 기간이 만료된 13만6,000명의 북군 병사들이 자발적으로 복무 연장을 신청했다는 사실이다.[18]

남북전쟁은 정치적인 면에서는 프랑스혁명처럼 극단으로 치닫지는 않았다. 하지만 이 전쟁에서도 양측은 서로에게 거친 언사를 쏟아냈다. 특히 남부가 심했다. 1861년 7월 남부 연맹 의회 연설에서 제퍼슨 데이비스는 "현대 문명에서 찾아볼 수 없는 야만적인 잔인함으로 …… 방화와 강간, 주택과 재산의 파괴가 자행되고 있다."라며 "미 합중국(북부 연방)의 병사들이 무방비 상태의 여성들에게 저지른 만행에 대한 이야기를 들으면 전 인류가 몸서리칠 것"이라고 북부 연방을 비난했다. 또한 그는 북군이 "우리 한가운데에서 노예 반란"을 선동하고 있다며 남부 백인들에게 공포를 불러일으키기도 했다. 그해 12월에 그는 "더러운 양키 침략자들"을 비난하면서 남부 사람들에게 "하이에나와 같은 편이 될지 양키와 같은 편이 될지 묻는다면, 버지니아 사람이라면 모두 차라리 하이에나의 편이 되는 것이 낫다고 대답할 것입니다. 여러분은 그 정도로 저열한 인간쓰레기들과 싸우고 있는 것입니다."라고 말하기도 했다.[19]

북부도 이에 못지않았다. 1864년 초, 앨라배마 북부에서 자행된 북군의 무자비한 행동에 대해 남군이 강력하게 비난하자 윌리엄 테쿰세 셔먼 소장은 이렇게 답했다.

미합중국 정부는 앨라배마 북부에서의 전쟁을 통해 그들의 생명, 집, 땅 등 모든 것을 빼앗을 수 있는 모든 권리를 가지고 있다. 그곳에서 전쟁이 수행되고 있다는 사실은 누구도 부인할 수 없으며, 전쟁은 헌법이나 협약에 제한을 받지 않는 권리의 행사이기 때문이다. 그들이 영원한 전쟁을 원한다면 우리는 기꺼이 그에 대응해 그들을 몰아내고 그 자리에 우리의 친구들을 세울 것이다. …… 정당한 법과 권위에 복종하는 자에게는 관대함과 관용을 베풀겠지만, 거만하고 끈질긴 분리주의자에게는 차라리 죽음을 맞는 것이 신의 자비라고 느끼게 만들 것이다.[20]

지금까지 설명한 제4차 군사-사회 혁명의 영향은 남북전쟁이 그렇게 오래 지속된 이유를 설명하는 데 도움이 된다. 1805년부터 1809년까지 나폴레옹이 거둔 '결정적인' 승리들은 역사의 쓰레기통 속으로 사라졌다. 그럼에도 남북전쟁 첫해에 양측은 아우스터리츠 전투나 예나-아우어슈테트 전투 같은 결정적인 전투를 시도했다. 하지만 전례 없이 넓은 범위의 전장, 의지에 불타는 양측의 자금 지원으로 산업화된 전쟁은 필연적으로 소모전이 될 수밖에 없었다. 군사·경제적 어려움과 막대한 손실에도 불구하고 정치적 평형을 유지하려는 양측의 능력은 남부 연맹의 인력과 자원이 고갈될 때까지 전쟁이 이어지도록 만들었다.

근본적으로 우세했던 북부는 생산성이 낮은 북동부의 이민자들과 내부 이주자들의 유입으로 전쟁 기간 동안 약 43만 개의 농장과 270만 에이커의 경작지가 추가되면서 더욱 우위를 다지게 됐다. 세계에서 가장 비옥한 땅에 자리 잡은 농장들은 북부의 산업혁명으로 생산성이 더욱 향상됐다. 또한 농장 노동자들이 대거 북군에 입대했음에도 불구하고 수확기 같은 농기계와 비료의 사용으로 개별 농장의 수확량은 크게 증가했다. 전쟁 기간 동안 북부의 공장들은 23만3,000대의 수확기를 생산했다.[21]

하지만 남부 연맹의 산업혁명 참여도를 과소평가해서는 안 된다. 남부 연맹도 상당한 산업 자원을 확보하고 있었고 철도 운송 혁명에도 기여했기 때문이다. 하지만 전쟁 전 남부 연맹은 제조업 분야에 있어 북부에 상당부분 의존했기 때문에 기관차나 증기선과 같은 복잡한 기계를 생산할 능력이 없었다. 북부의 봉쇄가 점점 더 심해지자 남부 연맹의 유일한 대응책은 기관차는커녕 레일도 운반할 수 없는 봉쇄돌파선blockade runner(항구나 해협의 봉쇄를 따돌리면서 식량과 무기 등 보급품을 봉쇄된 도시로 운송한 경량 선박 – 옮긴이)뿐이었다. 게다가 남군 지도자들은 철갑선을 건조하려는 시도를 하면서 심각한 전략적 실수를 저질렀다. 당시 남부 연맹이 생산한 철의 약 25%가 철갑선 건조에 투입되었지만, 실제로 건조에 성공한 것은 메리맥 호 한 척뿐이었다. 또한 남부에서 생산된 철은 새로운 철도를 만드는 데 전혀 사용되지 않았다. 새로운 기관차도 없었고, 기관차가 달리는 선로 역시 계속 노후화되었기 때문에 1863년 남부 철도가 붕괴 상태에 빠진 것은 놀라운 일이 아니었다. 1864년 남군의 철도 시스템은 열차가 낼 수 있는 속도가 시속 약 24킬로미터를 넘지 못할 정도로 열악했다.

이러한 모든 이점에도 불구하고 왜 북군은 승리하는 데 그렇게 오랜 시간이 걸렸을까? 예를 들어 프로이센이 오스트리아군과 프랑스군을 격파하는 데는 불과 몇 달밖에 걸리지 않았는데 말이다. 남북전쟁이 길어진 데에는 여러 가지 요인이 영향을 미쳤다. 첫 번째 요인은 거리였다. 남부 연맹의 영토는 유럽과 비교할 때 훨씬 더 넓었다. 남부 연맹의 총 면적은 약 203만 제곱킬로미터로 영국, 프랑스, 스페인, 독일, 저지대 국가들, 이탈리아를 합친 것보다 더 넓었다. 현재 영국 영토는 약 20만 제곱킬로미터에 불과하다. 설상가상으로 남부 연맹의 서쪽 영토는 대부분은 황야로 이뤄져 있었고, 비교적 정착이 많이 진행된 동쪽 영토도 도로 시스템이 끔찍할 정도로 열악했다. 따라서 먼 거리에 있는 군대에 물자를 공급할 수 있는 방법은 철도와 증기선이 유일했다. 남부 연맹 영토의 깊은 곳에서 전투를 벌이는 군대에 북군이 병참 지원을 할 수 있었던 것은 사실상 산업혁명 덕분이었다.

두 번째 요인은 1860년 당시 양측 군대의 공통적인 특성에 있었다. 군대에는 제대로 된 참모진도 없었고, 현대의 군사 조직의 기본인 학습 메커니즘도 없었으며, 군사 작전에 대한 진지한 연구도 없었다. 멕시코전쟁에 참전했던 장교들조차 대규모 병력을 지휘한 경험은 전무했다. 1860년 당시 미군은 1만6,000여 명의 장교와 병력으로 구성돼 있었으며, 이들은 해안과 서부 국경의 작은 요새들에 흩어져 있었다. 이들의 임무는 기본적인 전술과 관련된 것이었고, 소규모 국경 중대는 정착민과 인디언 사이의 평화를 유지하려고 노력했다.

게다가 당시 장교들 대부분은 별로 유능하지 않았다. 남북전쟁 당시 장교로 자원해 뛰어난 능력을 발휘했던 앨피어스 윌리엄스Alpheus Williams 장군은 정규군 장교들에 대해 "육군 사무소에서 15년 동안 서기로 근무하거나 국경 부대에서 중위로 12명의 병력을 지휘하면서, 책을 읽지도, 훈련을 하지도, 군사 임무를 수행하지도 않으면서 위스키를 마시거나 카드게임을 하면서 끔찍한 욕설이나 내뱉던 자들"이라고 말하기도 했다.[22] 물론 윌리엄스의 말에는 과장이 섞여 있을 것이다. 당시 장교들 중에는 탁월한 전투 지휘관도 많이 있었기 때문이다. 예를 들어, 몽고메리 메이그스 Montgomery Meigs 같은 장교는 북부의 산업적 역량을 동원해 군대를 지원하고 군사적으로 활용하는 데 천재적인 능력을 입증하기도 했다.

군대의 확장에는 특별한 조치가 필요하다. 전쟁이 시작된 지 2년이 채 지나지 않은 1863년 말에 북군의 병력이 거의 100만 명에 달했고, 그 중 60만 명이 전장에 투입되었다는 사실은 당시 상황이 얼마나 심각했는지 잘 드러낸다. 또한 이는 전쟁에 대비하지 못한 집단이 전쟁 준비를 하는 데 산업혁명이 얼마나 많은 기여를 했는지도 분명하게 보여준다. 북군은 수백 킬로미터 이상 떨어진 곳에서 작전을 수행하는 군대의 병참 지원을 위해 산업혁명의 산물에 의존했다. 북부 연방의 산업체들이 군대에 공급한 탄약, 무기, 군복, 장비의 양은 전쟁 2년차까지 산업혁명이 전쟁에 기여한 정도를 짐작할 수 있게 한다. 1863년 초, 북부 연방 전쟁부는 대포 1,577문, 머스킷 108만2,841정, 카빈총과 권총 28만2,389정, 납 4,871만9,862파운드, 포탄 125만1,995발, 탄약 2억 5,902만2,216개, 화약 576만4,768파운드, 군용 장비 91만9,676세트, 기병용 마구 9만6,639세트, 포병용 마구 3,281세트를 조달했다고 보고했다.[23] 총동원이 시작된 첫 해의 수치가 이 정도였고, 그 후 이 수치는 계속 증가했다.

1861년, 전쟁부는 소수의 장교와 사무관으로 구성돼 있었다. 따라서 남부와 북부 모두 각 주에서 자원을 받아 연대를 조직하고 전장에 투입할 수밖에 없었던 것은 당연하다. 이 과정은 혼란스럽고 체계적이지 못했지만 시민들의 자발적인 참여를 이끌어내는 계기가 되었다. 이는 1792~1793년 프랑스에서 볼 수 있었던 민족주의적 열정과 매우 비슷했으며, 계속해서 증가하는 전쟁 비용에도 불구하고 전쟁을 지속할 수 있는 원동력이기도 했다.

위기 속에서 등장한 군대들은 서로 다른 지휘 문화를 가지고 있었다. 아마추어적이기는 했지만 이런 지휘 문화는 군대를 형성한 리더십을 상당 부분 반영한 것이었다. 예를 들어, 1861년 7월부터 1862년 11월까지 포토맥 군Army of the Potomac(남북전쟁 중 동부 전선에서 주로 활약한 북군의 주력군 - 옮긴이)의 사령관이었던 조지 매클렐런George McClellan이 임명한 사단과 여단의 지휘관들은 맥클렐런과 거의 같은 성향의 장교들이었고, 따라서 위험을 감수하거나 주도적인 모습을 거의 보이지 않았다. 포토맥, 테네시, 컴벌랜드의 북군, 북버지니아, 테네시의 남군 같은 주요 부대들이 근본적으로 모두 서로 다른 지휘 문화를 가졌다는 사실은 전장에서의 성과에 뚜렷한 영향을 미쳤다.[24]

군대를 모집하고 지원하기 위해 산업 자원을 동원하는 것은 문제의 일부에 불과했다. 이런 노력에는 대가가 따랐고, 이 측면에서 북부는 유리한 고지를 점하고 있었다. 링컨이 새먼 체이스Salmon Chase를 재무부 장관으로 임명한 것은 매우 탁월한 선택이었다. 내각의 일원이 됨으로써 그는 대통령의 의견에 공개적으로 반대할 수 없게 되었기 때문이다. 체이스는 재무장관직을 싫어했지만 전쟁에 필요한 자금을 조달하는 데에는 천재적인 재능을 발휘했다. 링컨이 대통령에 취임한 지 한 달 만에 체이스는 은행가 인맥을 바탕으로 1861년 7월 의회가 정부에 2억5,000만 달러의 차입을 승인하기 전까지 어떻게든 전쟁 자금을 조달했다. 1862년 초, 더 많은 자금을 조달하기 위해 소득세를 부과했음에도 전쟁 비용을 감당하기 힘들자 링컨은 이렇게 한탄했다.

"국민들의 인내심이 사라지고 있다. 체이스는 이제 돈이 떨어졌고, 더 이상 모금할 수도 없다고 말한다. 바닥이 보인다. 어떻게 해야 할까?"[25]

북부 연방의 재정적 문제는 애국심 넘치는 은행가 제이 쿡Jay Cooke의 등장으로 해결됐다. 체이스는 전쟁 자금을 조달하기 위해 쿡에게 5억 달러의 채권을 발행할 수 있는 권한을 주었고, 쿡의 대리인들은 액수를 초과달성했다. 1865년, 쿡의 선전 조직은 전쟁을 끝내기 위해 8억 3,000만 달러를 모금했다. 사실상 체이스와 쿡은 나폴레옹전쟁 때 자금을 지원한 영국의 사례를 바탕으로, 이후 20세기에 미국이 세계대전을 위한 자원을 지원하는 데 모델이 된 방식을 제공했다고 할 수 있다. 통화 공급의 증가는 북부 연방 경제의 확장을 촉진했고, 전쟁이 끝날 무렵 북부의 경제 규모는 두 배로 늘어났다. 게다가 링컨 행정부는 전쟁 자금을 조달하는 동시에 인플레이션을 잡는 데도 성공했는데, 이는 남부 연맹이 하지 못했던 일이었다. 남부 연맹의 주들은 합리적인 재정 조치를 취하는 대신에 지폐를 대량 발행했고, 1864년, 인플레이션은 남부 연맹의 경제를 무너뜨렸다.

전쟁이 시작될 때만 해도 양측의 사상자 수나 전투의 규모를 예상한 사람은 거의 없었다. 당시 대부분의 북부 사람들은 소수의 과격한 급진주의자들이 친 북부 성향의 남부 백인들을 설득해 반란에 가담하도록 만들었다고 믿었다. 반면에 대부분의 남부 백인들은 북부 사람들이 돈만 탐하는 상인이며 전쟁에 나설 배짱이 없는 천한 노동자들이라고 여겼다.

링컨은 1865년 3월 두 번째 임기 취임 연설에서 "그리고 전쟁이 일어났습니다."라고 말했다. 양측 모두 준비가 돼 있지 않은 상태였다. 북부 연방 해군은 전쟁 초기에 비교적 방어가 취약한 남부 연맹군의 항구들을 점령하는 데 어느 정도 성공했다.[26] 남부 연맹은 1861년 7월에 벌어진 제1차 불런 전투First Battle of Bull Run에서 승리를 거뒀다. 이는 양측 모두 전쟁 준비가 부족했지만, 전장의 공포에 맞설 수 있는 의지와 능력을 갖추고 있음을 보여준 것이었다. 한편, 전쟁 첫해의 가장 중요한 전략적 성과는 북군이 미주리 주와 메릴랜드 주 국경 지대를 확실하게 지킨 것이었다. 그러던 1861년 9월, 남군은 중립을 선언했던 켄터키 주를 침공하는 오판을 범했고, 이 행동으로 켄터키 주 대부분이 북부 연방 진영으로 돌아섰다.

북부와 남부가 본격적으로 전쟁을 치르게 되면서 북부의 산업력은 특히 서부 전선에서 큰 이점으로 작용했다. 1861년 7월, 서부 전선의 북군 사령관 존 찰스 프리몬트 장군은 미시시피 강을 따라 내려가는 작전 수행을 위해 증기선과 포함의 건조를 승인했다. 당시에 특히 중요했던 것은 철갑선인 푸크 터틀Pook Turtle(공식 명칭은 시티급 포함city-class ironclad이다.)을 초기에 제작했다는 사실이다. 푸크 터틀은 1861년 12월에는 7척으로 늘어나 북군은 서부의 강 유역을 장악할 수 있었다. 철갑을 두른 푸크 터틀은 13문의 포를 장착하고 있었으며, 놀라울 정도로 흘수吃水, draft(선박이 물 위에 떠 있을 때에 선체가 가라앉는 깊이 즉, 선체의 맨 밑에서 수면까지의 수직 거리를 가리킨다 - 옮긴이)가 낮아 기동성이 높았다. 이들은 북군의 상륙군에게 강력한 화력을 제공했고, 병사들을 태운 증기선을 지원했다. 푸크 터틀의 뛰어난 설계와 신속한 건조는 북부 연방의 제조업이 우위에 있음을 확실하게 보여준 예라고 할 수 있다. 하지만 프리몬트는 지휘관으로서는 형편없었기 때문에 링컨은 1861년 11월 그를 해임하고 헨리 할렉 소장을 임명했다. 하지만 그가 푸크 터틀을 도입한 것만은 탁월한 전략이었다고 평가할 수 있다. 한편 남군도 내슈빌에서 철갑선 한 대를 건조해 컴벌랜드 강 유역을 장악하려 했지만 1862년 초 철갑선을 건조하기도 전에 컴벌랜드 강 유역을 북군에게 빼앗겼다.

서부 지역에서 데이비스 정부는 전면적인 방어를 위해 남군을 분산 배치했으나 양측 모두 미시시피 강에 집중하는 실수를 저질렀다. 정작 전략적으로 중요한 강은 애팔래치아 산맥 반대편에 있는 남부의 심장부에 접근할 수 있게 해주는 테네시 강과 컴벌랜드 강이었기 때문이다. 1862년 초, 그랜트 장군과 앤드류 푸트 제독은 남부 방어의 약점을 포착했다. 컴벌랜드의 도넬슨 요새와 테네시의 헨리 요새였다. 2월에 헨리 요새를 점령한 북군 상륙군은 도넬슨 요새로 이동해 1만7,000명에 달하는 남부군의 항복을 받았다. 이 작전으로 북군은 테네시 강을 따라 테네시 중부를 지나 미시시피 북부와 앨라배마, 채터누가 근처의 머슬숄스까지 진출할 수 있게 됐다. 이는 남북전쟁에서 가장 중요한 승리로 평가된다. 이로 인해 북군은 멤피스 철도와 찰스턴 철도를 파괴하고 남부 연맹의 가장 생산적인 농업 지역을 빼앗았으며, 남부에서 가장 중요한 철 생산 지역 중 하나를 폐쇄했다.

훗날 그랜트는 회고록에서 이처럼 엄청난 타격을 받은 남군이 전쟁을 곧 포기할 것이라고 생각했다고 말했다. 하지만 남군은 굴복하지 않고 대규모 반격을 시작했다. 그랜트의 군대는 샤일로라는 이름의 작은 교회 근처에 집결해 카를로스 뷰엘이 이끄는 컴벌랜드 군(북군)의 도착을 기다리고 있었다. 하지만 이때 남군이 그랜트가 이끄는 테네시 군을 기습 공격했다. 남군은 북군을 테네시 강으로 밀어 넣기 직전까지 몰아붙였지만, 북군은 간신히 공격을 저지했다. 필사적이었던 하루가 끝났을 때 셔먼 장군은 그랜트 장군에게 "정말 악몽 같은 하루였소."라고 말했다. 하지만 그랜트의 대답은 매우 단호했다. "물론 그렇소. 하지만 내일은 적을 박살낼 거요."[27] 다음 날, 테네시 육군 1개 사단이 추가되고 뷰엘의 컴벌랜드 군이 도착하면서 북군은 남군을 전장에서 몰아냈다.

그러나 전투의 승리에도 불구하고 엄청난 규모의 사상자 명단은 북군을 경악하게 했다. 북군의 사상자는 1만3,047명(전사 1,754명, 부상 8,408명, 포로 2,885명), 남군의 사상자도 1만694명(전사 1,723명, 부상 8,012명, 실종 959명)에 달했기 때문이다. 샤일로 전투는 남북전쟁 중 대규모 인명 피해가 발생한 첫 번째 전투로 전례 없는 소모전을 예고했다. 그랜트는 이 전투의 중요성을 인식한 몇 안 되는 사람 중 한 명이었다. 그는 남군이 "남쪽으로 더 멀리 전선을 유지하려고 시도했을 뿐만 아니라, 공세를 취하면서 잃어버린 것을 되찾기 위한 시도를 포기하지 않았다. …… 나는 완전한 정복 외에는 북부 연방을 구할 있는 방법이 없다고 생각했다."[28]

남부군은 테네시 군을 공격하기 위해 너무 많은 병력을 배치한 탓에 전략적 소모가 컸다. 샤일로 전투에 서부 지역의 남군 대부분을 동원함으로써 북군 해군이 뉴올리언스를 점령할 기회를 줬기 때문이다. 하지만 헨리 할렉도 프리몬트처럼 위험을 회피하는 유형의 지휘관이었다. 1862년 7월, 할렉을 워싱턴으로 소환한 뒤에야 북군은 서쪽으로 더 깊숙이 진군할 수 있었다. 하지만 먼 거리와 병참 문제로 인해 북군 지휘관들은 남부 연맹 영토로 진격하는 데 어려움을 겪었다.

동부 지역에서는 병참 문제는 없었지만 추진력 부족이 문제가 됐다. 북군 사령관 맥클렐런은 할렉보다 훨씬 더 느리게 움직였다. 사령관에 취임한 후 그는 1861~1862년 겨울 동안 남군과의 교전을 거부한 채 포토맥 군을 훈련시키기만 했다. 링컨의 압력으로 결국 그는 1862년 4월에 출전 명령을 내렸지만, 래퍼해녹 강으로 후퇴한 조 존스턴의 군대 쪽으로 진격하지 않고 요크 반도와 리치먼드를 향해 움직였다. 조심스럽게 진격한 포토맥 군은 결국 리치먼드에 도착했지만, 맥클렐런은 공격을 거부했다. 리치먼드를 방어하던 존스턴은 반격에 나섰다. 그러나 이틀간 진행된 세븐 파인스 전투에서 양측 모두 무능한 모습을 보였고, 남군 사령관은 부상을 입었다.

그 시점에서 로버트 E. 리가 남군 북버지니아 군의 지휘를 맡게 됐다. 리치몬드의 방어선을 확보한 후, 그는 맥클렐런에게 연이어 날카로운 타격을 가하며 나폴레옹의 전투처럼 결정적인 전투를 추구했다. 리의 부하들이 더 경험이 많았다면 남군이 포토맥 군을 격파했을 수도 있었겠지만, 남군은 맥클렐런을 제임스 강으로 후퇴시키는 데 그쳤다. 역사학자들은 칠일전투Seven Days Battles로 널리 알려진 이 일련의 전투에서 남군이 승리했다고 평가한다. 하지만 이 '승리'로 인한 남군의 사상자는 4만3,540명, 북군의 사상자는 4만7,752명이었다. 이는 남부 연맹이 감당할 수 없는 수치였으며, 근대의 소모전은 자원만큼이나 인력에 의존하는 전쟁이었음을 보여준다.

리는 버지니아 반도에서 승리를 거둔 다음 버지니아 북부로 빠르게 진격했고, 1862년 8월 말에는 존 포프 장군이 새로 조직한 북군의 버지니아 군을 제2차 매너서스 전투에서 격파했다. 이후 리는 메릴랜드 주민들이 북부 연방에 대항하는 봉기를 일으키면 남군이 결정적인 승리를 거둬 남부 연맹이 독립을 쟁취할 수 있을 것이라는 기대를 가지고 북버지니아군을 메릴랜드로 진격시켰다. 하지만 메릴랜드 주민들은 봉기하지 않았고, 리도 결정적인 승리를 거두지 못했다. 리가 기대했던 그 '결정적인' 전투가 바로 앤티텀 전투다. 이 전투의 북군 사상자는 1만2,410명(포토맥 군의 14.2%), 남군 사상자는 1만316명(리 군의 27.1%)으로, 미군 역사상 하루 동안 가장 많은 병사가 사망한 날로 기록됐다.

이 전투를 통해 리에 대한 두려움에 사로잡힌 맥클렐런은 남군의 계획과 배치에 대한 거의 완벽한 정보를 보유하고 있었음에도 불구하고 전력을 다해 북버지니아군을 공격하지 않았다. 앤티텀 전투는 기껏해야 무승부에 불과했지만, 링컨은 이를 승리로 간주하고 남부 연맹의 노예를 해방하는 노예 해방 선언문을 발표함으로써 남부의 농업을 지탱하는 노동력 파괴와 그로 인한 경제 전쟁을 선포했다.

1863년에도 포토맥 군의 상황은 거의 나아지지 않았다. 당시 새로 지휘관으로 부임한 조 후커Joe Hooker 장군은 5월 초 발발한 챈슬러스빌 전투에서 초반에는 승기를 잡았지만 점점 수세에 몰렸다. 리는 일련의 대담한 작전으로 포토맥 군의 측면을 무너뜨렸고, 결국 혼란에 빠진 포토맥군은 전장에서 퇴각했다. 이번에도 사상자가 엄청났다. 이 전투에서 북군의 손실은 1만7,287명(16.3%), 남군의 손실은 1만3,303명(21%)이었다. 남군에게 있어 챈슬러스빌 전투는 또 한 번의 상처뿐인 승리였다.

5월 16일, 남북전쟁을 통틀어 가장 중요한 회의가 열렸다. 이 회의에서 리는 남부 연맹 대통령 제퍼슨 데이비스, 전쟁 장관 제임스 세든과 북버지니아 군의 다음 행보에 대해 논의했다. 군인이 아니었던 데이비스와 세든은 제임스 롱스트리트의 군대를 전세가 불리해지고 있던 서부로 보내야 한다고 주장했다. 하지만 리는 북버지니아군이 메릴랜드와 펜실베이니아를 침공해야만 남부 연맹에 독립을 안겨줄 승리를 거둘 수 있다고 설득했다. 이 회의의 결과물이 바로 게티스버그 전투다. 이 전투에서 북버지니아군은 패배했다. 북군 사상자는 2만2,813명(22%), 남군의 사상자는 2만2,625명(31.2%)이었다.

리가 데이비스와 세든을 만난 날, 그랜트의 테네시 군은 챔피언힐 전투에서 미시피 군을 격파하고 빅스버그로 진격하고 있었다. 이 작전에서 그랜트는 전쟁 중 가장 창의적이고 효과적인 군사 작전을 펼쳤다. 그랜트는 미시시피 강을 건너 보급로를 차단한 후 미시시피 주의 주도州都 잭슨으로 진격한 다음 다시 방향을 돌려 존 C. 펨버턴의 미시시피 군을 격파해 빅스버그에 갇히게 했다. 포위 공격을 견딜 준비가 안 돼 있던 펨버턴은 7월 4일, 2만9,495명의 병력과 도시를 그랜트에게 넘겼다. 그로부터 한 달 만에 남부 연맹 요새들이 연이어 항복하면서 미시시피 강 유역은 북군의 손에 넘어갔다. 그랜트의 승리로 남부 연맹은 서부의 주뿐만 아니라 서부가 농업으로 축적한 부를 잃어버리게 됐다. 이 시점부터 전쟁은 매우 힘든 길로 들어섰다.[29] 당시 일리노이 주지사 리처드 예이츠는 그해 5월 북군 병사들에게 한 연설에서 루이지애나 매입비용을 지불한 것은 연방 정부라고 강조하면서 "반드시 우리는 그곳을 되찾거나 거대한 무덤으로 만들어버릴 것"이라고 맹세했다.[30]

하지만 안타깝게도 링컨과 (당시의 북군 총사령관) 할렉은 남부 연맹의 몇 안 남은 항구 중 하나인 앨라배마 주의 모빌Mobile을 공격하자는 그랜트의 조언을 따르지 않았다. 대신 할렉은 그랜드의 군대를 분산시켜 별로 중요하지 않은 지역들을 방어하게 했다. 한편 컴벌랜드 군(북군)은 브랙스턴 브래그가 이끄는 테네시 군을 조지아 주 북부까지 추격한 뒤 채터누가를 점령했다. 1863년 9월, 서부의 상황 악화에 놀란 데이비스는 다시 북부를 침공하려는 리의 계획을 무산시키고 롱스트리트에게 서부로 가서 브래그를 지원하라고 명령했다. 롱스트리트의 군대는 낡아빠진 남부 철도를 이용해 이동했고, 산하 포병부대는 전장인 치카모가에 도착하지도 못했다.

하지만 롱스트리트의 보병부대는 윌리엄 로즈크랜스 소장과 참모들의 무능으로 인해 대비가 허술했던 북군 전선을 돌파해 치카모가에 도착했다. 그 결과, 브래그의 테네시 군은 암울했던 남군 역사에서 유일하게 큰 승리를 거두었다. 컴벌랜드 군대의 생존자들은 도망치거나 채터누가로 후퇴했으며, 서부의 북군은 큰 타격을 입었다. 이 전투에서도 사상자는 엄청나, 남군의 사상자는 1만6,199명(34%), 북군의 사상자는 1만5,696명(28%)이었다. 이에 대한 링컨과 전쟁 장관 에드윈 스탠튼의 대응은 즉각적이고 단호했다. 여기서 지대한 역할을 한 것이 바로 북부의 수송 능력이었다. 치카모가 전투가 끝난 지 3일 만에 북군 최고사령부는 후커 휘하의 포토맥 군 제11군단과 제12군단(이 군단들은 후커 휘하에 있었기 때문에 당연히 포토맥 군에서 가장 약했다), 2만 명의 병사 그리고 북군의 모든 보급품을 동부로 이동시키라고 명령했다. 그로부터 40시간 만에 전쟁부는 철도 측과 협의를 마쳤고, 군대는 이동을 시작했다. 후커의 군대는 약 1,984킬로미터에 이르는 긴 거리를 이동하기 시작했고, 11일 후인 10월 8일 채터누가에서 약 42킬로미터 떨어진 곳에 도착해 배치를 완료했다.

링컨과 스탠튼이 내린 최고의 결정은 그랜트를 서부 총사령관으로 임명한 것이었다. 그랜트는 임명과 거의 동시에 빠른 회복에 필요한 요소들을 결집시키기 시작했다. 동부로부터의 지원도 환영할 만한 일이었지만, 더 중요한 것은 그랜트가 서부 군대를 재편성하고 채터누가에서 북군의 진지를 빠르게 강화했다는 사실이다. 그랜트는 다양한 개성을 지닌 사람들을 하나의 목표를 향해 일하게 만드는 능력이 있었다. 그해 11월 말, 그랜트는 컴벌랜드 군의 봉쇄를 깨고, 군대 지원에 필요한 병참 라인을 복구하고, 남부 테네시 군을 격파하는 데 원동력을 제공했다.

그랜트는 이런 활약을 통해 할렉의 후임으로 북군 총사령관 지위를 맡을 가장 유력한 후보가 됐다. 하지만 링컨은 포토맥 군대에 소속된 장군들의 정치적 성향을 우려해 결정을 망설였다. 결국 그랜트는 1864년 3월이 되어서야 전쟁을 지휘하게 됐다. 그전까지 그랜트와 셔먼은 애틀랜타의 산업 요지를 점령하기 위해 서부 전선에서의 차기 작전을 준비했다. 겨울과 봄 동안, 그들이 다음 작전을 준비한 과정을 살펴보면 병참에 대해 얼마나 상세히 연구했는지 알 수 있다. 채터누가 전투에서 승리한 직후 그들은 테네시와 켄터키의 군용 철도망을 완전히 복구하는 작업에 착수했다. 셔먼은 서부 군대를 지원하는 데 필요한 거리를 켄터키 주 루이빌에서 내슈빌까지 약 298킬로미터, 내슈빌에서 채터누가까지 약 243킬로미터로 추정했다. 그리고 애틀랜타로 진격하려면 약 220킬로미터의 철도를 추가로 재건해야 했다.[31] 게다가 이들 군대를 위한 보급품의 대부분은 동부에 위치한 공장에서 생산됐기 때문에 루이빌까지 수백 킬로미터를 이동시켜야 하는 문제가 있었다.

그랜트는 휘하 사단장 중 한 명에게 철도 구축 초기 작업을 담당하게 한 후 1864년 2월, 동부에서 가장 유능한 철도 엔지니어 중 한 명인 대니얼 맥컬럼에게 마무리를 맡겼다. 노반(선로를 받치는 토대 - 옮긴이)과 선로가 수리되는 동안 맥컬럼의 노력과 서부 군대의 병참 구조 개선으로 6개의 철도 구간이 만들어졌으며, 이 구간들에는 철도 시스템 전반에 걸쳐 필요한 교량 자재, 철로, 침목 등을 보관하는 창고들이 건설됐다. 또한, 병사들은 6개의 구간 각각에서 수리 작업을 수행하도록 배치됐다. 주요 교량들 근처에는 교량 보호를 위해 진지가 구축되고 수비대가 배치됐다. 일부 교량들에는 폭격을 견디기 위해 통나무를 두 겹으로 쌓아 만든 거대한 요새가 세워졌다. 테네시 주 내슈빌과 앨라배마 주 디케이터 사이에는 교량과 수리 인력을 보호하기 위한 대규모 진지가 54개나 설치되었다.[32] 북군은 새로운 상황에 빠르게 적응했는데, 군사력 투사에 병참 시스템이 필수적이라면 당연히 병참 시스템 보호가 뒤따라야 한다는 것을 이해했던 것이다.

셔먼 장군이 이끄는 군대를 지원할 보급품은 북부에서 일리노이 주 케이로 또는 켄터키 주 루이빌을 거쳐 내슈빌로 이동한 후 테네시 중부를 거쳐 채터누가로 이동해 조지아 전선으로 향했다. 철도 시스템의 재건과 재구축은 진격하는 군대에 탄약과 생필품은 물론 말과 노새에게 사료를 공급하기 위해 내슈빌과 채터누가에 병참기지를 건설하는 작업과 함께 진행되었다. 그해 4월, 북군 병참 책임자 몽고메리 메이그스는 내슈빌에 향후 4개월 동안 셔먼의 군대 20만 명을 먹일 수 있는 식량과 5만 마리의 가축을 먹일 수 있는 충분한 곡물을 비축했다고 보고했다.[33]

애틀랜타 작전에서 북군 공병대는 셔먼이 조지아 진격을 준비할 때와 같은 방식으로 철도를 이용했다. 그 결과, 150일간의 애틀랜타 점령 작전 기간 동안 남군 공격대가 북군의 철도 교통 흐름을 차단하고 분산시킨 기간은 총 20일에 불과했다. 한편, 맥컬럼은 스탠튼 전쟁 장관이 기관차 제조업체와 계약을 맺고 1년 동안 셔먼의 군대에 140대의 기관차와 월 평균 202대의 새 화물차를 납품하도록 주선하기도 했다.

훗날 회고록에서 셔먼은 자신의 군대에 하루에 대략 화물차 10량짜리 기차, 즉 총 중량 1,600톤의 병참 지원이 필요했다고 말했다. 이런 노력으로 5월 1일부터 11월 12일까지 10만 명의 병력과 3만5,000마리의 동물이 지원되었고, 이 시점에서 셔먼은 채터누가로 이어지는 보급선을 차단하고 '바다로의 행진March to the Sea'을 시작했다(남북전쟁 당시 셔먼 장군의 지휘하에 북군이 남부 주요 도시를 초토화시키며 진격한 사건을 말한다. - 옮긴이). 또한 그는 동물의 힘을 이용해 사료, 탄약, 식량 등 병참 물자 지원을 하려면 각각 노새 6마리가 끄는 마차 3만8,800대가 하루 약 32킬로미터의 속도로 이동해야 하는데, "당시 그 지역의 도로 상황에서는 불가능한 일"이라고 계산했다. 그는 "따라서 나는 애틀랜타 작전이 철도 없이는 불가능했으며, 당시 우리에게는 적을 정복하는 데 필수적이었던 철도를 유지하고 지킬 수 있는 병력과 수단이 있었기 때문에 작전이 성공했다는 점을 다시 한 번 강조하고 싶다."라고 말했다.[34]

그랜트가 군사 전략을 책임지고 링컨 대통령이 그를 지원하면서 1864년 북부 연방에는 전쟁에 대한 일관된 접근방식, 즉 전쟁 종결을 위한 총체적인 전략이라는 것이 생겨났다. 하지만 그랜트의 전략을 수행하는 데에는 두 가지 중요한 장애물이 있었다. 첫 번째 장애물은 몇 가지 주요 작전이 실패했다는 것이다. 버지니아 주 셰넌도어 계곡 장악, 남군의 몇 남은 항구도시 중 하나인 앨라배마 주 모빌 장악, 제임스 강을 통한 리치몬드 공격 등이 그것이다. 이 모든 작전은 무능한 정치 장군들의 지휘로 실패한 상태였다. 하지만 그랜트는 링컨의 재선을 위해서는 정치 장군들이 반드시 필요하다는 것을 알았기 때문에 불평하지 않았다.[35]

두 번째 장애물은 포토맥 군의 사기가 떨어졌다는 것이었다. 군은 맥크렐런 장군이 만들어놓은 지휘 문화 때문에 침체되고 있었다. 지휘관들은 주도적인 모습을 보이기를 꺼려했고, 기회를 제대로 포착하지 못하는 일이 다반사였다. 그 결과, 버지니아에서 벌어진 전투는 참혹했고 지지부진했다. 윌더니스, 스폿실베이니아코트하우스, 콜드하버에서 남부 연맹군이 패배하자 리는 더 이상 공격다운 공격을 할 수 없을 정도로 지친 군대를 이끌고 북버지니아 군을 리치몬드와 피터스버그로 후퇴시켰다. 손실이 악화되자 양측은 (제1차 세계대전 때 사용하게 될) 흙과 통나무로 만든 참호 비슷한 진지를 구축했다. 이런 진지는 몇 시간 만에 돌파하기 힘들었다. 피터스버그에서 양측 군대가 교전을 멈출 때까지 북군은 약 5만5,000명, 남군은 최소 3만5,000명의 사상자를 냈다.

포토맥 군은 1864년 작전에서 리치몬드를 점령하는 데 실패했지만, 리 장군의 위상을 떨어뜨리고 전쟁의 주도권을 빼앗아오는 데는 성공했다. 사실상, 전장에서의 소모전은 1864년에도 1918년과 동일한 결과를 가져왔다. 당시 북군 병사들의 헌신은 주목할 만하다. 1864년, 3년의 복무 기간이 만료된 13만6,000명이 재입대해 피비린내 나는 전쟁의 마지막까지 남았다. 또한 참혹한 패배의 경험을 안고 제대했던 포토맥 군 병사 2만7,000명이 남은 전쟁을 끝까지 수행하기 위해 다시 입대했다는 사실도 매우 놀랍다고 할 수 있다.[36]

1864년, 북군 작전의 성공 여부는 그랜트가 이전에 지휘했고 이제는 셔먼이 지휘하는 서부군의 어깨에 달려 있었다.[37] 애틀랜타 공격의 병참 요건을 충족하기 위한 그랜트와 셔먼의 준비는 흠잡을 데 없이 완벽했다. 북쪽에서 새로운 기관차와 화물차가 끊임없이 유입되면서 셔먼의 군대는 탄약, 사료, 식량을 충분히 공급받을 수 있었다.

셔먼이 상대하게 될 남군의 사령관 조 존스턴은 매우 노련한 장군이었다. 그런데 북군이 애틀랜타에 도착하기 전, 7월에 남부의 데이비스 대통령은 존스턴을 해임하고 그 자리에 존 벨 후드를 임명했다. 그는 유능한 사단장이었지만 육군 사령관으로는 부적합한 인물이었다. 후드의 머릿속에는 리가 북군에게 맹렬한 공격을 퍼붓던 1862년의 전투가 계속 남아있었다. 후드는 곧바로 세 차례에 걸친 대규모 공격을 감행했고, 그 과정에서 감당할 수 없는 사상자가 발생했다. 후드는 패배했고, 그의 패배로 남부 연맹은 더 이상 애틀랜타를 방어할 수 없게 됐다. 9월 초에 애틀랜타가 완전히 함락되면서 링컨의 재선은 확실해졌다. 그 후 한 달 동안 후드가 셔먼의 병참 라인을 차단하려고 시도하면서 조지아 북부에서 교전이 벌어졌다. 그랜트의 지원을 받은 셔먼은 전쟁 중 가장 창의적인 결정을 내렸다. 그는 후드의 테네시 군을 막기 위해 서부군의 일부를 내슈빌로 돌려보냈다. 그런 다음 그는 6만 명의 최정예 병사를 이끌고 병참 라인을 차단한 후 조지아 중부와 남부로 진격해 농업과 제조업 기반을 파괴했다.

한편 셰넌도어 계곡을 거쳐 포토맥 강을 따라 내려온 남군의 습격으로 수도 워싱턴이 공포에 휩싸이자 그랜트는 (인디언을 잔인하게 학살했던 것으로 악명 높은) 필립 셰리든을 투입해 셰넌도어 계곡의 남군을 궤멸시켰을 뿐만 아니라 계곡 자체도 완전히 쑥대밭으로 만들었다. 당시 셰리든이 병사들에게 내린 지시는 매우 명확했다. "버지니아를 날아다니는 까마귀가 먹이를 가지고 다녀야 할 정도로 버지니아를 완전히 초토화하라."는 것이었다.[38] 셰리든의 셰넌도어 계곡 파괴가 북버지니아 군에 치명타를 입혔다면, 조지아 한가운데를 통과한 셔먼의 진격은 남부 연맹의 심장을 찌른 것이나 다름없었다. 남부 연맹군은 더 이상 북부 연방군의 약탈로부터 민간인을 보호할 수 없었다. 후에 셔먼은 그의 군대가 조지아에서 1억 달러 상당의 피해를 입혔으며, 그중 2,000만 달러가 서배나로 진군하는 과정에서 사용됐다고 추산했다. 1860년 당시 북군 전체 예산이 2,000만 달러에 불과했다는 점을 고려하면 조지아의 피해 규모가 얼마나 컸는지 짐작할 수 있다.

하지만 셔먼은 거기서 멈추지 않았다. 셔먼은 1864년 크리스마스에 서

배나로 군대를 진격시켰을 뿐만 아니라 1865년 2월 초에는 사우스캐롤라이나로 북상했다. 남부 주들의 연방 탈퇴에서 사우스캐롤라이나 주의 역할을 잘 알고 있던 그의 군대는 사우스캐롤라이나 주 전역을 초토화했다. 셔먼의 군대는 폐허가 된 도시들을 빠져나와 노스캐롤라이나에 입성했다.

셔먼의 병사들이 비와 진눈깨비를 맞으면서 범람하는 강물을 헤치고 겨울의 악조건 속에서 북쪽으로 이동하는 동안 그랜트는 또 하나의 인상적인 작전을 진행 중이었다. 리 장군이 리치몬드와 피터스버그 포위전에 참전 중인 북버지니아 군을 빼내 사우스캐롤라이나와 노스캐롤라이나의 남군과 합류시킨 뒤 셔먼을 공격할지도 모른다고 우려한 그랜트는 테네시 중부에 파견된 군단에게 노스캐롤라이나로 이동해 셔먼의 군대를 지원하도록 명령했다. 한겨울에 2만1,000명의 북군은 장비, 말, 노새와 함께 철도로 테네시에서 아나폴리스로 11일 만에 이동한 후 체서피크 만에서 증기선을 타고 노스캐롤라이나까지 6일을 더 이동했다. 2주 남짓한 기간에 약 2,250킬로미터를 이동한 셈이었다.

1865년 봄, 대단원의 막이 내려졌다. 피터스버그와 리치몬드를 방어하던 남부 연맹군의 붕괴로 애퍼매턱스Appomattox에서의 항복은 불가피했다. 잘 알려지지는 않았지만 전쟁의 무자비함을 보여주는 또 다른 사례는 앨라배마 주 북부와 중부, 미시시피 주의 산업과 인프라를 파괴하기 위해 테네시 중부에서 시작된 북군의 대대적인 공세다. 그해 3월 22일, 그랜트의 수하 중 한 명인 제임스 윌슨 장군은 7연발 스펜서로 무장한 1만3,500명의 기병대를 이끌고 전쟁을 끝내기 위해 출격했다. 윌슨은 장비가 열악하고 병력도 부족했던 네이선 베드포드 포레스트의 기병대를 격파한 뒤,

남부 연맹군이 동부에서 항복할 때쯤 임무를 완수했다.

훗날 한 남부의 한 여성은 1865년 봄에 대해 이렇게 회상했다. "우리는 손발이 묶이고 폭군의 발뒤꿈치가 우리 목을 짓누를 때까지 결코 굴복하지 않았어요. 돈과 식량이 다 떨어진 사람들, 상실의 통곡과 굶주림의 울부짖음이 온 땅에 울려 퍼졌지요. 도시는 불에 탔고, 우리가 좋아하던 것들은 모두 파괴됐습니다. 용감했던 병사들은 포로가 되었고, 남부의 자원은 고갈됐습니다. 포기하는 것 외에 우리가 할 수 있는 것은 아무것도 없었어요."[39]

독일 통일전쟁

미국 남북전쟁과 독일 통일전쟁은 거의 동시에 일어났지만 후자가 왜 훨씬 더 빨리 끝났는지는 군사 역사가들에게 항상 수수께끼였다. 다만 유럽에서 독일 통일전쟁이 벌어졌던 상황과 프로이센의 전략을 책임졌던 오토 폰 비스마르크의 역량이 이 전쟁의 결과와 많은 관련이 있는 것으로 짐작할 뿐이다. 프로이센군 참모총장 헬무트 폰 몰트케의 군사 작전 수행 방식도 뛰어났지만, 비스마르크의 정치적·전략적 틀이 없었다면 프로이센 군대가 그렇게 놀라운 성공을 거둘 수 있었을지는 의문이다.

비스마르크는 프로이센의 군사 예산을 둘러싼 국왕과 제국의회 간의 권력 다툼이 일어난 뒤인 1860년에 총리가 됐다. 비스마르크는 헌법을 무시하고 필요한 세금을 징수하는 방식으로 위기를 극복했다. 당시 덴마크 국왕이 후계자를 남기지 않고 사망하자 독일의 공국들은 (당시 덴마크가 지배하던) 슐레스비히-홀슈타인 지역에 대한 덴마크의 영유권을 인정하지 않았다. 이 문제는 1864년에 시작된 치열한 전쟁으로 이어졌지만 오스트리아와 프로이센의 압도적인 힘으로 단 9개월 만에 해결됐다.

유럽 열강이 프랑스가 남긴 잔해를 정리하는 과정에서 러시아는 프로이센의 동부 지역 상당 부분을 확보했고, 프로이센은 그에 대한 보상으로 라인란트의 일부를 받았다. 이는 프랑스가 다시 제국을 세우려고 할 경우 프랑스를 억제하기 위해 프로이센을 이용한다는 전략적 목표에 기초한 것이었다. 프로이센이 획득한 영토에는 1860년경 급속한 산업화의 중심지가 된 루르 강 유역이 포함돼 있었다. 게다가 당시 철도의 발달은 프로이센의 경제를 변화시키고 있었다. 1860년, 독일 연방Deutscher Bund(나폴레옹에 의해 붕괴된 신성로마제국을 대체하는 한편, 독일어권 국가들 사이의 산업 문제를 조정하기 위해 새로 설립된 국가연합. 총 39개 국가들이 참여했으나, 연방을 주도하는 맹주는 오스트리아 제국과 프로이센 왕국이었다. - 옮긴이)은 약 약 1만2,000킬로미터에 이르는 철도를 보유하고 있었으며, 이 중 약 5,600킬로미터가 프로이센 영토에 있었다. 프로이센의 철도는 미국의 철도와는 구축 동기가 상당히 달랐다. 미국의 철도는 자본주의 기업가들이 돈을 벌고자 하는 곳에 건설됐지만, 프로이센 철도는 3면이 잠재적 적과 대치하고 있는 프로이센의 예비군 동원 시간을 단축하려는 몰트케와 참모진의 열망을 부분적으로 반영한 것이었다.

오스트리아의 전략적 지위와 군사력은 생각보다 약했고, 실제로 프로이센보다 열세였다.[40] 전략적 차원에서 러시아는 오스트리아에 철저하게 적대적이었고, 프랑스는 프로이센으로부터 영토를 양보받길 바랐지만 전쟁 대비는 하지 않았다. 바다 건너에서 '화려한 고립splendid isolation'을 선택한 영국은 중부 유럽의 관찰자로 남는 것에 만족했다. 비스마르크는 자신의 목표를 실현하려면 프로이센이 다른 열강이 개입하기 전에 전쟁에서 빨리 승리해야 한다는 것을 잘 알고 있었다.

군사적 균형 면에서 볼 때는 여러 가지가 프로이센에 유리했다.[41] 프로이센의 철도는 신속한 배치와 공격적인 작전 수행을 가능하게 만들었고, 프로이센은 이를 활용해 오스트리아 그리고 오스트리아와 동맹을 맺고 있는 독일 연방 국가들을 기습할 수 있었다. 하지만 프로이센의 가장 중요한 장점은 군대의 참모부였다. 1806년 예나-아우어슈테트에서 당한 굴욕적인 패배에 대응하기 위해 창설된 프로이센 참모부는 최고 군사교육기관인 프로이센 전쟁대학Preußische Kriegsakademie에서 교육을 받은 장교들로 구성됐으며, 전장에서 발생하는 상황에 신속하고 효과적으로 대응할 수 있는 지휘본부 역할을 했다. 더욱이 프로이센은 니들건needle gun을 보유하고 있었다. 이 소총은 실용적인 약실장전식breech loading 소총으로, 유럽 군대 중에서 프로이센이 최초로 사용했다. 탄약통을 종이로 만들어 병사들이 엎드린 자세에서 빠르게 장전과 발사를 할 수 있었던 니들건은 산업혁명의 산물로 프로이센에 엄청난 전술적 이점으로 작용했다.

철도를 통한 신속한 이동이라는 이점을 누린 프로이센의 최서단 군대는 1864년 6월 중순에 하노버와 작센을 침공해 점령했다. 한편 몰트케는 총 22만1,000명에 달하는 프로이센군 3개 부대를 보헤미아 국경에 배치하고 오스트리아 침공에 나섰다. 반면, 오스트리아 군대는 보헤미아 중부의 전략적 요충지들에서 느릿느릿 진군하고 있었다. 프로이센의 진격 속도에 놀란 오스트리아의 베네데크 장군은 오스트리아 병사 19만 명과 작센 군 2만5,000명으로 구성된 군대를 이끌고 쾨니히그레츠라는 소도시

외곽으로 후퇴했다. 이 군대들의 규모를 보면 당시 유럽 인구의 증가 추세를 알 수 있다. 1757년 로이텐 전투에서는 오스트리아군 6만6,000명이 프로이센군 2만9,000명과 맞섰는데, 한 세기가 지난 후 오스트리아 인구는 3배, 프로이센 인구는 7배로 늘어났다.[42]

베네데크는 엘베 강을 등지고 병력을 배치하는 실수로 인해 퇴각마저 힘든 진퇴양난에 빠졌다. 1866년 7월 3일에 전투가 시작되었을 때 프로이센 3개 부대 중 2개 부대가 오스트리아군과 대치했다. 니들건의 압도적인 화력을 알고 있던 베네데크는 병사들에게 프로이센의 니들건보다 사거리가 긴 대포를 주로 사용하고, 보병은 방어 태세를 유지하라고 명령했다. 전투 초반에는 오스트리아 포병이 프로이센군에게 상당한 타격을 입혔다. 하지만 시간이 지나면서 프로이센군 7사단이 진격해 프로이센 진영 오른쪽과 전방의 숲이 우거진 스비프발트Swiepwald 지역을 대부분 점령했다. 그 후 오스트리아군 지휘관들은 여러 번 반격을 시도했지만 니들건의 포화 속에서 무너졌다. 오스트리아군은 우측에 배치한 대대의 80% 이상을 전투에 투입했고, 투입된 49개 대대 중 28개 대대가 사라졌다. 총포소리에 맞춰 행진하는 프로이센 황태자의 군대가 도착하자 오스트리아의 희망은 사라졌다. 필사적인 기병대의 돌격과 포병 부대의 최후의 저항으로 군대의 완전 궤멸을 간신히 막을 수 있었을 뿐이었다. 이 전투로 오스트리아군은 3만 명 이상, 프로이센군은 1만 명 미만의 사상자를 냈다. 몰트케와 그의 동료 장군들은 눈앞에 오스트리아 수도 빈으로 향하는 길이 열리는 것 같았을 것이다.

하지만 바로 그 순간 비스마르크가 개입해 휴전을 제안했다.[43] 철혈재상으로 불리던 비스마스크는 프로이센의 승리가 무산될지도 모를 상황을 예상했던 것이다. 첫 번째는 전쟁이 계속되면 프랑스나 러시아가 전쟁에 개입할 여지가 있었다. 더 불확실하고 위협적인 시나리오는 합스부르크 왕가가 무너지면 예측할 수 없는 결과가 발생할 수 있으며, 그 결과가 어떤 것이든 프로이센에 유리하지 않다는 것이었다. 비스마르크는 오스트리아가 영토를 잃지 않으면서, 프로이센이 북부 독일의 지역들을 흡수하는 데 동의하기만 하면 되는 평화 조약을 제안했다. 이렇게 되면 독일 남부의 공국들은 독립을 유지하되, 프로이센과 긴밀히 동맹을 맺게 해 외교 및 군사 정책을 통제할 수 있다는 것이 비스마르크의 생각이었다.

만약 이 합의가 이루어졌다면 독일 남부의 가톨릭교도들은 북부의 개신교도들로부터 분리됐을 것이다. 비스마르크는 내심 이런 상황을 바랐지만, 프랑스는 이를 거부하고 독일 남부의 상황에 개입하기 시작했다. 당시 프랑스는 나폴레옹 3세의 프랑스 제2제국이 정치적으로 곤경에 처해 있었고, 황제는 정권의 존엄성을 회복하기 위해 외교적인 성공이 절실히 필요했다. 이에 따라 1870년 프랑스와 프로이센의 관계는 거의 전쟁 직전까지 악화됐다.

비스마르크는 프랑스 대사와 프로이센 왕 사이의 회동 내용을 교묘히 조작하여 프랑스인들에게 프로이센 왕이 프랑스의 명예를 훼손했다고 믿게 하고, 프로이센인들에게는 프랑스 대사가 프로이센 왕을 모욕했다고 믿게 만들었다.[44] 비스마르크는 남부 독일의 공국들이 프로이센에 동조하여 전쟁을 지원하도록 게르만 민족주의를 자극하는 위험천만한 조치를 취했다. 그러나 이 전쟁은 1866년의 전쟁과는 상당히 다른 양상을 띠게 될 가능성이 높았으며, 오히려 미국 남북전쟁과 유사한 전쟁으로 발전할 수도 있었다. 특히 프랑스가 이에 상응하는 방식으로 대응했다면, 이는 산업혁명과 프랑스혁명이 결합된 제4차 군사-사회 혁명을 유럽에서 일으켰을 수도 있다.

1870년이 되자 무기의 우위에도 변화가 생겼다. 프랑스의 신형 소총인 샤스포chassepot는 프로이센의 니들건보다 월등히 뛰어난 성능을 자랑했고, 미트라예즈mitrailleuse라는 최초의 기관총도 보유하고 있었다. 하지만 미트라예즈는 특급 기밀 사항으로 프랑스 장군들조차도 그 존재를 알지 못했다. 이에 맞서 프로이센은 프랑스보다 훨씬 뛰어난 강철 재질의 약실 장전식 대포로 포병의 약점을 보완했다. 하지만 전쟁은 반드시 기술이 뛰어난 쪽이 승리하는 것은 아니다. 프랑스군은 군조직과 지휘관의 능력 면에서 프로이센과는 비교가 안 될 정도로 취약했다. 프랑스군은 제대로 된 참모도 없었고, 장군들은 나폴레옹전쟁 당시의 잘못된 개념에 사로잡혀 있었다. 조르주 클레망소 프랑스 국무회의 의장은 1870년대 후반 한 프랑스 장군을 원수의 제복을 입었지만 중위의 영혼을 가진 사람이라고 묘사하기도 했다. 이는 그 당시 프랑스 장군의 실상이 어떠했는지 잘 말해준다. 프랑스군의 초기 계획에는 라인란트 침공이 포함되어 있었지만, 명확한 목적이나 목표가 없었다.

프로이센의 몰트케와 참모진은 독일의 철도를 활용해 38만 명의 정규군과 예비군을 국경에 배치한 반면, 프랑스군은 22만 4,000명을 동원하는 데 그쳤다. 나폴레옹 3세가 창설한 두 군대는 군대를 통제할 참모나 경험이 없었고, 따라서 두 군대의 병참 및 작전 이동은 허술하고 명확하지 않았다. 몰트케는 오스트리아에 맞서 싸웠던 때처럼 3개 군대를 창설했고, 참모들은 전보를 이용해 군대의 이동과 보급 시스템을 통제했다. 프랑스군의 샤스포는 전술적인 측면에서 우위를 차지했지만, 그다지 큰 역할을 하지 못했다. 프로이센군은 매우 능숙하게 작전을 펼쳤고, 이로 인해 프랑스의 우수한 무기 시스템은 별 효과를 보지 못했기 때문이다.

1870년 8월 6일, 프로이센 황태자 빌헬름의 군대는 프랑스와 독일 국경에 위치한 비상부르에서 프랑스군을 격파했고, 양측의 사상자가 거의 비슷한 가운데 프로이센은 프랑스군 6,000명을 생포했다. 더 중요한 것은 프로이센이 드마크마옹 원수가 지휘하던 프랑스군의 측면을 공격해 알자스에서 후퇴하도록 만들었다는 점이다. 거의 같은 시기에 프랑수아 아실 바쟁 원수 휘하의 또 다른 프랑스군은 프로이센군에 막대한 사상자를 입혔음에도 불구하고 제2군단 지원에 실패하고 스피체렌 근처에서 반격을 당하기도 했다. 몰트케는 제1군단과 제2군단의 움직임을 통제해 두 프랑스 군대가 서로 협력하지 못하게 만들었고, 프로이센군 좌측에 배치된 황태자 제3군단은 드마크마옹 군대의 측면을 공격했다.

이 공격으로 프로이센군은 사실상 승기를 잡았다. 8월 16일, 몰트케의 군대는 마르스라투르에서 바쟁 원수가 이끄는 프랑스군과 마주쳤다. 양측의 사상자는 프로이센군 1만7,000명, 프랑스군 1만6,000명으로 비슷했다. 이 전투는 전술적으로는 무승부였을지 모르지만, 바쟁은 서쪽이 아닌 북쪽으로 후퇴하는 실수를 저질렀다. 그로 인해 프로이센군은 그의 군대 전체를 포위할 수 있었다. 어처구니없는 패착이었다. 이틀 후 전쟁의 승패를 가름할 결정적인 전투가 벌어졌다. 다시 말하지만, 이 전쟁에서 프랑스는 전술적인 면에서 우세했음에도 불구하고 프랑스 최고 사령부의 시대 착오적인 전략 때문에 백전백패할 수밖에 없었다.

생프리바-그라블로트 전투에서 패배함으로써 프랑스군은 베르됭으로 이동할 수 있는 기회를 놓쳤고, 결국 프로이센군은 요새 도시 메스Metz에서 프랑스군을 포위했다. 몰트케는 제1군과 제2군에게 프랑스 진지를 공격하라는 명령을 내리며 전투를 시작했다. 아침부터 프로이센군은 포위된 프랑스 제6군단에 대규모 공격을 퍼부었다. 5대 1에 가까운 수적 열세에 놓여있었지만, 프랑스군도 프로이센군에게 엄청난 피해를 입혔다. 하지만 이 상황에서 프랑스 장군들은 제6군단을 지원하기 위한 병력을 보내지 않았다. 프로이센군 역시 우수한 포병을 활용해 국지적으로는 성공을 거뒀지만 지휘 통제권이 붕괴되면서 교착 상태에 빠졌다.

초저녁이 되자 프랑스군은 전세를 뒤집으며 포위망에서 벗어날 수 있는 길을 열었고, 바쟁은 그 시점에서 프로이센군을 공격해 무너뜨릴 수 있는 기회를 잡았지만 결국 그렇게 하지 않았다. 대신 그는 메스로 다시 후퇴했고 그 사이 프로이센은 포위망을 완성할 수 있었다. 양측 모두 사상자가 많았지만, 프로이센 2만163명, 프랑스 1만2,273명으로 프로이센의 손실이 더 컸다. 프로이센 근위대는 1만8,000명 중 8,000명을 잃었다. 전쟁이 끝난 뒤 몰트케는 이 사상자 수가 의미하는 바에 대해 분석하면서 프로이센이 다음 전쟁에서 다시 승리를 거둘 가능성은 낮다고 언급했다.[45]

빅스버그 전투에서의 그랜트처럼 몰트케도 빠져나갈 수 없는 함정으로 적을 몰아넣었다. 나폴레옹 3세 정권은 이 첫 번째 무력 시험의 참담한 패배로 인해 심각한 정치적 위기에 빠졌다. 황제의 무너진 위신을 회복하기 위해 시작한 전쟁이 도리어 정권을 위협하는 상황이 된 것이었다. 결국 나폴레옹 3세는 드마크마옹에게 프랑스 정규군의 나머지 병력(약 13만 명)을 모아 메스에 포위된 바쟁의 군대를 구출하라는 명령을 내렸다. 황제도 이 출정에 동행했다. 드마크마옹은 프랑스–벨기에 국경을 따라 지원군을 이동시켰는데, 그로 인해 프로이센군은 프랑스군을 측면에서 공격할 수 있었고, 스당Sedan에서 드마크마옹의 사단을 국경으로 몰아붙여 포격으로 압박할 수 있었다. 1870년 9월 2일, 나폴레옹 3세는 와해된 드마크마옹의 군대와 함께 항복했다. 스당에서 프랑스군을 격파하고 메스에 바쟁의 군대를 가둠으로써 프로이센군은 44일 만에 프랑스 정규군을 격파한 것이다.

하지만 전쟁이 완전히 끝난 것은 아니었다. 국경에서의 패배와 황제의 항복으로 제2제국이 종말을 앞두고 있는 가운데 파리에서는 새로운 지도자들이 등장해 공화국 수립과 함께 국민총동원령을 선포했다. 1792년과 마찬가지로 프랑스의 민족주의는 침략자를 맞이해 폭발했다. 하지만 숙련된 하급 장교들과 부사관들이 신참 징집병들을 지휘했던 1792년과 달리, 1870년에는 거의 모든 장교와 부사관이 프로이센 포로수용소에 잡혀 있었다. 새로운 프랑스 군대는 1861년의 미국 북부 연방군과 남부 연맹군과 매우 유사했다. 그러나 미국 남북전쟁에서는 아마추어 군대가 또다른 아마추어 군대와 맞붙어 싸웠다면, 1870~1871년 가을과 겨울의 프랑스 징집병 군대는 전투로 단련된 강력한 프로이센 군대와 맞붙어야 했다.

이 전쟁으로 인해 프랑스는 북부의 산업 지역 대부분을 독일에 넘겨주었다. 하지만 이 지역의 점령은 프랑스에 별로 영향을 미치지 못했다. 영국의 심기를 건드리기 싫었던 비스마르크가 독일군에게 영국 해협에 접근하지 말라고 명령했기 때문이다. 프랑스는 상당한 양의 무기를 (영국으로부터) 수입할 수 있었지만 그럼에도 불구하고 여전히 절망적인 상태에 놓여 있었다. 프로이센-독일군은 결국 파리로 진격했고, 당시 비스마르크, 프로이센의 빌헬름 국왕과 동행했던 (미국 남북전쟁의 참전용사) 필립 셰리든은 자갈이 깔린 딱딱한 도로가 남부 연맹의 낙후한 도로와는 정말 대조적이라고 말했다고 전해진다.

파리에 도착하자마자 몰트케와 비스마르크는 극명한 대립각을 세웠다. 비스마르크는 전쟁이 오래 지속될수록 러시아나 오스트리아가 개입할 가능성이 커질 것을 우려해 군대가 즉시 파리 포격을 시작하길 원했다. 하지만 몰트케는 자신이 지휘하는 군대의 보급에 상당한 어려움을 겪고 있고, 파리 포격을 위해 필요한 탄약을 실어올 말과 차량을 확보할 여력이 없었다. 한편, 프로이센 참모들은 프랑스 군대가 아무리 훈련이 제대로 되어 있지 않더라도 파리를 돌파하고 구출하기 위해 결집하고 있다는 사실을 알고 있었다. 게다가 당시 프랑스의 의용유격대라고 불리던 게릴라들이 프랑스 북부를 지나 파리로 이동하는 프로이센군의 보급 부대를 교량 파괴 등의 갖가지 방법으로 지속적으로 괴롭히고 있었다. 1871년 늦겨울, 파리에서 새로운 공화정의 존립을 위협하는 반란이 발발하면서 상황이 악화되자 프랑스군은 결국 패배를 받아들였다.

프랑스의 신생 공화국은 프로이센 군대에 대항할 수 있는 군대를 구성할 수 없었다. 프랑스의 젊은이들을 전쟁에 동원하기 위한 노력 자체는 매우 성공적이었지만, 공화국에는 신병들을 관리하고 훈련시킬 부사관이나 장교가 없었다. 앞서 언급했듯이 쓸 만한 이들은 모두 프로이센의 포로수용소에 있었기 때문이다. 신병들은 잘 훈련된 독일군에 맞서 차가운 겨울 진흙탕에서 허우적거릴 수밖에 없었다.

평화의 세기?

유럽 역사에서 가장 이례적인 사실 중 하나는 1815년부터 1914년까지 주요 강대국 간의 전쟁이 거의 없었다는 것이다. 사실, 100년 가까운 이 기간은 1815년부터 1854년, 1871년부터 1914년까지의 두 시기로 나눌 수 있다. 첫 번째 시기는, 프랑스혁명과 나폴레옹전쟁으로 인한 극심한 피로감으로 국제 체제에서 전쟁에 대한 열망이 대부분 사라졌던 시기로 보인다. 게다가, 당시 국제 질서를 전복하려는 의도를 조금이라도 가진 나라는 프랑스밖에 없었는데, 프랑스도 승전국들로부터 비교적 쉽게 평화를 얻었기 때문에 보복 의지가 상당 부분 사라진 상태였다. 한편 영국은 군사적으로는 전 세계의 바다를 지배하고 있었고, 경제적으로는 산업혁명으로 인해 누구도 넘볼 수 없는 위치에 있었기 때문에 위협받지 않고 계속 앞으로 나아갈 수 있었다. 마지막으로, 이 시기 동유럽에서는 세 강대국(프로이센, 오스트리아, 러시아 – 옮긴이)이 프랑스와의 전쟁으로 심하게 손상된 경제와 정치 체제를 재건하고 있었다.

하지만 프랑스-프로이센전쟁이 성공적으로 종결된 이후에는 이런 요소들이 사라진 상태였다. 그럼에도 두 번째 평화는 계속 유지됐는데, 여기에는 여러 가지 요인이 작용했다. 이 두 번째 평화 시기의 처음 20년 동안, 특히 '1875년의 전쟁 위기' 이후 비스마르크는 신생 독일이 유럽의 중심에 위치한 지리적 위치를 고려할 때 상당한 취약점을 가지고 있다는 것을 잘 알고 있었다. 그는 특히 발칸 반도에서 러시아와 오스트리아의 경쟁이 심화되는 상황에서 평화를 유지하기 위해 갖은 노력을 기울였다. 비스마르크는 유럽에서 발칸 반도가 "단 한 명의 포메라니아 척탄병Pomeranian grenadier(가장 무능한 병사를 뜻하는 당시의 속어 - 옮긴이)도 희생할 가치가 없는 곳"이라고 말하기도 했다. 하지만 그의 후임자들은 이 말의 뜻을 전혀 이해하지 못했다.

1914년 이전 유럽의 평화에 대한 가장 적절한 설명은 전 세계에서 영토를 차지하려는 열강들의 광적인 경쟁에서 찾을 수 있을 것이다. 약소국들은 유럽의 강대국들에 대항할 수 있는 경제력이나 무기를 보유하지 못했기 때문에 손쉬운 표적이 됐다. 인디언과 미군의 리틀빅혼 전투Battle of the Little Bighorn나 영국군과 아프리카 줄루족 이산들와나 전투Battle of Isandlwana 처럼 약소 세력이 승리를 거둔 적이 가끔 있기는 했지만, 전반적으로 볼 때 이들은 유럽 군대에 맞서 살아남기 위한 지속적인 군사 기술, 훈련, 병참 지원이 부족했다. 이에 대해 역사가인 힐레어 벨럭Hilaire Belloc 은 "어떤 일이 일어나든, 우리에게는 맥심 기관총Maxim gun이 있었지만, 그들은 그렇지 못했다."라고 말했다. 유럽인들이 세운 식민 정부는 16세기에 스페인이 멕시코와 페루에 세운 무자비한 살인 정권과 너무나 비슷했다. 벨기에가 세운 식민 정부, 독일이 아프리카 남서부에 세운 식민 정부는 특히 더 그랬다. 하지만 19세기에 유럽인들에게 정복당한 국가들은 제2차 세계대전 이후 복수를 감행했다.

CHAPTER 6

제1차 세계대전
1914~1916

전쟁을 피할 수 없게 만든 것은 아테네의 성장과 그에 대한 스파르타의 공포였다.

투키디데스, 《펠로폰네소스 전쟁사》

빌헬름 2세
(1859~1941)

독일의 마지막 황제(1888~1918). 공격적인 세계정책[Weltpolitik]을 추진하여 영국과의 해군 경쟁, 식민지 확장을 시도했다. 충동적인 성격과 외교적 미숙함으로 독일의 고립을 초래했으며, 제1차 세계대전의 주요 원인을 제공했다.

슐리펜 계획

1905년 독일 참모총장 슐리펜이 수립한 전쟁계획. 프랑스와 러시아와의 양면전쟁에서 먼저 프랑스를 신속히 격파하기 위해 벨기에, 룩셈부르크를 통해 우회 공격하는 전략이었다. 1914년 실제 적용 시 계획의 수정으로 인해 원래의 의도대로 실행되지 못했고, 결국 장기전으로 이어졌다.

원거리 봉쇄

한 나라 또는 여러 나라가 타국에 대하여 장거리에 걸친 해상 교통을 봉쇄하는 일. 제1차 세계대전 중 영국이 독일을 고립시키기 위해 실시한 바 있다. 영국은 강력한 해군력을 바탕으로 독일의 해상 무역을 차단했으며, 이는 독일의 전쟁 수행 능력과 민간인의 생활에 심각한 타격을 주었다.

솜 전투(1916)

제1차 세계대전의 대표적인 소모전. 영국과 프랑스군이 독일군의 베르됭 공세를 완화하기 위해 시작한 대규모 공세였으나, 4개월 동안 약 100만 명의 사상자가 발생했으며 큰 전술적 성과를 거두지 못했다. 전쟁의 잔혹성을 상징하는 대표적인 예다.

나폴레옹전쟁이 끝난 지 99년 후, 사람들이 대전Great War이라고 부르는 전쟁이 두 번 터졌다. 이 두 재앙 사이의 기간 동안 인류의 과학, 기술, 산업, 공학은 역사상 전례 없는 수준으로 발전했다. 당시 문명은 새로운 차원으로 향하고 있는 것처럼 보였다. 20세기 초는 세계화의 첫 번째 시기가 본격적으로 전개되던 시기였다. 하지만 1914년 6월 사라예보에서 발사된 몇 발의 총탄이 유럽과 전 세계를 전쟁으로 몰아넣었고, 그 대가는 누구도 예상하지 못했던 엄청난 것이었다. 또한 이 전쟁은 서구 문명이 편안하게 안주하던 많은 것들을 파괴할 것이 분명해 보였다. 제1차 세계대전은 나폴레옹전쟁을 비롯한 그 어떤 전쟁보다 클라우제비츠가 말한 '총력전'이라는 개념에 훨씬 더 근접한 전쟁이었다.

끝이 없을 것 같았던 이 전쟁은 미국 남북전쟁에서 처음 모습을 드러냈던 제4차 군사-사회 혁명에 의해 주도됐으며, 프랑스혁명과 산업혁명을 다시 치명적인 방식으로 결합시켰다. 산업의 발달과 경제적 힘이 같이 작용하면서 전례 없는 부와 함께 정치·사회적 안정이 확립된 가운데, 한편에서는 그 어떤 대가를 치르더라도 혹은 어떤 부담을 감수하더라도 반드시 지키고 말겠다는 광적인 민족주의가 싹텄다. 이런 일련의 혁명들의 기저에는 과학, 기술, 농업의 발전으로 인한 인구와 부의 증가가 있었다. 삶의 조건은 나아졌으나 기술의 발달은 과거보다 더욱 치열하고 복잡한 전장을 만들었고, 그로 인해 '결정적인 승리'는 더욱 현실과 멀어졌다.

제1차 세계대전은 프랑스-프로이센전쟁 이후 거의 반세기에 걸친 평화 기간 동안 서구 전역에서 폭발적으로 성장한 민족주의가 발단이 되었다. 21세기에도 우리는 이런 민족주의의 징후를 분명하게 목격하고 있다. 윈스턴 처칠은 "일은 이제 어느 선에 다다랐고, 그걸 끄집어내릴 수 없게 됐다. 독일은 고집스럽고 무모하며 서투르게 분화구를 향해 질주하면서 우리 모두를 함께 끌고 갔다."라고 말했다.[1] 이 전쟁의 첫 단계는 1888년, 카이저 빌헬름(빌헬름 1세)의 죽음과 함께 독일제국의 외교 정책에 결정적인 영향을 미쳤던 비스마르크의 시대가 종식되면서 시작됐다. 철혈 재상이 물러나면서 독일은 나침반을 잃었고, 새로운 카이저인 빌헬름 2세는 전략적 비전을 제시할 능력이 없었다. 그는 비스마르크와 같은 경각심을 전혀 가지지 않은 상태에서 민족주의적 움직임에 편승했다. 빌헬름 2세의 유일한 관심사였던 군대조차 일관적이지 못한 지휘 체계로 인해 혼란이 가속됐다. 당시 카이저에게 직접 접근할 수 있는 권한을 가진 고위 장교는 40명이 채 되지 않았다.

비스마르크가 해임된 직후인 1890년, 빌헬름 2세는 제정 러시아가 프랑스 공화국과 동맹을 맺지 않을 것이라는 근거 없는 믿음에 빠져 러시아와 1887년에 맺은 재보장조약Reinsurance Treaty을 파기했다. 빌헬름 2세와 그의 참모들은 당시의 외교 현실을 정확하게 읽어내지 못해 오판을 내렸고, 그 결과 독일과 오스트리아-헝가리 제국 동맹은 프랑스-러시아 동맹과 대립하게 됐다. 20세기 초반 10년 동안 독일의 무능한 외교 전략으로 인해 영국은 1904년에는 프랑스와, 1907년에는 러시아와 차례로 주요 문제를 해결하는 시간을 벌 수 있었다. 특히 빌헬름 2세가 영국을 직접적으로 위협하기 위해 대양함대High Seas Fleet를 구축한 것은 악수 중의 악수였다. 당시 처칠은 이 함대를 '사치스러운' 함대라고 조롱했다. 당시 독일은 대륙에서의 전쟁에 대군을 동원해야 하는 상황이었기 때문에 영국과의 해전은 전혀 승산이 없었기 때문이다.[2]

위기는 20세기 초 '유럽의 환자'로 불리던 오스만 제국의 붕괴와 함께 시작됐다. 1911년에 이탈리아가 오스만 제국으로부터 리비아를 빼앗은 것에 고무받은 세르비아, 불가리아, 몬테네그로, 그리스는 1912년 10월에 오스만 제국을 공격했다. 이 나라들은 스스로를 발칸 연맹이라고 불렀지만, 사실 통합의 의지가 없는 탐욕스러운 소규모 국가들의 집합체에 불과했다. 발칸 연맹은 오스만 제국군을 빠르게 제압함과 거의 동시에 전리품을 놓고 다투기 시작했다. 결국 자신의 몫에 불만을 품은 불가리아는 그리스와 세르비아를 공격했고, 이 새로운 전쟁으로 인해 불가리아는 오스만 제국과의 전쟁에서 얻은 거의 모든 것을 빼앗겼다. 이 과정에서 오스만 제국은 아드리아노플(현재 터키의 에디르네)을 탈환하기까지 했다. 세르비아는 큰 이득을 얻었지만, 오스트리아-헝가리군이 개입하는 바람에 아드리아 해의 항구를 확보하지 못한 것에 불만을 품었다.

비스마르크는 단 한 명의 군인이라도 희생할 가치도 없는 곳이 발칸 반도라고 말했지만, 비스마르크 이후 베를린에서는 이런 전략적 지혜를 갖춘 지휘관을 더 이상 찾아볼 수 없었다. 발칸 반도의 전쟁 위기에서 독일은 오스트리아 편에 섰지만 군사 지원은 주저했다. 그럼에도 1913년에

1914년의 세계

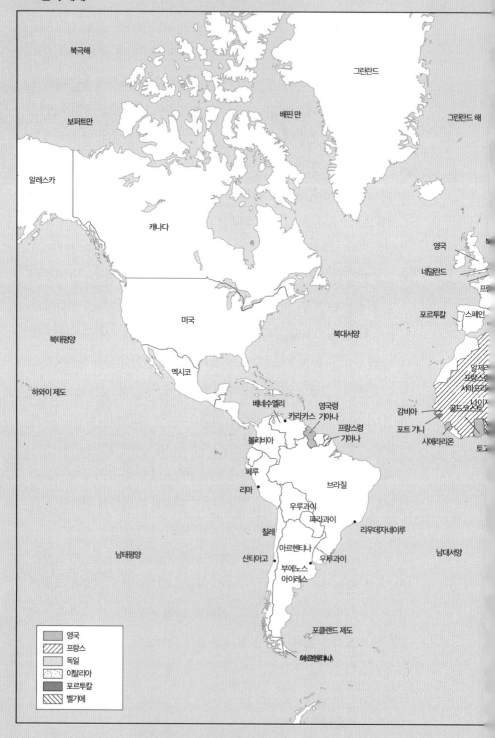

북극해

그린란드

보퍼트만

배핀 만

그린란드 해

알래스카

캐나다

영국

네덜란드

포르투칼

스페인

미국

북대서양

북태평양

멕시코

알제리
프랑스령
서아프리카
나이지
골드코스트

하와이 제도

감비아

포트 기니

베네수엘라
카라카스

영국령
기아나

시에라리온

토고

볼리비아

프랑스령
기아나

페루

브라질

리마

우루과이

파라과이

칠레

리우데자네이루

산티아고

아르헨티나

남태평양

부에노스
아이레스

우루과이

남대서양

포클랜드 제도

아르헨티나

▨	영국
▨	프랑스
□	독일
▨	이탈리아
▨	포르투칼
▨	벨기에

북극해

N

바렌츠 해

스웨덴

러시아

오호츠크해

•모스크바

독일

오스트리아

카스피 해

헝가리 루마니아

불가리아 흑해

일본해

터키

지중해

중국

일본

북태평양

이집트

프랑스령
인도차이나

에리트레아

아덴 보호령

바마

수단

프랑스령
소말릴란드

영국령
소말릴란드

벵골 만

시암

남중국해

이탈리아령
소말릴란드

실론

사라왁

북보르네오

포르투갈령
적도 아프리카

말레이 연방

독일령 동
아프리카

벨기에령
콩고

네덜란드령 서인도 제도

앙골라

로디지아

인도양

호주

베추아나랜드

마다가스카르

모잠비크

남아프리카

독일령
서아프리카

태즈먼 해

뉴질랜드

0   1000   2000 mi

0   1000 2000 3000 km

적도 기준 축척

지도 제작: 빌 넬슨

는 반대편에 독일이 있다는 사실이 충분히 위협적이었기 때문에 러시아는 전쟁에서 물러났다. 하지만 1914년에는 상황이 달라졌다. 세르비아의 지원을 받은 오스트리아-헝가리 황태자 프란츠 페르디난트 대공 암살 사건은 오스트리아에게 세르비아와 문제를 해결할 수 있는 기회를 제공했다. 암살 사건이 발생한 지 한 달쯤 지난 7월 말, 오스트리아는 최후통첩을 전달했다. 세르비아는 여러 요구 사항 중 대부분을 받아들이고 단 한 가지만 거부했지만, 오스트리아-헝가리 제국은 전쟁을 선포했다. 그 후 러시아는 부분동원령을 내렸고, 이는 곧 총동원령으로 바뀌었다. 독일은 프랑스와 러시아에 선전포고를 하고 프랑스, 벨기에, 룩셈부르크를 침공하는 슐리펜 계획Schlieffen Plan을 시작했다

경제적 배경

19세기 근대국가의 경제력과 군사력의 확장은 역사상 가장 큰 발전이었다. 21세기의 첫 10년도 이 시대의 발전 속도에는 비견할 수 없다. 유럽 역사상 몇 안 되는 기간 중 하나인 이 기간, 즉 20세기의 첫 10년 동안 강대국들은 적어도 유럽 대륙에서는 거의 전쟁을 벌이지 않았다. 하지만 아이러니하게도 유럽 강대국들은 이 시기에 세계의 다른 지역, 특히 아프리카를 점령하는 데 집중했다. 오랫동안 이어진 평화에 따른 기술 및 과학적 진보에 힘입어 전례 없는 성장의 시기가 도래했고, 그 결과 인류의 모든 활동 분야에 걸쳐 혁신과 적응의 속도가 엄청나게 빨라졌다.

과학과 기술의 폭발적인 발전에서 가장 중요한 요소는 과학과 기술 간

의 피드백이 가속화됐다는 것이다. 1870년 이전에는 그렇지 않았다. 이에 대해 한 경제사학자는 이렇게 말했다.

"1차 산업혁명은 화학이 없는 화학 산업, 야금학이 없는 제철 산업, 열역학이 없는 동력 기계를 만들어냈다. 공학, 의료 기술, 농업은 만물의 작동 원리에 대한 지식의 집합체이지만, (산업혁명 이전까지는) 왜 만물이 작동하는지에 대한 이해가 거의 없었다."[3]

1850년이 지나면서 기술 발전뿐만 아니라 하나의 혁신이 다른 혁신과 결합해 새로운 가능성을 창출하는 시대가 왔다. 전신과 철도의 결합은 그중 처음 나타난 결과였다. 이후 1850년대에 베서머 공법Bessemer process(선철을 녹여 강철을 대량 생산하는 기법 - 옮긴이)이 개발되고, 그 뒤를 이어 두 명의 아마추어에 의해 화로 공법이 개발되자 강철의 가격이 비교적 저렴해졌다. 그 결과, 기관차 그리고 기관차가 달리는 선로가 모두 개선돼 운송 혁명이 더욱 촉진되었다. 또한 강철 가격이 낮아지자 선체를 모두 금속으로 만들 수 있게 됐고, 한편으로는 증기기관의 발명으로 운송 속도와 운반 능력이 획기적으로 향상됐다.

이 시기에는 화학 산업의 탄생으로 수많은 가능성이 새롭게 열리기도 했다. 특히 알프레드 노벨이 발명한 니트로글리세린은 건설 산업에 지대한 영향을 미쳤다. 1909년에는 독일의 두 화학자가 대기 중 질소를 이용해 비료와 탄약 생산에 필수적인 암모니아를 생산하는 공정을 개발했다. 하지만 가장 인상적인 진전은 밤을 낮으로 바꾸었을 뿐만 아니라 공장 설계에 혁명을 일으킨 전기 혁명이었다. 또한 자전거와 자동차의 등장은 인간의 이동 방식을 근본적으로 바꾸어 놓았다. 자동차는 원유를 유용한 연료로 분해하는 화학 산업의 혁신 덕분이며, 뒤를 이어 등장한 비행기의 개발은 내연기관의 정교한 개선에 힘입은 바 크다.

1870년에서 1913년 사이의 유럽 산업 분야의 생산량 증가를 살펴보면 성장의 정도를 가늠할 수 있다. 이 기간 동안 영국의 석탄 생산량은 1억 1,200만 톤에서 2억 9,200만 톤으로 160% 증가했다. 독일의 석탄 생산량은 2,600만 톤에서 1억 9,000만 톤으로 훨씬 더 많이 늘어났다. 선철 생산량도 영국은 605만9,000톤에서 1,042만5,000톤으로, 독일은 126만 1,000톤에서 1,676만1,000톤으로 크게 증가했다. 1913년 독일의 산업 생산량은 1855년보다 6배 더 성장했다.[4] 2차 산업혁명을 지탱한 것은 생산 방식을 바꾸고, 농장의 생산량을 엄청나게 증가시켰으며, 대륙과 해양을 넘나드는 식량의 이동을 가능하게 하고, 공장 및 전문직에 필요한 막대한 노동력을 확보한 농업 혁명이었다. 또한 제4차 군사-사회 혁명에 결정적인 역할을 한 것은 식량을 먼 거리로 이동할 수 있게 해준 교통 혁명이었다. 그 결과, 세기가 바뀌면서 영국은 식량의 거의 70%를 수입하기에 이르렀다.[5]

세계 식량 공급에 혁명을 일으킨 요인은 여러 가지가 있었다. 그중 하나는 미국, 캐나다, 호주, 뉴질랜드, 아르헨티나의 드넓은 농경지가 개방된 것이었다. 새로운 땅뿐만 아니라 칠레산 질산염의 사용 증가로 오래된 땅의 생산성 또한 증가했다. 1885년에 발명된 살균제의 도입으로 그동안 끔찍한 피해를 입혔던 감자 역병은 대수롭지 않은 골칫거리 정도로 변했다. 또한, 신속하고 안정적인 해상 운송과 냉장 보관 덕분에 육류 제품이 대양을 건너 운송될 수 있었다. 표면적으로만 보면 독일은 영국보다 식량을 덜 수입했기 때문에 농산물 문제가 크지 않은 것처럼 보였다. 하지만 당시 독일은 중공업 분야에서는 세계적인 강국이었지만 다른 분야, 특히 농업 분야의 경쟁력은 상당히 취약했다. 노동력의 대부분이 농업에 종사하고 있었지만 생산성이 현저히 낮았기 때문이다. 전쟁이 발발하자 독일 군대는 농장 인구와 말의 상당 부분을 징집했고, 그 결과는 곧 분명해졌다.

전반적으로 볼 때, 근대국가들이 전쟁에 엄청난 인구를 동원할 수 있었던 것은 산업혁명과 프랑스혁명의 영향이 결합된 결과라고 할 수 있다. 제4차 군사-사회 혁명은 근대국가가 유럽의 대규모 전쟁의 경제적 비용을 감당할 수 없을 것이라는 우려를 종식시켰다. 농업의 발전으로 전장의 군대와 본국의 노동력을 유지하기에 충분한 식량과 사료를 확보할 수 있게 됐기 때문이다. 근대국가는 전례 없는 막대한 자금과 자원을 동원해 탄약과 무기를 생산했고, 수많은 젊은이들을 끊임없이 전쟁터로 보낼 수 있었다.[6]

1914년의 문제는 군사 및 사회 지도자들이 제4차 군사-사회 혁명의 의미를 제대로 이해하지 못했다는 점에 있었다. 그들은 경제 및 기술 발전의 의미를 이해하는 능력이 확실히 부족했다. 게다가 금융 전문가들은 근대국가가 대규모 전쟁의 부담을 감당할 수 없다고 주장했고, 러일전쟁의 결과에 영향을 받은 일부 정치 분석가들은 전쟁이 곧 대규모 사회 혁명을 가져올 것이라고 주장했다. 그 결과, 전쟁 발발 전 유럽의 지도자들은 혁명이나 경제 붕괴를 막기 위해서는 어떤 희생을 감수하더라도 결정적인 승리를 추구해야 한다는 생각에 지배당하고 있었다.

군사적 의미

제1차 세계대전 당시 양측의 군사 조직이 무지하고 어리석었음은 사실이다. 하지만 전쟁 전 시기를 살펴보면 장군들뿐만 아니라 정치가들이 직면했던 복잡하고 어려운 문제들에 놀라지 않을 수 없다. 독일 공식 전쟁사에 따르면, 전략적 차원에서 (독일의) "모든 권한 있는 당국은 전쟁이 발발하면 경제적인 이유로 빠른 승리를 위해 가능한 한 신속하게 결정을 내려야 한다."는 견해를 취했다.[7] 또한 이 시기에 독일 제국군 참모총장 그라프 알프레트 폰 슐리펜도 "국가의 존립이 무역과 산업의 중단 없는 지속에 기반을 두고 있는 상황에서 장기간의 전쟁은 불가능하며, 전쟁으로 정지된 기계를 다시 가동하려면 신속한 결정이 필수적이다."라고 말했다.[8]

이런 생각은 슐리펜에게 오명을 안겨준, 저지대 국가들에 대한 대규모 침공으로 이어졌다. 그의 생각은 독일인들이 '군사적 필요성'이라고 불렀던, 전술과 작전이 항상 우선시되어야 한다는 신념을 반영한 것이었다. 정치와 전략은 더 이상 중요하지 않았으며, 특히 군사적 필요성과 모순되는 경우에는 더욱 그러했다. 따라서 군사적 필요성 앞에서는 약소국의 중립성을 훼손하는 일은 전혀 문제가 되지 않았다.[9]

전쟁에 수반되는 전술적 문제들의 복잡성은 예견할 수 없는 것이며, 폴 케네디는 이를 다음과 같이 말했다.

이 전쟁에서는 (1939~1945년의 전쟁에 비해 훨씬 더) 전술적인 수준에서 중대한 문제가 발생했다는 주장이 타당해 보인다. 이 주장을 대략적으로 요약하면 이렇다. 병사들은 참호 시스템을 돌파할 수 없었기 때문에 양측 장군들의 작전 계획이 교착 상태에 빠졌고, 작전의 실패는 최고 수준의 전략적 논쟁과 국가 정책 결정자들의 전략적 선택에 영향을 미쳤으며, 정치적인 수준에서의 목적과 수단에 대한 고려, 민간-군사 관계의 성격 변화, 국가 자원의 배분에도 같은 정도의 영향을 미쳤다.[10]

게다가 1914년의 군사 조직에 전장 전술 상황에서 일어나는 일들과 혁신적인 성과들로부터 중요한 교훈을 얻을 수 있는 참모 조직이 부족했다는 사실은 문제를 더 악화시켰다. 마이클 하워드는 "군사 조직은 다음 전쟁을 항상 잘못 시작한다. 모든 사람이 잘못 시작하는 이런 상황에서는 새롭고 낯선 환경에 가장 빨리 적응하는 쪽이 유리하다."라고 지적했다.[11] 하지만 1914년의 군사 조직에게는 이런 적응이 매우 어려웠다. 당시에는 거의 모든 일이 예상치 못한 일이었고, 무슨 일이 일어나고 있는지 분석할 수 있는 배경지식조차 없었기 때문이다.

하지만 그들은 결국 배우기 시작했다. 이 전쟁에서 군사 지도자들은 어리석었다는 평을 얻었음에도 불구하고, 그들의 조직은 적응력과 혁신 능력을 보였다.[12] 미국의 군사 역사가 데이비드 저베키David Zabecki는 이 전쟁을 통해 44가지 이상의 기술적 변화가 도입됐고, 각각의 변화는 상당한 영향을 미쳤다고 지적한다.[13] 당시 이런 혁신은 전술적 개념에 적용됐고, 전술적 개념 자체도 적의 적응에 대응해 변화하고 있었다. 생물학적 용어로 설명한다면, 제1차 세계대전은 양측 군대 모두가 점점 더 불확실해지는 현실에 적응해야 하지만 이런 현실 변화의 의미를 이해할 수 있는 분석 수단이 거의 없었던 '복잡한 적응 시스템adaptive system'이었다고 할 수 있다. 이런 변화가 어느 정도였는지 가늠해볼 수 있는 또 다른 방법이 있다. 1918년의 여단장이 1991년의 걸프전에 참전했다고 가정해보자. 그는 전투의 속도와 파괴력이 증가하는 것에 점차 익숙해지면서 전장에서 어떤 일이 일어나고 있는지 파악할 수 있었을 것이다. 하지만 그보다 4년 전인 1914년의 여단장이 1918년의 전장에 투입됐다면 그는 아무것도 이해할 수 없었을 것이다.

착각의 결과

제1차 세계대전은 세 차례의 대규모 지상 작전과 영국이 해상 통제권을 이용해 독일 경제를 무너뜨리려는 시도와 함께 시작됐다. 이 모든 작전은 실패했다. 영국군에게는 목표를 달성하는 데 필요한 전술 및 작전 수단이 부족했기 때문이다. 당시 독일군은 슐리펜 계획을 완수하기 직전이었다. 슐리펜 계획은 저지대 국가들을 통과해 파리 동쪽으로 진격한 후 대대적인 포위전을 벌여 프랑스군을 격파한다는 계획이었다.[14] 이 계획의 목표는 러시아가 전면적으로 전쟁에 나서기 전에 프랑스군을 궤멸시킨 다음 러시아를 공격하는 것이었다. 겉으로 보기에 슐리펜 계획은 강대국 간 전쟁에서 두 개의 전선으로 맞서야 하는 독일 입장에서는 훌륭한 해결책처럼 보였다.

하지만 이 계획에는 근본적인 약점이 있었다. 전략적 측면에서 독일의 저지대 국가 침공은 필연적으로 영국을 분쟁에 끌어들여 장단기적으로 부정적인 결과를 초래할 수밖에 없었다.[15] 또한 작전 측면에서도 독일은

1914년 8월 유럽 북서부 지역의 군대 집결 상황

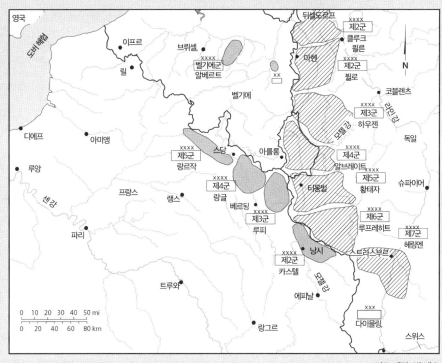

지도 제작: 빌 넬슨

1914년 8월, 독일은 저지대 국가를 통과하여 프랑스를 공격하는 슐리펜 계획을 실행했다.
그러나 이 계획은 수많은 가정에 의존하였으며, 생각대로 진행되지 않았다. 벨기에의 저항은 예상보다
거셌고, 병참 문제로 골머리를 앓던 중 영국까지 반대 진영에 가세함으로써 독일의 야욕은
실패할 수밖에 없었다.

프랑스의 수도 파리를 어떻게 처리할지, 즉 파리를 그냥 통과해야 할지 습격해야 할지에 대한 구체적인 계획이 없었다. 게다가 당시 독일군은 병참 문제도 상당히 컸다. 벨기에가 철도를 파괴한 상태였고, 독일군은 그에 대한 대비가 거의 없었다.[16]

1914년 8월 4일, 100만 명이 약간 넘는 독일군이 서유럽을 향한 공세를 시작했다. 1군과 2군으로 구성된 선봉대는 벨기에 북부의 산악 지형으로 양쪽이 울창한 숲으로 둘러싸인 폭 약 20킬로미터의 개방된 지역인 리에주 갭Liège Gap에 배치됐다. 알렉산더 폰 클루크의 1군이 진격을 주도하고, 브뤼셀에 도착하면 90도 선회해 독일군의 오른쪽 날개 역할을 하면서 프랑스에 진입할 예정이었다. 하지만 1871년에 헬무트 폰 몰트케가 지적했듯이 "어떤 작전이나 계획도 적과의 첫 교전을 하고 나면 더 이상 확신하기 어려운 법이다." 당연히 슐리펜 계획은 곧바로 문제에 부딪혔다. 리에주 갭에서 벨기에 보병은 독일군에 상당한 피해를 입혔고, 독일군은 주요 요새 공격에 상당한 어려움을 겪었다. 결국 독일군은 막강한 화력을 지닌 크루프 포와 스코다 박격포를 이용해 요새들을 파괴했지만, 벨기에군은 이미 독일군의 진격을 며칠이나 지연시킨 상태였다. 벨기에의 저항은 멈추지 않았고 철도를 파괴하는 방법으로 독일군을 더욱 괴롭혔다. 벨기에의 저항에 분노한 독일군은 9월까지 벨기에와 프랑스 민간인 6,000명을 학살했는데, 대부분은 선량한 시민이었다. 또한 독일군은 1만5,000~2만 채의 건물을 파괴했는데, 그중에는 귀중한 중세의 책들과 필사본들이 보관된 뢰번Louvain의 건물들도 있었다.[17]

독일군이 저지대 국가들을 통과하는 동안 프랑스군은 스위스 국경 근처에서 북쪽으로 이동해 공세 작전을 시작했다. 프랑스군은 (다소 과잉 방어적인) 극단적인 공격 방식으로 교전 첫 달 동안 30만 명이 죽거나 부상당했고, 장교의 4분의 1을 잃었다.[18] 마지막 순간에야 총사령관 조제프 조프르는 독일 우익 군대의 위협을 알아챘다. 당시 프랑스군의 전략은 독일군이 예비 사단을 동원하지 않을 것이기 때문에 벨기에 침공은 뫼즈 강 우안으로 제한될 것이라는 예측에 기반을 두고 있었다.

위험을 가장 먼저 인지한 것은 프랑스군 좌익인 제5군을 지휘하던 샤를 랑르작 장군이었다. 그는 적의 측면 공격을 우려해 군대에 후퇴를 명령했다. 제5군의 왼쪽으로 다가오던 영국 원정군도 클루크의 제1군에 포위당하기 직전에 후퇴했다. 클루크가 영국 원정군, 랑르작의 제5군을 측면에서 공격할 수 있었다면 독일군이 승리를 거둘 수도 있었을 것이다. 하지만 클루크의 상관인 제2군 사령관 칼 폰 뷜로는 클루크의 공격을 승인하지 않았다. 그 결과 조프르가 우익에 배치된 병력을 이동시켜 프랑스군의 왼쪽에 있던 독일 제1군과 제2군의 위협에 대응하려고 필사적인 노력을 하는 동안 협상국 군대(프랑스군과 영국군)는 남쪽으로 재빨리 후퇴할 수 있었다. 협상국 군대는 남쪽으로 후퇴하면서 유리한 위치를 점하게 됐다. 후퇴로 인해 협상국 군대는 보급 창고와 통신 라인에 가까워졌지만 독일군은 식량, 사료, 탄약의 공급처에서 계속 멀어지고 있었기 때문이다. 당시 군대가 하루에 30킬로미터의 속도로 이동했다는 점을 감안하면, 마른 강에 도착했을 때 독일군은 거의 탈진한 상태였을 것이다.

제2군과 계속 협공하기 위해 클루크는 파리 동쪽으로 이동해야 했고, 그 결과 독일 제1군은 조프르가 파리에서 구축하고 있던 병력의 측면 공격에 노출되었다. 프랑스군의 반격으로 클루크는 병력의 상당 부분을 다시 이동시켜 서쪽에서 다가오는 위협에 대응해야 했다. 그 결과 9월 5일부터 10일까지 6일간 마른 전투가 벌어졌고, 약 200만 명의 병사가 이 전투에 투입됐다.[19] 결국 보급이 부족해진 데다 영국 원정군이 독일 제1군과 제2군 사이를 파고들자 독일군은 엔 강Aisne River으로 후퇴하기 시작했다. 독일의 도박은 실패로 돌아갔다.

이 실패는 수많은 오류로 인한 것이었지만 가장 결정적인 패착은 총사령관이 없었다는 사실에 있었다. 소小 몰트케(소 몰트케라는 별명은 그의 삼촌이자 프로이센과 독일의 장군인 몰트케 백작과 구분하기 위한 것이다. - 옮긴이)가 카이저를 보살피는 동안 클루크와 뷜로는 협력은커녕 다투기기만 했다. 벨기에군이 안트베르펜으로 철수하자 소 몰트케는 우익 2개 군단을 추출해 안트베르펜을 포위하는 수준에만 그친 채 프랑스로의 진격을 계속했다. 그후 동프로이센 전투가 걱정된 소 몰트케는 2개 군단을 추가로 동프로이센으로 이동시켰다. 이 4개 군단이 결정적인 역할을 할 가능성도 있었지만 결국 슐리펜 계획은 너무 많은 가정에 의존했기 때문에 실패했다고 봐야 한다. 또한 수십만 명에 달하는 대규모 군대를 배치하고 싸우는 데 필요한 지휘력과 통제력이 당시 독일군에는 없었다. 게다가 독일은 병참 준비도 매우 부실했는데, 이는 이후 제1차 세계대전과 제2차 세계대전의 모든 독일군 작전에서 일관되게 나타난 현상이었다.

마른 전투에서 독일이 패배했지만 유럽 서부에서의 전쟁은 아직 끝나지 않은 상태였다. 독일군은 마지막 노력을 기울였다. 마른 전투 패배 이후 소 몰트케를 대신해 참모총장이 된 에리히 폰 팔켄하인Erich von Falkenhayn 장군은 대부분 자원병으로 새로 구성된 사단들에 10월에 대대적으로 협상국 군대를 공격할 것을 명령했다. 목표는 영국 해협의 항구들에서 협상국 군대를 몰아내는 것이었다. "독일 만세(독일의 국가)"를 부르며 진격한 이

반쯤 훈련된 부대는 노련한 영국 원정군 병사들에게 학살당했다. 협상국 군대는 무너질 듯하면서도 몇 번의 치열한 전투를 끈질기게 버텨냈다.[20]

동쪽에서도 큰 전투가 벌어지고 있었다. 파울 폰 렌넨캄프 장군이 지휘하는 러시아 제1군과 알렉산드르 삼소노프가 지휘하는 러시아 제2군이 8월에 동프로이센을 공격했다. 독일군은 8월에 러시아군이 공격하리라고는 전혀 예상하지 못하고 있었다.[21] 렌넨캄프의 제1군은 빌뉴스부터 공격하기 시작했고, 제2군은 바르샤바에서 진격했지만 두 군대의 협력을 조율해야 할 지휘부는 명확한 지침도 제공하지 못했다. 그런 와중에도 러시아 제1군은 동프로이센으로 이동해 굼비넨에서 독일군에게 일격을 가했지만, 그곳에서 그대로 멈춘 채 제2군을 지원하지 않았다. 그 덕분에 독일군은 러시아군을 분할 섬멸할 수 있는 기회를 얻었고, 이를 최대한 활용했다.

동프로이센이 가장 위험해진 시점에 소 몰트케는 막시밀리안 폰 프리트비츠 장군을 대신해 파울 폰 힌덴부르크 장군과 에리히 루덴도르프 장군을 참모총장으로 임명했다. 이들이 전장에 도착했을 때 독일 8군 참모진은 이미 러시아의 실수를 이용할 작전 계획을 세우고 있었다. 암호화되지 않은 메시지를 통해 상황을 파악한 독일군은 거의 모든 8군 병력을 삼소노프의 러시아 제2군에 대항하는 데 집중하는 한편 기병대가 렌넨캄프의 러시아 제1군을 처리하도록 얇은 방어선을 구축했다. 러시아군은 후퇴하는 대신 포위망 안으로 진격했다. 8월 30일, 독일군은 삼소노프의 러시아 제2군을 격파했고, 러시아군은 병사 9만 2,000명이 포로로 잡히고 총 400정을 빼앗겼다. 이후 독일군은 여세를 몰아 제1군까지 격파하려 했지만, 동프로이센에서 몰아내는 데 그쳤다.

한편 남쪽에서는 오스트리아-헝가리 군대가 참혹한 패배를 거듭하고 있었다. 당시 이 군대의 사령관 프란츠 그라프 콘라트 폰 회첸도르프는 세르비아 공격에 중점을 두었다가 갑자기 폴란드 남부에서 러시아군을 공격하기 위한 작전으로 전환하는 등 엉성한 계획으로 병력을 혼란에 빠뜨리고 있었다. 나폴레옹이 거뒀던 장대한 승리를 꿈꾸던 그가 폴란드로 진격시킨 군대는 러시아군에게 제압당했다. 가을에 러시아군은 오스트리아-헝가리 군을 카르파티아 산맥으로 몰아냈다. 하지만 러시아군은 병참 시스템의 붕괴로 더 이상 진격할 수 없었다. 오스트리아-헝가리 군은 사망자 10만 명, 부상자 20만 명, 포로 10만 명이라는 엄청난 손실을 입었고, 회첸도르프는 두 달 만에 군대의 3분의 1을 잃었다.[22] 동부에서의 격렬한 전투는 겨울까지 계속됐지만 결정적인 성과는 없었다.

1914년의 사상자 수는 상상을 초월한다. 11만 명의 병력 가운데 8만 6,237명의 사상자를 낸 영국 원정군이 대표적인 예다. 독일군의 사상자는 80만 명이 넘었고, 오스트리아-헝가리군의 사상자 공식 집계는 69만 2,195명이었지만, 포로를 포함해 계산하면 100만 명이 넘었다.[23] 러시아군의 사상자는 독일군의 사상자와 비슷했다. 양측을 모두 합치면 사상자 수는 300만 명에 가까웠다. 1914년의 마지막 5개월은 인류 역사상 가장 피비린내 나는 시기였다고 할 수 있다. 현대의 무기는 수백만 명의 사상자를 내면서도 국지적이고 일시적인 성공 이상의 성과는 거두지 못했다.

대중 및 산업 동원

전쟁 전에 유럽의 지도자 대부분은 선전포고 이전에 폭동이나 파업 같은 반란의 징후가 나타날 것이라고 생각했었다. 하지만 이런 징후는 나타나지 않았다. 휴 스트라챈Hew Strachan은 "전쟁에 대한 광범위한 열광의 모습은 수정과 보완이 필요할 수 있다. 하지만 그 근본적인 메시지는 여전히 분명하다. 유럽의 호전적인 국민들은 전쟁의 발발을 거부하지 않고 받아들였다."라고 지적했다.[24] 19세기 후반에는 새로운 요인이 등장했는데, 바로 각국이 마주한 악랄한 적들에 대한 포괄적이고 그럴 듯한 설명을 제공하는 대중매체, 즉 일간지들이 바로 그것이었다. 외국과 외국인에 대한 정보가 부족했던 시대에 정부가 전쟁을 문명인과 미개인의 대결로 묘사하는 것은 쉬운 일이었다.

아이러니하게도 당시 정부 주도의 교육, 즉 조국은 언제나 문명의 중심에 있음을 학생들에게 강조하는 교육의 확산은 이 시기 민족주의의 근간이 됐다. 또한 이런 교육은 전통적인 적을 생존을 위협하는 상대로 묘사했다. 예를 들어, 독일의 교육은 슬라브 민족을 '타자'로 인식하도록 하는 데 주안점을 뒀다. 또한 언론은 새로운 적들을 만들어내는 데 능수능란했다. 1914년까지만 해도 독일의 적은 영국이었다. 실제로 당시 독일인들은 영국이 독일의 안보를 위협하고 있다는 말을 반복적으로 들었다.[25] 결국 정치 지도자들이 전쟁을 끝까지 몰고갈 수밖에 없게 만든 것은 1792년에 프랑스의 혁명가들이 제기했던 것과 여러 면에서 비슷한, 강렬한 민족주의였다. 만약 전쟁이 전쟁 이전의 상태로 돌아가는 평화로 끝났다면, 국민들은 정부가 엄청난 희생을 치르고 전쟁을 감행했음에도 별로 얻은 게 없다면서 정부를 강하게 비난했을 것이다. 따라서 정부는 더 큰 성과를 얻기 위해 전쟁을 계속할 수밖에 없었다.

막대한 비용이 소모되는 전쟁이 계속되면서 열강들은 경제적·재정적 자원 문제에 집중할 수밖에 없었다. "지금부터 …… 모든 프랑스인은 군 복무를 위해 영구 징집된다. 기혼남성은 무기를 제조하고 식량을 운반한다."라는 프랑스혁명 당시의 슬로건이 떠오르는 순간이었다.[26] 이 두 시기의 두드러진 차이점은 프랑스 공화국의 노력은 시간이 지남에 따라 감소한 반면 제1차 세계대전 참전국들의 노력은 증가했다는 사실에 있다. 독일은 인구와 산업을 동원할 준비가 가장 잘 되어 있었지만 전쟁 직전 몇 년 동안 원자재 비축을 위한 노력은 거의 기울이지 않았다. 1914년 8월, 독일 내무부는 국내 500대 기업을 대상으로 물자 비축량을 조사했다. 평균적으로 기업들은 전쟁 수행에 필요한 물자를 6개월 이상 지원할 수 없다고 보고했다.

독일군을 구한 것은 두 가지였다. 영국의 봉쇄가 그 후 2년 동안 별 효과가 없었다는 사실과 독일이 전쟁부 내에 전쟁자원부를 설립했다는 점이다. 비하르트 폰 묄렌도르프와 발터 라테나우가 지휘하는 전쟁자원부는 대기 중 질소를 고정시키는 방법인 하버-보슈 공법(고온 고압의 조건에서 철 촉매를 이용해 암모니아를 대량 생산하는 공법 - 옮긴이)을 이용하는 공장들을 건설했다. 화학과 비료의 원료인 칠레 질산염의 수입 봉쇄로 어려움을 겪던 독일은 합성 암모니아 생산으로 다소나마 위기에서 벗어날 수 있었다. 하지만 독일의 화약 생산량이 꾸준히 증가했음에도 군사 수요를 따라잡기에는 역부족이었다. 비교적 원시적이었던 독일의 농업에 도움이 되는 비료로 사용할 수 있는 질산염은 더더욱 부족했다. 1918년이 되자 독일은

기아에 가까운 상황에 직면했고, 이는 그해 독일 패망의 원인이 됐다.[27]

독일은 전쟁 초기 18개월 동안 포병 및 기타 군수품 생산에서 인상적인 성과를 거두었다. 1914년 8월부터 12월까지 포탄 생산량은 7배나 증가해, 경포와 야포가 사용할 수 있는 포탄의 양이 160만 발이 넘었다. 1년 후에는 그 수가 두 배로 늘어났다. 대포 생산량 증가도 그에 못지않았다. 1914년 12월에 월 100문이었던 생산량이 1915년 12월에는 월 480문으로 늘어났다. 하지만 독일은 봉쇄로 인해 상당한 피해를 입었다. 1915년의 산업 총생산량은 1914년의 81% 수준으로 떨어졌고, 그 이듬해에는 4%가 더 감소했다. 철강 생산량은 전쟁 전 총량의 68%까지 떨어졌다.[28]

한편 협상국들은 이와는 완전히 다른 문제에 직면해 있었다. 전쟁 첫 달 동안 독일군은 프랑스의 산업 지역 대부분을 점령했다. 1915년 프랑스의 석탄 생산량은 1913년의 절반 이하로 떨어졌고, 철광석은 전쟁 전의 30%에도 미치지 못했다. 또한 독일군은 프랑스 용광로의 57% 이상을 점령했다.[29] 프랑스 산업계는 군대가 국가 인력의 63%를 징집한 데에 따른 인력 문제에 직면했다. 일부는 공장으로 복귀했지만, 식민지에서 온 18만 4,000명의 노동자와 대규모로 유입된 여성들이 그 공백을 메워야 했다.

영토 손실에도 불구하고 프랑스는 살아남았다. 프랑스의 강점은 산업 동원을 주도한 프랑스 사회주의 정치인들이 독일 정치인들보다 산업가 및 노조와 더 가까이 협력했다는 데 있었다.[30] 또한 세계 곳곳의 광대한 식민지에서 원자재를 공급받은 영국도 프랑스에 상당한 경제적 도움을 제공했다. 이처럼 다른 나라에서 제공된 자원은 프랑스 북부의 손실을 보상하는 데 도움이 됐다. 1915년 영국은 프랑스에 790만 톤의 석탄을 수출했고, 1916년 1월에는 프랑스에 11만5,000톤의 철을 수출했다.[31] 또한 프랑

스는 제철소를 대폭 확장해 1916년에는 1913년보다 거의 200만 톤을 더 생산해냈다.[32]

프랑스의 포탄 생산량도 급증했다. 1914년 마지막 달까지 프랑스의 주요 군수업체들은 하루에 거의 2만4,000개의 포탄을 납품했다. 하지만 프랑스는 대포 생산에서 큰 차질이 빚어졌는데 8월에 후퇴하는 과정에서 많은 대포를 잃었고, 전투 중 손상된 대포들이 많아 계속 수리를 해야만 했기 때문이다. 1916년 1분기가 되어서야 '75밀리 경포'라는 소형 대포 생산이 본격화되기 시작했다. 프랑스 공장이 그 기간에 생산한 75밀리 경포는 1915년 전체 생산량과 맞먹는 1,000문에 달했다.[33] 하지만 프랑스는 중화기 문제라는 더 심각한 문제를 안고 있었다. 전쟁 전 육군 포병의 핵심 무기였던 75밀리 경포는 서부 전선 전쟁에서 요구되는 중장거리 사용에 적합하지 않았다. 1916년이 돼서도 프랑스 산업계가 생산한 중포는 상반기에 245문, 하반기에는 345문에 불과했다.[34]

전쟁의 산업적 수요를 따라잡는 데 가장 큰 어려움을 겪은 나라는 영국이었다. 대규모 군대를 모집하고 유지하면서 발생할 수 있는 문제에 대비하지 못했기 때문이다. 영국 전쟁부는 전쟁 초기에 지원병을 대거 모집했지만 그들에게 군복, 대포, 소총 등을 지급하는 데 어려움을 겪었다. 1917년에 영국 전쟁부는 50개가 넘는 사단을 관리하고 있었다. 이 수치는 1914년 유럽 대륙으로 파견했던 6개 사단에서 크게 늘어난 것이었다. 영국의 재정 지원 규모를 살펴보면 그 비용을 짐작할 수 있다. 1913년 육군과 해군에 대한 재무부 지출은 정부 총지출의 약 30%인 4억3,800만 달러였지만(1918년에는 공군이 창설된다), 1918년에는 육해공군에 대한 재무부 지출이 정부 총지출의 80%가 넘는 93억8,800만 달러에 이르렀다.[35] 1914년에는 91문에 불과하던 대포 생산량이 1918년에는 8,039문으로 늘었고, 기관총 생산은 300개에서 12만900개로, 포탄 생산은 50만 개에서 6,730만 개로 증가했다. 1914년에는 전차가 아예 없었지만, 1918년에 영국 산업계는 1,359대의 전차를 생산했다.[36]

차르 정권이 무너진 1917년 초까지 러시아의 산업적 성과는 꽤 대단했다. 1914년에 포탄 생산량은 월 45만 개였으나 1916년에는 무려 10배나 늘어났다. 다른 무기의 생산량도 전쟁 전 수준보다 20% 증가했다. 그럼에도 불구하고 이러한 군수 생산의 확대는 경제에 심각한 왜곡을 초래했다. 곡물 생산의 상당 부분이 군대 식량으로 전용되면서 도시에서는 식량 부족 현상이 발생했고, 1916년에는 물가가 400% 가까이 치솟아 정치적 불안정이 급속도로 커졌다.

가장 중요한 군사 혁신은 전장에서 핵심적인 역할을 맡게 된 비행기의 등장일 것이다. 전쟁 초기에 비행기는 원시적인 정찰 도구로만 사용됐다. 그러나 1918년에는 공군에서의 우위가 주요 지상 공격의 성공에 결정적인 역할을 하게 됐다.[37] 전투기는 지상군 근접 지원, 적 통신선 차단 공격, 적 방어 진지 정찰 등 다양한 임무를 수행했다. 전장에서 요구되는 비행기 생산을 지원하기 위해 열강들은 대규모 산업 기지를 건설해 비행기를 대량생산하는 한편 적을 따라잡을 수 있는 고성능 비행기를 제작하기 위해 혁신과 개발에 박차를 가했다.

항공전은 더 많은 비행기를 만들기 위한 경쟁이기도 했지만 더 우수한 성능을 가진 비행기를 개발하기 위한 경쟁이기도 했다. 1914년, 항공기 산업은 초기 단계였지만 이미 상당한 수준에 도달해 있었다. 프랑스에서는 9개 회사에서 3,000명의 근로자를 고용하고 있었고, 독일은 11개 회사에서 2,500명의 근로자를 고용하고 있었다.[38] 1916년까지 이 두 나라는 수요를 충족하기 위해 항공기 산업을 엄청나게 확장했다. 1914년에 독일은 1,348대의 항공기를 생산했고, 1년 후에는 그 수가 4,532대로 증가했다. 프랑스는 공군력에서 가장 인상적인 발전을 이뤘다. 1914년 12월 프랑스의 항공기 산업 종사자 수는 1만2,650명이었으나 1915년에는 3만960명으로, 1년 후에는 6만8,920명으로 늘어났다.[39]

영국은 관료들의 무관심 탓에 항공기 산업 분야에서 뒤처졌다. 당시 영국 전쟁부 차관은 영국 산업계가 6개월 안에 3,000대의 항공기를 생산할 수 있느냐는 질문에 "항공기를 만들어봐야 좋은 목적으로 사용되지 않을 것이고, 항공기는 민간업체들이 만들 수도 없으며, 공군에서 현재 사용하고 있는 정도면 적절하다."라고 답했다. 1916년에 영국이 독일과 프랑스에 뒤처진 것은 매우 당연해 보인다.[40] 이런 상황에서도 1918년 영국 공군RAF은 2만2,000대의 항공기를 보유하고 있었다. 다만, 훈련된 조종사가 부족하다는 것이 문제였다.

제1차 세계대전의 처음 두 해는 두 가지 문제에 적응하기 위한 기간이라고 생각할 수 있다. 첫 번째는 산업혁명과 프랑스혁명이 결합해 제4차 군사-사회 혁명을 일으키면서 발생한 다양한 문제들이었다. 두 번째는 첫 번째 문제에서 파생된 것으로 전혀 예상치 못한 전장의 조건은 새로운 능력과 전술에 대한 끊임없는 적응을 요구했다. 게다가 능력과 전술이 변화하면서 적도 변화했다. 새로운 전술은 훈련, 병참, 기술, 생산, 무기의 급진적인 변화를 필요로 했다. 유럽의 군사 조직이 전쟁 전에 준비했던 것들로는 장군과 참모들이 새로운 환경에 대비하기에 역부족이었다.

봉쇄와 해전

전쟁이 시작되자 대부분의 사람은 북해에서 큰 해전이 벌어질 것이라고 예상했다. 1914년 7월에 영국 해군은 독일 해군의 13척보다 많은 20척의 최신 전함을 보유하고 있었고, 임무 수행 중인 전투순양함도 4척으로 독일의 3척보다 많았다. 양국 해군의 리더십은 특히 조직과 문화 측면에서 개선해야 할 점이 많았다. 이 문제는 한편으로는 빠른 기술 발전에 따른 결과였지만, 문화적인 요소도 있었다. 영국 해군은 자신들이 호크와 넬슨의 계승자라고 믿었지만, 99년간의 평화는 영국 제독들의 진취성과 추진력을 고갈시켰다. 이 전쟁에서 해군의 역할에 대해 정통한 역사학자 앤드류 고든은 "(영국 해군의) 장교들이 1914년만큼 문화적 자아상이 획일적으로 형성된 시기는 역사상 없었을 것이다. 그들은 스스로 뛰어나다고 생각했다. 하지만 사실 여러 면에서 그들은 뒤처졌다. 그들은 전쟁에 대비할 준비가 되어 있다고 생각했지만 그렇지 않았다."라고 지적했다.[41]

하지만 당시 세계 최강으로 여겨졌던 영국 해군에 도전장을 낸 독일 해군도 썩 좋은 상황은 아니었다. 독일 제국해군청을 이끌던 티르피츠가 제대로 된 전략을 세우거나 지시를 내리지 못했고, 이에 따라 독일 해군은 무기력한 상태를 이어갔다. 이와 관련해 역사학자 홀거 H. 헤르비히 Holger H. Herwig는 "티르피츠가 …… 함대에 전략을 지시했어야 했는데 그렇지 못한 것은 독일군 조직이 얼마나 얽히고설킨 그물망 같았는지 보여준다. 게다가 1899년부터 1915년 사이에 해군의 수장이 7번 이상이나 바뀌었다."라고 지적했다.[42]

협상국 군대가 승리를 거둔 것은 그나마 영국 해군이 원거리 봉쇄 작전을 철저하게 수행한 덕분이었다. 전쟁 전에 영국 해군성은 경제를 압박해 독일의 목을 조이겠다는 더 치명적인 계획을 가지고 있었다.[43] 그런데 이들의 생각과는 달리 정부 관료들의 상당수가 그 계획에 반대 입장을 표했다. 외무부와 식민지부 등이 반대 입장이었고, 특히 무역위원회의 입장은 더 강경했다.[44] 해군성의 강력한 주장에도 불구하고 내각은 가혹한 봉쇄와 가벼운 봉쇄를 선호하는 쪽으로 나뉘었다. 저항을 최소화하는 방법을 선호했던 당시 영국 총리 헨리 애스퀴스는 서로 반대되는 의견을 가진 두 위원회가 봉쇄 문제를 검토하도록 했다.[45] 1914년 8월 14일, 내각은 석탄을 제재 품목 목록에서 해제하고 덴마크, 노르웨이, 네덜란드와의 전면적인 무역을 승인했다. 영국의 해군 사학자 앤드류 램버트에 따르면 "이렇게 공격적인 경제 전쟁은 …… 짧게는 하루, 길어도 2주 정도밖에 지속되지 않았다."[46] 독일에서는 원자재와 식료품 가격이 영국의 최대 3배까지 치솟았는데, 이는 영국 상인들의 적국과의 교역 의지를 더 불태울 뿐이었다.[47]

봉쇄에 상당히 빈틈이 많았음에도 불구하고 1915년 초 독일군은 영국 제도 주변 해역에서의 '무제한unrestricted 잠수함 작전'에 돌입했다.[48] 하지만 이 결정은 당시 독일 해군의 잠수함인 유보트가 29척에 불과했기 때문에 군사적인 의미는 거의 없었다. 게다가 당시 독일 해군에게는 전함 건조가 더 급선무였기 때문에 1915년에 독일의 조선소에서 건조된 유보트는 15척에 불과했다.[49] 무제한 잠수함 작전은 영국이 봉쇄를 더 강화하도록 만들었을 뿐이었다. 이러한 봉쇄 강화는 중립국들의 가벼운 항의를 이끌어내는 데 그쳤는데, 그 이유는 유보트가 중립국들의 선박도 위협했기 때문이었다. 하지만 미국은 달랐다. 1915년 9월, 봉쇄로 무역에 지장을 받고 있었던 미국은 독일에 무제한 잠수함 작전을 포기하라고 압박했고, 그로 인해 무제한 잠수함 작전은 1917년까지 중단됐다.

영국이 서서히 봉쇄를 강화하는 동안 영국과 독일의 거대 함대는 소규모 접전을 벌이고 있었다. 1914년 8월, 영국의 데이비드 비티 제독은 구축함 공격을 지원하기 위해 헬리고란트 만Heligoland Bight에 전투순양함 함대를 출동시켜 독일군 순양함 3척을 침몰시켰다. 그해 11월에는 독일 순양함 8척이 북해를 건너 야머스Yarmouth 항을 포격하면서 공습을 시작했다. 독일은 총 3번의 공습을 했는데 그 과정에서 독일 전함 블뤼허 호가 침몰했다. 1914년 말, 영국은 독일의 대양함대가 보내는 암호 메시지를 해독해냈다.[50] 그로 인해 대양함대는 1915년 내내 별 활동을 못하고 그냥 보내야 했지만, 1916년에는 다시 활동을 시작했다.

하지만 1916년 5월 30일 아침, 출격 준비를 하던 대양함대의 암호 메시지가 또다시 몇 시간 만에 해독돼 영국 해군성의 손에 들어갔다. 독일군이 항구를 떠나기 3시간 전인 그날 새벽 영국의 대함대가 스카파 항에서, 순양전함들은 로사이스 항구에서 출격했다. 이어진 유틀란트 전투에서 독일군은 상당히 많은 영국 전함을 침몰시켰지만, 전쟁에 별 영향을 끼칠 정도는 아니었다. 전쟁의 남은 기간 동안 독일 전함들은 독일 해안을 따라 항구에 묶여 있었기 때문이다. 그 후에도 영국 해군은 이전과 마찬가지로 북해는 물론 전 세계 바다를 계속 지배했다.

서부 전선과 동부 전선, 1915년

1915년, 서부 전선은 교착 상태에 빠져 있었다. 독일군 참모총장 에리히 폰 팔켄하인은 승리 가능성을 가늠해본 후 서부 전선의 독일군은 계속 방어에 주력하게 하고 동부 전선에 전력을 집중하기로 결정했다. 그는 서부 전선 진지를 방어하는 병사들에게 "제군들이 가진 것을 지키고, 제군들이 확보한 땅을 한 뼘도 내주지 말아야 한다."라고 말했다.[51] 그럼에도 불구하고 1915년 4월, 서부 전선의 독일군은 가스전gas warfare을 시도하고 싶은 유혹을 뿌리치지 못했다. 독일군은 '군사적 필요성'에 대한 믿음에 이끌려 전략적 파급효과나 전술적 의미를 검토하지 않고 1915년 4월 이퍼르Ypres에서 프랑스 식민지 사단을 공격하면서 염소 가스를 살포했다. 염소 가스는 당장의 기대에는 부응했지만 당시 상황을 주도할 수 있을 정도의 비축분이 없었다. 전략적인 측면에서, 가스전의 도입은 협상국들이 대대적으로 선전 전략을 활용할 수 있게 만들었고, 장기적인 측면에서는 협상국들에게 두 가지 이점으로 작용했다. 첫 번째 이점은 프랑스의 바람이 대부분 서쪽에서 동쪽으로 불었기 때문에 협상국의 연합군이 독일군에게 가스를 사용하는 것이 그 반대보다 쉬웠다는 것이었다. 두 번째 이점은 효과적인 방독면에는 고무가 필요했는데 독일군은 봉쇄로 고무를 수입할 수 없었기 때문에 방독면 사용 면에서 협상국들이 유리했다는 것이었다.

1915년의 동부 전선 작전을 두고 팔켄하인과 힌덴부르크-루덴도르프 팀(실제로는 루덴도르프) 사이에 심각한 의견 충돌이 발생했다. 후자는 러시아군뿐만 아니라 러시아 자체를 파괴하기 위해 러시아 깊숙이 공격해 들어가야 한다고 주장했다. 하지만 팔켄하인은 마차라는 원시적인 보급 체계를 갖춘 독일군에게는 루덴도르프의 과대망상을 뒷받침할 병참 능력이 부족하다는 것을 알고 있었다.[52] 그는 그저 러시아를 전쟁에서 몰아낼 수 있기만을 바랐다.

1915년 5월 2일 독일군의 동부 전선 공세가 시작됐다. 독일군은 3일 만에 러시아 군단 두 개를 격파한 뒤 카르파티아 산맥을 따라 진격하면서 오스트리아-헝가리 군대와 맞선 러시아 군대의 붕괴를 앞당겼다. 이로써 폴란드에 의해 형성된 러시아 진영은 사실상 붕괴됐다. 전체적으로 러시아의 손실은 42만 명에 달했다.[53] 독일의 제한적인 진격은 여름까지 계속됐다. 하지만 독일군이 전술적 승리를 계속 거두기는 했어도 러시아를 전쟁에서 몰아낼 수는 없었다.

1915년, 서부 전선에서 조프르 총사령관은 프랑스가 잃은 것을 되찾아야 한다는 압박에 직면해 있었다. 문제는 프랑스가 철조망과 정교한 참호 시스템으로 점점 더 요새화되고 있는 독일군의 전선을 돌파할 수 있는 전술을 아직 개발하지 못했다는 것이었다. 또한 프랑스군 포병대는 참호전에 필요한 중화기가 아닌 75밀리 경포를 주로 사용하고 있었다. 그 결과, 프랑스군은 1915년의 겨울과 봄에 걸쳐 공세를 펼쳤지만 수많은 희생만 더했을 뿐 별다른 성과를 거두지 못했다.

1915년 3월, 프랑스 4군은 샹파뉴에 위치한 약 2.4킬로미터의 좁은 전선을 따라 공세를 펼쳤다. 이 전투에서 프랑스군은 4만3,000명의 사상자를 내고도 1.6킬로미터도 채 확보하지 못했다.[54] 9월과 10월 초에 같은 군대가 샹파뉴와 아르투아에서 두 차례의 대규모 공세를 펼쳤다. 손실은 끔찍했다. 전사자 3만386명, 부상자 11만725명, 실종자 5만686명 등 총 19만1,797명의 사상자가 발생했다. 포병 지원도 75mm와 90mm 포탄 436만 9,000발과 중화기 83만2,100발로 막대했지만 큰 성과는 없었다.[55]

영국도 비슷한 문제에 직면해 있었는데, 특히 전쟁 전 준비 부족으로 인해 더욱 악화되고 있었다. 영국은 프랑스와 중동에 대규모 병력을 파병했고, 군대는 인프라가 거의 없는 상태에서 수십만 명의 지원자를 훈련시켜야 했다. 1914년 가을, 정규군이 큰 손실을 입었음에도 불구하고 영국군은 인도군 및 지역방위군과 함께 남은 병력으로 몇 차례의 소규모 공격을 감행했다. 1915년 3월, 헨리 롤린슨 중장의 1군단은 뇌브샤펠을 공격했다. 그는 공격 첫날에 성공을 거두기 위해 포병에 집중했다. 이 포격으로 철조망의 대부분이 파괴되고 독일군의 방어선이 무너져 영국군은 3,000야드 폭의 전선에서 1,000야드를 전진할 수 있었다. 사상자는 1만1,562명으로 프랑스군 사상자나 그 후로 발생할 사상자에 비하면 미미한 수준이었다. 그러나 이후 포병이 부족했던 영국군은 9월에 오베르 능선 전투와 로스 전투에서 큰 손실을 입었다.[56]

1915년의 다른 전장들

1914년 말, 윈스턴 처칠은 헨리 애스퀴스에게 이렇게 말했다. "어느 쪽도 서부 전선에서 상대방의 전선을 뚫을 만한 힘을 갖지 못할 가능성이 높다고 생각합니다. 양쪽 군대의 입장에는 결정적인 변화가 없을 것이며, 그 지점에서 수십만 명의 병력이 희생될 것은 의심할 여지가 없습니다. 플랑드르에 철조망을 파괴하기 위해 군대를 보내는 것 외에 다른 대안은 없을까요?"[57] 이 같은 생각을 바탕으로 처칠은 두 가지 행동을 취했고 이는 남들이 보지 못하는 것을 볼 수 있는 그의 능력을 잘 드러낸다. 그의 첫 번째 행동은 1916년 솜Somme 전투에서 제1차 세계대전 최초로 전선에 전차를 투입한 것이었다.

서부 전선의 끔찍한 소모전에서 벗어나기 위한 처칠의 두 번째 노력은 지중해에서 이루어졌다. 터키가 동맹국 진영에 가담하자 처칠은 터키를 전쟁에서 몰아내고 러시아로 가는 안전한 길을 열기 위해 다르다넬스 해협에 대한 공격을 시도했다. 결과적으로 이 원정은 처칠의 전략적 도박이었지만, 정치·작전·전술적 차원에서의 실행은 다른 이들에게 맡겨졌다. 공격 초반에 영국 정치 및 군사 지도자들 사이에서 벌어진 논쟁은 후에 발생할 대재앙을 예고했다. 영국은 이런 작전에 수반되는 문제를 해결할 수 있는 최고위 의사 결정 기관이 부족했다. 제독들은 다르다넬스 상륙작전에 대해 심각한 의구심을 가졌고, 전쟁부 장관 키치너 경은 다르다넬스 해안에 상륙할 수 있는 병력이 충분한지 여부를 결정할 수 없었다. 당시 영국 육군과 해군이 협력할 준비를 거의 하지 않았다는 점도 문제였다. 게다가 당시 거의 모든 영국인은 터키를 과소평가했다.

초반 작전은 영국과 프랑스의 구식 전함들이 마르마라 해로 진입하기 위해 다르다넬스 해협에서 터키 전함들에 포격을 가하는 방식으로 이루어졌다. 돌이켜보면, 이미 아르메니아에서 대량 학살을 시작한 무자비한 터키군이 콘스탄티노플에 대한 후속 포격이 이뤄졌다고 해서 투항했을지는 의문이다. 게다가 포격도 없었다. 1915년 3월 18일 이루어진 대대적인 해군 작전은 재앙이었다. 다르다넬스 해협 양쪽에서 포격을 받던 전함들은 부설된 지 얼마 안 된 기뢰에 맞아 세 척이 침몰했고, 프랑스 전함 부베 호는 거의 모든 승조원을 잃었다.

이제 작전의 성패는 4월 25일에 갈리폴리 반도에 상륙하기 시작한 군대에 달려있었다. 그러나 이 작전을 지휘한 이언 해밀턴 중장은 리더십에 요구되는 추진력을 전혀 갖추지 못한 사람이었다. 그의 모든 노력이 아마추어적이었으며, 무엇을 해야 할지 명확하게 알고 있지도 못했다. 지리를 파악할 수 있는 지도도 없었고, 정보기관은 터키군을 과소평가했으며, 작전 책임자들은 명확한 목표가 없었다. 영국군과 ANZAC(오스트레일리아-뉴질랜드) 군단은 기관총과 소총으로 무장한 터키군의 격렬한 저항에 부딪혔고, 내륙으로 진격하다 철조망에 막혀 저지당했다. 영국군은 단 두 개의 작은 거점만 확보했을 뿐이었고, 6월이 되자 서부 전선과 마찬가지로 전투는 교착상태에 빠졌다.

8월, 해밀턴은 2개 군단을 술바Sulva 만에 상륙시켰고, ANZAC군은 진지에서 대대적인 공세를 펼치면서 교착상태를 깨려고 시도했다. 영국과 뉴질랜드 군대는 추누크 바이르 고지에 도달했지만 터키군의 반격으로 물러나야 했다. 이 공세뿐만 아니라 작전 자체도 실패로 돌아갔다. 이 패배를 어떻게 설명할 수 있을까? 역사학자 티모시 트래버스의 다음과 같은 설명이 가장 적절해 보인다. "협상국들이 패배한 가장 큰 원인은 현대전 경험이 없었기 때문이다. 특히 1915년의 이 작전은 전쟁 초반에 진행되어 전쟁 후반의 학습, 경험의 축적, 기술 개선으로 인한 참호전에 대한 해법을 얻기 전이었기 때문에 실패했다. 사실 갈리폴리에서는 전술이 전략보다 중요했다."[58] 게다가 터키와 독일 장군들의 지휘 능력도 영국보다 우월했다.

영국군은 수에즈 운하를 건너 팔레스타인(오늘날의 이스라엘)으로, 메소포타미아(오늘날의 이라크)로, 아라비아 전역에서 광범위한 게릴라전을 벌이는 등 오스만 제국에 대항하는 세 가지 작전을 벌였다.[59] 메소포타미아 작전은 1916년 4월 쿠트Kut에서 영국군이 항복하는 등 매우 부진한 성적을 거두며 실패로 끝났다. 하지만 최종적으로 이 세 가지 작전은 적어도 단기적으로는 성공을 거두었다. 하지만 이 작전들은 오늘날 아랍 세계를 괴롭히는 중동 분열의 원인이 됐다. 사실상 영국은 두 가지 전쟁, 즉 독일과의 전쟁 그리고 제국주의 팽창을 위한 전쟁을 동시에 치르고 있었던 셈이다.

1916년: 가장 끔찍했던 전투

1915년 12월, 팔켄하인은 전략적 통찰력과 광기가 뒤섞인 대규모 작전을 제안했다. 그는 경제적 자원과 세계 무역을 장악하고 있는 영국이 협상국들을 하나로 묶어주는 접착제라는 주장을 펼쳤다. 하지만 독일은 영국을 직접 공격할 수단이 없었다. 또한 그는 러시아로 깊숙하게 진격하는 것은 현실적으로 도움이 되지 않는다며 "진군으로는 아무것도 얻을 수 없다."라고 주장했다. 이는 후에 1941년의 독일 장군들이 했던 주장보다 훨씬 더 현실적인 주장이었다.[60] 하지만 이어진 그의 주장은 잘못된 방향으로 나아가기 시작했다. 그는 독일군이 프랑스군에 충분한 피해를 입힐 수 있다면 프랑스의 의지가 꺾일 것이며, "영국이 가진 가장 강력한 검이 그들의 손에서 떨어질 것"이라고 제안했다. 그는 제한적인 공세로 그 목표를 달성할 수 있다면서 "서부 전선의 프랑스 진영 뒤에는 우리가 손에 넣을 수 있는 목표물들이 있다. 프랑스군은 이것들을 지키기 위해 모든 병력을 투입할 수밖에 없을 것이다. 그리고 그렇게 된다면 프랑스군은 피를 흘리며 죽어갈 것이다."라고 말했다.[61]

팔켄하인은 오스트리아-헝가리 황태자 프란츠 페르디난트 대공이 이끄는 군대의 지원을 받아 베르됭을 공격하기로 하고, 엄청난 포병 병력을 집중 배치했다. 1,200문이 넘는 대포의 지원을 받는 6개 사단이 공격을 시작했다. 하지만 프랑스군의 약화만을 목표로 삼은 팔켄하인은 예비 병력을 동원하지 않았고, 그로 인해 독일군은 병력 부족으로 베르됭을 바로 점령하기 어려웠다.

프랑스는 처음에는 베르됭 방어에 별로 노력을 기울이지 않았으나 마지막 순간에야 정신을 차리기 시작했다. 2월 21일, 공세가 시작됐다. 처음 이틀 동안 독일군의 공격은 상당한 성공을 거두었고, 프랑스는 심각한 곤경에 처했다. 절망적인 상황에서 조프르는 필리프 페탱 장군을 전투 지휘관으로 임명했다. 전쟁 발발 당시 페탱은 퇴역을 앞둔 무명 준장이었고, 포병을 중시하는 반면에 공격적인 보병 전술에 대한 회의적인 시각으로 무시를 당하던 장군이었다. 하지만 전쟁이 시작되자 그는 급부상했다. 당시 영국과 프랑스의 지휘관들과 달리 그는 제한적이고 예리한 공격을 통해 아군의 사상자는 최소화하면서 적의 사상자는 최대화하는 방법을 선호했다.[62] 1916년, 그는 프랑스 육군 총사령관으로 진급하면서 베르됭 방어 지휘라는 가장 중요한 임무를 맡게 됐다.

애인과의 밀회를 뒤로하고 페탱이 달려간 전장은 절망적이었다. 베르됭의 가장 현대적인 요새인 두오몽 요새가 함락된 상태였다. 전장을 살펴본 그는 팔켄하인 장군이 독일군의 진격을 뫼즈 강 우안으로 제한하는 심각한 실수를 저질렀다는 사실을 재빨리 알아차렸다. 페탱은 프랑스 포병을 뫼즈 강 왼쪽 강둑에 집중 배치했고, 독일군에게 큰 피해를 입힐 수 있었다. 게다가 계속되는 포격으로 진흙이 쌓여 독일군 포병은 전진하는 보병을 따라잡기 어려웠다. 손실이 커지면서 독일군의 진격은 멈췄다. 3월 말까지 프랑스군은 8만9,000명, 독일군은 8만1,607명의 사상자를 냈다. 프랑스군의 피를 보고자 했던 팔켄하인은 연합군에 수적으로 열세였던 독일군도 그만큼의 피를 흘리게 했다.[63]

5월 중순, 독일군은 마지막 총력전을 펼쳤다. 독일 보병은 베르됭을 점령하기 위해 보 요새Fort Vaux 점령을 먼저 시도했다. 이 과정에서 독일군은 2,678명, 프랑스군은 100명의 사상자를 냈다. 하지만 팔켄하인이 베르됭으로 진격하기 직전에 동부 전선에서 사건이 발생했다. 오스트리아-헝가리군 사령관 콘라트가 이탈리아를 공격하기 위해 5개 사단을 전선에서 철수시켜버린 것이다. 프랑스의 지원 요청에 따라 러시아는 약화된 오스트리아-헝가리 전선에 대대적인 공세를 시작했다. 남서부 전선에서 알렉세이 브루실로프 장군의 군대는 놀라운 성공을 거두었다. 독일의 도움으로 전선이 안정되기까지 러시아군은 오스트리아-헝가리군 20만 명을 생포하고 카르파티아 산맥에 거의 도달했다.

오스트리아-헝가리군을 구하기 위해 필사적이었던 팔켄하인은 베르됭에서 동부 전선으로 병력과 포병을 급파했다. 베르됭 전투는 그렇게 끝났다. 이 전투는 여러 면에서 제4차 군사-사회 혁명의 전형을 보여주었다. 엄청난 사상자와 이를 기꺼이 감내하려는 의지는 프랑스혁명이 민족주의에 호소했던 희미한 메아리에 지나지 않았다. 또한 당시 산업혁명의 성공으로 전쟁은 더 길어지고 희생도 커졌다. 전투는 1918년 11월까지 계속됐고, 1914년부터 1918년까지 베르됭 전투에서 프랑스와 독일군의 사상자 수는 42만 명, 가스 중독 피해자 또는 부상자는 80만 명으로 추산된다. 영국의 역사학자 앨리스테어 혼Alistair Horne은 이 숫자를 70만 명으로 추정했다.[64]

현대적 전쟁의 탄생

그해 여름 제4차 군사-사회 혁명이 무르익고 있었다. 양측이 끝까지 전쟁을 계속하겠다는 의지를 보였기 때문에 전쟁은 끝이 보이지 않았다. 이 전쟁은 승패를 가르는 결정적인 전투가 환상에 불과하다는 것을 잘 보여준 전쟁이었다. 이미 상상할 수 없는 정도의 손실을 입은 양측의 국민들은 지쳐 있었기 때문에 정치 지도자들이 움직일 수 있는 여지가 거의 없었고, 국민들은 그들이 움직이길 원하지도 않았다. 2년간의 전쟁으로 인한 인력과 자원의 소모로 양측은 모두 지칠 대로 지쳐 있었다. 군사 혁신의 결과로 등장한 비행기와 잠수함은 전장을 더 복잡하게 만들고 있었다.

전쟁의 압박은 역사상 그 어느 때보다 빠르게 전쟁의 성격을 바꾸고 있던 수많은 신무기 개발에 박차를 가했다. 기술자와 과학자들의 발명과 개조 기술로 육군, 해군, 초기 공군은 전쟁 이전에는 불가능했던 방식으로 새로운 전술을 만들어내고 새로운 능력들을 결합해야 했다. 게다가 현대 과학·기술·산업의 산물과 혁신은 누구도 예측하지 못했던 전쟁의 상황에 맞게 전술과 작전을 조정하는 군사 조직의 능력을 앞지르고 있었다. 모든 것이 유동적이었으며, 정치인이나 장군 모두에게 간단하거나 명백한 해답은 없었다.

CHAPTER 7

현대전의 시작
1916~1918

1918년의 백일 공세Hundred Days는 워털루 전투와 같은 결정적인 전투가 아니었다. 제1차 세계대전은 대부분의 전쟁이 그랬던 것처럼 장렬하고 결정적인 전투가 아니라 일련의 지루한 소모전으로 끝났다. 백일 공세에서 양측이 마지막까지 치열하게 싸웠다는 것은 격파되고 상처 입은 독일군이 패배했지만 전쟁이 아직 확실하게 끝나지 않았음을 보여줬다. 11월에 독일군이 최종적으로 붕괴됐을 때 그 붕괴는 한 달 전만 해도 아무도 예상하지 못했던 빠르고 완전한 붕괴였다.

조너선 보프Jonathan Boff, 《서부 전선의 승리와 패배Winning and Losing on the Western Front》

OHL (독일 최고군사령부)	제1차 세계대전 중 독일군의 최고 지휘기구. 특히 1916년 이후 힌덴부르크와 루덴도르프가 이끌면서 사실상 군사독재 체제를 확립했다. 전쟁 후반에는 민간 정부의 권한을 무력화하고 총력전 체제를 주도했으며, 1918년 패전이 확실해지자 갑작스럽게 휴전을 요구하여 정치적 혼란을 초래했다.
무제한 잠수함 작전	1917년 독일이 선포한 해상 전략. 협상국과 중립국의 선박을 구분하지 않고 모든 선박을 공격 대상으로 삼았다. 영국을 굴복시키려는 시도였으나, 미국 선박을 침몰시켜 미국의 참전을 불러왔다. 초기에는 성과를 거두었으나 호위함 체계와 선단 시스템의 발전으로 효과가 감소했다.
캉브레 공격 (1917)	영국군이 최초로 대규모 전차부대를 투입한 전투. 새로운 전술과 기술의 결합으로 초기에 성공을 거두었으나, 독일군의 반격으로 대부분의 이득을 상실했다. 그러나 이 전투는 향후 기계화 전쟁의 가능성을 보여준 중요한 사례가 되었다.
브레스트- 리토프스크 조약 (1918)	러시아 볼셰비키 정부와 독일 간에 체결된 평화조약. 러시아는 폴란드, 발트 지역, 우크라이나 등 광대한 영토를 포기해야 했다. 독일은 동부 전선의 부담을 덜고 서부 전선에 집중할 수 있게 되었으나, 결국 전쟁의 최종 패배로 이 조약은 무효화되었다.

1916년, 제4차 군사-사회 혁명은 최고조에 이른 상태였다. 이와 함께 근대국가의 경제 및 재정 인프라는 막대한 부담을 감당할 수 있음이 입증된 상태였다. 문제는 소모전에 대한 뚜렷한 전술적 해결책이 존재하지 않는다는 것이었다. 전장에서는 1914년 이전에는 상상할 수 없을 만큼 더 강력하고 많은 무기와 탄약이 필요했다. 이로 인해 육군과 초기 공군의 전술적 틀이 바뀌었다. 게다가 새롭고 더 효과적인 무기로 인해 전술은 끊임없는 변화의 압박을 받았다. 끊임없는 변화와 혁신, 소모전으로 인해 전쟁은 이전에는 상상할 수 없었던 모습으로 변모하고 있었다.

정부도 비슷한 변화를 겪고 있었다. 전장의 요구로 각 진영은 국가의 인력과 동물을 더욱 무자비하게 징집해야 했고, 특히 말이 중요한 역할을 했다. 각국 정부는 "노인들이 마을 광장으로 나가 전사들의 용기를 북돋 워야 한다."는 프랑스혁명의 슬로건을 되풀이했다. 당시 노인들은 공장과 농장의 노동자들에게 더 많은 생산량을 달성할 것을 종용했다.

제1차 세계대전은 크게 네 단계로 구분된다. 첫 번째 단계에서 군대는 빠른 기동력으로 적의 화력을 압도할 수 있을 것이라는 믿음으로 전쟁에

임했으나, 전투가 시작되자 그게 아니라는 사실을 깨달았다. 두 번째 단계인 1915년부터 1916년까지, 장군들은 대규모 포격으로 적의 참호 시스템을 파괴하는 것을 목표로 삼았다. 베르됭 전투는 더 정교한 포병 및 보병 전술의 개발이라는 3단계의 시작을 알린 전투였다. 솜 전투 후반에는 전술적 의미에서 전장의 기동성이 회복되면서 1918년에 본격적으로 등장한 4단계의 시작을 볼 수 있었다.

무엇보다도 전쟁의 마지막 2년은 프랑스혁명의 민족주의와 산업혁명으로 강화된 기계의 힘이 결합한 시기였다. 그러나 오스트리아-헝가리 제국과 러시아는 그 결합을 온전히 활용하는 데 실패했다.

솜Somme 전투, 1916년

독일군이 베르됭에서 프랑스군에 압력을 가함으로써 프랑스군은 영국과 약속한 대로 솜 전투에 적극적으로 참여할 수 없었다. 한편 영국군 입장에서는 베르됭 전투로 인해 계획보다 일찍 솜 공세를 시작할 수밖에 없게 되었다. 참호 라인이 3중으로 구성되고 철조망이 광범위하게 배치된 솜 전투는 여러 면에서 전형적인 제1차 세계대전의 전투였다. 1916년 6월까지 독일군은 거의 2년 동안 솜에서 싸웠다. 그 기간 동안 독일군은 석회암 퇴적층을 깊게 파서 참호를 구축했고, 이 참호에 의존해 독일군은 보병을 보호하고 지역 내 마을을 거점으로 활용했다. 이 방어 체계는 2년간의 전술적·물적·기술적 적응의 결정체였으나 문제가 있었다. 팔켄하인은 서부 전선의 방어군에게 최후의 1인까지 진지를 사수하고, 잃어버린 영토는 즉시 수복해야 한다는 재앙적인 전술 지침을 내린 상태였다.[1] 이에 따라 독일 보병은 협상국 포병의 사격 범위 내에 배치될 수밖에 없는 상황에 처하게 됐다.

반대편에서는 영국군 4군 사령관 롤린슨이 솜 전투의 초기 작전을 계획하고 실행하고 있었다. 그의 상관인 최고사령관 더글러스 헤이그는 1915년 12월에 존 프렌치 경을 대신해 부임한 상태였다. 현대의 역사가들은 헤이그를 무자비하게 병사들을 도살장으로 보낸 무지하고 오만한 지도자로 묘사한다.[2] 하지만 그는 사실 최고 수준의 행정가였으며 효과적인 병참 시스템을 구축하는 등 몇 가지 강점을 가지고 있었다. 또한 그는 현대 기술의 중요성을 인식해 전차와 왕립항공대Royal Flying Corps(영국 공군의 전신)의 기술 개선을 지원하기도 했다. 하지만 그의 문제는 아첨꾼들에 둘러싸여 있었고, 전술에도 관심이 거의 없었다는 점이었다.[3] 그는 독일군 방어선 붕괴가 초읽기에 들어섰고, 그로 인해 전장에 새로운 국면이 열려 활발한 기동전을 재개할 수 있을 것이라고 믿었다.

프랑스군은 풍부한 경험을 바탕으로 당시 능력의 한계를 인식해 '물고 버티는' 전술, 즉 집중 포격을 통해 영토를 점령함으로써 제한적인 목표를 달성한 뒤 독일군의 반격을 기다리는 전술을 펼쳤다. 영국군 4군도 비슷한 노선을 따라 초기 공격 계획을 세웠다. 롤린슨의 계획은 포병이 집중 포격을 가한 지역에 보병이 제한적으로 진격하는 것이었다. 이 계획은 영국군 참모와 병력의 미숙함을 감안해 포병 능력을 중심으로 세운 현실적인 계획이었다. 하지만 헤이그는 포병 지원이 없는 상태에서 독일군 전선 깊숙이 그리고 넓게 침투할 것을 요구했다. 이 때문에 포격 범위가 확대됨에 따라 독일군의 진지에 미친 피해는 훨씬 줄어들었다.

1916년 7월 1일은 군사 역사상 가장 큰 재앙이 일어난 날 중 하나로 기록된다.[4] 공격에 참여한 12만 명의 영국군 중 저녁까지 5만7,470명이 전사하고 1만9,240명이 부상당했음에도 불구하고, 영국군은 목표물도 확보하지 못했다. 이에 비해 프랑스 6군은 사상자가 1,590명에 불과했고, 목표물도 점령했다. 독일군의 손실은 약 1만1,000명이었다. 이 참사는 영국군 포병이 독일군의 철조망과 참호를 파괴하는 데 실패했기 때문에 일어났다. 이 전투에 관한 가장 권위있는 역사학자 로빈 프라이어와 트레버 윌슨은 이 참사에 대해 "독일군 기관총수와 포병 대부분이 영국군의 포격에서 살아남았기 때문에, 영국 보병들의 대규모 희생은 당시 *어떤 보병 전술이 적용됐든* 불가피한 일이었다. …… 한편 전선 남쪽에서는 특별히 혁신적인 전술을 활용한 것으로 보이지 않았던 영국군 제30사단이 독일군을 격파했다. 영국군 포병이 독일군 포병과 참호의 보병들에게 막대한 타격을 가했기 때문이었다. 요약하자면, 포병이 제대로 역할을 한다면 전장에서 보병이 걷든, 뛰든, 고지돌파를 했든 별로 중요하지 않았다."라고 분석했다.[5]

솜 전투의 첫날은 독일군의 승리로 끝났지만, 그 이후 며칠 동안 독일군은 막대한 타격을 입었다. 팔켄하인이 최전선 참호 사수 명령을 내렸기 때문에, 방어하는 독일 병사들은 영국군 대포의 사거리 안에 노출된 상태에서 엄청난 희생을 치르면서 반격을 해야 했다. 솜 전투에 참여했던 한 독일 참전 용사는 "전선의 규모에 비해 당시의 손실이 컸던 것은 오래된 프로이센 군대의 전통에 따라 선형 전술을 끝까지 고수했기 때문이었다. 이미 병사들이 과도하게 차 있던 전선에 대대 병력을 계속해서 밀어넣었기 때문에 몇 시간 만에 전선이 완전히 무너진 것이었다."라고 회상했다.[6]

그럼에도 불구하고 헤이그는 전쟁의 성격을 제대로 파악하지 못한 채 결정적인 승리라는 신기루를 추구했다. 하지만 솜 전투는 그 전투를 촉발한 산업 사회를 점점 닮아가던 전투, 즉 인력과 물자를 끊임없이 소모하는 전투였다. 8월 말, 한 영국 장교는 "정찰용 풍선, 탄약, 경량 선로, 조립식 에이드리언Adrian 막사 등 모든 것이 오랜 준비의 결과다. 전투는 마치 사업체들의 비즈니스처럼 계획적으로 준비된다. 즉흥적인 것은 아무것도 없고, 모든 가능성이 고려된다. 전선은 아무도 벗어날 수 없는 계획에 따라 움직이는 커다란 공장 같다."라고 말했다.[7]

　　7월 14~15일 밤, 영국군 제4군은 대대적인 공격을 개시했다. 프라이어와 윌슨은 "7월 1일 공격을 지원했던 포병의 3분의 2가 동원된 이 공세에서 영국군은 참호의 5%도 확보하지 못한 상태로 "1915년 3월의 뇌브샤펠 공세의 2배, 7월 1일 공격의 5배에 달하는 화력을 쏟아부었다."라고 썼다.[8] 그 결과로 영국군은 영토를 대거 확보했고, 독일군에는 엄청난 수의 사상자가 발생했다. 7월 말이 되자 독일 기관총 사수들은 영국군의 집중적인 포격을 받고 있던 참호 밖으로 배치됐고, 영국 포병들은 특정 참호에 대한 사격을 중단하는 대신 원하는 효과를 얻기 위해 "막대한 양의 탄약을 사용해 전 지역을 타격해야 했다."[9]

　　7월 중순부터 9월 중순까지 양측의 총 사상자 수는 거의 10만 명에 이르렀다. 전선을 사수하고 손실을 만회하기 위해 반격하라는 팔켄하인의 명령으로 독일군 사상자는 크게 늘어났다.[10] 영국군은 독일군의 반격에 대응하기 위해 목표 이상으로 포격을 확대했다. 9월 15일, 영국은 48대의 장갑전투용 전차를 도입했으나 공격 시작 지점에 도착한 것은 30대에 불과했다. 헤이그는 전쟁이 끝난 후 전차 개발을 지원하지 않았다는 비판을 받았지만, 사실 그는 최소 1,000대 이상의 전차 개발을 요청할 정도로 열성적이었다.[11] 그날의 공격은 성공적이었으며, 특히 전차를 이용해 독일군을 플레흐Flers에서 쫓아낸 41사단의 승전보는 매우 인상적이었다.

이 시점부터 전투는 양측 모두에게 계속 큰 손실을 입히면서 혼란스럽게 진행되기 시작했다. 영국의 마지막 공격은 11월 중순에 악천후 속에서 이루어졌다. 영국군은 7월 1일의 공격 목표 중 하나였던 프랑스의 작은 마을 보몽아벨을 점령하는 등 비교적 성공적인 결과를 얻었다. 1916년과 1917년에 그랬듯이 공격은 한계를 넘어서 계속됐다.[12] 하지만 전술적 차원에서 영국군은 계속 학습을 하고 있었다. "루이스 경기관총, 총류탄rifle grenade, 참호 박격포가 소총병과 폭격기에 의한 진격과 통합되고, 포격 능력에 대한 포병의 자신감이 높아지면서 영국의 전투 수행 능력은 크게 변화했다."[13]

솜 전투의 사상자 수는 베르됭 전투의 사상자 수보다는 적었지만, 끔찍하기는 마찬가지였다. 영국군은 42만 명, 프랑스군은 20만 명, 독일군은 46만5,000명의 사상자를 냈다. 솜의 군수품 수요는 협상국 군대의 공세로 독일 경제가 얼마나 큰 타격을 받았는지 잘 드러낸다. 7월 1일부터 8월 11일 사이에 독일 포병은 협상국 군대의 공세에 대응하기 위해 포탄 1,100만 개를 소비했고, 1,600문의 경포와 760문의 중포를 동원했다.[14] 또한 전투 경험이 많은 프랑스군이 영국군보다 더 큰 전과를 올렸다. 44개 사단을 전투에 투입한 프랑스는 독일군 4만1,605명을 생포하고, 178문의 대포를 탈취했다. 영국은 52개 사단을 투입해 3만1,396명의 포로를 생포하고 125문의 포를 노획했다.[15]

경제적 · 군사적 발전

1916년 8월, 루마니아가 협상국 진영에 합류하면서 참전한 데다 전쟁 교착 상태에 대한 정치적 압박이 커지자 독일의 카이저는 팔켄하인을 해임하고 힌덴부르크와 루덴도르프를 승진시켰다. 그들이 처음으로 취한 행동 중 하나는 서부 전선을 방문하는 것이었다. 그곳에서 그들은 독일군의 약점을 발견하고 경악하지 않을 수 없었다. 루덴도르프는 회고록에서 "솜 전선에서 적의 강력한 포병은 뛰어난 항공기 관측 능력과 막대한 탄약 공급을 바탕으로 우리 포병의 화력을 억제하고 궤멸했다. 우리 보병의 방어는 너무 허술했기 때문에 적의 대규모 공격은 항상 성공했다. 의심할 여지없이 (우리 보병은) 너무 끈질기게 싸웠고, 너무 단호하게 진지를 지키려고 집착했으며, 그 결과 손실이 컸다."라고 썼다.[16]

그는 독일군이 솜 전투에서 방어 전술의 근본적인 재구성을 요구하는 물자 전쟁Materialschlacht이라는 새로운 상황에 직면했다고 결론지었다.[17] 힌덴부르크와 루덴도르프가 방문한 지 두 달 만인 1916년 12월 1일, 독일 최고군사령부OHL, Oberste Heeresleitung는 위치 방어전에서의 지휘 원칙을 공표했다. 이 원칙에는 기관총으로만 가볍게 전선을 방어하고 진지를 더 깊숙이 배치하라는 내용이 포함돼 있다. 따라서 주력 예비 병력은 가장 무거운 대포를 제외한 모든 대포의 사정거리 밖에 배치돼 대기해야 했다. 점점 더 강력해지는 방어를 뚫고 적군이 다가오자 독일군은 반격을 개시했다.[18]

하지만 루덴도르프와 힌덴부르크는 연합군(또는 협상국)의 물질적 자원과 생산력 우위를 극복해야 하는 어려운 문제와 씨름해야 했다. 전쟁 중

지출을 단순 비교하면 재정과 산업력의 불균형이 어느 정도였는지 알 수 있다. 미국을 포함한 협상국들은 전쟁 수행을 위해 총 1,470억 달러를 지출했고, 동맹국들은 총 615억 달러를 지출했다.[19] 이런 상황에서 힌덴부르크와 루덴도르프는 탄약 생산량과 참호 구축량을 2배로, 기관총과 대포의 생산량을 3배로 늘리는 프로그램을 시행할 것을 요구했다. OHL에 의해 시작된 이 프로그램은 법으로까지 제정됐지만, 곧 독일 경제가 안고 있는 핵심 문제와 상충하게 됐다.[20] OHL은 경제와 산업에 대한 이해가 거의 또는 전혀 없는 상태에서 국가, 남성, 여성 그리고 산업을 전쟁에 무작정 동원하려고 했기 때문이다.[21]

하지만 이 프로그램을 시행하고도 생산량은 거의 늘어나지 않았다.[22] 이 프로그램의 설계자들은 생산을 늘리기 위한 노력을 좌절시키는 운송, 석탄 생산, 노동자 공급 문제를 해결하기는커녕 제대로 인식하지도 못했기 때문이다. 1916년 초, 독일 경제는 이미 바닥을 드러낸 상태였고, 독일군이 정복이나 봉쇄를 통해 확보한 원자재 재고도 고갈된 상태였다. 교통 인프라의 훼손과 파손은 심각한 운송 문제를 일으키고 있었다. 프랑스와 러시아 국경지대 깊숙이 배치된 군대들은 끊임없이 보급품을 요구했고, 군대를 이동시키고 유지해야 하는 군사적 요구 또한 여전히 계속됐다. 게다가 취약한 오스트리아-헝가리 철도망을 지원해야 하는 상황은 철도와 철도 차량 인프라를 한계점까지 압박했다. 여기에 탄약을 끊임없이 요구하는 군대와 그 군대를 수송하고 유지해야 하는 군사적 요구가 더해지고 있었다. 물자 전쟁의 본격적인 시작이었다.

1917년 1월, 독일 경제는 거의 파탄 지경에 이르렀다. 특히 그해 겨울은 혹독할 정도의 추위가 닥쳐와 바지선 운송이 불가능했고, 철도 시스템 운용 또한 어려움을 겪었다. 결국 1917년 1월 24일부터 2월 5일까지 철도 당국은 밀린 화물을 하역하기 위해 추가 운송을 중단해야 했다.[23] 철도 위기는 경제 문제의 여러 징후 중 하나에 불과했다. 가장 젊고 생산성이 높은 노동자들이 군대에 징집되는 바람에 탄광도 곤경에 처했다. 그해 겨울 루르에 도착한 3만2,000대의 석탄 열차 중 광부들이 채울 수 있는 열차는 2만2,000대에 불과했다. 1917년 초의 철강 생산량은 운송과 석탄 위기의 영향을 여실히 보여준다. 2월의 총 철강 생산량은 118만7,000톤으로 전년도 8월보다 22만5,000톤이 적었고, 목표치보다 25만 톤 이상 적었다. 실제 역량을 고려하지 않은 목표를 선언함으로써 OHL은 아무런 소득 없이 산업계의 어려움만 가중시켰다. 당시 고위 당국자는 "군이 실행 가능 여부를 검토하지 않고 프로그램을 선포했다. 석탄도 없고 일할 사람도 없어 생산을 할 수 없는 반쯤 완성된 공장들이 곳곳에 있다. 이런 공장들을 건설하느라 석탄과 철이 소비됐다. 이런 괴물 같은 프로그램이 설계되지 않았다면 현재 군수품 생산은 훨씬 더 늘어났을 것이다."라고 말했다.[24]

독일은 그해 겨울에 닥친 심각한 식량 위기로 더욱 힘들어졌다. 여름에 내린 폭우로 감자 농사의 60%가 실패했고, 국민들은 겨울 동안 대부분 순무로 생계를 유지해야 했다. 이 같은 식량 부족은 사실 더 심각한 문제가 반영된 결과였다. 봉쇄로 칠레산 질산염 수입이 중단된 후 하버-보슈 공법으로 군대는 화약 부족에서 벗어났지만, 농민들이 필요로 하는 비료는 충분히 생산할 수 없었기 때문이다. 게다가 농장에서 일하던 노동자의 40%가 군에 징집된 상태였기 때문에 농장은 노동력 부족에 시달렸다. 독일은 포로로 잡힌 사람들을 농장 일에 동원했지만 그것도 역부족이었다. 또한 독일 군대는 약 100만 마리의 말을 징발했는데 이로 인해 농업 경제는 마비되고 말았다. 1918년 늦여름이 되자 육류 배급량은 전쟁 전 기준의 12% 아래로 떨어졌다.[25]

독일이 급증하는 산업 수요를 감당하지 못하고 있을 때 협상국들은 꾸준히 생산량을 늘리고 있었다. 협상국들은 전 세계의 바다를 통제하고 있었기 때문에 공급과 원자재 문제에 있어 독일보다 유리한 위치에 있었다. 협상국들은 돈을 주고 얼마든지 물품을 수입할 수 있었다. 1916년에는 영국이 자국 군대와 동맹국 군대를 지원하기 위해 구매한 물자의 40%가 미국에서 들어왔으며, 이는 매달 총 2억 달러에 달했다. 그럼에도 불구하고 미국은 여전히 영국의 봉쇄에 불만이 있었다. 결과적으로 봉쇄에 대한 우드로 윌슨의 불만이 출구를 찾은 것은 독일이 1917년 초에 무제한 잠수함 작전을 재개하겠다는 선언에 의해서였다(재개된 무제한 잠수함 작전으로 미국 선박들이 계속 위협을 당한 것이 미국의 참전 이유 중 하나였다 - 옮긴이). 미국은 1917년 4월에 참전했다. 당시 상황으로 볼 때 이 참전 결정은 매우 적절한 시점에 나온 것이었는데 그 때 영국은 3주치의 수입 물량에 대한 대금밖에는 없는 상태였기 때문이다.[26]

영국은 평시 경제를 전시 경제로 전환하는 과정에서 타국의 정부들이 직면한 것과 같은 문제에 직면했다. 간단히 말해, 산업계는 전쟁이 끝나면 사라질 수요를 충족하기 위해 새로운 공장 건설에 막대한 투자를 하는 것을 꺼렸다. 그럼에도 불구하고 로이드 조지 총리의 지휘로 영국 산업계는 영국 지원군의 수요를 충족할 수 있는 수준으로 포탄 생산량을 늘렸다. 1915년 상반기에 포탄 생산량은 227만8,105발이었지만, 1916년 상반기에는 1,399만5,360발로 증가했고 6개월 만에 3,540만7,193발에 달했다. 게다가 영국은 식민지로부터 원자재, 식료품, 산업 생산품을 공급받을 수

있었다. 예를 들어, 1917년에 캐나다는 영국 지원군의 포병 군수품 중 약 30%를 공급했다.[27]

유럽 열강 중에서 인구와 경제 면에서 가장 많은 자원을 동원한 나라는 프랑스였다. 전쟁 초기 몇 달 동안 많은 산업 지역을 잃은 프랑스는 군수품과 병기 생산에 큰 어려움을 겪었고, 따라서 미국에서 수입한 기계와 제조 품목에 의존할 수밖에 없었다.[28] 하지만 전쟁으로 인해 수많은 사상자가 발생했음에도 불구하고 프랑스는 1914년 5만 명에서 1918년 167만5,000명으로 무기 생산 인력을 늘렸다. 이 인력 대부분은 군대의 규율을 적용받고 있었다. 프랑스 정부는 이들의 안전을 무시한 채 놀라운 성과를 거뒀다. 1914년 하루 4,000개였던 포탄 생산량은 1916년 여름에는 15만1,000개, 155mm 포탄 생산량은 하루 255개에서 1년 반 후 1만7,000개로 증가했으며, 1917년에는 프랑스의 항공기 엔진 생산량이 영국과 독일의 생산량을 합친 것보다 많았다.[29]

반면, 미국은 제2차 세계대전에서 보였던 군사적·경제적 지원에 훨씬 못 미치는 모습을 보였다. 두 가지 이유가 있었다. 첫째, 윌슨은 미국이 전쟁에 참전할 때까지 아무런 계획을 세우지 말라고 군에 명령했다. 1939년 제2차 세계대전 당시의 미국 지도자들은 이런 실수를 하지 않았다. 둘째, 참전 직후 미국은 장기적인 계획을 세웠지만, 이러한 노력이 결실을 맺기 전에 전쟁이 끝났다. 그럼에도 불구하고 미국이 기여한 바는 상당히 컸다. 미국의 차관이 협상국들이 전쟁을 계속 할 수 있게 만들었기 때문이다. 미국 일부 지역에서는 9억2,600만 발의 소형 무기 탄약, 120만 개의 소총, 3,100만 개의 포탄 및 폭발물을 생산했는데, 이는 힌덴부르크 프로그램의 50개월 생산량에 해당하는 엄청난 양이었다.[30]

이 전쟁에서 이뤄진 가장 인상적인 기술 발전은 공군의 창설과 관련 산업의 발달이었다. 전쟁이 진행됨에 따라 적의 방어 및 포병 위치에 대한 항공 정찰 사진은 점점 더 가치가 높아졌다. 1916년, 전투기의 시대가 도래했는데, 이는 공중에서의 우위가 없으면 항공 정찰은 실패할 수밖에 없었기 때문이다. 헤이그는 1916년 12월에 이렇게 말했다. "필수적인 공중 지배력을 확보하려면 가장 최신식의 기계를 지속적으로 그리고 충분히 공급해야 합니다. 최신 기계 없이는 아무리 숙련된 조종사라도 성공할 수 없습니다."[31] 최고 수준의 전투기를 대량으로 생산하는 일은 공중전 수행뿐만 아니라 지상전 수행에도 필수적이었다. 실제로 1918년의 지상전은 공중 우세, 공중 정찰, 근접 항공 지원, 차단 공격에 의존했다.

1916년의 생산량을 보면 참전국들이 공중전을 얼마나 심각하게 받아들였는지 알 수 있다. 독일은 그해 총 8,182대의 항공기를 생산해, 7,549대를 생산한 프랑스를 앞섰다. 하지만 독일은 병참 측면에서는 뒤졌다. 프랑스는 총 1만6,875개의 항공기 엔진을 생산한 반면 독일이 생산한 엔진은 7,823개에 그쳤기 때문이다. 프랑스의 총 생산량에 영국의 항공기 5,716대와 엔진 5,363개가 합쳐져 협상국 진영은 수적 우위를 점할 수 있었다.[32] 1917년 4월 슈망데담Chemin des Dames 참사 이후 프랑스군을 지휘하게 된 페탱은 항공기, 전차, 대포의 수를 늘리기 위해 대대적인 프로그램을 시행했다. 독일군에 비해 프랑스군은 원자재에 대한 접근성이 좋았다. 1917년 1월 1,420대였던 전투기는 6월에는 2,100대, 9월에는 2,870대로 늘어났다.[33] 영국도 항공기 및 엔진의 생산량을 늘리는 동시에 설계를 꾸준히 개선했다. 1917년에 영국은 1만3,766대의 항공기를 생산했으며, 첫 분기에서 네 번째 분기까지 생산량을 거의 두 배로 늘렸고 항공 엔진 생산도 거

의 3분의 2 정도 증가시켰다.[34]

반면, 독일은 계속 뒤처지고 있었다. 1917년의 총 생산량은 힌덴부르크 프로그램이 직면한 어려움을 잘 보여준다. 목표는 한 달에 약 1,000대의 전투기를 생산하는 것이었지만, 원자재 부족과 치솟는 비용으로 인해 목표를 달성하기 어려웠다. 1917년 겨울의 석탄 및 운송 위기는 문제를 더욱 악화시켰다. 그 해 1월에는 400대, 2월에는 260대로 생산량이 급감했다. 월별 수치를 바탕으로 할 때 독일은 1917년에 약 9,000대의 항공기를 생산했을 것으로 추산된다.[35]

다음 해에도 상황은 나아지지 않았다. 독일은 여전히 뒤처지고 있었다. 월간 항공기 및 엔진 생산량은 각각 목표치인 1,600대와 1,800대에 근접하지 못했다. 원자재와 인력이 부족하고 국내의 불만이 높아지면서 월평균 항공기 생산량은 1,151대, 엔진 생산량은 1,379대에 그쳤다. 한편 영국 산업계는 전년의 두 배에 달하는 3만671대의 항공기와 1,865대의 수상기seaplane를 생산했다. 총 26만8,096명의 근로자가 이 산업에 종사했는데, 이는 1915년에 5,000명이 이 산업 분야에 고용된 것과 비교하면 엄청나게 증가한 수치다.[36] 프랑스의 노력은 1918년에도 마찬가지로 인상적이었는데, 공장에서 2만4,652대의 항공기와 4만4,563대의 엔진을 생산하고 18만5,000명의 인력이 일했다.[37]

지금까지 그 어떤 무기 시스템도 이처럼 혁신적인 영향을 미친 적은 없다. 전쟁 초기에 항공기의 임무는 전진하는 보병을 정찰하는 단 한 가지뿐이었다. 그로부터 4년 후 항공기는 공중 정찰, 근접 항공 지원, 공중 우세 확보, 차단 공격, 전략 폭격 임무를 맡게 됐다. 결정적인 원동력은 연구 개발과 전례 없는 산업 자원에 힘입어 항공기 성능이 빠르게 개선된 것이었다. 또한 공중에서 벌어지는 전투는 지상 전투와 공생 관계를 유지했다. 1918년의 공군과 공군력은 제병연합 전술combined-arms tactics(다양한 군사 병과를 통합해 상호 보완적인 효과를 얻는 전술 – 옮긴이)의 혁신과 함께 이 전쟁의 두 번째 군사 혁신을 대표하게 됐다.

가장 암울했던 1917년

1916년 12월, 헤닝 폰 홀첸도르프 제독은 무제한 잠수함 작전을 재개하면 6개월 안에 전쟁이 종식될 것이라고 독일 지도자들에게 전했다. 하지만 이는 현실을 심각하게 도외시한 작전이었다. 사실상 무제한 잠수함 작전은 협상국들이 결정적인 우위를 점하기 전에 독일이 할 수 있는 필사적인 도박에 불과했기 때문이다. 무제한 잠수함 작전을 강력하게 주장한 근거는 '군사적 필요성'이 전략적 고려에 우선해야 한다는 논리였다. 결국 1917년 1월 9일, 독일 황제는 주요 장군과 제독들의 지지를 받아 무제한 잠수함 작전 재개에 동의했다. 당시 루덴도르프는 "나는 미국을 신경 쓰지 않는다."라고 말했다.[38]

영국 정부는 독일의 무제한 잠수함 작전에 대처하기 위해 호송선단convoy 시스템을 도입했고, 그 결과 상선들을 위협하는 유보트의 능력은 약화됐다.[39] 독일의 가장 명백한 오산은 1914년 8월부터 미국 항구에 억류된 상선과 미국 산업의 생산 능력을 무시한 것이었다. 1917년 4월에 참전한 미국의 군사적 잠재력은 그해 말부터 본격적으로 드러났다. 협상국들은 미국의 참전으로 더 이상 미국으로부터 수입하는 물품의 대금을 걱

정할 필요가 없어졌다. 게다가 미국이 참전하면서 독일에 대한 봉쇄는 더 철저하게 시행됐다.[40]

한편 힌덴부르크와 루덴도르프의 가장 큰 문제는 인력 부족이었다. 이를 해결하기 위해 이들은 먼저 프랑스에서 대규모 병력을 철수시키고, 지크프리드 라인Siegfried Line이라는 이름의 새로운 방어선을 설정했다. 이로써 독일의 서부 전선 방어선은 약 40킬로미터(25마일) 짧아져 14개 사단을 다른 전장에 배치할 수 있게 됐다. 그러나 1916년 10월에 내려진 이 철수 명령은 조정에 의한 평화가 불가능했던 이유를 잘 설명한다. 당시 OHL이 내린 다음의 명령 내용을 살펴보자. "모든 철도 노선을 완전히 파괴하고, 모든 도로, 다리, 운하, 수문, 지역 그리고 우리가 가져갈 수는 없지만 적에게 조금이라도 유용할 수 있는 모든 장비와 건물을 파괴하기 위한 광범위한 준비를 해야 한다."[41] 결국 독일 군대가 철수한 뒤에 남은 것은 폐허뿐이었다.

1917년 2월, 러시아에서는 로마노프 왕조가 무너졌다. 전쟁으로 인한 수백만 명의 사상자, 군대의 무력함, 국민에게 동기를 부여하지 못한 차르의 무능으로 인해 러시아 인민의 불만이 끓어오른 결과였다. 로마노프 왕조는 폭발적으로 해체되지 않고 마치 촛불이 꺼지듯 조용히 와해됐고, 민주적 정권의 수립을 열망하는 '자유주의' 임시 정부로 대체됐다. 상트페테르부르크에서 정치적 투쟁이 진행되는 가운데 새 정부는 군대를 계속 전투에 투입하려고 했지만 러시아는 이미 전쟁에 지고 있었다.[42] 러시아의 혼란은 독일이 볼셰비키에게 자금을 제공하고, 블라디미르 레닌이 독일 영토를 거쳐 스웨덴으로 갈 수 있도록 비밀 봉인열차를 제공함으로써 가중됐다.[43]

당시 협상국들은 어떻게 서부 전선의 독일군을 돌파할 것인가를 놓고 고민했다. 1916년 11월, 조프르와 헤이그는 협상국 군대를 우아즈 강 Oise(프랑스군 주둔 지역)와 아라스Arras(영국군 주둔 지역) 사이에 집중 배치하기로 합의했다.[44] 12월 말, 프랑스는 베르됭에서 큰 성공을 거둔 조프르를 해임하고 그 자리에 로베르 니벨을 임명했다. 니벨은 연속 포격을 중심으로 전투를 진행하는 혁신적인 전술을 사용해, 1916년 상반기에 베르됭에서 프랑스가 잃었던 영토 대부분을 되찾았다.

1917년 4월, 아라스 근처에서 협상국 군대의 첫 번째 타격이 시작되었다. 협상국 군대 왼쪽에서는 캐나다군 4개 사단이 1군 전투의 주요 임무를 담당했고, 오른쪽에는 에드먼드 앨런비 장군이 이끄는 영국 3군단이 제한적인 공세를 펼쳤다. 1군 지역의 포격은 3월 20일에 시작됐다. 전체적으로 볼 때, 이 두 군대는 독일군보다 거의 세 배나 많은 2,817문의 대포를 사용했다. 또한 광범위한 땅굴을 이용해 공격 보병이 독일군의 관측망에 포착되지 않도록 보호했다. 게다가 영국군은 접촉 시 폭발하는 새로운 유형의 도화선이 장착된 106 포탄이라는 무기까지 가지고 있었다. 반면 독일군은 그때까지도 '유연한 심층 방어'라는 새로운 방어 교리를 완전히 익히지 못하고 있었다. 전투가 끝날 무렵 독일군 사상자의 수는 캐나다군의 2배에 달했다.

1916년 7월의 전술과 이 전투에서의 전술을 비교해보면 영국군 포병 능력의 변화를 알 수 있다. 또한 전쟁 초반과 이 전투 사이 영국 원정군 규모와 포격 총량 변화를 보면 3년 동안 영국의 산업력과 인력이 얼마나 동원되었는지도 알 수 있다. 7월 1일 솜 전투 첫날의 예비 포격에는 포탄 5만2,000톤이 사용됐지만, 아라스 전투에서는 훨씬 더 작은 면적에 총 8만

8,000톤이 사용됐으며, 19일 간 이루어진 포격전에서 영국군과 캐나다군 포병은 268만7,000발의 포탄을 발사했다.[45] 그 후 헤이그는 사상자가 늘어나고 저항이 거세졌음에도 불구하고 그 다음 주까지 공격을 계속할 것을 명령했다. 계속된 공격 명령에 한때 사단 지휘관들은 거의 반란에 가까운 움직임을 보이기도 했다.[46]

아라스 전투로 인해 다시 프랑스군의 역할이 중요해졌다. 니벨이 공세를 위해 선택한 지역은 슈망데담 강변과 독일군 전선의 후방에 바로 위치한 철도 근처에 있어 독일군 병참에 매우 중요한 역할을 하고 있었다.[47] 그러나 프랑스군은 두 가지 문제를 안고 있었다. 첫째, 독일군과 달리 프랑스군에는 일선 지휘관들이 혁신적인 전술을 따르도록 할 수 있는 권한을 가진 참모 체계가 부족했다. 게다가 니벨의 전술 아이디어가 일선 사단 지휘관들 대부분에게 제대로 전달되지 않았으며, 지휘관들은 재교육을 전혀 받지 못한 채 열정만 가지고 전투를 준비했던 것으로 추정된다. 둘째, 프랑스군은 완전히 새로운 접근법에 기반한 전술 체계를 공격하고 있었다는 점이다.

이 전투의 예비 포격은 당시 산업 자원 동원의 영향력이 어느 정도였는지 다시 한 번 살펴볼 수 있게 해준다. 1917년 4월 2일, 초기 사격 조정(포병이 목표물을 정확히 맞히기 위해 첫 포격을 가하고 그 결과를 바탕으로 사격 위치를 조정하는 일 - 옮긴이)과 반격 포격이 시작됐고, 본 포격은 4월 9일에 시작됐다. 4월 1일부터 5월 5일까지 알프레드 미첼러 장군의 군대는 1,100만 발의 포탄을 발사했는데, 그중 250만 발은 중포 포탄이었다. 전체적으로 1,650문의 중포를 포함한 5,350문의 대포가 공세를 지원했다. 하지만 프랑스군은 악천후에 시달리고 제공권을 상실하는 등 상당한 어려움을 겪었다.[48] 그럼에도 니벨이 지휘하는 프랑스 보병대는 포격 피해가 비교적 적었던 지점들로 깊숙하게 진격했다. 독일군 방어전술의 권위자인 한 역사학자는 당시 상황에 대해 이렇게 설명했다. "최전방 사단들은 전선의 가장 앞쪽에 집중했고, 그렇게 함으로써 공격의 파고를 지연시키고 무너뜨렸다."[49] 니벨의 공세는 사상자 측면에서 보자면 프랑스군이 감행한 공격 중 가장 성공적인 공격 중 하나였다.[50] 하지만 문제는 니벨이 기대치를 너무 높게 잡았고, 기대에 부응하는 과정에서 최전방 부대들의 사기가 무너져내리는 위험한 결과를 초래했다는 데 있었다.

게다가 휴가도 가지 못하고, 제대로 먹지도 못하고, 장군들에게 학대에 가까운 대우를 받으면서 3년 동안 고생을 견디던 푸알루들poilus('털복숭이들'라는 뜻으로 제1차 세계대전에 참전한 프랑스 병사들을 뜻한다. - 옮긴이)이 그 시점에서 폭동을 일으켰다. 독일군을 공격하기 위해 전진해야 하는 병사들이 참호에서 나오지 않는 경우도 있었다.[51] 문제는 계속 커졌지만, 다행이도 독일군은 이 문제를 눈치채지 못했다. 프랑스군은 사령관이 니벨에서 페탱으로 교체되고 나서야 이 위기에서 벗어났다. 페탱은 당근과 채찍을 절묘하게 조합해 사기를 회복시키고 규율을 확립했다. 그는 사형 선고를 받은 554명 중 62명을 처형하기도 했지만, 다른 한편으로는 푸알루들의 정당한 요구를 충족시키는 개혁을 단행했다.[52] 군의 기강이 회복되자 페탱은 지휘관들에게 독일군 사상자를 극대화하고 프랑스군 사상자를 최소화하기 위해 신중하게 계획된 공격을 실행하라고 지시했다. 하지만 그 시점에 이미 프랑스군은 중요한 전투에서 배제돼 있었다.

그 부담은 고스란히 영국군에게 돌아갔다. 당시 영국 총리 로이드 조지는 정치적으로 입지가 약해진 상태였기 때문에 헤이그가 결정권을 가지게 됐다. 헤이그는 여러 가지 어려움이 있기는 했지만 플랑드르에서 대규모 공세를 시작하기로 결정했다. 사실 플랑드르의 지형은 별로 작전에 적합하지 않았다. 중세시대에 농민들이 물을 빼내 간척한 거대한 습지였기 때문이다. 특히 늦여름 폭우가 쏟아질 때는 포격으로 인해 이 지역이 물바다로 변할 것이 분명했다. 고위 장교들 대부분은 포병이 예비 포격을 가한 다음, 보병이 진격할 때 포격으로 지원하는 비교적 짧고 강렬한 공격을 주장했다. 하지만 헤이그는 이 제안을 일축했다. 여전히 그는 나폴레옹처럼 결정적인 승리를 원했기 때문이다.[53]

공세가 시작되기 전인 1917년 6월 7일, 영국군은 허버트 플러머 경이 이끄는 2군을 선두로 메신느 능선Messines Ridge에서 '물고 버티는' 작전을 개시했다. 영국군은 독일군 방어선에 350만 발의 포격을 퍼부은 뒤 독일군 진지 아래에 21개의 거대한 지뢰를 설치했다.[54] 그 지뢰 중 19개가 폭발하면서 독일군에게 엄청난 타격을 입혔고, 6시간 만에 능선은 영국군의 손에 들어왔다.[55] 공세 첫날의 작전은 대대적인 성공을 거두었지만, 헤이그는 늘 그랬듯이 병사들에게 무리한 공격을 명령했다. 독일 보병과 포병은 빠르게 철수했고, 이틀이 지나자 영국군의 손실이 늘어났다. 메신느 능선을 점령한 것은 대단한 성공이었지만, 영국군은 그 전투 지역을 넘어서지는 못했다. 작전을 위한 포병 지원 규모를 살펴보면 이 전투가 빠른 승리를 거둘 수 있는 전투가 아니라 소모전과 생산력이 판가름한 전투였다는 사실을 잘 알 수 있다. 이 전투에서 영국군은 1,510문의 야포, 756문의 중포, 14만4,000톤 이상의 탄약을 사용했다.[56]

메신느 능선 전투 이후 헤이그는 거의 두 달 동안 작전을 중단하고 플랑드르 공세를 준비했다. 그는 플랑드르에서는 물고 버티는 작전을 취하지 않기로 했다.[57] 이 작전은 기병대 장군 휴 고프 경이 지휘했다. 메신느 능선 전투에서의 플러머와 달리 고프는 독일군 전선 깊숙이 침투하는 것을 목표로 삼았다. 제5군은 1,422문의 야포와 752문의 중화포를 동원했다. 그 측면에서는 북쪽의 프랑스 제1군, 남쪽의 영국 제2군이 초기 포격을 지원했다.

고프의 제5군에 맞서는 독일 제6군의 지휘관은 독일 육군 최고의 방어 전문가인 프리츠 폰 로스베르크 대령이었다.[58] 로스베르크는 대규모 포격이 이 지역의 배수로를 파괴해 참호에 금방 물이 차게 될 것이라는 사실을 잘 알고 있었다. 그는 즉시 독일 6군에게 포격에도 견딜 수 있는 콘크리트 벙커를 건설하도록 지시했고, 이 벙커들은 독일군의 방어에서 핵심적인 역할을 했다.[59]

영국 제5군의 예비 포격은 7월 16일에 시작됐고, 공세는 7월 31일에 시작됐다. 악천후 속에서 시작된 포격의 효과는 제한적일 수밖에 없었다. 그럼에도 불구하고 영국군의 포격은 영국군 전선의 왼쪽과 중앙에 위치한 독일군 토치카pillbox(콘크리트로 단단하게 구축한 진지 - 옮긴이) 상당 수에 피해를 입혔다. 하지만 비가 내리면서 전장은 빠르게 진흙탕으로 변해가고 있었다. 영국 5군은 초기 전투에서 2만7,000명의 사상자를 냈고, 독일군도 거의 비슷한 피해를 입었다. 8월의 첫 4일 동안 약 400밀리미터에 이르는 폭우가 쏟아진 것을 시작으로 8월 한 달의 강우량은 총 480밀리미터에 달했다. 이는 플랑드르의 8월 평균 강우량의 거의 두 배에 가까운 양이었다.[60] 하지만 헤이그의 부추김으로 고프는 계속해서 공격을 시도했고 모두 실패로 돌아갔다. 두 사람 모두 끔찍한 상황에는 별로 관심을 기울이지 않았다. 당시 최전선을 순찰한 호주 장교는 이런 기록을 남겼다.

"비탈에 온통 적군과 아군의 시체가 널려 있었다. 어떤 토치카에는 시체들만 쌓여있었기 때문에 나는 다음 토치카로 조심스럽게 움직였다. 그 토치카에는 병사 50명 정도가 살아있었다. 맨체스터 연대의 병사들이었다. 그렇게 낙심하고 사기가 떨어진 병사들을 보는 것은 처음이었다. …… 죽은 사람들과 죽어가는 사람들이 산더미처럼 쌓여 있었다. 부상자들은 수없이 많았고, 그들은 아무도 돌보지 않아서 신음하고 있었으며, 그중에는 나흘이나 그곳에 있었던 사람들도 있었다."[61]

고프의 무능으로 인해 헤이그는 9월 초에 플랑드르에서 5군을 철수시키고 플러머의 제2군으로 교체했다. 9월 20일 플러머의 첫 번째 공격은 비교적 성공적이었다. 하지만 이는 현실적이고 제한적인 목표를 세웠고 날씨가 좋았기 때문에 가능한 일이었다. 9개 사단과 3개 군단에 의해 이루어진 이날 공격에서도 영국군은 엄청난 포탄을 퍼부었다. 예비 포격에서만 165만 발의 포탄이 발사됐다. 이 공격에서는 특히 집중 포격이 효과적이었다. 목표물에 도달한 뒤 영국군은 전선을 집중 포격해 독일군의 반격을 저지할 수 있었다. 하지만 영국군의 피해도 상당히 컸다. 영국군은 2만1,000명의 사상자를 내고도 겨우 14.25제곱킬로미터를 점령했을 뿐이었다.[62] 10월 초에 폭우가 쏟아져 플랑드르는 다시 진흙탕으로 변했다. 그럼에도 불구하고 헤이그는 끝까지 버텼다. 그가 고집을 부린 이유 중 하나는 정보 책임자인 존 차터리스 준장과 참모장인 랜슬롯 키겔 중장이 독일군이 곧 무너질 것이라고 계속 확신을 심어주었기 때문이다. 이 전투에서 영국군과 식민지군은 약 26만 명의 사상자(사망자 7만 명)를 냈다. 독일군 역시 약 26만 명의 사상자가 발생했다.[63]

플랑드르의 파스샹달 전투가 이렇게 진흙탕 속에서 교착 상태에 빠진 가운데 서부 전선의 남쪽과 이탈리아에서 벌어진 두 전투는 주요 전술 및 기술 혁신으로 이어졌다. 첫 번째 전투에서 영국군의 공격 무기는 새로운 전쟁 방식을 예고했다. 캉브레 공격으로 불리는 이 전투에서 혁신적인 무기 시스템인 전차가 사용된 것이다. 두 번째 전투인 독일군의 카포레토 공세에서 독일군은 후방 지역 깊숙이 침투해 적의 약점을 공략하고 후속 부대가 거점을 정리하는 새로운 보병 전술 체계를 사용했다.

캉브레 공격은 줄리안 빙Julian Byng 장군이 영국 제3군 사령관을 맡으면서 시작되었다. 공격 계획의 설계자는 스코틀랜드 제9사단 포병 사령관 튜더 준장이었다. 튜더는 기습 공격을 위해서는 독일군에게 경고를 주는 예비 포격을 하지 말자고 제안했다. 대신 항공 사진 촬영과 야간에 소리와 플래시로 독일 포대의 위치를 조사하는 첨단 기술을 사용해 독일 포대를 약화시킬 수 있는 대응 포격을 실시할 것을 제안했다. 이에 따라 수많은 전차가 독일군의 철조망을 분쇄하는 데 사용됐다. 이 지역은 공격 목표 지점으로 특히 매력적이었다. 독일군의 방어가 2개 사단에 의해서만 이뤄지고 있었고, 그나마 두 사단 모두 약체였던 데다 영국군 뒤쪽에 숲이 있어 전차를 숨길 수 있었기 때문이다. 게다가 영국 왕립항공대가 공중을 장악하고 있었다.[64]

공격은 11월 20일 오전 6시 20분에 시작됐다. 플랑드르 공세와 비교하면 이 공격은 놀라운 성공을 거두었다고 할 수 있다. 378대의 전차가 제3군단과 제4군단의 5개 보병사단을 이끌고 독일군과 맞섰다. 전차는 철조망과 기관총 진지를 분쇄하는 등 많은 성과를 거두었다. 저녁 무렵 영국은 약 6.4킬로미터(4마일) 정도 진격한 상태였다. 하루 만에 영국군은 가벼운 피해만 입은 채 힌덴부르크 전선의 일부를 돌파하는 데 성공했고, 포로 4,000명과 총 100정을 포획했다. 전차 중 178대는 다음 날 진격을 지원하기 위해 정상 작동 상태를 유지했지만, 전차를 타고 전투를 벌였던 병사들은 모두 지쳐있었다. 거기서 멈췄어야 했지만, 헤이그는 11월 21일 독일 지원군이 도착했음에도 불구하고 계속 진격할 것을 고집했다.[65]

영국군이 캉브레 공격을 계획하고 있는 동안 독일과 오스트리아는 알프스 산맥에서 이탈리아군에 대한 대대적인 기습 공격을 시작했다. 이탈리아군은 영국군의 갈리폴리 상륙 직후인 1915년 5월, 전쟁이 곧 끝나고 상당한 영토를 확보할 수 있을 것이라는 믿음으로 협상국 편에 서서 참전했다. 당시 이탈리아군 사령관 루이지 카도르나는 군인이 갖춰야 할 지식이 별로 없었던 피에몬테 육군 장교들의 전통을 그대로 따랐다. 미국의 역사가 맥그레거 녹스는 카르도나에 대해 이렇게 말했다.

"그는 매우 단순한 사고의 소유자였는데 …… 이는 경험에 의해 바뀔 가능성이 없었다. 전쟁의 최고 형태는 포위 공격이 아니라 정면 공격이라는 것이 그의 생각이었다. 그는 대부분 문맹인 농부들로 구성된 군대에 동기를 부여하기 위해서는 '강압과 억압'이라는 극단적인 방법을 쓸 수밖에 없다고 생각했다."[66]

1915년 5월부터 1917년 10월까지 이손초Isonzo에서 벌어진 열두 번의 전투에서 카도르나와 이탈리아 장교단의 무능이 그대로 드러났다. 전쟁 중 이탈리아의 전투 사망자는 총 50만 명이었는데, 그중 절반 이상이 이 전투에서 사망했다.

독일의 루덴도르프는 7개 사단을 공격에 투입했는데, 일부는 9월 리가Riga 공세에 참여했던 병력이었고, 나머지는 정예 산악부대였다. 포격은 10월 24일 새벽 2시에 시작되었고, 독일군이 당시 개발 중이던 제병연합 전술을 활용했다. 6시간 후 독일군과 오스트리아군 보병이 진격했다. 2차 공격에서는 독일군 중위 에르빈 롬멜이 산악 중대 3개와 기관총 중대 1개로 구성된 부대를 이끌었다. 저녁 무렵 롬멜의 부대는 제3선을 돌파하면서 장대한 진격을 시작했고, 장교 12명과 병사 500명으로 구성된 대대를 포함해 9,000명의 포로를 생포했다.[67] 동맹국 군대는 베네치아에 거의 도달했고, 이탈리아를 전쟁에서 몰아내는 데 성공하는 듯했다. 이탈리아의 패배는 병사들을 고통으로 몰아넣은 리더십의 전형이 어떤 것인지를 잘 보여준다. 이탈리아군은 총 1만1,600명이 사망하고, 2만1,900명이 부상했으며, 29만4,000명이 포로로 잡히고, 5,000정의 총과 박격포를 잃었다.[68] 그럼에도 불구하고 카포레토 공격은 전술적인 면에서만 성공한 전투였다. 이 전투로 이탈리아가 완전히 전쟁에서 물러난 것은 아니었기 때문이다.

전쟁의 종말: 1918

1917년 한 해 동안 러시아는 정권과 군대가 모두 붕괴됐다.[69] 마지막 타격은 독일군의 9월 1일 리가Riga 공격이었다. 독일군은 가스 포탄으로 러시아 포병과 지휘 본부를 집중 포격했고, 그 뒤 독일 보병들은 와해되고 있던 러시아 군대의 마지막 군기마저 무너뜨렸다.[70] 11월에는 독일의 자금 지원을 받은 볼셰비키가 임시 공화국을 전복시켰다. 볼셰비키 지도자 중에서 새 정권이 평화를 이뤄내야 한다는 사실을 깨달은 사람은 레닌밖에 없었다. 당시 독일의 실질적인 목표는 폴란드, 리투아니아, 라트비아, 벨로루시 일부를 러시아로부터 떼어내고 우크라이나를 꼭두각시 국가로 만드는 것이었다.

첫 번째 협상은 동맹국들의 요구로 결렬됐다. 이후 독일군은 거침없는 진격을 시작했고, 레닌과 그의 동료들에게 평화 협정에 동의할 것을 강요했다. 결국 1918년 3월 양측은 브레스트-리토프스크 조약Treaty of Brest Litovsk에 서명했고, 조약에 따라 러시아는 서쪽 영토 대부분을 박탈당했다.[71] 이 조약은 독일의 야망을 그대로 드러낸 조약이자, 제1차 세계대전의 평화 협정인 베르사유 조약이 독일에게 가혹한 것이었다는 주장을 무색하게 만들 정도의 내용을 담고 있었다.[72]

동부의 평화를 이룬 독일군은 서부로 병력을 이동시킬 수 있었지만, 두 가지 요인으로 인해 이동의 효과는 제한됐다. 첫째, 루덴도르프는 항복한 러시아의 더 넓은 지역을 점령하고 싶은 충동을 참을 수 없었다. 그럼에도 불구하고 1917년 11월부터 1918년 3월까지 OHL은 동쪽, 남쪽, 남동쪽 전선에서 33개 사단을 철수시켰다.[73] 둘째 요인은 군대의 심각한 사기 문제로, 당시 동쪽에서 서쪽으로 이동하던 병력 중 약 10%가 탈영했다.[74]

그 시점에서 독일 지도자들이 직면한 질문은 "앞으로는 어떻게 할 것인가?"였다. 경제 상황과 인력 고갈을 고려할 때 이 문제에 대한 논쟁이 활발하게 일어났을 것으로 생각하겠지만 실상은 전혀 없었다. 루덴도르프는 "우리는 작전에 대해서는 너무 많이 이야기하고 전술에 대해서는 너무 적게 이야기한다."라고 말했다.[75] 힌덴부르크는 미군이 유럽에 도착하기 전에 유리한 결과를 만들어내기 위해 서부에서 대공세를 펼치겠다고 선언했다. 1918년 새해 첫날, OHL은 '고정된 전선에서의 공격Angriff im Stellungskrieg'이라는 이름의 교리를 공표했다. 이것은 독일군이 1917년 전투에서 어느 정도 성공을 거둔 방어 교리에 기초한 새로운 전술적 접근 방식이었다. 이 전술로 인해 포병, 보병, 근접 항공 지원이 통합됐다. 또한 독일군은 동부 전선에서의 경험에 기초해 적의 지휘 통제 센터와 포병을 손상시키고 혼란을 야기하고 적 방어 체계에 균열을 일으키기 위해 집중 포격 전술을 채택했다. 보병 부대는 거점을 우회해 적 후방 지역으로 깊숙이 진격해 적의 재정비를 막았다. 일단 적을 고립시키면 적의 강점이 무너질 것이라는 계산에 따른 움직임이었다.[76]

제병연합 전술을 개발한 독일군은 총 52개의 공격 사단을 준비했고, 가장 경험이 많은 장교, 부사관, 병사들을 투입했다.[77] 이 사단은 새로운 교리 수행을 위한 집중적인 훈련을 받았다. 하지만 이 사단에는 병참 지원의 필수 요소인 수송에 문제가 있었다. 독일군이 보유한 트럭은 고무 타이어가 아닌 철제 타이어를 장착한 2만 3,000대에 불과했던 반면, 협상국들의 트럭 총 보유량은 10만 대에 달했다. 게다가 독일 군대는 말이 너무 부족했기 때문에 공격 사단이 이용할 수 있는 마차의 수도 적을 수밖에 없었다.[78]

영국군에게도 대응 능력을 제한하는 심각한 약점이 있었으니, 바로 인력 부족이었다. 당시 영국 총리 로이드 조지는 프랑스군이 보유하고 있던 약 40킬로미터 길이의 긴 참호 라인을 떠맡기로 약속해 영국군이 방어해야 할 지역이 크게 늘어난 상태였다. 또한 그는 인력 부족 때문에 프랑스 전선으로의 병력 보충을 거부해 그해 봄 헤이그의 공세도 중단시킨 상태였다. 따라서 영국 인력 위원회는 육군이 필요로 하는 61만 5,000명에 비해 훨씬 적은 10만 명만 배정했다. 당시 영국에는 약 12만 명의 일반 예비군이 남아 있었는데, 이는 "이들이 영국 본토에서 돈을 쓴다면 영국 경제에 도움이 될 것"이라는 명분에서 이뤄진 조치였다. 하지만 전선에서의 병력 부족은 영국 정치 지도자들의 잘못만은 아니었다.

폭풍이 몰아닥쳤을 때 영국 원정군은 독일군의 대규모 공격이 임박했다는 정보에도 불구하고 8만8,000명의 병사가 휴가를 떠난 상태였다.[79] 프랑스 참호 라인 일부를 접수한 고프의 5군은 준비가 제대로 되어 있지 않았다. 이 군대는 방어에 대한 경험이 거의 없었다. 이 군대는 독일군의 전술을 모방하려고도 했지만, 병력은 지쳐 있었고, 프랑스군은 참호 방어에 많은 노력을 기울이지 않았으며, 방어 개념은 당시 군대 문화에 맞지 않았다.[80] 그럼에도 불구하고 사단 지휘관들은 가용 병력의 3분의 1인 27개 대대 이상을 최전선 참호에 몰아넣었다.[81]

1918년 1월 초, 루덴도르프와 OHL 참모들은 '미하엘Michael'이라는 암호명의 공세를 시작하기로 합의했다. 대상 지역은 북쪽으로는 아라스에서 남쪽으로는 라페르를 포함하는 지역이었다. 하지만 이 공세에는 명확한 공격 대상이 없었다. 당시 독일군은 영국군 병참 기지가 있는 솜 남쪽의 아미앵을 목표로 했어야 했다. 하지만 두 차례의 세계대전에서 독일군은 병참에 거의 관심을 기울이지 않았다.[82] 게다가 루덴도르프는 작전 목표에 거의 관심이 없었다. 공격 직전에 루프레히트 폰 바이에른 왕세자(당시 독일 제국군 원수)가 미하엘 작전의 목표가 무엇인지 묻자 루덴도르프는 "저는 '작전'이라는 단어에 반대합니다. 우리는 구멍을 뚫을 것입니다. 나머지는 두고 보시지요."라고 말했다.[83] 전체적으로 공격군은 17개 참호 사단의 지원을 받는 50개 공격 사단을 보유하고 있었다.[84] 공세의 주력은 북쪽의 17군으로, 이 군대의 공격 구역은 약 19킬로미터였으며, 다른 군대들의 공격 구역은 40킬로미터 정도였다.[85]

3월 21일 오전 4시 40분, 독일 포병은 포격을 시작했다. 첫날에만 약 320만 발의 포탄이 발사됐는데 그중 3분의 1이 가스 포탄이었다. 포격이 얼마나 대단했던지 그 소리가 런던까지 들릴 정도였다고 한다. 오전 9시 40분, 보병이 투입됐다. 첫 번째 공격을 담당한 돌격부대 중대장이었던 에른스트 융거Ernst Jünger는 당시의 혼란을 이렇게 기록했다. "허리케인이 순식간에 닥친 것 같았다. 화염의 커튼이 내려졌고 갑작스럽고 격렬한 소란이 뒤따랐다. …… 중포가 발사되는 소리가 들리지 않을 정도로 엄청나게 큰 소음이 우리를 뒤덮었다. …… 우리는 어렵지 않게 철조망을 넘어 돌격하면서, 거의 알아볼 수 없을 정도로 파괴된 전선을 넘어섰다."[86]

OHL의 강력한 지원에도 불구하고 제17군은 영국군 제3군에 제한적으로밖에 타격을 주지 못했다. 하지만 그때 남쪽에서 고프의 제5군이 무너지기 시작했다. 역사학자 팀 트래버스Tim Travers는 이 붕괴에 대해 "이해되지도, 작동하지도, 제대로 존재하지도 않았던 방어 시스템 때문이었다."라고 분석했다.[87] 둘째 날, 독일군은 제5군의 전투 지역을 점령했고, 제5군은 솜에서 후퇴했다. 루덴도르프는 더 이상 제18군이 도달할 수 있는 주요 작전 목표가 없는 상황임에도 불구하고 남쪽에서 승리를 더 확실하게 할지, 아니면 북쪽의 영국군 방어선을 무너뜨릴지 선택해야 했다. 하지만 그는 깊게 생각하지 않았다.

그는 남쪽의 부대들에게 영국군 격퇴, 프랑스군으로부터 영국군의 분리, 프랑스 예비군 격퇴라는 세 가지 임무를 부여했는데, 이는 너무 일반적인 임무여서 별다른 지침이 없었다.[88] 그러던 3월 26일 결정적인 상황이 펼쳐졌다. 당시 독일군은 프랑스군으로부터 영국군을 분리해, 프랑스군은 영국 해협 쪽으로 후퇴하고 영국군은 남쪽으로 몰아내겠다고 위협하고 있었다. 패배할지도 모른다고 생각한 협상국들은 페르디낭 포슈를 사령관(원수)으로 하는 연합사 본부를 창설했다. 창설 즉시 포슈는 페탱에게 영국군이 프랑스군과 분리되는 것을 막고 헤이그를 지원하기 위해 상당한 규모의 지원군을 투입하라고 명령했다.[89] 한편 독일군은 심각한 병참 문제에 직면해 있었다. 제18군은 이미 철로에서 90킬로미터나 떨어진 곳까지 진군한 상태였기에, 일부 군단은 탄약 소비를 줄여야 했다.

4월 5일이 되자 독일군은 총알이 떨어졌고, OHL은 주요 공격들의 중단을 명령했다. 독일군은 전례 없이 많은 영토를 점령했지만 정작 중요한 목표물은 하나도 점령하지 못했다. 아미앵에 있는 영국군의 철도 및 물류 기지가 사정권 내에 있었음에도 독일군은 도시를 폭격하는 데 실패했다. 미하엘 공세 15일 동안 독일군은 파스샹달 전투에서 입은 피해와 비슷한 23만9,800명의 사상자를 냈다. 반면 협상국 군대는 25만4,739명의 사상자가 발생했고, 9만 명이 포로로 잡혀갔다. 하지만 독일군의 승리는 상처뿐인 승리였다. 협상국 군대는 손실을 보충할 수 있었고, 미군은 이미 이동 중이었다. 그 달에 거의 미군 30만 명이 프랑스에 도착했다.[90]

독일군은 다른 가능성으로 눈을 돌렸지만 이미 공격 부대의 상당 부분이 소진된 상태였다. 다음 공세인 게오르게테 공세는 4월 중순 플랑드르에서 시작됐다. 독일군은 포르투갈 사단의 붕괴에 힘입어 초기에는 성공을 거뒀지만, 그 후 진격을 멈췄다. 독일의 마지막 대규모 공세가 성공을 거둔 것은 5월 말이었다. 이번에는 파리 동쪽의 프랑스군을 목표로 삼았다. 하지만 이 블뤼허 공세는 큰 성공을 거두는 것이 목표가 아니라 '영국군에 대한 공세를 재개할 수 있는 가능성을 만드는 것'이 목표였다.[91] 독일군의 목표는 작전상이나 전략적으로 중요하지 않은 지역인 슈망데담 지역이었다. 하지만 슈망데담 남쪽은 언덕이 많고 산등성이와 강이 동서로 흐르고 있어 공격에 전혀 적합하지 않았다. 한편, 프랑스 장군 드니 뒤셴은 페탱의 심층 방어 명령에 주의를 기울이지 않았다. 대신 그는 각 사단에 병력을 최전방에 배치하고 주요 방어선은 엔 강을 등지고 배치하라고 명령했고, 그로 인해 나중에 후퇴가 힘들어졌다.

독일군은 5월 27일에 공격을 시작했다. 독일군은 포격 계획을 훌륭하게 준비했고, 그 결과는 엄청났다. 포격은 3시간도 채 되지 않았지만 프랑스 포병의 대부분이 무너졌다. 첫날 독일군은 거의 300만 발의 포탄을 발사했고, 그중 절반이 가스 포탄이었다. 협상국의 전선은 무너졌고, 독일군의 진격은 매우 빨랐다. 그날 독일군은 650문의 대포를 탈취했다.[92] 그 다음 날, 목표를 달성한 독일군은 영국군에 대한 공격을 중단하고 결정적인 공격을 준비했어야 했다. 하지만 루덴도르프는 계속 밀어붙여 샤토티에리까지 진격을 했다. 그런데 포슈는 독일군이 도보로 진격할 수 있는 속도보다 더 빠르게 철도로 지원군을 데려왔다. 게다가 약 8개의 미군 사단이 이 전투에 참가할 예정이었다. 이는 참전 미군의 숫자가 계속 늘어날 것이라는 신호이기도 했다. 6월 5일까지 막대한 손실과 물류 시스템의 붕괴로 인해 OHL은 블뤼허 작전을 취소할 수밖에 없었다. 독일군은 영토를 확보했지만 다른 것은 거의 얻지 못했다. 협상국 군대의 사상자는 12만7,337명, 독일군 사상자는 10만5,370명이었다.[93]

그럼에도 불구하고 루덴도르프는 영국군을 상대로 또 다른 공세를 펼칠 계획을 세웠으며, 그보다 먼저 프랑스군을 한 번 더 공격하기로 했다. 철도 요충지인 랭스를 점령하기 위해서였다. 그는 첫날 19~28킬로미터까지 진격할 수 있을 것이라고 생각했지만 그의 생각대로 일이 진행되지는 않았다. 정보를 미리 알고 있던 포슈와 페탱은 이 지역에 강력한 예비군을 집중 배치했고, 이 지역에 주둔하던 프랑스군은 심층 방어선을 구축했다. 7월 15일, 독일군의 첫 번째 공격이 시작됐다. "30킬로미터에 이르는 전선을 따라 (독일군) 보병이 전진했다. …… 하지만 독일 돌격대가 프랑스군 진지로 더 깊숙이 밀고 들어갈수록 기관총 진지가 점점 더 늘어났다.…… 독일군은 독일 포병대가 발사한 포탄이 닿을 수 있는 한계점, 분화구와 연기가 자욱한 지점을 지나 계속 전진했다. …… 독일군이 더 전진해 닿은 곳에는 포격을 당하지도 않았고 가스 포탄에도 맞지 않은 소총수들과 기관총수들로 구성된 프랑스 방어선이 견고하게 구축돼 있었다."[94]

7월 18일, 프랑스군은 마른 강 근처의 참호 돌출부 맞은편에 대한 대규모 공격을 시작했다. 이 공격은 협상국 전투기들이 독일군 정찰기들을 제압한 상태에서 이뤄졌기 때문에 독일군에게는 기습이나 마찬가지였다. 6군과 10군의 24개 사단이 493대의 전차를 지원받아 독일군 10개 사단을 공격했고, 공격과 거의 동시에 프랑스군은 수아송의 철도 교차 지점을 거의 탈환했다. 저녁 무렵 협상국 군대는 약 19킬로미터(12마일)에 이르는 전선에서 약 6.5킬로미터를 전진했다.[95] 독일군은 후퇴할 수밖에 없었다. 8월 3일, 독일군은 우르크 강까지 후퇴했다. 이로써 독일군은 블뤼허 공세로 얻은 영토를 거의 모두 잃었다.

3월 17일부터 7월 중순까지 독일군은 전례 없이 많은 영토를 확보했지만, 작전적으로나 전략적으로나 의미 있는 영토를 점령하지는 못했다. 그 결과도 끔찍했다. 4개월 동안 독일군은 97만7,555명의 사상자를 냈는데, 이는 1916년과 1917년 서부에서 벌어진 그 어떤 대규모 공세보다 큰 손실이었다.[96] 게다가 대부분의 전투 손실은 공격 사단을 구성하는 장교와 부사관 및 병력에서 발생했다. 사기가 무너지자 탈영병이 늘어나고 후방 지역의 기강이 해이해졌다.[97] 또한 마침내 루덴도르프는 1917년에 재개한 무제한 잠수함 작전이 초래한 결과와 마주하게 되었다. 1918년 3월에 28만 4,000명이었던 미군의 병사 수는 11월 초가 되자 187만 2,000명으로 급증해 있었다.[98]

협상국 군대의 반격

협상국 군대의 우세가 점점 확실해진 것은 산업 생산이 크게 호조를 보인 덕분이었다. 특히 프랑스의 노력은 대단했다. 1918년에 프랑스가 생산한 항공기 엔진은 4만 4,563대로, 이는 협상국 전체의 항공기 엔진 생산량을 합친 것보다 많은 수였다.[99] 1918년에 프랑스 육군은 2,653대의 경전차light tank를 인도받았다. 또한 1918년에는 미국 원정군AEF이 사용할 무기의 3분의 2와 거의 모든 야포, 전차, 포탄 등 대부분의 무기를 프랑스가 생산했다. 해협 건너편에서 영국 군수부는 봄에 입었던 손실을 만회하기 위해 중포와 곡사포의 생산량을 4,000문 이상 늘렸다. 포탄 생산량도 1917년 3만 8,635톤, 1918년 6만 5,160톤으로 인상적인 증가세를 보였다.[100]

1918년 7월 초, 영국군 지휘관들은 아미앵 인근 독일군 전선에 대한 대대적인 공세를 계획하기 시작했다. 당시 4군 사령관이었던 롤린슨은 짧고 날카로운 공세를 제안한 반면, 헤이그는 장기적인 공세를 통해 독일군 후방 지역에 깊숙이 침투해야 한다고 주장하면서 대포의 수를 기존의 2배인 2,000문으로 늘리고, 534대의 전차와 장갑차 1개 대대도 추가했다.[101] 8월 8일, 공격은 전차와 보병을 엄호하는 포격으로 시작됐다. 영국군의 대응 포격은 독일군 포병대에 막대한 양의 가스를 퍼부었다. 영국의 봉쇄로 인해 고무를 구할 수 없었던 독일국의 방독면은 확연히 질이 떨어졌기 때문에 더 이상 버틸 수 없었다.[102] 결국 독일 포병은 자신들이 즐겨 사용하던 가스 포탄 때문에 전투에서 제외되었다. 비교적 효과적인 무선 통신은 포병, 항공기, 보병, 공병, 전차 등 협상국 군대의 여러 요소들을 상호 연결시켰다.[103]

영국 4군은 독일군을 기습했고 독일군의 방어선은 무너졌다. 저녁 무렵 호주군은 약 13킬로미터나 전진했다. 협상국 군대의 전차들은 기계 고장으로 많은 희생자를 내긴 했지만, 독일군에게 심각한 피해를 입혔다.[104] 루덴도르프는 8월 8일을 "독일군에게 있어 전쟁 중 가장 어두운 날"이라고 불렀다. 9일에는 진격 속도가 느려졌다. 독일군의 포격으로 전차들이 심각한 타격을 입었고, 독일 지원군이 도착하기 시작했기 때문이었다. 포슈의 반대에도 불구하고 헤이그는 10일에 공세를 중단했다.[105] 사상자 수를 비교하면 협상국이 어느 정도의 승리를 거두었는지를 짐작할 수 있다. 협상국 2만2,000명, 독일군 7만5,000명이었다.[106]

포슈가 제안한 협상국 군대의 전략은 짧고 날카로운 공격을 동심원이 늘어나듯 계속 확대해 독일군을 국경으로 몰아내고 독일군 최전선 병력을 약화시킨다는 두 가지 목표를 달성하는 것이었다. 8월 8일의 승리 이후 협상국 군대의 공격이 계속 이어졌다. 휴전 때까지 전투 부담은 영국이 짊어져야 했다.[107] 8월 21일, 줄리언 빙이 이끄는 영국 3군이 연쇄 공격을 시작했다.[108] 독일군이 23일에 대규모 반격을 시작했지만 영국군은 이를 격파했다. 이후 빙은 공세를 재개했고, 그로 인해 독일 17군은 무너졌다. 이 승리는 특히 인상적이었는데, 영국의 3군 병력 대부분이 봄에 독일군의 공격을 받았던 정규 사단들로 구성돼 있었고, 그 사단들도 대부분 젊은 징집병으로 이뤄져 있었기 때문이다. 9월의 첫 2주 동안 영국군은 힌덴부르크 라인에 더 가까이 진격하기 위해 소규모 공격을 지속적으로 진행했다.

영국군이 힌덴부르크 라인을 공격할 준비를 하는 동안, 미군은 생미이엘의 참호 돌출부를 대상으로 첫 번째 대규모 공격을 시작했다. 당시 이 참호 돌출부는 요새화가 별로 진행되지 않은 곳으로, 독일군이 그곳에서 포병을 철수하기 시작하면서 방비가 더욱 약화됐다. 하지만 미군의 전투 준비가 너무 허술해서 독일군은 그들이 속임수를 쓰고 있다고 생각할 정도였다. 4시간 동안의 포격 끝에 미군 50만 명과 프랑스군 10만 명 이상이 전진했다. 퇴각할 때까지 독일군은 1만7,000명의 사상자를 낸 반면 미군 사상자는 7,000명에 불과했다.[109]

존 J. 퍼싱 미군 장군은 생미이엘 돌출부를 점령한 직후 포슈를 설득해, 지형이 험하고 독일군의 진지가 잘 배치돼 있는 뫼즈-아르곤 지역을 공격하기 위해 미군을 이동시켰다. 9월 30일에 시작된 공격은 초반에는 어느 정도 성공적이었지만 곧 혼란과 혼돈 속으로 빠져들었다. 미군은 독일군의 주 방어선인 크림힐데슈텔룽을 돌파하기까지 2주 동안 많은 사상자를 냈고, 그 시간 대부분을 조직 개편과 지휘권 교체에 할애해야 했다. 10월 중순, 미군은 휴전 직전에 스당에 도착하기 위해 진격을 재개했다.

미군이 뫼즈-아르곤 전투에 몰두하는 동안 영국군은 네 차례에 걸친 공세를 펼치며 더 많은 성공을 거두었다. 그중 가장 성공적이었던 공세는

9월 26일 빙의 4군이 힌덴부르크 라인을 돌파한 것이었다.[110] 토목 공학자 출신으로 당시 호주 군단을 지휘하던 장군 존 모나시 경이 이 작전의 계획 대부분을 설계했다. 영국군은 4일간의 포격으로 6만2,813톤의 정밀한 고성능 폭탄과 가스 포탄을 사용하며 독일군 포병 대부분을 제거했다.[111] 10월 6일, 영국 4군은 힌덴부르크 라인을 돌파하고 개활지(기복이 평탄하고 나무나 건물 따위 엄폐물이 없이 탁 트인 땅 - 옮긴이)로 진격했다. 전쟁의 마지막 3개월 동안 영국군과 식민지군은 2,840문의 대포를 포획하고 18만8,700명의 독일군을 생포한 반면, 더 많은 병력을 보유한 프랑스, 미국, 벨기에 연합군은 영국군에 비해 약간 더 많은 총 19만6,000명의 포로를 생포하고 3,775문의 대포를 포획했다.[112] 이 3개월 동안 40만 명에 가까운 독일군이 생포됐다는 사실은 당시 독일군이 이미 패배한 것이나 마찬가지란 것을 드러냈다고 할 수 있다.

1918년 9월의 사건들은 동맹국들을 차례로 약화시켜 결국 붕괴로 이어지는 결과를 초래했다. 이 패배로 인해 루덴도르프는 신경쇠약에 걸렸다. 불가리아는 9월 29일에 항복했고, 오스트리아-헝가리 군대가 무너지면서 프랑셰 데스페레 장군이 이끄는 협상국 군대가 발칸 반도에 진입했다. 중동에서는 10월 1일에 다마스쿠스가 함락됐고, 터키는 전쟁에서 철수했다. 10월 24일에는 이탈리아의 비토리오 베네토 공격으로 합스부르크 군대의 남은 병력이 격파되면서 협상국 군대가 독일 남부까지 진격했다. 절망에 빠진 루덴도르프는 10월 초에 자유주의 성향의 막시밀리안 알렉산더 프리드리히 빌헬름 폰 바덴 대공자가 이끄는 베를린의 새 정부에 휴전을 요구했다. 독일군 참모들은 군사 상황에 대한 브리핑을 받은 적이 없는 독일 당 지도자들에게 패전을 알렸다.[113] 사실상 독일은 그전부터 패배한 상태였다. 독일군은 1918년 3월부터 7월까지 110만 명의 사상자를 냈고, 7월부터 11월까지 77만 명의 사상자가 추가로 발생했다. 게다가 탈영병은 70만 명에 달했다. 10월 초, 독일 2군은 중화기 83문과 기관총 79문, 예비 병력 2,050명 등 전투 준비 병력이 2,683명에 불과하다고 보고했다.[114]

이미 진 전쟁이었다. 독일군은 기껏해야 1월까지 서부 전선에서 협상국 군대를 저지할 수 있었을 뿐이었다. 독일군은 10월에 오스트리아-형가리 군을 격파한 이탈리아군이 알프스를 넘어 바이에른으로 진격하는 것을 막을 수도, 영국군, 프랑스군, 세르비아군이 보헤미아와 모라비아로 밀려드는 것을 막을 수도 없었다. 게다가 10월에는 독일 해군이 제2제국의 패망에 최종적으로 결정타를 날렸다. 당시 제국의 새로운 정치 지도자들과 상의 없이 독일 해군 제독들은 '명예를 위해' 자살 공격을 감행하기로 결정했다. 제독들에게는 이 기습 공격이 좋은 생각이었는지는 몰라도 수병들에게는 그렇지 않았다. 전함들에서는 즉시 반란이 일어났다.

잃어버린 세대

이 전쟁이 끔찍하게 오래 지속되고 엄청난 희생을 낳게 된 것은 프랑스혁명의 산물인 민족주의에 의해 촉발된 광기와 산업혁명의 결합으로 일어난 제4차 군사-사회 혁명의 결과였다. 프랑스혁명은 근대국가가 국민을 통제할 수 있는 막강한 권한을 부여하는 행정 및 관료 구조를 만드는 데 도움을 주었다. 즉, 프랑스혁명은 이 전쟁에 동기와 수단을 모두 부여했다. 결국 독일은 과대망상을 억제하지 못하고 군사적 필요성에만 기초해 움직임으로써 전장에서는 군대를, 국내에서는 자국민을 파멸시켰다. 독일의 전략과 정치적 접근 방식은 독일 제국이 승리할 수 없는 조건을 스스로 만들어냈다. 독일의 뛰어난 전술은 전쟁을 장기화하고 막대한 비용을 초래했으며, 국제법을 위반하고 정치적 상식을 무시하려는 독일의 의지는 화해에 의한 평화가 이뤄질 수 있는 가능성을 완전히 배제했다.[115]

제1차 세계대전의 경제적·인적 비용은 천문학적이었다. 영국인과 영국 식민지인 92만1,000명, 프랑스인 139만8,000명, 러시아인 181만1,000명, 이탈리아인 57만8,000명, 미국인 11만4,000명, 독일인 203만7,000명, 오스트리아-헝가리인 110만 명, 불가리아인 및 터키인 89만2,000명이 이 전쟁에서 목숨을 잃었다. 이 엄청난 숫자는 21세기인 오늘날까지 충격을 주고 있다. 플랑드르에 있는 티에프발 아치Thiepval Arch에는 솜 전투에서 전사한 영국군과 영연방군 7만5,357명의 이름이 새겨져 있으며, 아직 안식처를 찾지 못한 전사자의 명단이 남아 있어 당시 학살의 규모를 짐작할 수 있다. 이 전쟁의 성과는 무엇이었을까? 이 전쟁은 단기적으로는 독일이 유럽의 패권을 장악하는 것을 막았지만, 그것이 미친 해로운 영향은 전쟁이 끝난 후 20세기 내내 계속됐다. 일부에서는 1991년에 베를린 장벽이 무너지고 소련이 붕괴한 후에야 그 정치적 결과가 끝났다고 주장하기도 한다.

전쟁이 끝난 후 20년간 이어진 불안한 평화는 유럽 외교관들이 안정적인 정치 체제를 만드는 데 실패한 탓도 있지만, 전쟁이 끝난 방식과 그 후의 정치적 혼란이 더 큰 원인이었다. 동구권에서는 볼셰비키가 자본주의 열강과 영구적인 적대 관계를 유지하겠다는 이념으로 무장한 정권을 세웠다. 게다가 소련은 차르 제국이 지배하던 잃어버린 영토에 대한 향수를 불러일으키는 민족주의를 계속 유지했다. 유럽의 중심인 오스트리아-헝가리 제국의 붕괴로 작은 국가들이 생겨나 잦은 분쟁을 일으켰다. 이 국가들은 단기적으로는 독립을 유지할 수 있었지만 독일과 러시아가 힘을 되찾은 후에도 독립을 유지할 수 있을지는 불투명했다.

이웃 국가들에게 독일 문제는 전략적 악몽과도 같았다. 많은 역사가들은 베르사유 조약을 제2차 세계대전을 촉발한 문제들의 가장 큰 원인으로 지목한다. 승전국들이 독일과 덜 가혹한 방식으로 평화 조약을 맺었다면 유럽은 다음 전쟁을 피할 수 있었을지도 모른다. 하지만 1919년의 정치적 상황에서 그런 평화는 불가능했다. 독일은 전쟁을 시작하는 데 가장 큰 역할을 했고, 전쟁 수행 과정에서도 끔찍한 일들을 저질렀기 때문이다. 예를 들어, 1914년에 벨기에와 프랑스를 침공했을 때 독일군은 의용유격대francs-tireurs(프랑스의 비정규군 또는 게릴라 - 옮긴이)이거나 의용유격대를 방조했다는 이유로 약 6,000명의 민간인을 학살했다. 또한 독일군은 1915년 4월에 가스전을 도입해 잔학 행위를 이어갔다. 1917년 봄에는 알베리히 작전을 수행하면서 프랑스 북서부의 광범위한 지역을 초토화시켰고, 1918년에 프랑스 북부와 벨기에 서부 전역으로 후퇴할 때도 이 같은 행동을 반복했다. 이 모든 것은 '군사적 필요성'이라는 명목 하에 이뤄졌다.[116]

베르사유 평화조약을 체결할 때 가장 큰 문제는 협상국 군대가 독일 영토에 발을 들여놓기도 전에 전쟁이 끝났다는 사실에 있었다. 1918년 12월 새로운 제국의 수상인 프리드리히 에베르트는 귀향하는 독일군을 맞이하며 독일군이 "패하지 않았다."라는 말로 환영했다. 협상국 군대가 우드로 윌슨이 제안한 14개 조항을 이행하지 않은 데 대한 배신감과 전쟁이 끝난 후의 암울한 상황에 실망감을 느낀 독일에서는 정치적 우파뿐만 아니라 많은 독일인이 '뒤통수'를 맞았다며 광분했다. 그들은 전쟁을 일으킨 책임이 독일 제국에만 있다고 명시한 베르사유 조약의 '전쟁 유죄War Guilt' 조항에 대해서도 분노했다.[117] 독일 외무부가 제국의 전쟁 전 문서를 왜곡하고 '편향적으로 편집된' 형태로 공개함으로써 이러한 감정을 더욱 악화시킨 것도 독일인의 분노를 부추겼다.[118]

결국 협상국들은 기회가 있었음에도 베르사유 조약을 이행하지 않았다. 한편 전쟁의 경험으로 상처받은 프랑스는 1923년 루르 점령 실패를 통해 영국의 지원 없이 독자적으로는 행동할 수 없다는 교훈을 얻었다. 하지만 영국은 1939년 봄이 될 때까지 프랑스에 대한 지원을 망설였고, 지원을 시작했을 때는 이미 너무 늦은 상태였다.

THE DARK PATH

CHAPTER 8

혁신과 전쟁 준비
1920~1939

적어도 표면적으로는 그렇게 생각한다. 우리는 평화가 일반적이며 전쟁은 거의 생각하기 힘들고 매우 유감스러운 예외라는 경건한 생각을 한다. 임마누엘 칸트의 영향 때문에 많은 사람들은 평화가 영원히 지속될 수 있다고 꿈꾸기도 한다. 모든 전쟁을 종식시키기 위해 전쟁을 벌이고, 민주주의를 안전하게 만들기 위해 싸운다는 말은 우리가 스스로에게 하는 거짓말일 뿐이다.

폴 A. 레이*Paul A. Rahe*, 《스파르타와 아테네의 첫 번째 전쟁*Sparta's First Attic War*》

네빌 체임벌린 (1869~1940)	영국 총리(1937~1940). 1938년 뮌헨 협정에서 히틀러에게 체코슬로바키아 수데텐 지방 할양을 승인하는 유화 정책을 펼쳤다. '우리 시대의 평화'를 가져왔다고 선언했으나, 이는 히틀러의 야욕을 키우는 결과를 가져왔다. 1939년 독일의 폴란드 침공으로 제2차 세계대전이 발발하자 전쟁을 선포했으나, 노르웨이 전역 실패로 1940년 사임했다.
뮌헨 협정	1938년 9월, 독일의 체코슬로바키아 수데텐 지방 합병을 영국과 프랑스가 승인한 협정. 이는 나치 독일의 팽창을 막지 못한 유화 정책의 대표적 실패 사례로 평가된다. 결국 히틀러는 이듬해 체코슬로바키아 전체를 점령했고, 곧이어 폴란드를 침공하며 제2차 세계대전이 발발하게 된다.
바이마르 공화국 (1919~1933)	제1차 세계대전 패배 후 수립된 독일 최초의 민주공화국. 초기에는 극심한 인플레이션과 정치적 혼란을 겪었으나, 1924~1929년 상대적 안정기를 맞았다. 그러나 1929년 대공황 이후 극단주의 세력이 성장하며 결국 나치당의 집권으로 종말을 맞았다.
카를 되니츠 (1891~1980)	나치 독일의 해군 제독이자 잠수함 전략의 대가. 제2차 세계대전 중 대서양에서 연합국 해상 보급로를 차단하는 '울프팩' 전술을 개발했다. 1943년 이후 연합국의 대잠수함 능력 향상으로 실패했으나, 히틀러의 후계자로 지명되어 1945년 5월 독일 국가원수를 맡았다.

제2차 세계대전을 연구하는 역사가들은 두 가지 큰 질문에 직면하게 된다. 첫 번째는 제1차 세계대전에서 패배한 독일이 어떻게 불과 20여 년 만에 유럽에서 힘의 균형을 무너뜨릴 수 있었을까 하는 것이다. 두 번째 질문은 첫 번째 질문의 파생 질문으로, 그 재앙을 설명하는 전략적·군사적 요인이 무엇인지에 관한 것이다. 두 번째 질문은 우연, 마찰, 무능, 인간의 나약함 등 역사의 불가해한 요소들이 그 기저에 깔려 있기 때문에 대답하기 더 어렵다.

1918년 11월, 협상국들의 압도적인 군사력과 산업력 앞에 독일군이 갑자기 무너진 것은 그해 7월까지만 해도 전쟁에서 승리하고 있다고 믿었던 독일 국민들에게 큰 충격을 주었다. 그 후 독일은 베르사유 조약 체결부터 1923년의 대규모 인플레이션, 대공황에 이르기까지 일련의 암울한 시간을 보내야 했다. 하지만 1941년 11월 말, 독일군은 영국과 소련을 제외한 모든 유럽 국가들이 겁에 질려 있는 가운데 모스크바의 턱밑까지 진격했다. 상당히 많은 사람들이 당시 유럽의 붕괴를 가혹한 베르사유 조약의 탓으로 돌리고 있지만 독일의 전쟁 범죄 규모를 고려할 때 조약의 내용은 사실 너무 관대했다. 게다가 유럽의 주요 강대국 중 두 나라는 처음부터 이 조약을 거부했다. 소련은 베르사유 조약이 소련을 전복시키려는 자본주의 음모의 핵심이라는 이유로 거부했으며, 독일은 제국이 전쟁에서 패배했다는 현실을 받아들이려고 하지 않았다. 독일인들은 사실과 상관없이 독일군이 전장에서 무패를 이어갔으며, 유대인과 공산주의자에게 뒤통수를 맞았을 뿐이라고 굳게 믿었다.

1933년 1월 30일 아돌프 히틀러가 제국 총리로 임명되면서 독일인들의 이런 생각은 더욱 굳어졌다.[1] 취임 4일 만에 히틀러는 독일의 고위 군지도자들에게 무제한적인 대규모 재무장을 시작하라고 지시했다. 당시 재무장을 제한할 수 있는 전략적 가능성이나 경제적 제약에 대한 논의는 히틀러의 말 한마디에 달려 있었다.[2] 그 결과 독일 경제의 구조적 약점과 현실을 고려한 전략을 개발하려는 노력이 전혀 이뤄지지 않은 상태에서 독일의 육군, 해군, 공군은 각자의 길을 가기 시작했다.

사실 1933년 당시 독일 경제는 1930년대 내내 그랬던 것처럼 파산 직전까지 치닫고 있었다.[3] 1939년 9월, 원자재 부족과 산업력 부족으로 독일은 예정되거나 계약된 군수품의 58.6%밖에 생산하지 못했다.[4] 이런 어려움은 이미 1936년부터 가시화되었으며 그 무렵, 군 고위 지도자들은 막대한 국방비 지출과 재정난으로 전쟁 또는 독일의 파산이 불가피하다는 사실을 인식하고 있었다.[5] 그해 국방비는 GDP의 13%에 달했고, 1938년에는 16.4%에 달했다.[6] 독일군이 직면한 근본적인 문제는 독일이 보유한 유일한 원자재가 석탄이라는 사실이었다. 석탄 채굴은 특히 인력이 많이 필요했고, 지난 전쟁에서처럼 독일도 인력 부족이 문제였다.

석탄 공급에 영향을 미친 또 다른 요인은 제국이 점점 더 동력을 많이 사용하게 되는 경제와 군사 작전에 필수적인 석유와 고무에 접근할 수 없었다는 사실이다. 독일은 수입에 의존하던 원자재를 대체하기 위해 합성 연료와 고무 생산에 상당한 노력을 기울였지만, 결국 이러한 노력 자체도 합성 생산의 기본 구성 요소인 석탄에 의존할 수밖에 없었다. 독일 경제의 동력화는 영국에 비해 훨씬 뒤처져 있었고, 미국에 비해서는 그보다 훨씬 더 뒤처져 있었다. 따라서 이는 1930년대 내내 경제의 민간 및 군사 부문 모두에 점점 더 큰 영향을 미쳤다. 디젤 연료에 대한 수요는 1933년 52만7,000톤에서 1937년 131만2,000톤으로 휘발유보다 훨씬 빠른 속도로 증가했다.[7] 철광석 부족도 문제였다. 게다가 프랑스와의 전쟁이 발발하자 독일은 더 이상 로렌느 광산을 이용할 수 없게 됐고, 따라서 독일은 철분 함량이 50%인 스웨덴 광석을 수입할 수밖에 없었다.

제2차 세계대전이 끝난 뒤 한 경제사학자는 독일군이 제국의 적을 한 번에 하나씩 제압한 후 다음 단계로 넘어가는 '전격전 전략blitzkrieg strategy'을 개발했다고 주장했다.[8] 하지만 사실 당시 독일군에는 거대한 전략은커녕 군사 전략도 없었다. 그런데도 독일군은 총통인 히틀러의 명령에 절대 복종했고, 히틀러는 상황이 발생할 때마다 본능에 따라 이를 이용했다. 하지만 히틀러는 기회주의자는 결코 아니었다. *유대인 없는*Judenfrei 세계를 지배하는 제국이라는 더 큰 비전이 그의 모든 주요 결정 아래에 견고하게 자리잡고 있었기 때문이다.

나치즘의 부상에 대한 영국과 프랑스의 대응의 근본적인 문제점은 특히 영국에서 너무 많은 사람들이 히틀러의 독일이 전략적 그리고 도덕적으로 위험한 존재라는 사실을 인식하지 못했다는 데 있었다. 1940년의 참혹한 세계 질서 붕괴를 초래한 주범도 다름 아닌 당시 영국 총리 네빌 체임벌린이었다. 간단하게 설명하면, 그는 히틀러나 무솔리니가 국제 무대에서 전쟁을 정책의 기본적인 수단으로 간주할 수 있다는 생각을 하지 못했다. 그는 외무장관 핼리팩스 경에게 독재자들은 "기분에 따라 움직이는 사람들"이라며 "기분이 좋을 때 그들은 무엇이든 요구하면 들어줄 것"이라고 말하기도 했다.[9] 국가 안보 문제에 대한 체임벌린의 생각은 '현대적인' 정치가는 힘의 균형, 전략적 요건, 군사력을 무시할 수 있다는 전제를 깔고 있었다. 영국의 언론인이자 정치가였던 레오 에이머리는 체임벌린에 대해 "그는 세계대전을 막기 위해서라면 어떤 대가라도 치르겠다는 결심이 확고했기 때문에 외무부의 조언을 무시하고 동료들을 통제했으며, 심지어 프랑스가 의구심을 가질 때도 그들을 강제로 동의하게 만들었다. 그는 프랑스인들의 도덕적 우려를 비현실적이라고 일축했고, 마지막 순간까지도 자신의 잘못을 인정하려 들지 않았다."라고 신랄하게 비판했다.[10]

이런 생각을 가지고 있던 사람은 체임벌린만이 아니었다. 그는 1940년 늦봄까지 보수당 다수파의 열렬한 지지를 받았을 뿐만 아니라, 영국 국민들도 체임벌린과 그의 외교 정책을 굳건히 지지했다. 게다가 일반 대중뿐만 아니라 엘리트 지식인들 사이에서도 유화적인 분위기가 깊게 자리 잡고 있었다. 히틀러가 집권한 지 열흘 뒤인 1933년 2월 9일, 옥스퍼드대학교의 학생 토론클럽 옥스퍼드 유니언은 "어떠한 경우에도 국왕과 국가를 위해 싸우지 않을 것"이라는 결의안을 통과시켰다. 영국의 유화 정책에 영향을 미친 또 다른 주요 요인은 참모총장들이 지속적으로 내놓은 비관적인 전략 평가였다. 참모총장들은 일관되게 영국과 프랑스의 군사력은 과소평가한 반면 독일군의 군사력은 과대평가했다. 사실, 국제 정세에 대한 그들의 어두운 전망은 부분적으로는 영국 방위체제의 엄청난 약점을 정부가 인정하도록 만들고자 하는 의도에서 나온 것으로 추정된다.[11] 하지만 이들의 경고 또한 전쟁이 또 다시 일어나는 것은 불가능하다고 확신하는 정부에 아무런 영향을 미치지 못했다.

당시 프랑스도 별반 다르지 않았다. 처칠은 프랑스인들이 보이는 이 이상한 태도에 대해 다음과 같이 언급했다. "지치고 큰 타격을 입긴 했지만 시대의 주도권을 확실하게 쥐고 있던 프랑스인들은 감사와 깊은 불안이 뒤섞인 상태로 미래를 내다보았다. 그들은 어떻게 하면 안전해질 수 있는지 노심초사했다. 그들은 안전을 확보하지 않고는 그들이 이룬 모든 것이 무의미하다고 생각했고, 승리의 축하 속에서도 삶 자체가 거의 견딜 수 없게 느껴졌다. 그들은 안전을 필사적으로 확보하려고 했다."[12]

독일이 여전히 위협적인 존재라는 현실을 깨달은 프랑스 정책 입안자들은 동유럽 신흥 국가들, 특히 체코슬로바키아와 폴란드와 일련의 동맹을 맺으면서 영국이 그 뒤에 서주기를 바랐다. 동시에 프랑스의 군사 전략은 독일군이 북쪽의 산업 지역을 점령하는 것을 막기 위해 마지노선을 구축하는 데 초점을 맞추었다. 하지만 여기에는 전략적 모순이 있었다. 독일군이 서쪽이 아닌 동쪽으로 먼저 진격했다면 프랑스는 동맹국을 도와주려고 했을까? 혹은 그게 가능했을까?

게다가 군사적 측면에서는 프랑스 내 정치 권력을 둘러싼 갈등이 군사 준비를 방해했다. 1936년, 사회주의자 레옹 블룸이 이끄는 인민전선 정부가 들어섰지만 상황은 더 나아지지 않았다. 국내 개혁으로 인해 프랑스 무기 제조업체들은 군의 요구를 충족시켜줄 만한 능력이 되지 않았고, 정부는 국내 문제를 해결하기 위해 국방비 일부를 전용했다. 예를 들어, 공군의 경우 1선 전투기들이 1939년 말까지 프랑스 전투 비행대에 배치되지 못했다. 이처럼 모든 신형 항공기 성능에 영향을 미친 초기 문제는 1940년 5월 공중전에서 프랑스 공군의 전투 능력으로 이어졌다.[13] 물론 군의 최고위 계층이 무능했다는 것이 더 크게 작용한 것이 사실이지만 말이다.

서유럽 열강과 그들의 전략적 접근 방식이 여전히 미흡한 가운데 미국도 전략적 사고를 완전히 접고 전쟁 준비에서 발을 뺐다. 미국은 베르사유 조약 비준과 '정상 상태'로의 회귀를 거부하면서 국제 정세를 가볍게 무시했다. 1938년에야 해군에 대한 예산이 대폭 증액되었지만, 군대 증강은 1940년 7월이 돼서야 시작됐다. 설상가상으로 1930년대 중반에 미국 의회는 전쟁 중인 국가에 무기를 판매하는 것을 금지하는 일련의 중립법을 통과시켰다. 이는 '죽음의 상인들merchant of death'이 미국을 또 다른 주요 분쟁에 끌어들이는 것을 막기 위한 조치였다. 하지만 미국의 근시안적인 태도 속에서도 프랭클린 D. 루스벨트 대통령은 정치적 상황이 허락하는 한도 안에서 전쟁 준비를 추진했다.

아이러니하게도 소련은 독일과 일본을 제외하고는 전간기 내내 대규모 전쟁을 위해 군대, 특히 육군을 준비시킨 유일한 국가였다. 1928년, 이데올로기의 편집증에 사로잡힌 스탈린은 자본가들의 침략에 맞서 군대를 지원하기 위해 러시아의 산업 기반을 강화한다는 명백한 목표를 가지고 소련 5개년 계획 중 첫 번째 계획을 시작했다. 산업화와 함께 '붉은 군대Red Army'를 현대화하기 위한 노력도 병행됐다. 1937년까지 이러한 노력으로 붉은 군대는 유럽 군대 중 가장 혁신적인 군대로 자리 잡았다. 하지만 그해 5월, 스탈린은 군대의 유능한 장교 대부분을 처형하는 파괴적인 숙청을 시작하면서 현대적 군대를 만들려는 노력을 좌절시켰다. 1941년의 재앙은 이 숙청이 만들어낸 결과라고 해도 과언이 아니다.

혁신과 전쟁 준비

두 차례의 세계대전 사이인 전간기에 기술과 능력은 크게 향상되었지만, 1930년대 중반 레이더의 등장이 몇 안 되는 예외적인 경우일 정도로 그 시기에는 놀라운 기술적 진전이 거의 없었다. 그럼에도 불구하고 제1차 세계대전의 무기들은 전장에서의 효율성이 크게 개선되었고, 이에 따라 군사 교리와 전술 개념의 변화가 요구됐다. 전간기에 눈에 띄는 것은 내연 기관의 성능 향상이 작전 속도에 상당한 영향을 미쳤다는 점이다. 마찬가지로 무선 통신과 그것에서 파생된 레이더의 개선은 지휘 및 통제에 큰 영향을 미쳤을 뿐만 아니라 무기의 전술적 사용에도 큰 영향을 미쳤다. 군사 조직이 전투를 얼마나 잘 수행했는지는 무기 시스템의 수가 아니라 전투를 수행하는 전술 및 작전 시스템의 문제였다. 따라서 평시 훈련과 연습을 어느 정도 범위로 얼마나 많이 현실적으로 수행했는지가 제2차 세계대전 초기 전투에 큰 영향을 미쳤다.

추축군Axis forces(제2차 세계대전에서 나치 독일, 이탈리아 왕국, 일본 제국의 3대 추축국과 이들에 동조한 국가들과 단체들의 군대와 무장집단을 지칭한다. – 옮긴이)과 영·미 군대의 뚜렷한 차이점 중 하나는 인재 풀을 관리하는 방식에 있었다. 이 차이는 연합군에게 큰 이점으로 작용했다. 독일군은 재무장 초기부터 국가와 군대 문화를 반영해 인재를 전투 무기 개발에 투입했다. 반면 영국군과 미국군은 젊은 과학자와 기술자들을 군의 거친 손아귀에서 보호하고자 했다. 이는 문화적인 차이였다. 독일과 일본은 민간 과학자와 기술자를 경시하는 경향이 있었다. 따라서 그들은 설계 및 엔지니어링 분야에서 일하는 사람들을 포함한 민간인의 영향력을 과소평가했다.[14] 연합군 측도 일부 이런 현상이 있긴 했지만 대부분의 경우 영·미군은 민간 전문가들의 의견에 귀를 기울였다. 그 결과, 이 민간 전문가들은 전쟁 중 암호 해독과 정보 수집에 상당한 기여를 했다. 그 이점을 어떻게 설명할 수 있을까? 연합군의 성공의 일부는 이러한 노력에 더 많은 자원을 투입하려는 의지에 있었다. 하지만 핵심은 인간의 재능을 (추축국과는 극명하게 대조되는 방식으로) 기꺼이 활용하려는 의지에 있었다.

지상군

1921년부터 진지하게 전쟁을 준비해온 독일군은 적어도 지상전에서는 전쟁 초기에 상대방보다 상당한 우위를 점했다. 그럼에도 불구하고 독일군의 전쟁 방식에는 이러한 장점을 무력화시키는 시스템적인 약점이 있었다. 제1차 세계대전에서 가장 중요한 군사 혁신은 제병연합 전술의 개발이었다. 1918년까지 이 군사 혁신은 보병, 포병, 공병, 근접 항공 지원, 정보, 공중 우세, 심지어 전차까지 복잡한 군사 지침 체계를 통합시켰다.[15] 전쟁이 끝나자 문제는 1918년의 교훈이 전후 군대의 교리와 군사 준비에 얼마나 잘 적용될 수 있을 것인가였다.

여기서 독일군은 가장 현실적인 방법을 선택했고, 이 방법을 통해 독일군은 제2차 세계대전 개전 초기에 상당한 성과를 거뒀다.[16] 이 과정에서 핵심 인물은 한때 '국가육군Reichsheer'이라는 이름으로 불리던 독일 육군의 두 번째 책임자이자 첫 번째 참모총장이었던 한스 폰 젝트Hans von Seeckt 장군이었다. 젝트가 국가육군의 지휘권을 넘겨받은 것은 1920년 3

월이었다. 당시 그는 두 가지 문제를 해결해야 했다. 첫 번째는 베르사유 조약에 따라 장교단을 어떻게 축소할 것인가, 두 번째는 전쟁에서 군대가 어떤 교훈을 얻어야 하는가였다. 젝트는 우선 일반참모장교를 유지하는 데 중점을 두고 그들이 지휘권을 유지하도록 했다. 다음으로 그는 전쟁 중 전술의 변화와 작전 수행을 검토하기 위해 57개의 위원회를 구성해 광범위한 학습 프로세스를 만들었다.[17]

1921년과 1923년, 일반참모부는 리더십과 제병연합 전술에 대한 '육군 규정 487'을 제정했다. 이 규정은 오늘날 기동전maneuver war이라고 불리는 전략과 비슷했는데, 명령 체계를 분산해 현장의 장교와 부사관이 자율적으로 판단하고 결정할 수 있도록 하고, 공격적인 자세로 적극적으로 작전을 수행하는 것을 강조했다. 독일군은 장교단에서 실시한 훈련과 토론을 통해 이 교리를 더욱 정교하게 다듬었다. 따라서 1933년 이후 전쟁 준비 과정에서 강조된 것은 혁신적인 전차 교리가 아니라 제병연합 전술이었다. 독일의 전차 개발은 전차가 제병연합 전투에서 가장 적절하게 기능할 수 있도록 심층적인 연구를 통해 이뤄졌으며, 이는 전쟁 초기에 큰 우위를 제공했다.

하지만 독일군이 효과적인 제병연합 교리와 시스템을 구축하는 데 성공했음에도 불구하고, 독일 공군과 해군은 모두 전략 및 작전 수준 측면에서 심각한 약점이 있었다. 작전이 성공하기 위해서는 전장에서의 전술적 역량, 적에 대한 일관되고 비교적 정확한 이해, 견고한 병참 구조라는 세 가지 요소가 중요한데, 두 번째와 세 번째 영역에서 독일군은 최후까지 제대로 된 지원을 제공하지 못했다. 정보력의 약점은 부분적으로 독일 사회의 편협성과 독일인들이 다른 사람들을 이해할 수 있는 능력이나 의지가 부족하다는 점에 원인이 있었으며, 나치의 이데올로기는 이 약점을 더욱 두드러지게 만들었다.[18] 병참 문제에 대해서는 일반참모장 프란츠 할더Franz Halder가 전쟁이 끝난 뒤에 "병참 담당자가 작전 개념을 제한해서는 안 된다."라는 말로 독일군의 생각을 요약한 바 있다.[19] 이런 생각은 제3제국의 지리적인 조건에 의해 더 강화됐다. 유럽의 중심부에 위치한 독일은 모든 주요 전쟁의 중심에 있었다. 따라서 두 차례의 세계대전에서 독일의 병참 담당자들은 보급품을 쉽게 전선으로 이동시키는 방법만 주로 생각만 하면 됐었다. 하지만 전쟁이 지중해와 유럽 러시아European Russia까지 확장되자 독일의 병참 지원은 한계에 직면했다.

게다가 1939년에 독일은 아직 기계화된 사회가 아니었기 때문에 대부분의 지역에서는 교통 수단으로 여전히 말과 노새를 이용하고 있었다. 1939년 독일의 인구 1,000명당 자동차 수를 앵글로색슨 국가들과 비교해 보면 독일이 기계화 전쟁 준비에 얼마나 뒤떨어졌는지 알 수 있다. 독일은 1,000명당 25대, 영국 51대, 캐나다 124대, 뉴질랜드 164대, 미국 227대였다.[20] 이는 전반적으로 독일인들이 기계화에 대한 이해가 부족했기 때문에 표준화, 효율적인 보급 시스템 그리고 양적인 부분이 질적인 부분에까지 영향을 미친다는 사실의 중요성을 깨닫지 못한 결과라고 할 수 있다.

독일을 가로막은 첫 번째 주요 상대는 프랑스였다.[21] 1940년 5월에 프랑스가 패배한 이유를 놓고 대체로 마지노선을 자주 인용하지만 사실 마지노선은 독일군이 벨포르 갭Belfort Gap을 통과해 진격하는 것을 막았기 때문에 그 목적을 달성했다고 할 수 있다(벨포르 갭은 프랑스 동부의 평탄한 지형으로, 독일군이 프랑스를 침공할 때 중요한 전략적 위치다. 하지만 독일군은 벨포르 갭을 통해 직접 진격하지 않고, 벨기에를 통해 프랑스 북부로 진입해 마지노선을 무력화시켰다. - 옮긴이). 프랑스인들은 제1차 세계대전의 경험으로 공세 작전은 많은 사상자를 낼 수밖에 없다는 것을 알고 있었다. 프랑스는 제1차 세계대전에서 혁신적이고 유연성이 높은 제병연합 전술을 사용했음에도 불구하고 엄청난 손실을 입었다. 당시 프랑스 육군의 문제 중 하나는 조직에 결함이 있었다는 것이었다. 당시 프랑스군 일반참모부는 이론적으로 군대의 모든 책임을 지는 조직이었지만, 실제로는 재정이나 인사, 행정에 대한 통제권이 없었다. "최종 분석 결과에 따르면 프랑스군 최고사령부는 군대가 교리를 개발하고 무기를 설계하는 과정에서 확고한 방향성을 제시할 수 있는 명확한 권한과 책임 체계가 부족했다. 책임이 과도하게 중앙으로 집중되면 주도적인 움직임을 억제할 수 있지만, 프랑스군 최고사령부는 조직이 너무 분열돼 군사 교리 문제에 대한 창의적인 해결책도 잘 나오지 않았다."[22] 리더십의 실패는 문제를 더욱 악화시켰다. 1931년부터 1940년 5월까지 프랑스 육군 참모총장을 지낸 모리스 가믈랭 장군은 정치인들을 만족시켰지만, 혁신이나 전술 또는 기술 변화에 적응하는 데 필요한 명확한 방향을 제시하는 데는 실패했다.

이런 교리 및 교육 시스템은 제1차 세계대전의 마지막 해에 프랑스 군에 심어준 성향을 더 강화했다. 기동전보다는 엄격한 통제를 강조한 당시 교리 매뉴얼은 "급조된 요새가 강한 저항력을 갖게 된 것은 화력 때문이었다."라고 강조했다.[23] 프랑스군의 당시 생각은 '체계적인 전투methodical battle'라는 용어로 요약된다. 체계적인 전투란 최고위 사령관들과 참모들이 작전 전체에 걸쳐 모든 움직임을 계획하고 통제함으로써 그들의 지휘를 받는 군인들이 주도적으로 움직이는 것이 거의 불가능해지는 전투를 뜻한다. 게다가 가믈랭은 토론도 일체 금지시켰다. 급기야 1935년에 가믈랭은 장교들이 공개적으로 입장을 밝힐 때는 반드시 최고사령부의 허가를 받도록 만들기까지 했다. 한 연구자는 이런 상황에 대해 "모든 사람이 그 조치가 어떤 뜻인지 알았고, 1940년에 현실을 인정하게 될 때까지 침묵이 지배했다."라고 지적했다.[24]

영국 해협 건너편의 상황은 더 우울했다. 영국이 전차를 최초로 개발했으니 장갑 전투 차량에 대한 혁신을 계속했을 것이라고 생각했을 수도 있다. 게다가 제1차 세계대전의 마지막 몇 달 동안 영국군은 제병연합 전술을 혁명적으로 발전시킨 상태였다. 하지만 전쟁 직후 영국군은 전쟁에서 얻은 전술적 교훈을 무시했다. 제1차 세계대전 이후 영국 정부는 군대는 식민지 전쟁에만 대비해야 한다고 명시적으로 방향을 제시했고, 이는 전쟁에서 얻은 교훈에 대한 관심을 더 떨어뜨렸다. 게다가 1932년까지 영국 육군이 지난 전쟁의 교훈에 대해 연구할 위원회를 구성하지 못했다는 사실은 영국 육군의 지적 게으름을 보여주는 것이었다.[25] 제2차 세계대전에서 영국 육군의 발목을 잡은 진짜 문제는 육군의 문화에 있었다.[26] 영국 육군 연대들은 분파적 성향이 강해서 제병연합 전술 구사가 어려웠다. 물론 연대들의 이런 문화는 병사들에게 전우애를 느끼게 만들고, 끈질긴 전사로 거듭날 수 있었던 배경이 되긴 했다. 하지만 더 넓은 의미에서 이런 연대 문화는 전쟁에 대한 진지한 연구를 폄하하게 만들었다.

유럽 대륙의 다른 한편에서 소련은 자국이 레닌과 스탈린의 실험을 파괴하려는 적대적인 자본주의 세계와 맞닥뜨렸다고 믿었다. 러시아 혁명 초기 몇 달 동안 볼셰비키 정권은 백군White Army(볼셰비키에 대항해 러시아 내전에서 싸운 반혁명세력 - 옮긴이)을 궤멸시킨 뒤, 새롭게 들어선 폴란드 정권을 전복할 목적으로 서쪽으로 방향을 틀었다. 하지만 바르샤바를 눈앞에 두고, 붉은 군대는 폴란드 민족주의를 꺾지 못하고 돌아설 수밖에 없었다. 소련 공산당의 지도자로 부상한 스탈린은 소련 내에서 사회주의를 구축하는 데 만족하기로 했다. 1930년대 후반까지 스탈린 정권과 붉은 군대는 두 가지 길을 걸었다.[27] 먼저 스탈린은 1928년 10월부터 러시아의 중공업 강화를 위한 대규모 5개년 계획을 시작했다. 이 과정에서 살인적인 숙청이 이뤄지고 대규모 기아 사태가 발생해 상황이 악화되긴 했지만 소련의 산업 기반은 이 계획의 실행으로 놀라울 정도로 개선됐다.[28] 제2차 세계대전에서 붉은 군대가 최종적인 승리를 거둔 것은 1920년대 후반과 1930년대의 산업화에 힘입은 결과라고 할 수 있다. 5개년 계획을 통해 소련은 엄청난 양의 무기를 만들 수 있었을 뿐만 아니라, 1941년에 나치의 침공을 받고도 견딜 수 있는 기반을 확보할 수 있었다.[29]

소련이 걸었던 두 번째 길은 붉은 군대의 전략 및 교리적 사고를 발전시킨 것이었다.[30] 1924년 2월의 총참모부 설립과 함께 진정한 의미에서 혁신적인 지도자 두 명이 등장했다. 미하일 투카체프스키와 블라디미르 트리안다필로프였다. 1929년, 붉은 군대 지도자들은 야전 규정에서 기계화 진형의 사용을 고려하고 있었다.[31] 또한 트리안다필로프는 적의 응집력을 파괴하기 위해 주요 기계화 부대를 후방으로 이동시키는 심층 전투 개념을 공표했다. 소련 군사 사고의 본질은 물질적 요소에 중점을 두었다. 즉, 소련은 이데올로기와 산업혁명의 결합이 가져올 파급 효과를 받아들였다고 할 수 있다. 1930년대 초중반 소련의 전술적 혁신은 정보와 병참을 중심으로 이뤄졌다. 전쟁 시 소련은 먼 거리를 고려해야 했기 때문에 병참이 계획에서 중요한 역할을 했다. 돌이켜보면, 소련은 진정한 의미에서 작전 기술, 즉 제병연합 전술과 병참 역량, 심층 작전 실행을 위한 정보 능력을 결합하는 능력을 개발해낸 나라였다. 붉은 군대를 효과적으로 육성하기 위한 이러한 노력은 1937년 5월에 좌절됐다. 다양한 잠재적 반대 세력을 숙청한 스탈린은 군대를 자신의 권력에 대한 마지막 남은 위협으로 여겼기 때문이다.[32] 1939년 말 군대 숙청이 끝날 무렵 스탈린은 장교단의 절반 이상(7만 명 중 3만5,000명)을 처형하거나 굴라크Gulag(강제 노동수용소 - 옮긴이)로 보낸 상태였다. 계급별로 보면 스탈린은 육군 장성의 90%와 대령의 80%를 숙청했다.[33] 1941년에 엄청난 위기가 닥쳤을 때 몇몇은 살아남아 군대로 복귀했는데, 그중 가장 중요한 인물은 독일 침공 직전에 굴라크에서 풀려난 미래의 원수 K. K. 로코소프스키였다.

미국인들이 다가오는 위험을 애써 외면하려 했기 때문에, 1940년 여름까지 미국 육군은 최소한의 지원만을 받을 수 있었다. 하지만 그 시점에서 프랑스가 몰락하자 루스벨트는 지상군을 대대적으로 재무장시키기 시작했다. 이 혁신 과정에서 미국 육군이 직면한 주요 문제 중 하나는 아메리카 대륙의 거대한 규모였다. 자금과 인력이 부족한 상태에서 미국 전역에 군이 산재되어 있었기 때문에 육군은 새로운 개념을 시험하는 작전을 수행할 수 없었다. 1941년 여름이 되어서야 미군은 대규모 작전을 수행할 수 있게 됐다. 이에 비해 1920년부터 1932년까지 비슷한 규모의 군대를 보유한 독일은 매년 훈련을 실시했는데, 그 이유는 독일이 미국보다 훨씬 작았고 효과적인 훈련을 위해 부대를 한데 모으는 것이 쉬웠기 때문이다.

미국 육군이 전쟁 준비를 그나마 진전시킬 수 있었던 이유는 전문 군사 교육 덕분이었다. 미국 육군은 탄탄한 교육 시스템을 보유하고 있었고, 육군 산하의 다양한 교육기관과 대학이 미래 전쟁에 대한 공감대를 형성하는 데 기여했다. 캔자스 주 리븐워스에 있는 육군 사관학교의 교육은 대부분 전투에 대한 하향식 접근 방식에 중점을 두었지만, 학생들은 진지하게 공부했다. 드와이트 D. 아이젠하워는 이 육군사관학교를 수석으로 졸업했고, 조지 패튼 또한 우수한 성적으로 졸업했다. 여러 가지 제약 때문에 군은 새로운 작전 실험을 제대로 수행하지 못했지만, 사관생도들은 포병과 보병의 상호 작용을 중심으로 한 제병연합 전술에 초점을 맞춘 교육을 받았다.

공군과 해군

제1차 세계대전의 공중전과 해전이 준 교훈은 분명해 보인다. 하지만 과거에도 자주 그랬던 것처럼, 공군과 해군 장교들은 전쟁 기간 현실을 무시한 채 과거에 그들이 가졌던 생각이나 믿음, 희망을 버리지 못했다. 공군과 해군의 사고를 복잡하게 만든 것은 기술 및 과학의 변화 속도가 빨라지면서 미래를 예측하기 어렵게 되었다는 사실이었다. 1919년이 되자 대부분의 사람들은 항공기가 군사 혁신을 일으켰다는 사실을 인정했다. 하지만 항공기의 영향력은 정확히 어떤 식으로 발현되었을까? 제1차 세계대전 중에 항공기가 수행한 임무 중 어떤 것이 가장 중요했을까? 지상 전투를 지원한 데서 그 정당성을 찾을 수 있을까? 거대한 함대의 충돌을 막기 위해 해군력은 어떻게 사용될 수 있을까? 거대한 항공함대가 적의 산업시설을 공격할 수 있을까? 하지만 여기서 분명한 것은 해군과 공군이 참여한 미래의 전쟁은 자원과 우수한 과학자, 기술자, 엔지니어에 대한 수요를 증가시킬 것이라는 점이었다.[34]

공군 병사들은 무기의 특성상 상상력을 발휘할 여지가 많았지만, 지난 전쟁으로 얻은 경험을 거의 무시했다. 기술 변화의 속도는 많은 것을 약속하는 것처럼 보였지만, 다양한 공중 임무가 적군이나 민간인에게 미칠 영향을 예측하기는 어려웠다. 따라서 공군은 항공기가 무엇을 할 수 있을지에 대한 가정에 의존하는 경향이 있었다. 해군의 경우 항공기의 사거리와 능력 증가와 관련된 기술 문제가 제기되었다. 공군과 마찬가지로 해군도 항공기, 통신 및 전자 장치의 영향으로 기술 변화의 속도가 빨라지는 문제에 직면했다. 또한 해군은 공교롭게도 함대와 상선이 잠수함이라는 위협에 맞닥뜨리게 되었다. 공군과 마찬가지로 해군의 역량도 새로운 기술과 개선 사항에 대한 적응에 달려 있었다. 전간기에 이러한 기술과 무기 체계가 도입되면서 전 세계 해양을 장악하기 위한 해군 경쟁의 무대가 본격적으로 마련되었다. 그러나 결국 공군이나 해군 중 어느 쪽도 전쟁이 군대에 요구하게 될 산업 및 기술 수요에 대비하지 못했다.

공군

1918년 11월, 비행기는 지상 작전에 매우 중요하며 다재다능하고 치명적인 무기임이 입증되었다. 또한 비행기는 산업혁명의 명백한 정점이자, 제병연합 작전 외에도 제1차 세계대전 중에 일어난 중요한 군사 혁신을 상징하는 존재였다. 전쟁이 끝날 무렵 비행기는 사진 정찰, 근접 항공 지원, 공중 우세, 차단, 전략 폭격 임무를 수행했다. 무엇보다도 공중전은 적을 압도할 수 있는 산업적 능력과 함께 설계와 능력의 꾸준한 개선과 적응을 요구했다. 따라서 공중전은 전장, 설계 프로세스, 제조 과정에서 끊임없는 적응의 싸움이 되었고, 시간이 지나면서 더 많은 비행기와 향상된 기능이 요구됐다.[35]

아이러니하게도 이탈리아의 줄리오 두헤Giulio Douhet나 영국과 미국의 공군 장교 같은 공군력 이론가들은 제1차 세계대전 같은 소모전을 피할 수 있는 수단으로 공중전을 상상했다. 영미 공군은 부분적으로는 수역의 보호를 받고 있었기 때문에 지상전이나 해전에는 거의 중점을 두지 않았고 전략 폭격에 상당한 비중을 두었다. 그러나 전쟁이 발발하자마자 지상전에 직면하게 될 독일군은 전략 폭격에는 덜 집중했다. 따라서 그들은 항공기의 잠재력에 대해 더 현실적으로 생각했고, 공군력에 대해 더 총체적인 관점을 발전시켰다. 그들이 보기에 항공기는 다양한 임무를 수행할 수 있는 잠재력을 지니고 있었다. 파리나 프라하, 런던을 전략적으로 폭격하는 것도 좋지만, 독일이 루르나 실레지아를 잃으면 전쟁에서 패배할 것이라고 생각했다.

히틀러가 권력을 잡기 전에 독일은 공군 창설에 대해 그 가능성 정도만 생각하고 있었다. 히틀러가 권력의 정상에 오른 직후인 1933년 1월 30일에 창설된 독일 공군은 6년이라는 짧은 기간에 공군력 활용의 광범위한 측면에 초점을 맞춘 대규모 공군을 구축했다. 독일 공군Luftwaffe의 기본 교리 교범인 '공군작전Die Luftkriegführung'은 영국이나 미국의 공군보다 폭넓은 사고에 기초했다. 여기에는 "적의 성격, 시기, 국토(와 경제)의 구조, 국민의 성격, 자국의 군사력"이 공군력 운용의 지침이 되어야 한다고 명시되어 있었다. 하지만 독일은 공군 우위 유지가 쉽지 않은 임무가 될 수도 있다고 우려했다. 사실 기술 능력의 변화, 지속적인 항공기 생산 여부, 손

실의 대체 여부 등으로 인해 전력의 상관관계가 달라질 수 있기 때문에 우위는 일시적일 수 있었다.[36]

독일 공군 지도자들이 직면한 가장 중요한 문제는 아무것도 없는 상태에서 군대와 산업 기반을 구축하는 것이었다. 1933년 독일 항공기 산업에 종사하는 노동자는 4,000명에 불과했고, 연간 항공기(대부분 훈련용 항공기) 생산도 1,000대가 채 되지 않았다.[37] 1938년에는 항공기 산업 기반이 20만4,100명으로 확대되었지만 항공기 제조는 대량 생산보다는 주로 수작업 수준에 머물러 있었다.[38] 1930년대에 항공기 설계 및 엔지니어링 능력이 급속도로 향상됨에 따라 초기 생산 기종이 금세 구식이 된 것도 새로운 공군을 만드는 데 어려움을 더했다. 독일 공군의 난항을 더욱 가중시킨 것은 항공 산업에 자원을 쏟아부었음에도 불구하고 새로운 항공기 생산이 목표치에 미치지 못했다는 사실이다. 1938년 항공기 공장의 생산량은 목표치에 25% 미달했고, 이듬해에는 생산량이 예상보다 30% 적었다.[39] 히틀러는 1938년 늦여름에 공군의 병력을 5배로 늘릴 것을 요구하기도 했는데, 이는 생산 능력을 모르고 한 소리였다.[40]

1939년 9월 히틀러가 폴란드로 군대를 진격시켰을 때 독일 공군에는 여러 가지 결함이 있었다. 경제 및 자원 기반이 장기간 지속되는 전쟁의 수요를 감당하기에 충분하지 못했기 때문이다. 또한 공중전에 필수인 석유도 부족했다. 독일은 폴란드와의 단기간 전쟁을 치를 준비는 되어 있었지만, 장기적으로 이어질 것이 확실한 서유럽 국가들과의 전쟁에서는 경제적·전략적 문제가 제기됐다. 전쟁이 발발하자마자 히틀러가 연구 개발을 즉각 사용이 가능한 단기 프로젝트에만 한정시킨 것도 독일 공군의 장기전에 대한 약점을 더 키웠다. 1942년, 독일군이 그 결과를 깨달았을 때는 이미 너무 늦은 상태였다.

영국은 제1차 세계대전에 참전한 주요 강대국 중 유일하게 독립적인 공군을 창설했다. 이 결정은 제2차 세계대전을 준비하는 방식에 큰 영향을 미쳤다. 해군 측면에서 보면, 독립 공군을 창설한다는 것은 영국 해군이 낡은 전함으로 다음 전쟁에 돌입한다는 의미이기도 했다. 영국 공군은 방공 같은 일부 분야에서는 효과적으로 혁신을 이뤘지만, "폭격기는 반드시 해낼 수 있다."는 믿음으로 인해 다른 분야에서는 참담한 실패를 맛보았다. 특히 영국 공군의 사고방식은 인구 밀집 지역을 공격하는 데 중점을 두고 있었으며, 적 전투기로부터 폭격기를 보호하기 위한 호위 전투기의 필요성은 전혀 고려하지 않았다. 또한 야간은 물론이고 주간에도 목표물을 정확하게 타격하는 데 수반되는 문제에 대해서도 진지한 검토가 이루어지지 않았다.

영국 공군의 이런 전략 폭격 준비는 결함이 있는 혁신의 대표적인 예이긴 하지만 방공 면에서만큼은 이야기가 달랐다. 휴 다우딩Hugh Dowding 공군 원수는 레이더와 효과적인 방공 시스템을 개발하는 데 결정적인 역할을 한 인물이다.[41] 1930년대 초, 보급과 연구를 책임진 항공위원회의 위원으로서 그는 차세대 전투기인 허리케인Hurricane과 스핏파이어Spitfire의 사양을 결정했다. 1936년 7월, 그는 전투기 사령부의 사령관으로 취임했다. 얼마 지나지 않아 전파 연구소의 책임자인 로버트 왓슨 와트가 전파를 사용해 항공기를 탐지하는 연구에 성공하면서 효과적인 방공 시스템 개발이 시작됐다.[42]

다우딩은 그 중요성과 의미를 즉시 이해했다. 그는 제한된 자원으로 일련의 테스트를 위한 초기 자금을 마련했고, 그의 열정은 식을 줄 몰랐다. 한 역사학자는 그에 대해 이렇게 평가했다. "다우딩은 새로운 작전 개발과 혁신의 원동력을 제공한 군의 중추적인 인물임에 틀림없다. …… 또한 그는 당시 '보핀Boffin'이라고 부르던 민간인 연구원들을 군인들 바로 옆에 배치해야 한다고 주장했다. 이를 통해 공군 요원들은 실제로 무슨 일이 일어나고 있는지 이해하고 민간인들은 군사적 제약과 필요가 무엇인지 계속 인식할 수 있었다."[43]

다우딩에게 다행인 것은 영국이 해안을 따라 흩어져 있는 관측소를 기반으로 한 방공 시스템을 이미 보유하고 있었다는 점이었다. 이 관측소들은 모두 우체국 전화 시스템을 통해 전투기 편대를 통제하는 섹터 스테이션과 네트워크로 연결되어 있었다. 뛰어나게 효과적이지는 않았지만 레이더는 체계적인 방식으로 방공에 도움을 주었다. 1937년까지 영국 공군은 군인, 항공기, 민간인들과 함께 일련의 실험을 통해 레이더와 전투기 사령부의 기본 절차를 마련했다. 1938년 말, 전투기 사령부는 1939년 9월까지 효과적인 방공 시스템을 구축할 수 있도록 시스템을 더욱 개선했다. 여기서 핵심 단어는 '시스템'이다. 중요한 것은 고위 군 장교, 주요 과학자, 엔지니어 간의 파트너십이 독일보다 영국에서 훨씬 더 잘 작동했다는 점이다. 영국은 민간과 군대가 긴밀하게 협력해야 한다는 것을 인식하고 있었다. 이런 문화는 매우 중요한 이점이었다. 영국 과학정보장교 R. V. 존스는 회고록에서 이렇게 말했다.

독일은 레이더라는 놀라운 장비가 반경 150킬로미터의 원형 지역을 커버하고 모든 항공기를 탐지할 수 있다는 사실에 전략적 기반을 두고 있었다. …… 따라서 하나의 기지가 지상에 있는 수많은 관측소

초소를 대체할 수 있었고, 이는 관측소 예산을 절감할 수 있는 획기적인 방법이라고 여겼다. 하지만 우리는 레이더 정보를 최대한 활용하기 위해서는 적절한 속도로 정보를 처리할 수 있는 통신망의 지원을 받아야 한다는 사실을 깨달았다.[44]

1920년대 초, 미국에서는 독립 공군을 창설할 것인지 아니면 해군과 육군의 항공 부대를 그대로 둘 것인지에 대한 논쟁이 벌어졌다. 1926년에는 미국 방어를 위한 공군력의 개발과 적용을 연구하기 위해 1925년에 창설된 모로 위원회Morrow Committee가 문제를 해결했고, 별도의 공군은 존재하지 않게 되었다. 하지만 이로 인해 의도치 않은 결과가 초래됐다. 하나는 해군 항공단이 미국의 항공 엔진 개발을 유럽에서와는 전혀 다른 방향으로 추진했다는 사실이다. 1920년대 초, 엔지니어들 사이에서는 직렬 엔진in-line engine이 마력 측면에서 최고로 강력한 힘을 가지고 있다는 의견이 지배적이었다. 하지만 해군이 첫 항공모함에 탑재된 항공기를 정비하기 시작하면서 곧 직렬 엔진은 수리하기가 어렵다는 사실을 알게 됐다. 주요 유지보수 작업을 하려면 엔진을 항공기에서 분리해야 했던 것이다. 항모가 운항 중일 때는 이 과정이 매우 어려웠다. 반면에 성형 엔진radial engine은 정비 담당자들이 엔진을 분리하지 않고 직접 작업할 수 있었다.

북미의 장거리 비행은 군용 항공기뿐만 아니라 민간 항공기에서도 유지보수의 용이성을 최우선 요구 사항으로 삼았기 때문에 1930년대 초까지 미국 항공기는 직렬 엔진이 아닌 성형 엔진을 주로 사용했다. 의도치 않은 결과로 전쟁 중 독일 공군과 영국 공군의 일선 폭격기와 전투기는 FW 190을 제외한 거의 모든 전투기가 직렬 엔진을 사용했고, 미국 전투기와 폭격기는 P-51과 P-38을 제외하고는 성형 엔진을 사용했다.[45] 미국 입장에서는 항공 작전이 미국에서 멀리 떨어진 곳에서 벌어졌기 때문에 정비의 용이성이 중요했다. 이는 결국 미국에게 이점으로 작용했다.

모로 위원회는 육군 항공대(미합중국 공군의 전신 - 옮긴이)에 상당한 독립성을 허용했고 육군 항공대는 그 기회를 활용했다.[46] 미 육군 항공대 전술학교는 제2차 세계대전에서 육군 항공대에 큰 영향을 미치게 될 공군력 교리를 개발했다. 영국 공군 지도자들과 마찬가지로 미 육군 항공대 수뇌부도 폭격기 형태의 공군력이 전통적인 지상군이나 해군보다 더 빨리 적국을 공격하고 붕괴시킬 수 있다고 믿었다. 하지만 영국과 달리 미국은 적국 경제의 핵심 거점을 공격하기 위해 인구 밀집 지역을 공격하는 아이디어는 거부했다. 그런 공격은 산업 경제의 붕괴를 가져올 것이 뻔했기 때문이다. 이러한 접근 방식은 기술에 대한 미국의 애정을 반영한 것이었고, 무엇보다도 산업 생산의 중요성을 인식시키는 데 큰 힘을 발휘했다.

1930년대 말, 미 육군 항공대 전술학교 항공력air power 이론가들은 정교한 가정을 바탕으로 한 공중전 이론을 발전시켰다. 이 이론은 잘 지휘되고 훈련된 폭격기 편대가 장거리 호위 전투기의 지원 없이도 적군이 통제하는 영공을 통과할 수 있다는 믿음에 기초했다. 폭격기 편대가 높은 고도로 깊숙이 침투한 후에는 정밀 폭격을 통해 목표물에 충분한 폭탄을 투하해 파괴를 보장할 수 있었다. 표적은 적의 경제망의 일부로, 이를 파괴하면 광범위한 혼란을 야기할 수 있었으며, 그 충격은 결국 적국의 산업 경제 붕괴로 이어졌다.

미 육군 항공대 전술학교의 아이디어는 전쟁 전에 미 육군 항공대의 가정이 매우 허술했음에도 불구하고 B-17과 B-24와 같은 장거리 폭격기가 전략 폭격 작전을 시작할 수 있는 이론적 근거를 제공했다. 항공 계획가들이 인식하지 못한 것은 전략 폭격이 필연적으로 대규모 소모전으로 발전될 것이라는 점이었다. 따라서 전략 폭격은 산업혁명이 절정에 이르렀음을 보여준 대표적인 예라고 할 수 있다. 막대한 손실을 입는다고 해도 결국 가장 큰 산업 생산 지원 체계를 갖춘 공군력을 가진 나라가 승자가 됐기 때문이다. 결국 전략 폭격은 미국의 경제력에 적합한 전쟁 방식이었다고 할 수 있다.

해군

공군과 마찬가지로 해군도 전간기에 큰 기술적 변화를 겪었다. 해군은 두 가지 새로운 위협에 직면했는데, 바로 항공기의 파괴력과 장거리 잠수함이었다. 지상 기반 항공기와 항공모함 기반 항공기의 능력이 향상된 것이다. 반면 잠수함은 미국, 영국, 일본 등 해양 강대국 3국의 해상 보급망 SLOC을 위협하는 존재였다. 또한 레이더는 적 항공기를 탐지하는 수단에서 해군 함포의 정확도를 높이고 야간에 더 정확한 조준을 제공하는 함정 탑재형 세트의 개발로 빠르게 발전했다.

돌이켜보면, 잠수함은 항공기와 마찬가지로 군사 혁신을 예고한 존재였다. 1917년 영국 해군성이 호송선단 시스템 사용을 거부하면서 유보트에 의해 해상 보급망이 파괴될 위기에 처했다. 결국 1918년에 호송선단 시스템이 도입돼 상선의 손실은 감내할 수 있는 수준으로 줄어들었다. 하지만 독일 잠수함의 위협은 여전했기 때문에 영국은 이를 막기 위해 상당한 자원을 투입했다. 1918년에 영국은 음파를 이용해 수중에서 유보트의 움직임을 탐지하는 기술인 ASDIC(미국식 용어는 '소나sonar')를 개발했다. 전쟁이 너무 빨리 끝나 이 새로운 장치를 시험할 기회는 없었지만, 영국 해군성은 이 장치가 유보트 문제를 해결했다고 생각했다. 전간기의 아이러니 중 하나는 다른 주요 국가들의 해군이 영국의 주장을 대부분 받아들였다는 점이다.

항공기는 해군 작전에도 등장했다. 그런데 지상에서의 전쟁 수행은 항공기가 따라야 할 여러 경로를 제시했지만, 해상전에서의 항공 전력의 영향력은 명확하지 않았다. 영국은 항공모함을 개발했고, 1918년에 항공모함의 경폭격기가 독일 해군 기지를 공격하기도 했지만, 항공기가 함대 활동에 영향을 미쳤다는 증거는 거의 없다. 항공기는 정찰에 유용할 것이 분명하지만, 1918년에는 항속 거리와 탑재 능력에 한계가 있었기 때문에 어떤 다른 역할을 수행할 수 있을지는 의문이었다.

베르샤유 조약은 바이마르 공화국의 해군을 소규모로 제한했고, 결과적으로 해군에 돈이 들어갈 일이 없었다. 해군 관료 조직에 남은 사람들은 과거의 전쟁을 되짚어보며 시간을 보냈다. 독일 육군과 마찬가지로 독일 해군도 기술의 변화를 고려하기보다는 전술에 집중했다. 히틀러는 집권 4일 만에 군에 백지수표를 건넸다.[47] 1933년 2월 히틀러의 약속에 대한 해군의 대응은 또 다른 위대한 함대를 건설하는 것이었다. 함정 건조 프로그램은 수상 함선에 중점을 두었지만, 지도자들은 항공모함에는 거의 관심을 보이지 않았다.[48] 모든 면에서 전함과 순양함에 대한 독일의 지출은 자원 낭비였다.

베르사유 조약은 특히 독일 잠수함 건조를 금지했지만 독일군은 네덜란드와 스페인에서 잠수함 개발 작업을 진행했다. 1935년 영-독 해군 조약이 체결되면서 해군은 새로운 유보트 함대를 구축하기 시작했다. 당시 유보트 개발을 담당한 장교는 카를 되니츠Karl Dönitz 대위였는데, 그는 전쟁에 대한 상상력이 극도로 빈약한 사람이었다. 그는 상선이 만선이든 빈 배든 상관없이 가능한 한 많은 상선을 침몰시키는 것이 영국의 대서양 함대를 무너뜨리는 방법이라는 결론을 내렸다. 대서양에서의 전쟁에 대한 그의 접근 방식은 1918년에 협상국 군대가 호송선단을 이용해 유보트 대항 작전을 수행한 사례에 기초한 것이었다. 되니츠의 구상은 유보트들을 '이리떼wolf pack'처럼 집중시켜 호송선단에 지속적인 공격을 가하고, 지상의 상위 본부가 영국 제도 주변 지역에서 발생하는 전투를 통제하는 것이었다.

하지만 되니츠는 이 구상을 실제로 전쟁에 적용하지 않았고, 더 큰 작전을 세우기보다는 전술적인 문제에만 집중했다. 그는 적이 다른 선택을 할 가능성을 고려하지 않았다. 유보트의 위협에 직면한 영국은 이에 대응하기 위해 1941년 여름까지 유보트에 상당한 위협을 가할 수 있는 기술과 전술을 개발해 무장했다.[49] 그 후 어떤 일이 벌어질지 독일군은 전혀 예상하지 못했다. 게다가 독일은 대서양 전투에서 패배할 때까지, 유보트를 지원하기 위한 기술 활용에 무관심했다.[50]

영국 해군은 여러 면에서 독일 해군과 정반대였다. 영국 육군과 공군처럼 해군도 전쟁 기간 내내 자금이 부족했다.[51] 재무장에도 불구하고 해군은 영국의 전략적 상황이라는 악몽에 직면했다. 대륙에서는 대형 함정 건조 등으로 빠른 재무장을 추진한 독일이 장기적인 위협으로 다가왔다. 지중해에서는 이탈리아가 구형 전함을 개조하고 신식 전함을 건조하고 있었다. 태평양에서 일본은 점점 더 적대적인 태도를 보였고, 미국은 그때까지 비협조적이었다.[52] 당시 영국 해군에 대해서는 이런 상황을 고려해 판단해야 한다.

추축국의 위협으로 인해 영국은 초기 재무장 과정에서 중전함 건조에 중점을 두었다. 1938년까지 영국은 전함 7척, 순양함 29척, 항공모함 5척을 건조했거나 건조를 승인했다. 1939년에야 해군은 구축함 16척, 고속 호위함 20척, 호위함 3척을 건조하면서 유보트의 위협에 대처했다.[53] 일부에서는 유보트에 맞설 전함의 건조를 제한하는 것이 심각한 오판이라고 경고하기도 했다. 영국 해군은 제1차 세계대전 중에 항공모함을 개발했지만 1930년대 후반에는 미국과 일본에 비해 뒤처져 있었다. 당시 영국 공군이 항공기 개발을 제한하고 항공모함에는 거의 관심이 없었던 것도 큰 장애물로 작용했다. 1937년에야 영국 해군은 항공 부문에 대한 통제권을 되찾았지만, 그때는 미국과 일본에 맞설 항공기를 개발하기에는 너무 늦은 시기였다. 따라서 1939년 영국 해군의 주력 항공기는 속도가 겨우 100노트에 불과한 복엽기(비행 날개가 이중으로 되어 있는 초창기 비행기 – 옮긴이)인 소드피시swordfish였다. 영국 항공모함은 갑판이 무장되어 있다는 한 가지 장점이 있었는데, 이는 전쟁 말기 태평양에서 일본의 가미카제가 항공모함을 공격했을 때 중요한 이점으로 작용했다.

영국 해군의 많은 약점 중 하나였던 해군 지도부는 유틀란드에서 수많은 장교들이 주도권 장악에 실패한 점을 수정하기 위해 많은 노력을 기울였다. 이를 통해 전간기에 영국 해군은 다음 전쟁에서 공격적으로 행동할 수 있는 장교 세대를 준비시켰다.[54] 지중해와 대서양에서 실시한 해군의 함대 훈련은 다음 전쟁에서 높은 수준의 성과를 낼 수 있는 장교를 현실적이고 효과적으로 양성했다.[55] 전쟁 전 영국 해군이 너무 낙관적이었던 대잠수함전에서도 영국은 독일보다 전술적·기술적으로 더 잘 적응해 대서양 전투 환경에 적응했다.

일본도 미국과 마찬가지로 항공모함을 통해 처음에는 8,000톤의 소형 항공모함을, 그다음에는 미완성된 전투 순양함과 전함을 폐기하거나 항공모함으로 개조하는 등 성공적인 혁신을 이뤄냈다. 그 결과 아카기赤城와 카가加賀라는 두 척의 대형 항공모함이 탄생했다. 이후 항공모함의 유지보수를 용이하게 하기 위한 성형 엔진이 개발됐다. 적어도 이 한 가지 분야에서만큼은 일본이 미국보다 더 빠르게 발전했다. 일본은 중국과 전쟁을 치르면서 항공모함을 함대의 일부와 별도로 운영하면 해상 항공력을 대량으로 집결하는 데 한계가 있을 수 있다는 교훈을 얻은 상태였다.[56]

순양함의 설계는 태평양을 건너는 미국 함대를 물리치려 했던 일본의 계획을 잘 드러내는 예다. 일본제국 해군Imperial Japanese Navy, IJN은 베르사유 조약에서 규정된 중량보다 훨씬 큰 중량의 순양함들을 보유하고 있었고, 이 순양함들은 미군 함대가 접근하는 지점, 즉 베르사유 조약에 따라 일본에게 할당된 독일의 이전 식민지 섬들 동쪽에서 미군 함대와 부딪혔다. 순양함이나 섬 기지에서 이륙한 항공기에 의해 미국 함대의 위치를 확인한 일본의 순양함들은 미국 함대를 서쪽으로 끌어들여 야간 교전을 벌였다. 일본 해상자위대의 무자비한 야간 훈련과 치명적인 산소 연료 어뢰가 결합돼 수적 우위를 점한 일본은 미국보다 유리한 고지를 차지할 수 있었다. 일본의 접근 방식에는 훈련을 잘하면 결정적인 승리를 할 수 있다는 믿음이 내재돼 있었다.[57]

결론적으로 일본은 더 큰 전략적 질문에 대한 답이 없는 군사 전략만 가지고 있었다. 일본제국 해군의 인상적인 역사는 다음과 같이 기록됐다.

> 일본 해군의 가장 심각한 전략적 실패는 전술을 전략으로, 전략을 전
> 쟁 수행으로 착각한 것이었다. 해군의 가장 중요한 관심사는 결정적
> 인 전투였다. 합리적인 전략은 고려되지 않았고, 해군의 초기 전술적
> 승리는 곧 비참한 전략적 오산에 의해 무위로 돌아갔다. …… 더 근
> 본적으로 생각한다면, 일본 해군은 전쟁에 대해 전혀 이해하지도 준
> 비하지도 않았다고 할 수 있다. 일본 해군은 전쟁이 아니라 전투가 중
> 요하다고 생각해 전투만을 준비했다. 일본 해군은 1941년에 기습공격
> 을 감행할 수 있을 정도로 잘 무장이 돼 있었고 잘 훈련을 받았으며
> 격렬한 전투에서 모든 위험을 감수할 준비가 되어 있었지만, 장기전
> 에 수반되는 준비나 피해를 감당할 준비는 돼 있지 않았다.[58]

미국 해군은 제1차 세계대전에서의 전투 경험이 거의 없었음에도 불
구하고 여러 면에서 전간기 동안 모든 군대 중 가장 혁신적이고 상상력이
풍부했다.[59] 그 이유는 미국 해군이 전문 군사 교육과 해상 훈련에서 학
습 문화를 조성한 데 있었다. 혁신과 일관된 전장 전략 개발에 있어서 관
건은 하와이 제도의 미국 전진 기지와도 멀리 떨어져 있는 태평양의 현
실적인 거리 문제였다.[60] 미국 해군의 혁신과 준비의 강점 중 하나는 군사
및 작전 전략뿐만 아니라 거대 전략에도 세심한 주의를 기울였다는 사실
에 있었다. 해군의 준비 과정에 있어 결정적인 시점은 1920년 유럽에서 미
국 해군을 지휘하던 윌리엄 심스William Sims 제독이 해군참모대학 학장으
로 취임한 순간이었다. 그는 항공모함 없이 전함 제독들이 주축이 된 함

대에서 엄청난 통찰력을 발휘한 사람이었다. 그는 당시 "35노트의 속력으로 100대의 비행기를 탑재할 수 있는 항공모함은 전함보다 훨씬 더 강력한 공격력을 가진 주력 함선"이라고 말했다.[61]

심스가 해군참모대학 학장에 취임한 후부터 미국 해군 장교들은 대학이 위치한 뉴포트Newport에 배치되는 것이 경력 향상에 도움을 준다고 생각하기 시작했다. 미국 해군이 제2차 세계대전에 참전했을 당시 82명의 제독 중 81명이 해군참모대학 출신이었다. 심스는 재임 기간 동안 태평양 전쟁의 복잡성을 연구하는 전략 게임과 전투에서 함대의 상호 작용을 검토하는 전술 전쟁 게임이라는 두 가지 중요한 종류의 전쟁 게임 제작을 감독했다. 초기 전쟁 게임에서 얻은 통찰 중 하나는 항공모함 작전은 총격전과는 크게 다르며, 항공모함은 전투기를 공중으로 출격시켜야 한다는 것이었다.[62] 따라서 항공모함이 한 번에 얼마나 많이 그리고 얼마나 빠르게 전투기를 출격시킬 수 있는지가 항공모함의 능력을 가늠하는 척도가 될 수밖에 없었다.

해군참모대학에서의 교육과 함대 실험 사이의 공생관계는 1925년에 분명해졌다. 석탄 운반선을 개조해 만든 미국 해군 최초의 항공모함 랭글리 호Langley의 사령관은 해군참모대학에서 2년 동안 공부를 하고, 다시 2년 동안 전술 책임자로 근무했던 조셉 리브스 대위였다.[63] 항공모함 효율성의 척도가 발사 가능한 전투기의 수라는 것을 이해한 리브스는 항공기를 정지시키는 트립 와이어, 갑판 데크, 충돌 방지 방벽 등 여러 혁신 기술을 실험했다. 그 결과, 1년 만에 랭글리 호는 15초마다 한 대의 항공기를 이륙시키고 90초마다 한 대를 착륙시킬 수 있게 됐다. 또한, 한 편대 14대의 항공기를 처리하던 랭글리 호는 4개 편대 48대의 항공기를 처리할 수 있게 됐다.[64] 1920년대 후반에 렉싱턴Lexington 호와 사라토가Saratoga 호가 건조되면서 해군은 각 항모에 110대의 항공기를 배치할 수 있게 됐다.[65]

연례 함대 훈련과 해군참모대학의 전쟁 게임은 항공기가 미래의 함대 교전에 미치는 영향에 대한 통찰력을 더욱 발전시켰다. 함대 훈련에서 항공기의 역할에 대한 전후 초기 조사 보고서에는 "항공 전력의 사용으로 교전을 완전히 뒤집을 수 있다는 사실이 함대에 분명하게 인식되었다."라는 내용이 언급됐다. 함대 훈련은 해군 지휘관들이 기존의 기대나 바람보다는 증거를 바탕으로 문제를 해결하려는 의지가 어느 정도인지를 파악하는 데 특히 유용한 통찰력을 제공했다. 훈련 직후에는 몇몇 고위 장교들에게만 국한되지 않고 대부분의 경우 하급 장교 그리고 훈련에 참여한 다양한 장교들을 대상으로 신랄한 비평이 이뤄졌다. 예를 들어, '함대 문제 IX'에 대한 비평은 700명의 해군 장교들 앞에서 이루어졌고, '함대 연습 XIV'에 대한 비평은 청중이 1,000명 이상 참석했다.[66]

1930년대 후반에 함대 훈련이 길어지면서 장기간에 걸쳐 대규모 작전을 수행하는 함대에 필요한 병참이 강조됐다. 1929년 초에 실시된 훈련에서는 해상에서의 함선 급유가 큰 문제로 지적됐다. 이 과정에서 해군은 지역에 대한 전략적 통찰력을 얻었다. 1920년대 초에도 괌은 필리핀으로 가는 중간 기착지였지만, 해군은 함대를 서태평양으로 배치하는 것을 고려했다. 하지만 1921년에 워싱턴 조약으로 괌이 비무장화되면서 필리핀에 도달할 가능성은 없어졌으며, 육군 장성들의 헛된 꿈으로 끝나고 말았다. 대안은 태평양 중심부를 통과해 섬 기지를 점령하는 것이었다. 이를 위해서는 상륙전, 대규모 병참 지원, 일본 기지를 우회하는 지속적인 작전, 연료뿐만 아니라 탄약과 생필품의 재보급이 필요했다.[67] 이는 또한 필리핀의 거대한 산업 기반을 완전히 활용하기 위한 지속적인 전쟁을 의미하기도 했다. 해군은 미국 국민들이 이런 전략에 필요한 장기간의 지속적이고 비용이 많이 드는 군사 작전을 지지할지 걱정했다. 아이러니하게도 미국 국민들의 지지는 일본의 진주만 공격으로 확보될 수 있었다.

결론: 예측의 실패

마이클 하워드가 말했듯이 군사 조직은 다음 전쟁을 항상 잘못 예측한다. 유능한 군인은 전쟁 전의 가정을 실제 상황에 맞게 조정할 수 있는 사람이다.[68] 반면, 평시 훈련의 결과를 간과하는 군인은 조직이 전쟁에 휘말리게 되면 현실을 선입견에 맞추려고 할 것이다. 당연히 다음 전쟁에서 군사 기관의 성과는 평시에 무엇을 배웠는지 또는 무엇을 배우지 못했는지에 따라 달라졌다.

대부분의 경우, 전간기의 군대는 육해공군이 아무리 효과적인 것으로 입증된다고 해도 프랑스혁명과 산업혁명은 불가분의 관계에 있으며 분리될 수 없다는 지난 전쟁의 논리에서 벗어나고자 고군분투했다. 다음 전쟁이 산업력을 바탕으로 한 소모전이 되리라고 예상한 것은 소련과 미국뿐이었다. 소련은 마르크스주의 이데올로기와 산업화된 세계를 따라잡으려는 열망 때문에, 미국은 지난 전쟁에 너무 늦게 참전했기 때문에 미래의 전선에 도달하는 데 시간과 자원이 필요했기 때문에, 다음 전쟁이 장기적인 소모전이 될 것이라는 점을 인식했다. 독일은 전술적인 꿈에 빠져 히틀러의 강력한 의지면 충분하다고 믿었고, 영국은 전쟁이 일어나지 않을 것이라는 희망으로 뒤로 물러났고, 프랑스는 마지노선이 또 다른 베르됭 전투를 막을 수 있다고 생각했다.

군사적 효율성의 문제를 복잡하게 만드는 것은 한 전쟁에서 뛰어난 성과를 거둔다고 해서 다른 전쟁에서도 효율성이 보장되지 않는다는 현실이다. 독일군이 두 차례의 세계대전에서 전술적으로 매우 뛰어난 성과를 거둔 것은 의심할 여지가 없다. 반면에 전략적 수준에서 독일군의 성과는 끔찍했고, 작전 수준에서의 성과는 더더욱 부족했다. 과거에서 교훈을 얻고자 하는 사람들에게는 전술적으로 능숙한 장교들에게 요구되는 역량이 동시에 전략적 역량을 왜곡하거나 방해하는 걸림돌이 될 수 있기 때문에 이는 특히 골치 아픈 문제다. 하지만 결국 앨런 R. 밀렛Allen R. Millet과 나의 말을 옮기자면 "작전과 전술의 실수는 바로잡을 수 있지만 정치적·전략적 실수는 절대 그럴 수 없다."[69]

THE DARK PATH

PART 4

세계 무대에서의
군사-사회 혁명

THE DARK PATH

CHAPTER 9

유럽의 전쟁
1939~1941

이 모든 지원과 이점이 낭비되고 버려진 지금 영국은 폴란드의 통합을 보장하기 위해 프랑스의 손을 잡고 앞으로 나아간다. …… 역사는 주로 인류의 범죄, 어리석음 그리고 비참함에 관한 기록이라고 한다. 하지만 역사에서 5~6년 동안의 느긋한 유화 정책이 이렇게 갑작스럽고 완전하게 뒤집혀 훨씬 더 나쁜 조건에서 가장 큰 규모로 하룻밤 사이에 들이닥친 전쟁을 맞닥뜨린 사례는 찾기 힘들 것이다.

윈스턴 처칠, 《제2차 세계대전》

제3제국 (1933~1945)	히틀러의 나치당이 집권한 독일 국가체제. '제3제국'이란 신성로마제국, 비스마르크의 제국에 이은 세 번째 제국이란 의미로, 전체주의·인종주의·군국주의를 특징으로 했다. 급속한 군비 확장과 영토 팽창 정책을 추진했으며, 유대인 학살(홀로코스트)을 자행했다.
OKW (독일 국방군 최고사령부)	1938년 설립된 나치 독일의 최고 군사지휘기구. 히틀러가 직접 통제했으며, 카이텔이 참모총장을 맡았다. 각 군 작전을 조정했으나, 히틀러의 직접적인 개입으로 인해 효율적인 지휘체계 구축에 실패했다.
영국 본토 항공전 (1940)	독일 공군의 영국 공습 작전. 프랑스 함락 후 영국 침공을 위한 제공권 장악을 목표로 했다. 초기에는 군사시설을 공격했으나, 후에 도시 폭격으로 전환했다. RAF(영국 공군)의 효과적인 방어와 레이더 시스템 덕분에 실패로 끝났으며, 이는 독일의 첫 주요 전략적 패배였다.
바르바로사 작전	1941년 6월 22일 시작된 독일의 소련 침공 작전. 300만 명의 병력을 동원한 역사상 최대 규모의 침공이었다. 초기에 큰 승리를 거두었으나, 광대한 영토, 소련의 끈질긴 저항, 혹독한 겨울 날씨로 인해 실패했다. 이는 전쟁의 주요 전환점이 되었다.

1939년 9월부터 1941년 12월 사이에 일어난 대재앙에는 여러 가지 원인이 있다. 그중 가장 분명한 것은 과거의 실수를 바로잡거나 역사에 내재된 경제적 진리에 따라 미리 정해진 혁명의 길로 인류를 이끌 수 있으리라고 생각한 지도자들의 마음속 깊이 자리한 무자비함이었다. 이 이념은 인간의 생명에 가치를 두지 않았다. 이 이념에 따르면 개인은 대의를 이루는 과정에서 작은 역할을 하는 참여자에 불과하기 때문이다. 아돌프 히틀러의 독일에서는 생물학적 요인이 현재로 이끈 길을 결정했고, 그들은 유대인들의 사악한 행동에 의해 방해받은 역사가 문명의 승리를 이끈 아리안 족에게 호혜를 베풀지 않았다고 생각했다.

이 재앙의 가장 중요한 원인은 히틀러가 실제로 말하고 쓴 내용을 민주주의 국가의 선량한 사람들이 진지하게 받아들이지 않은 데 있었다. 이들은 독재자들과의 피비린내 나는 대결을 피할 수 있기를 바라며 주저하고, 소극적으로 재무장 조치를 취했으며, 베르사유 조약에 의거해 확보한 전략적 이점을 포기했다. 윈스턴 처칠이 1930년대를 '메뚜기들의 시대locust years'라는 말로 묘사한 것은 적절해 보인다. 1934년, 그는 "우리가 이제 막

겪은 무서운 경험에 직면한 장관들의 안일한 태도에 경악을 금치 못하겠습니다. 나는 어떤 한 장관에게 응원의 박수를 보내는 것 말고는 별로 대단한 역할을 하지 않은 하원의 무관심에 경이로움을 느낍니다. (북해 건너편에서는) 끔찍한 일이 일어나고 있습니다. 독일이 무장하고 있습니다!"라고 경고했다.[1] 하지만 처칠의 경고는 영국 정치인과 국민들에게 무시당했고, 미국 정치권은 중립의 모래 속에 집단적으로 머리를 더 깊게 묻었다.

독일군이 전쟁 시작 이후 2년 동안 누린 우위는 흔히 전격전Blitzkrig으로 묘사되는 비법 덕분이 아니라 전쟁 이전 6년 동안 독일군이 치밀하게 준비했기 때문이었다. 독일군은 충분한 무기를 보유하고 있었고, 전선 반대편에 있던 군 지휘관들은 무능했기 때문에 1815년부터 지속되어온 유럽의 힘은 그 균형이 무너졌다. 1939년에 서유럽 열강들은 지속적인 경제력과 군사력 측면에서 제3제국 이상의 힘을 가지고 있었다. 서유럽 열강들도 독일처럼 4차 군사-사회 혁명의 힘에 접근할 수 있었기 때문이다. 하지만 그 나라들은 늦게 출발했고, 그 국민들은 본격적인 재무장을 마지막 순간까지 미룬 지도자들의 실수 때문에 끔찍한 대가를 치러야 했다.

1939년, 히틀러는 독일의 군사력이 서구 열강의 군사력을 압도할 수 있는 기회를 잡았고, 1939년 9월부터 1941년 6월까지의 전쟁에서 독일군은 승승장구했다. 하지만 1941년 6월에 소련을 침공하면서 독일군은 초반 공격을 견딜 수 있는 경제력과 의지력, 전략적 깊이를 갖춘 상대와 마주쳤다. 소련 역시 프랑스혁명과 산업혁명의 결합을 활용할 준비가 되어 있었고, 전쟁에 대한 진지한 준비를 해온 나라였다.

전쟁의 시작

1939년 9월 1일, 히틀러가 폴란드로 군대를 진격시켰다. 당시 히틀러는 스탈린과 독소 불가침 조약을 막 체결한 상태였기 때문에 영국과 프랑스가 폴란드의 독립을 보장했음에도 불구하고 개입할 것이라고는 예상하지 못했다. 하지만 그는 그렇게 된다고 해도 그 결과를 감수할 준비가 되어 있었다. 그해 봄 히틀러는 영국의 행동에 분노하면서 뮌헨 협정(1938년 9월 30일, 뮌헨에서 영국, 프랑스 제3공화국, 나치 독일, 이탈리아 왕국에 의해 체결된 협정 – 옮긴이)의 참가국들을 싸잡아 벌레 같은 존재들이라고 말했다.[2] 폴란드 침공 직전인 8월 중순에 소련과의 협상으로 폴란드의 입지가 절망적인 것은 사실이었다. 하지만 독일 경제가 어려웠고 독일군의 무장 계획도 문제가 있었다는 점을 고려하면 1939년의 전쟁은 독일에게도 큰 도박이었다.

그렇다면 히틀러는 왜 자신도 도박으로 여겼던 일을 감행했을까? 히틀러의 결정에는 아리안-독일 국가를 압도하려는 국제적인 '유대인 패거리'를 비롯한 열등한 인종들의 사악한 공격을 자신만이 막을 수 있다는 확신이 있었다. 그의 이런 신념을 기반으로 합리적인 전략적 계산을 넘어선 목표를 추구하게 된 사례는 이것 말고도 많다. 나치 이데올로기가 위험한 이유는 히틀러가 단순히 총통이라는 자신의 정체성과 이데올로기를 융합했기 때문이 아니라, 그가 나치 이데올로기를 독일 민족주의와 장군과 제독을 포함한 수많은 독일인의 세계관Weltanschauung이라는 나무에 접목시켰다는 데 있었다. 1941년 이후, 승리의 찬란한 빛이 절망으로 희미해지자 독일의 장군들과 국민들은 쓰라린 최후를 견뎌내야 했다.

한편 영국과 프랑스는 폴란드를 지원할 의도가 전혀 없었다. 1939년 3

월에 이뤄진 폴란드 독립 보장 약속은 영국의 정치·전략적 계산 착오에서 비롯된 것이었기 때문이다. 그달, 독일군은 뮌헨 협정이 체결된 지 6개월도 채 되지 않아 체코슬로바키아의 나머지 지역을 점령했다. 히틀러가 체코슬로바키아를 점령하면서 보여준 노골적인 무시에도 불구하고, 네빌 체임벌린과 그의 내각은 하원에서 장황한 설명을 늘어놓으며 독일의 행동을 좌시하려고 했다. 하지만 하원에서 유화론자로 악명이 높았던 낸시 애스터조차 총리에게 "영국 국민 전체가 독일의 행동을 얼마나 끔찍하게 생각하고 있는지 독일 정부에 당장 알려야 한다."라고 촉구했다.[3]

대중의 분노에 직면한 상태에서 연내 총선을 앞두고 있던 체임벌린은 어쩔 수 없이 행동에 나섰다. 폴란드에 대한 독립 보장 약속이 그 결과였다.[4] 영국은 제3제국에 대해 강경한 태도를 취한 것처럼 보였지만, 영국 지도자들은 히틀러가 전쟁에 집착하고 있었고 어떤 외교적 또는 경제적 조치로도 그를 저지할 수 없다는 전략적 현실을 인정하지 않았다. 놀랍게도 체임벌린은 소련에 대해서도 반쪽짜리 접근법만 취했다. 그는 소련을 전략적 방정식에서 중요하지 않은 요소로 간주한 것으로 보인다. 일부 역사가들은 서구 열강의 무능함 때문에 스탈린이 나치와 불가침 조약을 체결하게 되었다고 주장한다. 하지만 이는 말이 안 되는 주장이다. 볼셰비키였던 스탈린은 서구 열강과 나치 독일을 모두 경멸했다. 그가 독일과 협정을 맺은 것은 자본주의자들이 지칠 때까지 기다리기 위해서였다. 또한 소련은 폴란드 동부, 발트 해 연안 국가, 핀란드 등 중요한 지역을 점령하는 동시에 원하는 시기에 대규모 전쟁에 개입할 수 있는 선택권을 계속 가지고 있었다. 하지만 스탈린의 전략은 프랑스군이 1914년처럼 독일군에 효과적으로 저항할 것이라는 잘못된 생각에 기인한 것이었다.

1939년 여름, 영국은 전쟁을 피하기 위해 뇌물 공여 등의 다양한 방법을 동원하면서 다른 한편으로는 대대적인 재무장을 시작했다.[5] 영국 공군과 해군은 전쟁 준비를 제대로 추진했지만 육군은 거의 준비가 되지 않은 채 미적거리고 있었다. 체임벌린은 1939년 2월에야 대륙에서 싸울 정규군을 준비시키는 데 동의했다. 이와 거의 동시에 그는 대규모 징집을 하기로 결정했다. 하지만 당시 영국 정부는 이렇게 구성된 군대를 지원할 준비가 전혀 돼 있지 않았다. 대륙 파병을 지원하기 위한 진지한 생각이나 계획은 거의 없었는데, 이는 특히 당시 영국군이 밀려드는 징집병 때문에 정신을 차리지 못했기 때문이다.

영국과 프랑스는 폴란드를 돕기 위해 할 수 있는 일이 거의 없었다. 프랑스군 총사령관 모리스 가믈랭은 독일의 폴란드 침공 후 몇 주 안에 네덜란드 국경에서 스위스 국경까지 이어지는 요새화 라인인 독일의 베스트발Westwall(제2차 세계대전 직전에 나치 독일이 프랑스의 마지노 선에 대항해 독일-네덜란드 국경에 걸쳐 만든 요새 라인. 힌데부르크 선으로도 불린다 - 옮긴이)에 대한 공세 작전을 벌이겠다고 약속했다. 하지만 이는 거짓말이었다. 폴란드는 자신들의 능력을 과대평가했지만, 독일의 침공 직전인 8월 말에 서유럽 연합국들에게 귀중한 선물을 안기기는 했다. 독일군이 메시지를 전송하는 데 사용한 에니그마Enigma 암호 시스템을 뚫고, 암호해독 기술을 넘긴 것이다.

폴란드에 대한 영국의 독립 보장 약속에 맞서 히틀러는 영국이 감당하지 못할 일을 당하게 될 것이라고 경고했다.[6] 1939년 4월 3일, 히틀러는 독일 국방군 최고사령부Oberkommando der Wehrmacht, OKW에 폴란드 침공계획 수립을 명령했다.[7] 1938년 여름, 히틀러의 체코슬로바키아 침공 제안에는 저항했던 장군들이 이번에는 열정적으로 계획을 세우기 시작했다.

독일군의 군사 상황은 그 이전 1년 동안 상당히 개선된 상태였다. 독일은 체코슬로바키아의 나머지 지역을 점령함으로써 막대한 양의 군사 장비, 원자재, 무기, 외환을 확보할 수 있었기 때문이다.[8] 1940년 5월, 프랑스를 침공한 10개 기갑사단 중 3개 사단은 체코슬로바키아제 장갑차로 무장했고, 독일 예비사단 4개와 나치 친위대 전투사단은 체코슬로바키아의 무기로 무장했다.[9]

폴란드 작전과 가짜 전쟁

독일군에 맞선 폴란드군은 장비가 열악했을 뿐만 아니라 당시까지도 히틀러를 진정시킬 수 있다는 희망을 가졌던 서구 열강의 압력으로 인해 완전히 동원되지도 못한 상태였다. 게다가 폴란드군은 독일군의 진격을 막을 수 있는 유일한 지리적 장애물인 비스와 강Vistula River 뒤로 후퇴하지 않고 국토 전체를 방어하려는 작전상의 실수를 저질렀다. 독일군은 두 가지 주요 타격을 계획했다. 게르트 폰 룬트슈테트Gerd von Rundstedt 원수가 이끄는 남부집단군은 실레지아에서 북서쪽으로 바르샤바를 향해 진격하고, 페도르 폰 보크Fedor von Bock 원수가 지휘하는 북부집단군은 폴란드 회랑Polish corridor(제1차 세계대전 이후 베르사유 조약에 의해서 신생국인 폴란드의 영토가 된 좁고 긴 지역 – 옮긴이)을 가로질러 동프로이센 지역으로 이동한 다음 남동쪽으로 돌진하는 것이었다. 당시 독일군에는 기갑군단panzer army이 없었다. 독일군은 총 54개 사단을 폴란드에 배치했다. 그중 6개 사단은 기갑사단, 4개 사단은 경기계화 사단, 4개 사단은 차량화보병사단motorized infantry(트럭 등 비기갑 표준차량으로 이동하는 보병으로 기계화보병의 전 단계다 – 옮긴이)이었다.[10] 나머지는 일반 보병으로 1918년의 사단들과 거의 차이가 없었다. 독일군의 승리 비결은 제병연합 전술, 무자비하고 공격적인 약탈, 지휘관들에게 주도권·추진력·속도를 기대하는 임무 부과 유형의 명령 체계를 강조하는 기본 교리에 있었다.

독일군은 초반부터 승기를 잡았다.[11] 10군을 선봉으로 한 남부집단군은 대규모 기계화 부대(2개 기갑사단, 3개 경보병사단, 2개 차량화보병사단)를 주축으로 첫날 약 24킬로미터를 진격해 빠르게 작전의 자유를 얻었다. 5일 후, 10군의 선봉 부대는 바르샤바까지의 중간 지점에 도달했다. 남쪽에서는 제14군이 크라쿠프를 점령했고, 카르파티아 산맥 북쪽의 폴란드군은 무너졌다. 공중에서 폴란드 전투기 조종사들은 끈질기게 저항했다. 그들은 매우 뛰어났지만 수적으로 열세인 데다 열악한 전투기를 보유한 탓에 승기를 잡을 기회가 없었다. 며칠 만에 독일 공군은 공중 우위를 확보했다. 첫 주가 끝날 무렵 폴란드 정부는 바르샤바를 떠났다. 9월 17일, 소련군은 폴란드 동부로 넘어왔다. 독일군 뒤에는 나치 친위대SS가 뒤따랐다.[12]

그 후 상황을 이해하려면 1939년 당시 독일 경제와 군대의 상황을 살펴봐야 한다. 영국과 프랑스의 전략 실패와 결합해 이 두 가지가 어떻게 상호 작용했는지를 알면 1940년 5월의 재앙이 어떻게 그리고 왜 발생했는지 알 수 있다. 1939년 8월에 히틀러는 장군들에게 영국의 봉쇄가 효과가 없을 것이라며, 그 이유로 "우리에게 자립성이 있으며 동부에 경제 자원이 있기 때문이다. …… 동부는 우리에게 곡물, 소, 석탄, 납, 아연을 공급할 것이다."라고 말했다.[13] 하지만 사실 소련은 1940년 봄까지 독일에 원자재를 대량으로 공급하지 않았다. 히틀러는 제국의 경제적 문제를 인식하고 있었으며, 독일의 군사적 우위가 낭비되고 있는 상황에서 군비 문제도 전쟁 과정에서 그가 주요한 결정을 내리는 데 중요한 역할을 했다.[14]

1939년 8월의 전쟁에 대한 히틀러의 생각이 무엇이든, 영국과 프랑스의 봉쇄는 독일군에게 상당한 문제를 안겨주었다. 가장 심각한 문제는 연료 공급의 제한이었다. 독일군은 '가짜 전쟁Phony War' 기간(독일의 폴란드 침공에 대해 영국과 프랑스가 선전포고한 1939년 9월부터 프랑스 공방전이 시작된 1940년 5월까지의 기간으로, 아직 서구 연합국과 나치 독일 간에 전면적 충돌이 거의 없었던 시기를 이른다. - 옮긴이) 동안 최소한의 군사 작전만 수행했지만, 전체 석유 재고량은 1939년 9월 240만 톤에서 1940년 5월 초에는 160만 톤으로 3분의 1이 감소했다. 제1차 세계대전 때보다 군사 작전의 석유 의존도가 훨씬 더 높아진 상황에서 이런 감소는 위험한 상황을 초래했다. 휘발유 공급량은 30만 톤에서 11만 톤으로, 디젤 연료는 22만 톤에서 7만3,000톤으로, 벙커유는 35만 톤에서 25만5,000톤으로 감소했다.[15]

철광석 공급도 마찬가지였다. 1938년에 독일은 2,200만 톤의 철광석을 수입했지만, 전쟁 발발로 950만 톤을 더 이상 수입할 수 없게 됐다.[16] 따라서 철분 함량이 높은 스웨덴 북부 철광석의 수입이 특히 중요했다. 독일이 스웨덴에서 수입한 900만 톤 중 절반 이상이 노르웨이 나르비크 항구를 통해 들어왔다. 군은 스웨덴 철광석 수입이 줄어들 경우 독일의 전시 경제에 심각한 영향을 미칠 것이라고 경고했다.[17] 이밖에도 고무, 크롬, 구리 등 다른 주요 원자재도 공급이 부족했다.[18]

이렇게 불안했던 경제 상황은 히틀러가 폴란드 저항군이 붕괴된 직후 서방에 대한 공격을 개시한 이유이기도 하다. 1939년 10월 9일, 히틀러는 "전쟁 수행을 위한 지침 6호"를 발표하면서 자신의 의도를 분명히 밝혔다.

연합군을 네덜란드, 벨기에, 프랑스 북부에서 몰아내기 위한 그의 전략은 더 큰 정치적 목적을 위한 것이었다. "이 공세의 목적은 프랑스군과 그 편에서 싸우는 연합군을 가능한 한 많이 격파하는 동시에 네덜란드, 벨기에, 프랑스 북부에서 가능한 한 많은 영토를 획득해 영국과의 공중 및 해상 전쟁에서 승기를 잡기 위한 거점으로 삼는 것이다."[19] 히틀러는 대규모 공중 및 해상 작전이 영국과의 평화 협상을 유도해 영국이 전쟁에서 빠져주기를 바랐던 것 같다.[20] 그 이전 몇 년간 영국의 유화책을 고려할 때 이러한 그의 기대가 완전히 터무니없는 것은 아니었다.

독일군 총참모장 프란츠 할더Franz Halder는 히틀러의 지시에 따라 군사 계획을 수립하기 시작했다. 전술적 관점에서 볼 때 독일군의 기계화 병력을 최소화하는 직접 공격은 그다지 창의적이지는 않았다. 우연이 개입하지 않았다면 독일군은 1939년 가을에 어쩌면 계획에 성공했을 수도 있다. 그러나 1939년 11월부터 1940년 1월까지 독일군은 네덜란드와 벨기에 국경으로 여러 차례 진격했지만, 매번 겨울 날씨로 인해 철수해야 했다.

한편 히틀러와 장군들 사이에 큰 다툼이 벌어졌다. 폴란드 전쟁에 대한 사후 보고에서 군대의 전술적 결함이 드러났고, 육군 총사령관 발터 폰 브라우히치는 총통에게 군대 상황에 대해 불만을 토로했다가 심한 질책을 받았다.[21] 히틀러의 즉각적인 공격 요구는 결국 철회됐다. 날씨 문제가 있었고, 독일 제3제국의 경제적 약점을 노린 봉쇄 외에는 연합군이 전혀 작전을 개시하지 않았기 때문이다. 가을과 겨울에 걸친 6개월의 지연으로 독일군은 폴란드에서의 작전에 대비해 재훈련을 할 수 있는 시간을 가졌다.

영국과 프랑스의 초기 전략은 봉쇄를 통해 독일이 원자재와 식량을 수입하지 못하도록 막는다는 것이었다. 하지만 히틀러가 파리나 런던에 대한 공습을 감행할지도 모른다는 두려움으로 연합국은 더 이상의 조치를 취하지 않았다. 따라서 연합국은 중요한 군사작전을 개시할 수 있는 기회를 여러 차례 놓쳤고, 그 결과 독일 군대는 충분히 준비되지 않았는데도 1939년 가을에 폴란드를 침공할 수 있었다. 당시 가장 흥미로운 움직임은 이탈리아를 전쟁에 끌어들이려는 노력이었을 것이다. 1939년 6월에 체임벌린은 지중해에서 공세를 벌여 자원 부족에 시달리는 독일이 동맹국들을 돕기 위해 그나마 있는 자원을 소비하도록 만드는 전략을 제안했다.[22] 이는 그의 전략적 직관이 적중했던 몇 안 되는 경우 중 하나였다. 그럼에도 불구하고 그의 조언자들은 반대 의견을 냈다. 영국 합동계획위원회는 "이탈리아의 개입은 우리의 군사적 불안을 헤아릴 수 없을 정도로 가중시키고 해상 무역에서 독일군의 공격 효과를 크게 증가시킬 것"이라고 주장했다.[23]

프랑스도 이탈리아를 개입시키자는 체임벌린의 주장에 반대했다.[24] 당시 무솔리니가 어떤 식으로든 외교적 또는 경제적 압력을 받았다면 1939년 9월의 전쟁에 뛰어들었을 것이다. 그렇게 됐다면 이탈리아는 1940년 영국과 그리스에 당한 것보다 더 큰 패배를 당했을 것이다.[25] 무솔리니의 군대가 심각한 패배를 당했다면 독일의 개입을 불러왔을 가능성이 높았고, 이는 아마도 저지대 국가와 프랑스에 대한 성급한 공세로 나타났을 것이다.

연합국은 다른 두 지역에서 독일군을 압박할 수도 있었다. 가장 확실했던 지역은 서부 전선이었다. 1939년 독일군의 방어력은 그 1년 전보다 강해졌지만 여전히 약점이 있었기 때문이다. 독일군은 9월 1일에 서부 전선에 35개 사단을 배치했는데, 이 중 11개 사단만 정규 사단이었고 나머지는 취약한 예비 사단으로 구성되어 있었다.[26] 프랑스군은 라인란트에 대한 대대적인 공격은 할 수 없었지만 석탄과 철강이 중요한 자르Saar 지역을 공격할 수는 있었다. 그런데도 프랑스군이 아무것도 하지 않자 독일군은 놀라움을 금치 못했다. 당시 프랑스군의 정찰은 베스트발의 전초 지점들에도 미치지 못했다.

다른 가능성은 노르웨이 영해에 지뢰를 설치해 독일 전시 경제의 핵심인 나르비크 항구의 스웨덴 철광석 운송을 차단하는 것이었다. 그해 9월에 제1해군경으로 내각에 복귀한 처칠은 연합국이 노르웨이 영해를 통한 독일로의 철광석 운송을 중지시킬 것을 제안했다.[27] 10월 초에 경제전쟁부 장관은 처칠의 주장에 대한 지지를 표명했다.[28] 그러나 외무장관인 핼리팩스 경은 강력하게 이의를 제기했고 체임벌린은 결정을 내리지 못했다. 노르웨이 영해에 지뢰를 설치할 것인지에 대한 논의는 핀란드군을 지원할 것인지 나르비크를 점령할 것인지에 대한 무익한 논의로 결국 사라졌다. 하지만 영국은 마침내 1940년 4월, 노르웨이 공해에 지뢰를 설치하기로 결정했고, 이 결정은 독일이 이미 진행 중이던 노르웨이 침공 계획을 실행에 옮길 결정적인 구실을 제공했다.[29]

폴란드 전쟁 이후 히틀러는 시간과의 싸움을 벌여야 했다. 봉쇄로 인해 독일의 전시 경제가 무너지기 전에 서구 열강을 물리칠 수 있을 만큼 독일은 빠르게 공격을 개시할 수 있었을까? 영국과 프랑스가 군사 행동을 취하지 않은 덕분에 독일은 자원을 비축하고 군대를 재훈련시키면서 1940년 봄, 주사위를 던질 준비를 할 수 있었다. 그해 4월 연합군의 전략 요약에 따르면, 독일의 상황은 다음과 같았다. "제3제국은 전쟁 초기 6개월 동안 비교적 적은 피해를 입은 것으로 보이며, 이는 주로 연합군의 봉쇄로 인한 결과였다. 한편 그 기간 동안 독일은 지상군과 공군의 장비 수준을 높일 수 있었고, 그 결과 병력 훈련을 완료하고 이미 현장에 배치된 병력에 추가 사단을 보낼 수 있었다."[30]

스칸디나비아

1940년 봄에 발생한 사건들은 역사에서 피할 수 있었던 참혹한 비극 중 하나였다. 당시 정치적 무능과 군사적 무능, 우연 그리고 독일군의 전술적 임기응변이 치명적으로 결합돼 연합군의 전략적 입지가 무너지자 독일군은 한동안 경제적 약세에서 벗어날 수 있었다. 1940년 5월, 독일군은 5개월 동안 기동전을 수행할 수 있을 정도의 전차와 트럭 연료를 확보한 상태였다.[31] 서부 전선 공세는 독일군이 전략적 입지 전부를 걸고 벌인 필사적인 도박이었다.

국제 질서의 붕괴는 스칸디나비아에서도 계속됐다. 1939년 11월 폴란드 동부를 점령하고 발트 해 연안 국가들을 소련의 통제하에 편입시킨 스탈린은 나치-소련 협정에서 약속받은 나머지 전리품을 거둬들이기로 결정했다. 스탈린은 핀란드에 카렐리야 지협Karelian Isthmus의 대부분을 양도하고 붉은 군대가 다른 전략적 요충지를 점령할 수 있도록 허용해줄 것을 요구했다. 핀란드 정부는 협상을 시도했지만 독립을 포기하지는 않았다. 이에 대응해 1939년 11월 30일에 스탈린은 제대로 준비되지 않은 상태에서 공세를 개시했다. 결과는 모두를 놀라게 했다. 혹독한 겨울 날씨 속에서 싸운 붉은 군대가 연이은 굴욕적인 패배를 겪었기 때문이다. 핀란드군은 계속해서 필사적인 전투를 벌였다. 1940년 3월, 소련군은 핀란드의 방어를 압도할 만큼 충분한 병력을 모았지만, 핀란드의 독립을 훼손하는 요구는 포기했다.

1940년 4월 초, 체임벌린은 "히틀러는 버스를 놓쳤다."라고 발표했고,[32] 독일은 이에 즉각 노르웨이 상륙작전으로 답했다. 충분한 사전 징후가 있었음에도 불구하고 독일의 침공은 연합군과 노르웨이 국민들을 놀라게 했다. 4월 8일에 폴란드 잠수함 오제우Orzel가 독일 병사, 말, 보급품을 실은 화물선 리오데자네이로 호를 어뢰로 공격해 침몰시킨 것이 첫 징후였다.[33] 구조된 병사들은 자신들이 영국으로부터 노르웨이를 구하기 위해 베르겐으로 가는 중이었다고 주장했다. 이런 명백한 징후에도 불구하고 노르웨이 정부는 처칠이 수많은 실수를 저지르는 동안 아무것도 하지 않았다.[34] 처칠은 노르웨이로 출항하려던 군대에 하선을 명령하고, 해군에게 북대서양으로 출동해 독일 해군이 북대서양에서 영국 호송선단을 공격할 것으로 예상되는 움직임에 대응하라고 지시했다. 4월 9일, 독일군은 노르웨이의 주요 항구들을 거의 아무런 저항 없이 점령했다.

독일군에 맞서 저항한 곳은 단 두 곳뿐이었다. 4월 9일 이른 아침, 신형 대형 순양함 블뤼허Blücher는 순양전함 뤼초프Lützow가 따르는 가운데 오슬로 피오르를 거슬러 올라갔다. 그들을 맞이한 것은 오슬로로 가는 길을 지키고 있던 오래된 요새에서 쏟아진 포격과 어뢰였다. 차량과 휘발유통, 폭탄으로 가득 찬 갑판은 불타는 난파선으로 변했다.[35] 블뤼허 호가 화염에 휩싸이자 나머지 해군은 철수했고 독일군은 오전 9시에 낙하산 부대가 도착하고 나서야 오슬로를 점령했다. 그때까지 항복을 거부하던 노르웨이 정부와 국왕은 탈출을 감행했다. 그리고 노르웨이 내각은 우편 통지문을 보내 국민 동원을 명령했다.[36]

독일군이 점령하지 못한 다른 항구는 나르비크였다. 2,000명의 산악 병력을 태운 10척의 구축함 공격대는 노르웨이의 반격을 분쇄하는 데 큰 어려움이 없었지만, 구축함에 연료를 보급할 유조선은 얀벨렘Jan Wellem 호 한 척뿐이었다. 얀벨렘 호는 장비가 부족해 한 번에 2척의 구축함에만 연료를 공급할 수 있었다. 다음날 이른 아침, 버나드 워버튼리 준장이 지휘하는 영국 구축함 5척이 나르비크 피오르로 진입했다. 전투가 끝났을 때 영국 구축함 2척이 침몰했지만, 그 여파로 독일군은 구축함 2척이 침몰하고 4척이 파손되었으며 화물선 5척이 침몰하는 등의 피해를 입었다. 3일 후 영국 해군은 전함 워스파이트 호를 타고 돌아와 독일 구축함들을 모두 격침시켰다.[37]

처칠이 북대서양에 영국 해군을 파견한 가운데, 독일군은 노르웨이의 주요 항구와 비행장을 장악했다. 영국은 프랑스의 지원을 받아 독일의 기세를 꺾으려고 했지만 허사였다. 처칠이 잘못된 명령을 많이 내린 탓도 있지만, 연합군의 실패는 대체로 영국군이 준비되지 않은 이유가 컸다.[38] 6월 초, 프랑스의 붕괴로 영국군과 프랑스군은 철수할 수밖에 없었다. 마지막을 결정지은 것은 영국 항공모함 글로리어스 호가 노스케이프 앞바다에서 독일 전함 샤른호르스트와 그나이제나우 호에 의해 침몰한 사건이었다. 독일 해군 제독 에리히 레더는 전투순양함들을 파견하면서 함대가 작전에 성공하면 전후에도 해군의 지속적인 유지를 정당화할 수 있을 것이라고 주장했다.[39] 전투순양함의 성공에도 불구하고 샤른호르스트 호와 그나이제나우 호는 어뢰 피해를 입고 노스케이프에서 돌아왔다. 두 전함은 1940년 내내 정박해 수리를 받아야 했고, 더 이상 영국 침공에 나서지 못하게 됐다. 노르웨이 작전 실패에도 불구하고 연합군은 두 가지 주요 이점을 얻었다. 1940년 6월까지 노르웨이 작전으로 독일 해군은 중순양함 한 척, 경순양함 2척, 작전 구축함 4척밖에 남지 않게 됐다. 더 중요한 것은 노르웨이에서 발생한 재앙으로 체임벌린이 마침내 몰락했다는 사실이다. 1940년 5월 10일, 윈스턴 처칠이 수상이 되었는데, 공교롭게도 이날은 독일군이 서쪽으로 진격하던 날이었다.

저지대 국가들과 프랑스

1940년 1월, 어쨌든 연합군의 손에 넘어간 '황색 작전Fall Gelb(독일의 서부전선 침공작전 암호명)' 초안에 대한 내부 이견으로 인해 독일 육군 최고사령부OKH는 침공 계획을 재조정했다.[40] 기갑사단과 차량화보병사단이 스당과 디낭 사이의 뫼즈 강을 건넌 뒤 개활지로 이동한 다음, 아르덴을 통과한다는 것이 재조정의 핵심 내용이었다. 한편, 북쪽의 A 집단군은 독일군의 주력군으로 보이게 하면서 연합군의 주의를 고정시킬 예정이었다. 독일 장군들 사이에서는 아르덴을 통과한 후 보병사단이 뫼즈 강을 건널 때까지 기갑사단이 기다려야 하는지, 아니면 기갑사단이 독자적으로 강을 건너야 하는지에 대해 상당한 논쟁이 벌어졌다. 결국 할더 장군은 돌파구를 마련하는 데 실패하더라도 뫼즈 강 좌안에서 교두보를 확보하는 데 성공할 수 있다는 판단에 따라 기갑사단의 도강을 결정했다.[41]

5월 10일의 양측 병력 균형은 무기 수나 질 면에서 거의 차이가 없었다. 어떤 면에서는 독일군이 오히려 불리한 상황에 처해 있었다. 당시 물자 조달에 어려움을 겪던 독일이 상대국들만큼 빠르게 군대를 재무장시킬 수 없었기 때문이었다. 당시 독일군 전차 전력은 마크 I과 마크 II 전차 1,478대, 체코 전차 334대, 마크 III 전차와 마크 IV 전차 627대를 보유하고 있었는데, 이 전차 중에서 신형은 마크 III와 마크 IV밖에 없었다.[42] 프랑스는 3,254대의 전차를 보유하고 있었으며, 그중 상당수는 우수한 장갑과 주포를 갖추고 있었다.[43] 여기서 흥미로운 사실은 독일 육군과 공군 간의 협력이 전차와 슈투카Stuka(목표 지역 상공에서 수직 또는 수직에 가깝게 급강하해 폭탄을 투하하는 폭격기 - 옮긴이)의 협공에 대한 전설적인 팀웍 이야기와 거의 부합하지 않는다는 것이다. 독일 6기갑사단의 전쟁 일지에는 공군이 "바로 앞에 있는 적을 타격하는 데는 다소 비효율적이었지만, 아군을 타격하는 데는 매우 탁월했다."라고 냉소적으로 기록돼 있다.[44]

양측 전차의 수와 질보다 더 중요한 것은 전차들을 운용한 전술적 틀과 지휘부의 지휘 능력이었다. 독일군은 제병연합 전술의 틀 안에서 최전방 부대를 훈련시켰다. 하지만 연합군은 그렇지 않았다. 전장에서 지휘 능력이 뛰어난 독일군 지휘부와 끔찍할 정도로 형편없는 프랑스군 지휘부가 부딪혔다. 1940년 3월 내내 프랑스 제7군은 프랑스 최고의 장비와 기동력을 갖춘 1개 경기계화사단, 2개 기동사단, 4개 제1보병사단을 랭스 인근에 배치하고 있었기 때문에, 독일군이 뫼즈 강을 넘어오더라도 얼마든지 반격할 수 있는 상황이었다.[45] 하지만 그달 프랑스군 사령관 모리스 가믈랭은 제7군을 연합군 전선의 서쪽으로 이동시켜 브레다에서 네덜란드군과 합류하도록 했다. 이는 군사적 의미가 거의 없는 정치적 결정이었고 이로 인해 프랑스군은 독일의 돌파에 대응할 수 있는 작전 예비병력을 갖추지 못했다.

　프랑스군은 독일군이 아르덴 강을 넘을 수 없다고 생각했지만, 이는 잘못된 생각이었다. 1938년, 독일 기계화 부대가 약 60시간 안에 아르덴 강을 통과할 수 있다는 것을 정확하게 보여주는 지도 훈련을 실시했다.[46] 이 지역을 정찰하기 위해 프랑스군은 제5경기병사단을 파견했다. 하지만 이 사단은 독일군을 저지하지 못했을 뿐만 아니라 독일군 기갑사단의 움직임조차 제대로 보고하지 못했다. 독일군 제1기갑사단 앞에서 벨기에의 아르덴 엽기병Chasseures(프랑스와 벨기에에 존재했던, 빠른 기동을 목적으로 훈련된 경기병 – 옮긴이) 1개 중대만이 저항했다는 사실은 당시 프랑스군이 독일군과 전투를 벌였다고 해도 어떤 성과를 냈을지 짐작할 수 있게 한다. 벨기에 엽기병 연대는 각 중대가 기관총 4문과 기관단총 8문만 보유한 경무장 연대였다. 단 2개 중대가 제1기갑사단 전체에 맞서 보덩주 마을을 방어했지만, 벨기에군은 12시간 30분 동안 독일군에 저항하다 마침내 철수 명령을 받았다.

　독일군은 3개 기갑사단이 디낭과 스당 사이의 뫼즈 강을 건넌 뒤, 강을 따라 대규모 공격을 펼쳤다. 이 기갑사단들의 도강은 거의 전적으로 보병과 포병의 제병연합 전술에 의존했다. 북쪽에서는 헤르만 호트 소장이 제15기갑군단을 이끌고 디낭 바로 남동쪽으로 강을 건넜다. 중앙에서는 한스 라인하르트 소장이 제11기갑군단을 지휘했다. 이들의 목표는 몽테르메에서 뫼즈 강을 건너는 것이었다. 하인츠 구데리안 중장은 제1, 제2, 제10기갑사단이 소속된 제19기갑군단을 지휘했으며, 스당에서의 도강이 목표였다.[47] 5월 12일 저녁, 이 기갑군단들은 뫼즈 강에 도착해 돌격 횡단을 준비하고 있었다.

뫼즈 강 돌파전은 엄청난 접전이었다. 디낭 근처 북쪽에서 독일군은 작은 교두보를 만들었다. 프랑스에게 진짜 재앙은 근처에 있던 에르빈 롬멜이 지휘하는 제7기갑사단이 도강하면서 찾아왔다. 롬멜은 전쟁 전에 보병으로 근무할 때만 해도 기갑사단에 대해 별로 지지 입장을 보이지 않았지만, 폴란드 작전에서 히틀러의 호위 대대를 지휘한 경험을 통해 기갑사단이 제병연합 교리를 활용할 수 있다는 것을 깨달았다.[48] 1940년 3월, 그는 제7기갑사단으로 전환하는 과정에 있던 경무장 사단을 지휘하게 된다. 아이러니하게도 이 사단의 전차 대부분은 체코제였다.

독일 기갑사단들이 강을 건너는 데 어려움을 겪고 있는 상황에서 강둑에 도착한 롬멜은 보병들이 계속 강을 건너게 했고, 반대편에 도착한 후에는 프랑스의 반격을 저지하는 데 도움을 주었다. 그날 저녁, 공병들이 전차가 강을 건널 수 있도록 필사적으로 다리를 건설하고 있을 때 롬멜은 이를 돕기 위해 강에 뛰어들기도 했다.[49] 강을 건넌 독일의 제7기갑사단은 곧바로 프랑스 부대를 격파하며 맹렬히 돌진해 5월 16~17일 밤, 야영하고 있던 프랑스 제5기동보병사단을 덮쳐 궤멸시켰다.[50]

반면 하인츠 구데리안의 공격은 심각한 문제에 부딪혔다. 그의 3개 사단 모두 소총 연대와 함께 강을 건너려고 했다. 스당 서쪽에서는 제2기갑사단이 간신히 강을 건넜다. 8척의 돌격선 중 단 한 척만이 강을 건넜다. 구데리안 왼쪽에서 제10기갑사단은 돌격선 50척 중 48척을 잃고 많은 사상자를 냈다. 그러나 중앙에서는 횡단에 성공했다. 제1소총연대는 프랑스군 방어의 취약점을 공격했다. 독일 보병은 제병연합 전술을 사용해 신속하게 진지를 돌파함으로써 다른 두 기갑사단이 강을 건널 수 있도록 도움을 쳤다. 많은 사상자가 발생하고 돌격선의 손실이 이어졌지만 결국 강을 건너는 데 성공했고, 5월 13일 초저녁이 되자 제1소총연대 병사들은 스당이 내려다보이는 언덕 위에 있었다.[51]

뫼즈 강 횡단 전투는 프랑스군이 예상했던 바와 정확히 일치했다. 독일군은 제병연합 교리의 틀 안에서 보병, 포병, 전투 공병으로 구성된 전통적인 병법의 전투를 벌였고, 이 교리를 확실하게 이해하고 있었다. 5월 14일 이른 아침, 프랑스군은 독일군을 고지에서 몰아내기 위해 남쪽에서 반격을 시도했다. 하지만 이 공격은 너무 느리게 진행됐기 때문에 독일군은 방해받지 않고 계속 남쪽으로 진격했다.

프랑스군에게는 한 번의 기회가 더 있었다. 5월 14일, 플라비니 장군 예하 제3기갑사단과 제3기계화사단으로 프랑스 제21군단이 독일군의 진격을 저지할 수 있었다.[52] 플라비니는 프랑스 육군에서 전차전을 옹호하는 몇 안 되는 인물 중 하나였다. 하지만 그의 예하 사단 지휘관들은 플라비니에게 반격을 하지 말라고 설득했다. 대신 그는 군단을 방어선에 분산시켰는데, 이는 공격 작전을 완전히 포기한 군대의 교리를 전형적으로 보여주는 전술 결정이었다. 독일은 프랑스의 반격에 대한 부담 없이 3개 기갑사단을 서쪽으로 돌려 라인하르트, 호트와 합류해 해협으로 진격했고, 후속 보병이 후방을 엄호하도록 했다.

프랑스 공방전은 사실상 끝난 상태였다. 5월 18일, 독일군이 아브빌에 도착하자 영국군은 필사적으로 탈출을 시도했고 프랑스군은 계속 무너져 내렸다. 영국군은 됭케르크에서 전멸을 피할 수 있었는데, 이는 히틀러의 공격 중지 명령, 독일의 두 집단군 사이에서 발생한 혼란, 최소 3~4개 군대가 됭케르크에 몰려들어 일어난 혼란, 영국 해군의 철수 작전 수행 능력 덕분에 기적적으로 가능했다.[53] 그럼에도 불구하고 독일군은 유럽에서 힘의 균형을 뒤집어 놓았다.

오늘날 우리는 1940년 독일의 승리를 살펴볼 때 독일군의 전술과 작전 능력을 강조하는 경향이 있다. 하지만 독일군이 전투 기간 내내 보여준 맹렬한 추진력은 그들의 성공에 이데올로기적 요소도 있었다는 점을 드러낸다. 참모장교이자 나치의 소련 침공 작전인 바르바로사Barbarossa 작전의 최고 기획자 중 하나였던 에리히 마크스Erich Marcks 장군은 프랑스 전투가 끝난 후에 이렇게 말했다. "기술보다 사람의 변화가 더 중요하다. 우리가 이 전투에서 만난 프랑스군은 더 이상 제1차 세계대전 때의 프랑스군이 아니었다. 이 두 프랑스군 사이의 관계는 1796년의 프랑스 혁명군과 제1차 대프랑스 동맹군의 관계와 비슷하다. 다만, 이번에는 *우리가* 혁명군이자 상퀼로트였다."54

영국 본토 항공전과 기술 전쟁의 시작

독일은 프랑스군 격파라는 예상치 못한 성공에 도취됐지만, 곧 영국을 어떻게 처리해야 할지에 대한 난제에 직면했다. 승리를 거뒀다는 생각에 흥분한 히틀러는 자신이 싸웠던 제1차 세계대전의 전장들을 측근들과 함께 둘러본 뒤 잠시 파리를 방문했다. 하지만 그는 독일군의 전략을 책임질 사람을 한 사람도 남겨두지 않고 모두 데려가는 실수를 저질렀다. 히틀러는 당시 제국의 고위 지도층 대부분이 그랬듯이 영국이 독일에 평화를 애원할 것이라고 생각했음이 틀림없다. 하지만 이 예상은 틀렸다. 진짜 전쟁은 그 시점부터 시작됐기 때문이다.

영국 본토 항공전Battle of Braitain은 제3제국 군대와 영국 공군과 해군 그리고 나중에 참전한 미군 사이에서 벌어진 대규모 소모전의 시작이었다. 이 전쟁은 항공기와 함정의 숙련된 승무원을 확보해야 하는 생산성 전쟁이기도 했다. 하지만 이 전쟁은 점점 더 기술 및 정보 전쟁으로 변했고, 양측은 과학적 아이디어를 현실화하기 위해 과학자, 기술자, 산업 디자이너에게 의존하게 됐다. 이 전쟁의 정보 부분은 고도로 교육받고 상상력이 풍부한 개인에게 의존했으며, 이들은 적의 암호 시스템을 뚫는 데 필요한 수학의 도움을 받아 점점 더 적의 머릿속으로 들어가기 위해 노력했다. 과학자들과 신호 및 기타 정보 전문가들의 결합으로 연합군은 독일군에 대해 점점 더 상세히 이해하게 됐다. 반면 독일군은 연합군의 기술 발전 상황에 대해서는 정보가 거의 없었다.[55]

이 모든 일은 1940년 여름에 벌어진 영국 공군과 독일 공군 간의 경쟁에서 시작됐다. 대부분의 영국 지도자들, 특히 보수당 지도자들에게 프랑스 패배 이후 영국의 상황은 절망적이었다. 하지만 당시 신임 총리였던 처칠은 두 가지 큰 전략적 현실을 이해하고 있었다. 유화론자들과 달리 그는 히틀러와 제3제국이 전략적 위험뿐만 아니라 도덕적 위험도 안고 있다는 것을 알고 있었다. 20세기의 위대한 연설가 중 한 명인 처칠은 도덕적 위험을 강조해 영국 국민을 설득할 수 있었다. 처칠의 두 번째 통찰은 전쟁이 끝나지 않았다는 것을 알고 있었다는 것이다. 그는 결국 미국과 소련이 나치 독일이 유럽 전체를 지배하는 것을 용납하지 않으리라는 것도 잘 알고 있었다.

처칠의 취임 첫 8주는 역사의 중요한 전환점 중 하나였다. 그는 프랑스가 전쟁에 계속 참전하도록 필사적인 노력을 기울였고, 수많은 보수당 유화책을 막아냈으며, 미국, 특히 루스벨트 대통령과 더욱 굳건한 관계를 구축했다. 이와 동시에 그는 독일에 맞설 준비를 했다.[56] 7월 초, 처칠은 영국 해군에 메르스엘케비르Mers El Kébir(프랑스 해군 기지가 위치한 알제리 북부 지중해 연안의 항구 - 옮긴이)를 공격해 독일에 항복한 프랑스군의 함대를 추축국의 손아귀에서 빼낼 것을 명령했다. 이 공격으로 프랑스 해군 전함 2척이 침몰하고 프랑스 수병 1,300명이 사망했다. 이 사건은 전쟁의 남은 기간 동안 영국-프랑스 관계를 악화시켰지만, 프랑스 함대를 해군력 균형 상태에서 제거한다는 더 큰 전략적 목적을 달성했다. 이 공격에서 가장 중요한 것은 루스벨트에게 영국이 끝까지 전쟁에 참여한다는 신호를 보냈다는 점이다.

영국 공방전에서 이해하기 힘든 부분 중 하나는 6월 중순에 프랑스가 전쟁에서 빠졌는데도 8월이 되어서야 영국 제도에 대한 독일 공군의 공습이 시작됐다는 사실이다. 사실 여기에는 이유가 있었다. 프랑스 공방전에서 영국-프랑스 연합 공군의 저항이 독일 공군에 심각한 타격을 입혔기 때문이다. 3주가 조금 넘는 격렬한 공중전에서 독일 공군은 스투카, 쌍발 전투기Bf 110, 폭격기의 30%를 잃었고, 단발 전투기의 19%를 잃었다. 이 공중전으로 인해 독일군 전투기 전체의 30~40%가 손상됐다. 또한 독일군은 수송기도 40%나 폐기해야 했다.[57] 따라서 영국 공방전이 시작될 때부터 독일 공군은 상당한 부담을 안고 있었다.

영국도 큰 피해를 입은 상태였다. 하지만 프랑스군을 지원하기 위해 파견됐던 허리케인과 전투 폭격기를 제외하면 영국 공군의 손실은 독일보다는 덜 심각했다. 게다가 영국은 전투기 생산량을 늘리기 위해 대대적인 노력을 기울였다. 1940년 상반기 독일의 Bf 109 생산량은 월 평균 156

대인 반면, 영국의 스핏파이어와 허리케인 생산량은 247대였다. 1940년 하반기에는 영국의 생산량이 월 491대에 달한 반면 독일 공군의 생산량은 146.58대로 떨어지면서 그 격차가 급격히 벌어졌다. 7월부터 12월까지 영국 항공기 업계는 단발 전투기를 3,000대 가까이 생산한 반면 독일은 1,000대 미만에 그쳤다.

7월 초, 독일군은 영국 본토에 상륙하기 위한 준비를 하기 시작했다. 영국 본토 상륙은 계획에 없던 일이었다. 노르웨이 침공으로 인해 독일 해군은 전투에 투입할 수 있는 전함이 거의 없었고, 영국은 해협의 남쪽과 북쪽 입구에 30척 이상의 구축함을 배치해 본국 함대의 순양함과 구축함을 즉시 사용할 수 있게 했다. 당시 독일군의 수장 빌헬름 카이텔 육군 원수는 영국 해협을 건너는 것을 "강을 건너는 것과 같다."면서 상륙작전에 대한 독일의 오판을 드러냈다.[59]

독일군은 영국 방공망에 대해 전혀 현실적인 평가를 하지 못했다. 독일 공군의 정보 부서는 영국 공습을 계획하면서 적의 공군 능력에 대해 놀라울 정도로 엉성한 초기 평가를 내놓았다. 독일군 내에서는 공군이 영국 남부에 대한 공중 우위를 확보하는 데 4일이 걸리고, 그로부터 4주 정도면 영국 공군을 궤멸시킬 수 있다는 내용의 보고서가 만들어지기도 했다. 독일 공군 정보 총책임자였던 베포 슈미트 장군의 추정은 이보다 훨씬 더 빗나갔다. 그는 허리케인과 스핏파이어가 Bf 110보다도 열등하다고 가정했고, 레이더로 제어되는 영국의 체계적인 방공 시스템에 대해서는 언급하지 않았으며, "독일 공군은 영국 공군과 달리 모든 면에서 결정적인 효과를 거둘 수 있는 위치에 있을 것"이라고 낙관했다.[60] 결정적으로 독일 정보 장교들은 영국의 레이더 사용 방식이 자신들과 완전히 다르다는 사실을 이해하지 못했다. 영국은 레이더를 개별 전투기를 제어하는 데 사용하는 대신 스핏파이어와 허리케인 편대 전체를 제어하는 식으로 체계적으로 사용했다.

7월과 8월 초, 독일 공군은 영국 공군을 전투에 끌어들이고, 영국 해협에서 영국 호송선단을 몰아내기 위해 일련의 공습을 시작했다. 독일군은 후자의 목표는 이뤘지만 전자의 목표 달성은 실패했다. 오히려 영국 전투기 사령부는 독일 공군의 공습을 통해 시스템에서 버그를 제거할 수 있었고, 레이더 신호 판독 요원들은 공습의 강도와 방향을 더 정확하게 식별하는 법을 배웠다. 독일의 대규모 공습은 '독수리의 날Eagle Day'로 이름 붙여진 8월 13일에 시작됐다. 하지만 이 공습은 독일군의 참패로 끝났다. 독일 공군 전투기들이 본국으로 돌아오는 동안 폭격기 편대 대부분은 철수 명령을 받지 못해 영국 내 목표물을 향해 계속 비행했기 때문이었다. 이틀 후 독일 공군 총사령관 헤르만 괴링은 첫 번째 공격이 일부 성공을 거두었음에도 불구하고 영국의 레이더 시설 폭격을 중단하라고 지시했다. 여기에는 두 가지 이유가 있었다. 첫째, 공습에 많은 비용이 들었고, 둘째, 독일 공군은 영국 공군의 레이더가 시스템의 일부라는 사실을 인식하지 못했다. 독일 공군은 영국 공군이 (독일 공군이 그렇듯이) 전투 전체의 방향이 아닌 개별 항공기의 방향을 유도하기 위해 레이더를 사용한다고 생각했기 때문에 레이더를 별로 중요하게 여기지 않았다. 게다가 레이더 타워를 파괴하는 일은 쉬운 일이 아니었다.

한편, 영국 북부의 공군 비행장을 공습하기 위해 노르웨이에서 출격한 독일 폭격기들은 엄청난 손실을 입었고, 독수리의 날 이후 노르웨이 기지의 독일 공군은 주간 공습을 시도하지 않았다. 레이더 시설이 목표 목록에서 제외되자 독일군의 공습은 영국 남부에 있는 영국 공군 전투기 사령부 기지와 섹터 스테이션sector station(제2차 세계대전 당시 영국 본토 항공전에서 특정 지역의 방공을 담당했던 방어 기지 - 옮긴이)에 집중됐다. 독일 공군이 폭격기를 보호하기 위해 사용하던 장거리 호위 전투기인 쌍발 전투기 Bf 110은 스스로를 보호할 수 없다는 것이 금방 명백해졌다. 게다가 Bf 109는 스핏파이어와 동급이었지만 항속거리가 짧아 런던 상공에 10분밖에 머물 수 없었다. 낮에 런던 상공을 벗어나 공격을 시도하거나 호위 전투기의 지원을 받지 않는 독일 폭격기 편대는 영국 전투기의 쉬운 표적이 됐다.

양측은 8월 내내 공중전에서 큰 손실을 입었다. 그달에 독일 공군은 전투력의 18.5%에 해당하는 774대의 항공기를 잃었다.[61] 9월 4일, 영국 폭격기가 베를린 주변에 폭탄을 투하한 것에 분노한 히틀러는 군중을 향해 "그들이 우리 도시를 대대적으로 공격하겠다고 선언하면 우리는 그들의 도시를 완전히 파괴할 것입니다. …… 그들과 우리 중 한쪽은 무너질 때가 올 것이며, 무너지는 쪽은 나치 독일이 아닐 것입니다."라고 외쳤다.[62]

3일 후, 독일 공군은 공격 목표를 영국 공군 전투기 사령부의 기반 시설에서 런던 이스트엔드 부두로 전환했다. 영국 공군 원수 휴 다우딩과 그의 참모들은 영국 공군 기지에 대한 독일군의 공격이 계속될 것으로 예상하고 있었기 때문에 깜짝 놀랐다. 9월 중순이 되자 독일군은 주간 공습이 끝난 후 밤에도 폭격을 계속하기 시작했다. 당시 런던 소방관들은 폭격으로 인한 9건의 화재를 진압하는 데 소방펌프 100대를 사용했고, 서리 부두에서 발생한 한 화재에는 300대의 소방펌프가 동원되기도 했다. 그다음 주에도 독일군은 런던에 대한 공격을 계속했다. 15일, 독일 공군은 또다시 대규모 폭격을 감행했다. 독일 폭격기들이 켄트에 폭탄을 무작

위로 투하했지만, 이번에는 영국군이 대비하고 있었다. 영국 전투기 사령부는 스핏파이어와 허리케인이 185대의 항공기를 격추했다고 보고했지만, 실제로 독일군의 항공기 손실은 60대 정도였다. 영국 공군은 30대를 잃었다.[63] 그 무렵 전투기 사령부는 항공기와 조종사 손실로 큰 부담을 안고 있었다. 하지만 독일 공군의 피해는 더 컸다. Bf 109 전투기 중대의 경우 정상적으로 작전을 수행할 수 있는 조종사 수가 67%로 감소했으며, Bf 110 전투기 중대는 46%, 폭격기 중대는 59%로 감소했다.[64]

제2차 세계대전의 공중전은 제1차 세계대전 때의 참호전과 매우 흡사한 형태의 소모전이었다. 다만 공중에서 전투가 벌어졌고 고가의 장비가 동원되었다는 점만 다를 뿐이었다. 항공기와 조종사의 손실은 이미 상당히 많았고, 그후로도 계속 늘어났다. 1940년 5월 10일, 독일군이 연합군에 대한 군사 작전을 시작했을 때 독일 공군의 전투기는 5,349대였다. 그다음 5개월 동안 독일 공군은 전투력의 57%인 3,064대를 잃었다.[65] 독일 공군은 8월에는 Bf 109의 22.4%, 9월에는 26.5%를 잃었다. 폭격기 손실은 8월에는 19.6%, 9월에는 18.9%였다.[66]

9월에 야간 공습이 시작되었을 때 독일 폭격기들은 그 이전 5개월 동안 프랑스, 저지대 국가들, 영국의 목표물에 대한 주간 공습으로 이미 심각한 손실을 입은 상태였다. 1940년 당시 독일 공군은 진정한 전략 폭격 능력을 갖추고 있으며, 무차별 폭격blind bombing에 도움을 주는 무선 빔 발사 장치(암호명 크니케바인Knickebein, '뒤틀린 다리Crooked Leg'라는 뜻)와 폭격선도기를 모두 갖춘 유일한 공군이었다. 하지만 당시 영국 공군에서 일하던 젊은 과학자 R. V. 존스가 공군의 관료주의를 견디면서 창의적인 연구를 한 덕분에 영국은 독일 공군이 사용하는 폭격 유도 빔의 존재를 발견해 교

란할 수 있었다.[67]

하지만 런던은 유도빔을 이용하지 않아도 될 만큼 크고 식별이 쉬운 목표였기 때문에 독일 공군은 폭격에 거의 지장을 받지 않았다. 게다가 11월 코번트리 공습에서처럼 달이 밝고 맑은 밤에는 독일 폭격기 조종사와 항법사가 목표물을 선택하는 데 어려움이 전혀 없었다. 독일군은 야간 공습을 3개 지역에 집중시켰는데, 각각의 지역에서 공습 개념이 서로 달랐다. 우선 런던 집중 폭격은 이탈리아의 공군력 전문가인 줄리오 두헤Giulio Douhet의 이론에 의거한 것으로 공습이 영국의 사기를 꺾을 수 있을 것이라고 그들은 믿었다. 두 번째 목표는 미들랜즈(영국 중부)의 맨체스터, 코번트리, 셰필드, 노팅엄 같은 공업 도시였다. 이 공습에서 독일 공군이 큰 피해를 입히긴 했지만, 영국 공군은 독일군의 폭격 유도 빔을 왜곡해 폭격의 정확도를 떨어뜨리는 방법으로 대응했다. 세 번째 목표는 영국 항구, 특히 대서양 횡단 운송을 위한 주요 항구인 리버풀과 글래스고뿐만 아니라 브리스톨, 포츠머스, 사우샘프턴, 벨파스트, 플리머스 등이었다.[68] 영국의 물품 수입을 차단하는 것이 독일군 공습 전략의 주요 목적 중 하나였기 때문에 당연히 독일군은 세 번째 목표에 중심을 두었다.

폭격 유도 빔을 왜곡하려는 영국의 노력은 독일 폭격기 조종사와 항법사에게 점점 더 큰 영향을 미쳤다. 독일군은 결국 새로운 유형의 빔 발사장치인 X-게레트X-Gerät를 도입했지만, 영국군은 곧 그것도 해결했다. 예를 들어, 1941년 5월 8일의 독일 공습은 영국의 대응이 얼마나 효과적이었는지 보여준다. 더비를 공격해야 할 독일 폭격기는 더비가 아니라 노팅엄을 폭격했고, 노팅엄 폭격에 투입된 다른 폭격기 편대는 폭탄을 공터에 투하했다.[69] 1941년 5월 독일 공군은 바르바로사Barbarossa 작전 준비를 위해 대부분의 폭격기 편대를 동쪽으로 이동시켰다. 하지만 4월에 이미 영국이 공중 레이더를 장착한 야간 전투기를 대량으로 배치하기 시작했기 때문에 독일군의 공습은 곧 종료될 수밖에 없었다. 1941년의 첫 3개월 동안 독일군은 영국군의 방공망에 의해 90대의 폭격기를 잃었고, 4월 한 달에만 75대를 잃었다.

독일군은 공습의 제조 측면뿐만 아니라 기술 및 과학적 측면에서도 뒤처졌다. 격차는 점점 더 커져 1941년 6월 말, 소련을 침공했을 당시 독일 공군이 보유한 폭격기는 불과 1년 전인 1940년 5월에 비교하면 200대 정도 더 적었다. 이는 생산 기반이 정체되어 있던 독일군이 얼마나 심각한 소모전을 겪었는지 보여주는 지표다.[70] 독일군은 작전과 전술 문제에 너무 집중하느라 장기적인 위협을 파악하지 못했다. 사실상 당시 독일군은 병력, 항공기, 유보트 그리고 다른 무기들이 모두 소진되기 전에 적을 이기겠다는 생각으로 도박을 하고 있었다.

영국은 독일 공군의 전략 폭격이라는 실존적 위협에 시달리는 동시에 카를 되니츠 제독이 유보트를 이용해 영국의 해상 교통로를 공격하는 더 위협적인 상황에도 직면해 있었다. 독일의 노르웨이와 프랑스 점령 성공으로 당시 유보트는 지리적 입지 면에서 상당히 유리한 상황이었다. 프랑스 북서부의 브리타니에 있는 유보트 기지는 영국 해군의 주요 기지보다 북대서양 해상 교통로에 더 가까웠기 때문이다. 하지만 독일군은 이미 수상 함대와 잠수함 함대의 상당수를 잃었기 때문에 1940년 여름과 가을에 되니츠가 보유한 유보트는 17척에 불과했다. 그럼에도 불구하고 독일군은 상당한 성공을 거두었다. 영국 해군은 독일군의 침공 위협에 대응하기 위해 구축함 병력의 대부분을 영국 해협 연안에 배치했기 때문에 대서양에서 영국 해군의 움직임은 약화될 수밖에 없었다. 따라서 대서양 연안 항구에서 입출항하는 호송선단은 쉽게 독일군의 표적이 됐다. 하지만 제1차 세계대전에서처럼, 가장 큰 피해를 입은 것은 호위를 받지 않고 항해하는 상선들이었다. 1940년 7월부터 11월까지 영국은 호위를 받지 않은 상선 144척을 잃었고, 호위를 받은 상선도 73척이나 잃었다.[71]

유보트의 위협에 대응하기 위해 영국은 전술적 대응책과 기술적 대응책을 모두 모색해야 했다. 처칠은 당연히 두 가지 모두를 전폭적으로 지지했다. 기술적으로 영국은 ASDIC(소나) 개선, 함정 탑재형 레이더 개발, 이 레이더의 호위함대 탑재 확대, 해안사령부의 항공기에 레이더와 리 라이트Leigh lights(고성능 탐조등) 장착, 심해 폭뢰의 살상력 증대, 새로운 대잠수함 무기인 헤지혹hedgehog, 단거리 무전기 제공 등 다양한 혁신을 추진해 독일군 방향 탐지국에 송신이 잡히지 않고 호위대가 교신할 수 있도록 조치했다. 이 과정에서 과학자들은 특정 기술 분야뿐만 아니라 완전히 새로운 작전 연구 분야를 발명하는 데 핵심적인 역할을 담당했다.

당시 영국이 얻은 가장 큰 이점은 독일 유보트 에니그마 암호의 상당 부분을 해독할 수 있게 됐다는 것이었다. 영국이 독일 유보트 암호를 처음으로 해독한 것은 1941년 4월이었다. 아이슬란드 연안에 주둔한 독일 기상관측선이 유보트와 동일한 에니그마 암호를 사용하고 있다는 사실을 알게 된 직후 영국 해군성은 제독이 순양함 3척과 구축함 4척을 지휘하여 차단 작전에 착수했다. 그 결과 에니그마 암호 기계를 사용하던 독일 기상관측선 뮌헨 호가 영국군에 의해 포획됐다. 그로부터 얼마 지나지 않아 영국 호위함대는 프리츠 율리우스 렘프가 지휘하는 U-110을 암호 기계와 함께 포획했다. 6월 말, 영국 해군은 아이슬란드 앞바다에서 다시 작전을 펼쳐 다른 독일 기상관측선을 나포했다. 이 기상관측선은 뮌헨 호를 대체하기 위해 독일군이 보낸 것이었지만, 어처구니없게도 이 기상관측선도 동일한 에니그마 시스템을 사용하고 있었다. 당시 영국 해군성 보고서는 이 시스템을 "헤아릴 수 없을 정도로 가치가 있다."라고 평가했다.[72]

프랑스에 있는 독일 지휘본부에서 유보트에 전달되는 작전 메시지는 영국 암호해독 요원들에 의해 대부분 해독되었는데, 이는 연합군에게 큰 이점을 제공했다. 1941년 후반에 영국은 울트라Ultra라는 암호명으로 불리는 이 정보를 바탕으로 호송선단을 유보트의 정찰 라인에서 멀리 우회시킬 수 있었다. 독일 전쟁사 연구자들은 호송선단의 움직임, 바다에서 활동하는 유보트의 수, 연합군 호위함의 수와 능력을 고려할 때 1941년 후반 6개월 동안 울트라 정보 덕분에 영국이 약 150만 톤의 선박을 구할 수 있었다고 추정했다.[73]

1941년 3월은 여러모로 대서양 전투 승리를 위한 첫걸음을 내딛는 달이었다. 그 달에 영국군은 가장 유능한 유보트 사령관 중 한 명인 오토 크레치머와 그의 승조원들을 나포했고, 귄터 프린의 U-47과 요아힘 셰프케의 U-100을 침몰시켰다. 이는 영국 제도 주변 해역이 숙련된 유보트 함장들에게도 매우 위험하다는 것을 보여줬다. 전투는 대서양 중심부로 옮겨졌는데, 그곳은 정보력이 중요하고 사거리가 짧고 어뢰 수가 적으며 주둔 시간이 짧고 승무원 편의성 면에서 IX형에 비해 VII형 유보트에게 매우 불리했다.[74] 하지만 히틀러와 마찬가지로 되니츠도 숫자에 집착했기 때문에 전쟁이 끝날 때까지 VII형 생산을 계속했는데, 이는 조선소에서 IX형보다 VII형을 더 많이 생산할 수 있었던 것이 가장 큰 이유였다.

전략 및 작전 수준에서 독일군 지도자들은 자신들이 직면한 문제를 제대로 파악하지 못했다. 그들이 정보 등 일부 분야에서 실패를 통한 근본적인 재평가가 필요했음에도 불구하고 그러지 못한 것은 히틀러의 성격과 독일인 대다수의 문화적 오만함에 그 원인이 있다. 과학과 기술력을 고려할 때, 그들의 가장 큰 실패는 새로운 시스템과 기술이 자신들뿐만 아니라 상대방에게도 더 많은 가능성을 제공한다는 사실을 인식하지 못한 데 있었다.

이는 대서양 전투에서 분명하게 드러났다.[75] 아마도 가장 큰 약점은 되니츠가 유보트를 기술적으로 개선하는 데 관심이 없었다는 점일 것이다. 전쟁 발발 2년 후 독일 유보트의 개선 사항과 태평양에서 비슷한 시기를 보낸 미국 전함들의 개선 사항을 비교해보면 이해가 쉬울 것이다. 1943년 말, 미군 전함은 함선과 항공기의 위치를 포착할 수 있는 레이더, 다른 함대와 교신할 수 있는 단거리 무전기, 호송선단의 위치를 파악할 수 있는 방향 탐지 장비, 정교한 소나를 보유하고 있었다. 하지만 독일 유보트에는 이러한 개선 사항이 거의 없었는데, 되니츠는 이런 장비를 추가할 경우 기존 유보트의 운용이 중단되고 새로운 유보트의 생산과 훈련이 늦어질 것을 우려했던 것 같다. 또한 그는 유보트 작전에 대한 자신의 절대적인 통제력 행사가 불가해질 수도 있다는 두려움도 가졌을 것이다.

영국은 혁신에 대한 의지가 훨씬 더 강했다. 1941년 말, 개혁과 기술 혁신은 영국과 캐나다, 미국의 동맹국이 대서양 전투에서 승리할 수 있는 토대를 마련했다. 하지만 1942년 1월부터 영국과 미국의 산업계와 해군이 유보트 부대를 무너뜨릴 수 있을 만큼 충분한 함정과 승조원을 새로운 기술로 생산하고 훈련시키기까지는 1년 2개월이라는 시간이 걸렸다.

방해 요소

1940년 7월 초, 할더와 브라우히치는 소련 침공을 위한 초기 계획을 세우기 시작했다. 그달 말에 그들은 히틀러와 장시간의 토론을 가졌고, 히틀러는 영국이 전쟁을 계속하는 유일한 이유는 소련과 미국을 끌어들이려는 속셈이라는 자신의 생각을 분명히 밝혔다. 히틀러는 소련을 제거한 다음 영국과 미국을 처리하는 것이 확실한 해결책이라고 계속 주장했다.[76] 이후 10개월 동안 여러 독일 지도자들이 침공 외 다른 대안을 제시했지만, 독일군은 이미 관련 준비를 하고 있었다. 히틀러는 이미 결심을 굳혔고 흔들리지 않았다. 처음에 히틀러는 1940년 늦여름에 침공할 것을 제안했지만, 브라우치히와 할더는 소련까지의 거리와 날씨 등 현실을 고려해 그 계획을 철회하도록 설득했다. 하지만 제3제국의 자원 사용 방식에 대한 히틀러의 생각은 분명했다. 프랑스 패망 후 초기 몇 달 동안은 여러 사단이 동원 해제되고 병사들은 군수 산업으로 복귀한 상태였다. 하지만 초가을이 되면서 독일군 최고사령부는 상황을 뒤집었고, 공수부대와 해군을 대대적으로 증강하는 대신 육군이 인적·물적 자원의 대부분을 지원받기로 결정했다.

영국 문제 외에도 발칸 반도와 지중해의 문제들은 독일이 딱히 개입하고 싶지 않은 전장이었지만 독일인의 관심을 끌었다. 프랑스가 패망한 직후, 프란시스코 프랑코가 이끄는 스페인 파시스트 정권은 북아프리카 프랑스령의 사실상 전부를 스페인에 넘기면 영국에 맞서 전쟁에 참여하겠다고 제안했다. 독일은 처음에는 별로 관심을 보이지 않았지만, 1940년 10월에 영국 본토 항공전에서 패배한 후 마음을 바꿨다. 그 이전까지만 해도 히틀러는 프랑코를 만난 자리에서 또다시 그런 논의를 하느니 차라리 자기 이빨을 뽑겠다고 말했다. 하지만 그 무렵 프랑코도 다른 생각을 하고 있었다. 독일이 영국 본토 항공전에서 패배한 것은 영국이 아직 끝나지 않았음을 보여주었고, 처칠의 협상단은 스페인이 참전할 경우 봉쇄로 인해 스페인 국민들이 굶주리게 될 것이라고 스페인을 압박했다.

독일 입장에서 스페인 문제는 이탈리아의 참전으로 인한 복잡한 상황에 비하면 아무것도 아니었다. 1940년 6월 10일에 이탈리아가 프랑스와 영국에 선전포고를 했기 때문이었다. 이를 두고 루스벨트는 무솔리니가 이웃의 뒤통수를 쳤다고 비난했다. 이보다 더 나쁜 시기에 선전포고를 할 수는 없었다. 프랑스는 사실상 항복한 상태였기 때문이다. 하지만 이탈리아는 전쟁에 대한 준비가 거의 전무한 상태였다.[77] 이탈리아 해군성은 5월에 이탈리아 상선들에게 이탈리아로 돌아오라는 명령조차 내리지 않아 수백만 톤에 이르는 선박들이 연합군의 손에 넘어가게 됐다. 무솔리니와 그의 장군들은 독일군과는 크게 관련이 없는 지중해에서 '병행전parallel war'을 치르기로 결정했다.

이탈리아의 전략에 대한 수많은 논쟁 끝에 마침내 무솔리니는 리비아 주둔 이탈리아 사령관 로돌포 그라치아니 원수에게 진격 명령을 내렸다. 하지만 그라치아니는 어떻게든 이 명령을 실행하지 않으려고 갖은 수를 다 썼다. 한편 헝가리와 루마니아 사이의 문제는 전쟁으로 번지기 직전이었다. 독일군이 문제를 해결하기 위해 개입했고, 히틀러는 무솔리니에게 알리지 않고 루마니아의 석유 통제권을 확보하기 위해 루마니아 군사 작전을 승인했다. 제13기동보병사단(증원), 제16기갑사단, 2개 전투기 편대, 1개 정찰대대, 2개 대공포 연대 등으로 이뤄진 엄청난 규모의 독일군 작전

은 제국이 동맹국을 간단히 무시했다는 사실을 드러낸다.[78]

이탈리아는 소련보다 훨씬 더 화가 났다. 독일의 뻔뻔함에 분노한 무솔리니는 알바니아 주둔 이탈리아군에게 그리스를 침공하라고 명령했다. 군대는 즉시 침공 계획을 세우기 시작했지만 동시에 전쟁부는 이탈리아의 110만 병력 중 40만 명을 동원 해제하기로 결정했다. 게다가 연령대별로 병력을 감축하는 인사 시스템으로 인해 각 사단은 최종적으로 전력의 약 40%를 잃었고, 전투 준비가 된 사단은 전혀 없었다. 설상가상으로 알바니아의 이탈리아군은 그리스의 전력에 미치지 못했고, 알바니아 항구의 수송 역량은 전투를 지원하기 위한 식량, 탄약, 보급품을 환적하는 데만 충분할 뿐 실질적인 증원군을 수송할 수 있는 수준이 아니었다.

결과는 재앙이었다. 며칠 만에 그리스군은 이탈리아군을 알바니아로 다시 몰아냈고, 무솔리니의 육군 사령관 우발도 소두 장군은 저녁 시간을 영화 음악을 작곡하면서 보냈다.[79] 이탈리아가 알바니아로 패퇴하자 독일군은 소련 침공 준비를 강화하면서 동시에 발칸 반도 문제에 개입할 수 밖에 없었다. 그리스에서의 참패는 이탈리아에 닥친 첫 번째 악재에 불과했다. 11월, 영국은 이탈리아 남부 항구 타란토에서 이탈리아 함대에 대한 야간 공습을 감행했다. 뇌격기들torpedo plane(어뢰로 적국 선박을 공격하는 것이 주요 임무인 군용 항공기 - 옮긴이)이 공습을 마치고 영국군 항공모함으로 돌아왔을 때 이탈리아 전함 3척은 진흙탕 속에 잠겨 있었고, 한 척은 돌이킬 수 없는 손상을 입은 상태였다. 같은 날 밤, 영국 순양함은 오트란토 해협에서 상선 4척을 침몰시키고, 이탈리아와 알바니아의 해상 교통로를 일시적으로 차단했다.[80]

한편, 9월에 이탈리아군은 (이탈리아령) 리비아에서 (영국의 보호 하에 있던)

이집트 서부 사막으로 진격했다. 공격은 엉망진창이었다. 지도와 아랍인 안내자를 챙기지 않은 한 지휘관은 리비아 쪽 국경에서 여단 병력을 잃고 물도 거의 바닥나는 지경에 이르렀다.[81] 결국 진격은 목표였던 알렉산드리아에서 멀리 떨어진 시디엘바라니에서 중단됐다. 12월 8일에서 9일로 이어지는 밤에, 대규모 포병이 이탈리아군을 기습적으로 포격했다. 영국군은 공세를 제한하려고 했지만, 영국 제7기갑사단과 인도 제4사단은 상호 지원 없이도 이탈리아군 방어 진지의 틈새를 파고들어 이탈리아군을 격파했다. 1941년 1월, 영국군은 리비아 동부의 키레나이카로 진격했고, 리비아 서쪽 절반의 이탈리아군 진지는 모두 무너졌다.

독일군은 북아프리카와 발칸 반도에 있는 동맹국을 구제해야 했다. 결국 독일은 프랑스에서 눈부신 활약을 펼친 에르빈 롬멜 장군에게 군단 규모의 군대를 맡겨 리비아로 파견해 문제를 해결하려 했다. 롬멜은 수비를 유지하라는 명령을 받았지만, 배치도 잘못되어 있고 경험도 부족해 보이는 영국군을 즉시 공격하는 것이 더 낫다는 판단을 내렸다. 몇 주 만에 추축군은 리비아-이집트 전선을 되찾았으나, 영국군은 토브루크Tobrul 항구를 계속 점령했다. 롬멜의 성공에도 불구하고 북아프리카는 계속 독일군의 변방으로 남았다.

1940~1941년 겨울, 독일은 불가리아에서 진격해 그리스를 공격할 목적으로 헝가리와 루마니아를 통해 병력과 병참 물자를 배치했다. 1941년 3월 25일, 독일군은 유고슬라비아에 추축국 가입을 강요했다. 하지만 정부가 가입 서명을 하기 전에 친親영국 장교들이 정부를 전복시켰다. 이에 분노한 히틀러는 즉시 그리스에 대한 공세를 유고슬라비아까지 확대하라고 명령했다. 일주일 만에 독일군은 그리스뿐만 아니라 유고슬라비아를 격파

하는 데 필요한 병력을 배치했다. 또한 히틀러는 "대대적인 공습을 통해 베오그라드를 파괴하라."라고 명령했다. 작전 암호명은 '게리히트Gericht'였다. 이 말은 현대 독일어로는 '처벌'을 뜻하지만 '처형'이라는 의미로도 오랫동안 사용되던 말이다.[82] 이틀간의 폭격으로 베오그라드는 초토화됐고, 1만7,000명의 사망자가 발생했다.

이어진 유고슬라비아와 그리스에 대한 공세는 독일군의 낙승으로 끝났다. 이 공세 때문에 독일군이 바르바로사 작전을 연기하지는 않았다. 하지만 이로 인해 기계화 부대들은 상당한 손실을 입었고, 이 부대들은 곧 이어질 소련 침공 작전에 참여할 남부집단군 기계화 부대의 대부분을 구성하게 된다. 이 전투에서 독일군은 영국군이 루마니아의 유전을 공격하는 데 크레타 섬을 이용할 것을 우려해 크레타 섬에 대한 공습으로 작전을 마무리했다.[83] 영국군은 크레타 섬을 계속 지켰어야 했다. 하지만 크레타 섬 북서부의 말레메 비행장을 공습할 예정이라는 정보를 추락한 독일 Bf 110 전투기에서 확보했음에도 불구하고 영국군 크레타 방위 사령이던 버나드 프레이버그 장군은 크레타 섬 북서부가 아닌 북부의 해안을 방어하기로 결정했다. 영국 해군은 에게 해를 건너려던 상륙정 중 한 척을 제외하고 모두 침몰시켰다. 독일군의 공습은 거의 실패할 뻔했는데 낙하산 부대원들이 간신히 말레메 비행장을 점령했기 때문이다. 당시 독일군 낙하산 부대는 사상자가 25%에 이를 정도로 많았기 때문에 그 이후로 히틀러는 또 다른 대규모 공수 작전을 승인하지 않았다.[84] 하지만 독일이 점령한 이상 영국군은 비행장에서 완전히 철수해야 했다.

그리스와 유고슬라비아 정복은 한 달도 채 걸리지 않았다. 정복이 완료되자마자 전차 부대들과 기계화 부대들은 바르바로사 작전에 참여하기 위해 철수했다. 남겨진 독일군과 이탈리아 병력은 수준이 형편없었고, 곧 이들은 외곽 지역에서 일어난 대규모 봉기에 맞닥뜨렸다. 1941년에서 1942년에 이르는 겨울 내내 그리스와 유고슬라비아의 산악지대에서는 잔학 행위가 일상화된 참혹하고 무자비한 빨치산 전투가 벌어졌다.

과거로의 회귀

영국의 강경한 태도와 지중해에서의 이탈리아군 붕괴에도 불구하고 독일군은 소련 침공 계획을 밀어붙였다.[85] 그동안 이루어낸 승리로 독일은 막대한 물자와 원자재 전리품을 얻었다. 독일군은 향후 8개월간 쓸 수 있는 구리 8만1,000톤과 1년 동안 사용할 니켈과 주석을 확보한 상태였다. 특히 프랑스와 저지대 국가들에서 탈취한 4,260대의 기관차와 14만 대의 화물차는 1930년 내내 투자를 거의 받지 못했던 독일 국영 철도인 라이히스반Reichsbahn을 유지하는 데 큰 도움이 됐다.[86] 그러나 이런 전리품만으로는 바르바로사의 수요를 감당하기에는 턱없이 부족했다. 1941년 10월까지 라이히스반은 하루 평균 9만8,000대의 기관차와 화물차 부족에 시달렸다.[87]

서부 작전에서 노획한 석유로 독일의 석유 재고는 전쟁 발발 당시 수준으로 회복됐다. 하지만 영국의 봉쇄로 인해 물자를 수입할 수 없었던 독일은 이 전리품들을 매우 아껴 사용해야 했다.[88] 소련의 원자재 공급은 소련 침공 전에는 도움이 되었지만, 당시에도 히틀러는 소련의 공급에 의존하지 않으려고 했다. 게다가 노획한 석유로도 독일의 연료 부족은 해소

되지 않았다. 또한 기계화 부대의 트럭 수요가 계속 늘어나고 있는 상황에서 이를 감당할 수 있는 운전자가 너무 부족했기 때문에 독일 육군은 도로 주행 경험이 거의 없는 초보 운전자에게 대형 트럭 운전 면허를 발급할 수밖에 없었다.[89]

게다가 노획한 산업 자원에는 단점이 있었다. 예를 들어, 독일군이 철도 장비를 노획하기는 했지만, 이 장비는 여전히 프랑스, 벨기에, 네덜란드의 산업을 지원하는 데 사용됐다. 프랑스와 벨기에 점령 지역의 철강 생산량은 석탄 부족으로 인해 크게 떨어졌다.[90] 또한 독일은 새로 점령한 지역의 노동력을 먹여 살려야 했다. 독일군이 점령한 농업 지역에서는 막대한 양의 비료가 필요했지만, 독일은 탄약 생산을 위해 독일과 서부 유럽의 점령 지역에서 생산된 질산염(비료의 재료이기도 하다)의 대부분을 사용해야 했다. 노동력 문제도 해결하기 어려운 문제였다. 소련 침공 결정으로 군 징집이 이루어지자 이미 부족했던 인력 자원이 더욱 압박을 받았다.[91] 1941년 7월, 탄광 노동자 부족으로 철강 생산량은 전월 대비 35만 톤이나 감소했다.[92] 게다가 이 상황에서 나치 이데올로기는 전시 경제 성장에 걸림돌이 되었다. 여성 노동력의 총동원을 히틀러가 승인하지 않았기 때문이었다.

1940년 7월에는 공군과 해군으로, 그해 늦여름에는 다시 육군으로 갑자기 독일이 군사적 비중을 바꿈으로써, 영국은 가장 취약했던 시점에 영국의 해상 교통로에 대한 독일의 압박을 덜 받게 되었다. 독일은 소련을 정복한 뒤 대규모 유보트 작전을 벌일 계획이었지만, 1940년 6월부터 1941년 3월까지 독일 조선소에서 한 달에 생산할 수 있는 유보트는 7척에 불과했다. 게다가 그중 상당수는 유보트 작전 병력의 훈련을 위해 투입해야 했다. 바르바로사 작전이 시작되면서 영국에 대한 독일 공군의 압박은 거의 사라졌다. 히틀러뿐만 아니라 시스템에 의해 우선순위와 생산 목표가 끊임없이 바뀌면서 "요구 사항과 자원 간의 균형에 의문이 발생했다." 당시 상황을 더 악화시킨 것은 육군을 위한 무기 생산을 우선하라는 히틀러의 명령이었다. 이로 인해 군 본부와 독일 공군 사이에서는 갈등이 빚어질 수밖에 없었다.[93]

당시 독일 육군에 대해 역사학자 애덤 투즈Adam Tooze는 "근본적으로 독일군은 '가난한 군대'였다."라고 말한다.[94] 바르바로사 작전 수행에 참여할 사단들을 준비시키기 위해 독일 육군이 얼마나 필사적으로 노력했는지 살펴본다면 이 말의 의미를 이해할 수 있다. 독일군은 소련 침공에 필요한 사단들을 준비시키기 위해 육군 재고뿐만 아니라 1939년과 1940년에 체코슬로바키아, 폴란드, 네덜란드, 벨기에, 노르웨이, 프랑스에서 노획한 다양한 무기를 활용했다. 독일 보병사단은 노르웨이와 프랑스의 대포와 대전차포는 물론 독일군이 점령한 모든 지역에서 민간인 트럭을 징발해 소련 침공 작전에서 사용했다.

동부 전선의 중부군Army Group Center 병참 담당자들은 2,000종이 넘는 차량을 위해 100만 개 이상의 예비 부품이 필요했는데, 이런 물자들은 모두 치열한 전투 지역을 거쳐서 와야 하는 아주 악몽 같은 상황에 처해 있었다.[95] 바르바로사 작전에 투입된 152개 사단 중 75개 사단은 전차를 보유하고 있었지만 71개 사단은 전적으로 또는 거의 마차에 의존했다.[96] 전체적으로 독일군은 보병사단 보급과 포병 수송에 65만~75만 마리의 말이 필요했다.[97] 사실상 독일군은 제1차 세계대전 때의 지상군에서 기계화 부대를 약간 추가한 모양새였다.

기갑사단과 기계화 보병사단의 상황도 마찬가지로 암울했다. 기계화 보병사단 중 3개 사단, 기갑사단 중 1개 사단은 외제 차량을 사용할 수밖에 없었다. 1940년의 독일 공군과 마찬가지로 독일 육군은 전차 및 기계화 병력이 전년도에 비해 크게 개선되지 않은 상태로 바르바로사 작전에 투입됐다. 독일군은 1940년 5월에 10개였던 기갑사단을 1941년에 20개로 두 배 늘렸지만, 이는 1개 사단당 전차 연대의 수를 2개에서 1개로 줄이는 방식으로 사단 수를 늘린 것에 불과했다. 따라서 프랑스 침공 당시 2,580대였던 전차 수를 바르바로사 작전 때 최대로 늘린 것이 3,648대였다. 보병사단들의 구성도 형편이 없었지만 이 기갑사단들의 구성도 마치 누더기를 이어붙인 것 같았다. 독일군의 전차 중 1,832대는 모두 구형인 마크 I, 마크 II, 체코제 전차였고, 비교적 최신형인 마크 III와 마크 IV는 1,816대에 불과했다. 놀랍게도 독일 공장들은 마크 II의 생산량을 늘린 상태였다.

무기보다 더 중요한 지원 병참 병력은 독일군 트럭, 노획한 트럭, 민간인 트럭이 임시로 혼합돼 기계화사단에 무작위로 배정된 것처럼 보였다. 제18기갑사단은 96가지 이상의 서로 다른 유형의 병력수송차량과 111가지 유형의 트럭을 보유하고 있을 정도였다.[98] 또한, 단일 모델 중심의 생산 표준화 노력은 소량 생산에 대한 선호에 밀려 좌절됐다. 이는 엔지니어들에게 각 모델을 자유롭게 수정할 수 있는 여지를 주었지만, 반면에 예비부품 관리 담당자들에게는 더 큰 어려움을 안겨주었다.[99] 보급과 유지보수 분야에서의 이런 약점을 가장 확실하게 체감한 병참 담당자들은 소련까지 약 480킬로미터(300마일) 정도만 진격해도 병참 문제가 발생할 수 있다고 경고했다.[100]

프랑스 점령 후 바르바로사 작전 시작까지 독일 육군 대부분은 휴식을 취했지만, 독일 공군은 그렇지 못했다. 장기간의 영국 본토 항공전과 지중해 및 발칸 반도에서의 전투가 공군 병력 구조에 지속적인 영향을 미치고 있었기 때문이다. 따라서 당시 독일 공군의 병력 수는 프랑스 공방전 초기인 1940년 5월 10일 수준에서 더 늘어나지 않은 상태였다. 1941년 6월, 독일 공군이 보유한 항공기의 수는 전년에 비해 폭격기 200대, Bf 109 84대, 스투카 10대, Bf 110 166대가 줄어들었다.[101] 전체적으로 1941년 독일 항공기 산업은 1940년에 비해 950대밖에 더 생산하지 못했다.[102] 독일군이 군용 무기 생산을 즉각적으로 늘리지 않은 것은 바르바로사 작전이 프랑스 공방전보다 어렵지 않을 것이라는 히틀러와 군부의 생각이 반영된 결과였다.

독일의 이런 태도는 소련의 자원과 땅덩어리의 크기를 고려할 때, 소련과의 전쟁에 대비해 전투력을 충분히 갖추는 데 어려움이 있었음에도 불구하고 이에 대한 불안감이 없었던 이유를 말해준다. 실제로 당시 독일 육군 최고사령부는 상당수의 사단이 최신 무기를 보유하지는 못하겠지만 무기와 지원 장비를 충분하게 보충하기 위해 더 많이 생산할 필요는 없다고 판단했다.[103] 소련의 중공업 업체 대부분이 모스크바 동쪽 우랄 산맥 지역으로 옮겨갔다는 총참모부 지리전략국의 경고와 1941년 봄에 소련 산업의 규모에 대한 심각한 우려를 표명한 독일 기업가들의 경고는 완전히 무시됐다.[104]

히틀러는 처음부터 소련과의 전쟁이 이데올로기 전쟁이 될 것이라고 분명히 밝혔다. 1941년 3월, 할더는 다가올 전쟁의 성격에 대해 히틀러가 한 연설에 대해 다음과 같이 언급했다. "두 *이데올로기의 충돌*, 볼셰비즘에 대한 맹렬한 비난 …… 공산주의는 우리의 미래에 엄청난 위험이다. …… 볼셰비키 공산당 위원들과 공산주의 지식인들을 몰살하기 위한 전쟁이다."[105] 바르바로사 작전을 유대인 그리고 인간 이하의 슬라브인과의 인종 전쟁으로 정의한 것은 히틀러뿐만 아니라 대부분의 군 지도자들 역시 마찬가지였다. 제4기갑집단 사령관 에리히 회프너는 1941년 5월 12일에 슬라브, 특히 유대인 볼셰비키 정권에 대항하여 싸울 것을 명령하면서 "적의 완전한 섬멸"을 목표로 전례 없이 강경하게 전쟁을 수행해야 한다고 말했다.[106] 이런 이념적 틀은 전선에 있는 독일군의 정신 구조에 깊이 침투했고, 상대편도 그에 못지않은 무자비함으로 대응했다.[107] 그 결과는 참혹했다.

1940년 7월 말, 독일 육군 총참모장 할더는 작전 구상을 마쳤다. 모스크바를 향한 공격을 통해 소련이 "우크라이나와 흑해에 병력을 집중하도록 만들어, 역전된 전선에서 전투를 할 수밖에 없도록" 유도한다는 내용이었다.[108] 8월 5일에는, 할더로부터 초기 계획 수립 지시를 받은 에리히 마크스 장군이 자신의 구상을 밝혔다. 마크스는 주 진격은 프리피예트 습지 북쪽에서 이루어지고 보조 진격은 발트 해 연안 국가와 우크라이나를 목표로 해야 한다고 주장했다. 할더와 마크스 모두 독일군이 겨울이 오기 전에 소련군을 격파할 수 있을 것으로 예상했다. 그들은 독일군이 국경 지역에서 붉은 군대를 격파하고 러시아 깊숙한 곳까지 방해 없이 진격할 수 있다고 믿었다. 마크스는 유럽 러시아 정복이 17주면 가능하다고 봤다. 1940~1941년 가을과 겨울 동안 히틀러와 군 지도자들의 견해가 엇갈렸고, 히틀러는 우크라이나와 레닌그라드 점령에 중점을 둔 반면, 장군들은 모스크바에 집중했다. 할더는 독일군이 초장에 붉은 군대를 섬멸해야 한다는 계획을 고집해 의견차를 해소했다.

그러나 놀랍도록 잘못된 전략적 판단을 내린 것은 독일군만이 아니었다. 독일군 장성들 못지 않게 무능했던 스탈린도 독일의 침공이 시작될 때까지 히틀러가 자신을 공격할 의도가 없다고 믿었다. 스탈린이 1937년 5월부터 1940년까지 군부 숙청을 계속했다고 해서, 그가 독일과의 전쟁을 두려워하지 않은 것은 아니다. 다만 그 시기가 그렇게 빠를 줄은 몰랐다. 스탈린은 프랑스 패망 이후 독일이 소련을 침공할 이유가 없다고 생각했다. 그의 생각은 아마도 이랬을 것이다. '히틀러는 독일 기업가들의 꼭두각시에 불과하지 않을까? 독일은 이미 서유럽의 산업을 장악하고 있는데 군이 소련을 침공하려 할까?' 소련 스파이들이 독일의 의도와 군사 배치에 대해 정확한 정보를 제공했음에도 불구하고 스탈린은 그 정보를 믿으려 하지 않았다.

게다가 스탈린은 새로 확보한 국경 지역에서 자신에 대한 소련 인민들의 정치적 신뢰가 떨어질 것을 우려해 붉은 군대의 정규군 대부분을 전진 배치했다. 그는 시간을 공간과 맞바꿀 생각이 없었다. 전진 배치되는 동안 소련군 부대도 새로운 무기로 무장하면서 대규모 기계화부대로의 대대적인 전환을 하고 있었다. 붉은 군대는 약점이 있기는 했지만, 이념과 민족주의적 감정이라는 강한 동기를 부여받은 군대였다. 스탈린은 소련에 대한 독일의 위협이 어느 정도인지 인식한 후 러시아 민족주의라는 깊은 우물을 파기 시작했다. 러시아 민족주의는 공산주의에 의해서도 와해되지 않은 강력한 이념이었기 때문이다.

독일군 약 300만 명이 소련 침공을 시작했으며, 이들은 세 개의 그룹으로 나뉘어 있었다. 리터 폰 리프 휘하의 북부집단군에는 회프너가 이끄는 제4기갑집단이 배속되었고, 보크가 지휘하는 중부집단군에는 호트의 제3기갑집단과 구데리안의 제2기갑집단이 포함되었다. 남부집단군은 게르트 폰 룬트슈테트 원수가 지휘했으며, 에발트 폰 클라이스트가 이끄는 제1기갑집단이 배속되었다. 독일군은 동이 트기 전에 공격을 시작했다. 포격이 시작되기 몇 분 전, 소련에서 출발한 마지막 화물 열차가 독일 영토로 진입했다. 기습은 성공적이었다. 당시 독일의 한 무선 기지국이 가로챈 소련군의 무전 내용은 다음과 같다.

> 최전방 부대: 폭격 당하고 있다. 어떻게 해야 하나?
> 육군본부: 미쳤군. 왜 신호가 암호로 돼 있지 않은 거지?[109]

외무장관 몰로토프는 독일의 선전 포고에 "우리가 무슨 짓을 했기에?"라고 반문하며, 스탈린의 전략적 실수를 통감할 수밖에 없었다.[110] 소련군은 독일의 공세 앞에서 허우적거렸다. 독일 공군 폭격기와 전투기는 전장에서 맹공을 퍼부어 소련 공군기 대부분을 격추했다. 독일 공군 최고 군수 책임자였던 에르하르트 밀히 육군 야전원수는 교전 첫날 1,800대의 소련 항공기가 파괴됐고, 6월 23일에는 800대, 24일에는 557대, 25일에는 351대가 파괴됐다고 보고했다.[111]

지상전은 소련에게 더욱 비참한 결과를 가져왔다. 그럼에도 불구하고 북쪽에서는 할더가 히틀러의 간섭을 막기 위해 개전 이후 자신의 의도를 밝히지 않았기 때문에 각 기갑사단은 모스크바 진격의 왼쪽 측면을 엄호할 것인지, 아니면 레닌그라드로 북진할 것인지 결정을 내리지 못하고 있었다.[112] 이런 와중에도 독일군은 발트 해 연안 국가들을 돌파하면서 상당한 성공을 거뒀다. 에리히 폰 만슈타인의 제16기갑군단은 4일 만에 출발 지점에서 약 320킬로미터(200마일) 떨어진 드비나 강의 교량들을 점령했다. 7월 말, 북군 제1군단은 레닌그라드로 가는 길의 4분의 3에 이르렀지만, 군수품이 바닥나기 시작했다.

중부집단군의 승리는 더욱 인상적이었다. 이 지역의 소련군 사령관 D. G. 파블로프 장군은 스탈린에게 아부해 자신의 능력 이상으로 승진한 인물이었는데, 결국 독일군과의 전투에서 패배했다. 스탈린에 대한 충성심에 대한 보상으로 그가 받은 것은 결국 총살형이었다. 3일 만에 제2기갑집단, 제3기갑집단은 민스크 주변을 1차 포위한 뒤, 스몰렌스크로 향했다. 그들이 떠난 뒤 후속 보병사단이 포위 정리를 마쳤을 때 독일군은 포로 33만 명, 야포 3,000여 발, 전차 3,332대를 확보한 것으로 집계했다. 7월 초, 할더는 일기장에 이렇게 적었다. "드비나 강과 드네프르 강의 적군을 섬멸하는 임무는 이미 완수되었다고 말할 수 있다. 따라서 나는 이 작전이 14일 만에 승리로 끝났다고 말해도 무리가 아니라고 본다."[113]

스몰렌스크에서 벌어진 일은 민스크 참사의 반복이었다. 독일군은 포로 30만 명, 전차 3,205대, 대포 3,000문을 포획하는 등 엄청난 전과를 올렸다.[114] 하지만 이미 상당한 문제가 발생하고 있었다. 7월 7일, 힘겹게 행군을 이어가던 독일 보병사단은 기계화 사단에 약 160킬로미터(100마일) 이상 뒤처져 있었고, 그 사이에 남아있던 수많은 소련군이 전차에 공급할 연료와 탄약을 실은 보급 트럭을 수차례 공격했다.[115]

작전 초반 몇 달 동안 독일군이 수많은 포로를 생포한 것은 어떻게 설명할 수 있을까? 여기에는 여러 가지 요인이 작용했는데 가장 큰 것은 소련 정권에 대한 불만이었다.[116] 독일군이 소련군 후방 지역으로 깊숙이 진격해 상황이 악화되고 있는데도 스탈린이 진지를 사수하라고 끊임없이 요구한 것도 요인 중 하나였다. 이 상황에서 특히 중요했던 것은 소련군

내에서 최고위급뿐만 아니라 소대 수준까지 지휘 통제 체계가 전반적으로 무너져 있었다는 사실이다. 또한, 소련군 부대에는 독일의 침공 직전에 징집돼 훈련을 제대로 받지 못한 신병이 많았기 때문에 부대원 간 결속력이 매우 약했다.

독일군 역시 어려움에 직면해 있었다. 소련 사람들이 도로라고 부르는 먼지와 진흙투성이인 길이 서유럽과 중부 유럽의 포장도로에서 주행하도록 설계된 차량들에게는 적합하지 않아 큰 피해를 입히고 있었기 때문이다. 특히 독일군 기갑부대들의 손실은 이미 심각한 수준에 이르고 있었다. 7월 7일, 제18기갑사단과 제3기갑사단의 전차들 중에서 전투가 가능한 것은 35%에 불과했고, 제4기갑사단과 제17기갑사단의 전차들도 60% 정도만 전투가 가능한 상태였다.[117] 제4기갑사단의 경우, 6월 22일에는 169대의 전차를 보유하고 있었지만 7월 16일에는 그 수가 40대로 줄었다. 제7기갑사단의 장갑전투차량은 작전 초반에는 300대였지만, 7월 21일에는 그중 77대가 완전히 폐기된 상태였고, 120대는 다양한 형태로 파손된 상태였다. 같은 날 제3기갑사단은 전투력의 42%만이 전투가 가능하며, 전차의 4분의 1 이상을 잃었다고 보고했다.[118] 기계화 부대 사상자도 상당히 많았으며, 계속 늘어나고 있었다. 7월 26일까지 제20기갑사단은 장교의 35%, 부사관의 19%, 사병의 11%를 잃었다.[119]

바로 이 시점, 즉 7월 말에 소련 예비군이 독일 기계화 부대를 공격하기 시작했다. 그 시점에서 독일 기계화 부대는 대부분 전선에서 약 160킬로미터 이상 떨어져 있었기 때문에 보병사단의 지원을 거의 받을 수 없는 상태였다. 중앙에서 소련군을 지휘하던 세묜 티모셴코 원수는 소련 예비군의 1차 지원 병력을 흡수했고, 이어진 절체절명의 전투에서 독일군 기갑사단과 차량화 보병사단은 소련군이 여전히 탈출을 시도하고 있는 후방 지역에서 탄약과 연료가 떨어져 패배의 위기에 처했다. 히틀러와 장군들은 모스크바로 계속 진격할지 레닌그라드와 우크라이나 공세를 지원할지 논쟁을 벌이느라 8월을 별다른 공세 없이 허비했다. 이 상황은 독일군이 적군의 전력과 부실한 병참 시스템의 영향을 잘못 평가함으로써 발생한 치명적인 결과였다.

8월 11일, 할더는 일지에 "이 모든 상황은 우리가 소련이라는 거대한 존재를 과소평가했음을 점점 더 분명하게 보여준다. …… 이 결론은 소련의 군사 조직과 경제력, 수송 수준 그리고 무엇보다도 보병사단의 수준에서 확인할 수 있다. 현재 360개 소련 사단에 대한 확인이 끝난 상태다. 이 사단들은 우리가 보기에는 무장과 장비가 부족하고 전술도 형편없다. 하지만 우리가 소련의 12개 사단을 궤멸시킨다고 해도 그들은 다시 12개 사단을 바로 만들어낸다."라고 적었다.[120] 8월 중순이 되자 독일군의 보급 상황이 다소 개선됐다. 하지만 소련군의 반격, 특히 옐냐에 이뤄진 독일 중부집단군에 대한 반격으로 독일군 5개 보병사단이 궤멸되면서 독일군의 전선 전력은 크게 감소했다. 하지만 소련군도 이 전투로 전력이 약화되어 8월 말에 재개된 독일군의 공세에 저항하기가 어려워졌다. 하지만 여기서 더 중요한 사실은 바르바로사 작전 초반에 동시에 대규모 공세를 세 곳에서 펼칠 수 있었던 독일군이 깔때기 모양의 전역으로 진입하면서 병참의 한계에 부딪혔고, 그 결과로 대규모 공세를 한 곳에서만 펼칠 수 있게 됐다는 것이었다.

독일군 제2기갑집단은 스몰렌스크 남쪽에서 남진했고, 8월 26일에 제3기갑사단은 데스나에 교두보를 마련하고 소련 남서부와 브랸스크 전선을 돌파했다. 한편, 제1기갑집단은 드네프르 강을 건너 북진 중이었다. 소련군은 스탈린이 장군들의 조언을 무시한 채 붉은 군대가 우크라이나에서 버티도록 명령한 결과, 독일군의 진격에 대응하지 못했는데 이는 그야말로 엄청난 실수였다. 9월 15일, 우크라이나 키이우에서 동쪽으로 약 160킬로미터 떨어진 로크비츠야 근처에서 만난 두 기갑사단은 소련 5군, 21군, 26군, 37군을 둘러싸는 광대한 포위망을 구축했다. 작전이 끝났을 때 독일군은 포로 66만5,000명, 전차 884대, 야포 3,719문, 대전차포 418문을 추가로 확보했다.[121]

독일군이 우크라이나 작전을 마무리하면서 나치 친위대와 협력해 키이우 외곽의 바비야르에서 유대인을 학살하고 있을 때 이미 독일의 관심은 다른 방향을 향하고 있었다. 9월 초, 히틀러는 레닌그라드 포위망을 완성해 주민들을 굶겨 죽인 다음 공습과 포격으로 도시를 파괴하라고 명령했다. 또한 이때 히틀러는 중부집단군을 모스크바로 진격시키기로 결정했다. 모스크바를 점령하면 스탈린 정권이 무너질 것이라고 생각했기 때문이었다. 장군들은 만장일치로 동의했다. 9월 6일, 독일은 겨울 전에 모스크바를 점령하는 것을 목표로 모스크바에 집중하라는 새로운 지침을 발표했다.

하지만 이미 독일군은 원거리 원정으로 병참 시스템이 붕괴되기 직전이었다. 당시 독일군 14군은 다음과 같이 보고했다. "현재로서는 (보급 시스템이) 현재의 소비량만 충족할 수 있다. 현재의 수송 상태로는 전술적 상황에 따라 필요한 것들을 군대에 공급할 수 있을 정도로 큰 창고를 건설하는 것이 불가능하다. …… 현재 군대는 특히 연료 공급 상황이 좋지 않아 매우 힘겹게 견디고 있다."[122] 보급품 재고가 부족한 상태가 지속되면서 병참 시스템은 엉망이 되었다. 구데리안의 부대 중 하나인 제47기갑군단의 9월 18일 일지에는 다음과 같이 기록돼 있다. "상황 보고서에 따르면 트럭들은 지난 몇 주 동안 상당히 상태가 불량한 도로에서 이동해야 했기 때문에 상태가 악화되고 있다. 예비 부품을 공급하지 못했기 때문에 경미한 손상도 수리할 수 없는 경우가 수없이 많았다. 현재 부분적으로만 또는 전체적으로 아예 작동이 불가능한 트럭이 많은 이유가 바로 여기에 있다."[123]

그럼에도 불구하고 독일군은 밑바닥부터 재고를 끌어모아 계속 전진했다. 제2, 제3기갑사단이 우크라이나에서 소련의 수도 모스크바를 향해 진격하기 시작했다. 소련군은 스탈린의 관심이 북부 전선과 우크라이나 전선에 집중되어 있었기 때문에 독일의 잠재적 공격에 대한 중앙의 방어가 제대로 준비되어 있지 않았다. 우크라이나에서 작전을 마치고 곧바로 북동쪽으로 이동한 독일 제2기갑사단은 이틀 만에 브랸스크오와 오룔 사이의 도로를 차단했고 약 137킬로미터를 더 진격해 셉스크를 점령했다. 이틀 후, 제4기갑사단이 오룔에 도착했다. 독일군이 오룔에 진입했을 때 시내에서 트램이 계속 운영 중일 정도로 소련은 이 기습을 전혀 눈치채지 못하고 있었다. 10월 2일, 다른 두 기갑사단이 진격을 시작해 바로 전선을 돌파했다.

당시 소련군의 지휘 통제 시스템은 완전히 붕괴돼 있었기 때문에 소련 정부는 사태의 심각성을 제대로 파악하지 못했다. 유일한 경고 신호는 중부 전선에 있는 거의 모든 부대와의 통신이 중단되었다는 것이었다. 10월 5일, 소련 정부는 상황을 파악하기 위해 정찰기를 보냈다. 임무를 마친 정찰기는 착륙하자마자, 약 40킬로미터 길이의 독일군 기갑 대열이 스몰렌스크를 지나 러시아 전선 뒤쪽에 위치한 모스크바의 간선도로로 진격하고 있다고 보고했다. 소련 비밀경찰 NKVD는 공포를 조장한다는 이유로 조종사들을 체포하려 했지만, 현명한 윗선에서 이를 막았다.[124]

독일군은 중부 전선 전체에 걸쳐 엄청난 승리를 거두면서 모스크바로 향하는 길을 여는 데 성공했다. 북쪽의 뱌즈마 근처에서는 독일군 전차들이 소련의 3개 군을 포위했고, 남쪽에서는 독일군 선봉대가 브랸스크 주변에서 소련군 3개 군을 추가로 포위했다. 10월 15일, 보크의 중부집단군은 포로 55만8,825명을 생포하고 전차 1,076대와 대포 3,735문을 파괴하거나 노획했다고 보고했다.[125] 태풍 작전Operation Typhoon(독일군의 모스크바 점령 작전 – 옮긴이)은 브랸스크-뱌즈마 지역에서 크게 성공했지만, 독일 기계화 부대는 상당수의 전차를 잃었다. 바르바로사 작전이 시작될 당시 독일 군이 보유했던 전차는 모두 3,580대였지만, 11월 10일에는 전체 전차 수가 601대로 줄어 있었다. 병참 상황은 더 심각했다. 6월 22일에 독일군 사단들은 약 50만 대의 트럭을 보유하고 있었지만, 11월 10일에는 사용 가능한 트럭이 7만5,000대에 불과했다.[126]

브랸스크-뱌즈마 포위전의 승리로 독일군에게는 모스크바로 가는 길이 열린 것처럼 보였다. 하지만 10월 중순, 계절성 폭우가 쏟아지면서 해마다 늘 그랬듯이 도로가 수렁과 진창으로 변해버렸다.[127] 독일군 선봉 부대와 병참 체계 모두 진흙탕에 갇혔다. 그런데 어이없게도, 독일 총사령부는 겨울이 다가와 추위로 진흙이 얼어버리면 독일군이 모스크바로 계속 진격할 수 있을 것으로 생각했다. 11월 중순, 할더는 소집된 각군 참모 총장들에게 앞으로 6주 동안 추위로 인해 땅이 얼어붙어 독일군은 더 멀리 진격할 수 있을 것이며, 강설량도 적을 것이라고 말했다. 이 말을 들은 한 장군은 "지금은 봄도 아니고, 우리는 프랑스에 있는 것도 아닙니다."라고 냉소적으로 반응했다.[128] 11월 22일, 독일군 정보부는 소련군이 전투에 투입할 수 있는 예비 병력이 더 이상 없을 것이라고 보고함으로써 다가올 재앙을 더 키웠다.[129]

하지만 태풍 작전 이전에도 독일군의 상황은 결코 쉽지 않았다. 이제 문제는 모스크바 진격을 계속할 것인지 아니면 중단하고 러시아의 겨울을 날 수 있는 방한복, 겨울용 연료, 식량, 탄약을 비축할 것인지였다. 4군 사령관인 귄터 폰 클루게 야전 원수는 전쟁 일지에 소련에서의 작전이 임계점에 도달했다며 "도로를 방어하는 끈질기고 끔찍한 적을 방한복도 없는 군대가 마주하고 있어 진격이 매우 어렵다."라고 적었다.[130] 11월 1일, 호트의 군단장 중 한 명인 하인리히 프라이허 폰 비팅호프 장군은 "지난 몇 주간의 모든 경험을 신중하게 평가한 결과, 현재의 그리고 예상되는 기상 및 도로 조건에서 기갑 군단의 파병으로는 어떤 이점도 기대할 수 없다는 결론을 내릴 수밖에 없다. 병력, 장비, 연료를 아무리 쓴다고 해도 성공하기 어렵다."라고 말했다.[131]

이런 경고들에도 불구하고 독일군 장군들의 선택은 불 보듯 뻔했다. 보크는 10월의 승리로 인해 "(군대는) 위험을 감수할 준비가 되었다."라고 말했다.[132] 기온이 떨어지고 눈이 내리는 가운데 중부집단군은 모스크바를 향해 힘겹게 진격했다. 12월 4일에는 기온이 영하 25도까지 떨어졌고 마지막으로 남은 진격의 의지마저 꺾였다. 독일군이 지칠 때까지 기다렸다가 증원군을 보내야 한다고 스탈린을 설득했던 게오르기 주코프 장군은, 다음날 반격을 시작했다. 그 후 몇 달 동안, 방한 장비를 갖춘 소련군은 중부집단군에 상당한 타격을 입혔다. 할더의 일기에는 독일군의 생존을 위한 투쟁이 다음과 같이 기록되어 있다.

"12월 20일: 여전히 매우 긴장된 상황 …… 12월 29일: 아주 힘든 날!…… 12월 30일: 다시 힘든 하루!, 9군의 매우 심각한 위기 …… 12월 31일: 또다시 고된 하루 …… 1월 2일: 격렬한 전투."[133]

1942년 3월까지 계속된 모스크바 전투는 독일군의 불패 신화를 무너뜨렸다. 스탈린의 어리석은 결정이 없었다면, 붉은 군대는 작전적·전술적으로 훨씬 더 많은 성과를 거둘 수 있었을 것이다. 12월 13일, 중부집단군은 궤멸 위기에 봉착했다. 주코프는 독일군을 스몰렌스크로 퇴각시킬 계획을 세웠지만, 스탈린은 스타프카Stavka(소련군 최고사령부)가 사용할 수 있는 4개 예비군을 주코프 휘하에 배치하는 대신 독일군의 측면을 공격하게 만들었다. 이런 전력 분산으로 소련군은 독일군을 모스크바에서 격퇴한 것 외에는 큰 작전적 성공을 거두지 못했다.[134] 주코프는 회고록 초고(이 회고록은 결국 출판되지 못했다)에서 다음과 같이 말했다. "조국을 위한 위대한 전쟁에 대해 역사는 비록 우리가 승리하지는 못했지만 대체로 긍정적인 결론을 내리고 있다. 나는 이 평가에 동의하지 않는다. 우리의 손실과 그에 비해 우리가 이룬 성과를 모두 생각한다면 이 전쟁은 확실히 상처뿐인 전쟁이었다."[135]

전술적 차원에서 볼 때, 소련군은 하급 장교와 부사관 사상자가 매우 많이 나왔기 때문에 적의 화력을 압도하기 위해서 할 수 있는 일은 자살 공격 외에는 없었다. 그해 초겨울 한 독일 군인은 "소련 군인은 매우 열심히 싸우는 훌륭한 군인이다. 우리 중 누구도 소련 군인이 이만큼 뛰어날 것이라고 생각하지 못했다. 소련군의 무기는 우리만큼 강하다. 다만 리더십이 모자랄 뿐이다."라고 말했다.[136] 12월부터 3월까지 소련이 입은 손실은 주코프가 말한 상처뿐인 승리보다 더 컸다. 1941년 12월 55만2,000명, 1942년 1월 55만8,000명, 2월 52만 명, 총 163만8,000명의 사상자가 발생했다. 비슷한 기간인 11월 26일부터 2월 28일까지 독일의 사상자는 26만 2,524명이었다.[137]

거의 비긴 전쟁

또 다른 대전쟁의 발발은 제1차 세계대전의 군사적·사회적 교훈에서 벗어나고자 했던 1920년대와 1930년대의 노력이 수포로 돌아갔다는 것을 의미했다. 프랑스혁명과 산업혁명의 결합은 다시 전장을 흔들었다. 프랑스를 비롯한 서유럽 국가들에 대한 독일의 일시적인 승리는 전쟁 수행이 새로운 방향으로 나아가고 있음을 보여줬다. 하지만 바르바로사 작전은 "변화가 거듭될수록 본질은 더욱 한결같아진다."라는 속담을 증명해 보였다. 게다가 나치즘과 소련 공산주의의 본질적인 특성은 전쟁을 전례 없이 격렬하게 만들었다. 또한 이 전쟁은 나치 독일과 소련이 둘 다 거대한 산업 국가였음에도 불구하고, 그 어떤 기술적 또는 군사적 발전도 이 두 교전국을 소모전이라는 불변의 법칙에서 벗어나게 할 수 없다는 것을 보여준 전쟁이기도 하다.

그렇다면 군사 혁신은 이 전쟁에 어떤 영향을 미쳤을까? 제1차 세계대전 중에 개발된 제병연합 전술을 흡수하려 했던 독일군의 의지가 제2차 세계대전 초반에 적을 격파하는 데 결정적인 역할을 한 것은 확실하다. 하지만 1941년에 독일은 붉은 군대를 상대해야 했다. 소련의 영토는 너무 광활했기 때문에 독일군은 준비가 안 된 상태에서 병참과 정보 문제에 시달렸고, 소련군은 비틀거리긴 했지만 붕괴되지는 않았다. 1941~1942년 겨울, 붉은 군대는 엄청난 사상자를 냈다. 하지만 전쟁 경험이 쌓이면서 현실을 깨닫게 된 소련군은 그때부터 병참, 산업력, 뛰어난 정보 능력을 기반으로 기동전 개념을 실제 전장에 적용했다.

CHAPTER 10

제2차 세계대전
1939~1945

공동체 전체, 즉 국민 전체, 특히 문명화된 국민 전체가 전쟁에 돌입하는 이유는 항상
특정한 정치적 상황에 있으며, 전쟁은 항상 특정한 정치적 목적 때문에 일어난다.

카를 폰 클라우제비츠, 《전쟁론》

CBO	1943~45년 영국과 미국의 대독일 공중 폭격 작전. 영국 폭격기 사령부는 야간에 도시 지역을, 미국 제8공군은 주간에 산업시설과 군사목표를 폭격했다. 독일의 산업시설, 철도망, 정유시설 등을 파괴하여 전쟁 수행 능력을 크게 약화시켰다.
블레츨리 파크	영국의 암호해독 본부. 수학자 앨런 튜링을 비롯한 과학자들이 독일군의 에니그마 암호를 해독하는데 성공했다. 세계 최초의 전자식 컴퓨터인 콜로서스를 개발하여 사용했으며, 전쟁 승리에 결정적 기여를 했다.
울트라 정보	블레츨리 파크에서 해독한 독일군의 암호통신 정보를 지칭하는 코드명. 독일군의 작전계획, 부대이동, 보급상황 등 중요한 군사정보를 제공했다. 북아프리카 전역, 노르망디 상륙작전 등 주요 작전의 성공에 큰 역할을 했다.
아서 해리스 (1892~1984)	제2차 세계대전 중 영국 폭격기 사령부 사령관. 독일 도시에 대한 전략폭격을 주도했으며, 특히 드레스덴 폭격과 같은 대규모 도시 폭격을 통해 독일의 전쟁 의지를 꺾으려 했다. 그러나 전후 그의 도시 폭격 전략은 많은 논란을 불러일으켰다.
오버로드 작전	1944년 6월 6일 시작된 노르망디 상륙작전의 공식 명칭. 아이젠하워의 지휘 하에 연합군은 대규모 상륙작전을 성공시켰다. 공중우세, 해군의 지원, 정확한 정보, 기만작전 등이 성공 요인이었으며, 이는 유럽에서 제2전선의 개척을 의미했다.

1941년 12월 7일부터 11일까지, 사흘 동안 일본은 진주만을 공격했고 독일은 미국에 선전포고를 했다. 이로써 일본과 독일은 패배를 자처했다. 일본의 공격으로 미국은 확실한 목적을 가지고 전쟁에 참여하게 됐고, 히틀러의 선전포고는 미국인들이 추축국에 맞서게 만들었다. 하지만 이 전쟁이 언제 끝날지는 아무도 예상하지 못했다. 무엇보다도 이 전쟁에는 자원, 인력, 군사력, 기술의 지극히 효율적인 배분이 필요했다. 이 전쟁에서 가장 중요한 요소는 참전국들이 경제력과 인력을 동원한 방식이었는데, 특히 지적인 능력과 상상력이 1939년 이전에는 상상할 수 없었던 방식으로 중요한 역할을 했다.

제2차 세계대전 기간 동안, 프랑스혁명과 산업혁명의 영향을 받은 전쟁 수행 방식은 질적인 변화를 겪었다. 19세기에는 1793년 프랑스에서 이뤄진 국민총동원 같은 대규모 동원이 없었다. 하지만 제2차 세계대전이 발발했을 때 참전국들은 민간인, 군대, 사회에 전례 없는 요구를 함으로써 자원과 인력을 점점 더 많이 동원했다. 참전국들은 패배를 하든 승리를 하든 끝까지 긴장을 늦출 수 없었기 때문이다. 연합국, 특히 미국은 전쟁에서 원거리 군사력 투사를 하기 위해 대중의 지지와 대규모 산업력 동원, 기계화 전력과 공군 및 해군에 필요한 원자재를 확보해야 했다. 제2차 세계대전은 일본이 수행하기에는 부적합하고, 독일과 소련이 수행하기에는 힘겨운 전쟁이었지만, 경제력과 전략적 강점이 있는 영국과 미국이 수행하기에는 적합한 전쟁이었다. 이 전쟁은 이데올로기와 산업혁명의 결합이 제1차 세계대전에서보다 훨씬 더 많은 영향을 미친 전쟁이었다.

이데올로기, 민족주의, 전투 효율성

제2차 세계대전이 발발했을 당시, 히틀러의 제3제국과 스탈린이 지배하는 소련의 이데올로기는 인종, 국적, 계급을 기반으로 적을 규정함으로써 전쟁의 야만성은 한층 새로운 차원이 덧입혀졌다.[1] 스탈린의 볼셰비키 공산주의는 프랑스혁명의 급진적인 요소들이 더 강화된 형태의 이데올로기라고 할 수 있다. 이 이데올로기의 가장 중요한 목표는 노동계급의 적을 타도하는 것이었다. 나치는 유대인뿐만 아니라 슬라브인 및 기타 집단에서 '인간 이하의' 적을 찾았다. 영국과 미국도 이데올로기와 별로 다를 것이 없는 이상을 제시함으로써 국가가 추구하는 대의를 국민에게 주지시켰다.

제2차 세계대전 이후 수십 년 동안 일부 역사가들은 히틀러가 실제로는 어떠한 이념적 사고도 없는 노련한 정치꾼에 불과하다고 주장했다.[2] 하지만 이 견해는 1970년대에 들어서면서 다른 역사가들에 의해 무너졌다.[3] 미국의 근대 유럽사학자 맥그리거 녹스MacGregor Knox는 히틀러의 메시지가 "그 자체로 설득력이 있었다."라며 "국가사회주의 이데올로기에 일관성이나 내용이 부족하다는 통념은 히틀러의 연설과 저술이라는 기본 텍스트를 모르고 하는 소리다. …… 히틀러의 논리에는 독특한 설득력과 일관성이 있었다. 그의 논리는 모든 것을 포괄하고, 모든 것을 설명하는 신념 체계에 기초한 것이었다."라고 주장한다.[4]

히틀러는 모든 위대한 문명이 아리아 인종Aryan Race에서 비롯됐다며 "세계사의 중심축은 문화의 '전달자'이자 '창시자'로서 자격을 갖춘 '유일한 인종'인 아리아 인종과 '세계의 역병'인 유대인 간의 장대한 다윈 생물학적 투쟁"이라고 주장했다.[5] 이 투쟁은 프랑스혁명에 인종주의 색채를 입힌 것이라고 할 수 있다. 당시 독일은 유대인이 독일이라는 정체政體에 미치는 게 무엇이든 하나도 남김없이 지우고자 했다.

또한 히틀러에게 이에 못지않게 중요했던 것은 게르만 민족이 좁은 영토에서 너무 많은 제약을 받고 있다는 생각이었다. 게르만 민족의 사명을 실현하기 위해서 히틀러는 베르사유 조약으로 빼앗긴 땅을 되찾는 수준을 넘어서 게르만 민족의 영토를 급격하게 확장해야 했다. 당시 히틀러는 독일의 미래가 우크라이나의 농토에 있으며, 정복을 통해서만 이를 차지할 수 있다고 생각했다. 전쟁에서 살아남은 슬라브인들(우크라이나인들)은 나라가 패망해 노예가 된 스파르타인들 같은 처지로 전락했다. 1941년의 바르바로사 작전 준비와 실행은 나치 장군들이 히틀러의 세계관을 받아들였음을 잘 보여준다.[6] 당시 고위 장군들이 내린 명령을 살펴보면 나치 이데올로기가 얼마나 깊숙이 침투했는지 잘 알 수 있다. 예를 들어, 1941년에 에리히 폰 만슈타인 대장이 보낸 한 서신에는 다음과 같은 내용이 포함돼 있다.

"유대인-볼셰비스트 체제는 완전히 근절되어야 한다. 다시는 이 체제가 우리의 영역에 침입하는 것을 허용해서는 안 된다. 군인들은 유대인에 대한 가혹한 조치의 필요성을 반드시 이해해야 한다."[7]

독일 군대는 나치 이데올로기에 대한 지지를 말뿐이 아닌 행동으로도 보여주었다. 1941년 5월, 독일군 산하 법무국은 군법에 의해 모든 유대인은 빨치산으로 규정되므로 총살이 가능하다고 발표했다. 이 접근 방식은 1990년대에 독일 곳곳에서 열린 "독일군과 학살"이라는 제목의 전시회에서 "존재하지 않는 빨치산과의 싸움"이라고 묘사됐다.[8] 하지만 독일군이 저지른 최악의 범죄는 소련 전쟁포로 처리였다. 독일군 자체 집계에 따르면, 1941년에 340만 명의 붉은 군대 병사가 독일군에 투항했고, 전쟁이 끝났을 때 그중 생존자는 10만 명에 불과했다. 나머지는 총살되거나, 아사하거나, 맞아 죽거나, 질병으로 사망했다.[9]

이데올로기는 독일 군인들뿐만 아니라 '조국 수호' 전쟁을 수행하는 소련 군인들에도 영향을 미쳤다. 1941년에 수많은 소련군이 독일군에 항복한 것은 소련 정권에 대한 근본적인 불만 때문이 아니라 소련군의 지휘 통제 체계와 결속력이 무너졌기 때문이었다. 물론 부분적으로 정권에 대한 불만이 존재하긴 했다. 하지만 전쟁이 일어나자 소련 사람들, 특히 도시 거주자들은 조국을 방어하기 위해 앞다퉈 자원했다. 당시 한 여성은 "조국 러시아는 우리 모두에게 똑같다. 우리는 모두 이 광활한 조국의 작은 부분을 각각 가지고 있다. 우리는 이 작은 부분에서 태어나고, 학교를 다니고, 삶을 살아나간다."라고 말했다.[10]

1941년과 1942년에 계속 이어진 소련군의 항복으로 소련 정권은 정교회 복원을 포함한 특단의 조치를 취해야만 했다.(소련 정부가 이 기간에 러시아 정교회를 복원한 이유는 주로 국민의 사기 진작과 단결을 위해서였다. - 옮긴이). 1941년

8월의 명령 270호와 1942년 7월의 명령 227호가 대표적인 조치였다. 후자는 부대의 후퇴 금지, 꾀병을 부린 병사와 탈영병에 대한 가혹한 처벌을 명시했다. 비밀경찰은 임무에 실패한 부대와 개인을 신속하고 무자비하게 처벌했다.[11] 게다가 1941년 늦여름이 되자 소련 국민 대부분은 독일군이 정복자로 왔다는 사실을 인식하고 있었다. 스탈린그라드 전투 이후 붉은 군대가 서쪽으로 진격하면서 나치의 잔혹 행위는 점점 더 심해졌다. 독일군의 범죄 행위는 소련군을 전투로 끌어들였고, 독일군이 저지른 대대적인 강간과 살인은 1945년 독일 땅에서 소련군에 의해 그대로 재현되었다.

일본은 프랑스혁명의 영향을 받지는 않았지만, 독일을 모델로 한 교육 개혁을 통해 국민들에게 일본 민족주의에 대한 의식을 새롭게 주입했다. 민족주의는 메이지 유신 기간 동안 폭발적인 경제 성장의 원동력이었으며, 제2차 세계대전 기간에는 군대의 규율에도 지대한 영향을 미쳤다. 또한 변화된 군대의 규율은 전쟁 전에 생각했던 것보다 훨씬 더 일본의 경제가 성장하는 데 도움을 주었다. 메이지 유신을 주도했던 이들은 유럽으로부터 강력한 군대를 구축하는 방법을 배운 사람들이었다. 일본이 강력한 군대를 구축하는 과정에서 핵심적인 역할을 한 것은 무사도였다. 무사도는 일본 군인들을 광신적이면서 순종적인 전사로 만든 민족주의적 개념이라고 할 수 있다. 하지만 일본이 미국과의 전쟁에 휘말린 후에는 경제력이나 군사력으로 패배를 막을 수 없었다. 관건은 일본 군대가 절망적인 상황을 인정하기 전까지 일본이 얼마나 큰 피해를 입게 될 것인가였다.

영국의 군사 역사가 맥스 헤이스팅스Max Hastings는 특정 정예 부대를 제외하고는 영국군과 미국군이 독일군 정도의 전투 효율성을 달성하지 못했다고 주장한다.[12] 그의 주장에는 어느 정도 일리가 있지만, 그는 영국과 미국의 지상군 전투의 기반이 되는 정치적·전략적 틀에 대해서는 제대로 파악하지 못한 것으로 보인다. 아마도 가장 중요한 요인은 이 두 나라가 군대에 투입한 인력의 질이었을 것이다. 상대국들과 달리 영국과 미국은 최고 수준의 지능을 갖춘 인력을 지상군이 아닌 공군과 해군에 투입했다.

영국과 미국의 공군 병력, 특히 폭격기 조종사들의 사상자 비율을 보면 이들이 얼마나 헌신적이었는지 알 수 있다. 이들은 강제로 징집된 사람들이 아니었으며, 자원한 사람들만 전투기나 폭격기 조종사, 엔지니어, 항법사, 무장 시스템 운영자가 될 수 있었다. 만약 비행을 그만두고 싶다면 더 이상 비행을 하고 싶지 않다는 의사만 표하면 됐다. 하지만 1942년, 1943년, 1944년에 영국 공군 폭격기 사령부 소속 공군 요원들의 사상자 수는 엄청났다. 통계를 보면 한 눈에 알 수 있다. 폭격기 사령부에서 복무한 약 12만5,000명의 공군 요원 중 절반 이상이 작전 중 사망하거나 부상을 입었다.[13] 1943년 5월부터 1944년 4월까지 제8공군의 경우 거의 매달 요원의 손실이 평균 30%를 넘었다.[14]

참전국들의 경제 상황

프랑스혁명과 산업혁명이 결합된 결과는 제2차 세계대전에서 더욱 파괴적인 모습을 드러냈다. 현대의 국가들은 철저한 조직력과 규율을 바탕으로 인력과 물자를 효율적으로 동원했고, 이데올로기를 통해 국민들의 열렬한 지지를 이끌어냈으며, 현대적인 경제 시스템을 이용해 역사상 유레없는 대규모 전쟁을 가능하게 하는 풍부한 자원을 제공했다. 전시 경제는 군대에 필요한 모든 종류의 무기와 장비를 무한정 공급하며 전쟁의 규모를 더욱 확대했다.

1941~1942년 겨울, 독일은 군대와 경제가 혼란에 빠진 가운데 전선에서 두 차례 전투를 치러야 했다. 특히 동부 전선에서의 상황이 최악이었는데, 갑작스럽고 예상치 못한 소련의 반격으로 독일군은 붕괴 직전까지 내몰렸다. 독일은 계속 버틸 수는 있었지만, 군대는 돌이킬 수 없는 피해를 입었다. 1942년 3월 25일, 할더는 바르바로사 작전 개시 당시 320만200명이었던 독일군 병력에서 장교 3만2,485명과 부사관 104만581명을 잃었다고 기록했다.[15] 질병이나 동상으로 인한 사망자는 포함되지 않은 수치였다. 초기 수치에 지원 병력이 포함되었다는 점을 고려하면 전투 사상자는 50%에 가까웠다.

독일군의 장비 손실도 전례 없이 엄청났다.[16] 전차의 경우, 개전 당시 3,350대를 보유하고 있었으나 손실 규모가 3,486대에 이르렀다. 그동안 동부 전선에 새롭게 보급된 장갑차는 겨우 873대에 불과했다. 1941년 12월, 동부 전선의 기갑사단들이 기용 가능한 전차는 140대밖에 되지 않았다.[17] 트럭, 오토바이, 병력 수송차 등 지원 차량의 손실은 더욱 심각했다. 1941년 10월부터 1942년 3월까지 독일 육군은 지원 차량 7만4,000대를 잃었다. 이후 새로 생산된 지원 차량은 그 10분의 1에 불과했다.[18] 1939년에 비해 무기 생산량이 약간밖에 증가하지 않은 상황에서 동부 전선에 장비를 재공급하는 것은 쉬운 일이 아니었다. 당시 군수품 생산량에는 군대 문화와 산업체들의 문화가 모두 영향을 미쳤다. 소련과 미국이 대량 생산을 강조한 것과 달리 독일군은 소량 생산에 집중해 생산품을 미세 조정할 수 있었지만, 그 대신 생산 총량이 최소화됐다.

당시 독일 공군도 위험한 상황에 처해 있었다. 이 위험은 겉으로는 드러나지 않았지만 매우 심각했고, 2년 가까이 지속된 대규모 생산 작전 투입 끝에 1941년 6월부터 그 한계가 서서히 드러나기 시작했다. 독일 공군 총사령관 헤르만 괴링은 생산 계획과 결과물의 격차에 분노했고, 생산과 유지보수에 대해 이해할 능력이 있는 몇 안 되는 독일 군인 중 한 명인 에르하르트 밀히 원수를 다시 중용해 항공기 생산을 감독하도록 했다. 괴링은 밀히에게 공장을 폐쇄하거나 점령하고, 원료를 몰수하고, 설계자를 전근시키거나 해고하고, 생산 과정을 재편할 수 있는 권한을 부여했다. 괴링이 밀히에게 내린 명령은 간단했다. 생산을 4배로 늘리라는 것이었다.

독일 공장들은 당시 이미 영국과 미국의 공장에 비해 생산량이 크게 뒤처져 있었다. 전투기 생산량만 해도 1941년 마지막 분기에 영국과 미국은 400% 가까이 독일을 앞서고 있었다. 영국은 1941년 상반기에 월 평균 471대, 하반기에 553대의 단발 전투기를 생산한 반면 독일은 상반기 월 평균 243대, 마지막 6개월 동안 231대를 만들었다.[20] 1942~1943년 독일이 1만5,556대에서 2만5,527대로 늘린 상태에서, 영국과 미국은 9만7,000대에서 14만7,000대로 더 크게 늘렸다. 게다가 독일 공군은 손실도 컸다. 1942년 독일 공군은 5,300~5,600대의 항공기를 전선에 보유하고 있었지만, 총 1만3,000대를 폐기했다. 이는 전투기를 몇 달에 한 번씩 새로 교체했다는 의미다. 연료 부족으로 인해 조종사 훈련에 투입되는 시간이 줄어들면서 병력 손실도 증가하고 있었다.[21]

1941년 11월, 독일 공군의 상황을 파악하기 위해 동부 전선을 방문한 밀히 야전 원수는 전진 비행장forward airfield(전투 지역이나 작전 지역에 가까운 곳에 임시로 설치된 비행장 - 옮긴이)에 작전이 불가능한 수백 대의 항공기가 그대로 내버려져 있는 놀라운 광경을 목격했다. 전투 중 고장이 나거나 파손된 항공기들이 예비 부품 부족으로 방치돼 있었던 것이었다. 당시의 전투기 가동률을 살펴보면 독일 공군의 상태가 얼마나 심각했는지 알 수 있다. 1941년 12월까지 전투기 가동률은 52%, 폭격기 가동률은 32%였다.[22] 간단히 말해, 독일 공군의 병참 시스템이 이미 붕괴돼 있었다. 이 상황에서는 훈련을 통해 조종사를 아무리 많이 배출해도 전투에서 손실되는 조종사들을 모두 대체할 수 없었다. 1942년 1월, 조종사 부족으로 인해 일선 비행대대들은 훈련이 끝나지도 않은 조종사 훈련생들을 데려와야 했다. 조종사 손실이 증가하면 훈련 시간이 단축되고, 이는 다시 더 많은 조종사 손실로 이어지는 악순환의 시작이었다. 다시 말해, 이는 항공기 생산 문제가 작전 계획 수립을 악몽으로 만든 상황이었다. 1942년 2월이 되자 독일 공군 참모총장은 독일 공장에서 얼마나 많은 항공기를 생산해야 할지 더 이상 파악할 수도 없는 지경에 이르게 됐다.[23]

계속 확대되는 전쟁의 수요를 충족하는 데 독일 공군이 어려움을 겪은 것은 경제상황이 안좋은 영향이 컸다. 1941년, 생산량을 늘리려는 노력에도 불구하고 독일군은 거의 모든 무기 제조 지표에서 뒤처져 있었다. 이 문제의 원인 중 일부는 '승리병victory disease'에 도취된 것과, 총통 체제 국가의 특징인 혼란에 있었다. 독일 경제는 당국들 간의 이해충돌, 히틀러를 중심으로 한 최고 지도부의 집중력 부족, 목적과 수단을 연결하는 전략적 프레임워크의 부재로 인해 허덕이고 있었다. 전반적으로 독일 경제의 생산량은 1940년부터 1941년 사이에 정체 상태를 유지했다.[24]

1941년에 독일의 무기 생산이 정체되는 동안 미국의 무기 생산량은

2배로 증가했고, 영국도 약 70% 증가했다. 이듬해에 독일은 45%였던 데 비해, 영국은 약 70%, 미국은 무려 327%나 생산량이 증가했다. 1943년에 독일은 60%, 영국은 20%, 미국은 100%에 가까운 성장을 기록했다.[25] 달러로 환산해보면 더 확실하게 알 수 있다. 1940~1941년 독일의 지출은 약 60억 달러로 제자리걸음을 한 반면, 미국은 15억 달러에서 45억 달러로 3배, 영국은 35억 달러에서 65억 달러로 거의 2배나 늘어났다.[26]

1942년 1월, 자신들이 얼마나 뒤처져 있는지 알게 된 독일이 내놓은 답은 기적을 일으킬 수 있는 경제 조치가 아니라 영국과 미국에서 이미 시행 중인 것과 유사한 일련의 조치들이었다. 게다가 후에 '슈페어의 기적 Speer miracle'(슈페어는 히틀러의 측근으로 군수 및 전쟁 생산담당 제국장관이었다. - 옮긴이)이라고 불리게 된 업적의 대부분도 프랑스 패망과 1941년 말 사이에 잠정적으로 취해진 조치들을 모방한 것이었다. 군사 작전에도 영향을 미친 당시 독일의 전시 경제는 석유에 대한 접근성 부족, 노동력 부족, 석탄 부족이라는 3가지 요인에 의해 성장이 저해되고 있었다. 석유 부족은 1939년 이후 경제와 군사 작전 모두를 힘들게 했다. 소련의 상당한 지원에도 불구하고 1941년 내내 독일의 석유 비축량은 감소했고, 바르바로사 작전으로 인해 소련이 석유 공급을 중단하자 비축량은 한층 더 줄어들기 시작했다.[27] 1941년 말의 연료 상황은 군대 전체를 마비시킬 수 있을 정도로 심각했다.[28] 1942년 여름, 연료 부족이 극심한 나머지 해군은 노르웨이에서 중대형 전함 훈련을 중단해야만 했다. 당시 독일군 연료 창고에 남은 것은 영국의 침공에 대비한 비상용 재고뿐이었다.[29]

가장 심각한 문제는 독일 공군에서 발생했다. 1942년 여름에는 연료 부족으로 몇몇 조종사 훈련소가 문을 닫았다. 1942년 말에는 조종사 훈련 시간이 10% 이상 감소했고, 일선 항공기 훈련은 50% 가까이 감소했다. 그 결과 1943년 초, 일선 비행대의 전투기 조종사 1,671명 중 전투 준비가 완료된 조종사는 916명에 불과했다.[30] 한편, 독일 공군의 규모가 커짐에 따라 연료 수요도 그에 상응해 늘어났다. 작전 수요뿐만 아니라 훈련 시설도 늘어났기 때문이었다. 게다가 독일이 서유럽의 점령 지역들에서 물자를 생산해내기 위해서는 독일이 석유를 수입해 그 지역들에 공급해야 했다. 합성 석유 생산량이 1940년 400만 톤에서 1943년 650만 톤으로 늘어나 도움이 되긴 했지만, 독일은 여전히 루마니아로부터의 200만 톤의 석유를 공급받아야 했다. 당시 독일의 석유 부족이 어느 정도였는지는 영국의 석유 수입량과 비교해보면 쉽게 이해할 수 있다. 1942년, 유조선들이 상당수 손실됐음에도 불구하고 영국은 1,020만 톤의 석유를 수입했고, 1944년에는 총 2,000만 톤을 수입했다.[31]

독일이 1942년에 청색 작전Operation Blue(1942년 여름 히틀러가 코카서스 지역의 유전을 손에 넣기 위해 벌인 작전 - 옮긴이)을 벌인 이유가 바로 이런 석유 부족에 있었다. 독일의 전쟁 기록에 따르면 "1942년 상반기, 동구권 전쟁 계획에서 가장 중요한 요소는 정착지 확보나 볼셰비즘 분쇄가 아니었으며, 붉은 군대의 궤멸은 더더욱 아니었다. 물론 중장기적으로는 이 모든 것에 대한 희망이 더 많은 노력의 원동력이 되긴 했지만, 가장 중요한 목표는 1941년 늦여름부터 급격하게 부족해진 (석유) 분야에서 충분한 원자재 기반을 확보하는 것이었다."라고 한다.[32]

인력 문제도 마찬가지로 시급했다.[33] 1941년의 후반 6개월 동안 동부 전선에서 입은 손실은 재앙과도 같았다. 전투와 북극의 추위로 인해 가장 강하고 우수한 노동력이었던 19세에서 30세 사이의 독일군 상당수가 사망하거나 불구가 됐다. 노동력 부족은 나치 정권의 여성 고용 거부, 군수 공장의 1교대 근무제, 대량 생산에 적합하지 않은 빠른 생산을 목표로 한 단기적 공장 운영 등 문화적 요인으로 인해 더욱 악화됐다.[34]

바르바로사 작전의 실패와 미국의 참전으로 독일은 전 세계를 상대로 싸워야 했다. 이에 따라 독일은 생산량을 대폭 늘려야 했고, 노동력 확대만으로는 충분하지 않았다. 그렇다면 독일은 바르바로사 작전 초기에 독일군이 생포한 포로들을 생산에 동원할 수 있었을까? 그렇지 않다. 이 포로들은 1942년 2월에는 대부분 사망한 상태였기 때문이다.[35] 이렇게 해서 제3제국의 가장 큰 범죄 중 하나인 유럽 전역의 수백만 명의 노동자를 노예로 만드는 일이 시작됐다. 1942년 3월, 히틀러의 지시로 프리츠 자우켈(나치정권에서 노동배치를 위한 총 전권대사로 일했다. - 옮긴이)은 무자비한 외국인 노동자 '모집' 프로그램을 시작했다. 1943년 6월까지 자우켈은 이전에 250만 명(전쟁포로 포함)이었던 외국인 노동자 집단에 280만 명을 추가했다. 1944년 가을에는 그 수가 거의 800만 명에 이르렀다. 열악한 숙소에서 지내면서 제대로 먹지도 못했으며 연합군이 공습할 때도 보호를 받지 못했던 이들은 질적으로는 부족했지만, 수적으로는 독일군의 병력 부족을 메우기 위해 독일 노동자들을 징집한 것만큼의 효과를 발휘했다.[36]

1942년 1월, 군수부 장관 프리츠 토트가 전투기 이륙 사고로 사망하자, 히틀러는 토트의 후임으로 건축가이자 절친한 동료였던 알베르트 슈페어를 그 자리에 임명했다. 슈페어는 당시 독일의 제조업 개선과 생산량 증가에 대대적인 기여를 한 인물로 알려졌으나 최근의 역사가들은 그런 기록의 오류를 밝혀내고 있다. 사실 당시 생산량 증가는 프랑스 패망 이후 독일의 무기 공장에 투자가 집중되었기 때문이기도 하다. 전쟁 노동자는 독일인이어야만 한다는 프로파간다를 강조하면서 슈페어가 독일의 전시물자 생산에 기여한 것은 사실이다. 이 과정에서 슈페어의 친구이자 악명 높은 나치의 대중 계몽 선전부 장관 요제프 괴벨스가 재능을 발휘했다. 선전부의 슬로건은 "최고의 무기가 승리를 가져온다."였다. 이러한 상승세는 1943년 봄까지 계속됐다. 슈페어는 1943년 5월에 월간 탱크 생산량이 1941년보다 12.5배 증가했다고 발표했다.[37] 문제는 아무리 노력해도 독일의 생산량이 소련에 비해 훨씬 뒤처진다는 것이었다. 영국의 역사학자 애덤 투즈는 "슈페어의 기적에도 제약이 있었다. 1942년 이후 독일의 전시 경제는 전쟁 초기부터 독일의 전시 경제를 제약했던 근본적인 요인들과 동일한 요인들에 의해 제약을 받았다. 1943년 여름, 연합군 폭격기에 의한 독일 산업에 대한 최초의 체계적인 공격과 함께 이러한 제약은 슈페어의 기적을 멈추게 했다."라고 말한다.[38]

연합군의 합동폭격이 독일 경제에 가한 첫 번째 충격은 1943년 봄 루르 전투에서 영국 공군이 도시와 공장을 파괴한 것이었다.[39] 특수 설계 폭탄을 장착한 랭커스터 폭격기가 에더 댐과 뫼네 댐을 폭파하면서 댐 아래 계곡을 초토화했다. 독일군 루르 군비 감찰단은 당시 산업계의 피해를 '대재앙'이라고 표현했다. 그해 4월부터 6월까지 독일의 석탄 생산량은 81만3,278톤 감소했다. 이 폭격으로 인한 기반시설 피해가 41만6,464톤, 뫼네 홍수로 인한 피해가 27만2,870톤, 루르 지역 노동자 주택 파괴로 인한 피해가 15만3,944톤이었다.[40] 슈페어는 즉시 루르 산업에 필수적인 물 공급원인 댐을 재건하기 위한 노력을 기울이기 시작했다. 놀랍게도 그때까지 연합군의 폭격은 없었고 댐 재건은 가을에 완료됐다.[41]

석탄은 철강 생산, 합성 연료 및 고무, 전기, 기타 수많은 산업에 영향을 미쳤으며, 전시 경제에 필수적이었기 때문에 루르 공세로 인해 독일의 무기 생산은 큰 타격을 입었다. 석탄과 코크스 생산량 감소는 철강 생산량에 직접적인 영향을 미쳤다. 1943년 1분기에 독일은 840만 톤 생산을 목표로 했으나 실제로는 40만 톤이 부족했다. 철강과 석탄 생산량 감소는 다른 분야들에 연쇄적으로 영향을 미쳤다. 생산 차질로 인해 부품, 주조품, 단조품을 제대로 얻지 못했다.[42]

1943년 여름, 독일 상공에 새로운 적이 등장했다. 미국 제8공군이 주간 공습을 시작한 것이다. 이로 인해 독일은 막대한 피해를 입는 동시에 전시 경제에 대한 압박도 가중됐다.[43] 또한 연합군의 폭격으로 독일은 항공기 생산, 특히 전투기 생산에 차질을 빚게 됐다. 1943년 7월, 독일의 신규 및 개조 전투기의 총 생산량은 1,263대로(Bf 109 및 Fw 190) 최고치를 기록했지만, 공습 시작 이후인 11월에는 985대, 12월에는 687대로 꾸준히 감소했다.[44] 설상가상으로, 공장에서 생산된 전투기의 상당 부분이 일선 비행대에 보급되지 못하는 문제가 발생했다. Fw 190을 생산하는 마리엔부르크 공장에 대한 공습으로 전선으로 인도될 예정이었던 약 100대의 신형 전투기가 파괴된 것이다.[45] 8월 17일, 슈바인푸르트와 레겐스부르크를 공습한 B-17은 볼 베어링 공장을 심각하게 손상시켰다. 한 추산에 따르면 레겐스부르크 공장의 피해 정도는 매우 커서, "지중해나 동부 전선에서 한 달 동안 입은 손실보다 더 많은 전투기가 파괴됐다."[46]고 한다.

독일의 전시 경제는 1944년 봄에 미군이 독일의 석유 산업을 공격하면서 치명타를 입었다. 그해 4월, 미 제15공군의 B-17과 B-24가 루마니아의 정유 공장을 공격하기 시작했다. 5월에는 합성 석유 공장에 대한 공습이 이어졌다. 8월이 되자 독일의 연료 생산량은 생산 역량의 50% 아래로 떨어졌다. 11월에는 가까스로 60% 수준을 유지했지만, 이후 지속적으로 감소했다. 항공기용 휘발유의 상황은 더욱 심각했다. 9월에는 미국의 공격으로 생산량이 1944년 4월의 30% 수준까지 떨어졌다.

한편, 영국의 상황은 독일과 대조적이었다. 모든 참전국 중에서 영국은 경제력을 가장 많이 동원했는데, 이는 분명 미국의 도움이 컸다. 영국의 가용 노동력 배분을 보면 동원의 정도를 알 수 있다. 1943년까지 노동력의 거의 23%가 군대나 민방위대에 투입되었고, 나머지 23%는 무기 생산에 투입되었다.[47] 영국은 국민소득의 50% 이상을 전쟁에 투입했다.[48] 1944년의 공공기록은 그 노력의 정도를 다음과 같이 설명한다. "5년 동안의 급격한 노동 동원으로 자녀가 없는 50세 미만의 거의 모든 남성과 여성은 집에서 멀리 떨어진 곳에서 일하라는 지시를 받았다. 노동 시간은 남성의 경우 평균 53시간, 전체 평균으로는 50시간이었으며, 가정 사정이나 직장 등의 이유로 예외가 된 사람이 아닌 모든 시민은 국토방위대Home Guard나 민방위대에서 48시간을 일해야 했다. 모든 배급은 운송 및 인력 부족으로 인해 점진적으로 제한됐고, 사람들은 배급을 받기 위해 일상적으로 줄을 서야 했다."[49]

영국은 경제적인 약점에도 불구하고 역량 이상의 성과를 거뒀다. 영국군은 대서양 전투에서 상당히 큰 역할을 수행했고, 지중해에서 대규모 공중전, 해전, 지상전을 수행했으며, 버마에서 일본군을 상대로 대대적인 군사작전을 벌였고, 1943년 말까지 독일에 대한 전략 폭격에서 상당한 비중을 차지했다. 당시 영국의 항공기 생산량은 놀랄만한 수준이었다. 1940년부터 1943년까지 영국 항공기 공장의 생산량은 독일보다 많았다.[50] 루르 전투에서 872대의 폭격기가 격추되고 2,162대가 손상되는 등 영국이 입은 손실을 고려하면 독일과의 공중전에서 얼마나 많은 인력과 전투기가 소모됐는지 알 수 있다. 그럼에도 불구하고 폭격기 사령부가 운용할 수 있는 폭격기의 수는 계속 증가했다. 1943년 2월, 운용에 필요한 모든 인력 구성을 갖춘 항공기는 593대였으나 6개월 후에는 787대가 됐다.[51]

장갑 전투 차량을 제외하면 영국군 장비의 품질은 상당히 뛰어났다. 역사학자 필립스 페이슨 오브라이언은 이에 대해 이렇게 말했다. "영국이 공중전과 해상전에서 사용하기 위해 만든 모든 군사장비나 무기가 최고이거나 그에 근접한 것은 아니었지만, 기술적으로 진보된 다양한 무기를 만들 수 있었다는 사실은 제2차 세계대전의 놀라운 성과 중 하나였다."[52] 영국은 항공기 설계의 여러 분야에서 선두를 달렸다. 스핏파이어는 전쟁 초기에 최고의 전투기 중 하나였을 뿐만 아니라 업그레이드를 통해 전쟁이 끝날 때까지도 최고의 전투기로 남아있었다. 랭커스터는 유럽 최고의 중폭격기였으며, 독일의 수많은 댐을 파괴한 배럴 폭탄부터 티르피츠 호를 침몰시키고 빌레펠트와 아른스베르크 고가도로를 파괴한 그랜드 슬램 폭탄에 이르기까지 특수 무기는 타의 추종을 불허했다. 나는 그중에서도 모스키토 쌍발 폭격기가 비용과 생존성 측면에서 전쟁 중 최고의 전략 폭격기였다고 본다.

영국 해군의 장비도 우수했다. 영국 해군의 무기와 무선 장치, 레이더는 대서양 전투 승리에 결정적인 역할을 했다. 레이더 분야에서는 미국이 더 앞섰지만, 레이더 자체는 영국 과학자들이 1939년에 발명한 공진기형 마그네트론에 의존하고 있었다. 또한 영국은 유보트와의 싸움에서 기술 과학을 탁월하게 접목시키는 성과를 발휘했다. 마지막으로, 독일군 고위급 통신에서 오고 간 암호 메시지를 해독해 그 내용을 연합군에 제공한 블레츨리 파크Bletchley Park에서 일했던 수학자와 과학자들의 뛰어난 활동을 잊어서는 안 된다. [53]

미국의 산업 동원은 1938년 해군과 육군 공군력 증강에 중점을 두고 시작되었다. 지상군은 1940년에 프랑스가 패망하면서 미국인들이 더 많은 군대가 필요하다는 사실을 깨닫기 전까지는 거의 주목을 받지 못했다. 전쟁에 참전한 이후에는 병력의 규모가 중요한 문제가 되었다. 독일의 전력을 과대평가한 미국 군대는 많은 병력과 장비를 요구했고, 결국 이는 미국이 생산 역량의 상당 부분을 군대 확장에 소진하게 만들었다.[54] 결정적인 논쟁은 1942년 늦여름부터 가을까지 벌어졌다. 한쪽에서는 루스벨트의 뉴딜 정책에서 중요한 역할을 했던 두 명의 경제학자 스테이시 메이와 사이먼 쿠즈네츠가 있었다. 이들은 새로운 경제 정책을 도입함으로써 병목현상으로 인한 생산 지연을 막아낼 방법을 생각해냈다. 하지만 아무리 긍정적으로 생각해도 1944년 봄까지는 미국이 전쟁에 참여할 충분한 무기와 물자를 보유하지 못할 것이라는 계산이 나왔다. 육군 참모총장 브레혼 서머벨 중장은 군대를 대폭 확대할 것을 요구했다. 결국 서머벨이 한 발 물러나면서 89개 사단으로 육군이 구성됐다.[55]

군사력과 경제력이 총동원되자 미국인들조차 놀라지 않을 수 없었다. 당시 광부들의 파업으로 2,000만 톤의 석탄이 공급이 안 됐고 이로 인해 10만 톤의 철강 생산이 지연되었는데, 군사력과 경제력이 총동원된 결과 이 부족분이 거뜬히 채워진 것이다.[56] 미국인들은 미개척지에 공장, 부두 야적장, 석유 시설과 함께 지원 인프라를 건설했다. 1941년 3월, 포드(자동차 회사)는 B-24를 생산하기 위해 윌로런에 거대 공장 건설을 시작했다. 1942년 12월에 이 공장은 56대의 항공기밖에 생산하지 못했지만, 1944

년 초에는 한 달에 500대를 생산했다.[57] 윌로런 공장만 그랬던 것이 아니었다. 1942년 상반기에 월 153대의 4엔진 폭격기를 생산했던 미국 항공산업은 1943년 하반기에 월 1,024대로 생산량을 늘렸다.[58] 폭격기의 증가는 특히 독일군과의 공중전에 직접적인 영향을 미쳤다. 1943년 마지막 6개월 동안 항공기와 조종사의 30%를 잃었음에도 불구하고 미국 제8공군은 1943년 7월 589대였던 전선 폭격기를 12월에는 1,067대로 늘렸다. 작전이 가능한 조종사의 수는 7월 315명에서 12월 949명으로 증가했다.[59]

B-24 같은 항공기의 대량 생산은 미국이 거둔 성공의 일부에 불과했다. 1941년 3월, 헨리 카이저Henry Kaiser는 캘리포니아 리치몬드에 새로운 조선소를 건설해 리버티 선Liberty ship을 건조하기 시작했다. 리버티 선은 약 1만 톤 규모로, 카이저는 이 선박에 사용될 엔진을 선택할 때 현대적으로 설계되었는지보다 여러 회사에서 건조 가능한지에 더 중점을 두었다. 카이저는 250만 입방피트의 갯벌을 개간해 진수장을 만든 후 지지대, 배선 장치 등 각종 장비를 동원해 12개의 조선대shipway를 건설했다. 그들은 105일 내에 완료한다는 목표를 세우고 리버티 선의 건조와 의장 작업을 진행해 1941년 말에 첫 번째 리버티 선을 진수했다. 1942년 봄, 리치몬드 조선소는 생산 기간을 80일로 단축했다. 7월에 완성된 토마스 베일리 올드리치 호는 완성 기간이 43일밖에 걸리지 않았다. 1941년부터 1945년 사이에 미국의 18개 조선소가 2,708척의 리버티 선을 건조하고 선체 의장을 완료했다.[60] 암울했던 1942년에도 연합군은 첫 7개월 동안에만 리버티 선 톤수에서 순손실을 기록했다. 연합군의 리버티 선 숫자는 1942년 8월부터 11월을 제외하고는 매월 증가세를 보였다.[61] 1943년 5월부터는 한 달에 리버티 선들의 총 규모가 100만 톤 아래로 떨어진 적이 없었다.[62]

전함 건조도 이와 비슷한 상황이었다. 1945년까지 미 해군은 항공모함 17척, 고속전함 10척, 전투순양함 2척, 중순양함 13척, 경순양함 33척, 경항모 9척, 호위함 77척, 구축함 349척을 인수했다.[63] 미 해군은 항공모함 외에도 전투기, 어뢰, 폭격기 편대와 이를 유지하는 데 필요한 모든 병력을 훈련시켰다.[64] 1944년 6월 마리아나 작전(태평양 마리아나 제도에서 벌어진 일본과 미국의 전쟁-옮긴이)의 연료 사용량을 살펴보면 미국이 얼마나 많은 노력을 기울였는지 알 수 있다. 한 달 간의 작전이 끝날 때까지 46척의 유조선이 "449만6,156배럴의 표준 석유, 800만 갤런의 항공 연료, 27만5,000배럴의 디젤유"를 수송했다. 이 한 번의 작전에 사용된 연료는 1944년 상반기 독일군의 월간 총사용량과 맞먹는 양이었다.[65]

마지막으로, 미국은 무기 대여 프로그램Lend-Lease program을 통해 연합국들의 전쟁 지속에 중요한 역할을 했다. 영국과 소련이 주요 수혜국이었는데, 영국은 313억 달러, 소련은 100억 달러 어치의 무기를 대여받았다. 1944년 6월까지 미국 정부는 소련에 항공기 1만1,000대, 장갑 전투 차량 6,000대, 트럭과 지프차 30만 대를 지원했다. 또한 미국은 소련 철도를 지원하기 위해 기관차 350량, 평판차(바닥판만 있는 화물차 - 옮긴이) 1,640량, 레일과 차축, 바퀴 50만 톤을 대여하기도 했다. 니키타 흐루시초프의 회고록에 따르면 스탈린은 전쟁 후 "미국이 우리를 돕지 않았다면 우리는 전쟁에서 이기지 못했을 것이다. 우리가 나치 독일과 일대일로 싸워야 했다면 독일의 압력에 맞설 수 없었을 것이다."라고 말했다고 한다.[66]

무기 대여 프로그램은 무기에만 국한되지 않았다. 1940년 4월 독일이 나르비크를 점령하면서 영국은 철강 생산의 주요 요소인 스웨덴산 철광석의 공급이 끊겼다. 하지만 이 프로그램을 통해 영국은 미국으로부터 철강 완제품을 공급받을 수 있었고, 이를 통해 영국은 운송 노력과 노동력을 절약해 무기 생산을 극대화할 수 있었다.[67] 이 프로그램에 의한 영국과 소련으로의 식량 수송은 두 나라 모두에게 매우 중요했다. 소련의 경우, 독일군이 우크라이나와 코카서스 북부의 밀 재배 지역 대부분을 점령한 후에도 미국이 제공한 300만 톤의 식량 덕분에 대규모 기아 발생 사태를 막을 수 있었다.[68]

게다가 미국 경제가 제공한 필수품 원조는 고가의 품목에만 국한되지 않았다. 미국의 전기 관련 산업이 활성화되면서 블레츨리 파크의 연구를 지원하기 위한 전기 장비, 레이더 및 봄브Bombe(에니그마 암호 해독 초기 단계에서 사용된 암호 해독 기계)가 전례 없는 수준으로 영국에 도착했다. 전쟁 전 미국 공장은 하루에 60만 개의 라디오 및 기타 전기 부품용 밸브를 생산하고 있었다. 하지만 1944년에는 실베니아의 23개 공장에서만 하루에 40만 개를 생산했고, 제너럴일렉트릭과 웨스팅하우스의 공장들도 비슷한 수준을 기록했다.[69]

돌이켜보면, 가장 중요한 산업 지역을 잃은 상황을 고려했을 때 소련의 경제 성과는 놀라운 것이었다.[70] 바르바로사 작전 첫 달에 소련 정부는 노동자와 기계를 모두 우랄 산맥 동쪽에 새로운 건설된 산업단지로 옮겼다. 소련은 1,360개의 군수 공장을 포함하여 총 1,523개의 공장을 모스크바 동쪽, 볼가 강변, 우랄 산맥, 시베리아의 더 깊은 지역으로 대피시켰다. 하지만 소련의 이런 노력은 대부분 최악의 위기 상황에서 이뤄졌다. 예를 들어, 레닌그라드로부터의 공장 이전은 1941년 10월 3일이 되어서야 시작되었고, 그 결과 독일군이 도시를 고립시키기 전에 도시를 빠져나간 사람은 거의 없었다.[71] 새로운 장소에 도착한 노동자들은 서둘러 공장을 다시 정비하고 조립하고 생산을 재개해야 했다. 10월 8일 하르코프에서 대피한 한 공장은 12월 초에 다시 가동을 시작했다.[72]

소련군의 무기가 사용된 시간을 살펴보면 동유럽 전쟁이 어느 정도의 소모전이었는지 알 수 있다. 역사학자 프레드 케이건Fred Kagan은 다음과 같이 말했다. "소련제 총은 전장에서 18주 동안밖에 사용할 수 없었다. 소련 전투기의 평균 수명은 3개월이었고, 소련 탱크의 수명은 그보다 약간 더 길었다. 1941~1942년 겨울, 소련의 전선 부대들은 매주 항공기의 6분의 1, 대포와 박격포의 7분의 1, 장갑 장비의 10분의 1을 잃었다."[73] 소련의 산업체들은 초기에 손실을 입긴 했지만 1942년 겨울과 봄에 전차 4,500대, 항공기 3,000대, 대포 1만4,000문, 박격포 5만 문이라는 엄청난 수의 무기를 생산해냈다.[74] 1942년 말, 소련은 전차에서 4대 1, 포병에서 3대 1로 독일군을 압도했다.[75] 이로 인해 소련은 1942년 말 두 차례의 대규모 공세를 펼칠 수 있었다. 소련군이 스탈린그라드에서 독일 제6군을 격파할 수 있었던 이유도 바로 여기에 있었다.

일본은 미국이 참전했을 때 미국이라는 주적에 맞설 수 있는 능력이 거의 없었다. 일본은 독일보다도 자국 내 원자재가 부족했고, 산업 기반도 주요 강대국 중 가장 빈약했다. 일본은 이러한 현실을 인식하면서도 초기에 승기를 잡아 미국이 일본의 동남아시아 통제와 관련해 타협을 시도하기를 바랐다. 하지만 진주만 공격에서 마지막 폭격기가 하와이를 벗어나기도 전에 일본의 그런 생각은 이미 끝장이 나버렸다. 그럼에도 불구하고 일본의 산업 성과는 인상적이었다. 1941년 12월, 일본은 모든 국가 중 최고의 전투기, 가장 사거리가 길고 치명적인 어뢰, 야간 전투에 탁월한 고도로 훈련된 해군력, 항공모함을 한데 묶어 잠재력을 극대화해야 한다는 생각을 가지고 있었다.

1943년 여름까지 일본의 전함들은 별로 손실을 입지 않았고, 일본 경제는 호황을 누렸다. 1942년과 1943년에는 철강괴, 석탄, 철광석, 알루미늄괴 생산량에서 소련을 능가하거나 거의 비슷했다.[76] 영국 조선소조차 일본보다 대략 14% 더 많은 톤수를 생산했을 뿐이었다.[77] 문제는 1943년 여름에 미국 잠수함 전력이 일본 전함들을 파괴할 수 있는 수준에 도달하면서 발생했다. 일본 해군은 미군 잠수함을 방어할 준비를 전혀 하지 않았고, 전함들이 침몰했을 때 일본 경제는 그로 인한 부족분을 감당할 능력이 없었다.

일본의 산업 분야 중에서 가장 인상적인 것은 항공기 생산이었다. 1942년과 1943년에 일본은 항공기 생산 대수에서 소련을 큰 차이로 앞서고 있었다. 이 수치는 1944년에 미군 잠수함이 보급망을 와해시킨 후인 1944년에야 줄어들기 시작했다. 중요한 것은 전쟁 막바지에 생산된 일본 해군의 전투기 프랭크Frank(일본식 이름으로는 하야테疾風 - 옮긴이)가 소련이 공중전에 투입한 모든 전투기보다 항속거리, 속도, 기동성 면에서 뛰어났다는 점이다.[78]

정보활동과 상상력

정보활동은 무수히 많은 사소한 조각들을 수집해 더 큰 전체를 파악하고자 하는 지루한 작업이다. 이 작업의 98%는 콩알을 세는 일처럼 단순한 일이다. 하지만 나머지 2%는 무엇이 명백하고 무엇이 명백하지 않은 가를 천재적인 번뜩임으로 알아내는 일인데, 때로는 일반적인 견해와 배치되는 경우가 많다. 연합군은 그 2%에서 추축국보다 우월했다. 이는 부분적으로 미가공 정보raw intelligence를 해석하는 경우, 개인의 조직 내 지위보다는 능력을 더 중시했기 때문이다. 이에 반해 추축국 정보기관의 위계적 특성은 상상력을 발휘하는 데 방해가 되곤 했다. 게다가 추축군의 민간인 경시 문화는 연합군의 광범위한 민간인 활용과 대조를 이뤘다.

제2차 세계대전 기간 중 영국 정보기관의 가장 큰 성과인 에니그마 암호 해독은 1970년대 들어서야 일반에게 알려졌다.[79] 이후 한동안 울트라 정보Ultra intelligence(에니그마 해독 프로젝트인 울트라로 얻은 정보 – 옮긴이)는 연합군의 승리와 그 배경의 결정적인 요소로 인식됐다. 그러나 울트라 정보가 중요했던 건 사실이지만 결정적인 역할을 한 경우는 거의 없었고, 일부 분야에서만 중요한 역할을 했다. 무엇보다도 에니그마 암호 해독은 독일의 오만과 무능 때문에 가능했다고 할 수 있다. 에니그마 암호를 연합군이 해독할 수 없을 것이라는 독일의 생각은 비참한 오산으로 판명됐다. 연합군 암호해독자 중 한 명은 전쟁이 끝난 뒤 "우리는 정말 운이 좋았다."라고 말하기도 했다.[80] 암호가 해독된 까닭이 독일군이 에니그마 기계를 부주의하게 사용한 데 있었기 때문이다. 독일군은 특정한 날짜에 맞춰진 설정값에 쉽게 접근하게 해주는 크립crib(암호문의 일부분이라고 추정되는 평문 단어나 문장 – 옮긴이)을 무심코 유출하는 실수를 저질렀던 것이었다.[81] 여기에 독일 해군의 유보트와 아이슬란드 연안 기상관측선의 에니그마 암호 설정이 모두 같았던 것도 문제를 악화시켰다. 그 덕분에 영국군은 한 번도 아니고 두 번이나 암호 메시지를 가로챌 수 있었고, 그때마다 에니그마 암호 설정값이라는 소중한 단서를 얻을 수 있었다.

영국 정보기관의 숨은 영웅들은 울트라 정보뿐만 아니라 Y 서비스(제1차 세계대전과 제2차 세계대전 기간 중에 적군의 통신 내용을 가로채는 역할을 담당했던 영국의 정보기관 - 옮긴이)를 비롯한 다양한 정보활동 지원 기관에서 활약했다.[82] Y 서비스는 매일 수만 건에 달하는 독일 무선 송신 내용을 도청하기 위해 엄청난 노력을 기울였다. 도청하는 사람들은 아무 의미가 없어 보이는 내용을 문자 하나하나까지 완벽하게 잡아내야 했다. 그렇게 하지 않으면 해독이 불가능했기 때문이다. 판독 가능한 메시지를 암호해독자가 추출해낸 뒤에는 분석자들이 그 메시지에서 유용한 정보를 골라내 야전 사령관들에게 제공했다.

영국군과 미국군의 육해공군은 울트라 정보 이용에서 상당히 다른 경험을 했다.[83] 대서양 전투에 참여한 이 두 나라의 해군에게는 전술적 차원보다 작전 차원에서의 정보력이 훨씬 더 중요했다. 1941년 7월부터 12월까지 울트라 정보는 유보트의 움직임을 알아내는 데 도움을 줬다. 하지만 그 이듬해 이 두 나라의 해군은 독일군이 에니그마에 네 번째 로터를 도입하면서 심각한 피해를 입었다. 블레츨리 파크는 1942년 말이 돼서야 새로운 유보트 암호를 해독할 수 있었기 때문이었다. 하지만 영국 해군성 추적실은 울트라 정보를 사용할 수 없었던 기간에도 방향 탐지 및 유보트 신호 트래픽 가로채기 기술 등을 이용해 독일군의 의도를 어느 정도 파악할 수 있었다. 1943년 봄, 연합군이 유보트를 상대로 승리할 수 있었던 데에는 울트라 정보의 역할도 있었지만, 사실 연합군의 대잠수함 전투기에 의한 호송 경로 확보, 점점 더 정교해지는 레이더, 무기, 방향 탐지 장비가 더 큰 역할을 했다.

영국군과 미군에게 울트라 정보는 전술적 차원에서 유용했다. 울트라 정보는 잘못된 정보일 때도 있었지만 독일군의 의도를 파악할 수 있게 해주었기 때문이다. 예를 들어, 울트라 정보를 통해 1944년 8월의 모르탱 반격(1944년 8월 7일부터 8월 13일까지 독일군이 노르망디 모르탱 일대에서 벌인 반격 작전 - 옮긴이)에 대한 실마리를 얻었다. 하지만 당시 CBO 작전을 지휘한 공군 원수들은 정보를 가볍게 생각했다. 그들이 가장 필요로 했던 정보는 공습이 독일 생산에 미치는 영향이었지만, 이러한 정보는 보통 유선을 통해 전달되기 때문에 가로챌 수가 없었다. 이와 마찬가지로, 사진 정보도 공장들이 폭격당했다는 사실만 알려줄 뿐 잔해 아래 묻힌 기계들의 손상 정도는 알려주지 못했다.[84] 하지만 1944년, 연합군은 울트라 정보를 이용해 독일 공군 부대와 지상 전투 부대 간의 교신을 해독해 작전 계획을 파악하고, 폭격으로 인해 석유 생산 시설이 파괴돼 독일군이 연료 부족에 시달린다는 사실을 알아냄으로써 CBO 수행에 결정적인 도움을 받기도 했다.

독일군과 일본군 모두 적군보다 우월하다는 인종적 자부심이 강했으며, 이는 정보력의 중요성을 과소평가하는 관행으로 이어져 더욱 큰 약점으로 작용했다. 독일군과 달리 볼셰비키 문화에 편집증적으로 집착하던 소련군은 전쟁 전에 이미 최고 수준의 정보 조직을 구축했다. 안타깝게도 스탈린은 1941년 6월 이전에는 정보기관의 경고에 귀를 기울이지 않았지만, 전쟁이 시작되자 정보기관에 권한을 대폭 확대했다.[85] 1942년 가을, 소련은 적군의 병력 움직임뿐만 아니라 그에 못지않게 중요한 적군의 의도를 명확히 파악하고 있었다. 이런 정보력과 소련군의 뛰어난 위장술이 결합돼 소련군은 스탈린그라드 전투가 끝날 때까지 거의 모든 주요 공세에서 독일군을 속일 수 있었다.[86]

영국의 정보 요원 모집은 독일과 극명한 대조를 이뤘다. 영국은 민간인을 폭넓게 활용했으며, 특히 수학자, 과학자, 인문학 배경을 가진 사람들을 학계에서 찾았다. 이러한 노력의 결실로 영국 정보기관은 뛰어난 인재를 채용할 수 있었다. 탁월한 생물학자 솔리 저커먼, 인공지능 과학을 창시한 앨런 튜링, 전후에 저명한 역사학자가 된 해리 힌슬리, 영국 최고의 변호사 로저 윈 등이 그 예다. 무엇보다 중요한 것은 루이스 마운트배튼 경, 드와이트 아이젠하워, 아서 테더 공군 원수 등 연합군 고위 지휘관들이 민간 정보 전문가와 분석가들을 크게 신뢰했다는 점이었다.

연합군은 울트라의 성공 이후에도 적의 움직임을 파악하기 위해 광범위한 그물망을 쳤다. 영국 방첩부대는 독일군이 전쟁 전에 구축한 스파이 네트워크를 무너뜨렸다.[87] 독일 스파이 몇몇은 교수형에 처해졌지만 대부분은 전향해 독일군 상부에 가짜 정보를 전송하는 데 이용됐다. 전쟁 중에 독일군이 영국에 침투시켰던 소수의 스파이들도 같은 운명을 겪었다. 전향한 이중 스파이들은 포티튜드 작전Operation Fortitude(노르망디 상륙 작전을 위해 연합군이 사용한 속임수 작전의 코드네임 - 옮긴이)을 위해 1944년 6월부터 8월까지 연합군의 주요 상륙작전이 노르망디가 아닌 파드칼레 해변에서 이루어질 것이라는 가짜 '정보'를 독일군에 제공했다.[88]

배경에 상관없이 유능한 분석가를 고용하려는 연합군의 정치 및 군사 지도자들의 의지가 얼마나 중요한지 잘 보여주는 세 가지 사례가 있다. 첫 번째 사례는 1939년 당시 스물여덟 살의 젊은 물리학자이자 공군 정보부 소속 과학 장교였던 R. V. 존스다. 1940년 5월, 미미한 단서를 바탕으로 그는 독일군이 악천후와 야간에 폭격기를 목표물로 유도하기 위해 무선 빔을 사용하고 있다는 사실을 알아냈다. 1940년 6월 21일, 존스는 장관, 공군 장성, 저명한 과학자들 그리고 처칠이 모인 자리에서 독일군의 유도 빔 발사장치인 크니케바인에 대해 설명했지만 처음에는 회의적인 반응을 마주해야 했다.

처칠은 회고록에서 "존스 박사의 발표가 끝났지만 사람들은 믿지 않는 분위기였다."라고 말했다. 하지만 그는 존스 박사의 통찰력이 얼마나 중요한지 잘 알고 있었다. 처칠은 존스의 말이 맞을 확률이 5%에 불과하더라도 그의 가설을 확인해봐야 한다고 생각했고, 그날 밤 영국 공군 항공기가 실제로 독일 공군의 무선 빔을 식별해냈다.[89] 이를 기초로 영국은 1940~1941년 독일의 공습 기간 내내 독일 공군의 무선 빔을 교란했는데, 이는 1941년 4월 야간 전투기에 작동 가능한 레이더가 장착될 때까지 영국이 독일의 야간 폭격에 대응해 취할 수 있는 유일한 방어책이었다.

F. H. 힌슬리의 공헌도 이에 못지 않았다. 1939년 당시 케임브리지대학교에서 역사를 전공하는 학생이었던 그는 언어 능력을 인정받아 블레츨리 파크에 채용됐고, 독일 주요 군함의 호출 암호를 밝혀내는 작업에 투입됐다. 호출 부호를 알아낸 힌슬리는 이를 추적하는 임무를 맡았다. 1940년 4월 초, 그는 발트 해에서의 독일군 동향을 파악해 스칸디나비아에서 독일의 대규모 작전이 곧 개시될 것이라고 상부에 보고했다. 하지만 상부는 아무런 관심을 보이지 않았다. 얼마 지나지 않아 나치의 노르웨이 침공이 시작됐다. 6월 초, 그는 독일 전함 상당수가 노르웨이 노스케이프에서 작전 중이라고 보고했지만 상급자들은 이번에도 그의 말에 주의를 기울이지 않았다. 이 보고 직후 샤른호르스트와 그나이제나우는 항공모함 글로리어스 호를 침몰시켰다.[90]

이때부터 지휘관들은 힌슬리의 말을 진지하게 받아들이기 시작했다. 1941년 3월, 힌슬리는 아이슬란드 북부에서 작전 중인 독일 기상관측선이 유보트와 동일한 암호를 사용하고 있다는 사실을 알아냈다. 영국은 이 기상관측선의 에니그마 기계를 확보할 수 있다면 유보트 암호에 접근할 수 있다고 확신했다. 대응은 즉각적이었다. 스무 살의 케임브리지 학부생의 분석을 바탕으로, 영국 해군은 제독이 지휘하는 순양함 3척과 구축함 4척을 투입해 기상관측선 노획을 시도했고, 그 결과 유보트 암호를 해독하기 위한 첫 번째 단계인 설정값 확보가 이뤄졌다.[91]

세 번째 주인공은 어렸을 때 소아마비로 불구가 된 로저 윈이다. 그는 오래 서 있으면 상당히 큰 고통을 느끼곤 했다. 케임브리지대학교에서 법학을 공부한 후 그는 법조인 생활을 매우 성공적으로 시작했다. 전쟁이 발발했을 때 서른여섯이던 그는 정보부서에 지원해 합격했다. 해군성 작전정보센터의 유보트 추적실에 배치된 그는 1941년 되니츠의 의도를 감지하는 놀라운 능력으로 조직의 수장이 됐다. 해군성이 가장 중요한 정보 조직 중 하나를 민간인에게 맡기는 것은 다소 무리였기 때문에, 그는 해군 예비군 사령관 직위를 받았다. 그러나 윈은 의심할 여지 없이 대서양 전투에서 가장 중요한 인물이었다.

처칠이 각료와 고위 장교들을 제치고 R. V. 존스를 지원한 것은 연합국 지도자들이 군대의 의견에 반대하는 분석가들의 편을 든 여러 사례 중 하나에 불과하다. 1941년 10월, 블레츨리 파크의 분석가들이 처칠에게 원폭 제조에 필요한 분석가와 기술자가 부족하다고 불평하자, 총리는 직접적이고 즉각적인 답변을 내놨다. *분석가들이 필요하다고 느끼는 만큼 블레츨리 파크를 지원하겠다*는 답이었다. 그로부터 한 달도 채 되지 않아 처칠의 말은 실행에 옮겨졌다.[92] 제3제국에서는 결코 일어날 수 없는 일이었다.

과학

독일에서 과학자와 기술자가 차지하는 위상을 고려할 때 독일은 전쟁에서 상당한 우위를 점했어야 했다. 그렇지 못한 이유에 대해 사람들은 대체로 독일의 반유대주의 정책으로 인해 다수의 뛰어난 과학자들이 독일에서 쫓겨나거나 탈출했기 때문이라는 주장을 정설로 받아들인다. 그러나 물리학자들은 그랬을지 모르지만, 대다수의 수준급 과학자들은 독일에 남아 조국을 위해 정교한 무기 개발에 기꺼이 도움을 주었다. 그런데도 이 과학자들이 연합군 측에 비해 성과를 거두지 못한 것은 독일이 정보전에서 밀리게 된 요인과 동일하다. 당시 독일 과학계의 가장 큰 문제점은 독일 사회의 문화와 자신들의 타고난 우월성에 대한 믿음에 있었다. 독일 과학자들은 군인들만큼이나 이런 생각이 강했다. 1939년 당시 독일은 대부분의 기술 및 과학 분야에서 선두를 달리고 있다고 믿었기 때문에 이런 우위가 지속될 것이라고 생각했다. 영국 본토 항공전과 야간 공습 성공의 여파로 독일군은 무엇이 옳고 그른지 진지하게 검토하려는 노력을 기울이지 않은 것 같다.

독일 과학자들의 이런 전쟁 대응 실패는 영국 그리고 나중에는 미국 과학자들의 성공과 극명한 대조를 이뤘다. 과학 기술 경쟁에서 뒤처졌다고 생각한 영국은 자국의 기술 역량을 독일만큼 끌어올리기 위해 면밀하게 관찰했다. 게다가 연합국들은 영국의 이런 움직임에 고무돼 다양한 가능성에 기꺼이 베팅했고, 그중 일부는 성공을 거두었다.

과학에 대한 독일군의 접근 방식에서 또 다른 중요한 문제점은 독일군의 체제 자체가 관료주의적인 내분을 조장하고 육해공군의 협력을 거의 불가능하게 만들었다는 사실에 있었다. 역사학자 모니카 렌넨베르크와 마크 워커는 독일 과학이 "특정 기술과 정책의 체계적이고 철저한 개발과 실행을 효과적으로 방해하고 때로는 막는, 중복되고 경쟁적이며 모순된 권력 조직의 카르텔"과 닮았다고 지적했다.[93] 히틀러의 독일에서는 과학자들이 각자의 싸움에 몰두했다. 독일 물리학자들이 핵분열 연쇄반응을 성공시키지 못한 이유 중 하나가 바로 여기에 있다.[94]

민간인 과학자와 군인들 사이의 괴리는 이런 상황을 더욱 악화시켰다. 독일 장교 대부분은 과학자들을 자신의 명령을 수행하기 위해 고용된 기술자로 간주했으며,[95] 일선 군대가 직면한 문제에 대한 통찰력을 제공할 수 있는 파트너로는 생각하지 않았다. 이들 사이에서 새로운 능력을 개발하고 경우에 따라서는 전술까지 개발하는 데 필수적인 협업은 전혀 이뤄지지 않았다. 연합군의 대잠수함전 수행 사례는 이 지점에서 확실한 비교 대상이 된다. 작전 수행 당시 물리학자 P. M. S. 블래킷은 호송선단의 크기와 호위함의 숫자 사이의 관계를 분석해 규모가 큰 호송선단이 작은 호송선단보다 방어하기 더 쉽다고 영국 해군성을 설득했다. 이는 호송선단의 손실이 호위함의 숫자에 의해 결정되기 때문에 작은 규모의 호송선단을 여러 번 운영하는 것보다 큰 호송선단을 그보다 적은 횟수로 운영하는 것이 더 효과적이라는 뜻이다.[96] 해군성은 즉시 그의 조언을 따랐다.

독일군이 민간 과학자의 도움을 요청한 몇 안 되는 사례 중 하나는 되니츠가 북대서양에서 유보트를 철수하기 하루 전날 일어났다. 그날 되니츠는 과학자들을 대거 불러모아 연합군의 대잠수함 레이더 사용에 대한 대응책을 개발해달라고 요청했다. 독일의 저명한 물리학자인 베르너 게를라흐Werner Gerlach는 훗날 "그 자리가 군인과 과학자가 함께 모인 처음이자 마지막 자리였다."라고 회고했다.[97] 영국 해군은 전쟁 중 자문을 구할 연구 과학자 그룹 개발에 큰 관심을 가졌지만 독일군은 그렇지 않았다. 이는 되니츠를 비롯한 독일 제독들이 북대서양에서 일어나는 기술 변화에는 거의 관심을 두지 않고 전술에만 집중했기 때문이었다. 반면에 영국과 미국은 전쟁 내내 과학자들과 군 지휘부 사이에 일관되고 열정적인 협력 분위기를 조성했다. 과학자들과 기술자들은 군이 필요로 하는 것이 무엇인지 명확히 파악했고, 군도 가능한 것이 무엇인지 이해했다. 연합군의 승리를 이끈 주요 요인 중 하나가 바로 이런 공생관계였다.

독일의 또 다른 문제는 산업 과학자와 전기 엔지니어의 심각한 부족이었다. 1932년과 1939년 사이에 독일의 전기공학 전공 학생 수는 절반으로 줄었는데, 이는 아마도 독일이 학업보다는 군 복무를 더 중시했기 때문일 것이다. 1943년이 되자 독일 경제는 전기 기술자가 5만 명이나 부족한 상태가 됐다.[98] 게다가 군대와 산업계가 전술과 작전에 즉각적인 영향을 미칠 수 있는 연구 개발만 지원해야 한다는 전쟁 초기 히틀러의 결정은 문제를 더욱 악화시켰다. 그 결과 1942년에 독일군은 특히 공군과 해군의 무기 보유량과 품질이 모두 뒤처지게 됐다. 독일 공군과 해군은 이를 만회하기 위해 필사적으로 노력했지만, 새로운 무기 시스템 생산의 비용과 이점에 대한 분석 없이 너무 많은 것을 시도하다 결국 자원을 낭비했다. V-2 로켓은 막대한 인력과 자원을 투입하고도 군사적으로 큰 성과를 거두지 못한 무기 시스템의 대표적인 예다.[99]

전쟁 초기에 영국의 물리학자 존 랜들과 해리 부트가 공진기형 마그네트론을 개발한 것만큼 과학자들의 공헌을 잘 보여준 사례는 없다. 이 개발은 10cm 파장에서 작동하는 레이더 시스템 개발에 관심을 표명했던 영국 해군과 공군에 의해 처음 추진된 것이었다. 1939년 여름, 버밍엄대학교의 과학자들은 마이크로파 레이더에 사용할 강력한 발전기를 찾으려고 시도했다. 두 가지 가능성, 즉 클라이스트론klystron과 마그네트론magnetron 중 어느 것도 충분한 전력을 생산할 수 있는 것으로 입증되지 않았다. 그러던 1940년 2월, 랜달과 부트라는 두 물리학자가 이 두 가지를 결합해 작동 가능한 시스템인 공진기형 마그네트론을 개발했다. 이는 저고도에서 비행하는 항공기와 수면 위로 떠오른 유보트와 같은 바다의 작은 표적들을 훨씬 더 정확하게 탐지하고 공중 레이더에 적합한 소형 안테나를 개발할 수 있게 해주었다.

제너럴일렉트릭의 엔지니어들은 이 공진기형 마그네트론의 초기 프로토타입(시제품)을 개선했고, 그해 말에 전투기 사령부는 항공기에 탑재할 수 있는 레이더를 보유하게 됐다. 1940년 11월, 영국군 전투기는 탑재된 레이더를 사용해 야간에 독일군 폭격기를 격추하려 했지만 초기 결함 때문에 실패했다. 1941년 봄이 돼서야 야간 전투기는 레이더를 이용해 큰 성과를 내게 됐다. 1941년 4월, 엔지니어들은 항공기 탑재 레이더 시스템의 남아 있던 문제점을 해결했고, 전투기 사령부의 야간 전투기들은 수많은 독일 폭격기를 격추하기 시작했다. 1941년 1월부터 3월까지, 레이더를 장착한 야간 전투기가 격추한 폭격기는 27대에 불과했지만, 4월에는 그 수가 50대로 증가했고, 5월에는 74대에 달했다.[100] 그 시점에서 독일 공군은 폭격기들을 바르바로사 작전을 위해 동쪽으로 이동 배치했다. 그렇지 않았어도 레이더를 장착한 영국 공군의 야간 전투기들은 독일군의 공습을 중지시켰을 것이다.

1940년 8월, 처칠은 헨리 티저드를 비롯한 저명한 과학자들에게 미국으로 가서 최신 과학 기술을 미국인들과 공유하라고 지시했다. 미국 과학자들은 처음에는 이들의 능력을 의심했지만 티저드가 공진기형 마그네트론을 보여주자 태도가 달라졌다. 미국도 레이더를 연구하고 있었지만 레이더에 충분한 전력을 공급하는 데 애를 먹고 있었는데, 공진기형 마그네트론이 그 문제를 해결했던 것이었다. 미국의 전쟁사 연구기관의 한 역사학자는 공진기형 마그네트론이 "당시까지 미국으로 들어온 물건 중에서 가장 가치가 높았다."라고 말했다.[101] 이후 벨 연구소는 두 달 만에 출력을 1,000배나 높인 공진기형 마그네트론을 개발했다.[102] 레이더를 비롯한 전자 무기 시스템의 개발과 개선을 통해 연합군은 독일군보다 상당히 많은 이점을 가지게 됐다고 할 수 있다.

과학자들과 공군 지도자들은 독일군이 점령한 영토에서 공진기형 마그네트론을 사용하면 독일 공군의 과학자들이 그 비밀을 풀 수 있을 것이라고 우려했다. 하지만 독일군이 공진기형 마그네트론 한 대를 확보한 뒤 과학자들이 그 존재에 대해 보고했음에도 불구하고 독일군 수뇌부는 그 기술이 독일의 기술과 비교할 때 별로 의미가 없다고 일축했다.[103] 영국의 군사 역사가 가이 하크컵Guy Hartcup은 이렇게 지적했다. "영국이 마이크로파를 사용하고 있다는 사실은 시간이 지나자 독일군에 큰 충격을 줄 수밖에 없었다. 그때까지 독일 과학계는 마이크로파의 가치에 회의적이었고, 마이크로파에 필요한 전송 밸브의 생산에 우선순위를 두지 않았기 때문이다. 일하는 데 있어 재량권을 가진 연합군 과학자 팀과 달리 독일 기술진은 자신의 주장이 틀렸다는 것이 밝혀지고 조롱을 당할까 봐 두려워했다. …… 연구실이야말로 '지도자 원리Führerprinzip'(최고의 두뇌를 가진 한 사람의 지도자가 자기 민족을 지도해야 하며 국민 대중은 이에 무조건적으로 복종해야 한다는 나치의 정치 이념 - 옮긴이)가 가장 충실하게 적용되는 곳이었다."[104]

독일군은 연합군과 달리 정치 및 군사 지도자들이 과학을 전쟁을 지원하는 자산으로만 여겼다. 나치의 이런 사고방식을 대표적으로 보여준 사람은 괴링이었다. 그는 부하들과 독일의 레이더 장치에 대해 논의하면서 "나는 그런 레이더 장치를 여러 번 살펴봤다. 전선 몇 개와 기타 부품만 있을 뿐 그다지 별 것 아니었다. 장치 전체가 놀라울 정도로 원시적이었다." 라고 말했다.[105] 처칠이나 루스벨트도 이 레이더 장치의 원리를 잘 이해하진 못했을 것이다. 하지만 이 두 사람은 과학자들을 존경했고, 영국과 미국의 장성 대부분도 마찬가지였다.

영국 그리고 결국에는 미국이 과학기술을 발달시켜 어떤 것을 이루어 낼지 상상하지 못한 것이야말로 독일의 가장 큰 약점이었다. 1941년 5월 말, 비덴마크 해협을 통과하던 비스마르크 호와 프린츠오이겐 호는 최신 레이더를 장착한 영국 순양함 HMS 서포크 호, HMS 노포크 호와 마주쳤다. 비와 안개, 열악한 시야에도 불구하고 서포크 호는 비스마르크 호의 15인치(약 38센티미터) 함포로부터 일정한 안전 거리를 유지하는 데 큰 어려움이 없었다. 영국군이 매우 성능이 뛰어난 레이더를 보유하고 있다는 것을 확실하게 알게 된 독일 장교들은 베를린에 무전을 보냈다. 하지만 돌아온 대답은 "덴마크 해협의 얼음처럼 차가운 바다에서는 일반 수중청음기로도 적군 전함에서 나는 소리를 포착할 수 있다."였다. 적군의 장비에 신경 쓰지 말라는 뜻이었다.[106]

성공의 토대

연합군의 제2차 세계대전 승리는 산업과 자원 면에서의 우위 때문이라고 주장할 수도 있을 것이다. 하지만 이것만이 전부는 아니다. 연합군이 군대의 폐쇄적인 사고방식에서 벗어나 인력을 창의적으로 활용해 결정을 내리지 않았다면 전쟁은 더 오래 지속되었을 것이고, 특히 대서양 전투 같은 일부 전투에서 독일군이 훨씬 더 큰 피해를 입혔을 것이다. 1945년 5월, 독일이 패배한 것은 영국과 미국이 자원과 인력을 폭넓게 활용한 결과였다. 게다가 소련의 막강한 경제력은 독일이 완전히 서로 다른 두 전선에서 계속 전투를 이어가게 만듦으로써 악몽 같은 소모전을 촉발했다.

전쟁이 끝나는 데 오랜 시간이 걸린 것은 독일과 일본이 전쟁 발발 전에 막대한 군사력과 힘을 비축했기 때문이었다. 전쟁 초기 연합군의 처절한 패배는 서구 열강이라는 잠자는 거인들을 깨우는 촉매제가 되었다. 하지만 독일과 일본이 전쟁 초기에 장악한 공간과 영토는 승리를 되찾는 과업을 훨씬 더 어렵게 만들었다. 게다가 독일과 일본의 광신적인 민족주의는 이 길을 더 길고 험하게 만들었다.

전쟁의 후반부에는 프랑스혁명과 산업혁명의 결합뿐만 아니라 제5차 군사-사회 혁명의 첫 단계가 드러났다. 당시에는 분명하지 않았지만, 1943년에 연합국은 상상력과 지성, 과학이라는 불가사의한 능력을 경제력과 결합해 추축국을 압도할 수 있었다. 게다가 새로운 능력의 등장은 전쟁의 성격도 바꾸어 놓았다. 이러한 변화들은 사회와 군대에 근본적인 변혁을 야기하기 시작했다. 가장 명백한 변화는 원자폭탄의 출현이었지만, 블레슬리 파크에서 암호 분석 기계 개발을 위해 기울인 집중적인 노력은 컴퓨

터와 그 파생 기술로 이어졌으며, 이는 현대 사회에 지대한 영향을 미치고
있다.

CHAPTER 11

공중전과 해상전
1942~1945

전쟁에서는 모든 게 단순하다. 하지만 가장 단순한 것이 어려운 법이다. 어려움이
축적되면 전쟁을 체험하지 못한 사람은 상상도 할 수 없는 분쟁을 만들어낸다.

카를 폰 클라우제비츠,《전쟁론》

태평양전쟁 (1941~1945)	진주만 공격으로 시작된 미국과 일본 간의 전쟁. 초기 일본의 성공적인 기습과 확장이 있었으나, 미드웨이 해전(1942)을 전환점으로 전세가 역전되었다. 미국의 압도적인 산업력과 과학기술을 바탕으로 점차 일본을 고립시켰으며, 원자폭탄 투하로 종결되었다.
대서양 전투 (1939~1945)	제2차 세계대전에서 가장 오래 지속된 전역. 독일의 잠수함 유보트가 영국으로 향하는 연합국의 보급선을 차단하려 했고, 연합국은 이를 보호하기 위해 노력했다. 1943년을 전환점으로 연합국의 대잠수함 기술과 전술이 발전하면서 독일 유보트의 위협이 감소했다.
GRT Gross Register Tonnage	선박의 총등록 톤수를 나타내는 단위. 제2차 세계대전 중 특히 대서양 전투에서 중요한 의미를 가졌는데, 독일 유보트의 전과와 연합국 선단의 손실을 측정하는 주요 지표로 사용되었다.
아이라 이커 (1896~1987)	미 제8공군 사령관으로 유럽에서의 주간 전략폭격을 주도했다. 영국의 야간 폭격과 달리, 정밀 폭격을 통해 독일의 군사·산업 시설을 타격하는 전략을 채택했다. 높은 손실에도 불구하고 주간 폭격의 효과성을 입증했으며, 이는 연합군의 승리에 크게 기여했다.

1942년, 독일은 서유럽과 중부 유럽 그리고 유럽 러시아 대부분 지역의 자원과 인구를 통제하고 있었다. 그로부터 3년 반 동안 독일이 연합국을 막아낼 수 있었던 것은 자국민을 동원하고, 정복한 나라들과 (스위스나 스웨덴 같은) 중립국의 국민을 징집해 전쟁에 투입할 수 있었기 때문이다. 하지만 결국 독일은 패배했다. 영국과 미국이 세계의 바다와 유럽의 상공을 장악한 것이 주 원인이었다. 이 결과는 양측의 전략적 접근 방식이 달랐기 때문이기도 했다.

독일이 구사한 군사 전략의 문제는 육해공군 간의 합동작전 조율 부족이었다.[1] 독일군은 수단과 목적을 연결하려고 하지도 않았고, 독일군이 꼭두각시 취급한 나라(이탈리아 및 여러 유럽 동맹국)나 별 의미가 없는 작전을 추진한 동맹국(핀란드와 일본)과 전략을 조정하려는 시도도 하지 않았다.[2] 독일의 전쟁 기록은 제3제국의 전략을 다음과 같이 설명한다. "1942년에 벌어진 해전과 지상전은 군사력의 중심을 어디에 어떻게 배치할 것인지에 대한 실현 가능한 공동의 목적(전략) 없이 진행되었다."[3] 따라서 독일의 육해공군은 독자적으로 전쟁을 수행했다. 이들 간의 협력을 이끌어내는 열쇠는 오로지 히틀러만이 가지고 있었는데, 그의 마음은 종잡을 수 없었다.

해상과 공중에서 벌어진 전쟁은 생산과 동원뿐만 아니라 과학적 상상력과 그 창의적 활용에 기초하는 기술 고도화를 수반했다. 설계자와 공장은 새로운 기능을 도입하면서 무기 시스템의 지속적인 개선이 지배하는 경쟁에 뛰어들었다. 산업혁명은 생산뿐만 아니라 혁신과 응용의 문제가 되었다. 마지막 3년 동안 제2차 세계대전은 서구 열강들과 독일간의 공중전과 해상전이 벌어진 지역, 독일군과 적군 간의 살벌한 소모전이 벌어진 동부 전선, 미국과 일본 해군 간의 전투가 벌어진 태평양 전선의 3개 전역으로 나뉘어 전개됐다. 이 모든 전역에서 벌어진 전투의 결과는 전투원들의 이념적 헌신도 중요했지만, 결국 산업력과 및 경제력에 의해 결정됐다.

3년 동안 서부 전선에서는 연합군의 해군이 대서양을 건너 영국과 지중해로 향하는 해상 교통로를 열기 위해 분투했고, 나치 독일의 의지와 산업력을 와해시키기 위한 CBO(연합군의 공중 폭격)가 이어졌다. 서부 전선의 전투는 과학, 기술, 적응과 정보전의 성격이 강했으며 이는 장기적으로 인간 사회 변화에도 지대한 영향을 끼쳤다. 반면 동부 전선은 추축국 세력이 훨씬 더 많은 기계화 기동력을 보유하고 있었다는 점을 제외하면 제1차 세계대전과 매우 비슷했다. 이 전투에서는 대규모 화력이 동원되고 막대한 병력 및 물자의 손실이 발생했다.

태평양전쟁이 독일과 소련의 지상전처럼 대규모 소모전이 되지 않았던 것은 태평양의 섬들이 일본군 주둔지와 미군 상륙군의 규모를 제한했기 때문이었다. 그럼에도 불구하고 1942년에 태평양전쟁은 이미 물질적인 면에서는 소모전으로 변해가고 있었다. 한편, 전쟁이 종전을 향해 치달으면서 전투와 그에 따른 사상자 발생이 증가하고 있을 때 오키나와 전투는 일본 본토 침공이 어떤 결과를 가져올지 미리 보여주는 악몽 같은 전투로 일본인들에게 각인됐다.

소련 붕괴 이후 붉은 군대의 기록이 공개됨에 따라 역사학계에서는 제2차 세계대전 당시 결정적인 전투가 일어난 곳은 동부 전선이었다는 생각이 주류로 자리 잡고 있다. 게다가 현재까지 역사학자들은 CBO에 대한 부정적인 시각을 숨기지 않고 있다. 그들은 CBO가 독일 민간인을 대상으로 한 살인적인 공격이었다고 서술하고 있으며, 실제로도 그랬다. 당시 전쟁 자원의 효과적인 배분 차원에서 보자면, 독일은 CBO를 동부 전선보다 더 큰 위협으로 여겨졌다. 최근의 한 연구에 따르면, "전쟁의 마지막 2년 동안 독일 공군은 독일 전체 생산량의 절반 이상을 소비했다. 게다가 여기에 1943년부터 독일이 대공 작전을 위해 투입한 자원까지 생각한다면(대부분의 방공망은 독일 상공에서 벌어진 공중전에 대비하기 위한 것이었다), 군수품 생산이 최고조에 달했을 때 독일 경제의 약 60%가 항공기와 대공 무기 생산에 투입됐다고 할 수 있다."[4] 여기에 다시 대서양 전투에서 독일 해군이 소비한 자원까지 더한다면 독일이 서부 전선에 투입한 자원은 60%를 훨씬 넘었다.

영미 연합군이 이겨야 했던 첫 번째이자 가장 중요한 전투는 대서양 전투였다. 이 전투에서 승리하지 못했다면 연합군은 연료, 군수품, 원자재, 보급품을 확보할 수 없었을 것이고, 미국과 영국은 북아프리카, 시칠리아, 이탈리아, 나아가 북서유럽에서의 작전을 위한 지상군과 보급품을 확보할 수 없었을 것이다. 연합군이 대서양 전투에서 승리한 뒤, CBO는 독일의 전시 경제 확장을 억제하는 데 핵심적인 역할을 했다. 게다가 독일 공군을 제압함으로써 연합국은 프랑스 북부와 벨기에 상공에서 공중 우위를 확보할 수 있었다. 사실상 CBO 때문에 독일은 전시 경제의 많은 부분을 국토 방어에 투입해야만 했고, 이는 영국과 미국의 전략적 접근을 저지하는 데 거의 영향을 미치지 못했다.

대서양 전투

제2차 세계대전 중 가장 긴 작전이었던 대서양 전투는 1939년 9월 3일에 시작돼 1945년 5월 7일에 끝났다. 대서양 전투는 영미 연합군 군사 작전의 위력을 증명한 전투였다. 대서양 전역의 해상 교통로를 장악하기 위한 이 전투의 성공으로 영국은 전쟁을 계속 이어갈 수 있었으며 소련은 미국의 무기 대여 프로그램이라는 수혜를 입을 수 있었으며 CBO가 강화됐고, 연합군은 북서유럽에서의 군사작전에 필요한 병참 기지를 확보할 수 있었다.

당시 영국의 생존은 대서양을 가로질러 경제력과 군사력을 투사할 수 있는 미국의 능력에 달려 있었다.[5] 1941년은 유보트 군단에게 만족스럽지 못한 해였다. 그해 전반 6개월 동안 독일군은 승승장구했지만, 그후 영국 호송선단이 독일군의 시야에서 사라져버렸다. 독일군은 신호의 보안 상태를 철저히 조사한 후 영국군이 에니그마를 뚫었을 가능성을 일축했지만, 에니그마는 이미 뚫린 상태였다. 또한 1941년 봄부터 영국 제도를 둘러싼 대잠수함 방어, 특히 영국 공군 해안사령부의 항공기 공격으로 독일군의 유보트 손실이 늘어났다. 카를 되니츠는 유보트들을 대서양으로 더 멀리 보낼 필요가 있다는 것을 깨달았고, 울트라 정보 덕분에 영국군은 유보트가 밀집한 곳에서 멀찍이 떨어져 호송선단을 운용할 수 있었다.

1941년 12월 호송선단 HG 76를 둘러싸고 벌어진 전투는 북대서양 전투의 전술적·기술적 틀이 유보트에 불리하게 돌아가기 시작했다는 경고였다. 당시 스페인은 지브롤터 항구를 입출항하는 모든 선박의 정보를 독일군에게 알렸기 때문에, 지브롤터에서 영국으로 항해하는 호송선단은 독일군의 공격에 취약할 수밖에 없었다. 따라서 영국 해군성은 호송선단 HG 76에 구축함 3척과 함께 순양함 2척과 초계함 7척으로 구성된 강력한 호위를 제공했다. 이 호송을 지휘한 사람은 제2차 세계대전에서 가장 위대한 유보트 킬러로 손꼽히는 F. J 워커 중령이었다. 또한 당시 해군성은 워커의 지휘를 받지 않는 최초의 호위 항공모함인 HMS 오대서티Audacity 호도 이 호송선단에 제공했다.[6]

HG 호송선단이 출발한 것은 12월 14일이었다. 그로부터 이틀 후 영국군 구축함 네스터가 U-127을 발견해 침몰시켰다. 다음 날, 오대서티 호에서 출격한 항공기 중 한 대가 또 다른 유보트 U-131을 발견해 공격했지만 독일군에 의해 격추됐다. 하지만 곧 호위함이 도착해 U-131을 침몰시켰다. 18일, HMS 스탠리 호는 소나를 이용해 U-434를 발견해 수면 위로 떠오르게 만든 뒤 격침시켰다. 다음 날 아침 일찍 유보트가 어뢰를 발사해 스탠리 호를 침몰시키며 복수를 시작했다. 하지만 워커는 반격에 나서 U-574를 수면 위로 끌어올린 다음 공격해 침몰시켰다. 21일 밤, 호송선단과 같이 있는 것이 더 안전하다는 워커의 경고를 무시하고 호송선단에서 떨어져 있던 호위 항공모함 오대서티 호는 U-571의 공격을 받아 침몰했다. 그로부터 2시간 30분 후, 워커의 호위함이 U-567을 격침시켰다. 유보트를 5척이나 잃은 되니츠는 작전을 포기하고 철수했다. 영국 호송선단은 상선 1척, 구축함 1척, 호위 항공모함 1척을 잃었으며, 특히 호위 항공모함 이 침몰된 것은 전적으로 함장의 무지 때문이었다.[7]

1941년 여름, 레더와 되니츠는 히틀러를 설득해 북아메리카의 동부 해 안을 유보트로 공격할 계획을 세웠다. 이는 그들이 지난 전투에서 배운 것이 거의 없었음을 드러낸 행동이었다. 미국을 호시탐탐 노리면서도 독 일 해군은 준비가 거의 돼 있지 않은 상태였다. 미국과의 관계가 악화되 는 와중에도 히틀러는 국방군 최고사령부에 명령을 내려 되니츠에게 23 척의 배를 지중해에, 16척을 노르웨이에 배치하도록 했다. 당시 작전 가능 한 유보트는 93척에 불과했으며, 이런 노력은 별다른 성과를 거두지 못한 채 독일군은 병력 손실만 입었다.[8]

그럼에도 불구하고 히틀러의 대미 선전포고 후 되니츠는 즉시 5척의 IX형 전함으로 미국 동부 해안을 공격하는 '드럼비트Drumbeat' 작전을 시 작했고, 사거리가 짧은 VII형 전함은 뉴펀들랜드와 핼리팩스 연안에서 작 전을 펼쳤다. 결과는 놀라웠다. 2주 만에 5척의 IX형 전함은 총 9만7,242 톤GRT에 달하는 15척의 선박을 침몰시켰다. 1942년 2월, 두 번째 장거리 전함이 카리브 해에서 유조선을 공격하기 위해 작전을 시작했다. 3월까지 이 전함들은 6만4,492GRT의 선박 23척을 침몰시켰다. 5월에는 미국 동부 해안에서 18척의 유보트가, 카리브 해에서는 8척이 더 활동했다. 그 결과 로 연합국의 해운업은 엄청난 타격을 입었다. 1월부터 7월까지 유보트 함 대는 304만89GRT의 선박을 침몰시켰지만, 유보트 함대의 손실은 23척 에 불과했다.[9] 유보트 승조원들은 이 시기를 두 번째 '행복한 시간'이라고 불렀다. 미국이 이렇게 무기력하게 당하고 있는 가운데 독일군은 1942년 초에 에니그마에 네 번째 로터를 추가함으로써 남은 전쟁 기간 동안 유보트가 전송하는 신호를 영국군이 가로채지 못하게 만들었다.

이 재앙을 어떻게 설명할 수 있을까? 물론 면책 요인이 없는 것은 아니다. 태평양의 절박한 상황으로 인해 미국 해군은 유보트 전투에 투입할 자원이 거의 없었다. 게다가 미국 해군은 대서양을 가로질러 아이슬란드와 북아일랜드로 향하는 두 개의 주요 병력 수송선을 호위해야 했다. 또한 미국은 영국이 확보한 정보를 활용하려는 노력을 거의 기울이지 않았고, 충분한 호위 없이는 호송선단도 별 소용이 없을 거라는 생각에 호송선단을 조직하지 않았다. 미국이 영국의 경험을 참고했다면 그렇게 하지 않았을 것이다. 결국, 당시 호송선단에 포함되지 않은 상선의 20%가 유보트에 의해 격침당했다. 반면, 호송선단에 운좋게 포함된 상선 가운데 유보트에 의해 침몰된 배들은 4%밖에 되지 않았다.[10] 당연히 영국은 이 손실에 분노했다. 1942년 봄, 영국은 해군성의 유보트 추적 센터 책임자인 로저 윈을 워싱턴으로 보내 미국인들이 유보트의 위협에 주의를 기울일 것을 촉구했다. 미국 해군의 리처드 에드워즈 제독이 "미국은 스스로 교훈을 얻고 싶다."라고 말하자, 윈은 신랄하게 "제독님, 미국만 배를 잃은 것이 아닙니다. 문제는 우리도 배를 잃었다는 것입니다."라고 말했다.

연합군이 이런 어려움을 겪고 있는 가운데 1942년 2월에 독일군은 북대서양에서 호송선단의 경로를 결정하는 데 사용된 연합군 암호 3호를 상당 부분 해독하는 데 성공했다. 그 결과, 독일군은 1942년 한 해 동안 연합군이 서로 주고받은 암호의 80%를 판독해낼 수 있었다. 독일군의 이러한 정보 수집 시점은 영국이 유보트 메시지 트래픽의 암호를 해독할 수 없게 된 바로 그 때였다. 당시 유보트는 연합국 호송선단의 움직임에 대한 상당한 정보를 가지고 있었다. 조지 마셜 육군 참모총장과 대통령의 압력을 받은 어니스트 J. 킹 미국 해군 참모총장은 마침내 4월에 대서양으로 눈을 돌렸다.[12] 영국의 블레츨리 파크 같은 정보 센터를 설립하는 것이 첫 번째 단계였다. 동부 해안과 카리브 해에 호송선단을 구축하고 항공기를 추가로 제공한 것도 큰 영향을 미쳤다. 게다가 4월에 미국은 60일 동안 60척의 호위함을 건조하는 프로그램을 시작했다. 하지만 호위함과 항공기를 더 많이 제공하는 것만으로는 충분하지 않았다. 유보트 위협에 대한 해결책은 고성능 소나 및 심해 탐지기, 수면에서 유보트를 식별할 수 있는 정교한 레이더, 기타 대잠수함 무기 등 새로운 기술을 통합하고 호위함이 이를 효과적으로 사용할 수 있도록 훈련하는 데 있었기 때문이다.

7월이 되자 동부 해안과 카리브 해 연안의 연합군 방어가 강화되면서 침몰 사건이 3분의 1로 줄어든 반면, 되니츠는 5월에 유보트를 4척밖에 잃지 않았지만 7월에는 10척이나 잃었다.[13] 이 무렵 미국의 방어력과 미국 해역에 도달하는 데 필요한 이동 거리로 인해 북미 해안 공격이 힘들어지자, 되니츠는 다시 대서양 중부로 유보트 작전 지역을 옮겼다. 그 무렵 유보트의 수는 330척으로 늘어나 있었지만, 그중 138척만 작전에 투입되었고 나머지는 훈련을 위해 개조 중이거나 대기 중이었다. 작전 가능한 유보트의 3분의 1 이상이 개조 중이고 3분의 1은 작전 지역을 오가는 중이었기 때문에 되니츠가 당시 사용 가능한 유보트는 50척이 채 되지 않았다.

게다가 연합군의 대잠수함 부대가 사용할 수 있는 장거리 항공기의 수가 증가하면서 호송선단에 대한 보호가 완벽에 가까워지고 있었다. 초계기는 정교한 레이더를 장착하고 있었기 때문에 더욱 치명적이었다. 유보트는 북대서양으로 작전 지역을 옮겼지만, 10월이 되자 대서양에서 침몰시키는 적군의 함선 수가 북미 해안에서보다 오히려 적은 사태가 벌어졌다. 되니츠는 위기를 감지했다. 그는 북대서양까지 도달한 연합군 항공기가 곧 유보트 작전 전체를 위협할 것이라는 점에 주목했다.[14]

가을이 되자 훈련 정체가 완화되면서 기동 가능한 유보트의 수가 늘어났고, 독일군의 암호를 해독하기 위한 정보 활동도 계속됐다. 1942년 말, 독일군이 연합군측 암호를 해독했다는 사실을 알게 된 영국군은 호송선단이 사용하는 암호 체계를 획기적으로 개선했다. 동시에 블레츨리 파크는 유보트 암호 해독에 다시 뛰어들었다. 1943년 초, 되니츠는 영국이 유보트의 위치를 알고 있다는 사실에 충격을 받아 유보트 암호의 보안을 재검토할 것을 요청했다. 독일의 신호 전송 책임자가 이끄는 위원회는 이 문제를 조사한 결과 "적이 유보트 트래픽을 해독하지 않고 있으며, 심지어 부분적으로도 해독하지 못하고 있다."라고 보고했다. 이 위원회는 독일 암호 해독자들이 영국 암호를 해독하는 데 이토록 어려워하는데 기술적으로 열세인 상대방이 이보다 더 잘할 수는 절대 없을 것이라고 주장했다.[15]

1942년 8월 독일군은 북대서양에서 연합군의 방공 공백에 다시 집중했다. 그 달에 18척의 유보트가 호송선단 SC 94를 공격해 총 5만3,421GRT 규모의 선박 34척 중 3분의 1을 침몰시켰다. 하지만 그 대가는 가혹했다. 독일군은 유보트 2척을 잃었고, 추가로 4척이 호위함의 반격으로 심각한 피해를 입었다.[16] 게다가 독일군은 여전히 연합국 호송선단의 위치를 파악하는 데 어려움을 겪고 있었다. 8월부터 12월까지 독일군의 암호 해독 요원들이 수집한 정보에도 불구하고, 유보트는 북대서양을 건너는 호송선단의 34%밖에 찾아내지 못했고, 14%밖에 공격할 수 없었다. 나머지 호송선단들이 유보트의 공격을 받지 않았던 이유는 악천후와 위치 덕분이었으며, 연합군 호위함이 일을 잘 해냈기 때문이었다.[17]

독일군은 북대서양에서는 고전을 면치 못했지만, 중동의 영국군에게 보급품을 수송하기 위해 희망봉을 거쳐가는 호송선단들을 공격하는 데는 전술적인 성공을 거뒀다. 1942년 10월, 유보트는 이 지역에서 15만6,235GRT의 연합군 선박을 침몰시켰고, 11월과 12월에는 25척, 13만4,780GRT의 선박을 더 침몰시켰다. 여기서 중요한 사실은 이 지역에서 독일군이 일본군과 전혀 협력을 하지 않았다는 사실이다. 당시 일본군은 남아프리카 해안을 거쳐 이동하는 연합군 전함을 공격하는 데 지대한 역할을 할 수도 있었다. 게다가 독일군은 전쟁 후반에야 남아프리카로 눈을 돌렸다. 따라서 독일군의 유보트 공세는 영국 제8군의 재보급과 10월 말에 벌어진 엘 알라메인 전투 준비에 영향을 미치기에는 너무 늦게 발생했다고 할 수 있다. 이는 독일군이 합동 작전 측면에서 더 큰 그림을 보지 못했음을 반영한다.[18] 그들은 한 지역에서의 작전이 다른 지역에서 동맹군의 작전을 어떻게 개선할 수 있는지 고려하지 않았다.

1943년 1월, 되니츠는 최전선에 212척의 유보트를 배치하고 있었는데, 이 중 164척이 북대서양에 배치된 상태였다. 게다가 언제든지 작전을 수행할 준비가 된 유보트는 50여 척에 불과했다. 또한 1942~1943년 겨울은 북대서양의 날씨가 유난히 혹독해 유보트 공격을 수행하기 어려웠다.[19] 그럼에도 불구하고 1943년 3월은 연합군에게 가장 암울한 시기였다. 3월 6일부터 11일 사이에 유보트는 동쪽으로 향하던 수송선 두 척을 나포하고 총 7만9,836GRT의 선박 16척을 침몰시켰다. 그 일주일 뒤에 유보트는 영국으로 향하던 두 호송선단을 나포했다. 한 선단은 느리게 다른 한 선단은 빠르게 이동하고 있었는데, 독일군은 연합군 전투기가 이 선단들을 보호할 수 없었던 해역에서 나포에 성공했다. 그 뒤를 이어 독일군은 총 14만842GRT의 선박 21척을 침몰시켰다. 이 과정에서 연합군 호위함은 단 한 척의 유보트를 침몰시켰을 뿐이었다.[20] 그달에 연합국은 총 64만 6,937GRT에 이르는 70척의 배를 잃었다. 그중 60척은 호송선단에 포함된 배였다.[21] 손실이 심각하자 해군 일부에서는 호송선단 시스템을 포기해야 한다는 주장까지 제기됐다.

하지만 그로부터 두 달 뒤, 유보트 부대는 재앙을 겪었고, 되니츠는 패배를 인정하고 유보트를 철수시킬 수밖에 없었다. 2월과 3월에도 36척의 유보트가 침몰하는 등 손실은 걷잡을 수 없는 수준에 이르렀다. 5월 4일, 호위함 7척의 보호를 받으며 서쪽으로 향하던 호송선단 ONS 5는 유보트 40척의 공격을 받았다. 이틀 동안 독일군은 총 5만5,760GRT의 선박 11척을 침몰시켰다. 하지만 5일 밤 안개가 몰려왔다. 연합군 호위함은 레이더로 유보트의 위치를 찾아냈지만, 레이더가 없었던 독일군은 다음 날 아침까지 유보트 5척을 잃었다.[22] 이날은 독일군이 북대서양에서 잃은 유보트 29척을 포함해 41척의 유보트를 잃게 된 비참한 한 달의 시작이었다. 1943년 5월부터 10월까지 연합군 호위함과 항공기는 135척의 유보트를 침몰시켰다. 그전 3년 반 동안 침몰당한 유보트 153척과 거의 비슷한 수였다.[23]

도대체 무슨 일이 있었던 걸까? 기술적인 측면에서 호위함대는 1940년부터 연합군이 개발해온 기술을 지원받았다. 이는 장기적인 연구 개발이 얼마나 중요한지 보여준다. 1943년 당시 연합군 호위함에는 방향 탐지 장비가 탑재돼 있었기 때문에 대잠수함 병력이 임무 지역에서 유보트의 송신 신호를 잡아내 그 위치를 파악할 수 있었고, 새로운 271M 레이더를 통해 호위함은 안개가 끼었을 때나 야간에도 시야를 확보할 수 있었다. 하지만 연합군의 가장 큰 이점은 호위 항공모함과 아이슬란드, 갠더, 뉴 펀들랜드에서 날아오는 장거리 항공기로부터의 공중 엄호였다. 게다가 이 시점에서 미국의 생산량이 폭발적으로 늘어나기 시작했다.[24]

다른 요인들도 연합군에게 유리하게 작용했다. 작전 연구가 본격화됐고, 영국 공군 해안 사령부에 배치된 패트릭 블래킷을 비롯한 연구원들의 분석을 통해 항공기의 유보트 공격 전술과 무기가 개선됐다. 특히 중부 사령부와 영국 해군 서부해역 사령부의 고위 장교들은 블래킷의 말에 귀를 기울였다. 블래킷의 연구팀은 기존의 100파운드 폭탄을 450파운드 폭뢰depth charge(대잠수함 무기의 일종으로, 잠수함 가까이에서 폭발해 수중 충격파로 잠수함을 파괴하는 것이 목적이다 - 옮긴이)로 교체하라고 해안 사령부를 설득해 공습의 치사율을 높였다. 블래킷은 폭뢰 사이의 간격을 줄이고 25피트 깊이에서 폭발하도록 설정함으로써 유보트에 대한 수면 위 공격의 효과를 10배나 높였다.[25] 전쟁이 끝날 때까지 과학자, 수학자, 심지어 보험 계리사까지 포함된 작전 연구팀은 호위함대의 효율성을 높이는 데 상당한 도움을 제공했다. 독일군에는 이런 조직이 없었다.

당시 미국의 상선 생산이 최고점에 달했다는 사실도 중요하다. 1941년부터 1945년 사이에 미국에서는 18개 조선소가 2,708척의 리버티 선을 건조하고 장비를 장착했는데, 이는 독일의 유보트 공세를 압도할 수 있는 숫자였다.[26] 절망적인 상황에서도 되니츠는 구형 VII와 IX를 대서양으로 계속 보냈고 승조원들은 연합군 호위함대에 속수무책으로 희생되었다. 1944년, 독일군은 31척의 함선을 침몰시키는 대가로 111척의 유보트를 잃었다. 1945년의 5개월 동안의 수치는 이보다 훨씬 더 절망적이었다. 그 기간에 독일군이 침몰시킨 연합군 함선은 10척이었는데, 유보트의 손실은 71척이었다.

연합군의 공중 폭격 작전Combined Bomber Offensive

공중전은 제2차 세계대전의 군사 작전 중에서 산업혁명이 가장 많은 기여를 한 분야 중 하나다. 제2차 세계대전은 제1차 세계대전과는 비교할 수 없을 정도로 많은 인력과 산업 자원이 동원되었다. 그 결과, 제2차 세계대전에서는 결정적인 승리가 없었으며, 베르됭, 솜, 파스샹달에서의 전투를 연상시키는 길고 지루한 전투가 벌어졌고 물자와 자원이 더 많이 소모됐다. 또한 이 전쟁은 제1차 세계대전보다 사상자는 적었지만, 뛰어난 지식인을 포함한 헌신적인 인적 자원이 투입된 전쟁이었다. 게다가 CBO는 독일의 공장, 산업 기반 시설뿐만 아니라 민간인도 목표로 삼았다.

1941년 6월, 처칠은 공군 참모총장 찰스 포털 경에게 장거리 호위 전투기 개발 가능성에 대해 질문했다. 포털은 장거리 호위 전투기로는 단거리 호위 전투기에 맞설 수 없다고 대답했다. 하지만 처칠은 그런 식의 대답은 많은 가능성을 차단할 뿐이라며 일축했다.[27] 사실 당시 영국 공군은 장거리 전투기가 될 수 있는 스핏파이어라는 전투기를 이미 보유하고 있었다. 1941년에 이미 사진 정찰용 스핏파이어가 독일 깊숙한 곳에서 임무를 수행하고 있었다.[28] 1943년 말, 미국 육군 항공대 사령관 헨리 '햅' 아놀드 Henry "Hap" Arnold 장군은 미국 폭격기가 독일과의 공중전에서 살아남을 수 있을지 걱정하고 있었다.[29] 1944년 3월 22일, 그의 요청으로 새 스핏파이어 2대가 미국 라이트필드Wright Field 비행장에 도착했고, 미국 엔지니어들은 전투기 개선 작업을 시작했다. 엔지니어들은 47일 만에 전투기들을 개선해 장거리 호위 전투기로 사용할 수 있을 정도로 비행 거리를 늘렸다. 7월 초, 2대의 스핏파이어는 대서양을 건너 영국 보스콤다운스 항공기 시험장에 착륙했다. 미국인들은 "영국 공군의 주장과는 달리, 스핏파이어의 항속거리를 늘리는 것이 이미 가능한 상태"라는 것을 증명한 것이었다. 그럼에도 불구하고 영국 공군 수뇌부는 여전히 스핏파이어의 장거리 비행 가능성을 믿지 않았다.[30]

전쟁 내내 이런 상상력 부족으로 인해 영국 공군 폭격기 사령부는 거의 밤에만 폭격을 실시해야 했고, 폭격기들은 목표물을 식별하기가 매우 어려웠다. 1941년 여름, 목표에 도달할 수 있었던 폭격기 중 목표의 8킬로미터 이내에 폭탄을 투하할 수 있었던 경우는 3분의 1에 불과하다는 버트 보고서Butt Report가 나온 후에야 영국 공군 수뇌부는 폭격에 대한 기술적 지원에 진지한 관심을 보이기 시작했다.[31] 폭격기 사령부의 문화와 능력은 1942년 1월, 아서 해리스 원수가 사령관에 취임하면서 변화하기 시작했다. 폭격 능력 향상에 핵심적인 역할을 한 것은 랭캐스터 폭격기, 지Gee 같은 항법 보조장치의 등장이었다.

해리스가 사령관에 취임했을 당시 폭격기 사령부가 보유한 항공기는 수와 종류가 모두 제한적이었다. 그럼에도 불구하고 영국 공군은 독일 뤼벡과 로스토크에 상당한 피해를 입혔다. 이 두 도시는 모두 해안가에 위치해 쉽게 식별할 수 있었고, 중심부에 화재에 취약한 중세 목조 건물이 밀집해 있었기 때문이다. 1942년 5월, 해리스는 해안사령부와 공군 훈련 비행대의 지원을 받아 폭격기 1,000대로 쾰른을 공습했다. 이 대규모 폭격기 함대는 독일군의 방어선을 무너뜨리고 도시의 대부분을 파괴했다. 폭격기 손실은 거의 발생하지 않았다. 사진 정찰에 따르면 공습으로 600에이커가 파괴되었고, 그중 300에이커가 도시 중심부였으며, 사망자 수는 1,000명에 가까웠다.[32]

히틀러는 분노했다. 특히 그는 독일 공군이 영국 공군을 과소평가하고 이 전투를 승리라고 선언한 데 더 분노했다. 히틀러는 공군 참모총장 한스 예쇼네크를 질책하면서 공군의 방어 능력을 힐책했다. 또한 그는 영국군이 또 다른 전선을 구축할 계획을 세우고 있다는 것을 이 공습으로 알 수 있다고 매우 정확한 의견을 냈다. 그러면서 이 같은 공습에 대한 유일한 해답은 테러 공습밖에는 없다고 덧붙였다. 하지만 이는 독일의 방어 능력을 심각하게 제약하는 결과를 초래했다.[33]

뤼벡, 로스토크, 쾰른에 대한 공습이 성공을 거두었음에도 불구하고 영국 폭격기 사령부의 노력은 1942년 나머지 기간 동안 그다지 효과적이지 않았다. 따라서 히틀러도 공습에 별로 신경을 쓰지 않았다. 하지만 1942년 가을, 주요 전선 3곳에서 벌어진 전투는 독일 공군에 큰 타격을 입혔다. 1월부터 10월까지 독일 공군은 5,793대의 항공기를 잃었는데, 이는 그해 초에 보유했던 항공기의 91.5%에 해당하는 수치였다. 또한 전투 작전으로 인해 4,248대의 항공기가 추가로 손상됐다.[34]

11월에는 스탈린그라드 포위 작전과 영미 연합군의 북아프리카 침공으로 독일 공군에 대한 압박이 더욱 심해졌다. 동부 전선에서 독일군은 11월과 12월에 961대의 항공기를 잃었고, 다른 지역(주로 지중해)에서의 손실은 682대에 달했다.[35] 괴링이 스탈린그라드 포위망에 공군을 투입한 것은 손실만 늘린 꼴이 됐다. 게다가 서쪽에서 튀니지를 공격하는 연합군에 맞서기 위해 주요 항공 부대를 북아프리카에 배치한 것도 심각한 문제를 일으켰다. 독일 항공산업은 전투 비행대의 손실을 거의 대체하지 못했고, 이에 맞서는 연합군 공군의 규모는 꾸준히 커져만 갔다. 1943년 1월, 독일 공군 최전방 전투기 편대는 인가병력authorized strength(군대 조직에서 특정 부대나 병과에 규정된 최대 인원 수 - 옮긴이)의 80.3%를, 폭격기 편대는 71.3%를 보유하고 있었다. 8월 말에는 이 비율이 각각 71%와 56%로 떨어졌다. 그 달 지중해에서 독일군의 항공기 손실은 1,032대, 동부 전선에서는 998대에 달했다. 이 시점에서 미국의 주간 전략 폭격이 본격화되면서, 독일군은 공중 위협에 대응해 제국을 방어하는 데 전력을 기울일 수밖에 없게 됐다.[36] 결과적으로, 전쟁의 남은 기간 동안 독일 육군은 공군의 지원을 거의 받지 못했다.

1942년까지 영국 공군 폭격기 사령부는 꾸준히 역량을 강화했다. 그해에는 눈에 띄는 성공을 거두지는 못했지만, 영국 공군은 1942~1943년 늦겨울과 봄에 루르 강을 연이어 공습했다. 해리스의 목표는 민간 지역을 공습함으로써 독일을 '탈주거화dehousing'한다는 것이었다. 히틀러는 이에 대한 대응책으로 독일 공군에게 영국 공군과 동일한 방식으로 보복하라고 지시했다. 이는 독일의 전투기 생산을 늘리는 대신 폭격기 생산량을 더 늘리겠다는 뜻이기도 했다. 또한 히틀러는 대공포가 고고도 폭격기, 특히 야간 전투기에 대한 대응에서 비용 대비 효율성이 떨어진다는 반대에도 불구하고 대공포 생산량 증대를 요구했다.[37]

총통의 의지에 따라 실시된 대형 대공포 생산 증대로 전쟁 내내 독일은 경제적·군사적 소모가 컸다.[38] 1940년 791개에서 1942년 1,148개로, 1944년 초에는 2,655개로 대형 대공포의 숫자가 증가했다. 각 포대에 4문의 대포가 배치되면서 대형 대공포(구경 88밀리, 105밀리, 120밀리)의 수는 4,292문에서 1만,620문으로 늘어났다. 또한 독일군에는 모두 1,612개의 경량 대공포 포대가 있었는데, 그 대부분은 제국 방어를 위해 배치됐다. 대공포가 연합군 폭격기에 입힌 피해는 적지 않았지만, 자금 지원이 빈약했던 전투기들에 비해 대공포 포격이 CBO를 격파할 정도로 위협적이지는 않았다. 예를 들어, 미국 제8공군의 항공기들은 약 20% 정도가 독일 대공포의 공격으로 피해를 입고 귀환했지만, 대부분 수리가 가능했다.[39]

연합군의 폭격으로 독일은 의도치 않게 대공포 부대에 인력을 투입하게 됐다. 1944년까지 100만 명 이상의 독일인이 대공포 부대에 투입되거나 대공포 부대를 지원했다. 그중 절반 정도는 민간인이었다. 연합군의 폭격기 공습이 없었다면 독일은 이들을 더 적절하게 활용할 수 있었을 것이다. 대공전에 장비와 탄약을 대거 투입해야 했던 것도 이에 못지 않게 부정적인 영향을 미쳤다. 1944년 한 해에만 25~27%의 자원이 대공 무기 생산에 투입됐고 월간 독일 탄약 생산량의 약 18.5%가 대공포 부대에 공급됐다.[40]

연합군 폭격의 비중이 커지자 독일군은 세계 최초의 순항 및 탄도 미사일인 V-1과 V-2, 즉 보복 무기Vergeltungswaffe를 개발에 착수했다. 그러나 이 무기 개발에는 막대한 생산 역량이 소모되었고, 이는 주·야간용 전투기 제조나 정밀 전자장치 생산과 같은 핵심 군수물자 확보에 차질을 빚게 했다. 심지어 V-1은 연합군이 독일이 건설하던 무기 발사 시설을 공격하게 만들었고, V-2는 도시를 제대로 공격하지도 못했다.

1943년 봄 루르 전투에서 영국 폭격기 사령부는 당시까지의 공중전

중에서 가장 큰 피해를 독일에게 입혔다.[41] 하지만 영국은 큰 대가를 치러야 했다. 43차례의 주요 공격에서 영국 공군은 폭격기 872대를 잃고 2,126대가 추가로 피해를 입었다.[42] 6월, 루르에 충분한 피해를 입혔다고 만족한 해리스는 함부르크를 공격하기로 했다. 루르 전투에서 막대한 손실을 입은 그는 일정한 길이로 잘라 만든 알루미늄 조각들을 이용하기로 했다. 당시 영국군이 '창문'이라고 불렀던 이 알루미늄 조각들은 레이더에 폭격기로 포착돼 독일군을 교란시키는 역할을 했다.

함부르크에 대한 두 번째 공습은 완벽한 폭풍과도 같았다. 영국군이 뿌린 창문들이 독일군의 방어선을 무력화했고, 날씨는 따뜻하고 건조했으며, 폭격선도기가 투하한 첫 번째 표식은 독일에서 가장 큰 목재 야적장 한가운데에 떨어졌다.[43] 연이어 발생한 화재는 후속 폭격기의 목표 지점을 정확히 알려주었다. 그 결과, 화씨 1,500도에 달하는 화염과 시속 약 400킬로미터의 바람이 몰아치는 화염 폭풍이 발생했다. 폭격과 화마로 약 4만 명의 독일인이 사망하고 아파트 12만2,000채 중 4만 채, 주택 45만 채 중 25만 채가 파손되거나 파괴되는 등 엄청난 규모의 피해가 발생했다. 또한 이 공습으로 전기 시설의 75%, 수도 시설의 60%, 가스 시설의 90%가 파괴됐다. 공장 생산량은 대기업의 경우 40%, 중소기업의 경우 80% 감소했다. 당시 알베르트 슈페어가 이런 공격을 6번만 더 받으면 독일의 군비 증강이 중단될 것이라고 히틀러에게 경고할 정도였다. 하지만 영국 폭격기 사령부는 1945년 2월의 드레스덴 폭격 때까지는 이 정도로 완벽한 조건에서 공습을 하지 못했다.[44]

1943년 늦가을, 해리스는 베를린 공습을 결심하고, 그해 11월에 처칠에게 공습 근거를 설명하는 서한을 보냈다. 이 서한에서 해리스는 독일

도시 19곳이 거의 완전히 파괴되었고, 19곳은 심각한 피해를 입었으며, 나머지 9곳은 부분적으로 피해를 입었다고 썼다. 그리고 이어 "USAAF(미군 공군, 즉 제8공군)가 투입된다면 베를린을 완전히 파괴할 수 있습니다. 400~500대의 항공기가 필요합니다. 이 공습으로 독일은 패전할 것입니다."라고 썼다.[45]

하지만 해리스의 이런 생각은 잘못된 것이었다. 베를린은 공격하기에 가장 어려운 조건을 가지고 있었기 때문이다. 베를린은 독일 깊숙한 곳에 위치하고 있는 데다, 당시에도 규모가 매우 큰 도시였다. 게다가 공습에 대한 독일의 방어력도 상당히 향상된 상태였다. 1943년 12월부터 1944년 3월 초까지 폭격기 사령부는 독일 수도를 파괴하기 위해 처절한 노력을 기울였다. 영국의 공습은 베를린에 피해를 입혔지만 영국 공군에게도 엄청난 손실을 입혔다. 4개월간의 공습으로 폭격기 사령부는 966대 이상의 폭격기를 잃었다. 폭격선도기 부대의 수장이었던 D. C. T 베닛 공군 원수는 전쟁이 끝난 뒤, 베를린 공습이 "폭격기 사령부가 겪었던 최악의 일이었다."라고 회고했다.[46] 3월이 되자 결국 해리스는 베를린 공습을 중단해야 했다.

미 제8공군은 1943년 봄부터 본격적으로 투입되기 시작했다. 제8공군 사령관 아이라 이커Ira Eaker는 장거리 호위 전투기로 독일 본토 깊숙한 곳에서 영국군의 공습을 지원하는 것을 탐탁치 않게 여겼다. 하지만 영국군과 달리 미군은 중무장한 B-17과 B-24가 '감당할 만한 손실'을 감내하면서 독일 전투기와 싸울 수 있다는 믿음으로 주간 폭격을 계획했다. 미군의 군사 교리는 독일 전시 경제의 핵심 부문, 예를 들어 볼 베어링 공장, 합성 석유 및 고무 공장, 교통망, 전력망 중 어느 하나라도 파괴해 나치

경제에 큰 타격을 입힌다는 것이었다.[47]

1943년 늦봄과 초여름, 미 제8공군은 독일의 서쪽 지역까지 진격했다. 6월과 7월의 작전에서 독일군의 방어로 미군 폭격기들은 큰 손실을 입었다. 6월 22일, 제8공군은 휠스의 I. G. 파벤 합성고무 공장을 공습하는 과정에서 20대의 폭격기(공격 전력의 6.7%)를 잃었다. 그럼에도 불구하고 이 공격은 전쟁 중 가장 성공적인 공격 중 하나였다. 미군의 공습으로 고무 공장은 한달 동안 폐쇄됐고, 독일군은 한 달 반 동안 고무를 공급받지 못했다. 안타깝게도 이 공습에서 폭격기들은 루르 공습에서 그랬던 것처럼 귀환하지 못했고, 독일은 피해를 복구했다. 필사적인 노력 끝에 1944년 3월, 이 공장은 역대 최대 생산량에 도달했다.[48]

1943년 8월, 제8공군은 독일 깊숙한 곳까지 공습을 시도할 수 있을 정도로 충분한 수의 B-17을 보유하고 있다고 판단했다. 첫 번째 공습에서 제8공군의 절반은 슈바인푸르트의 볼 베어링 공장을 공습한 뒤 영국으로 돌아갔고, 선두 편대들은 계속 레겐스부르크 상공으로 날아가 당시 Bf 109를 생산하던 메서슈미트 공장을 폭격했다.[49] 제8공군의 손실은 상당히 컸다. 커티스 르메이가 이끄는 레겐스부르크 공습 부대는 B-17 146대 중 24대를 잃었다(손실률 16.4%).[50] 이 부대는 총 230대의 항공기 중 36대를 잃었다(손실률 15.7%). 이는 어떤 기준으로도 용납할 수 없는 수치였다.

슈바인푸르트 공장이 입은 피해는 상당히 커 보였다. 하지만 미군은 500파운드 폭탄만 사용했기 때문에, 공장 건물 대부분이 무너졌음에도 불구하고 폭탄은 내부의 공작 기계들을 크게 망가뜨리지 못했다. 이 공습으로 독일의 볼 베어링 생산량이 크게 감소한 것은 사실이다. 하지만 대부분의 공장이 볼 베어링을 비상용으로 보유하고 있었고, 경우에 따라

롤러 베어링이 볼 베어링을 대체할 수 있었으며, 나치 정권에 항상 도움을 주었던 스웨덴이 독일의 필요를 충족시키기 위해 개입했다는 점 등 미국인들이 계산하지 못했던 몇 가지 요소가 독일이 위기를 피하는 데 도움이 되었다.[51] 레겐스부르크 공습은 더 성공적이었다. 메서슈미트 공장에 큰 피해를 입혔고, 그 결과 한 달 동안 약 300대의 Bf 109 생산 손실이 발생했다.[52]

하지만 슈바인푸르트-레겐스부르크 공습은 너무 많은 미군의 희생을 수반했기 때문에 제8군은 10월이 되어서야 다시 독일 공습을 재개할 수 있었다. 독일 공군은 제8군이 복귀하기 전까지 두 달 동안 피해를 복구하면서 그동안 볼 베어링 공장들을 분산시켰다. 10월 8일, 브레멘과 페게자크에 대한 공격으로 다시 대규모 침투 공습이 시작됐다. 10월 10일, 제8공군은 뮌스터를 공격했고, 독일군 전투기들은 목표물을 공격하는 미군 선두 편대들을 연이어 공격했다. 제100폭격대의 선두 편대인 12대의 B-17 폭격기 중 단 한 대도 귀환하지 못했다. 독일군은 1차 공격에 투입된 폭격기 119대 중 29대(24.4%)를 격추했다.[53] 이후 3일 동안 미군의 공습은 중단됐다.

14일, 제8공군은 슈바인푸르트를 다시 공격했다. 독일 전투기들은 목표물에 근접하는 B-17 폭격기들을 맹렬하게 공격했다. 미군 생존자들이 폭격기에서 탈출했을 때 제8공군 폭격기는 모두 60대가 격추된 상태였고, 17대는 귀환하는 길에 회복할 수 없는 피해를 입었고, 항공기 121대는 손상됐지만 수리가 가능한 상태였다. 손실률은 20.7%, 손상률은 47.4%였다. 한 주 동안 제8공군은 침투 공습으로 148대의 폭격기를 잃었다.[54] 조종사들의 반란이 일어날 것 같자 이커는 1944년 2월까지 심부 침투 공습을 중단했다. 그럼에도 불구하고 미군의 공습은 상당한 성공을 거두었다고 할 수 있다. 예를 들어, 미군은 마리엔부르크의 폴케 볼프 공장을 공습해 약 100대의 신형 Fw 190을 파괴했다.[55]

두 번째 슈바인푸르트 공습은 첫 번째 공습보다 성과가 컸다. 이 공습으로 슈바인푸르트의 생산 역량 67%가 무너졌고, 이는 독일의 전시 경제 전체에 심각한 영향을 미쳤다. 슈페어는 볼 베어링 산업을 분산시키고 대체품을 찾기 위해 또 다른 계획을 서둘러 실행할 수밖에 없었다.[56] 게다가 독일의 전투기 및 승무원 손실도 상당했다. 1943년 4월까지 독일 공군은 매달 최전방 편대에서 작전 전투기 조종사의 16%를 잃었고, 미국의 심부 침투 공습이 중단된 11월까지 이런 손실은 계속됐다.[57] Bf 109와 Fw 190의 손실률은 10월에 41.9%에 이르렀다. 이는 조종사 손실률보다 훨씬 높은 수치였다.[58]

1943년 하반기에 제8공군의 손실률은 매우 심각했다. 1943년 5월부터 B-17의 손실률은 9월과 11월을 제외하고는 매달 20%를 넘었으며, 8월의 손실로 인해 이커는 심부 침투 공습을 중단해야 했다. 손실률은 9월에 15.6%, 11월에 18.9%로 떨어졌다. 하지만 공중전에 수반된 희생을 더욱 부각시킨 것은 조종사 손실이었다. 조종사 손실률은 5월 37.6%, 6월 38.3%, 7월 34.7%, 8월 31.3%, 9월 20.3%, 10월 37.4%였다.[59] 그럼에도 불구하고 미국의 공장과 훈련 기지는 계속해서 신형 항공기와 조종사를 배출함으로써 이런 끔찍한 손실을 상쇄시켰다. 1943년 5월, 일선 비행대에 배치된 B-17은 340대였지만, 7개월 후 그 숫자는 1,057대로 늘어났다. B-17 폭격기를 조종하고 운용할 수 있는 작전 조종사팀의 수도 1943년 5월에는 140팀이었지만 12월에는 949팀으로 늘어났다.[60]

1944년 2월, 미군은 장거리 호위 전투기이자 전쟁 당시 최고의 피스톤 엔진 전투기였던 P-51의 도착과 함께 심부 침투 공습을 재개했다.[61] 아놀드는 제8공군에 보낸 크리스마스 메시지에서 1944년의 임무를 이렇게 명시했다. "공중이든, 지상이든, 공장이든 적군을 발견 즉시 분쇄하라."[62] 또한 아놀드는 이커를 지중해 연합 공군 사령관으로 파견하고, 그의 자리에 지미 둘리틀 중장을 임명했다. 칼 투이 스파츠 장군에게는 유럽 내 모든 미국 전략 폭격기의 지휘를 맡겼다.

1944년 2월 셋째 주말, 날씨가 맑아지면서 제8공군은 일주일간의 집중 작전을 시작할 수 있었고, 329대의 P-51B로 독일 깊숙한 곳까지 침투했다. 2월 20일, 미군은 독일 공군의 항공기 생산 공장들에 대한 다중 목표 공습을 시작했다. 1,000대가 넘는 B-17과 B-24가 출격했고, 835대의 호위 전투기가 독일 상공에서 이 폭격기들을 엄호했다. 그 다음 주에 미군은 항공기 생산 공장 거의 대부분을 겨냥한 대규모 공습을 잇달아 감행했다. 독일 공군은 생산 공장들을 보호하기 위해 모든 방법을 동원했다. 그렇게 3개월에 걸친 대규모 소모전이 시작됐다.

항공기 산업에 대한 폭격으로 생산이 지연되면서 독일 공군은 감당할 수 없는 손실을 입었다. 당시에 해독된 독일군 메시지에는 다음과 같은 내용이 포함돼 있었다. "본토 방공의 매우 어려운 상황으로 인해 다음의 사항이 가장 강조되어야 한다. (1) 모든 전투기와 중전투기 Bf 110의 신속한 인양과 수리를 위한 즉각적인 복귀가 이뤄져야 한다. (2) 인양 작업을 위한 인력을 무제한적으로 동원해야 한다. (3) 수리 및 인양 부대는 반드시 필요한 경우에만 인양할 가치가 있는 항공기에서 부품을 분리해 예비 부품을 확보해야 한다. (4) 각각의 부대에서 작전 지역의 항공기 수리를 적극적으로 가속화해야 한다."[63]

한편, 제8공군이 잃은 폭격기 수는 1월 211대, 2월 299대, 3월 349대, 4월 409대(총 1,268대)였다. 하지만 미군은 끊임없이 새로운 폭격기를 투입할 수 있었고, 이는 당시 미국의 생산성이 전쟁에 얼마나 막대한 영향을 미쳤는지 보여준다.[64]

사실상 폭격기들은 독일 공군기들을 전투로 끌어들이는 미끼였다. 당시 독일 공군은 1월 30.3%에서 3월에는 56.4%, 4월에는 43%라는 막대한 손실률을 기록했다.[65] 하지만 독일 공군의 전투력을 결정적으로 무너뜨린 것은 조종사 손실이었다. 사망하거나 부상당한 조종사들은 대부분 전투 경험이 부족한 신참들이었지만, 전투가 계속될수록 베테랑 조종사들도 차츰 사라져갔다. 1944년 1월, 일선 비행대의 전투기 조종사 중 12.1%가 손실됐고, 2월에는 17.9%, 3월에는 21.7%, 4월에는 20.1%, 5월에는 25%로 손실이 계속 증가했다. 이 5개월 동안 독일 공군의 전투기 부대에서 전투에 참가한 조종사는 평균 2,383명이었는데, 그 기간 동안 2,262명이 사망하거나 부상당하거나 실종됐다.[66] 1942년에 18세였던 독일 남성은 전투기 조종사가 되는 것보다 나치 친위대에 입대해 동부 전선에서 싸우는 것이 생존 확률이 더 높았다고 할 수 있다.

1944년 5월, 독일 공군의 전투기 방어망이 무너지자 연합군은 서유럽과 독일에 대한 공중 우위를 확보하게 됐다. 이후 미국 폭격기 손실도 감소했다. 독일 본토 폭격은 결코 쉬운 일이 아니었지만, 연합군 폭격기를 가장 크게 위협한 것은 독일 전투기보다 대공포였다. 아이러니하게도 독일군은 단일 엔진 전투기 생산 대수를 늘렸지만, 이는 다른 유형의 항공기 생산을 중단했기 때문이었다. 따라서 독일의 전체 항공기 생산은 20%밖에 증가하지 못했다.[67] 게다가 전투기 생산량이 늘어나도 독일 공군에게 별 도움이 되지 않았던 이유가 두 가지 있었다. 첫째, 품질이 너무 나빠 조종 사들에게 오히려 위협이 되는 수준이었다. 둘째, 독일군 비행 훈련소 출신 조종사들은 전투기 훈련 시간이 대폭 축소되어 제대로 된 전투기 운용 능력을 갖추지 못한 채, 연합군 전투기들의 먹잇감이 되고 말았다.

그 후 영미군의 전략 폭격기 지휘관들은 폭격 작전에서 독일 석유 산업 공격과 프랑스 북부의 교통망 공격이라는 두 가지 새로운 목표를 설정했다. 연합원정군최고사령부 부사령관 아서 테더 영국 공군 원수(당시 총사령관은 아이젠하워였다)는 수석 과학자 솔리 저커만의 도움을 받아 공군력을 이용해 저지대 국가들과 프랑스 북부의 철도와 주요 교량을 파괴함으로써 독일군이 연합군보다 노르망디 해변에 병력을 더 빨리 보충하는 것을 막는 계획을 고안했다.[68] 하지만 폭격기 지휘관들은 독일 도시와 산업 폭격에 거의 맹목적으로 집착했기 때문에 이 작전을 꺼려했다. 스파츠는 이 작전으로 독일 산업 시설을 공격하는 제8공군의 폭격기들이 임무 수행에 지장을 받을 수 있다는 이유로 반대했으며, 해리스는 폭격기 사령부의 공격이 너무 부정확해 수만 명의 민간인이 사망할 수 있다고 주장했다.

당연히 처칠은 프랑스 민간인 학살이 전후 영국과 프랑스의 관계에 어떤 영향을 미칠지 걱정했다. 하지만 샤를 드골은 프랑스 해방에 기여한다면 폭격으로 얼마나 많은 프랑스인이 죽든 상관없다고 말하며 논쟁을 끝냈다. 결국 아이젠하워는 정치적 스승들에게 자문을 구했고, 그들은 파리를 해방시키기 위한 오버로드 작전Operation Overlord이 다른 모든 임무보다 우선한다고 아이젠하워에게 확신시켰다. 아이러니하게도 이 작전에서 폭격기 사령부는 기술과 전술을 사용해 프랑스와 벨기에의 목표물을 정확하게 폭격했는데, 이는 미군 폭격기의 주간 폭격보다 더 정확했다.

1944년 4월 1일, 연합군은 저지대 국가들과 프랑스 북부의 도로 및 철도망에 대한 공습 작전을 시작해 큰 성공을 거뒀다. 6월 초에는 연합군의 폭격으로 파리 서쪽의 거의 모든 철도 시스템이 중단됐다. 6월 3일, 독일군 수뇌부는 "(폭격의) 결과로 전쟁 수행에 필수적인 군수품 수송은 최대한의 노력을 기울여야만 가능하다. …… (적의 목적은) 철도망을 완전히 파괴하는 것이다. 해당 지역에서의 그리고 해당 지역을 통과하는 이동은 불가능해질 것이며, 수송 시스템을 복구하려는 아군의 모든 노력은 방해받을 것이다."라고 보고했다.[69] 또한 연합군 공군이 교통망을 파괴함에 따라 나치 예비 사단들이 노르망디로 이동하는 것도 매우 어려워졌다.[70] 실제로, '제국Das Reich'이라는 별명으로 불리던 제2SS기갑사단은 며칠 거리인 리모주에서 노르망디까지 도착하는 데 2주나 걸렸다.[71] 또한 이 과정에서 독일군은 오라두르쉬르글란에서 643명을 학살하는 등 수백 명의 프랑스 민간인을 사살했다.

한편, 제8공군은 대규모 석유화학단지 공격을 시작했다. 이탈리아 남부에 주둔한 제15공군은 루마니아 유전 공습으로 이를 지원했다. 1944년 5월 12일, 스파츠는 7개의 주요 합성 연료 생산 공장을 목표로 935대의 B-17과 B-24를 출격시켰다. 5월 28일에는 후속 공격이 이어졌고, 6월에는 독일 석유 공장들에 대한 대규모 공습을 단행했다. 연합군이 가로챈 독일군의 에니그마 암호는 전쟁이 끝날 때까지 독일의 산업 복구 노력에 대한 정보를 미군에 제공했다. 제8공군에서 울트라 정보를 담당했던 한 정보장교는 도청 내용을 검토한 결과 독일군의 연료 부족 현상이 특정 지역에 국한되지 않고 광범위하게 나타난다는 사실에 주목했다. 이는 "연합군의 공습이 독일 경제의 심각한 약점을 노출시켰다는 것을 의미하며, 이러한 약점을 최대한 활용해 전쟁을 유리하게 이끌어야 한다는 판단"으로 이어졌다.[72] 6월 중순, 독일의 항공 연료 생산량은 90% 감소했고, 7월 말까지 미군의 공습은 이 비율을 98%까지 늘렸다.[73] 다른 연료들도 상황이 좋지 않아 8월부터 10월까지 생산량이 50% 넘게 떨어졌다.[74]

군사적인 측면에서 독일 영토 깊숙이 침투한 공습은 독일 공군을 계속 파괴하고 독일 공군력 재건을 막았다. 이런 압박으로 인해 Me 262 제트 전투기(제2차 세계대전 때 메서슈미트에서 개발하고 독일 공군에서 운용한 세계 최초로 실전 배치된 제트 전투기이자 전투폭격기 - 옮긴이)도 별로 존재감을 드러내지 못했다.[75] 1944년 5월, 연합군이 공중 우위를 점하자 독일군은 깊이 숨어들어 패배를 맞이할 수밖에 없었다. 독일과 프랑스 상공에서의 공중전에서 양측이 입은 막대한 손실과 관련해 필립스 오브라이언은 독일이 영미 열강을 상대로 한 서부 지역 공중전에 자원의 60% 이상을 투입했다고 추정한다.[76] 양측이 만들고 잃은 항공기 한 대 한 대가 제작 기술, 기술적 정교함, 엔진 설계 및 성능 측면의 오차, 생산 관련 비용 그리고 인력 측면에서 가장 정교한 장갑 전투 차량을 만들 때보다 더 많은 자원이 투입된 것이었다. 여기에 항공기 훈련 프로그램 비용과 연료 소비를 더하면 당시 공중전이 발생시킨 어마어마한 비용을 실감할 수 있다.

또한 독일 상공을 비행하는 항공기를 향해 1만 발이 넘는 고속 포탄이 발사되는 부수적 효과도 여기에 추가해야 한다.[77] 독일은 대공 무기 제작에만 무기 예산의 28%를 사용했다.[78] 마지막으로, CBO는 독일이 막대한 비용을 들여 V-1 및 V-2 프로그램을 추진할 수밖에 없게 만들었다. 미국 전략 폭격 조사United States Strategic Bombing Survey에 따르면 이 프로그램에 들어간 원자재와 장비에 대한 비용은 약 2만4,000대의 전투기를 구입할 수 있을 정도였다고 한다.[79]

결국 CBO는 천문학적인 액수와 엄청나게 복잡한 과정이 소요되는 작전이었지만, 나치 독일이 패배하는 데 결정적인 역할을 했다. CBO는 동부 전선에서의 전투와도 공생 관계에 있었다. 한편으로 독일군은 CBO로부터 본토를 방어하기 위해 막대한 자원을 소비해야 했다. 독일이 대공 작전에 투입한 병력과 무기의 규모를 보면 독일군의 작전에 CBO가 얼마나 큰 영향을 미쳤는지 짐작할 수 있다. 게다가 당시 독일군은 동부 전선에서의 전투가 격렬했기 때문에 자국 방어를 위해 투입할 수 있는 노력에도 한계가 있었다. CBO는 "멋지지도, 인도적이지도 않았지만, 효과적이었다."[80]

소모전

제2차 세계대전의 승패를 결정지은 것은 지중해, 대서양, 유럽 전역에서 벌어진 해전과 공중전이었다. 연합군이 공중전과 해전에서 승리할 수 있었던 두 가지 중요한 요소는 첫째, 과학과 기술을 결합해 군사력을 향상시킨 점, 둘째, 정교한 경제 시스템에 의한 생산력 증대였다. 또한 대서양 전투에서 유보트의 위협에 체계적으로 대응하고, 대일본 잠수함 작전 연구도 연합군에게 엄청난 이점을 제공했다.[81] 독일군과 영미 연합군 간의 서부 전선 전투는 과학과 기술이 지배하는 미래의 전쟁이었다. 반면에 동부에서 벌어진 전투는 제1차 세계대전과 비슷했지만 화력과 기동성 면에서 훨씬 더 향상된 전투였다.

영국과 미국은 전 세계 바다를 장악하면서 원자재를 확보할 수 있는 엄청난 이점을 얻게 됐다. 독일의 입장에서 보면 독일 공군을 확장하려는 당시의 노력은 너무 늦은 감이 있었다. 독일은 의지, 전술적 효과, 효율성, 혁신이 수적 우위를 이길 수 있다는 생각에 큰 희망을 걸고 세계 3대 산업 강국(미국, 영국, 소련 - 옮긴이)을 상대로 각각 전쟁을 치르려고 했다. 하지만 독일은 지상·해상·공중에서 모두 실패했다. 그 이유 중 하나는 특정 분야에서의 독일의 우위가 허상이었다는 사실에 있었다. 독일이 효율성이라고 믿었던 것은 정치·보복심·전통에 대한 고집으로 인해 방해를 받았고, 혁신에서 우위에 있다는 믿음은 계급과 인종 우월주의라는 잘못된 생각에 뿌리를 두고 있어 실제로는 혁신 능력을 약화시켰다.

이 전쟁의 가장 큰 아이러니는 결국 양측의 병력과 기계의 소모로 귀결되었다는 점일 것이다. 또한 양측의 경제에 대한 대규모 공격 또한 간과해서는 안 된다. 독일 유보트는 영국 경제와 국민의 목을 조이기 위해 애썼지만 결국 실패했다. 한편 독일의 경제와 국민을 상대로 한 영미 양국의 전쟁은 패자는 물론 승자에게도 엄청난 대가를 치르게 했다. 전쟁이 끝날 때까지 영국 폭격기 사령부 승무원의 60% 이상이 작전 중 사망했다.

THE DARK PATH

CHAPTER 12

지상전
1942~1945
기동전과 산업 소모

독일이 전쟁을 일으키면 다른 나라들이 공격받은 국가를 지원하기 위해 즉각 개입할 것이다. 세계 연합군과의 전쟁에서 독일은 패배하고 복수심에 불타는 승리자들의 처분을 기다릴 수밖에 없을 것이다.

루트비히 베크 *Ludwig Beck* 중장

블라우 작전	1942년 독일의 남부 러시아 공격 작전. 코카서스 유전과 스탈린그라드 점령을 목표로 했으나, 보급선 연장과 소련군의 저항으로 실패했다. 특히 스탈린그라드 전투에서의 패배는 동부 전선 전세 역전의 결정적 계기가 되었다.
에르빈 롬멜 (1891~1944)	'사막의 여우'로 불린 독일의 명장. 북아프리카 전선에서 수적 열세에도 불구하고 연합군을 상대로 뛰어난 전과를 올렸으며, 노르망디 방어 책임자였다. 히틀러 암살 계획에 연루되어 자살을 강요받았다. 전략적 통찰력과 기동전의 대가로 평가받는다.
버나드 로 몽고메리 (1887~1976)	영국의 대표적 장군. 1942년 엘 알라메인 전투에서 롬멜을 격파하여 북아프리카 전세를 뒤집었으며, 노르망디 상륙작전의 지상군 총사령관을 맡았다. 신중한 작전 스타일로 미군 지휘관들과 갈등을 겪기도 했다.
바그라티온 작전	1944년 6월 소련의 대규모 하계 공세. 벨로루시 전선의 독일군 중앙집단군을 궤멸시키는 대성공을 거두었다. 약 50만 명의 독일군 사상자가 발생했으며, 이는 독일 육군이 입은 최대의 패배였다.

1941년에 내린 전략적 결정으로 인해 제3제국은 더 많은 경제적 자원을 가진 세계의 연합국들을 상대해야 했다. 독일 군사력의 한계를 드러낸 바르바로사 작전 실패는 독일의 경제적 약점도 분명히 드러냈다. 하지만 히틀러뿐만 아니라 그의 고위 군사 참모들 역시 적국의 산업력과 군사력은 과소평가하고 독일의 산업 및 군사력은 과대평가하는 태도를 고수했다. 히틀러의 대미 선전포고는 총통 개인의 일탈이 아니었다. OKW의 고위 참모였던 발터 바를리몬트는 동료 장교들이 '환희의 황홀경'으로 히틀러의 선전포고를 환영했다고 말했다.[1]

동부 전선 전투, 1942~1943년

1942년 봄, 혹독한 겨울을 견뎠던 독일군은 전선이 진흙탕으로 변함에 따라 동부 전선 작전을 중단해야 했다.[2] 3월에 여름 공세를 계획하기 시작하면서, 육군의 전투 효율성을 검토한 결과, 9개월간의 동부 전선 전투로 인해 독일군이 심각하게 약화되었음이 드러났다. 이 계획에 따르면 총 162개 사단 중 8개 사단만이 공격 작전을 수행할 수 있다고 판단됐고, 10개 사단은 부분적으로만 준비가 돼 있었으며, 102개 사단은 방어에만 적합했다.[3] 마지막으로, 여전히 말에 의존하던 독일군은 겨울 동안 손실된 18만 마리의 말 중 2만 마리만 다시 보급받을 수 있었다.[4]

그렇다면 독일군은 왜 1942년 여름 공세를 고려했을까? 첫째, 1918년 전투에서처럼 블라우 작전Peration Blau(1942년 여름 공세의 암호명)은 먼 곳에 있는 적(두 경우 모두 미군이었다)이 참전하기 전에 가까운 곳의 적을 제거하려는 시도였다. 둘째, 독일군은 코카서스 유전을 점령할 수 있다면 제국의 석유 부족을 완화할 수 있을 것으로 예상했다. 셋째, 독일은 소련의 산업 잠재력을 계속 과소평가하고 있었다. 독일군 방첩국 예하의 외국군 전담 동방부서Fremde Heere Ost는 1942년 소련의 항공기 생산량을 6,600대(실제로는 2만1,684대), 탱크는 6,000대(실제로는 2만4,446대), 포병은 7,800대(실제로는 3만 3,111대)로 추정했다.[5]

전략적인 의미에서 블라우 작전은 상황을 타개하기 위한 노력의 일환이었다. 바르바로사 작전의 실패와 더불어 히틀러의 대미 선전포고로 독일의 산업 소모는 더욱 심각한 상태로 접어들었다. 전시 경제는 원자재 부족에 직면했고, 그중에서도 석유가 가장 심각했다. 동부에서의 손실과 대체 무기와 장비를 충분히 생산할 수 없는 경제 상황으로 인해 독일은 중장기적으로 더 큰 원자재 생산 시설을 확보해야만 했다. 따라서 1942년 블라우 작전의 실제 목적은 군사적인 것이 아니라 원자재를 확보하는 것이었다. 아이러니한 사실은 정보기관의 예측이 비관적으로 바뀔수록 독일군이 나아갈 길에 대한 정당성이 더욱 강화됐다는 것이다.[6]

당시 독일군 OKW는 가용 병력의 한계 때문에 남부집단군이 맡고 있는 전선에 집중할 수밖에 없었다. 독일군은 석유가 풍부한 코카서스를 1차 목표로 삼았고, 스탈린그라드를 점령하면 볼가 강을 통한 석유 수송을 차단할 수 있기 때문에 2차 목표로 스탈린그라드를 선택했다. 하지만 블라우 작전 계획에서 이러한 분산된 공격을 지원하기 위한 군대의 병참 능력이 현저히 부족하다는 사실은 전혀 논의되지 않았다. 게다가 1941년 소련군에 의한 피해를 고려할 때, 나치의 통제하에 들어간 석유 매장 지역에서 1년 이내에 석유를 생산할 가능성도 거의 없었다. 마지막으로 독일군은 병력이 너무 부족해 독일군의 측면 보호를 이탈리아, 루마니아, 헝가리 사단에 의존해야 했다.

1942년의 남부 전선 작전은 크림 반도에서 시작됐고, 독일군은 하리코프 전투에서 압도적인 승리를 거뒀다. 6월, 독일 제11군은 세바스토폴을 점령하고 크림 반도에 남아있던 소련군을 격파했다. 블라우 작전은 6월 28일에 시작됐다. 처음에는 독일군이 승리를 거두었지만, 진격이 계속되면서 병참 문제가 계속 발목을 잡았다. 독일군 최고사령부에도 심각한 문제가 있었다. 자신이 군사 천재라고 확신했던 히틀러는 페도르 폰 보크 육군 원수를 해임하고 블라우 작전을 직접 지휘했다. 그 시점에서 공격은 두 축으로 나뉘어 제6군은 스탈린그라드로, 제4기갑군은 코카서스로 진격했다. 로스토프를 점령한 후 제4기갑군은 마이코프 유전을 점령했다. 하지만 마이코프 유전은 이미 소련군에 의해 완전히 파괴된 상태였고, 결국 독일군은 코카서스에서 석유를 얻을 수 없었다. 독일군은 소련군이 파괴한 유전을 복구할 수 있는 방법이 없었고, 따라서 본국으로 석유를 보낼 수도 없었다.

7월 23일, 히틀러는 스탈린그라드로 시선을 돌렸다.[7] 8월 23일, 독일군 선봉대가 볼가 강 유역의 스탈린그라드 북쪽 교외 지역에 도착했다. 독일 공군은 대규모 공습으로 전투를 시작했다. 하지만 아이러니하게도 이 공습으로 인해 시가전에 유리한 지형이 만들어져 소련군의 도시 방어에 더 유리해졌다. 독일군의 진격이 계속되면서 동맹군 사단이 독일 제6군의 북서쪽 측면을 엄호하기 위해 배치됐다. 8월 말부터 10월 말까지 독일군은 스탈린그라드로 차근차근 진입하기 시작했다. 9월과 10월 내내 스타프카 Stavka(소련군 최고사령부)는 전투를 계속하기에 충분한 지원군을 투입했다.[8] 소련군은 마스키로프카 전술Maskirovska(위장 전술)로 움직임을 매우 효과적으로 은폐했고, 독일 정보부는 스탈린그라드의 북쪽과 남쪽에 배치된 적군을 전혀 발견하지 못했다.[9]

9월 말, 스탈린은 고위 장군들을 모아 붉은 군대의 작전 계획을 결정했다. 독일군이 약화시킨 소련의 산업 생산력을 감안해 스탈린은 스탈린그라드에 대한 두 가지 작전, 즉 천왕성 작전Operation Uranus과 전선 중앙의 르제프 고지에 대한 화성 작전Operation Mars을 펼치기로 결정했다. 화성 작전은 주코프가, 천왕성 작전은 알렉산드르 바실레프스키 대장이 지휘했다. 사령부는 이 두 작전으로 남쪽의 독일군을 궤멸시키고 독일 중부 집단군에 거대한 구멍을 뚫는 것을 목표로 거의 동시에 공세를 개시할 계획을 세웠다. 11월 19일, 스탈린그라드의 북쪽에서 대대적으로 천왕성 작전이 시작됐다.[10] 다음 날 소련군은 포위망 남쪽에서 공격을 감행했다. 장비가 부족하고 훈련도 제대로 받지 못한 루마니아 군대는 무너질 수밖에 없었다. 독일군의 후방 지원은 없는 것이나 마찬가지였다. 11월 23일, 협공이 시작되었고 독일 제6군은 포위되기에 이르렀다.

독일 제6군 사령관 프리드리히 파울루스Friedrich Paulus는 OKW로부터도, OKH로부터도 어떤 지시도 받지 못했다.[11] 제6군에게 문제가 있다는 것이 분명해지자 히틀러는 1923년에 자신과 나치 열성당원들이 일으켰던 맥주홀 반란 기념행사를 치른 뒤, 바이에른에서 동프로이센의 본부가 있는 라스텐부르크로 서둘러 돌아갔다. 제6군이 탈출할 수도 있는 중요한 시기에 히틀러는 이동을 하고 있었던 것이다. OKH 수뇌부는 스스로 결정을 내릴 수 없었다. 히틀러가 돌아온 후 괴링은 공군이 제6군의 병참 수요를 충족시킬 수 있다고 주장했다. 하지만 맥주홀 반란을 같이 일으켰던 동료들에게 독일군이 볼가 강에서 후퇴하지 않을 것이라고 약속한 히틀러는 이미 결정을 내린 상태였다.[12]

명령을 받지 못한 파울루스는 주도적으로 움직이지 않았다. 제6군은 대부분 보병대였고 후퇴를 지원할 기동력과 연료가 부족했기 때문에 독일군은 처음부터 돌파에 대한 희망이 거의 없었다. 돌파를 위해서는 기동 전투를 해야만 했고 설령 돌파에 성공하더라도 많은 위험이 독일군을 기다리고 있었다. 겨울이 다가오면서 괴링이 약속했던 하루 350톤의 식량과 탄약을 공군이 공급할 가능성은 거의 사라졌다(제6군은 하루 600톤을 요구했다). 이후 두 달 동안 독일 공군은 대부분 하루에 100톤을 수송하는 데 그쳤다. 300톤이 공급된 날은 3일밖에 없었다. 날씨가 좋지 않은 날에는 수송기가 아예 스탈린그라드에 도착하지도 않았다.[13] 포위되기 전부터 제6군은 병참 문제로 어려움을 겪고 있었고, 연료와 탄약, 생필품이 부족해 몇 달밖에 버틸 수 없는 상황이었던 것이다.

히틀러는 제6군을 구출하기 위해 에리히 폰 만슈타인이 이끄는 임시 부대를 구성했다. 그러나 돌파 가능성은 거의 없었고, 돌파에 성공한다해도 연료와 차량 부족 때문에 탈출이 가능한 병력은 거의 없을 것이 분명한 상황이었다. 게다가 당시 돈 강 북쪽 측면을 루마니아, 이탈리아, 헝가리의 군대가 방어하고 있었다는 사실도 독일군의 약점 중 하나였다. 만슈타인의 사단들이 스탈린그라드를 향해 진격하는 동안 소련 제6군은 루마니아 제3군과 이탈리아 제8군을 공격했다. 이탈리아군은 격퇴됐고, 루마니아군은 급히 후퇴할 수밖에 없었다. 12월 24일, 소련 기계화 부대는 타친스카야의 독일 공군 전진 기지를 점령했다.[14] 돈 강 전투 패배로 만슈타인의 노력은 허사가 됐다. 1943년 1월 초, 독일군은 모로조프스카야의 주요 비행장을 잃었고,[15] 이는 스탈린그라드의 운명을 결정지었다. 독일 제6군은 2월 초에 항복했다. 이 과정에서 약 14만 7,000명의 독일군과 루마니아군이 사망했고, 9만 7,000명이 포로가 되었고, 그중 5,000명만이 살아남았다. 소련군의 사망자는 15만 4,870명, 부상자는 33만 865명이었다.[16] 당시 소련군의 탄약 소비량은 포탄 91만 1,000발, 박격포탄 90만 발, 소총과 기관총 탄환 2,400만 발에 달해 이 전투가 얼마나 잔혹했는지 잘 보여준다.[17]

스탈린그라드가 초기 포위 공격을 받고 있던 1942년 11월 25일, 주코프는 화성 작전을 개시했다. 독일 중부집단군은 제6군에 비해 한 가지 중요한 이점이 있었다. 제9군단은 3개 기갑사단과 2개 기동보병사단 등 비교적 신생 사단을 상당수 보유한 것 외에 예비로 3개 기갑사단을 보유하고 있었다.[18] 주코프의 군대는 몇 차례 전술적 돌파를 시도했지만 독일의 반격으로 심각한 피해를 입히지 못했다. 12월 중순이 되자 소련군의 공세는 막대한 손실과 함께 약화되기 시작했다. 소련군의 손실은 사망자 10만 명, 부상자 25만 명, 탱크 1,847대, 야포 279문에 달했다.[19] 그러나 소련군의 화성 작전 실패는 스탈린그라드 전투의 승리에 가려져 역사 속으로 사라졌다.

남쪽에서는 헝가리군과 이탈리아군의 붕괴로 독일이 남부집단군을 구할 수 있을지 의문이 제기됐다. 당시 막 남부집단군 사령관이 된 만슈타인은 두 가지 싸움을 해야 했다. 하나는 히틀러가 어느 정도 현실을 받아들이도록 설득하는 것이었고, 다른 하나는 우크라이나 깊숙이 진격해 남부집단군을 위협하고 있는 소련군과의 싸움이었다. 당시 소련군은 독일군의 전선에 조금씩 구멍을 내면서 스탈린그라드 포위망을 완전히 해체하는 동시에 돈 강 전선이 무너지는 것을 최대한 이용하고자 했다.[20]

만슈타인은 코카서스에서 후퇴하는 사단들과 본국으로부터 증원된 병력을 합쳐, 우크라이나로 진격하는 소련군의 남쪽 측면에 상당한 전력을 집중시켰다. 1943년 2월 중순, 소련군은 하리코프를 탈환했지만, 진격부대는 병참 지원의 한계에 이르렀다. 2월 17일, 히틀러는 남부집단군 사령부에 도착해 만슈타인을 해임하려고 했으나 만슈타인이 대규모 반격을 개시할 예정이라고 보고하자 화를 누그러뜨렸다. 만슈타인은 잘 정비된 3개 나치 친위대 사단과 전력은 약하지만 노련한 7개 기갑사단으로 구성된 강력한 군대를 지휘했다. 게다가 독일 공군은 950대의 항공기를 추가로 지원받아 남쪽에 배치된 부대들을 재정비했다.[21] 2월 20일부터 제4기갑군과 제1기갑군은 포포프Popov가 지휘하는 소련군을 격파하고, 소련 제6근위군과 제1근위군을 포위하기 직전까지 이르렀다. 3월 5일, 독일군은 하리코프를 재탈환했고 전투는 소강상태에 접어들었다.[22]

스탈린그라드 전투 직후, 요제프 괴벨스는 제국의 적에 맞서기 위해서는 프랑스혁명 기간에 벌어졌던 것과 같은 '총력전'을 벌여야 한다고 호소했다. 하지만 그 어떤 호소로도 수적인 격차를 해소할 수는 없었다. 독일의 전략적 상황을 더욱 악화시킨 것은 동부 전선 외에도 독일에 대한 위협이 점점 더 서로 밀접하게 연결되고 있다는 사실이었다. 쿠르스크 고지를 방어하는 소련군을 제거하기 위해 히틀러가 성채 작전Operation Citadel을 시작한 이유도 바로 여기에 있었다. 그러나 성채 작전은 기껏해야 주도권을 유지하기 위한 노력에 불과했다. 1943년 2월, 성채 작전을 애초에 제안한 사람은 만슈타인이었다. 그는 사실 도네츠 분지(우크라이나 동부와 러시아 남동부의 석탄 광산 지역 – 옮긴이)를 포기함으로써 소련군을 거대한 함정에 빠뜨리고 싶어 했다. 하지만 이 생각은 도네츠 분지에 묻혀 있는 석탄을 고려하지 않은 것이었다. 석탄은 독일의 지속적인 군비 증강에 필수적이라고 슈페어가 계속 히틀러에게 주지시킨 자원이었다.[23]

히틀러는 북아프리카의 튀지니에서 추축군을 격파한 연합군이 지중해에서 대대적인 전략 공세를 펼칠 예정이라는 사실에도 신경을 써야 하는 형편이었다. 성채 작전은 제2차 세계대전 중 가장 큰 규모의 지상전이었지만, 결정적인 전환점은 아니었다.[24] 적군을 격파할 수 있다고 생각했던 이전 2년과 달리 그 시점에서 히틀러와 그의 참모들은 여름 동안의 대규모 공세를 막을 수 있을 정도로만 붉은 군대에 타격을 줄 수 있기를 바랐을 뿐이었다. 그래야 독일군이 서쪽에서 다가오는 위협에 대처하기 위해 예비군을 소련에서 철수할 수 있었기 때문이다. 소련군이 각 측면을 커버할 전선front(독일군의 군army에 해당)을 배치했을 뿐만 아니라 예비 전선까지 보유하고 있었다는 사실은 소련군의 전력 규모를 독일군이 계속 과소평가하고 있었음을 시사한다.[25] 쿠르스크 방어를 위해 소련군은 총 142만6,352명의 병력과 4,938대의 장갑 전투 차량, 3만1,415문의 포탄을 배치한 반면, 독일군은 51만8,000명의 병력과 2,365대의 장갑 전투 차량, 7,417문의 대포만을 배치했다.

1943년 7월 5일에 시작된 성채 작전은 시작과 거의 동시에 난관에 부딪혔다. 7월 9일이 되자 북쪽의 독일 제9군은 전력이 바닥났다. 사흘 후 소련군은 오룔 고지의 북쪽 측면을 공격해 곧바로 돌파했고, 독일군은 제9군단의 거의 모든 병력을 북쪽으로 재배치하는 것으로 대응했다.[26] 남쪽에서의 협공은 어느 정도 성공했지만 그들이 상대한 적은 상당히 준비가 잘 되어 있었다. 7월 12일, 독일군은 프로호롭카에 도달했다. 이곳에서 벌어진 전투는 역사상 가장 잘못 알려진 전투 중 하나다. 이 전투는 "12일 하루에만 300대가 넘는 독일군 전차가 파괴된" 전투로 알려져 있지만[27] 실제로는 소련군이 독일군보다 더 많은 전차를 잃었다. 소련군 기갑군단 중 하나는 총 195대의 전차 중 172대를 잃었지만 독일의 전차 손실은 미미했다.[28] 하지만 프로호롭카에서 독일군 기갑부대가 전술적으로 성공했음에도 불구하고 이후 몇 달 동안 소련군이 잇달아 펼친 대규모 작전들을 막는 데는 아무 도움이 되지 못했다.

7월 10일, 시칠리아에 연합군이 상륙했다. 히틀러는 무솔리니의 파시스트 정권이 붕괴될 가능성을 고려하지 않을 수 없었다. 그렇게 될 경우 이탈리아군이 유고슬라비아와 그리스의 대부분을 점령한 발칸 반도도 위험해질 수 있었다. 따라서 7월 16일에 히틀러가 성채 작전을 중단하고 무장친위대 군단을 전투에서 철수시켜 이탈리아를 지원하기로 한 결정은 전략적으로 합리적이었다고 할 수 있다. 히틀러가 서쪽으로 부대를 옮길 것을 우려한 만슈타인은 성채 작전의 종료를 반대했다. 훗날 만슈타인은 히틀러가 성채 작전을 중단함으로써 "승리를 내팽개쳤다."라는 주장을 하기도 했다.[29] 사망자 9,063명을 포함해 총 5만4,182명의 독일군 사상자를 낸 성채 작전은 몇몇 국지적인 성공을 거두었을 뿐이었다.[30]

7월 12일, 오룔 돌출부의 북쪽 측면을 공격한 소련군은 동쪽의 독일군을 무너뜨리는 동시에 전선을 꾸준히 서쪽으로 밀어붙이는 일련의 공세를 시작했다. 소련군의 연이은 공세로 독일군은 균형을 잃고 회복할 시간을 전혀 얻지 못했다. 독일군은 새로운 공격에 대응하기 위해 전선의 다른 지역에서 증원군을 급히 투입해야 했고, 이 때문에 전력이 약화됐다. 쿠르스크 전투가 끝난 후, 소련군은 1943년 마지막 5개월 동안 여섯 차례 주요 작전을 수행했다.[31] 놀라운 성공은 없었지만 소련군은 인력과 무기의 우위를 바탕으로 우크라이나 깊숙이 진격하면서 독일군에게 회복 불가능한 피해를 입혔다. 7월 초부터 8월 말까지 독일 남부집단군은 사단장 7명, 연대장 38명을 잃었고, 중간급 지휘관인 대대장 252명을 잃는 치명적인 손실을 입었다.[32]

마침내 후퇴 명령을 받은 독일군은 8월 말 드네프르 강 주요 횡단 지점에 도달했지만, 소련군은 다른 지점에서 강을 건너 며칠 만에 크레멘슈그와 드네프로페트로프스크 사이의 작은 교두보를 확장했다.[33] 소련군이 드네프르 강에 교두보를 확보하자 독일 남부집단군은 더 이상 방어선을 유지할 수 없게 됐다. 11월 초, 소련군 선봉대는 흑해에 도착해 독일 제17 군을 크림 반도에 가두었다. 병참 지원 속도가 빨라진 소련군은 겨울까지 사실상 우크라이나 전역에서 독일군을 몰아낼 수 있었다. 이 기간 동안 독일군 기계화 부대들은 몇 차례 전술적 승리를 거두었지만, 소련군의 흐름을 막는 데는 실패했다. 게다가 이런 전술적 성공으로 정예 기계화 부대들은 소련군의 집중 공격을 받게 돼 오히려 큰 피해를 입었다. 결국 그로 인해 독일군은 기계화 사단들이 많이 무너지면서 마차와 대포 그리고 보병에 점점 더 많이 의지할 수밖에 없게 됐다.

지중해와 서부 전선의 전쟁, 1942~1943년

영미군이 프랑스 북부에 자리를 잡기 전까지 유럽 변방에서 독일군을 상대로 한 지상전은 동부 전선에서 일어난 단 하나의 전투에도 미치지 못하는 수준이었다. 그럼에도 불구하고 병참과 전략 측면에서 이 지중해 전선은 상당한 의미가 있었다. 연합군이 이탈리아군과 맞붙은 가장 중요한 이유는 지중해가 열리면 연합군의 수송 부담이 상당 부분 줄어들 수 있기 때문이었다. 한 추산에 따르면, 연합군의 지중해 확보로 대서양에서 300만~400만 톤에 이르는 선박이 독일의 유보트 공격으로부터 보호받을 수 있었다.

1942년 5월 말, 에르빈 롬멜 독일 육군 원수는 리비아에서 영국 제8군을 상대로 전광석화 같은 기습 공격을 감행했다. 영국군은 롬멜이 전선의 중심부를 공격할 것으로 예상했지만, 놀랍게도 롬멜은 영국군의 측면을 뚫고 방어 진지의 중심부 깊숙이 파고들다 자신이 이끄는 아프리카 군단Afrika Korps과 함께 포위되고 말았다.[34] 하지만 롬멜은 적군의 조직적이지 못한 공격을 잇달아 분쇄해 독일군 보급 기지까지 길을 열었다. 6월 5일, 롬멜의 대전차 방호벽은 영국군의 공격을 분쇄하고 240대의 전차를 파괴했다. 그럼에도 영국군은 여전히 기계화 전력 면에서 우위를 유지하고 있었지만, 조직적이지 못한 추가 공격으로 곧 그 우위를 잃었다. 이후 영국군은 전체적으로 와해됐다. 승리를 거둔 롬멜의 아프리카 군단은 토브루크 점령을 위해 이동했고, 영국군의 참패로 이집트는 독일에게 정복당하기 바로 직전까지 갔다.

하지만 영국군이 엘 알라메인(이집트 북부의 도시 제2차 세계대전 때 연합군과 독일군 사이에 두 차례의 큰 전투가 벌어졌다. - 옮긴이) 방어를 위해 집결하는 동안 롬멜은 병참 문제에 직면했다. 이 전선은 전선 남쪽에 중장비가 통과할 수 없는 염전 지대인 카타라 저지(이집트 북서부 마트루 주, 리비아 사막에 있는 저지대. 아프리카에서 두 번째로 낮은 내륙 지역이다. - 옮긴이)가 있다는 특징이 있었다. 따라서 사막으로 측면 이동하는 것은 불가능했다. 롬멜은 7월 초에 영국군의 진지를 돌파하려 했지만 병력도 연료도 부족했다. 롬멜은 재시도를 위해 병력 증강에 집중했지만, 울트라 정보의 경고를 받은 영국 공군과 해군은 추축군 수송에 큰 타격을 입혔다.[35]

1942년 7월, 영국과 미국의 지도자들은 두 가지 중요한 결정을 내렸다. 카이로에서 처칠은 해럴드 알렉산더 장군을 중동군 사령관으로, 버나드 로 몽고메리 장군을 제8군 사령관으로 임명해 중동 지역 사령관들을 교체했다. 워싱턴에서는 루스벨트가 군사참모인 조지 마셜, 어니스트 킹과 논쟁을 벌이고 있었다. 마셜은 1942년은 아니더라도 적어도 1943년까지는 영국 해협을 건너 유럽 본토에 직접 침공해야 한다고 강력히 주장했다. 그러나 7월, 영국은 유럽 본토 침공에 협조하지 않겠다는 의사를 분명히 했고, 대신 그해 가을 북아프리카 상륙작전 실시를 요구했고, 마셜과 킹은 영국의 이런 전략적 접근에 강력히 반대하며 미국이 태평양에 더 관심을 기울여야 한다고 주장했다. 전쟁 기간 동안 루스벨트는 군사참모들의 말을 무시한 적이 몇 번 되지 않는다. 하지만 이 시점에서 그는 1942년에 영국이 프랑스 침공을 고려하지 않고 있기 때문에 연합군이 모로코와 알제리에 대한 대규모 작전(암호명 횃불Torch)을 실시할 것이라며 참모들의 의견을 무시했다.[36]

몽고메리는 제8군 지휘권을 인수하면서 우선 군의 사기를 회복한 다음 제병연합 전술 교리에 따라 군대를 재훈련시켜야 한다고 생각했다. 첫 번째 목표는 단기간에 달성했지만, 두 번째 목표를 달성하기에는 군대 문화를 바꿀 시간이 부족했다. 장교들 대부분이 주도적으로 움직이지 않으려고 했고, 현실적인 군사 교리가 없는 상황에서 몽고메리는 수적 우위에 의존하는 보수적인 전투를 치를 수밖에 없었다. 하지만 10월 말이 되자 몽고메리는 전차 수에서 3 대 1(1,500 대 500), 병력에서 거의 4 대 1(23만 대 8만), 항공기 수에서 거의 4 대 1(1,200 대 350)로 압도적인 우위를 확보했다.[37]

10월 23일, 제8군이 공격을 시작했다. 롬멜은 병가로 귀국해 48시간 자리를 비운 상태였고, 그사이 그의 휘하 장교들은 아프리카 군단을 절체절명의 위기에 빠뜨리고 있었다. 그럼에도 불구하고 영국군으로서는 쉽지 않은 상황이었다. 제2차 세계대전이 끝난 뒤 몽고메리는 당시 모든 일이 계획대로 진행되었다고 주장했지만, 사실 몽고메리는 상황에 적응하느라 어려움을 겪었다. 제8군은 소모전을 벌이며 추축군의 전력을 꾸준히 약화시켰다. 11월 3일, 단 30대의 전차만 남은 상황에서 롬멜은 후퇴 명령을 내렸다.

아프리카에 파견된 독일 군단이 이집트 서부를 가로질러 리비아로 후퇴하면서 북아프리카의 전략적 상황이 바뀌기 시작했다. 11월 8일, 영미군이 모로코와 알제리에 상륙했다. 비시 프랑스(나치 점령하의 프랑스 괴뢰정부 - 옮긴이)의 군대가 저항을 했지만 곧 무너졌고 튀니지 서부는 순식간에 연합군의 손에 넘어갔다.[38] 독일의 대응은 신속했지만 전략적 분석이 부족했다. 상륙작전 소식이 전해졌을 때 뮌헨에 있던 히틀러는 동프로이센에 있던 OKW와 상의 없이 기갑부대와 보병부대의 후속 증원 병력을 튀니지로 보내라고 명령했다.

OKW 참모들은 추축군이 북아프리카를 포기해야 한다고 주장했지만, 한 참모에 따르면 "주로 위신을 고려한 모호한 정치적·전략적 아이디어가 뒤섞인 가운데 그들의 주장은 무시됐다."[39]고 한다. 11월 말 북아프리카에서 돌아와 동료들보다 뛰어난 전략적 지혜와 도덕적 용기를 발휘한 롬멜은 히틀러에게 북아프리카를 포기할 것을 촉구했고, 히틀러는 광분했다.[40] 돌이켜보면, 히틀러의 프랑스령 북아프리카 침공 결정은 심각한 전략적 실수였다. 이 작전으로 독일군은 스탈린그라드에 갇혔을 때만큼 절망적인 상황에 처했기 때문이다. 한편 미군은 이 작전을 통해 독일 지상군을 상대하는 것이 얼마나 힘든 일인지 뼈저리게 느꼈다. 1943년 겨울, 미군은 롬멜의 카세린 협곡 공격에서 굴욕적인 패배를 당했다. 하지만 롬멜은 미군의 학습 속도가 빠르다는 점을 간과하지 않았다.

1943년 3월 말, 연합군 해군이 해상을 통한 튀니지 재보급을 차단했기 때문에 독일군은 공군의 보급에 의존해야 했다. 하지만 북아프리카로의 공중 보급은 스탈린그라드로 보내는 공중 보급만큼이나 어려웠다.[41] 1942년 11월부터 1943년 5월까지 튀니지와 시칠리아 상공에서의 공중전으로 독일의 공군력은 크나큰 손상을 입었다. 이 기간 동안 독일 공군은 1942년 11월에 2,422대의 전투기를 잃었는데 그것은 전체의 40.5%에 해당하는 수치였다.[43] 1943년 5월 초, 튀니지의 항복으로 추축군의 손실은 스탈린그라드의 손실에 근접했다. 약 4만 명의 병사가 전사하거나 부상당했고, 나머지는 포로로 잡혔다.[43] 파시스트 이탈리아의 거의 모든 정예 병력이 연합군 포로 수용소로 들어갔다.

1943년 1월, 처칠과 루스벨트는 고위 군사 고문들과 함께 모로코 카사블랑카에서 만나 1943년과 1944년을 대비한 영미 연합 전략을 수립했다. 지난 70년 동안 역사학계에서는 대체로 마셜과 그의 참모들이 1943년에 프랑스 북서부 해안 상륙작전을 주장했다고 알려져왔다. 하지만 실상을 보자면, 미군이 북아프리카로 떠날 무렵, 조지 마셜 육군 참모총장은 브레혼 소머벨 당시 미 육군 공병 총감과 경제학자들 간의 논쟁에 대해 충분히 브리핑을 받았고, 그 결과 다음과 같은 결론이 도출됐다. 첫째, 미국이 아직 북서유럽에서 대규모 작전을 수행할 준비가 되어 있지 않으며, 1944년까지도 충분한 수의 병사와 장비를 준비하기 어렵다. 둘째, 따라서 그때까지 영미 지상군은 지중해에 머물러야 한다.[44] 하지만 1943년에 프랑스 상륙이 불가능하다는 것을 미국이 인정했음에도 불구하고 그 해의 주요 전략에 대해 영국과 미국은 상당한 이견차를 보였다.

결국 연합군은 북아프리카에서 추축군을 소탕한 후 시칠리아로 진격하기로 합의했다. 이로 인해 지중해에서 연합군의 해상 교통로가 열려 약 300만~400만 톤의 선박이 독일군의 공격을 피할 수 있었다.[45] 또한 연합군은 이탈리아에 상륙해 칼라브리아 평원에 비행장을 건설했고, 이를 통해 오스트리아, 남부 독일, 동유럽의 독일 산업 시설을 공격하기도 했다. 미군은 1944년 봄 프랑스 북서부와 남부 해안에서 상륙작전을 벌인다는 내용의 합의를 이끌어냈다. 영국은 마지못해 미국의 제안을 받아들였다. 그러나 제1차 세계대전 당시 프랑스에서의 패배에 대한 기억으로 여전히 트라우마에 시달리고 있던 영국은 알프스를 넘어 독일 남부로 상륙하는 것이 더 효과적인 방법이라는 허황한 생각에서 벗어나지 못하고 있었다.

돌이켜보면, 연합군이 튀니지 함락 후 두 달이 지나서야 시칠리아 침공 작전인 허스키 작전Operation Husky을 개시한 것은 놀라운 일이다.[46] 영국의 기만 작전으로 독일은 연합군이 장차 사르데냐, 프랑스 남부, 그리스, 발칸 반도 중 한 곳에 상륙할 것이라고 예상하고 있었다.[47] 6월과 7월에 OKW는 연합군의 그리스 상륙 가능성을 차단하기 위해 그리스에 1개 기갑사단, 1개 산악사단, 3개 보병사단을 보냈다.[48] 이탈리아군을 지원하기 위해 파견된 독일군은 시칠리아를 점령하기에는 규모가 너무 작았지만 연합군을 괴롭히기에는 충분한 수준이었다. 미군과 영국군은 시칠리아의 메시나에 먼저 도착하기 위해 경쟁했지만, 연합군 공군과 해군의 허술한 공격을 틈타 독일 지상군 대부분이 이미 메시나 해협을 건너 탈출한 후였기 때문에 별 의미는 없었다. 연합군에게 일어난 최악의 사건은 항상 폭발 직전에 있었던 조지 패튼이 전투 피로에 시달리던 병사 몇 명을 비겁하다고 비난하면서 뺨을 때린 사건이었다. 이 사건으로 패튼의 군 경력은 큰 타격을 입었고, 프랑스 북서부 해안 상륙작전에서 미 지상군 사령관 자리를 내놓게 되었다. 결국 그 자리는 그보다 능력 면에서 다소 떨어지는 오마 브래들리Omar Bradley에게 돌아갔다.[49]

7월에 연합군의 시칠리아 상륙작전이 성공하면서 마침내 무솔리니는 무너졌다. 그의 파시스트 후계자들은 추축국 동맹에서 탈퇴하려 했지만, 이전 20년 동안 이탈리아 국민에게 피해를 주던 이 정치인들과 장군들은 탈퇴도 제대로 하지 못했다. 그들이 미적거리고 있는 동안 독일군은 이탈리아의 동맹 탈퇴를 대비해 군대를 이탈리아로 침투시켰다. 9월 8일, 연합군이 이탈리아 본토에 상륙했다. 이탈리아 국왕과 장군들은 연합군에 합류하기 위해 철수하면서 군대에 아무런 명령도 내리지 않았다. 독일군의 대응은 신속하고 무자비했으며, 사실상 아무 명령도 받지 못한 이탈리아군은 무기를 버리고 항복했다. 한편 그리스 케팔로니아 섬에 남아있던 이탈리아군은 저항을 이어나갔지만 결국 진압당했고, 독일군은 장교 155명과 병사 4,750명을 처형했다.

9월 9일, 제8군이 이탈리아의 끝자락에 상륙하는 쉬운 길을 택한 반면, 살레르노에 상륙한 영미 연합군은 독일군의 거센 저항에 부딪혔다. 저녁 무렵 이 두 연합군 군대 사이에는 약 11킬로미터 정도의 간격이 있었는데, 독일군 지원군이 그 사이를 빠르게 파고들었다. 해군이 함포 공격으로 지원을 하지 않았다면 연합군은 바다로 다시 철수해야만 했을 것이다.[50] 연합군은 9월 13일에 지원군이 도착한 후에야 해안에 거점을 마련할 수 있었다. 독일군이 살레르노 방어에 성공하자 히틀러는 알베르트 케셀링의 조언을 받아들여 비교적 적은 병력으로 이탈리아를 방어하도록 했다. 이후 연합군은 아펜니노 산맥을 타고 오르면서 진격을 계속하려 했지만 속도가 나지 않았다. 1943년 11월 초, 로마 남쪽 구스타프 진지에 자리잡은 독일군은 연합군의 진격을 완전히 저지했다. 그나마 연합군은 나폴리를 점령했고, 미국 공군이 포자Foggia 비행장을 장악함으로써 미군 폭격기가 독일 남부와 루마니아의 유전을 공격할 수 있게 됐다.

1944년 5월이 되어서야 연합군은 프랑스령 모로코 구미에gourmiers(모로코 토착민 부대. 제2차 세계대전 당시 구미에는 자유 프랑스 편에서 싸웠다. - 옮긴이)를 선봉으로 내세워 독일군 진지를 돌파하는 데 성공함으로써 독일 제10군을 격파할 기회를 잡았다. 하지만 대외 홍보를 중시했던 연합군 총사령관 마크 클라크 미군 장군은 패배한 독일군을 포위하는 대신 로마를 해방하라고 명령했다.[51] 6월 4일, 로마는 미군에게 함락되었고 클라크 장군은 하루 동안의 영광을 누렸다. 하지만 당시 언론의 관심은 모두 오버로드 작전에 집중돼 있었고, 남은 전쟁 기간 동안 이탈리아 전투는 대중의 관심을 거의 받지 못했다.

독일군은 8월 말에 포 강 남쪽 고딕 라인Gothic Line에 도달할 때까지 아펜니노 산맥을 따라 조심스럽게 후퇴했다. 당시 연합군은 8월 15일에 시작된 프랑스 남부 상륙작전인 용기병 작전Operation Dragoon을 위해 전투 경험이 많은 베테랑 3개 사단, 특수부대 1개 사단, 프랑스 6개 사단을 모두 철수시켰기 때문에 포 강을 넘어갈 수 없는 상황이었다. 전쟁이 끝난 후 몇몇 영국 평론가들은 연합군이 용기병 작전에 병력을 투입함으로써 알프스를 돌파할 기회를 놓쳤다고 주장했다. 하지만 이런 주장은 두 가지 중요한 사항을 놓치고 있다. 알프스는 훌륭한 방어 진지를 제공했을 뿐만 아니라 용기병 작전을 통해 연합군이 론 강을 이용함으로써 1944년 12월까지 서부 전선에 필요한 군수물자의 40%를 공급했기 때문이다.[52]

북서유럽에서의 전쟁, 1944년

프랑스 침공 작전인 오버로드 작전은 영국과 미국의 산업력과 동원 능력이 승리의 원동력이 되었다.[53] 이 작전을 성공시키기 위해 영미 연합군은 유보트를 격파하고 유럽 상공에서 공중 우위를 확보해야 했다. 1943년 말까지 이 침공 계획은 영국군 특수 참모들이 담당했다. 이들은 동쪽의 늪지대와 서쪽의 코탕탱 반도가 연합군의 측면을 보호해줄 수 있다는 이유로 노르망디를 상륙 지점으로 결정했다. 다른 대안이었던 파드칼레 주변 지역은 동쪽, 서쪽, 남쪽에서 공격을 받을 수 있는 개방된 지역이라는 이유로 제외됐다. 초기 계획은 1개 공수 사단의 지원을 받아 3개 사단이 상륙하는 것이었다. 하지만 1944년 1월, 지중해에서 작전을 마치고 영국으로 이동한 연합군은 더욱 야심찬 계획을 세우게 된다. 연합군 총사령관 아이젠하워와 지상군 총사령관 몽고메리 장군은 5개 사단의 상륙과 3개 공수 사단의 지원을 통해 작전 규모를 확대하기로 결정했다. 몽고메리 휘하에는 미국 제1군 사령관 오마 브래들리 장군과 영국 제2군 사령관 마일스 뎀프시 장군이 있었다.

독일 진영에서 영미 연합군의 수적 우세와 병참 및 공군력 우세의 위험성을 이해하는 인물은 롬멜뿐이었다. 하지만 당시 롬멜은 B 집단군Army Group B 사령관으로서 브리타니에서 덴마크에 이르는 해안 방어만을 담당하고 있었고, 프랑스 방어를 지휘한 사람은 고령의 야전 원수, 게르트 폰 룬트슈테트였다. 이 두 야전 원수는 방어 전략에 대해 근본적으로 의견이 달랐다. 롬멜은 연합군의 증원을 막기 위해서 상륙 첫날에 연합군을 격파해야 한다고 주장했다. 그는 연합군이 상륙에 성공하면 양측이 지상군을 더 빠르게 배치하기 위해 경쟁을 벌이게 될 것이고, 이 경쟁에서 연합군이 필연적으로 이길 수밖에 없다고 경고했다. 반면, 룬트슈테트는 독일군이 우월한 전술을 활용해 기동 방어를 수행해야 한다고 주장했다. 결국 히틀러는 롬멜이 해안에 방어선을 구축하도록 허용했지만, 대부분의 병력은 예비로 남겨둔다는 결정을 내렸다.

롬멜은 평소처럼 열정적으로 파드칼레와 코탕탱 반도의 방어선을 강화하기 위해 노력했다. 하지만 롬멜에게는 노르망디에 있는 제7군 전선을 지원할 시간도 자원도 없었다. 독일은 동부 전선과 이탈리아 전선에도 신경을 써야 했기 때문에 서부 전선 방어를 위해 기갑 예비군을 구축할 수도 없었다. 1944년 6월 초에 서부 전선에 배치된 기계화 및 동력화 사단은 총 11개였다. 하지만 이 중 6개 사단은 전차 보유 대수가 100대가 채 되지 않았을 정도로 전차가 상당히 부족했다. 롬멜이 자신이 지휘하는 전차 사단들을 노르망디 해변 근처에 배치하긴 했지만 이 또한 역부족이었다.

한편 연합군은 상륙작전 경험이 많았다. 시칠리아 상륙작전을 지휘했던 몽고메리는 노르망디 해변을 따라 방어선을 뚫고 상륙할 준비를 가장 잘 해낸 지휘관이었다. 소드Sword, 주노Juno, 골드Gold라고 이름 붙인 위치에 상륙한 캐나다군 1개 사단과 영국군 2개 사단은 해군의 강력한 포격 지원을 받았다. 하지만 오마하Omaha 지점에 상륙한 미군은 상황이 좀 달랐다. 태평양에서의 경험에 비추어 볼 때 해군 포격 지원이 부적절하다는 지적에 브래들리는 "그런 하찮은 전쟁터에서 배울 게 뭐 있겠습니까?"라고 반문했다.[54] 해변에서 병력을 수송하는 데 필요한 장갑 차량인 앰트랙 amtrac(수륙양용트랙터) 300대가 영국에 도착한 상태였지만, 이 차량들은 10월에 캐나다군이 셸트를 점령할 때까지 사용되지 않은 채 방치되어 있었다. 당시에 동원된 병력의 규모를 보면 연합군이 상륙작전에 얼마나 많은 노력을 기울였는지 알 수 있다.[55] 영국 해협을 건너는 상륙군을 호위하기 위해 138척의 전함, 221척의 호위함, 287척의 소해정minesweeper(기뢰를 제거해 해상 안전을 도모하는 작은 군함 - 옮긴이)이 투입됐다. 상륙정을 포함하면 해군 함정의 수는 4,000척이 넘었다. 게다가 이 상륙작전이 미국 해군이 태평양의 마리아나 제도를 공격하고 있을 때 이뤄졌다는 점을 고려하면 당시 미군의 해군 전력이 어느 정도였는지 짐작할 수 있다. 1만1,500대 이상

의 연합군 폭격기와 전투기가 상륙작전을 지원했고, 3개 공수부대 병력 1,400명이 해협을 건넜다.[56]

오버로드 작전은 1944년 6월 6일에 시작됐다. 선폭격기들은 작전이 시작되기 직전에 낙하 지점을 표시했다. 영국 공수부대가 담당한 낙하 지역의 날씨는 맑았기 때문에 연합군의 동쪽 끝에 배치된 제6공수단의 낙하는 미국 제82공수단과 제101공수단의 낙하만큼 분산되지 않았다. 반면, 미국 공수부대의 낙하는 분산됐고, 그로 인해 독일군은 혼란에 빠져 방어선 뒤쪽이 무너졌다. 영국군은 비교적 적은 사상자를 내고 상륙에 성공했지만 몽고메리는 첫날 캉Caen을 점령한다는 목표를 달성하지는 못했다. 유타 지점에서의 미군 상륙작전은 상륙이 이루어진 곳의 방어가 취약했던 덕분에 가장 성공적이었다. 유일하게 문제가 발생한 상륙 지점은 오마하였다. 여기서 브래들리는 태평양 전투의 교훈을 무시하는 바람에 큰 피해를 입었다. 공습은 너무 짧았고, 미군은 목표물이 구름에 가려 잘 보이지 않자 내륙으로 낙하했다. 하지만 많은 손실에도 불구하고 오후가 되자 제29보병사단과 제1보병사단의 생존자들은 절벽을 기어올라 고지를 점령했다. 첫날 저녁 무렵 연합군은 영국군 담당 해변에 7만2,215명, 유타 지점과 오마하 지점에 5만7,500명을 상륙시켰고, 낙하산과 글라이더로 상륙시킨 2만3,000명을 포함해 총 15만5,000명의 병력을 상륙시켰다. 24시간 만에 8개 사단과 3개 기갑여단이 해안에 상륙했다. 7월 초까지 연합군은 19만 대의 차량과 함께 100만 명 이상의 병력을 노르망디 해변으로 추가로 상륙시켰다.[57]

롬멜의 말이 맞았다. 연합군이 해안에 상륙하자 독일군에게는 기회가 사라졌다. 게다가 연합군의 공군 우세와 프랑스 수송 체계에 가해진 피해로 독일군 증원의 흐름이 느려졌다.[58] 독일군은 보병부대와 전차부대의 전술적 능력과 울창한 산으로 둘러싸인 지형적 특성 덕분에 가까스로 버틸 수 있었다. 영국군은 캉으로 향하는 도중에 독일군의 격렬한 저항에 부딪혔다.[59]

하지만 독일군의 전술적 기교는 여기까지였다. 연합군의 우세한 전력이 결국 독일군의 최정예를 무너뜨렸기 때문이다. 영국군의 돌파가 독일군에게 가장 큰 위협이 된다고 판단한 뎀프시는 그 시점에서 점점 넓어지고 있던 연합군 점령 지역의 동쪽 가장자리 지점으로 독일 기갑사단들을 몰았다. 한편 미군의 진격은 두 가지 요인 때문에 지체되고 있었다. 첫째, 미군이 진격한 지역은 산이 첩첩이 둘러싼 삼림 지역이었고, 둘째, 브래들리가 독일군을 각각 사단별로 공격하게 만들었다. 7월 25일이 되어서야 미 제7군단은 중폭격기의 지원을 받은 코브라 작전을 통해 독일군의 전선을 돌파했다. 7월 30일, 제7군단 선봉부대는 높은 절벽에 위치한 아브랑슈에 도착했다. 아브랑슈는 서쪽으로는 브리타니로, 남쪽과 동쪽으로는 노르망디로 이어지는 도로가 교차하는 곳이었다.

브리타니의 항구들은 거의 쓸모가 없었음에도 불구하고, 어처구니 없게도 브래들리는 초기 계획에 따라 아브랑슈를 통과해 주 전선에서 멀리 떨어진 브리타니로 사단들을 진격시켰다. 돌파 작전의 첫 번째 실수였다. 그러자 히틀러는 브래들리의 진격 경로를 차단하기 위해 독일군 기갑사단들을 서쪽으로 이동시켰다. 울트라 정보의 경고를 받은 미군은 모르탱에서 맹렬히 방어에 나섰다. 제120보병연대의 1개 대대는 적의 맹공에 맞서 317고지를 사수하는 동시에 대규모 포격을 퍼부었다. 이 전투에서 이 대대원 중 절반 이상이 전사했다.[60] 그 시점에서 연합군은 노르망디를 방어하는 독일군을 포위할 수 있었지만 브래들리는 기회를 놓쳤고, 북쪽에서 진격하던 영국군은 독일군의 방어를 뚫기 어려웠다. 제3군을 이끌고 있던 패튼만이 가능성을 파악했다. 처음에 그는 브래들리에게 파드칼레를 방어하는 군대를 격파하기 위해 센 강을 건너 깊숙이 진격하라고 촉구했지만, 그 다음에는 최소한 팔레즈 포위망이라도 좁여야 한다고 제안했다. 하지만 브래들리는 진격을 서두르지 않았고, 그 사이 상당수의 독일군이 포위망에서 탈출했다.

프랑스 서부의 독일 전선이 해체되고 있던 8월 15일, 프랑스 남부 상륙 작전인 용기병 작전이 시작됐다. 독일군은 빠르게 무너졌고, 론 강을 따라 북상한 연합군은 노르망디에서 진격한 미군과 합류했다. 용기병 작전으로 연합군은 프랑스 남부를 점령했고, 전쟁의 피해를 입지 않은 마르세유 항구와 론 강 계곡을 따라 프랑스 북부로 이어지는 철도를 이용할 수 있게 됐다. 이 철도는 서부 전선 병참 지원에 핵심적인 역할을 했는데, 이는 몽고메리의 관심 부족으로 1944년 11월 말까지도 안트베르펜으로 이어지는 길목인 셸트의 철도를 탈환하지 못했기 때문이다. 1945년 봄이 되자 안트베르펜은 세계에서 가장 분주한 항구가 됐다.

제3제국의 패색이 짙어지자 몽고메리와 아이젠하워는 최선의 작전 전략에 대해 격렬한 논쟁을 벌였다. 몽고메리는 라인 강을 건너 북독일 평야로 진격하기 위해 자신이 연합군의 병참 지원을 가장 많이 받아야 한다고 주장한 반면, 영미 연합군 총사령관이었던 아이젠하워는 정치적인 이유로 전선이 넓어져야 한다고 주장했다. 아이젠하워는 영국인과 미국인의 강한 민족 감정 때문에 영국과 미국 중 어느 한 나라의 군대를 편애할 수 없었던 것이다.

그럼에도 불구하고 아이젠하워는 몽고메리가 셸트를 탈환할 것이라고 생각하고 그에게 상당한 지원을 제공했다. 이는 실수였다. 우선 몽고메리는 셸트 탈환의 중요성을 제대로 인식하지 못했다. 용기병 작전이 시행되지 않았다면 연합군은 독일 국경에 형성된 전선에 그해 가을 병참 지원을 하기가 어려웠을 것이다. 몽고메리는 셸트를 공격하지 않고 연합군 공수 3개 사단이 네덜란드를 거쳐 북독일 평야로 이어지는 교량들을 점령하기 위한 마켓 가든 작전Operation Market Garden에 전력을 쏟았다.

이 작전은 성공할 확률이 별로 높지 않았다. 공수 부대원들의 낙하에 문제가 있었고, 셸트를 점령하지 못한 상태에서 약 8만 명 규모의 독일 제15군이 탈출해 마켓 가든 작전을 방해했기 때문이었다. 양쪽에서 대규모 적군의 공격에 노출된 단일 도로를 기갑사단을 이끌고 올라간다는 발상은 말도 안 되는 것이었고, 영국은 라인 강 건너편에서 벌어지는 대규모 전투에 병참 지원을 할 수 없는 입장이었다.[61] 마켓 가든 작전은 오만과 무능 그리고 영국군의 군사 문화가 결합하면 어떤 결과를 낳는지 극명하게 보여준 작전이었다.

당시 연합군이 독일군 진영 깊숙이 진격하지 못한 것은 사실 열악한 병참 현실이 반영된 결과였다. 연합군은 독일군이 노르망디를 방어할 수 없도록 노르망디 지역의 철도 및 도로망을 초토화시켰기 때문에 이 네트워크를 이용해 독일 국경 전선으로 보급품을 수송할 수 없었다. 결국 이 지역에서 수행된 일련의 연합군 작전은 진흙탕이 된 도로와 지원 부족으로 인해 실패했다고 할 수 있다. 미군 제1군은 휘르트겐 숲 전투The Battle of Hürtgen Forest에서 참담한 패배를 당했다.[62] 칼 강 협곡을 통과하기 위한 미군의 공세를 비롯한 일련의 공세들에서 참혹한 유혈사태가 발생했다.

벌지 전투Battle of the Bulge는 독일군 최후의 대반격이었다. 12월 16일, 독일군은 1940년에 공격했던 아르덴 지역을 돌파했다. 미군은 독일군의 초기 공세에 당황했지만, 대체적으로 잘 대응했다.[63] 신설된 독일 제106사단의 2개 연대는 사단장의 무능으로 인해 항복했다. 북쪽에서는 독일군 최강 부대인 제프 디트리히Sepp Dietrich의 친위대 6군단이 미미한 성과를 올렸다. 브래들리는 당황했지만 패튼은 그렇지 않았다. 패튼은 뛰어난 기량으로 제3군 대부분을 돌려 독일군의 남쪽 측면을 몰아붙였다. 1944년 12월 26일, 패튼이 이끄는 지원군은 바스토뉴에 포위돼 있던 미군 제101공수사단 앞에 도착했다. 독일군의 공세는 패배로 기울고 있었다.

동부 전선 전투, 1944년

1944년 1월, 640만 명의 병력을 보유한 소련군은 동부 전선에서 독일군 250만 명과 추축군 70만 명에 맞서고 있었다. 소련군은 장갑 전투 차량 수에서도 우위를 점하고 있었다. 소련군 전차는 5,800대로 독일의 2,300대보다 많았고, 미제 트럭과 지프차를 대량으로 지원받은 상태였다. 역사학자 카를 하인츠 프리저와 그의 동료 연구자들은 "(이 전쟁 단계는) 독일에게는 대부분 불명예스러운 철수 전투로, 소련에게는 너무 큰 대가를 치르고 얻은 불명예스러운 승리로 구성됐다."라고 지적했다.[64] 또한 이 상황에서 CBO는 독일군의 방위 체계를 심각하게 압박하고 있었다. 1944년 1월, 독일 공군은 동부 전선에 배치한 대포보다 훨씬 많은 대포를 제국 방위에 투입했다.[65]

북부에서의 독일군 패배는 소련군이 남부에서 시작한 공격의 예고편에 불과했다. 1944년 첫 4개월 동안 소련은 일련의 공세를 통해 독일군을 우크라이나와 크림 반도에서 몰아냈다. 두 차례에 걸쳐 소련군은 독일군의 대규모 부대를 포위하기 직전까지 갔다. 소련군의 지휘 통제력이 꾸준히 향상되고 소련군 기계화부대가 계속 전선을 돌파할 때도 히틀러는 육군을 철수시키지 않았다. 독일 남부집단군은 3월 초 게오르기 주코프가 제1기갑군과 제4기갑군 사이의 지역에서 대대적인 공세를 펼쳤을 때 가장 심각한 위협을 받았다. 소련의 공세는 독일군의 이 두 군대를 분리시켜 각각 다른 방향으로 밀어붙였을 뿐만 아니라, 제1기갑군을 포위할 수 있는 상황도 만들어냈다. 에리히 폰 만슈타인은 히틀러와 격렬한 실랑이 끝에 3월 25일 저녁에야 군대의 출격을 허가받았다.[66]

만슈타인의 작전은 제1기갑군의 탈출을 도운 것 외에도 소련군의 좌익 부대에 대한 보급로를 상당 부분 차단하는 효과를 냈다. 하지만 때는 너무 늦었다. 그 시점에서 이미 히틀러는 만슈타인을 해고한 상태였고, 이후 만슈타인은 다시는 사령관직을 맡지 못했다. 독일 역사는 만슈타인의 성공에 대해 다음과 같이 설명한다. "이것은 '잃어버린 승리'의 문제가 아니라 …… 단지 '성공적으로' 재앙을 막아낸 것에 불과했다."[67] 한편, 1944년 초에 소련은 우크라이나를 탈환했지만 그 대가는 엄청났다. 이 작전에 참여한 소련군 223만 명 중 절반이 넘는 119만2,900명이 전사했다.[68]

연합군의 북서유럽 침공이 임박하자 히틀러는 프랑스 북부에서 빠르게 승리해 동쪽으로 병력을 이동시킬 수 있기를 바라며 서부 전선으로 초점을 옮겼다. 당시 히틀러는 소련군이 발칸 반도로 진격하거나 발트 해 연안 국가를 점령하기 위한 공세를 펼칠 것으로 생각했다. 소련군의 마스키로프카 전술에 넘어간 것이었다. 하지만 전선에 있던 군인들은 소련이 유럽 중심부에서 대대적인 공세를 펼칠 것이라는 단서를 포착했다.[69]

　중부집단군 사령관 에른스트 부슈 야전 원수는 독일군이 모든 땅을 점령해야 한다는 히틀러의 주장에 이의를 제기할 생각이 없었다. 하지만 이 시점에서 전력은 중부집단군이 밀리는 상황이었다. 소련군은 바그라티온 작전Operation Bagration이라는 암호명의 공세 1단계에서 125만4,300명의 병력, 4,060대의 장갑 전투 차량, 2만4,383문의 대포, 6,334대의 항공기를 배치했다. 두 번째 단계에서는 41만6,000명의 병력, 1,748대의 전차, 8,335문의 대포가 투입됐다. 중부집단군 전체(제2군, 제4군, 제9군, 제3기갑군) 병력은 48만6,493명이었다. 게다가 중부집단군은 사기가 극도로 떨어진 상태였다. 심지어 제3기갑군에는 전차가 한 대도 없었고, 말 6만 마리를 보유하고 있었을 뿐이었다.[70]

　바그라티온 작전은 바르바로사 작전 3년 후인 1944년 6월 22일에 시작됐다. 소련은 더 일찍 이 작전을 시작할 수도 있지만, 스탈린은 노르망디 상륙작전이 어떻게 진행되는지 지켜보기 위해 작전 시작을 미뤘다. 연합군이 성공하고 있다는 것이 확실해지자 스탈린은 그제서야 군대를 움직였다. 히틀러로부터 좁은 능선 끝에 위치한 비쳅스크를 사수하라는 명령을 받은 제3기갑군이 가장 먼저 공격을 받았다. 히틀러의 명령 덕분에 소련군은 쓸모없는 땅을 지키고 있던 독일군 5개 사단을 포위할 수 있었다. 한편, 23일에는 벨로루시 제2전선군과 제3전선군이 제4군을 빠르게 돌파해 모길료프와 오르샤를 위협했다. 24일에 소련군은 마지막으로 독일 제9군을 격파했다.

　중부집단군은 독일군 전선으로 돌아가기 위해 뿔뿔이 흩어졌다. 이 과정에서 독일군 병력이 가장 큰 규모로 포위를 당한 곳은 보루이스크와 민스크 주변이었다.[71] 그 시점에서 독일군 기갑 부대들은 상당히 약해진 상태였다. 예를 들어, 소련군에게 포위된 제9군을 구하려고 했던 기갑부대는 제12기갑사단이었는데, 이 사단이 보유한 전차는 마크 III와 마크 IV 40대에 불과했다. 그러나 이 구출 작전은 결국 성공했는데, 소련군이 매우 빠르게 서쪽으로 이동하고 있었기 때문에 가능했던 것이었다. "소련군 기갑부대 지휘관들은 독일 기갑부대와의 교전을 피하고 있었다. 그런 교전은 큰 손실만 가져다줄 뿐이었기 때문이다. 대신 소련군은 독일 전차가 한때 그랬던 것처럼 작전 임무를 완수하기 위해 가능한 한 빨리 깊숙이 전진했다."[72]

7월 3일, 민스크가 소련군 기계화 부대에게 함락됐고, 후속 부대가 후방을 정리했다. 독일군은 소련군의 돌격이 민스크에 도착하자마자 멈출 것이라고 믿었지만, 미국이 대여한 트럭과 지프 등으로 병참 지원을 받은 소련군은 독일군의 예상을 여지없이 무너뜨렸다. 8일이 되자 소련군은 빌뉴스에 도착했다. 지휘 통제 체계가 점점 더 정교해지고 있던 소련군은 와해되고 있는 독일군을 압도했다.[73] 소련군은 12일 만에 중부집단군 소속 12개 사단을 격파했다. 6월 22일부터 7월 10일까지 독일군의 손실은 25만 명에 달했으며, 8월 31일에는 39만9,102명에 이르렀다. 그중 26만2,929명이 실종됐으며 수많은 병사들이 포로로 잡혔다.[74] 하지만 소련군의 손실도 적지 않아, 77만888명의 병사와 2,957대의 전차를 잃었다.[75]

독일군이 고전하고 있는 가운데 소련군 최고사령부는 후속작전을 잇달아 펼쳤다. 7월 13일, 이반 코네프 원수의 군대가 북우크라이나 집단군을 공격했다. 이 집단군은 초기에는 저항했지만 결국 무너졌다. 5일 만에 코네프의 기갑부대는 리보프 동쪽의 제13군단을 포위했고, 기계화 부대는 폴란드 동부로 진격을 계속했다. 7월 말, 소련군의 주력 기계화 부대가 바르샤바 근처에 도착했다. 이 시점에서 소련군은 병참 지원이 부족해졌지만, 그럼에도 불구하고 벨로루시를 탈환하고 대부분의 발트 해 연안 국가에서 독일군을 몰아낸 뒤 동프로이센에 도달했다. 역사학자 카를 하인츠 프리저와 그의 동료 연구자들은 "당시 소련의 잠재력은 너무 커져 양적인 증가 수준을 넘은 상태였다. 당시 소련군에는 새로운 작전 방식으로의 질적 변화가 일어나고 있었다."라고 지적했다.[76]

유럽 전쟁의 종식

1945년 1월 1일만 해도 독일군은 1939년 당시의 제3제국 영토 거의 대부분과 그 이후 정복한 많은 영토를 여전히 장악하고 있었다. 하지만 독일의 입지는 겉으로 보이는 것과는 달리 매우 약화된 상태였다. 영국과 미국의 공군이 공중 우위를 완전히 장악했기 때문이었다. 전술 공군력에 의해 더 강화된 CBO는 독일의 수송 시스템과 합성 석유 생산 공장을 체계적으로 파괴했고 그에 따라 독일의 전시 경제도 와해되고 있었다. 게다가 연합군의 아르덴 공세로 독일군의 기동 예비대가 궤멸되고 있었다. 동부의 독일군은 비축유를 모두 빼앗겼고, 남은 기갑사단들도 작전에 필요한 석유가 거의 떨어진 상태였다.

그 시점에서 소련군은 발칸 반도에서 목표를 달성하기 위해 비스와 강을 따라 병력을 늘리면서 때를 기다리고 있었다. 1944년 8월, 바그라티온 작전을 완료한 소련군은 서쪽으로 계속 이동하지 않고 루마니아가 있는 남쪽으로 향했다. 루마니아 정권은 소련군의 대규모 공세를 버티지 못하고 무너졌다.[77] 루마니아군을 자국군에 편입시킨 소련군은 독일 제6군을 다시 한번 격파한 후 불가리아를 접수했다. 독일 점령군이 그리스를 탈출하기 위해 분주히 움직이는 동안 소련군은 유고슬라비아 남부로 이동해 요시프 티토Josip Tito의 빨치산 부대와 연합작전을 펼쳤다. 11월, 소련군은 베오그라드를 '해방'하면서 소련의 동맹국 영토에서 대대적으로 약탈과 강간을 자행했다. 하지만 스탈린은 유고슬라비아 빨치산들에게 병사들이 "여자와 재미 좀 본다고 해서 문제될 것은 없다."라고 말했다.[78] 붉은 군대가 동맹국을 대하는 태도는 곧 독일 동부에 닥칠 무자비한 공포를 예고하는 것이나 다름없었다.

독일 국민은 전쟁 초기에 자신들이 저지른 행위들의 결과를 고스란히 되돌려 받았다. 소련군은 비스와 강 유역에서 4개월 동안 군대를 정비하면서 동부에 남은 독일군을 격파할 수 있는 막강한 전력을 보유하게 됐다. 코네프가 이끄는 제1우크라이나 전선, 주코프가 이끄는 제1벨로루시 전선, 로코소프스키가 이끄는 제2벨로루시 전선, 이반 체르야코프스키가 이끄는 제3벨로루시 전선 등 4개의 대규모 전선이 약 400만 명의 병력과 4만여 문의 대포, 9,800대의 전차로 대규모 공세를 펼쳤다. 이 전선들은 그때까지 남아서 기능하던 독일 전시 경제의 마지막 중심지 실레지아를 점령하기 위해 폴란드 남부와 중부에 집중적으로 투입됐다. 이와 동시에 로코소프스키의 전선은 동프로이센과 포메라니아의 독일군을 격파하고자 했다. 당시 독일군 육군 참모총장 하인츠 구데리안은 남은 독일군으로 동부 전선 방어를 지원해야 한다고 설득했다. 하지만 점점 더 현실감을 잃고 있던 히틀러는 다가오는 위협에 대한 모든 예측을 일축했다.

1945년 1월 12일, 제1우크라이나 전선의 남쪽에서 소련군은 포문을 열었다. 소련군 기갑부대는 하루 약 32킬로미터의 속도로 진격하면서 몇 시간 만에 독일군 2개 기갑사단을 격파했다. 다른 3개 전선이 그 뒤를 이어 독일군을 공격했고, 필사적인 저항에도 불구하고 모든 곳에서 독일군은 무너졌다. 소련군은 독일군 병사들을 학살하기도 했지만 약탈, 파괴, 살인, 강간을 저지르기도 했다. 당시 소련군의 잔혹 행위로 인해 300만 명에 달하는 독일인이 사망한 것으로 추정된다. 얄타에서 미국, 영국, 소련의 지도자가 만나 나치 독일의 제2차 세계대전의 패전과 그 관리에 대하여 의견을 나누고 있는 동안 소련군은 실레지아, 동프로이센, 포메라니아를 거의 모두 정복하고 오데르 강으로 진격했다.

소련군이 오데르 강에서 진을 치고 있는 동안 미군과 영국군은 라인 강을 향해 진격하면서 계속 전투를 벌이고 있었다.[79] 그렇게 2월에서 3월로 넘어가면서 영미 연합군은 부쩍 진격 속도를 높이기 시작했다. 독일군은 라인 강 서쪽을 집중적으로 방어하라는 히틀러의 명령에 따라 라인 강 동쪽에서는 제대로 된 진지 구축조차 힘들었다. 게다가 그 시점에서 미군은 엄청난 행운을 만났다. 3월 9일, 독일군 공병부대는 레마겐 다리를 파괴하는 데 실패했고, 그 덕분에 미군 제9기갑사단은 라인 강 동쪽 제방에 진지를 구축할 수 있었기 때문이다. 하루 만에 미군 병사 9,000명이 라인 강을 건넜다. 독일의 석유 산업이 파괴되면서 기동력을 잃은 독일군 기갑부대는 제국의 심장부로 밀려드는 연합군의 기세를 막아낼 수 없었다. 하지만 독일군 상당수는 독일 중부로 밀고 들어오는 연합군과 사투를 벌였다. 독일의 4월 전투에서 사망한 미군 전사자 수는 1944년 6월의 오버로드 작전의 전사자 수와 거의 비슷했고, 1945년 2월의 전사자 수보다 더 많았다.

이 시점에서 영국과 미국은 결정적인 부분에서 의견이 달라 관계가 악화됐다. 처칠은 연합군이 베를린을 점령해야 한다고 강력하게 주장했던 반면, 연합군 총사령관 아이젠하워와 마셜은 소련군이 베를린을 점령해야 한다며 그 주장에 반대했기 때문이었다. 결국 베를린 점령은 소련군에게 맡겨졌다. 베를린에서 불과 약 60킬로미터 떨어진 오데르 강을 따라 병력을 재정비한 소련군은 4월 16일 공세를 개시했다. 그로부터 4일 만에 주코프의 제1벨로루시 전선과 코네프의 제1우크라이나 전선이 베를린을 포격하기 시작했다. 일부 저항 세력은 마지막 항복 때까지 전투를 계속했지만 5월 초가 되자 베를린은 소련군의 손에 들어갔다. 그러나 대가 또한 만만치 않았다. 소련군은 8만1,116명이 전사하고 28만6,251명이 부상당했으며 1,997대의 장갑 전투 차량을 잃었다.

끝없는 소모전

총체적으로 볼 때, 유럽에서 연합국이 승리할 수 있었던 원인은 더 큰 규모의 병력에도 있었지만, 대서양 전투에서 승리하고, 대규모 공습으로 독일 본토를 초토화하고, 지상전에서 우위를 점할 수 있게 만든 압도적인 산업력에도 있었다. 양쪽 모두 국민을 무자비하게 동원했고, 상대를 끝장내겠다는 열망은 맹렬한 민족주의 감정을 불러일으켰으며, 산업혁명은 전쟁을 끝까지 치를 수 있는 수단을 제공했다. 하지만 제2차 세계대전의 결

과는 제1차 세계대전과 달랐다. 그 지도자들에 의해 '천년 제국'으로 선포
됐던 독일, 폐허가 된 독일 본토를 연합군이 직접 점령했기 때문이다.

넓은 의미에서 볼 때, 제2차 세계대전에서 지상전은 해전과 공중전의
영향을 크게 받았다고 할 수 있다. 결정적인 전투는 없었다. 이 전쟁의 승
패는 수많은 사상자와 장비 손실을 견뎌낼 수 있는 능력에 의해 결정됐
다. 이 전쟁은 소모전이 결과를 지배한 전쟁이었다. 독일군은 이데올로기
에 의해 동기를 부여받았는데, 이는 독일군이 유럽 전역에서 저지른 범죄
를 살펴보면 더욱 잘 이해할 수 있다. 전쟁 막바지에 독일에서는 "전쟁을
즐기라. 평화는 지옥이 될 테니."라는 섬뜩한 말이 유행했다.

이 전쟁에서 지상전은 다른 전쟁 영역인 해상전이나 공중전과 매우 비
슷했지만, 과학기술의 영향을 훨씬 적게 받았다. 지상전에서는 무기 시스
템의 변화와 적응이 점진적으로 이루어졌기 때문이다. 1944년의 전차는
더 커지고, 더 빨라지고, 더 무장이 강화됐지만 1940년의 전차와 작동 원
리가 크게 다르지 않았다. 제2차 세계대전의 지상전에는 제5차 군사-사
회 혁명이 별다른 영향을 미치지 못했다.

THE DARK PATH

CHAPTER 13

태평양전쟁

선량한 사람들은 피를 흘리지 않고 적을 무력화하거나 제압할 기발한 방법이 있을 것이라고 생각할 수 있으며, 이것이 전쟁의 진정한 목표라고 상상할 것이다. 하지만 이는 듣기에는 좋지만 잘못된 생각이다. …… 전쟁에서는 선량함에서 비롯되는 실수가 최악의 실수이기 때문이다.

카를 폰 클라우제비츠, 《전쟁론》

미드웨이 작전 (1942)	태평양전쟁의 전환점이 된 해전. 일본 연합함대가 미드웨이 섬 점령을 시도했으나, 미 해군의 정보 우위와 탁월한 전술로 항공모함 4척을 잃는 치명적 패배를 당했다. 이후 태평양에서 일본 해군의 공세는 완전히 꺾였다.
과달카날 전투 (1942~1943)	태평양전쟁에서 미군의 첫 본격적인 반격 작전. 솔로몬 제도의 과달카날을 둘러싸고 6개월간 치열한 전투가 벌어졌다. 일본군의 보급선이 차단되면서 결국 미군이 승리했으며, 이는 태평양전쟁의 흐름을 바꾼 중요한 전투였다.
오키나와 전투 (1945)	태평양전쟁 최후의 대규모 전투. 일본 본토 방어의 최후의 보루였던 오키나와를 둘러싸고 3개월간 치열한 전투가 벌어졌다. 미군의 승리로 끝났으나 양측 모두 막대한 피해를 입었으며, 특히 일본군의 가미카제 공격이 심각한 위협이 되었다.
루거오차오 사건	1937년 7월 7일 베이징 근교의 루거오차오(마르코 폴로 다리)에서 발생한 일본군과 중국군 간의 충돌 사건. 일본군이 실종 병사 수색을 구실로 중국군 진지 진입을 요구했고, 이를 거부하면서 발생한 작은 충돌이 전면전으로 확대되었다. 이 사건은 제2차 중일전쟁(1937~1945)의 도화선이 되었으며, 일본의 본격적인 중국 침략이 시작되는 계기가 되었다.

1940년 12월, 일본은 야마시타 도모유키 중장이 이끄는 고위 장교 대표단을 독일로 파견해 전년 봄에 독일군이 거둔 놀라운 성과에 대해 연구하게 했다.[1] 야마시타는 상부에 일본이 기술적으로나 군사 장비 면에서 독일에 뒤처져 있으며, 전쟁이 계속되면서 그 격차가 점점 더 벌어질 것이라고 보고했다.[2] 그는 일본에는 영국과 미국은커녕 독일과도 비교할 수 없을 정도로 자원과 과학 인재가 부족하다고 경고했다. 상부에 쓴소리를 전한 야마시타는 곧바로 만주로 쫓겨났다.

일본은 몇 번의 결정적인 승리를 거두면 유약한 미국인들이 일본이 요구하는 평화를 받아들이도록 설득할 수 있을 것이라는 믿음으로 전쟁에 착수했다. 이런 생각에는 병사들의 의지로 어떤 장애물도 극복할 수 있다는 신념이 깔려 있었다.[3] 그 후 3년여 동안 병사들은 천황과 국가에 대한 헌신을 증명해 보였다. 1943년 11월에 미군은 타라와를 방어하던 해군 보병 2,571명 중 8명을 생포했다. 또한 콰절레인 전투에서 일본군 수비대는 98.4%가 사망했고, 1944년 사이판 전투에서는 97%가 전사했다. 1945년 이오지마와 오키나와에서도 일본의 손실은 그에 못지않았다.[4] 영국군 장교 존 매스터스는 태평양전쟁 전과 전쟁 중에 자신이 지휘한 병사들에 대해 묘사하면서 "일본 병사들이 우리 군대의 병사들이었다면 거의 모든 병사가 의회 명예 훈장이나 빅토리아 십자 훈장을 받았을 것이다. 사람들은 그들의 용기를 광기라고 치부한다. …… 하지만 그들에게는 어떤 신념이 있었다. 그들은 그 무언가를 위해, 그 무언가를 성취하는 데 도움이 되는 아무리 사소한 것이라도 그것을 위해 언제나 죽을 준비가 돼 있었다. 이것이 용기가 아니면 무엇이란 말인가?"[5]

돌이켜보면, 일본이 이길 가능성은 전혀 없었다. 그럼에도 불구하고 1942년 초에 아시아에서 연합군이 와해되자 미국의 정치 및 군사 지도자들은 태평양에서 절망적인 상황에 직면했다고 생각했다.[6] 1941년 12월 7일(진주만 공격) 이전까지만 해도 이들은 일본의 잠재력을 과소평가하고 있었다. 연합군의 '독일 우선' 전략은 연합군이 독일의 군사력을 파괴하는 동안 일본을 비교적 쉽게 저지할 수 있을 것이라는 믿음에 기반을 두고 있었다. 하지만 말라야, 필리핀, 네덜란드령 동인도 제도의 붕괴로 이런 인식은 달라지기 시작했다.[7] 당시에는 일본의 기세를 막는 것이 정치적으로 필수적인 과제가 되었다.

일본의 성공은 단순한 행운이 아니었다. 1942년 초, 일본은 적군보다 훨씬 뛰어난 최고 수준의 해군과 공군을 보유하고 있었다. 일본은 해군 전함 면에서 최고 수준을 자랑했으며, 일본 공군의 제로센전투기ゼロ戦, Zero Fighter는 세계 최고의 일선 전투기였다. 해군 조종사들은 매우 높은 수준의 훈련 프로그램을 제공받았으며, 산소 동력 어뢰는 세계에서 가장 치명적이었고, 일본 제국 해군의 야간 전투 능력은 그 어떤 해군보다 뛰어났다. 게다가 당시 일본군은 항공모함을 기도 부타이機動部隊로 알려진 연

합 타격 부대에 통합시켜 독보적인 작전 능력을 구축한 상태였다. 전쟁 초기 일본의 군사 전략은 미 해군을 연이어 격파하는 것이었다.[8] 기도 부타이가 노후화된 미 함대의 대부분을 침몰시키는 데 성공한 후 일본은 미국을 무시하고 동남아시아로 눈을 돌렸다. 일본군은 호주 북부를 공격하고, 인도양 깊숙한 곳까지 침략해 인도 아대륙과 실론 섬을 공격했다. 야마시타의 군대는 수적 열세에도 불구하고 영국, 호주, 인도 군대를 압도하면서 싱가포르와 말라야를 정복했다. 1942년 2월 27일 자바 해 전투에서 일본 순양함은 중순양함 2척, 경순양함 3척, 구축함 9척으로 구성된 연합군 해군을 전멸시켰다. 일본군 상륙부대는 동인도 제도의 네덜란드 수비군을 격파했다.

필리핀 방어전은 침략군의 규모가 작고 미국군의 저항이 거셌기 때문에 더 오래 걸렸다. 여기서 극동 미군 사령관 맥아더 장군은 방어 계획을 변경했다. 그는 바탄 반도로 후퇴하는 대신 루손 섬 전체를 방어하도록 명령하고, 보급품을 섬 전역에 분산 배치하도록 지시했다.[9] 하지만 맥아더는 진주만 공습이 시작된 지 불과 9시간 만에 일본군의 기습을 당했다. 1941년 12월 21일, 일본군이 루손 섬에 상륙하자 맥아더는 루손 섬 방어가 불가능하다는 판단에 따라 바탄 반도로의 철수를 명령했다. 급하게 철수하는 과정에서 미군과 필리핀군은 대부분의 보급품을 버릴 수밖에 없었다. 바탄 반도에 도착한 미군은 1942년 4월까지 버텼지만, 배급 부족으로 굶주려야 했다. 이로 인해 미군은 바탄 반도에서 '죽음의 행진'을 하며 수많은 병사를 잃게 된다.[10] 로널드 스펙터는 바탄 반도 전투에 대해 "필리핀에서의 맥아더의 존재는 …… 과장된 희망, 필리핀 군대의 능력에 대한 터무니없는 과대평가, 엉터리 계획을 낳았다. 루손의 미군은 어쨌든 패배했겠지만, 맥아더가 없었다면 미군은 질병에 시달리거나 극심한 굶주림으로 고통당하지 않아도 됐을 것이다."라고 지적했다.[11]

한편 1941년 12월 7일의 공격에서 살아남은 미 항공모함들이 태평양 중부의 일본령 섬들을 연이어 공습하기 시작했다. 동남아시아에서 영국과 네덜란드 식민지를 점령하고 있던 일본은 이 공습에 그다지 놀라지 않았다. 하지만 이 공습은 마셜 제도의 일본 공군 기지에 상당한 피해를 입혔고, 미군 지휘관과 공군 조종사들에게는 전투 경험을 제공했다.[12] 일본의 관심을 끈 것은 1942년 4월 18일 항공모함 호넷Hornet에서 발사된 B-25B 쌍발 엔진 미첼Mitchell 폭격기의 일본 본토 공습이었다. 이 공습은 어니스트 킹의 참모 중 한 명이 제안한 아이디어로, 그는 1월 초에 쌍발 엔진 폭격기가 항공모함에서 이륙해 일본을 폭격한 다음 중국에까지 도달할 수 있다고 주장했다. 이 작전은 두 달 반 만에 준비되었고, 이후 나치 독일에 대항해 제8공군을 지휘한 지미 둘리틀 중령이 작전을 지휘했다. 하지만 폭격 피해는 미미했고, 폭격에 참여한 미군 항공기는 모두 손실됐다. 하지만 선전 전략 측면에서만 본다면 이는 천재적인 발상이었다.

일본 본토 폭격의 전략적 효과는 즉각적으로 나타났다. 일본 함대 사령관 야마모토 이소로쿠 제독은 미군 함대를 끌어내 파괴하기 위해 미드웨이 섬 기지를 공격하고 점령할 계획을 세웠다. 이 작전을 시작하기 전에 일본군은 뉴기니의 포트 모르즈비를 점령해야 했다. 1942년 5월 초 산호해에서 양국 해군의 항공모함들이 마주쳤다. 이 전투는 역사상 최초로 상대 세력이 서로의 시야에 잡히지 않은 채 벌어진 대규모 해전이었다. 이 전투는 항공모함 렉싱턴을 침몰시키고 요크타운을 손상시킨 일본군의 전술적 승리로 끝났다.[13] 하지만 이 전투에서 미군은 미드웨이 작전에 참여할 예정이었던 일본 항공모함 2척을 처치했고, 일본이 포트 모르즈비 상륙작전을 포기하게 만듦으로써 전략적인 승리를 거두었다.

일본의 미드웨이 작전 준비 상황을 살펴보면 지도자들이 심각한 '승리병'에 걸려 있었음을 알 수 있다. 이 공격을 위한 일본군의 모의 전쟁 훈련은 조작됐다고까지 할 수는 없지만 매우 피상적이었기 때문이다. 예를 들어, 미군을 연기한 장교들이 일본 항공모함 몇 척을 침몰시키는 데 성공했음에도 그 결과를 무시했다. 게다가 이 계획은 미드웨이 상륙작전을 위한 3개의 별도 태스크포스와 알래스카의 네덜란드 항을 공격하고 알류샨 열도의 여러 섬을 점령하는 완전히 독립적인 작전까지 포함해 지나치게 복잡했다.[14]

일본이 미드웨이 작전을 준비하는 동안 미국 암호 해독자들은 일본군의 의도에 대한 정보를 입수했고, 이를 기초로 태평양 함대 총사령관 체스터 니미츠 제독은 준비에 전력을 다할 수 있었다.[15] 미국은 항공모함으로만 이 전투를 치렀다. 이미 2척의 항공모함이 하와이에 배치된 상태였다. 세 번째 항공모함인 요크타운은 산호해 해전에서 큰 피해를 입고 진주만으로 긴급 수리를 위해 이동한 상태였다. 1942년 5월 27일에 진주만에 도착한 요크타운은 약 3개월 동안 수리 작업을 거쳐야 했다. 1,400명의 조선소 인력이 수리에 달려들었다. 그로부터 72시간이 조금 지난 5월 30일 오전 9시, 요크타운은 와일드캣 전투기 25대, 급강하 폭격기 37대, 뇌격기 14대와 함께 미드웨이 북동쪽의 엔터프라이즈 및 호넷과 합류할 준비를 마치고 출항했다.[16]

6월 3일, 미군 정찰기 PBY가 수송선과 중순양함을 앞세워 남쪽에서 접근하는 일본 침략군을 포착했다. 3시간 후 미드웨이에서 B-17 편대가 출격했지만 이 폭격기들은 아무것도 명중시키지 못했다. 6월 4일 이른 새벽, 일본 순양함은 정찰기를 띄워 미드웨이의 동쪽과 북동쪽 지역을 점검했다. 미군 항공모함이 있는 지역을 수색하라는 임무를 받은 순양함 토네利根는 엔진 문제로 30분 늦게 출발했고, 조종사는 미군 항공모함의 존재를 보고하지 못했다.[17] 정찰기를 띄운 일본군은 미드웨이를 공격하고 침략군의 진입로를 마련하기 위해 선제공격을 감행했다. 일본군은 미드웨이의 시설에 피해를 입히는 데 성공했지만, 그 정도 공격으로는 충분치 않았다.

이 시점에서 일본군 항공모함 함대 사령관 나구모 추이치 제독은 일본군 함대 북동쪽에 구성이 확인되지 않은 미군이 배치돼 있다는 사실을 알게 됐다. 직후 일본군 정찰기는 미군 항공모함이 적어도 한 대 이상 배치된 것으로 확인된다고 보고했다. 일본군은 우선 미드웨이에서 폭격기들을 철수시켰고, 그 다음 공격에서 사용할 항공기에 장갑 관통 폭탄과 어뢰를 장착시켜 미국 항공모함을 공격하기로 결정했다. 하지만 오전 9시, 일본 함대는 미국 뇌격기의 공격을 받았다. 전투 항공 순찰에 나선 제로센 전투기들이 모든 미군 뇌격기를 공격했지만, 이를 위해 저고도로 비행해야 했다. 살아남은 일본 병사들은 미군의 급강하 폭격기와 뇌격기가 일본군 항공모함 상공에 도착하는 순간 항공모함 격납고에서 대공포를 발사했다.[18] 18대의 SBD-3 돈틀리스Dauntless 급강하 폭격기들이 일본군 항공모함 소류蒼龍, 아카기赤城, 카가加賀의 갑판에 폭탄을 투하했다. 격납고에 있던 항공기와 탄약들은 항공모함을 화장터로 만들었다.

미국의 공격은 오전 10시 22분에 시작되었고, 10시 30분이 되자 태평양의 해군 균형은 크게 바뀌었다. 그 후 일본은 항공모함 히류飛龍를 추가로 잃었지만 미군 항공모함 요크타운도 복구 불가능한 손실을 입었다. 미국 항공모함에는 레이더가 있지만 일본 항공모함에는 없다는 야마시타의 경고를 무시한 동료 장군과 제독들은 결국 치명타를 입었다. 미군 항공모함은 레이더를 이용해 미군 전투기들이 멀리 떨어져 있는 일본 전투기들을 요격하게 만들 수 있었다. 반면 일본군은 적 항공기가 접근할 때까지 아무런 경고도 받지 못했다. 미드웨이 해전은 일본의 참담한 패배였지만, 당시 책임자였던 제독들은 그 패배에서 교훈을 얻기는커녕 일본 국민과 육군, 심지어는 나머지 해군에게까지 사실을 숨겼다.

일본이 피해를 복구하는 동안 미국은 솔로몬 제도를 공격했다. 일본군은 과달카날 섬에 비행장을 건설하기 위해 공병대와 다소 수준이 떨어지는 병력을 배치했다.[19] 과달카날 섬의 전략적 중요성, 즉 이 섬이 미국과 호주 사이의 해상 교통로를 직접 위협할 수 있다는 가능성을 고려할 때 이 부대의 구성은 말이 안 되는 것이었다. 이는 일본이 미국을 과소평가하고 있으며, 일본군이 중국에 너무 많이 투입돼 태평양 작전을 수행할 여력이 거의 없었다는 사실을 잘 보여준다. 당시 워싱턴에서 태평양전쟁을 주도하던 어니스트 킹은 일본이 미완성된 공군 기지를 활용하기 전에 과달카날 섬을 점령하기 위해, 아직 준비가 덜 된 해병 제1사단을 파견하는 위험한 도박을 했다. 하지만 태평양전쟁에서는 드물게도 이번에는 미국에 운이 따랐다. 일본군 역시 충분히 준비가 돼지 않은 상태였기 때문이다.[20]

1942년 8월 7일, 프랭크 잭 플레처 해군 중장이 지휘하는 항공모함 함대의 지원을 받은 미군은 과달카날 섬과 그 부근의 작은 섬인 툴라기 섬을 공격했다. 이 공격에서 두 척의 항공모함을 잃은 플레처는 첫날이 지나자 항공기를 실은 항공모함 함대를 이 지역에서 철수시켰다. 미군 해병대는 툴라기 섬에서 일본 수비대의 거센 저항에 부딪혔지만, 과달카날에서는 승리를 거둬 일본 공병대가 손상되지 않은 상태의 공학 장비를 포함한 보급품을 버리고 밀림으로 도망쳤다. 일본군의 저항은 거의 없었다. 해병대는 그 장비를 이용해 비행장 건설에 착수했고, 8월 12일에 비행장을 완공했다.[21] 사실상 킹은 일본이 전함대의 전력을 총동원해 대응하지 않을 것이라는 생각을 가지고 도박을 한 셈이었고, 당시 뉴기니에서 교전 중이던 일본군은 그곳에 집중할지 과달카날에 집중할지 고민에 휩싸였다. 결국 일본군은 두 곳 다 버리지 못했다.

한편 미국 해군은 역사상 최악의 패배를 당했다.[22] 플레처의 항공모함이 철수하자 비스마르크 군도의 라바울과 뉴아일랜드에서 5척의 대형 순양함으로 구성된 막강한 일본 함대가 출격했다. 8월 7일 오후 4시 30분에 출격한 미카와 군이치 제독과 그의 함대는 '슬롯'으로 알려진 솔로몬 해협을 빠르게 통과했다. 연합군 정찰기는 8일 낮에 일본군 함대를 포착했지만, 정찰 내용을 잘못 보고했다. 8월 8~9일 밤 미카와의 순양함은 레이더를 장착한 미군 피켓 구축함을 따돌린 후 사보 섬 남쪽에 배치된 연합군 순양함과 교전했고, USS 시카고 호의 뱃머리를 날려버리고 HMAS 캔버라 호를 불타는 난파선으로 만들어버렸다. 시카고 호는 어둠 속으로 도망쳤지만 사보 섬 북쪽에 배치된 중순양함들에게 아무런 경고도 할 수 없었다. 순양함들은 남쪽에서 번쩍이는 포화가 보이는데도 아무 조치를 취하지 않았다. 일본 순양함들은 사보 섬을 돌며 빈센느, 퀸시, 아스토리아 호를 발견하고 앞뒤로 포를 조준한 후 이 배들도 불타는 난파선으로 만들어버렸다. 미카와는 보급품 하역이 끝나지 않은 상선을 공격하지 않고 그 지역을 빠져나갔다. 사보 섬 전투에서 연합군 수병 1,000여 명이 전사하고, 중순양함 4척이 침몰했으며, 1척이 손상됐다. 일본군은 중순양함 1척이 약간 손상되고 35명의 수병이 사망했다. 켈리 터너 제독은 당시 수상 해군surface navy이 "적의 능력에 대한 충분한 증거에도 불구하고 기술적·정신적 우월감에 사로잡혀 있었으며, 대부분의 장교와 병사들은 적을 과소평가했다."고 지적했다.[23]

양측은 여전히 서로의 군사력을 과소평가하고 있었다. 사보 섬 전투 이후 일본은 연대 규모의 병력을 과달카날로 보냈다. 이 연대의 지휘관인 이치키 기요나오 대령은 중대장이던 1937년에 중일전쟁의 발단이 됐던 루거우차오盧溝橋 사건의 주동자 중 한 명이었다. 과달카날에 상당한 규모의 해병대가 있다는 증거가 있었지만, 이치키와 그의 상관들은 야간 기습을 감행하는 단 하나의 연대만으로도 취약한 미군 해병대를 소탕하기에 충분할 것이라고 생각했다.

8월 18~19일 밤에 구축함을 타고 상륙한 917명의 일본 병사들은 정찰도 없이 곧바로 미군 해병 진지로 향했다. 일본군 선두 소대는 곧바로 미군 해병 순찰대와 마주쳤다. 이들은 적에게 수많은 정보를 제공한 다음 한 시간 만에 모두 사망했다. 이치키는 선두 소대의 전멸에 개의치 않고, 앨리게이터 크릭에 구축된 해병 방어선으로 병사들을 이끌고 진격했다. 8월 21일 새벽에 공격을 시작한 이치키 부대는 아침이 되자 대부분이 사망했다.[24]

일본 순양함들이 사보로 향하는 동안 일본군은 솔로몬 제도 북부의 부겐빌 기지에 출격해 연쇄 공습을 시작했다. 공습 부대는 과달카날 남쪽 항공모함에서 해병대를 엄호하고 있던 플레처 부대의 와일드캣 전투기와 마주쳤다. 이 전투로 일본군은 28대의 전투기, 미군은 21대의 전투기를 잃었다.[25] 이는 일본 육해공군의 재앙적인 손실을 보여주는 첫 번째 사례였다. 게다가 내연기관과 무선 기술에 대한 배경 지식을 갖춘 일본인이 거의 없었기 때문에 일본군은 살인적이고 질병이 만연한 기후로 인해 손실된 정비 인력을 대체하기 어려웠다.[26]

8월 20일 오후, 호위 항공모함 롱아일랜드 호에서 최초로 출격한 F4F 와일드캣 전투기와 SBD 돈틀리스 급강하 폭격기가 헨더슨 기지에 도착했다. 이 기지는 일본군이 버린 장비로 미군 해병대가 완공한 기지였다. 하지만 미군은 아직 준비가 제대로 되지 않은 상태였다. 항공기의 수가 너무 적었던 데다 구축함으로 연료와 무기를 공급받아야 했던 미군은 낮에는 과달카날 섬 상공과 주변 해상을 장악했지만, 밤에는 일본 구축함이 병력과 보급품을 실어날랐다. 양측은 간헐적으로 지원군을 투입했는데, 일본은 라바울에서 주력 함대를 출격시킬 수 있었기 때문에 언제든지 지원군을 투입할 수 있었다. 일본은 소모전을 치르고 있었지만 과달카날 섬에 충분한 병력과 보급품을 투입해 미군을 위협하는 정도에 그쳤으며, 비행장을 탈환할 만큼은 아니었다.

초기 야간 해전에서 미군은 불리한 입장이었는데, 이는 주로 태스크 포스 지휘관들이 레이더보다 육안에 더 많이 의존했기 때문이었다. 하지만 미군은 레이더의 기술적 우위를 이용하면 승리를 거둘 수 있다는 사실을 곧 깨달았다. 1942년 9월, 소모전으로 인해 태평양에서 미군은 항공모함 1척과 최신 전함 1척밖에는 남지 않은 상황에 처했다. 하지만 새로운 항공기와 조종사가 꾸준히 유입되면서 헨더슨 비행장은 계속 운영되었고, 이로 인해 일본의 전력 강화는 무산되었다. 게다가 상당한 병력과 보급품을 실은 수송선을 투입하려는 일본의 시도는 번번이 실패했고, 구축함은 과달카날 섬의 일본군이 제대로 된 전투를 벌일 만큼 충분한 보급품을 수송하지 못했다.

일본군은 미군 해병대를 핸더슨 기지에서 몰아내려고 세 차례나 시도했다. 가장 큰 시도는 10월 26일에 사단 병력으로 이뤄졌다. 하지만 육군 제164보병연대의 지원을 받은 해병대는 일본군의 공격을 막아냈다. 병사들은 해병대 진지로 원활하게 유입되었고, 특히 새로 유입된 해병대원들은 스프링필드 소총보다 화력이 더 강한 반자동 M-1 소총을 들고 있었기 더욱 환영을 받았다. 일본군의 공격은 치열했지만 산발적으로 이루어졌는데, 이는 정글에서는 대규모 이동이 불가능했기 때문이다. 1943년 1월, 상황이 절망적이라고 판단한 일본군은 손실을 최소하기 위해 철수했다.[27]

해전의 승패만 놓고 보면 일본이 과달카날 전투에서 약간의 우위를 점했지만, 큰 전략적 틀에서 보면 이 전투는 일본에게 재앙과도 같았다. 일본군은 이곳에서 약 2만5,000명의 육군과 해군 병력을 잃었지만, 이를 어느 정도 보충할 수 있었다.[28] 하지만 전함 교체 비율은 미국이 더 높았는데, 이는 미국 조선소가 새로 만들어내는 전함들이 손실을 만회했기 때문이었다. 이 기간 동안 미국 해군과 일본 해군이 건조한 전함의 규모를 살펴보면 당시 이 두 나라의 전시 경제 격차가 어느 정도였는지 알 수 있다. 이 기간 동안 미국은 중항모 1척, 경항모 1척, 전함 1척, 경순양함 4척, 구축함 62척, 잠수함 18척을, 일본은 경순양함 1척, 구축함 7척, 잠수함 14척을 만들었다.[29]

일본의 항공 전력 손실은 재앙적인 수준이었으며, 해군 항공대는 결국 회복하지 못했다. 1942년 8월 1일부터 11월 15일까지 일본군은 507대, 미군은 480대의 항공기를 잃었다. 하지만 일본군 희생자 가운데는 숙련된 조종사들이 많았다. 일본군 수뇌부는 라바울에서 핸더슨 기지를 공격하기 위해 조종사들에게 장거리 비행을 강요함으로써 격추된 조종사들이 구조될 수 있는 길을 막았다. 1942년의 항공기 생산량을 보면 일본이 얼마나 심각한 손실을 입었는지 알 수 있다. 그해에 미국은 4만9,445대를 생산했지만 일본의 생산량은 8,861대에 불과했다. 하지만 일본군에 가장 큰 타격을 준 것은 1942년 5월부터 1943년 1월까지 누적된 조종사 손실이었다. 1942년 12월, 한 일본 제독은 전쟁터에 도착한 해군 조종사의 실력이 그때까지 손실된 조종사들의 실력의 3분의 1에 불과하다고 말했다.[30]

과달카날 전투 이후 일본은 자원을 동원해 해군 항공기 조종사들을 다시 양성하려고 시도했다. 당시 미군은 태평양 배치 병력을 상당히 크게 늘리고 있었다. 태평양 서쪽에서 맥아더는 호주의 도움을 받아 뉴기니 북쪽 해안으로 이동하기 시작했고, 9월에는 뉴브리튼에 상륙했다. 한편 동쪽에서는 미군이 라바울을 점령했다. 사실상 미군은 라바울의 일본군 기지를 고립시킨 상태로 놓아둠으로써 10만 명에 달하는 일본군 주둔군을 서서히 무력화시킨 셈이었다.[31]

이 시점에서 미국은 남태평양에서 한편으로는 뉴기니 해안, 다른 한편으로는 태평양 중부로 전력을 분산시키기 시작했다. 이는 정치적 야심이 많았던 맥아더를 북미에서 최대한 멀리 떨어뜨리려는 루스벨트의 열망 그리고 해군과 육군 사이의 갈등이 반영된 결과였다. 어니스트 킹과 해군 수뇌부는 미국의 산업체에서 태평양으로 이어지는 함대를 맥아더의 지휘 아래 놓아둘 생각이 전혀 없었다. 따라서 미국은 유럽(지중해와 유럽 북서부)에서 두 차례의 대규모 공격을 감행해야 한다는 사실에 분노했음에도 불구하고 이번에는 그보다 못한 이유로 태평양에서도 동일한 전략적

과오를 저지르게 되었다.

1943년 8월이 되자 일본군은 베르사유 조약을 통해 일본이 위임 통치권을 확보한 태평양 중부의 섬들로 후퇴했다. 그때까지 미군 잠수함들은 어뢰가 거의 작동하지 않아 별다른 역할을 하지 못하고 있었다.[32] 하지만 1943년 마지막 몇 달 동안 개선된 어뢰, 적 항공기와 함정을 식별하는 레이더, 울프팩Wolf Pack(이리떼 전술. 잠수함 3척이 모여 합동 순찰 및 공격하는 전술 – 옮긴이) 결합 전술에 사용할 수 있는 단거리 무선 장비, 능동 및 수동 소나, 일본의 움직임에 대한 정보 등을 갖추게 된 미군 잠수함들은 되니츠의 유보트보다 더 위협적인 힘을 가지게 됐다. 미국 잠수함들의 울프팩 작전은 본부가 아니라 작전 현장에서 통제됐다. 대잠수함전을 수행할 준비가 되지 않았던 일본군은 미국 잠수함들로 구성된 울프팩이 일본 상선을 파괴하는 것을 무기력하게 지켜볼 수밖에 없었다.[33] 아이러니한 사실은 일본군이 1944년 여름에 도입한 호송선단 시스템이 오히려 미국 울프팩들이 목표물을 쉽게 찾을 수 있게 만들어 손실을 더 키웠다는 것이다. 호위함이 충분히 많지 않았고 기술이 원시적이었던 일본 호송선단은 별 이점이 없었던 반면 미국 잠수함들은 일본 호송선단을 쉽게 찾아내 파괴할 수 있었다.[34] 1944년 말까지 일본 상선 규모는 500만 톤에서 250만 톤으로 감소했고, 미국의 잠수함 공세로 인해 일본 본토는 동남아시아로부터 원자재 공급을 받을 수 없게 됐다.[35]

1943년 여름, 미 해군은 루스벨트 행정부가 시행한 선박 건조 프로그램의 혜택을 받기 시작했다. 그해 7월부터 거의 매달 새로운 에식스급 항공모함 한 척이 완벽하게 훈련된 조종사와 항공기들을 싣고 진주만에 도착했다. 이후 12개월 동안 6척의 경항모도 진주만에 도착했다.[36] 그 시점에서 전세는 완전히 미국에게 유리하게 기울고 있었다. 최후의 일인까지 싸울 준비가 된 최고 수준의 일본 해군 보병이 방어하고 있던 타라와 섬과 마킨 섬에 대한 첫 번째 대규모 공격이 태평양 중부 길버트 제도에서 시작됐다. 하지만 제2해병사단의 타라와 상륙작전은 미군이 상륙전에 대해 아직 배울 것이 많다는 것을 증명했다. 해군의 포격은 너무 짧았고 일본군은 이에 비해 깊숙이 파고들었다. 미군은 주요 환초인 베티오를 둘러싼 암초의 수심을 잘못 계산했다. 수심이 예상보다 너무 얕았던 것이다. 초기 공격군은 600~1,000야드 떨어진 방파제에 도달하기 위해 가슴 깊이의 물을 헤쳐나가야 했다. 장비 때문에 속도를 낼 수 없었던 병사들의 상당수가 부상당하거나 익사했다. 전투가 끝났을 때 해병 제2사단은 1,000명이 사망하고 2,300명이 부상당하는 피해를 입은 상태였다.

이 시점에서 니미츠는 큰 도박을 했다. 그는 마셜 제도 남부의 일본군을 상대하는 대신 레이먼드 스프루언스 제독에게 마셜 제도 북부의 콰잘레인 섬을 공격하라고 명령했고, 항공모함들은 섬 전역의 일본군 공군 기지를 공격했다. 1944년 1월 31일, 새로 창설된 해병 제4사단과 베테랑 육군 제7사단 두 개 사단이 상륙군의 선두에 섰다. 전자는 370대, 후자는 174대의 암트랙으로 해병대와 육군 병사들이 해변 방어망을 통과하는 데 도움을 주었다. 콰잘레인 공격은 일본군을 놀라게 했는데, 일본군은 미군이 마셜 제도의 남부를 공격할 것으로 예상해 방어선을 미처 완성하지 못했던 것이다. 일본군 주둔지 파괴로 나흘 만에 2,000명의 사상자가 발생했다. 그로부터 2주도 채 지나지 않아 스프루언스는 해병대와 육군으로 구성된 상륙군으로 에니웨톡 섬을 공격했다.

일본 수뇌부는 미군이 태평양 중부 트르크 섬에서 일본군 전략 기지를 제거함으로써 연합군이 일본 본토에 약 2,100킬로미터 더 가깝게 접근하자 충격에 빠졌다. 그즈음 도조 히데키는 총리와 전쟁부 장관을 겸하고 있었다. 그의 대응은 전형적인 일본군 지도자답게 공격적이었다. 일본은 중국 본토의 미 공군 기지를 점령하기 위한 중국 공세, 영국을 인도로 몰아내기 위한 버마 공세, 중앙 태평양에서 미 함대를 격퇴하기 위한 육군과 해군의 합동 작전이라는 세 가지 전략을 세우고 있었다. 중국 공세는 성공적이었고, 일본군은 중국 본토에서 지속적으로 중국군을 추격했다. 미군이 일본 본토를 공격하기 위해 시간과 자원을 들여 건설했던 공군 기지들은 모두 파괴됐다. 국민당 군대의 붕괴는 장제스의 국민당 정권을 지원하는 것이 그만한 가치가 없다는 것을 말해주고 있었다.

버마에서는 일본군이 1942년에 버마에서 쫓아냈던 군대를 제2차 세계대전 중 가장 뛰어났던 영국 장군 윌리엄 '빌' 슬림이 지휘하고 있었다.[37] 군단장으로 시작해 제14군 사령관까지 오른 슬림은 영국인, 인도인, 구르카족, 아프리카인으로 구성된 군대를 이끌면서 대영제국 군대를 방불케 하는 군대로 만들었다.[38] 그는 일선 병사들은 물론 부하, 심지어 참모들까지 훈련시켜 정글 전투에서 일본의 전술을 능가할 수 있도록 했다.[39] 1944년 3월, 일본군이 먼저 이들을 공격했다.

제14군 병사들의 신속함과 대담함은 사령관도 놀랄 정도였다. 그럼에도 불구하고 제14군 산하 제4군단은 임팔 평야의 요새화된 진지로 후퇴했다. 코히마에서 벌어진 치열한 전투에서 영국인과 인도인으로 구성된 제5사단은 굳세게 버텼다. 4월에는 일본군이 병참 문제 때문에 공격을 중단했다. 그 후 끔찍한 고온다습하고 비가 많이 내리는 몬순 날씨 속에서 친 능선Chin ridge 확보를 위한 치열한 전투가 이어졌다. 양측 모두 큰 손실을 입었지만, 일본군은 아사 직전의 위기에 처한 반면 제14군은 병참, 의료 지원, 포병, 병사 수 면에서 우세했다. 또한 미군이 C-46 수송기와 C-47 수송기를 다수 지원해 제14군은 공군력과 항공 수송력 면에서도 우위를 점할 수 있었다.

버마 전투는 1945년 1월에 끝났다. 충분한 보급을 받은 영국의 제14군은 일본군을 버마에서 몰아내고 수도 양곤을 탈환했다. 이 진격은 작전술의 교과서적인 사례였다. 제14군은 메이크틸라 중심부를 통과하는 척하면서 도시 남쪽의 이라와디 강을 건넜다. 일본군을 메이크틸라, 만달레이에서 축출한 '빌' 슬림은 일본군이 다시 전열을 가다듬을 틈을 주지 않았다. 그의 군대는 몬순이 시작된 직후 양곤에 도착해 버마 지역 군을 격파하고 5만 명 이상의 일본군을 사살한 후 남쪽으로 진격했다. 더욱 인상적인 것은 슬림이 병사들과 맺은 유대였다. 그의 군대에서 복무했던 한 병장은 전쟁이 끝난 뒤 "전투가 끝나고 성과에 대해 이야기할 때 그는 공을 '여러분'에게 돌렸다. '우리'라는 말도, '나'라는 말도 결코 사용하지 않았다."라고 말했다.[40]

1944년, 태평양 중부에서의 전쟁은 일본에게 매우 불리하게 전개됐다. 니미츠와 스프루언스는 처음에 마리아나 제도 공격에 대해 우려했으나, 결국 육군 항공대의 B-29 공습에 필요한 항공 기지를 건설하기 위해 사이판, 괌, 티니안을 점령하기로 결정했다. 미국이 마리아나 제도를 점령하면 장거리 폭격기의 사정거리 내에 일본 본토가 들어갈 것이라는 사실을 알고 있던 일본은 마리아나 제도 방어를 위해 동남아시아에서 제1기동함대를 출격시켰다. 이 함대는 6척의 전함, 각각 약 500대의 항공기를 탑재한 9척의 항공모함, 13척의 순양함, 28척의 구축함으로 구성됐다. 또한 일본은 필리핀 해 주변 섬에 1,000여 대의 제로센 전투기와 뇌격기를 배치했다. 스프루언스의 제5함대는 고속 전함 7척, 총 891대의 항공기를 실은 15척의 항공모함, 순양함 21척으로 구성된 상태였다. 미군의 마리아나 제도 점령 작전은 1943년 6월에 시작됐다.

터너의 제5상륙군도 400척의 함정을 동원해 이 작전을 지원했는데, 그중에는 1941년 12월 7일에 침몰한 구형 전함을 진흙 속에서 건져내 개조한 배들도 포함되었다.[41] 일본군은 항속거리가 더 길어진 신형 항공기로 미군을 공격했다. 일본군 조종사 대부분은 단독 비행 경험이 거의 없다는 약점이 있었던 반면 미군 조종사들은 훈련이 매우 잘돼 있었다. 또한 미군은 와일드캣이나 제로센 전투기보다 더 우수한 그러먼 헬캣Grumman Hellcat 전투기도 보유하고 있었다. 작전은 마셜 제도 전역에 대한 미군 제5함대 항공기들의 공격으로 시작됐고, 이 공격으로 마셜 제도에 있던 일본군 항공기 대부분이 파괴됐다. 그 후 미군 상륙부대가 사이판에 진입했고, 이에 맞서 일본군 연합함대가 공격을 시작했다.

스프루언스는 괌 상륙을 연기하고 일본군과 맞서는 쪽으로 방향을 틀었다. 이 전투의 공식 명칭은 필리핀 해 전투이지만, 당시 미군 조종사들은 이 전투를 "마리아나 칠면조 사냥Mariana Turkey Shoot"이라고 불렀다. 이 전투에서 미군은 378대의 일본군 전투기를 격추했는데 미군의 손실은 헬캣 50대에 불과했다. 미군 잠수함도 일본 항공모함 두 척을 침몰시켰다. 하지만 대부분의 일본 항공모함이 사정거리에 들어오지 않자 스프루언스는 밤에 함대를 서쪽으로 돌렸다. 그의 임무는 일본군 항공모함을 침몰시키는 것이 아니라 사이판 상륙작전을 엄호하는 것이었기 때문이다. 다음 날의 작전은 실망스러웠다. 미군은 경항모 1척을 침몰시키고, 다른 전함 6척을 손상시키는 데 그쳤다. 나머지 일본 항공모함들은 전장에서 탈출했지만 항공기 조종사가 없었기 때문에 무용지물이었다.

사이판과 곰에서 치열한 전투가 벌어졌지만, 미군의 수적 우세와 화력을 감안할 때 일본군은 패배할 수밖에 없는 상황이었다. 하지만 마지막에 벌어진 일은 강인한 미군 해병들과 보병들도 경악하게 만들었다. 수백명의 일본 민간인이 사이판의 절벽에서 몸을 던져 죽었기 때문이었다. 그중 일부는 일본군이 떠밀어 절벽에서 떨어지기도 했지만, 대부분은 스스로 투신 자살을 택했다.[42] 미군은 계속 작전을 몰아붙였다. 윌리엄 '불' 홀시William 'Bull' Halsey 제독은 제3함대 참모들과 함께 스프루언스와 제5함대 참모들로부터 태평양 함대를 인계받은 후 진주만으로 돌아와 다음 작전을 계획했지만, 항공모함들은 여전히 바다에 남아있었다. 1944년 7월말, 미군은 사이판 바로 북쪽의 티니안에 상륙해 그곳에 대규모 항공 기지를 건설했다.

태평양 중부에서 미군의 작전이 진행되는 동안 맥아더는 서쪽에서 일본을 공격하고 있었다. 1942년 9월 밀른 만에서 일본군이 격파되고, 미군 제32보병사단과 호주군 제7사단이 부나-고나 공격에 성공함에 따라 맥아더는 필리핀으로 돌아오기 위한 작전을 시작했다. 하지만 이 부대들은 훈련도 제대로 받지 못했고 특히 지휘 체계가 엉망이었다. 이에 비해 과달카날의 해병대는 이 부대들보다 더 잘 준비돼 있지는 않았지만, 지휘 체계가 잘 확립돼 있어 뛰어난 성과를 낼 수 있었다. 하지만 부나 정복 이후 맥아더는 작전 수행에서 상당한 창의력과 작전 적응력을 발휘하기 시작했다.

1943년 3월 1일부터 3일까지 벌어진 비스마르크 해전에서 맥아더의 측근이자 제5공군 사령관 조지 케니 소장은 B-25 폭격기가 저고도로 비행하면서 폭탄을 투하해 그 폭탄이 수면 위에 튕기면서 일본 함정으로 접근해 타격을 줄 수 있도록 조종사들을 재훈련시키고, B-25 기수에 50 구경 기관총 8문을 장착했다. 일본 수송 부대를 공격한 미군 항공기는 수송함 8척과 구축함 4척을 모두 침몰시켰고, 그 과정에서 약 4,200명의 일본군을 사살했다. 1943년 말 라바울에 고립된 일본군을 우회한 맥아더는 뉴기니 북부 해안으로 진격해 일본군을 계속 기습했다. 또한 1944년 4월 22일에 실시된 홀랜디아 상륙작전에서 미군은 연합군 전투기의 공중 엄호 범위를 넘어 약 970킬로미터(600마일)를 돌파하는 비약적인 성과를 올렸다. 맥아더는 전투기 공중 엄호가 미치지 않는 지점에서는 항공모함에서 출격한 전투기의 공중 엄호를 받고 신속하게 비행장을 점령하는 방식으로 어려움을 극복했다.

당시 일본은 남아 있는 공군과 해군의 전력을 한 곳에 집중할 수 있었기 때문에 전력이 유럽과 태평양으로 분산돼 있던 미군은 상당히 위험할 수도 있는 상황이었다. 그러나 미국의 작전은 항상 일본의 허를 찔렀고, 일본군은 이에 효과적으로 대응하지 못했다. 미군의 다음 목표는 필리핀이었다. 하지만 미군은 이해하기 힘든 이유로 펠렐류 섬을 먼저 공격하기로 결정했다.[43] 당시 미군은 일본군이 미군의 필리핀 상륙작전에 대비해 사용하려고 한 지상 출격 항공기들을 모두 제압할 수 있는 능력이 있었고, 따라서 펠렐류 비행장은 미군에게 더 이상 위협이 되지 않는 상황이었다. 미군 상륙군 입장에서는 일본이 강력한 섬 요새를 막 건설하기 시작한 이오지마를 공격하는 것이 훨씬 더 나았을 것이다. 펠렐류를 방어하는 일본군은 최고 수준의 병력 1만 명이었고, 그곳의 일본군 지휘관들은 반자이 돌격(제2차 세계대전 당시 연합국이 일본군의 자살돌격을 칭하던 용어 - 옮긴이)을 포기하는 대신 병사들이 참호나 동굴에서 싸우게 만들어 미군의 포격 효과를 최소화시켰다. 미군 해병 제1사단과 육군 제81사단이 일본군 주둔지를 점령하는 데는 한 달이 걸렸고, 그 과정에서 1만 명의 사상자가 발생했다.

홀시 제독은 자신이 이끄는 제3함대가 얍, 민다나오, 팔라우, 대만에 있는 일본 공군 및 해군 기지 공격에 성공하자, 민다나오 상륙을 포기하고 레이테에 상륙해야 한다고 니미츠와 맥아더를 설득했다. 9월, 미군 합동참모본부는 그다음 달로 예정된 이 상륙작전을 승인했다. 하지만 일본군 제독들은 미군의 공격에 대응하기 위한 계획을 치밀하게 세웠고, 그 계획은 성공 직전까지 갔지만 결국 무산됐다. 북쪽에서는 오자와 지사부로 제독이 마리아나 칠면조 사냥 작전 이후로 쓸모가 없어진 항공모함들로 유인 작전을 펼쳤다. 구리타 다케오 제독이 지휘하는 현대식 전함과 순양함으로 구성된 중심 부대는 산베르나르디노 해협을 통해 출격했다. 낡고 느린 함선으로 구성된 별도의 두 함대는 남쪽에서 루손을 공격하기 위해 수리가오 해협을 통과했다.

당시 미국 해군은 크게 두 부분으로 나뉘어 작전을 수행했다. 제3함대 사령관 홀시는 고속 항공모함을 보유한 제38 태스크포스와 고속 전함을 보유한 제34 태스크포스를 지휘했고, 토머스 킨케이드 제독은 루손 상륙작전을 위해 저속 전함과 지원부대를 지휘했다. 이 상황에서 니미츠는 홀시에게 결정적인 함대 교전을 추구하도록 명령하면서 동시에 상륙작전을 지원하도록 지시했다. 이로 인해 상륙군을 보호하기 위한 해군 병력을 누가 조율할지 불분명해졌다.[44] 홀시가 지휘하는 항공모함들은 10월 24일에 시부얀 해를 통과하는 구리타의 전력을 파괴했다. 미군 항공기는 17발의 폭탄과 19발의 어뢰로 당시 세계 최대 전함이었던 무사시武蔵를 공격해 침몰시켰다. 야마토를 포함한 다른 3척의 전함은 약간의 피해를 입었지만 전투력이 손상될 정도는 아니었다.[45]

구리타는 함선들에게 서쪽으로 후퇴하라고 명령했다. 홀시는 공격을 마치고 돌아오는 길에 항공기들이 필리핀 북쪽에서 오자와의 유인용 항공모함을 목격했다는 보고를 받았다. 구리타가 서쪽으로 도주하고 있다는 보고에 힘을 얻은 그는 제3함대에 일본군 항공모함들을 파괴하라고 명령했으나 산베르나르디노 해협을 지키기 위한 전력은 남겨두지 않았다. 그사이 구리타는 함대를 되돌려 끝까지 싸우라는 지시를 받았다. 북쪽으로 향하던 홀시는 구리타가 방향을 돌려 해협을 통과하고 있다는 첩보를 입수했지만 무시했다.

10월 25일 새벽, 맥아더의 수송선을 보호하던 미국의 호위 항공모함들과 구축함들은 탑처럼 생긴 상부 구조물 때문에 눈에 잘 띄는 구리타의 전함들을 발견해 돌진했다.[46] 하지만 미군의 호송선단은 많은 양의 화물을 하역하고 상당수 병력을 상륙시킨 상태였기 때문에 일본 함대의 공격에 취약할 수밖에 없었다. 그럼에도 불구하고 6척의 호위 항공모함과 7척의 구축함 및 구축호위함으로 구성된 호송선단인 이 호위 항공모함 전단 태피Taffy 3는 항공기를 출격시켜 일본 전함들의 갑판에 범용 고폭탄high explosive을 투하하고 기관총을 발사하면서 일본 함대와 맞서 싸웠다. 전투는 4시간 동안 지속됐다. 그러자 구리타는 어쩔 수 없이 산베르나르디노 해협을 통해 후퇴하기 위해 돌아섰다. 이때 함대가 거의 침몰한 상태에서 일본군은 한 가지 카드를 더 내밀었다. 10월 25일, 최초의 가미카제 특수공격대가 미국 함정에 전투기를 몰고와 그대로 충돌시킨 것이었다. 이들은 미군 호위 항공모함 1척을 침몰시키고 다른 4척을 손상시켰다.

필리핀 공격은 속도가 붙고 있었다. 당시 루손 방어는 야마시타 장군이 맡고 있었다. 1941년의 맥아더와 달리 그는 섬 전체를 방어하지 않고 동쪽 산악지대에 중점을 두고 병력을 나누었다. 한편, 해군 보병과 후방 지역 병력으로 구성된 이와부치 산지 제독 휘하의 독립 사령부는 마닐라의 군사 시설을 파괴하고 산악지대로 후퇴했다. 이와부치는 명령에 불복하고 필리핀 수도를 방어하기 위해 남은 것이었다. 전투는 1945년 1월 9일, 미 제6군 예하 4개 육군 사단이 루손 섬에 상륙하면서 시작됐다.[47]

미군이 필리핀 수도 마닐라를 탈환하는 데는 거의 두 달이 걸렸다.[48] 맥아더는 민간인 사상자 발생을 우려해 시가전에서 아군을 지원하기 위한 공군력 사용을 금지했다. 하지만 양측 모두 무차별적인 포격을 실시했기 때문에 결국 10만 명에 가까운 민간인이 사망했다.[49] 마닐라 전투가 계속되는 동안 미군은 야마시타의 주력 부대와도 전투를 벌였다. 맥아더의 군대는 산악지대에 있는 일본군을 제거하는 데 결국 실패했다. 전반적으로 볼 때 당시 야마시타의 활약은 그가 이 전쟁에서 가장 유능한 장군 중 한 명이었음을 말해준다.

전쟁 중 미국 전시 경제가 수행한 가장 큰 프로젝트는 B-29의 제작이었다. 개발 및 생산 비용은 30억 달러에서 37억 달러 사이였다.[50] 이는 원자폭탄 개발을 위한 맨해튼 프로젝트에 소요된 비용인 20억 달러를 훨씬 상회하는 수준이었다. 개념과 설계 면에서 B-29는 여압장치(공기를 압축해 지속적으로 조종실에 압축공기를 공급하고, 공급된 압축공기의 양을 조절해 항공기 밖으로 배출시킴으로써 조종실의 압력을 일정하게 유지하는 장치 - 옮긴이), 엄청난 항속거리와 적재 능력 등 비약적인 기술 발전을 상징했다.[51] 하지만 개발 과정은 악몽과도 같았다. 1944년 7월, 최초의 B-29가 중국의 공군 기지에 배치됐다. 첫 번째 장거리 비행은 방콕의 목표물을 대상으로 이루어졌고, 두 번째 공격은 일본 야하타의 제철소를 대상으로 이뤄졌다. 하지만 B-29는 적군에게 피해를 전혀 입히지 못했고, 수송기가 히말라야를 넘어 운반한 연료만 소진시켰다. 중국에서 일본을 폭격하려는 노력이 물거품이 되면서 마리아나 제도가 일본 본토에 대한 전략폭격의 중심이 될 수밖에 없었다. 미국 육군 공병대는 티니안에 두 곳, 괌에 두 곳, 사이판에 한 곳의 비행장을 건설했다. 각각의 비행장은 약 180대의 B-29를 수용할 수 있었다.

하지만 1944년 11월에 마리아나 제도에서 시작된 폭격은 중국에서의 폭격보다 효과 면에서 나을 것이 거의 없었다. 두 가지 문제 때문이었다. 첫째, 미국이나 유럽과 달리 일본 산업은 몇몇 산업 단지에 몰려 있지 않고 소규모 가내수공업 업체들에 광범위하게 분산돼 있었다. 두 번째 문제는 날씨였다. 도쿄 상공에는 시속 약 210킬로미터 이상의 제트기류가 불고 있어 고공에서 정확한 폭격이 불가능했다.[52] 초기 공습은 헤이우드 핸셀 주니어 소장이 지휘했고, 11월 말 도쿄 북쪽에 있는 나카지마 무사시노 항공기 엔진 공장을 목표로 첫 공습대가 이륙했다. 그러나 이 작전이나 그 이후의 작전 모두 별다른 성과를 거두지 못했다.

이는 전쟁이 끝난 뒤에 독립적인 공군을 창설하기 위해 B-29에 기대를 걸고 있던 공군 지도자들에게는 좋은 소식이 아니었다(제2차 세계대전 당시 미국의 공군은 미국 육군 항공대 산하였다. - 옮긴이). 햅 아놀드는 핸셀을 해임했고, 미 육군 산하 항공대에서 가장 뛰어난 전투 지도자였던 커티스 르메이를 그 자리에 임명했다. 아놀드가 르메이에게 보낸 메시지는 분명했다. "B-29로 성과를 내시오. 결과를 얻지 못하면 해고될 것이오."[53] 1945년

3월, 르메이는 기존의 정밀 폭격 교리를 버리고 제21폭격사령부를 새로운 방향으로 전환시켰다. 그에 따라 B-29는 훨씬 더 낮게 비행하고, 주간이 아닌 야간에 비행하며, 방어 무장을 제거하고, 고폭탄 대신 소이탄을 탑재하게 됐다.

첫 번째 목표는 도쿄였다. 르메이는 공격 수준을 최대화하라고 명령했다.[54] 3월 10일, 마리아나 제도에서 346대의 B-29가 새로운 소이탄인 네이팜탄을 싣고 출격했다.[55] 각 폭격기는 1944년에 제8공군이 독일을 공격하면서 사용한 수천 대의 폭격기가 탑재했던 폭탄보다 더 무거운 폭탄을 탑재했다. 그 결과는 미국에게는 '성공'이었고 일본에게는 '재앙'이었다. 밤 10시 30분에 공습 사이렌이 울렸지만 대피소가 거의 없고, 소방시설이 노후화돼 있고, 거의 모든 건물이 나무로 지어진 도쿄는 불바다가 됐다. 소이탄이 떨어진 직후부터 불은 바람을 타고 폭발적으로 번져나갔다. 도쿄의 화재 규모는 함부르크와 드레스덴 수준을 훨씬 뛰어넘는 수준이었고, 불길은 약 240킬로미터 밖에서도 보일 정도로 강렬했다. 폭탄을 투하하고 귀환하는 폭격기의 후미 사수들도 그 광경을 볼 수 있을 정도였다.[56]

중국에서의 전쟁과 미국과의 전쟁을 열렬히 지지하던 일본 국민들은 전쟁의 공포에 떨었다.[57] 폭격기들이 임무를 완수했을 때, 8만3,793명의 일본인이 사망하고 100만 명이 넘는 사람들이 집을 잃었다. 마지막 폭격기가 귀환하고 29시간이 지난 다음, 르메이는 나고야 공습을 감행했다. 하지만 계속되는 B-29의 공습에도 불구하고 전쟁은 끝나지 않았다. 일본은 어떤 평화 협상도 단호히 거부했다.

폭격이 계속되는 동안에도 미군은 일본 본토를 대상으로 두 가지 대규모 작전을 진행했다. 첫 번째는 2월의 이오지마 상륙작전이었다. 일본군의 이오지마 방어 책임자는 구리바야시 다다미치 중장이었는데, 그는 워싱턴에서 군사 무관으로 근무하면서 미국을 광범위하게 여행했기 때문에 대부분의 일본 장군들과 달리 미국인에 대해 많은 것을 알고 있었다. 1944년 가을에 사령관에 취임한 그는 섬을 요새화하기 시작했다. 구리바야시에게 반자이 돌격은 고려 대상이 아니었으며, 그는 1개 사단 규모의 군인과 수병으로 끝까지 섬을 방어할 계획을 세우고 있었다.

미국 정보기관은 이 사실을 거의 파악하지 못하고 있었다. 일반적인 예상은 미군 해병대가 5~6일 안에 섬을 정복할 것이라는 것이었다. 하지만 일본군은 해병대의 상륙을 허용한 후 맹렬한 포격을 퍼부었다. 벙커에서 연쇄적으로 발사된 포탄은 미군에 끔찍한 피해를 입혔다. 3개 해병 사단이 섬을 정복하는 데 거의 한 달이 걸렸다. 해병대 외의 다른 군종에 속한 병사들까지 다 합치면 미군 사상자는 약 3만 명에 달했으며, 그중 전사자가 6,000명 이상이었다. 일본군은 2만1,000명의 수비대가 거의 모두 사망했고, 총 24명이었던 일본군 해병대 보병대대 지휘관 중 살아남은 사람은 7명에 불과했다.[58]

이오지마 전투가 끔찍했다면 오키나와 전투는 악몽과도 같았다. 이 두 전투는 일본 본토 침공이 양측 모두에게 재앙이었다는 것을 잘 보여준다. 오키나와 전투에서 미군은 처음으로 일본군의 완전한 군 단위 병력과 마주쳤다. 우시지마 미쓰루가 지휘하는 제32군이었다. 당시 일본 제국 최고 사령부는 대만을 방어하기 위해 최정예 부대 중 상당 부분을 파견한 상태였기 때문에 제32군은 병력이 충분하지 않았다. 오키나와 방어군은 총 7만6,000명의 정규군과 2만4,000명의 징집병으로 구성된 상태였다. 따라서 방어군은 모든 곳을 방어하려 하지 않고 오키나와 남쪽에 집중했다. 비행장까지도 포기했다. 침략군인 미국 제10군은 육군 4개 사단, 해병대 2개 사단으로 구성돼 있었다.

4월 1일, 대규모 포격과 함께 상륙작전이 시작됐다.[59] 미국의 예상과 달리 저항은 별로 없었다. 해병대는 북쪽으로 방향을 돌렸지만, 섬의 일부를 방어하는 일본군 몇 명만 발견했을 뿐이었다. 하지만 남쪽은 상황이 전혀 달랐다. 제7사단과 제96사단을 선두로 한 제14군단은 잘 훈련된 일본군의 필사적인 저항에 부딪혔다. 살인적인 소모전을 치러야 했던 미군을 더 괴롭힌 것은 매년 찾아오는 몬순 날씨 때문에 수렁으로 변한 땅이었다. 전투는 일본군이 몰살된 6월 말에야 끝났다. 전투가 계속되는 동안 제5함대는 오키나와 연안에 남아 적 함대의 잔존 세력에 의한 공습을 방어하고 공중 지원을 제공해야 했다.[60]

일본군은 1,500여 대의 자살 전투기를 출격시켜 구축함 15척과 상륙함 15척을 침몰시키고, 항공모함 벙커힐, 프랭클린, 와스프, 요크타운, 엔터프라이즈를 포함한 386척을 손상시켜 철수하게 만들었다. 이 과정에서 약 11만 명의 일본군이 사망했다. 미국 제10군은 7,613명이 사망하거나 실종됐고, 3만2,000명이 부상당했으며, 해군은 5,000명이 사망하고 7,000명 이상이 부상당했다. 이는 그 이전 2년 동안 다른 모든 전투에서 미군이 입은 손실보다 더 컸다. 또한 2만6,000명의 미군이 사고와 질병으로 사망하거나 부상을 입어 사상자 수는 8만 명에 육박했다. 민간인 사상자는 3만 명에서 10만 명에 달했다.[61]

6월 말, 오키나와 작전이 종료되면서 전투는 르메이의 B-29 폭격기와 미 항공모함에서 출격한 전투폭격기들의 일본 본토 공습으로 이어졌다. 일본은 미국 공군의 본토 타격을 아무런 대응 없이 묵묵히 받아들였다.[62]

일본은 예상되는 침략 함대에 대한 대규모 가미카제 공격을 위해 항공기를 비축하고 있었다. 한편 미군은 일본 본섬 최남단 규슈에 대한 침공 작전(암호명 올림픽 작전)을 준비하기 시작했다. 작전 계획은 5월 말에 수립됐다. 해군은 마지못해 작전에 동의했다. 특히 킹은 많은 사상자가 발생할 것을 우려했다. 그는 니미츠와 마찬가지로 봉쇄와 공습만으로 일본을 무릎 꿇게 할 수 있다고 믿었다. 하지만 육군, 특히 맥아더는 본토 침공을 강력하게 주장했다. 킹은 대규모 부대 간 전투를 시작하는 대신 합동참모본부가 결정을 재검토한다는 조건으로 올림픽 작전 참여에 동의했다. 하지만 8월 초, 규슈에 배치된 일본군의 숫자가 늘어나자 킹과 니미츠는 올림픽 작전 취소를 주장했다. 미국 육군과 해군의 수뇌부 간의 갈등은 결국 원자폭탄 투하 결정으로 봉합됐다.

해군의 잠정적인 동의로 결국 규슈를 공격한다는 올림픽 작전이 본격적으로 수립되기 시작했다. 미국 해군은 16척의 함대와 4척의 경항모로 공중 공격을 지원하고, 영국 해군은 6척의 함대, 4척의 경항모와 함께 1,914대의 항공기를 지원할 계획이었다. 게다가 1,315척의 상륙함이 침공을 지원할 예정이었다. 미국 제6군 예하의 상륙군은 총 12개 사단(해병 3개 사단)으로 구성된 4개 군단으로 구성됐다. 총 병력 76만6,700명과 차량 13만4,000대로 구성된 제6군은 괌, 티니안, 사이판에서 출격해 63대의 B-29와 장거리 호위 전투기로 침공을 지원할 예정이었다.

그렇다면 이들이 상대하려 한 일본군은 어떤 상태였을까? 일본군 메시지 트래픽의 울트라 정보 해독을 통해 뒷받침된 미국 정보기관의 추정에 따르면 1945년 5월 규슈에 배치된 일본군 병력은 약 10만 명으로, 3개 사단이 섬의 북쪽을 방어하고 3개 사단이 남쪽 해변을 지키고 있었다.[64]

일본군은 전략적 차원에서는 약점이 있었지만 규슈가 올림픽 작전의 첫 목표가 될 것이라는 사실을 알아내는 데는 그리 오래 걸리지 않았다. 후에 일본 참모장교는 올림픽 작전이 "매우 상식적인 전략이었다."고 말했다.[65] 8월 초, 일본군은 8개 사단과 11개 여단을 추가로 규슈에 배치했다. 게다가 수비대는 일본 본섬에서 사용할 수 있는 탄약의 40%를 확보했다. 정규군 배치와 함께 규슈의 민간인들을 침략군에 저항하는 전사로 양성하는 프로그램도 진행됐다.

일본은 B-29 폭격에 의해 상당한 피해를 입은 상태에서 본토 근해에 미군 항공모함이 나타나 수백 대의 전투폭격기로 추가 폭격을 했는데도 거의 반응을 보이지 않았다. 대신 일본군은 가미카제 전투기와 소형 함정의 수를 늘려 침략 함대를 분쇄할 계획을 세웠다.[66] 오키나와 전투에서와는 달리 이번에는 가미카제 조종사들이 수송기, 병원선, 구축함, 호위함을 목표로 미군을 기습했다.

물론, 일본 고위층에도 전쟁을 계속하는 것이 미친 짓이라고 생각하는 사람들이 없는 건 아니었다. 일본 외무부는 군부에 알리지 않고 모스크바 주재 일본대사관을 통해 소련이 평화를 위해 개입할 수 있는지 알아보려고 했다. 하지만 모스크바 주재 대사는 매우 합리적인 판단에 기초해 그런 노력이 얼마나 비현실적인지 잘 알고 있었다. 7월 15일에 그는 일본 외무부에 보낸 전보를 통해 "결국 …… 일본은 무조건 항복이나 그에 준하는 조건을 받아들일 수밖에 없다."라고 보고했다.[67] 문제는 군부가 일본을 장악하고 있었고, 그들은 자신들이 빚어낸 비참한 상황에서 나라를 벗어나게 하는 데 전혀 관심이 없었다는 것이었다. 당시 일본군 제10함대 가미카제 훈련 사령관이었던 이노구치 리키헤이 대령은 "가미카제 공격이 미국의 저항을 조금이라도 무너뜨릴 수 있는 마지막 기회인 만큼, 우리는 몇 대의 비행기를 잃든 상관하지 않았다. 형편없는 비행기와 형편없는 조종사가 동원됐지만, 동원할 수 있는 비행기와 조종사의 수에는 제한이 없었다."라고 말했다.[68]

원자폭탄 투하는 원자폭탄이 처음 구상될 때부터 논의된 것이었다. 이 무기를 사용하기 전에 시범 투하를 통해 일본인의 생명을 구할 수 있을 것이라는 논의가 있었다. 이 논의는 일본 지도자들에게 그들이 어떤 상황에 놓여 있는지 사전에 통보해야 한다는 생각에 기반한 것이었다. 하지만 이 논의는 원자폭탄이 작동하지 않을 경우 효과가 없을 것이라는 가능성 때문에 폐기됐다. 그렇게 8월 6일 새벽 2시 45분, 폭격기 '에놀라 게이Enola Gay'가 이륙을 시작했고 5시간 30분 후 핵폭탄 '리틀 보이Little Boy'가 투하되면서 원자폭탄의 시대가 열렸다. 히로시마의 생존자들은 수많은 화상과 부상의 공포에 이어 방사능 질병에도 오랫동안 시달렸다.[69] 당시 일본 정부는 관련 정보가 너무 부족했기 때문에 초기 대응에 매우 소극적이었다. 두 번째 대응은 부정이었다. 일본 군부는 미국이 이런 무기를 한 개 이상 보유하고 있을 리 없다고 주장했다.[70]

하지만 히로시마 원폭 투하는 8월에 일본을 강타한 재앙의 시작에 불과했다. 그로부터 3일 후, 외몽골에서 출격한 소련군 선봉대가 약체가 된 일본 관동군을 공격했다. 일본은 소련의 선전포고와 만주에서의 군사 작전 소식을 모두 접했지만, 도쿄의 일본군 지도자들은 상황이 얼마나 심각한지 전혀 알지 못했다. 관동군도 소련군의 만주 동부 진격을 과소평가했지만, 더 큰 문제는 일본 정보기관이 만주 서부를 휩쓸고 있는 소련군의 맹렬한 공세를 완전히 놓쳤다는 점이었다.[71]

그리고 8월 11일, 미국은 나가사키에 두 번째 원자폭탄을 투하함으로써 미국이 원자폭탄을 더 보유하고 있지는 않을 것이라는 일본 군부의 주장을 일소했다. 그 시점에서 일본은 미국이 원자폭탄을 수없이 많이 가지고 있을지도 모른다고 생각하게 됐다. 결정적으로 원자폭탄 투하는 평화를 위한 일왕의 결정을 결국 일본 군부가 받아들이는 데 필요한 명분을 제공했다. 당시 일왕의 고문이었던 내무장관 키도 고이치 후작이 말했듯이, "군 지도자들이 과학의 힘으로 패배한 것이지 정신력의 부족이나 전략적 오류로 패배한 것이 아니라고 스스로를 설득할 수 있다면 어느 정도 체면을 살릴 수 있을 것이다."[72] 더 이상의 투쟁은 수백만 명의 동족 학살로 이어질 뿐이라는 사실을 인식한 일본인들에게 원폭 투하는 "무조건 항복"을 하더라도 평화의 필요성에 대한 심각한 논의를 시작해야 한다는 생각을 심어줬다.

하지만 평화를 위한 노력은 여러 지점에서 무너질 위기에 처할 정도로 아슬아슬하게 진행됐다. 내각 회의는 8월 9일 오후 6시에 열렸다. 군부가 계속 저항하자 스즈키 간타로 총리대신은 각료들이 합의에 이르지 못했다고 일왕에게 알렸다. 자정 직전에 히로히토 일왕과 내각이 회동해 각자의 입장을 밝혔다. 입장 표명이 끝나자 스즈키가 일왕에게 *일왕 개인의* 입장을 물었다. 일왕은 평화를 위한 결단을 내리겠다는 자신의 입장을 명확하게 밝혔다.[73]

그 후 군부는 특히 육군에 대한 통제권을 유지하기 위해 필사적으로 노력했다. 하급 장교들의 쿠데타 시도가 있었지만 실패했는데, 이는 군 최고위 장군 중 한 명이 필사적으로 중재했기 때문이었다. 미국의 군사 역사학자 리처드 프랭크는 "몇 달에 걸친 봉쇄와 폭격, 명백한 본토 침공 시도, 두 차례에 걸친 원폭 투하, 소련의 개입에도 불구하고 8월 9일에서야 빅 식스Big Six(내각 장관들)은 종전 조건을 공식화했다. 그 직전까지도 아나미 고레치카 육군대신, 우메즈 요시지로 육군 참모총장, 도요다 소에무 해군 참모총장은 기존 질서를 유지해야 한다고 주장했지만, 이는 연합군이 절대 받아들일 수 없는 조건이었다."[74] 결국, 이어지는 원자폭탄 위협에 직면한 군 지도자들은 마지못해 일왕의 뜻을 받아들이는 데 동의했다.

원폭 투하를 비판하는 사람들 중 누구도 언급하지 않은 중요한 사실이 하나 있다. 원폭 투하는 평화를 위한 가장 시의적절한 결정이었을 수도 있다는 것이다. 1945년 8월, 르메이의 제20 폭격기 사령부는 폭격할 수 있는 일본 도시를 거의 다 폭격한 상태였고, 미국 공군은 독일 전략폭격 조사에서 얻은 잠정적 결론을 접하고 있었다. 한 가지 결론은 철도를 비롯한 교통망 폭격이 노르망디 상륙작전과 독일 전시 경제 붕괴에 핵심적인 역할을 했다는 것이었다. 이 결론에 따라 B-29는 일본 철도망을 파괴하는 작전을 시작하려고 준비 중이었다. 만약 이 작전이 시작되었다면 일본 열도 전역에 식량을 수송할 수단이 사라졌을 것이고, 일본 국민은 심각한 기아 상태에 접어들었을 것이다. 실제로 전쟁이 끝난 후, 일본의 교통망은 그대로 유지됐음에도 불구하고 일본인들은 1945~1946년 겨울에 아사 직전에 이르렀다.[75]

전쟁의 끝

일본의 패망을 이끈 요인은 나치 독일을 멸망시킨 요인과 동일하다. 일본 군대와 국민은 광적으로 전쟁에 전념했지만 미국의 경제력을 극복할 수 없었다. 일본은 미국이 몇 번의 결정적인 패배를 당하면 미국인들 사이에 분열이 생겨 결국 평화를 받아들이고, 일본 제국이 동남아시아의 광대한 자원을 통제할 수 있을 것이라 믿고 전쟁을 시작했다. 하지만 일본의 첫 번째 공격 성공으로 오히려 미국인들은 통합됐고, 미국 경제의 막대한 자원은 대부분의 일본 지도자들이 상상할 수 없었던 미국의 군사적 능력을 뒷받침했다. 그 결과는 일본의 참담한 패망이었다.

THE DARK PATH

PART 5

제5차 군사–사회
혁명의 출현

THE DARK PATH

CHAPTER 14

일어나지 않은 전쟁

도대체 이 모든 일이 무엇을 위한 것이었을까? 우리가 많은 것을 배우지 못했다는 사실 때문에 괴롭다. 우리가 뭔가를 배웠다면 이라크를 침공하지 않았을 것이다.

월트 부머*Walt Boomer* 장군(걸프전 당시 미국 해병 중부 사령부 사령관)

대동맹	제2차 세계대전 중 미국, 영국, 소련을 중심으로 한 연합국 동맹. 이념과 체제가 다른 국가들이 나치 독일이라는 공동의 적에 맞서 협력했으나, 전후 처리 문제를 둘러싸고 갈등이 발생했으며 이는 냉전의 시작으로 이어졌다.
SAM Surface-to-Air Missile	지대공 미사일. 1950년대부터 개발되어 방공 체계의 핵심 무기가 되었다. 특히 베트남전쟁에서 소련제 SAM이 미군 항공기에 큰 위협이 되었으며, 이후 더욱 발전된 형태로 현대 방공 체계의 주력 무기가 되었다.
애치슨 라인	1950년 1월 미국 국무장관 딘 애치슨이 발표한 미국의 극동 방위선. 알류산 열도에서 일본, 류큐 열도를 거쳐 필리핀까지 이어지는 선으로, 한국과 대만을 방위선에서 제외했다. 이는 북한의 남침 결정에 영향을 미친 것으로 평가된다.
SDI Strategic Defense Initiative	1983년 레이건 대통령이 발표한 전략방위구상. '스타워즈' 계획으로도 알려졌으며, 소련의 핵미사일을 우주에서 요격하는 시스템 구축을 목표로 했다. 기술적으로 실현 가능성이 낮았으나, 소련에 심리적 압박을 가하고 군비 경쟁을 가속화하는 결과를 가져왔다.

1945년부터 현재까지, 75년이 넘는 기간 동안 우리는 제5차 군사-사회 혁명이라는 이름에 가장 어울릴 만한 변화를 겪어오고 있다. 이 혁명은 제2차 세계대전 끝 무렵에 시작됐지만, 1945년 이후의 초기 진전은 더디게 이뤄졌다. 처음 30년 동안은 다양한 기술, 특히 컴퓨터와 그 과학적 지원 구조가 유용한 기능을 갖추었지만 나아갈 길은 여전히 모호했다. 하지만 이 혁명은 1980년대 들어서 속도를 내기 시작하면서 군과 민간에 지대한 영향을 미쳤다. 1965년에 고든 무어는 반도체 집적회로의 트랜지스터 수가 2년마다 두 배로 늘어난다는 관찰 결과를 발표했다. 이는 제5차 군사-사회 혁명의 속도가 점점 빨라지고 있는 현상을 적절하게 표현한 것이기도 하다.

제2차 세계대전이 끝났지만 전쟁은 완전히 종식되지도 않았고, '대동맹grand alliance'이 그대로 유지되지도 않았다. 예일대학교 군사 및 해군 역사학 교수 존 루이스 개디스는 연합국이 나치 독일과의 전쟁에서 승리를 거둔 것은 "양립할 수 없는 체제들이 양립할 수 있는 목표들을 추구한 덕분"이라고 말한다.[1] 그 결과로 이뤄진 평화는 이념적으로 서로 대립하는 적대세력들이 단기간에 어마어마한 폭발로 인류를 끝장낼 무기를 들고 제3차 세계대전을 벌일 가능성을 내포하고 있었다. 하지만 그런 전쟁은 (적어도 아직까지는) 일어나지 않았다. 잠재적 적대세력들이 무기의 위력에 의해 억제됐기 때문이다. 실제로, 쿠바 미사일 위기를 비롯해 몇 차례에 걸쳐 미국과 소련은 벼랑 끝까지 갔다가 마지막 순간에 물러섰다.

그렇다고 전쟁이 아예 일어나지 않았던 것은 아니었다. 인간의 본성, 제2차 세계대전의 잔해, 식민지 정권의 붕괴는 전쟁을 피할 수 없게 만들었다. 때때로 강대국들이 식민지 분쟁에 휘말리기도 했지만, 이런 분쟁이 강대국 간의 전쟁으로 번진 경우는 거의 없었다. 중요한 것은 이런 갈등이 군사 역량의 진화에 영향을 미친 방식이다. 기술적 발전의 중요성은 군사 세력들 간의 상관관계뿐만 아니라 그 기술적 발전이 민간 세계에게 미치는 영향에서도 찾을 수 있다.

원자폭탄의 아이러니는 원자폭탄이 적의 결정적인 궤멸을 보장하는 동시에 그런 승리가 원자폭탄을 사용한 나라의 궤멸로도 이어질 수 있다는 점에 있다. 1940년대 후반 이후 원자폭탄의 영향은 전쟁을 네 가지 구체적인 형태로 세분했다.[2] 첫 번째 형태는 핵무기를 보유한 나라가 절박한 상황에서만 핵무기를 사용하게 만드는 현실이다. 강대국들은 실제로 핵무기를 사용하지는 않았지만 경쟁적으로 더욱 정교한 핵무기와 발사 시스템을 개발해야 했고, 이를 위해서는 기술과 과학에 대한 막대한 투자는 물론 혁신과 적응이 필요했다.

이와 동시에 강대국들은 재래식 군사력도 구축했다. 서구 강대국들에게 이는 주로 주로 소련의 유럽 침공을 저지하기 위한 것이었다. 재래식 전쟁이라는 말로 가장 잘 설명되는 이 두 번째 형태의 전쟁은 제2차 세계대전의 전투 특성을 지니고 있었다. 새로운 재래식 무기 개발에 따른 기술 발전이 미친 영향은 상당히 컸다.

미국과 소련은 불가피하게 개발도상국의 대리전proxy war에 개입할 수밖에 없었다. 미국은 한국과 베트남에서, 소련은 아프가니스탄에서 대리전을 벌였다. 이 전쟁들에서 재래식 군대는 비정규 게릴라 세력을 상대로 결정적인 승리를 거둘 수 없다는 것이 입증됐다. 베트남전쟁에서 미국은 막강한 화력으로 북베트남을 물리쳤을지 모르지만, 미국 사회는 견디기 힘든 도덕적 대가를 치러야 했다.

베트남전쟁과 아프가니스탄전쟁은 세 번째 형태의 전쟁이라고 할 수 있다. 이런 전쟁에서는 약한 세력이 전쟁을 계속하고자 하는 상대의 정치적 의지를 고갈시켜 지치게 만드는 방법을 썼다. 비정규 전쟁은 소모전이 전쟁 수행에 미치는 영향을 역전시켰다. 500년 동안 서구의 전쟁에서 소모전은 더 많은 병력과 자원을 보유한 측에 유리했지만, 제2차 세계대전 이후 비정규 전쟁은 강대국의 사기와 의지를 파괴하기 위한 약소국의 전략이 되었다.

재래식 전쟁과 비정규 전쟁에는 강대국뿐만 아니라 다른 국가들도 개입해왔다. 강대국들의 대리전과 함께 전 세계 곳곳에서 수많은 재래식 전쟁과 비정규 전쟁이 일어났다. 식민지배를 당하던 민족이 식민 정권을 무너뜨리기 위해 벌인 전쟁이 바로 이런 예다. 프랑스령 인도네시아의 통치권을 둘러싸고 프랑스와 베트민Viêt Minh(월맹)이 벌인 전쟁이 대표적이다.[3] 아랍 국가와 이스라엘 간의 재래식 전쟁도 있었다. 이 전쟁에서 드러난 이스라엘의 진보된 기술은 1980년대 소련 군대에도 영향을 미쳤다.

마지막으로, 네 번째 형태의 전쟁은 선진국의 군사력 사용뿐만 아니라 그 사회에도 영향을 미치기 시작한 비국가 테러리즘non-state terrorism이다.

제2차 세계대전 이후 이 네 가지 형태의 전쟁은 군사 기술 혁신 가속화의 영향을 받았으며, 기술 변화에 따라 민간 사회가 변화하면서 그 변화의 영향도 받았다. 일본에 원자폭탄이 투하된 것은 그 후에 일어나게 될 일의 전조였다. 하지만 이는 제2차 세계대전 기간에 이뤄진 기술적 발전의 결과 중 하나에 불과했다. 지금 보기에는 원시적인 장치로 보이지만, 정밀 무기, 정교한 통신기술, 우주 기반 시스템, 소형 컴퓨터 등의 등장은 제2차 세계대전 중 이뤄진 발전의 결과로 비롯된 제5차 군사-사회 혁명을 촉발하는 첫걸음이었다.

이 제5차 군사-사회 혁명의 결과는 지난 40년 동안 군대와 민간 세계를 휩쓸어 왔으며, 앞으로도 이 혁명은 계속해서 영향을 미칠 것이 거의 확실하다. 이 혁명은 1980년대 초부터 본격적으로 진행됐으며, 더욱 가속화되고 있다. 제5차 군사-사회 혁명은 냉전 기간 동안 이뤄진 군사 연구와 개발에서 시작됐고, 지금도 군과 민간의 혁신가, 과학자, 실험 연구자는 서로 많은 피드백을 주고받고 있지만 현재는 민간 세계가 이 혁명의 가장 큰 원동력을 제공하고 있다. 초강대국 간의 직접적인 전투는 없었지만 냉전 시기에는 당장 필요한 군사 장비에 대한 투자뿐만 아니라 무기 시스템 개선을 위한 장기적인 연구개발에 대한 투자도 이뤄졌다. 하지만 소련의 경우, 무기 시스템 개발을 위한 지출은 큰 효과를 거두지 못했는데, 군사 혁신의 결과를 민간 사회에 적용하기에는 소련의 경제 시스템이 너무 부실했기 때문이었다. 반면, 미국과 동맹 관계에 있는 여러 국가들에게 과학기술 발전에 기초한 군사 혁신은 민간 사회에도 많은 혜택을 제공했다.

냉전 시기는 여러 측면에서 제2차 세계대전 시기와 비슷했지만, 초강대국 간의 무력 충돌은 없었다. 마지막으로 베를린 장벽이 무너지기까지 냉전 시기를 통틀어 결정적인 정치적 또는 군사적 승리는 없었다. 애초부터 냉전은 군사력보다 경제력이 더 중요했던 소모전이었기 때문이다. 기존의 무기 시스템은 시간이 지남에 따라 점점 더 비용이 많이 드는 시스템으로 교체됐고, 기존의 시스템은 전투로 인한 파괴가 아니라 더 정교한 무기의 등장으로 인해 쓸모없게 됐다. 결국 나치 독일이나 제국주의 일본과 마찬가지로 소련도 역사의 쓰레기통으로 사라졌다. 소련의 경제가 평화로운 경쟁에 따른 비용을 감당하지 못했기 때문이었다.

냉전의 시작

제2차 세계대전에는 영국, 미국, 소련이라는 세 강대국이 참전했다. 윈스턴 처칠은 이를 "대동맹grand alliance"이라고 불렀지만, 실제로 이 동맹은 파우스트와 악마가 맺은 계약 관계 같은 것이었다. 영국과 미국은 추축국을 물리치기 위해 전례 없는 수준으로 협력했지만, 소련은 비밀스럽고 의심스러우며 비협조적인 태도를 유지했기 때문이다. 이 동맹을 하나로 묶어준 것은 잔악한 나치 정권이었다. 스탈린조차도 1942년 또는 1943년에 영국과 미국이 또 다른 전선을 구축하는 데 실패했음에도 불구하고 자신이 히틀러와 또 다른 협상을 시도하는 것이 어떤 의미를 가질지 알고 있었다. 이 강대국들의 이념과 열망이 서로 달랐다는 사실을 고려할 때 문제는 동맹이 끝날지 말지가 아니라 언제 끝날지의 문제였다. 제2차 세계대전 직후 이 동맹이 해체되지 않은 유일한 요인은 소련이 순순히 동맹국들의 의도에 동의할 것이라는 착각이었다.

평화가 찾아오면서 영국은 강대국으로서의 입지가 무너졌다. 추축국과의 전쟁에서 치러야 했던 희생이 영국 경제에 큰 타격을 입혔기 때문이었다. 또한, 더 공정한 사회를 만들고자 하는 노동당의 정책은 영국이 강대국으로서의 역할을 수행하는 것을 어렵게 만들었다. 당시 영국의 지도층과 국민은 대영제국을 유지할 수 있는 무자비함도 경제력도 모두 잃은 상태였다. 1948년 인도에 독립을 허용한 것은 역사상 가장 큰 제국이 해체되는 첫걸음이었다. 당시 영국은 전쟁 이후에도 군대를 유지하고자 했지만, 전쟁으로 입은 피해가 너무나 큰 나머지 과거 권세의 껍데기조차 남지 않은 상태였다.

미국은 1945년 전쟁이 끝난 후 세계 유일의 초강대국이자 모든 분야에서 경제 대국으로 부상했기에 그런 어려움은 없었다. 미국은 승전국 중 유일하게 전쟁으로 인한 물리적 피해를 입지 않았고, 산업 생산량을 거의 100%까지 확대했다. 경제학자들은 제1차 세계대전 이후와 마찬가지로 전쟁이 끝나면 미국이 경기 침체에 직면할 것이라고 우려했지만, 그런 일은 일어나지 않았다. 전쟁 중에 소비를 억제하면서 어쩔 수 없이 저축을 해야만 했던 미국인들은 전쟁이 끝나자 지출을 늘리기 시작했고, 이는 전쟁으로 시작된 경제 확장 물결을 더 크게 만들었다.

전쟁이 끝나자마자 미국은 군사력을 해체하기 시작했다. 대신, 미국은 국가 안보 유지를 위해 원자폭탄의 단독 보유에 의존했다. 1947년까지 미군의 규모는 1945년 8월의 4분의 1 이하로 축소되었고, 해외 파병은 서독과 일본의 점령군으로 제한됐다. 하지만 이 정도의 병력조차 미국 정치에 깊이 뿌리내린 고립주의자들에게는 너무 많아 보였다. 악화되는 국제 정세에도 불구하고 미국은 한국에서 전쟁이 발발할 때까지 대규모 재무장을 시작하지 않았다.

소련은 영국과 달리 연방을 유지하는 것뿐만 아니라 동유럽 위성 국가를 통제하기 위해서도 무자비함을 유지했다.[4] 1939년 8월 나치-소련 불가침 조약에 근거해 소련은 리투아니아, 라트비아, 에스토니아는 물론 러시아가 차르 치하에서 점령했던 폴란드와 루마니아 동부의 상당 부분을 되찾았다. 핀란드도 스탈린이 히틀러에 대한 협력으로 얻은 전리품의 일부가 될 예정이었지만, 핀란드인들은 '노동자와 농민의 천국'에 편입되기에는 너무 강했다. 게다가 전쟁 이후 소련은 전략적 우려 때문에 핀란드의 소련 연방 편입을 꺼렸을 수도 있다. 핀란드를 편입시키면 스웨덴이 북대서양조약기구NATO에 가입할 것이고, 그로 인해 발트 해에 미국 공군이 배치될 수도 있었기 때문이다. 스탈린은 1944년에 붉은 군대가 점령한 동유럽 국가들에 꼭두각시 정권을 세우는 데 거리낌이 없었다. 폴란드, 루마니아, 불가리아는 조지 오웰의 《동물농장》에서 묘사된 스탈린식 공산주의의 세계로 빠져들었다. 체코슬로바키아는 1948년에 쿠데타에 의해 새로운 제국에 편입됐다.

미국과 달리 소련은 전체 인구의 상당수를 계속 군대에서 복무시켰다. 소련의 경우, 전쟁이 끝날 무렵 총 1,136만5,000명이었던 병력을 전쟁 직후에 287만4,000명으로 줄였지만, 이 숫자도 미국에 비해서는 상당히 많은 것이었다.[5] 소련의 강력한 군사력은 주로 적군이 '해방시킨' 지역들을 소련의 영향권 내에 유지하기 위한 목적으로 사용됐다. 하지만 한편으로 이런 군사력 유지는 영국이나 미국을 믿지 못한 스탈린의 편집증적 결과

이기도 했다.[6] 소련의 독재자 스탈린은 잔인함 면에서는 마오쩌둥이나 히틀러에 못지 않았지만, 조금 달랐다. 그는 특히 소련이 전쟁에서 입은 막대한 피해로 인해 경제력 면에서 미국과 비교도 되지 않는다는 사실을 제대로 인식했고, 따라서 미국과 전쟁을 벌일 생각이 전혀 없었다. 또한 그는 미국의 원자폭탄 보유로 인한 소련과 미국의 군사력 불균형 상황을 최우선적으로 해결하려고 했다. 당시 스탈린은 "지금은 뛰어난 두뇌 그리고 그 두뇌들이 개발할 수 있는 군사 기술이 붉은 군대가 동유럽을 점령할 때 투입한 사단들만큼이나 중요하다."고 말했다.[7]

하지만 스탈린은 자신이 약하다고 생각되는 부분에서는 공격적으로 외교적·정치적 움직임을 취하고자 했고, 전쟁에서 파괴된 정도를 고려해 서유럽을 주요 공격 목표로 삼았다. 당시 미국, 영국, 프랑스, 소련의 점령 지역으로 나뉘어 있던 독일이야말로 스탈린이 가장 눈독을 들인 나라였다. 처음부터 소련은 독일이 비공산주의 국가로 통일되는 것을 막으려고 했고, 따라서 서구 열강의 점령 지역에 대한 통제권을 약화시키기 위해 모든 노력을 기울였다. 또한 소련군은 독일의 소련 점령 지역에서 현지인들이 폐허를 수습하고 재건을 위해 사용할 수 있었던 모든 물자를 징발했다. 동부 독일에서의 소련의 조치는 독일인들에게 소련에 대한 혐오감을 심어주었다.

냉전의 한기는 전쟁이 끝난 후부터 바로 느껴지기 시작했다. 전쟁 직후 미국이 고립주의로 회귀할 수도 있다는 우려가 제기되기도 했지만, 미국은 유럽과 아시아의 문제에 얽히게 될 수밖에 없었다. 독일 점령국이자 유일한 일본 점령국으로서 미국은 중요한 책임을 안고 있었기 때문이다. 1945년 가을, 일본의 식량이 바닥을 드러낸 상황에서 더글러스 맥아더는 대규모 기아를 막기 위해 충분한 식량을 제공하도록 미국 정부를 설득했다. 이는 맥아더의 정치적 행동 중에서 아마 가장 현명한 행동이었을 것이다.

당시 서구의 몇몇 지도자들은 스탈린이라는 인물의 위험성을 감지했다. 처칠은 1946년 3월에 미국 미주리 주 웨스트민스터대학교에서 한 연설에서 "발트 해의 슈체친에서 아드리아 해의 트리에스테까지 유럽 대륙에 철의 장막ironcurtain이 내려졌다."라고 공개적으로 경고했다. 그 13일 전, 모스크바 주재 미국 외교관 조지 케넌은 훗날 '긴 전보Long telegram'으로 알려진 장문의 전보를 본국에 보내 소련의 야망을 경고하고 이에 대응하기 위한 전략을 제시한 바 있었다. 그 이듬해《포린 어페어스Foreign Affairs》에 실린 익명의 글은 케넌의 생각을 다음과 같이 요약했다. "미국은 러시아의 팽창주의적 경향을 장기적이고 인내심을 가지면서도 단호하고 빈틈없이 억제해야 한다."[8]

결국 스탈린의 정책은 소련이 서방 국가들에게 정치적·군사적 위협이 된다는 것을 증명했다. 스탈린이 전쟁 직후 그렇게 빠르게 공격적인 움직임을 취하지 않았다면, 특히 당시 서유럽 국가들이 경제적 어려움을 겪고 있었고, 프랑스와 이탈리아에서 공산당 세력이 강했던 상황을 고려할 때, 소련은 더 많은 것을 얻었을 수도 있다. 스탈린은 먼저 중동에서 움직임을 강화했다. 영국과 소련은 소련군에 군사 지원을 제공하고 중동의 석유를 확보하기 위해 1941년 여름에 이란을 점령했었다. 영국은 전쟁이 끝나자 철수했지만, 소련은 이란의 북부 지역을 계속 점령했다. 하지만 1946년 초, 영국과 미국은 이란에 소련군이 계속 주둔하는 것을 문제 삼아 유엔에 보고했고, 스탈린은 군대와 공식적인 정치 공작원들을 철수시켰다.

하지만 당시 이보다 더 중요한 문제는 영국과 미국이 다르다넬스 제도에 대한 소련의 공동 통치 요구와 터키 영토 내 소련군 기지 설치를 거부한 터키(현 튀르키예)를 지원한 것이었다. 그로부터 1년 후인 1948년, 미국은 유고슬라비아의 지원을 받는 공산세력의 반란에 맞서고 있던 그리스와 터키에 대한 영국의 지원 작전에 합류했다.[9] 소련을 견제하기 위한 미국의 가장 중요한 조치는 1947년 6월에 국무장관 조지 마셜이 전쟁으로 황폐해진 유럽 재건을 목표로 하는 유럽부흥계획안(마셜 플랜)을 발표하면서 이루어졌다.[10] 미국 국무부는 미국이 유럽 재건에 참여하겠다고 발표하면서 이 계획안에 서유럽 국가뿐만 아니라 소련과 그 위성국들도 교묘하게 포함시켰다.

처음에 스탈린은 프랑스에서 열린 유럽부흥계획 1차 회의에 대표단을 보냈지만 즉시 철수시켰다. 스탈린은 소련 영토에 미국이 접근하는 것을 결코 허용할 수 없었기 때문이었다. 미국은 소련과 그 위성국가들의 대표단 철수를 선전 소재로 대대적으로 활용했다. 마셜 플랜은 미국의 기대 이상으로 서유럽의 경제를 부양하는 데 성공했다. 1948년부터 1962년까지 유럽 1인당 소득의 연간 성장률을 보면 회복의 정도를 알 수 있다. 영국 2.4%, 프랑스 3.4%, 이탈리아 5.6%, 서독 6.8%였다.[11] 1948년과 1952년 사이에 서독 경제는 산업 생산이 110%, GNP는 67%나 증가했다.[12]

스탈린은 소련과 옛 동맹국 사이에 계속 확실한 선을 그었다. 1948년 2월, 체코슬로바키아의 공산주의자들은 민주 정권을 전복하고, 체코슬로바키아 공화국 건국자의 아들인 얀 마사리크 외무장관을 프라하의 아파트 창문 밖으로 던져 버렸다. 프라하 쿠데타가 일어나자 그때까지 유럽부흥법안을 통과시키지 않던 미국 의회는 결국 이 법안을 통과시켰다. 그 시점에서 스탈린은 프라하 쿠데타로는 충분하지 않다고 판단해, 1948년 6월 베를린 봉쇄령을 내렸다. 스탈린의 결정에는 여러 가지 요인이 영향을 미쳤지만, 가장 중요한 것은 베를린이 동독 주민들을 마치 자석처럼 끌어당겼다는 사실이었다. 그 후 11개월 동안 인구 200만 명이 넘는 베를린에는 항공기 수송을 통해 석탄과 생필품이 공급됐고, 결국 스탈린은 봉쇄를 포기했다. 그 무렵 서방 강대국들은 NATO를 창설했고, 독일 서부 지역은 경제 기적을 이루기 위한 길을 걷고 있었다.

냉전이 심화되면서 아시아에서 중대한 사건들이 일어나고 있었다. 1949년 마오쩌둥의 공산당이 중국을 완전히 장악했다. 처음에 미국은 새 정권과 협력하기를 바랐지만 마오쩌둥은 장제스와 국민당을 본토에서 몰아낸 직후 스탈린 진영에 합류했다.[13] 그럼에도 불구하고 미국은 새 정권에 대해 실질적인 조치를 취하지 않았다. 심지어 미국은 장제스가 후퇴한 대만 섬의 기지를 보호해달라는 요청도 거부했다. 마오쩌둥과 그의 군대가 대만 침공을 준비하는 동안 하이난 섬은 1949년 3월 인민해방군PLA에 의해 점령됐다.

제2차 세계대전이 끝날 무렵 소련군은 북한, 미군은 남한을 점령했고 두 강대국은 38선을 경계선으로 설정하는 데 합의했다. 남한과 북한은 통일을 위한 노력에 협력할 의사가 없는 외세 의존적인 정부를 각각 수립했다. 북쪽에서는 소련이 김일성 치하의 공산주의 정권을 세웠고, 남쪽에서는 미국이 장제스와 성향이 같은 독재자 이승만을 지원했다. 이승만을 지원하는 미국은 남한 정부에 빨치산 제거 정도만 가능한 최소한의 병력을 남겨두고 1949년에 남한에서 철수했다. 그 이듬해 미국 국무장관 딘 애치슨은 대만과 남한이 미국의 아시아 방어선 안에 포함되지 않는다고 선언

했다.[14]

마오쩌둥이 중국을 접수한 직후부터 1년 남짓한 기간 동안 김일성은 계속 마오쩌둥과 스탈린에게 남한 침공을 허용해달라고 요청했다.[15] 김일성의 이런 행동은 북한의 침투 지원을 받은 남한의 빨치산 활동이 1950년 초에 실패한 것이 원인이었다. 당시 미군은 남한에서 병력을 철수시킨 상태였다. 미군의 철수는 애치슨 라인(미국의 극동 방어선) 밖으로 남한이 밀려난 것과 함께 스탈린이 북한군의 남침을 허용하는 데 영향을 미쳤다. 남침 당시 김일성은 인민군의 침공으로 남한 전역에서 이승만에 반대하는 봉기가 일어날 것이라고 믿었던 것 같다.

북한군은 장갑 전투 차량과 200여 대의 소련제 전투기 등으로 압도적인 군사적 우위를 점하고 있었다. 남한은 전차가 한 대도 없었고 포병도 열세였다.[16] 1950년 6월 25일 일요일에 시작된 남침은 시작 즉시 양측의 예상을 무너뜨렸다. 스탈린의 남침 승인은 그가 내린 최악의 전략적 실수 중 하나로 기록된다. 우선, 미국이 개입했고, 마오쩌둥의 중화인민공화국이 기존의 중화민국 대신 유엔 안전보장이사회에서 상임이사국으로 대표권을 행사해야 한다는 소련의 요구가 받아들여지지 않자 소련이 안전보장이사회 회의 참석을 거부하고 있었기 때문에 미국은 한국전쟁 개입에 대한 유엔의 공식적인 지지를 받을 수 있었다.

전략적 차원에서 볼 때, 이 침공의 가장 중요한 결과는 미국이 군사적 수단을 외교 정책과 균형을 맞추도록 만들었다는 데 있다. 1950년 3월, 폴 니츠Paul Nitze 주도로 국무부와 국방부가 구성한 연구 그룹은 미국의 대대적인 재무장을 요구하는 'NSC 68 보고서'를 작성했다. 이 보고서는 항공모함을 4척에서 12척으로 늘리고, 육군 규모를 10개 사단에서 전투 준비가 된 18개 사단과 17개 전투 연대로 늘리고, 공군 규모를 94개 비행단으로 늘려야 하며, 이를 위해 1951년의 방위 예산을 3배로 증액할 것을 권고했다.[17] 한국전쟁이 없었다면 NSC 68의 이 같은 권고 내용은 실현되지 못했을 것이다. 북한의 침공은 니츠의 전략적 가정을 검증하고 미국의 재무장을 위한 토대를 마련했다고 할 수 있다.

침공의 의도치 않은 결과는 공산주의자들에게도 마찬가지로 중요했다. 중국에게 이 침공은 전략적인 측면에서 재앙이었다. 북한군 남침 4일 만에 해리 트루먼 대통령은 제7함대에 대만 해협 봉쇄를 명령했다. 이는 중국 인민해방군이 국민당의 마지막 거점인 대만을 점령할 수 없도록 하기 위한 조치였다. 동남아시아에서 미국은 베트남에서 베트민 봉기를 진압하려던 프랑스에 대한 지원 철회 결정을 뒤집었는데, 이는 미국의 베트남전 참전이라는 재앙을 초래하게 되는 일련의 잘못된 결정 중 첫 번째였다.

북한 인민군은 전술과 작전 면에서 남한군에 비해 조금 더 나은 성과를 거두었지만, 북한군이 4일 안에 서울에 도착해 전쟁을 끝낼 것이라는 가정은 틀린 것으로 판명되었다. 남한군이 예상보다 좋은 성과를 냈기 때문이다. 남한군 중 일부 병력이 후퇴하기는 했지만 다른 병력들은 잘 싸웠다. 하지만 남한군 지도부에는 허점이 많았다.[18] 그럼에도 불구하고 남한군은 북한군이 남하하는 길을 막기 위해 전력을 다했다. 북한군은 진격하면서 계급과 이념에 반하는 적을 상대로 잔학 행위를 저질렀고, 특히 기독교인을 표적으로 삼았다.

소련은 북한군을 지원하기 위해 최선을 다했지만 병참에 충분한 주의를 기울이지 않았고, 그로 인해 북한군은 남진 과정에서 보급에 어려움을 겪었다. 또한 북한군은 전쟁 초기에는 일본에 배치돼 있던 미군 항공기의 공격을 받았고, 그 후에는 항공모함과 남한에 임시로 구축된 비행장에서 출격한 항공기들의 공격을 받았다. 미군은 7월 중순에 남한에 도착했지만 남한군보다 더 나은 성과를 거두지는 못했다. 일본에 배치돼 있던 이 미군 사단들은 병력이 부족하고, 제대로 훈련되지 않았으며, 장비가 허술해서 실질적으로는 주둔군에 가까웠기 때문이다.[19] 그 결과는 좋지 않았다. 미군은 열심히 싸웠지만 북한군의 전차와 대포에 밀렸다. 이러한 상황은 미국에서 지원군이 도착한 8월이 되어서야 개선됐다.

일본과 미국에서 점점 더 많은 미군이 도착하고 유엔군 항공기가 적의 보급선을 공격하면서 소모전이 벌어졌다. 한반도에 밀려드는 미군 장비와 증원군을 수용할 수 있는 유일한 항구였던 부산항 앞에서 북한군의 진격은 멈췄다. 미군과 남한군이 방어선을 굳건히 지키고 있는 가운데 맥아더는 마지막 작전을 준비했다. 그는 미국 정부 고위 관료들과 극동 지역 사령관 등 많은 사람들의 반대를 무릅쓰고 인천 상륙작전을 강행했다.[20] 상륙작전은 해병대, 육군, 해군의 합동작전으로 진행됐다. 곧 이어 서울 탈환이 이루어졌고, 상륙작전 이후에는 부산을 둘러싼 북한군의 보급로가 차단되었다. 유엔군과 남한군이 부산을 사수하기 위해 필사적으로 벌인 전투는 불과 며칠 만에 북한군의 패배로 끝났다.

그 시점에서 문제는 유엔군이 38선을 넘어 북한을 해방시킬 것인가로 모아졌다. 당연히 맥아더는 진격을 강력하게 주장했고, 트루먼에게 중국의 개입 가능성은 거의 없다고 장담했다. 사실 마오쩌둥은 북한 침공에 대한 논의가 시작될 때부터 인민해방군이 개입할 수도 있다는 점을 분명히 한 상태였다. 실제로 8월 초에 마오쩌둥은 "우리는 반드시 한국인을 도와야 한다. 우리는 자원병들을 보내는 형태로 한국인들을 도울 것이다."라고 말한 바 있었다.[21] 9월에 유엔군이 북진할 때 중국은 이미 만주에 상당한 병력을 배치한 상태였다. 10월에 압록강을 건넌 중공군은 수적으로 열세인 데다 준비도 안 된 유엔군과 마주쳤다. 시베리아에 겨울이 찾아오면서 유엔군의 북진은 중단됐다.

1950년 11월 말, 유엔군 서쪽에 전진 배치된 남한군 2개 사단이 중공군의 공격을 받아 궤멸됐다. 이어 중공군은 미 제2보병사단을 공격해 상당한 타격을 입혔고, 이 공격에서 제23보병연대만 탈출할 수 있었다. 또한 동쪽에서는 중공군이 함경남도의 장진호 유역에서 미군 1개 연대를 격파한 뒤 미 해병 1사단을 포위했다. 하지만 이 해병 사단은 중공군을 '다른 방향으로 공격하면서' 전투를 벌여 해안으로 탈출했다. 미 해병 1사단은 전사한 전투원 대부분과 부상자를 안전한 곳으로 후송하고 원산에서 철수함으로써 38도선에 가까운 방어선을 형성하는 데 도움을 주었다.[22]

어떻게든 국방비 지출을 제한하려고 했던 트루먼의 희망은 중국의 개입으로 사라진 상태였다. 당시 미국 행정부는 소련의 군사적 위협 대응, 유럽의 경제 회복 지원, NATO에 대한 군사 원조, 한국전쟁 지원 등 많은 부담을 떠안고 있었다. 1950년 12월 14일, 트루먼은 NSC 68 보고서의 권고 사항 대부분을 채택했다. 아시아에서의 전쟁에만 130억~150억 달러가 소요될 예정이었는데, 이는 전쟁 전 전체 국방 예산보다 많은 액수였다. 1951 회계연도의 전체 국방 예산은 562억 달러에 달했고, 그 이듬해에는 700억 달러로 늘어났다.[23] 미국의 군사력 증강은 전쟁 억지 측면을 넘어서 제5차 군사-사회 혁명에 크게 기여한 연구 개발의 토대를 제공했다.

지출을 충당하기 위해 미국 정부는 대대적으로 세금을 인상했다. 또한, 경제 동원과 함께 미국 젊은이들에 대한 징집이 시행됐다. 한국전쟁 첫해에 미 행정부는 58만5,000명을 징집하고, 80만6,000명의 예비군과 주방위군을 현역으로 소집했다.[24] 미국의 총 국방비는 1951년과 1952년 사이에 4배로 증가했다.[25] 1950년에 시작된 미국 인력과 경제 자원 동원은 규모가 계속 변화하긴 했지만 냉전이 끝날 때까지 지속됐다. 또한 동원이 시작되면서 공화당 내 고립주의자들의 목소리도 잦아들게 됐다.[26] 1952년 전당대회에서 공화당은 제2차 세계대전 당시 연합군의 유럽 침공을 지휘했고, 그 뒤 NATO의 초대 최고 사령관을 지낸 드와이트 아이젠하워를 미국 정치계의 마지막 고립주의자였던 로버트 태프트 대신 대통령 후보로 선출했다.

유엔군은 대부분 기계화 부대가 주력을 이루고 있었기 때문에 도보로만 이동했던 대규모 중공군의 추격을 빠르게 따돌리면서 북한에서 후퇴할 수 있었다. 중공군은 남진하는 동안 계속 미 공군의 공격을 받았으며, 이는 중공군의 진격과 보급에 모두 영향을 미쳤다. 1950년 12월 29일, 월튼 워커 장군이 사망하자 매튜 리지웨이 중장이 미 제8군 사령관에 취임했다. 당시 미 육군에서 가장 뛰어난 전술 지휘관이었던 리지웨이는 중공군과 북한군이 유엔군을 38선 이남으로 몰아내고 서울을 다시 점령한 심각한 상황을 이어 받았다.

리지웨이는 그의 명성에 걸맞은 활약을 펼쳤다. 그의 사단들은 병력은 부족했지만 압도적인 화력을 보유하고 있었다. 1951년 1월 말, 중공군이 병력 손실과 미국 공군의 보급선 공격으로 지쳐있을 때 리지웨이는 정찰대를 투입한 뒤 반격해 중공군에게 막대한 타격을 주었다. 이 공격으로 인해 리지웨이는 유엔군의 자신감을 회복시킬 수 있었다. 중공군은 2월

11일에 공세를 재개했지만 7일간의 격렬한 전투 끝에 패배했다. 중공군의 인력으로도 유엔군의 화력을 극복할 수 없었다. 유엔군은 2월 중순부터 킬러 작전Operation Killer을 시작으로 연이어 중공군을 공격했고, 3월 말에는 리퍼 작전Operation Ripper을 통해 서울을 다시 탈환했다.[27]

한국에서 전투가 벌어지는 동안 맥아더는 선을 넘어 정치 영역으로 뛰어들었다. 그는 전쟁을 만주로 확대할 것을 촉구했다. 오마 브래들리 미군 합참의장은 만주 침공을 "잘못된 장소, 잘못된 시간, 잘못된 적과의 잘못된 전쟁"이라며, 전략적 문제를 꼬집었다.[28] 결국 4월에 트루먼은 맥아더를 해임했다.

유엔군의 공세는 6월까지 계속됐다. 그 무렵 유엔군은 38선 너머까지 진격했고, 공산군은 심각한 타격을 입은 상태였다. 중공군의 문제를 더욱 악화시킨 것은 미 공군의 지속적인 병참 시스템 타격이었다. 당시에 공세가 더 진행됐다면 공산군은 즉각적인 휴전에 동의했을 것이다. 하지만 유엔군 최고사령부는 위기에 처한 공산군이 진지한 협상을 시작할 것이라는 믿음으로 공세를 중단했다. 하지만 공산군은 그들의 예상대로 움직이지 않았고, 스탈린은 미국이 아시아에 계속 개입하는 것이 유용하다고 판단했기 때문에 한국전쟁은 제1차 세계대전과 비슷한 교착 상태에서 2년 더 계속됐다. 1953년 3월, 스탈린의 사망으로 휴전의 길이 열렸다. 하지만 이 휴전으로 인한 평화는 남북 통일에 대한 희망을 제공하지 못했다. 오히려 이 평화는 남북 간의 경제적·정치적 경쟁을 촉발했고, 그 과정에서 남한은 처음에는 느렸지만 곧 빠르게 경제 강국을 건설하면서 민주주의를 구축한 반면 북한은 국민을 먹여 살릴 수 없는 무자비한 독재 체제로 전락했다.

한국전쟁은 냉전시기의 주요 전환점이었다. 이 전쟁은 강대국 간의 이데올로기 갈등에서 전략적 틀을 변화시킨 전쟁이자 재래식 전쟁의 중요성이 여전하다는 것을 보여준 전쟁이었다. 핵전쟁의 위협은 이런 이데올로기 갈등에서 여전히 중요한 역할을 했지만, 인류 사회를 황폐화시킨 것은 재래식 전쟁이었다. 소련이 전쟁으로 이어질 수 있는 위협을 계속하는 것을 억제하기 위해서는 미군과 NATO군이 강력한 힘을 계속 유지해야 했다. 하지만 당시 미국이나 유럽 국가들이 소련군의 전력에 대항할 수 있는 재래식 전력을 구축하는 데 열의를 보이지 않았다는 사실은 냉전의 수수께끼 중 하나다.

한국전쟁에서 새로운 무기가 도입되지는 않았다. 하지만 한국전쟁은 장기적인 측면에서 특정한 역할을 했다. 역사학자 월터 맥두걸은 "한국전쟁은 대규모 연구개발, 과학, 산업, 정부의 통합, 경제 통제라는 개념을 미국이라는 시스템에 안착시켰다."라고 지적했다.[29] 이 개념은 아이젠하워가 1961년에 퇴임 연설에서 '군산복합체military-industrial complex'라는 말을 사용할 정도로 중요한 역할을 했다. 군산복합체는 사실 그렇게 부정적인 뜻을 가지고 있지는 않다. 이 개념에 기초한 국방 예산 증강으로 미국과 소련의 기술 격차를 벌리는 연구 개발과 투자가 가능했기 때문이다. 그 효과는 즉각적이지는 않았지만 수십 년에 걸쳐 나타났다. 결국 미국의 연구 개발 노력은 제5차 군사-사회 혁명의 많은 부분을 뒷받침한 토대를 만들었다.

경제 전쟁, 1945~1990년

스탈린이 5년만 더 살았다면 제3차 세계대전으로 이어지는 길을 걸었을지도 모른다. 하지만 그의 후계자들은 달랐다. 그들은 표면적으로는 마르크스주의를 신봉했지만, 실제로는 가능한 한 핵전쟁을 피하려고 했다. 소련과 미국 간의 갈등은 장기적인 정치·경제적 전쟁으로 변화했고, 그 전쟁의 과정에서 기술에 기반한 새로운 무기의 개발이 이뤄졌다. 하지만 제2차 세계대전에서처럼 이 전쟁의 결과는 군사 조직과 연구 개발을 지원할 수 있는 경제·재정적 능력에 의해 결정됐다.

1945년에 소련은 전쟁으로 인프라가 황폐화된 상태에서 경제 전쟁에 뛰어들었다. 따라서 소련이 우선적으로 해야 할 일은 인프라 재건이었다. 몇 가지 주요 요인이 부담을 주었는데, 그중 가장 문제가 된 것은 소련 경제 시스템의 특성이었다.[30] 소련의 중앙 계획 경제는 군대를 지원하는 데 필요한 중공업을 재건할 수 있는 능력을 입증했지만, 1970년 이후 서구의 과학기술 발전에 대응할 수 있는 유연성이 부족했다. 또한 소련 경제는 예상치 못한 혁신적인 요소들이 새로운 경제 성장의 길을 열었음에도 불구하고 이를 적용하지 못했다.

당시 서구 강대국들의 문제 중 하나는 소련의 경제 규모를 제대로 파악하지 못해 소련의 GNP에서 군비 지출이 차지하는 비율을 계산하기 어려웠다는 점이었다. 1970년대 초에 미국 중앙정보국CIA은 이 비율에 대한 추정치를 제시했지만 수많은 지적을 받았고, 결국 추정치를 11~13%로 상향 조정했다. 하지만 학계의 추산과 일치하는 높은 추정치조차도 현실을 과소평가한 것이었다. 문제는 분모, 즉 소련의 GNP에 대한 추정치였다. CIA와 학계 모두 소련의 경제 규모가 미국의 절반 정도라고 계산했다. 하지만 지금 돌이켜보면, 특히 시스템의 낭비와 같은 문제를 고려할 때 소련의 경제 규모는 미국의 3분의 1 정도로 추산했어야 했다.[31] 실제로 냉전이 끝난 뒤 미국 국방부 총괄평가국은 1970년대와 1980년대에 소련의 GDP가 미국의 25%를 넘지 않았다고 추산했다.[32] 또한 냉전 마지막 수십 년 동안 소련이 GDP의 25~40%를 국방에 지출했다는 추정이 제기되기도 했다.[33]

미국의 국방비 지출 비율은 GDP 기준으로는 소련보다 훨씬 적었다. 하지만 미국 경제의 규모는 소련의 약 3배였다. 1960년에 미국의 국방비 지출은 GDP의 8.62%였다. 30년간의 냉전 기간 중 최고점은 베트남전쟁 중이던 1967년의 9.02%였다.[34] 이 30년의 기간 중 최저점을 기록했던 1979년에도 미국 국방비 지출은 GDP 대비 4.77%에 달했다. 레이건 정부 시절인 1982년에는 이 비율이 6.57%로 올라갔다. 당시 소련의 GDP는 미국의 3분의 1 수준이었기 때문에 소련은 1979년부터 1982년까지 미국의 국방비 지출 증가율에 맞추려면 국방비를 GDP의 7% 이상 늘려야 했을 것이다.[35]

한 역사학자는 "서구 국가들의 경제는 거대한 경제 시스템에 편입되어 있어 국가 간 기술 이전이 상대적으로 쉬웠고, 국가 간 경쟁이 치열했기 때문에 혁신에 대한 욕구도 비교적 강했다."라고 말한다.[36] 1970년대부터 서구에서는 산업시대가 저물고 정보화시대가 도래하면서 컴퓨터와 전자 분야의 혁신이 경제 성장을 뒷받침하는 데 점점 더 중요해졌다. 반면, 소련의 경제 시스템은 전혀 그렇지 않았다. 게다가 소련의 중앙화된 집단 농업 시스템은 인간의 본성을 전혀 고려하지 않았고, 그 결과 매년 재앙 수준의 수확이 계속됐다.

소련의 경제적 상황이 더욱 악화된 것은 1945년에 스탈린이 재래식 지상군 및 공군에 대한 주요 공약을 발표하면서 세 가지 주요 국방 프로그램을 시작했기 때문이었다.[37] 첫 번째는 원자폭탄 개발 프로그램, 두 번째는 독일의 V-2 탄도 미사일을 개선해 대륙간 핵미사일을 개발하기 위한 프로그램, 세 번째는 통합 방공 시스템을 개발하는 프로그램이었다. 스탈린은 특히 통합 방공 시스템 개발을 중시했는데, 이는 1941년에 독일 공군의 공습으로 소련 산업이 파괴된 일, 연합군 공중 폭격CBO으로 인해 독일이 폐허가 된 일, 원자폭탄 투하로 일본이 잿더미가 된 일 등 제2차 세계대전에서 소련이 직접 겪거나 목격한 일을 스탈린이 늘 생각하고 있었기 때문이었다. 방공에 중점을 둔 것은 미국이 소련에 CBO 같은 공중 공격을 할 가능성에 대비한 것이었다.

방공 시스템 구축에는 레이더와 통신 기술, 레이더 유도 대공포, 정교한 레이더를 장착한 전투기, 지대공 미사일SAM에 대한 투자가 필요했지만, 전쟁 중에 소련은 그중 어떤 것에도 투자를 할 수 없는 상태였고 이는 전후에도 영향을 미쳤다. 게다가 소련의 방공 시스템은 동유럽의 꼭두각시 정권들은 물론 11개 시간대를 아우르는 광활한 영토를 보호해야 했다. 한 연구자에 따르면 이 방공 시스템은 그 정교함과 복잡성에서 소련의 핵무기 시스템과 맞먹을 정도였다.[38] 방공 시스템의 구성요소들은 제2차 세계대전 중의 소련군에게는 중요한 요소가 아니었고, 게다가 이 프로그램 구축 과정에서 관료들의 이해관계가 개입해 어려움이 가중됐다.[39] 그러나 1960년대 후반 미국이 방공 시스템에 대한 투자를 중단하는 동안에도 소련은 계속 개발을 이어나갔다. 1980년대에 소련은 1만 대의 SAM과 3,000대 이상의 요격기를 소련의 광활한 외곽 지역에 배치하고 있었다.

핵무기에 기반한 평형상태

아이젠하워 대통령은 한국전쟁 기간 동안 국방비 지출이 증가하자 '새로운 전망New Look'이라는 이름의 정책을 통해 국방 정책을 재구성했다. 그는 핵무기를 이용한 대규모 보복 위협을 통해 전쟁을 억지하는 방향으로 미국의 전략을 전환해 국방비 지출을 줄이고자 했다. 전쟁 억지의 수단은 전략공군사령부SAC, Strategic Air Command였다.[40] 1949년에 소련의 원자폭탄 실험 성공은 두 초강대국 간의 핵무기 및 발사 시스템 우위 경쟁을 촉발했고, 이는 장기적으로 영향을 끼쳤다.

1946년 당시 미국은 9개의 원자폭탄을 보유하고 있었고, 원자폭탄을 투하할 수 있는 B-29 폭격기는 29대를 가지고 있었다.[41] 원자폭탄은 미국 원자력 위원회Atomic Energy Commission의 통제하에 있었고, B-29는 항법 시스템이 구식이었기 때문에 날씨가 맑을 때를 제외하고는 소련에서 목표물을 찾아내기가 어려웠다. 그러던 1948년 10월, 커티스 르메이 중장이 SAC의 지휘권을 인수했다. 부하들은 그를 '낡은 철 바지Old Iron Pants'라는 별로 다정하지 않은 별명으로 불렀지만, 곧 SAC는 물론 공군 전체가 르메이의 진중하고 원칙적인 접근 방식을 따르게 됐다. 소련과의 전쟁에 대비해 그가 구상한 사령부 운영 방식은 당시 미국의 전략에 대해 많은 것을 알려준다. 소련에 대한 SAC의 공격 계획을 담은 그의 초기 브리핑에는 "국가 소멸To Kill a Nation"이라는 제목이 붙어 있었다. 이 브리핑 내용은 한 차례의 공격을 통해 미국이 당시 보유하고 있던 총 133개의 원자폭탄을 소련의 70개 도시에 대대적으로 투하한다는 것이었다. 이 계획을 세운 사람들은 이런 공격이야말로 "전쟁을 경제적이고, 합리적이고, 적은 비용

으로 수행할 수 있는 기회"를 제공할 것이라고 주장했다.[42]

이에 따라 더 먼 거리에서 더 높은 치사율로 적을 공격할 수 있는 최고의 전쟁 무기로 항공기가 부상했다. 이 전략은 연구개발에 특히 중점을 두었다. 하지만 곧 문제가 드러났다. 공군력으로는 영토를 점령할 수도 없고 이데올로기를 없앨 수도 없기 때문이었다. 게다가 냉전 기간에는 제한적인 전쟁을 수행해야 한다는 정치적 제약이 있었기 때문에, 이 전략은 현실적으로 효과가 크게 제한될 수밖에 없었다.

미국이 핵 전력을 강화하기 위해서는 항공기 속도, 항속거리, 탑재 능력의 개선이 필요했다. 1948년에 이미 B-29는 소련에 대한 전략적 핵 공격을 수행하기에 적합하지 않은 기종이었다. 첫 번째 대체항공기는 6개의 선형 엔진을 장착한 대형 폭격기인 B-36이었다.[43] 제조업체는 1차로 B-36 84대를 제작한 후 각 날개에 2개의 제트 엔진을 포드pod(비행기 동체 밑의, 연료·장비·무기 등을 싣는 유선형 공간 – 옮긴이)에 추가한 형태로 176대를 더 생산했다. B-36은 1948년에 취역해 단계적으로 소진되다가 1959년에 완전히 재고가 소진됐다.[44] B-36은 항속거리 1만 마일(약 1만6,000킬로미터)의 최초의 진정한 대륙간 폭격기였지만, 소련의 미그-15 제트 전투기에 비해 취약할 뿐만 아니라 유지비가 너무 많이 든다는 단점이 있었다.

미국 최초의 제트 전략폭격기인 B-47은 1951년에 B-36의 뒤를 이어 1960년대 초까지 대부분의 임무를 수행했다. 보잉은 총 1,741대의 전투용 B-47과 287대의 정찰용 B-47을 제작했다. 하지만 B-47은 항속거리가 짧았기 때문에 진정한 의미의 대륙간 폭격기라고 할 수는 없었다. 그 부족함을 메우기 위해, 공군은 소련의 목표물을 폭격하기 위해 비행 중인 폭격기의 공중 급유기로 사용하기 위해 B-29의 파생형인 KC-97 811대를 구매했다. 1957년, 보잉은 707과 함께 제트 동력 공중급유기 KC-135의 개발을 완료했다. 보잉 707은 그때부터 민간 항공기로 가장 많이 사용되기 시작했다. 군용 항공기를 민간 항공기로 사용면서 민간인의 여행에도 막대한 변화가 발생했다. 공군은 총 811대의 공중급유기 기종을 구매했다.[45]

B-52는 1955년부터 날기 시작했다. 보잉은 이 특별한 항공기를 742대 생산했으며, 이 중 H 모델은 2020년에도 76대가 계속 운항됐고, 마지막 모델은 1963년에 출고됐다. B-52는 최초의 진정한 대륙간 폭격기였으며, 특히 KC-135의 급유를 통해 항속거리가 확장됐다. 폭격기와 유조선의 생산은 미국의 기술과 산업의 강점을 보여준다. 1950년대에 소련이 생산한 유일한 중폭격기는 미야시초프 M-4였다. 그러나 이 폭격기는 소련에서 북미까지 왕복 임무를 수행할 수 없었고, 소련은 어쩔 수 없이 이 기종 대부분을 장거리 공중급유기로 사용했다.[46]

1950년대에는 제2차 세계대전 당시 나치가 개발했던 V-2 탄도 미사일 기술에서 파생된 대규모 프로그램들도 실행됐다. 1956년에 소련이 최초로 인공위성인 스푸트니크 발사에 성공하면서 미국의 탄도미사일 프로그램도 속도를 내기 시작했다.[47] 이 프로그램의 주도권을 잡기 위해 미군 내여러 군종이 치열한 다툼을 벌였지만 결국 주도권은 공군이 확보했다. 공군이 처음 배치한 아틀라스와 타이탄은 액체 연료로 유지 관리하기가 어려웠다. 하지만 1965년, 고체 연료를 사용하는 미니트맨이 도입되면서 미국의 핵 억지력은 훨씬 더 강력해졌다. 1970년대까지 공군은 대륙간탄도미사일ICBM 1,000기를 배치했다.[48] 물론, 해군도 이 핵미사일 프로그램에 참여했다. 해군 작전사령관 알레이 버크 제독의 주도로 해군은 1959년 12월에 최초의 잠수함 발사 탄도미사일SSBN인 조지 워싱턴을 생산했다. 그

562

로부터 5개월 후 해군은 최초의 폴라리스 미사일을 수중에서 발사했고, 1960년대 중반까지 총 41기의 SSBN을 보유하게 됐다. 이로써 폭격기, 지상 기반 미사일, 해상 기반 미사일의 세 가지 주요 발사 체계로 구성되는 핵 트라이앵글이 완성됐다.

1960년대 중반이 되자 해병대를 제외한 모든 군종의 핵무장이 본격화됐다. 반면, 재래식 전력은 축소됐다. 하지만 핵무기의 마법에 가장 심하게 사로잡힌 것은 공군이었다. 한국전쟁이 끝나자마자 공군 지도자들은 과거는 묻어버렸다. 이런 근시안적인 태도는 한편으로는 트루먼과 아이젠하워가 한국에서의 공군 작전에 정치적 제약을 가했고, 다른 한편으로는 소련을 억제하기 위해 핵전력 증강을 강조한 데서 비롯된 것이었다. 공군 역사가인 로버트 F. 퍼트렐은 이런 접근 방식에 대해 "무기를 전쟁에 맞추기보다는 전쟁에 맞는 무기, 즉 핵 공군력을 만드는 데 중점을 두었으며 당시는 전략이 무기를 결정하는 것이 아니라 무기가 전략을 결정하는 시대였다."라고 말한다.[49]

1962년 가을, 미국은 그토록 치밀하게 준비해온 핵전쟁에 임박했다. 소련의 지도자 니키타 흐루쇼프가 소련이 군비 경쟁에서 미국에 뒤처진다는 사실을 깨닫고, 군사적 우위를 확보하기 위해 쿠바에 중거리 미사일을 배치하는 엄청난 도박을 감행했기 때문이었다. 소련은 최신형 SAM인 SA-2도 쿠바에 배치했다. 그로부터 일주일 동안 세계는 핵전쟁이라는 재앙 직전에 놓였지만, 결국 흐루쇼프는 소련의 약점을 인식하고 뒤로 물러났다. 얼마 지나지 않아 그는 권좌에서 물러났고, 소련이 다시는 약자의 위치에서 미국과 맞서서는 안 된다고 다짐한 그의 후계자들은 재래식 무기와 핵무기 모두 대대적인 재무장을 하기 위한 프로그램을 시작했다. 소련의 경제적 취약성을 고려할 때 이는 전략적으로 매우 위험한 선택이었다.

　미국이 베트남전쟁에 참전했을 때, 파견된 미군은 미국 역사상 평시에 가장 잘 준비된 군대였다. 케네디 행정부가 국방 예산을 대폭 늘린 덕분에 미군은 재래식 전력을 구축할 수 있었다. 하지만 베트남전쟁에 참전한 미군은 정치·군사적으로 노회한 상대와 게릴라전을 치러야 했다. 대부분의 미국 지도자들은 군인이든 민간인이든 적의 이념적 사고방식이 얼마나 철저한지 잘 몰랐고, 8년 전인 1954년에 프랑스군이 디엔비엔푸 전투에서 불명예스럽게 패배한 일은 염두에도 두지 않고 있었다. 프랑스식 고등학교 꾸억 혹Quoc Hoc에서 교육을 받은 북베트남 지도자들은 프랑스혁명을 가장 극단적인 형태로 물려받은 사람들이었다. 그들은 미국이 아무리 압력을 가해도 항복을 거부하는 난공불락의 적이었다. 남부에서 전쟁을 지휘한 미국의 베트남 군사원조사령부는 화력으로 대응했지만, 적뿐만 아니라 수많은 민간인이 희생되었다.[50] 미국의 접근 방식은 비정규전과 고난과 손실을 감수하겠다는 의지를 가진 적에 맞서 재래식 군사력을 사용하는 것이었다.

　베트남 북부에서의 전투는 정확한 표적 공습을 통해 북베트남을 평화협상 테이블로 끌어낼 수 있다는 믿음에 기반한 공습 전투였다. 하지만 결국 미국 공군과 해군은 공군 전력에 대한 접근 방식에 문제가 있음을 인정할 수밖에 없었다. 첫째, 조종사들은 공대공 전투에 대비해 충분한 훈련을 받지 못했다. 둘째, 정밀 타격 폭격이 실제로는 그다지 정확하지 않았다. 이런 약점은 무기와 전술의 중요한 혁신으로 이어졌다. 1972년, 미국 공군은 레이저 유도 폭탄을 도입했고, 그해 라인백커 작전Operation Linebacker에서 2만8,000발의 레이저 유도 폭탄을 사용했다.

1975년, 베트남 철군이 완료되고 곧이어 남베트남이 붕괴되면서 미국은 미국 사회를 분열시키고 국가 군사 조직을 거의 초토화시킨 참혹한 전쟁의 여파에 직면했다. 게다가 군대는 전쟁에 필요한 무기 외 다른 물자들의 조달은 제대로 받지 못하게 됐다. 하지만 베트남전 패배가 미친 전략적인 영향은 예상보다는 크지 않았다. 아이러니한 사실은 당시의 '베트남 신드롬'과 군대의 상태 때문에 1980년대에 미국은 또 다른 베트남전쟁을 시작할 수 없었다는 것이다.

반면 소련은 상대적으로 미국의 입지가 약해진 이 상황이 소련의 영향력을 확대할 수 있는 기회라고 생각했다. 1950년대 중반 이집트에 대한 지원과 1960년대 초 피델 카스트로에 대한 지원이 그 시발점이었다. 이 두 가지 노력 모두 비용이 많이 들었다. 게다가 이집트인들은 무능하기까지 했다. 이런 어려움에도 불구하고 소련은 1970년대에 개발도상국들을 소련의 영향권 안으로 끌어들이기 위해 상당한 투자를 했다. 그 결과, 소말리아, 에티오피아, 에리트레아, 아프가니스탄이 소련 쪽으로 기울었다. 하지만 이들 나라를 지원하기 위한 소련의 모든 노력은 점점 더 경제에 큰 부담이 되기 시작했다.

아프가니스탄에 대한 소련의 개입은 군사·정치적 재앙으로 이어졌다. 1973년, 소련의 묵인하에 이뤄진 쿠데타로 아프가니스탄 군주제가 전복됐다. 하지만 사태는 곧 통제 불능 상태가 되었고, 1979년 12월 소련은 어쩔 수 없이 문제를 해결해야 한다는 사실을 깨닫고 군대를 파견했다. 그러나 미국이 반정부 이슬람 군사단체인 무자헤딘에 무기와 기타 자원을 전폭적으로 지원하면서 아프가니스탄전쟁은 소련군에게 악몽으로 변했다. 아프가니스탄전쟁은 소련 붕괴의 주요 원인 중 하나였다. 또한 소련이 철수한 1990년대에 아프가니스탄은 아랍 과격파들의 성지로 변하면서 심각한 후폭풍을 불러일으켰다.

미군의 회복

베트남전쟁의 경험으로 군대의 기강이 무너질 대로 무너진 미국은 우선 자국 내 질서를 회복해야 했다. 게다가 미국의 무기 기술이 급속하게 발달하면서 가격도 점점 더 비싸지는 문제도 해결해야 했다. 가장 눈에 띄는 개선은 육군과 공군의 훈련 방식에서 나타났다. 1970년대 내내 해군의 '탑건Top Gun'과 공군의 '레드 플래그Red Flag'는 공대공 전투 상황을 시뮬레이션하는 공군 조종사들의 능력을 향상시키는 동시에 참가자들의 성과에 대한 평가도 개선했다. 1980년대 초, 육군은 지상군에게 첨단 기술 훈련 환경을 제공하기 위해 국립 훈련 센터와 합동 기동 훈련 센터를 설립했다.

돌이켜보면, 1970년대 후반과 1980년대는 미군에게 놀라운 혁신과 적응의 시기였다. 1980년대에 큰 성과를 거둔 순항 미사일과 스텔스기에 대한 연구는 당시 카터 행정부의 지원을 받았다. 베트남전쟁을 통해 드러난 약점은 1980년대 군사력 확장의 토대가 되었고, 항공기 성능과 무기 정확도를 획기적으로 향상시킨 군사 혁신의 시작이 되었다. 1977년 1월에 대통령에 취임한 지미 카터는 미국이 국방비를 삭감하고 소련과 합의에 도달할 수 있다는 신념을 가지고 있었다. 당시 일부에서는 소련의 핵 수준이 미국과 거의 동등해졌기 때문에 소련이 미사일 개발을 중단할 것이라는 주장이 있었지만 실제로 그런 일은 일어나지 않았다.

1970년 여름, 닉슨 행정부의 징병제 폐지 결정은 미국 군대 역사에서 가장 중요한 변화를 촉발했다고 할 수 있을 것이다. 이 결정은 베트남전 당시 징집 대상이었던 미국 젊은이들이 심리적 압박을 느껴 급진주의자가 되는 것을 보고, 그런 현상을 막기 위해 내린 정치적 결정이었다. 1972년에 처음 실시된 징병 추첨제는 모병제를 향한 여정의 시작이었다. 모병제는 필요한 틀을 만드는 데 많은 어려움을 겪은 끝에 1970년대 중반이 돼서야 확실하게 자리를 잡았다. 하지만 모병제로의 전환은 의도치 않은 중대한 변화를 초래했다. 지원자들이 4년간 의무 복무를 하게 됨으로써 군은 제2차 세계대전 이후 징집된 병사들보다 더 높은 기준을 달성할 수 있는 시간과 관심을 가진 인력을 확보할 수 있었던 것이다. 이를 통해 군대는 신병 교육에 소요되는 시간을 줄이고, 정교하고 복잡한 훈련에 집중할 수 있었다. 이는 점점 더 정교해지는 무기 체계를 갖춘 군대에 큰 이점이 되었다. 이러한 훈련은 1980년대에 이뤄진 미국의 군사력 향상에 결정적인 역할을 했다.[51]

1970년대에도 컴퓨터 관련 기술은 꾸준히 인상적인 발전을 거듭했다. 2020년대를 살아가는 사람들이 1960년대와 1970년대의 컴퓨터가 얼마나 원시적이었는지 상상하기는 쉽지 않을 것이다. 스탠리 큐브릭의 1969년 영화 〈2001: 스페이스 오디세이〉에 등장하는 컴퓨터의 크기를 보면 그 후 컴퓨터가 얼마나 극적으로 소형화됐는지 알 수 있다.[52] 이 새로운 혁명, 즉 컴퓨터 혁명을 이끈 혁신 중 가장 중요한 두 가지가 군사적 필요에 의해 이뤄진 것이다.

첫 번째 혁신은 제2차 세계대전 이후 소련의 암호를 해독하려는 정보 기관의 노력에서 비롯되었다. 서구 강대국들은 추축국을 상대로 성공했던 것처럼 소련을 상대로도 성공을 거둘 수 있을 것으로 기대했고, 한동안은 실제로 성공을 거두었다. 하지만 소련이 자국 암호 시스템의 약점을 깨닫게 되면서 그 성공은 오래가지 못했다. 1948년 11월, 소련은 메시지 트래픽을 해독할 수 없게 만드는 암호화 시스템을 업그레이드하기 시작했다. 소련의 암호에 접근할 수 있는 열쇠를 찾기 위해 미국 국가안보국 NSA은 문제 해결을 위한 인력을 늘리고, 최초의 디지털 컴퓨터를 도입하고, 더 강력한 성능의 컴퓨터 시스템을 도입했다. 이 작업의 대부분은 민간 부문과의 파트너십을 통해 이루어졌으며 이를 통해 일부 대기업, 특히 IBM은 점점 더 정교한 컴퓨터를 개발했다.[53] 이런 노력으로도 소련의 암호를 해독하는 데는 실패했지만, IBM을 비롯한 컴퓨터 제조업체들은 암호 분석 과정에서 알게 된 내용을 정부 기관과 민간 분야의 업무에 적용했다.

1956년, NSA는 "러시아의 첨단 시스템에 대한 전면적인 공격 권고"라는 제목의 보고서를 발표했다. 당시 IBM은 자사의 주력 컴퓨터인 IBM 705의 속도를 100배 향상시키는 방법을 연구하고 있었다. IBM 705는 NSA용으로 개발되었지만, 로스앨러모스 국립 연구소(국가안보, 우주탐사, 재생에너지, 의약, 나노기술, 슈퍼컴퓨터 등 광범위한 연구를 하는 세계 최대 연구소 중의 하나 - 옮긴이), 기상청, 육군 무기 연구소 등에도 판매되고 있었다. IBM은 NSA용으로 제작한 기계가 다른 용도로도 사용될 수 있도록 보장하는 정책을 시행하고 있었기 때문이다. 1950년대 후반에는 NSA와 IBM의 관계가 매우 밀접해졌다. IBM은 NSA가 사용하는 컴퓨터의 절반을 공급했고, 제품에 대한 수수료로 매년 400만 달러 이상을 벌어들이고 있었다.

IBM은 이 수익으로 점점 더 비싸고 고성능의 컴퓨터를 만들어냈다. 1962년에 NSA에 설치할 IBM 7950의 가격을 1,900만 달러로 책정했고, 여기에 소모품 비용 100만 달러, 소프트웨어 개발 및 시스템 운영자 교육 비용 420만 달러, 설치 비용 약 20만 달러를 추가했다. 또한 NSA는 이 컴퓨터를 사용하는 동안 매년 76만5,000달러의 임대료를 별도로 지불해야 했다. 1950년대와 1960년대 초에 NSA는 다양한 업체에서 컴퓨터를 구입하는 데 1억 달러 이상을 지출했다. 하지만 그렇게 해서 NSA가 얻은 정보는 '상당히 낮은 수준'에 불과했다.[54]

1958년에, 정부 산하의 한 위원회는 가장 정교한 소련의 암호 시스템에 침투하려면 "10^{16}개의 가능성을 테스트해야 하며, 알려진 또는 예상되는 컴퓨팅 장치에 전력을 공급하는 데 필요한 전기 비용으로 메시지당 $2,000,000,000,000,000,000,000달러가 소요된다."라는 결론을 내렸다.[55] 그로부터 30년이 지나 기술이 발전하자, 25만 달러짜리 기계가 이틀 만에 그 정도 수준의 문제를 해결할 수 있게 되었다.[56] 당시 왜 NSA에 더 뛰어난 성능의 컴퓨터가 절실하게 필요했는지는 이해가 될 것이다. 결국 이 컴퓨터는 소련의 암호 해독에는 거의 성공하지 못했지만, 다른 분야에서 중요한 역할을 했다.

컴퓨터 기술 개발의 두 번째 추진력은 우주 경쟁에서 비롯되었다. 미국과 소련 모두 제3제국에게는 자원 낭비일 뿐이었던 독일의 V-2 로켓의 영향을 크게 받았다.[57] 소련은 주로 스탈린의 지시에 따라 미국보다 미사일 프로그램을 더 강도 높게 추진했다. 1950년대 중반이 되자 양쪽 모두 상당한 규모의 미사일 프로그램을 보유하게 됐다. 여러 가지 이유로 소련의 미사일은 훨씬 더 컸다. 제조 능력이 부족해 로켓에 더 많은 여분이 필요했던 것에 부분적으로 그 원인이 있었다고 추정된다. 월터 맥두걸은 "소련의 거대한 미사일은 지극히 원시적이었다. 그리고 1950년대에 소련을 앞서 보이게 만들었던 바로 그 시스템이 1960년대에는 소련을 뒤처지게 만드는 걸림돌이 되었다."라고 지적했다.[58] 또한 미사일의 크기 때문에 소련은 유도 및 전자 부품의 소형화에도 노력을 덜 기울이게 됐다.

소련은 최초의 인공위성인 스푸트니크 발사에 성공하면서 우주 경쟁에서 처음으로 큰 성공을 거두었다. 이를 계기로 미국에서는 과학 교육 열풍이 불기 시작했다. 미국이 실제로 소련보다 뒤처진 것은 아니었지만, 아이젠하워 행정부는 소련이 먼저 위성 발사에 성공함으로써 초래될 선전 효과를 예상하지 못했다. 4단 뱅가드Vanguard 로켓을 사용해 우주공간에 위성을 쏘아 올리려던 미국의 첫 번째 시도인 TV-3은 굴욕적인 실패로 끝났다. "로켓은 4피트 정도 솟아오른 후 발사대로 다시 떨어져 폭발했다."[59] 1961년 4월 12일에는 소련의 우주비행사, 유리 가가린이 인류 최초로 우주비행에 성공했다. 하지만 그럼에도 불구하고 1960년까지 미국은 유도 시스템, 탄두 설계, 고체 연료 제조 등 대부분의 우주 기술 분야에서 앞서 있었다. 특히 미국 미사일의 유도 시스템은 미국이 점점 더 우위를 점하고 있음을 보여주는 중요한 신호였다. 컴퓨터 기술과 마이크로프로세서의 소형화는 결국 1980년대에 민간 사회에 영향을 미치기 시작했다. 하지만 1960년대 초반에는 이러한 변화가 전혀 눈에 띄지 않았다.

새로운 무기 시스템의 등장

아랍과 이스라엘 간의 대리 전쟁은 미국과 소련 모두에게 새로운 무기 시스템을 시험할 기회를 제공했다. 6일전쟁(1967년 6월 5일부터 1967년 6월 10일까지 이스라엘이 이집트, 요르단, 시리아를 상대로 선제 공격을 감행, 단 6일 만에 대승을 거둔 전쟁. 제3차 중동전쟁으로도 부른다. - 옮긴이)에서 이스라엘이 압도적인 승리를 거두자 소련이 직접 개입하게 됐다. 1968년에 수에즈 운하를 따라 전투를 벌인 이스라엘 전투기들이 이집트 영토 깊숙이 침투하자, 소련은 최신 SAM(지대공 미사일)을 도입했다. 1970년 7월 30일, 이스라엘의 F-4와 미라주 전투기는 소련의 미그-21 12대와 맞붙어 그중 4대를 격추했다. 하지만 이스라엘의 이런 우위는 오래 지속되지 못했다.

6일전쟁과 중동 소모전(1967년부터 1970년까지 이집트, 요르단, 시리아, 팔레스타인 해방기구로 구성된 아랍 연합군과 이스라엘이 벌인 전쟁 - 옮긴이)에서의 승리에 도취된 이스라엘은 자만했다.[60] 1973년 10월의 욤키푸르전쟁(1973년 10월 6일부터 10월 25일까지 이집트와 시리아가 주축이 된 아랍 연합군과 이스라엘이 치른 전쟁. 제4차 중동전쟁이라고도 부른다. - 옮긴이)은 이스라엘뿐만 아니라 미국에게도 큰 충격으로 다가왔다. 지상에서 전세를 뒤집기 위한 첫 번째 시도는 재앙으로 끝났고, SAM은 이스라엘의 전투기 상당수를 격추했다. 이스라엘은 공격 첫 3일 동안 지상 전투를 지원하기 위해 1,220회나 전투기를 출격시켰지만 모두 50대의 항공기를 잃었다.[61] 그럼에도 불구하고 이스라엘은 최신 ECM(전자 방해 공격electronic countermeasures의 줄임말로, 전자전에서 상대의 전자기기의 성능을 방해하거나 저하시키는 것을 목적으로 하는 장비나 수단을 뜻한다. - 옮긴이)을 급파한 미군의 도움으로 공군력을 복구했다. 하지만 이스라엘의 항공기 손실은 그 후에도 여전히 컸다.

이후 10년 동안 이스라엘 공군 지도자들은 욤키푸르전쟁의 악몽을 다시 겪지 않기 위해 미국의 기술을 흡수하는 동시에 복잡한 신기술을 개발하고 조정하는 데 재정과 지적 자원을 투입했다. 당시 이스라엘 국방부 수석 과학고문은 마이크로프로세서와 정밀유도무기Precision Guided Munition의 발전이 "위협에 대한 적시 평가, 실시간 전장 정보 확보, 신속한 표적 획득, 효율적인 지휘 통제, 정밀 화력 타격"[62]을 가능하게 할 가능성을 제시했지만, 이스라엘의 군 지도자들은 자신들이 군사 혁신을 일으키고 있다는 생각은 하지 못했다. 그들은 특정한 능력을 향상시키기 위해 상황에 따라 개선과 변화를 시도했을 뿐이었다.

결말은 1982년 여름에 찾아왔다. 베카 계곡에 최신 소련제 미사일로 촘촘하게 구성된 SAM 라인을 구축해놓고 있던 시리아는 1982년에 이 라인을 더욱 강화했다. 이스라엘의 대응은 6월 8일에 시작됐다. 원격 조종 차량RPV으로 SAM 라인의 위치를 정찰한 이스라엘은 전투폭격기가 시리아의 SAM 라인을 공격하는 동안 시리아의 전자 통신 내용을 도청했고, 전파 방해 장치로 시리아의 미사일 발사 기지를 교란시켰다. 원격 조종 차량이 시리아 SAM 라인의 레이더를 작동시키도록 유도하면, F-4 전투기가 대레이더 미사일anti-radiation missile(적의 무선 방출원을 탐지하고 조준하도록 설계된 미사일 - 옮긴이)로 SAM 라인을 파괴했다. 이스라엘 지휘통제부는 마치 오케스트라를 지휘하듯 전장을 통제했다. 이스라엘의 국제 외교전략 전문가 디마 아담스키는 "실시간 전장 상황은 공중 감시 레이더와 무인 항공기로부터 수집된 데이터를 종합해 생성됐다. 이 장비들은 끊임없이 전장을 감시했다."라고 설명했다.[63]

자국 미사일들이 말 그대로 연기 속에서 사라지는 것을 지켜본 시리아군은 피해를 최소화하기 위해 전투기를 출격시켰다. 하지만 시리아군의 미그-21과 미그-23 전투기는 절망적인 상황에 처했다. 이스라엘군의 통신 교란으로 인해 위협요소의 위치를 명확하게 파악할 수 없었기 때문이다. 처음 30분 동안 이스라엘은 27대의 미그기를 격추했다. 이어 이스라엘군은 두 시간 만에 19개의 SAM 라인을 파괴하고 87대의 시리아 전투기를 격추했다. 반면 이스라엘은 F-4, F-15, F-16 전투기를 단 한 대도 잃지 않았다. SAM 라인을 파괴하고 공중 위협을 제거한 이스라엘은 레바논으로 이동하는 시리아군 병력을 레이저 유도탄으로 격파했다.[64]

이스라엘이 정교한 기술을 개발하고 통합하는 동안 미국은 군대를 재건하려는 노력의 일환으로 다양한 무기 프로그램을 시작했다. 1976년에 국방부 총괄평가국 국장이었던 앤드류 마셜과 부국장 짐 로슈는 "계속되는 정치·군사 경쟁에서 소련과 경쟁하기 위한 전략"이라는 제목의 보고서에서 국방부가 소련이 약한 분야, 특히 전자 및 컴퓨터 분야와 스텔스 기술과 같은 분야에서 경쟁해야 한다고 주장했다.[65] 이들은 특히 미국이 B-1 폭격기를 본격적으로 개선·개발해야 한다고 주장했다. 소련의 방공망을 뚫고 들어갈 수 있도록 B-1을 업그레이드해 소련이 공중 방어 시스템에 계속 막대한 투자를 하게 만들면, 소련의 경제적 부담을 증가시킬 수 있다는 주장이었다. 하지만 카터는 이 제안을 실행에 옮기지 않았다.

그 이듬해 도널드 럼즈펠드가 국방부를 떠나고, 스물한 살의 나이에 컬럼비아대학교에서 물리학 박사 학위를 받은 해롤드 브라운이 국방부 장관으로 취임했다. 브라운도 럼스펠드처럼 '마셜-로슈 보고서'에 깊은 인상을 받았고, 4년의 재임 기간 동안 아이젠하워가 1958년에 만든 방위

고등연구계획국DARPA, The Defense Advanced Research Projects Agency에 자원을 쏟아부었다.[66] 1978년, DARPA는 1980년대에 등장할 여러 프로젝트를 포함하는 '어설트 브레이커Assault Breaker'라는 프로젝트를 시작했다. 이 프로젝트에는 합동 감시표적 공격 레이더 시스템JSTARS 스텔스 항공기, 전기광학 센서, 마이크로 전자 데이터 프로세서, 고정밀 순항 미사일, 고에너지 레이저 기술, 국방 관련 컴퓨터 기술 등이 포함됐다.[67] 이런 프로젝트들은 카터의 후임인 레이건의 국방력 강화 조치에 토대를 제공했다. 한편 미국의 이런 재무장은 소련에게 달갑지 않은 선택지를 제시했다.

소련의 군비 증강과 아프가니스탄 침공으로 인해 카터 대통령 재임 기간 동안 미국의 국방비 지출이 어느 정도 증가하긴 했지만 대폭적인 증가는 로널드 레이건 대통령 시절에 이루어졌다. 당시 신임 국방부 장관이었던 캐스퍼 와인버거는 전임자인 제임스 슐레진저, 럼스펠드, 브라운과는 생각 자체가 달랐다. 와인버거와 레이건은 미국이 모든 군사 분야에서 소련에 뒤처져 있다고 믿었기 때문에 군대의 모든 수준에 대한 지출을 늘리는 것이 해결책이라고 생각했다(하다못해 그들은 군악대 수준도 소련에 밀린다고 생각했다). 하지만 레이건의 임기가 끝날 때까지 아무런 전략도 제시되지 못했다. 그 시점에서 외부의 비판과 국방부 총괄평가국의 도움으로 등장한 전략이 바로 '경쟁 전략competitive strategy'이었다. 이 전략은 소련의 방위 부담을 가중시키는 방법으로 소련에 맞선다는 내용이었다.[68]

레이건의 군사력 증강은 상당한 속도를 냈다. 임기 초에 레이건은 B-1을 아음속 폭격기subsonicbomber로 하향 개조해 비용을 낮추고, 핵전쟁 대비 능력도 강화했다. 그러면서 소련이 방공에 집중할 수밖에 없게 만들고, 소련의 공격 능력 강화를 저지하고자 했다. B-1의 속도를 아음속 수준으로 제한하기로 한 결정은 스텔스 기술의 도래가 임박했다는 사실을 반영한 것이기도 하다. 실제로 B-1의 재등장을 알린 '국가안보 결정 지침 12'는 국방부가 1980년대 말에 스텔스 폭격기 B-2의 생산이 시작될 것이라는 내용도 담고 있었다.

지상 발사 순항 미사일과 이동식 중거리 미사일인 퍼싱Pershing의 등장으로 유럽에 배치된 미국의 전술 핵무기를 소련이 파괴할 가능성은 없어졌다.[69] 레이건의 관점에서 가장 중요한 순간은 '스타워즈'로 알려지게 된 전략 방위 구상SDI의 발표였다. 돌이켜보면 SDI에 대한 비판은 옳았다. 날아오는 미사일을 광범위하게 요격할 수 있는 수단이 당시에는 아직 존재하지 않았고, 다중 독립목표물 요격은 더더욱 불가능했기 때문이다. 하지만 중요한 것은 시스템의 잠재력이 아니라 소련이 그 잠재력을 어떻게 인식하는가였다. 소련에게 SDI는 소련이 따라갈 수 없는 미국의 기술 우위를 보여주는 또 하나의 지표였다.[70] 로버트 게이츠 국방부 장관에 따르면 SDI는 "소련의 외교 활동과 첩보 활동의 가장 중요한 목표"였다.[71] 중요한 것은 미국의 실제 능력보다 소련이 그 능력에 대해 어떻게 생각하는지였다.

1980년대에 미국과 NATO는 유럽에서의 잠재적인 전쟁에 대한 소련의 접근방식의 약점을 공격하기 위해 일관된 노력을 기울이기 시작했다. 이 과정에서 가장 인상적인 개념들은 1970년대에 육군과 공군에서 개발된 기술과 능력에 기초한 것들이었다. 예를 들어, 후속 전력 공격FOFA, Follow-On-Forces Attack 전략은 NATO 가입국과 바르샤바 조약기구 가입국의 경계 지역에 주둔한 소련군을 견제하는 한편 소련 서부 지역에서 배치될 소련군이 초기 전투에서 NATO군을 압도할 수 있다는 가능성에 대한 대책으로 구상된 것이었다. 따라서 FOFA 전략은 공습과 순항 미사일 및 기타 대치 무기 사용을 통해 소련군의 후방 병참 라인과 이동로를 깊숙이 타격하고, 소련이 폴란드와 동독을 통해 후속 병력을 전선으로 이동시키는 것을 막는 것이 목적이었다. FOFA 전략과 이에 수반되는 필수 무기들은 DARPA의 '어설트 브레이커' 프로젝트에 기초한 것이다.

육군은 공군의 의견을 수렴하여 두 번째 주요 개념을 제시했다. '공지전ALB, Air-Land Battle'이라는 이름의 이 개념은 공격적인 전술과 집중 사격을 통해 소련군의 후속 전력을 상대하는 것을 목표로 했다. 돈 스타리 장군과 그의 후계자들이 개발한 공지전 개념은 기동작전과 유도 미사일 공격을 통해 소련군 후속 전력을 교란하고 약화시키는 동시에 새로운 시스템을 이용한 반격을 통해 소련 선봉군을 견제하는 데 중점을 둔 개념이다. 하지만 이런 노력을 비롯한 당시의 다양한 시도들이 미래지향적이었음에도 불구하고 서구의 연구자들 중에서 군사 기술의 대대적인 발전이 군사 작전의 새로운 가능성을 창출하고 있다는 사실을 인식한 사람은 거의 없었다.

미국과 이스라엘이 전술 및 작전 능력을 연구하는 동안 소련은 더 큰 그림을 그리고 있었다. 전쟁 이론에 거의 관심이 없었던 영국과 미국과는 달리 소련은 1920년대부터 전쟁 이론을 연구하기 시작했다. 1960년대 초, 소련은 20세기에 두 가지 주요 군사-기술 혁명이 일어났다는 결론을 내렸다. 첫 번째 혁명은 '종심작전Deep Operation'을 가능하게 하는 공중 및 지상전의 기계화였다.[72] 소련은 이와 관련된 작전 이론을 개발해 1944년과 1945년의 독일군에 대한 대공세에 적용했다.[73] 또한 소련은 영미군이 독일에 대한 CBO를 통해 심층 공중 작전을 벌여 독일의 경제 및 교통 시스템을 파괴했다고 주장했다.

소련의 연구자들은 1950년대의 핵무기와 미사일 기술 등장을 두 번째 군사-기술 혁명으로 규정했다. 실제로 이 혁명은 전쟁의 성격을 변화시켰다.[74] 또한 1970년대에 소련의 군사 이론가들은 미국이 새로운 능력을 개발하는 것을 지켜보면서 세 번째 군사-기술 혁명이 일어나고 있다고 생각했다. 미군의 폭격 정확도 향상과 전자 대응 장비 및 대레이더 미사일 개발이 그들에게 이런 생각을 불러일으킨 계기였다. 미국의 전략가들과 경제학자들은 소련 경제의 규모를 과대평가한 반면, 소련은 미국의 최첨단 무기 시스템 개발 능력을 과대평가하고 있었다.

방위 산업 발전에 대한 미국 사회의 개방적인 태도 때문에 소련은 미국이 공개적으로 알려진 것보다 훨씬 더 앞선 군사 기술을 보유하고 있을 것이라는 편집증적인 생각에 시달렸다. 또한 소련은 '어설트 브레이커'가 단순한 개념이 아니라 바르샤바 조약기구가 후속 병력 진격을 시도할 경우 직면할 수 있는 새로운 능력이라고 판단했다. 디마 아담스키는 1970년대 중반에 소련의 국방 전문가들이 "마이크로전자공학, 레이저, 운동에너지, 무선 주파수, 전자광학, 전자기 펄스, 원격 제어, 입자 빔 기술의 군사적 응용"의 의미에 대해 논의하고 있었다고 지적했다.[75] 레이건 정부는 소련이 제3의 군사-기술 혁명으로 규정했던 스텔스 기술, 유도탄, 궁극적으로는 SDI와 같은 정교한 능력 개발에 미국의 지출이 대거 집중되면서 우려가 커졌다는 사실에 주목했다. 소련의 군사 이론가들은 미국과 NATO의 능력 향상, 특히 미군 정밀 무기의 정확성 향상에 주목했다.

1984년, 소련군 총참모장 니콜라이 V. 오가르코프 원수는 '자동 정찰 및 타격 복합체(어설트 브레이커)'를 포함한 비핵 기술의 발전이 장거리 및 정밀 유도탄과 전자 제어 시스템이 발전한 결과라고 생각했다. 그는 이런 새로운 능력이 "재래식 무기의 파괴력을 (적어도 몇 배 이상) 대폭 증가시켜 효과 면에서 대량살상무기에 더 가까워지게 할 수 있다."라고 말했다.[76] 오가르코프는 사실상 미군이 새로운 무기인 핵무기를 사용하지 않고도 소련의 지휘통제 시스템과 후속 전력 대부분을 파괴할 수 있음을 인정했다. 소련은 이에 효과적으로 대응할 수 없었으며, 이런 기술을 개발하는 데에도 점점 뒤처지고 있었다.

오가르코프가 제시한 해결책은 소련 군부 개혁과 대폭적인 국방비 증액이었다. 하지만 1980년대 중반 소련이 경제적 어려움에 시달리고 있는 가운데 그의 해결 방안은 보수적인 군 지도부와 민간 지도자들 모두의 환영을 받지 못했다. 실제로 소련은 국방비 지출을 늘릴 재원과 경제적 여유가 없었고, 소련의 장교 대부분은 군대의 운영 방식을 바꾸는 데 거의 관심이 없었다. 결국 오가르코프는 보직에서 해임돼 바르샤바 조약 기구의 한직으로 전출됐다.

조각들이 모여 어떻게 더 큰 그림을 그리게 되는지 고려하지 않고 새로운 능력을 만드는 데만 몰두했던 미국은 소련이 말한 제3의 군사-기술 혁명의 중요성에 주목하지 않았던 것 같다. 돌이켜보면, 미군은 군사 혁신이 눈앞에서 일어나고 있는데도 당시에는 그 사실을 깨닫지 못했다. 냉전 이후 큰 성공을 거둔 후에야 비로소 미군은 자신들이 이뤄낸 놀라운 성과에 눈을 뜰 수 있었다.

미하일 고르바초프를 중심으로 한 개혁가들의 노력은 내부에서 서서히 무너지고 있던 체제를 구하기에는 너무 늦은 것이었다. 한 노동자는 완전히 망가진 소련 경제에 대해 "우리는 일하는 척하고, 그들은 우리에게 돈을 주는 척했다."라고 말하기도 했다. 소련의 붕괴는 순식간에 이뤄졌지만 놀라울 정도로 차분하게 진행됐다. 제2차 세계대전 직후 영국의 지도자들처럼 1989년의 소련 지도자들도 더 이상 제국을 유지하기 위해 총알을 사용하지 않으려 했다. 베를린 장벽의 붕괴로 동유럽의 정권들이 무너졌을 뿐만 아니라 발트 해 연안 국가들, 우크라이나, 중앙아시아의 소련 위성국들이 독립을 선언하면서 소련은 연방 내부에 대한 통제력을 상실했다. 이는 냉전 기간 내내 GDP의 5분의 1에서 4분의 1을 차지했던 군사비를 감당할 수 없는 경제 및 정치 시스템의 붕괴가 반영된 결과이기도 했다. 소련의 이런 막대한 국방비 지출의 영향은 두 가지로 나타났다. 연구 개발 노력은 군대에만 집중됐고, 성장에 기여할 수 있는 다른 부문들에 대한 투자가 막혔다.

   냉전이 시작될 당시 소련 경제가 어느 정도로 취약했는지는 적어도 기존의 경제적 관점에서는 명확하지 않았다. 1960년까지 소련은 석탄과 철강에 중점을 두고 경제를 재건했다. 특히 항공기를 비롯한 군수품이 서구의 기준에는 미치지 못하더라도, 소련군의 사단 숫자로 서구의 기술적 우위를 충분히 만회할 수 있었다.[77] 하지만 1970년대 초부터 이루어진 급격한 기술 발전으로 소련은 점점 불리한 입장에 처하게 됐다. 1989년의 소련 붕괴는 불가피한 것이 아니라 전임자들과 같은 무자비한 방법을 사용하지 않으려는 고르바초프의 의지가 반영된 결과였다. 그의 전임자였던 유리 안드로포프가 그 당시에 사망하지 않았다면 소련은 몇 년 더 버틸 수 있었을 것이다. 하지만 당시의 소련 경제는 더 이상 괴물 같은 국방 체계를 유지할 수 없는 상태였다.

냉전 이후

냉전이 끝나기 전부터 기술 발전의 중요한 결과들은 이미 민간 사회로 유입되고 있었다. 1980년대에 레이건 대통령은 GPSGlobal Positioning System 기술을 공개했다. GPS 기술은 처음에는 그 가능성이 다소 불투명했지만 (공군은 개발 초기에 이 프로그램을 거의 중단시킨 적이 있다), 1990년대에 들어 폭발적으로 성장하기 시작했다. 1980년대 후반에 조지 H. W. 부시 대통령이 인터넷을 민간에 개방한 것도 비슷한 영향을 미쳤다. 미래의 역사학자들은 1990년을 역사상 가장 혁신적인 시기 중 하나로 기록할 것이다. 미군의 관심을 더 큰 가능성으로 다시 유도한 것은 미국에 석유를 공급하는 중동에서 발생한 페르시아 만 위기였다. 당시 소련이 와해되고 있었기 때문에, 미국과 미국의 동맹국들에게 이 위기 상황은 새로운 군사력을 사용할 수 있는 기회였다.

중동 위기는 1990년 7월에 이라크의 독재자 사담 후세인이 재정 위기에 봉착하면서 시작됐다. 당시 이라크는 1980년 9월부터 시작된 이란과의 전쟁을 막 끝낸 상태였는데, 그 전쟁은 길기도 했거니와 막대한 비용이 들어갔다.[78] 따라서 1988년에 이라크는 승리를 자축할 분위기가 아니었다. 전쟁 비용이 너무 많이 들어 이라크는 파산 직전까지 갔고, 이 문제를 해결하기 위해 사담 후세인은 다른 걸프 국가들에서 수십억 달러를 빌려 무기 구매 비용을 지불했다. 하지만 이란과의 전쟁이 끝나자 후세인은 그 대출금을 갚아야 했다. 그의 해결책은 석유가 풍부한 쿠웨이트 왕국을 점령하는 것이었고, 이라크 군대는 단 몇 시간 만에 군사 작전을 성공시켰다.

그러자 미국은 사담 후세인을 쿠웨이트에서 몰아내기 위해 대대적으로 군사력을 동원했다. 1990년 8월에 사우디아라비아에 도착한 F-15 전투기는 공중 우위를 확보하는 데 큰 어려움이 없었지만, 당시 공병사단장이자 작전사령관 대행인 척 호너 중장이 말했듯이 처음에 파견된 미국 제82 공수사단 예하의 1개 여단은 이라크군이 사우디아라비아를 공격할 경우 '과속 방지턱' 역할밖에는 할 수 없는 규모에 불과했다. 10월까지 미국과 영국, 프랑스는 아무리 비이성적인 사담 후세인이라도 감히 사우디아라비아를 침공할 생각을 하지 못할 정도로 충분한 지상군을 구축했다. 하지만 미군이 이라크의 군사력을 과대평가하고 있는 상황에서 이라크군을 쿠웨이트에서 강제로 몰아내는 것은 또 다른 문제였다. 당시 일부 전문가들은 이라크군을 전투로 단련된 나치 친위대 병사들과 동등한 수준으로 묘사하기도 했다. 하지만 사실 이라크군은 그다지 강하지 못했다.

적어도 연합군의 공습 위협에 관해서 후세인은 자신감을 가질 만한 근거가 있었다. 이란-이라크전쟁 기간 동안 이라크는 소련과 프랑스로부터 최첨단 방공 시스템을 도입했기 때문이었다. 이라크의 방공 시스템인 KARI는 1980년대 초 이스라엘이 베카 계곡에서 직면했던 것보다 복잡성, 범위, 숫자 면에서 훨씬 더 발전된 것이었다. 전체적으로 이라크 방공 시스템은 100개 이상의 지점에 배치된 500여 개의 레이더와 8,000개의 대공 무기로 구성돼 있었다. 이라크군은 바그다드를 방어하기 위해 4,000개의 고정식 및 이동식 대포와 SAM을 배치했다.[79]

연합군은 거대한 공중 함대도 구축했다. 미군만 해도 1,000대가 넘는 전투기를 가져왔다. 하지만 이 중 레이저 유도탄을 투하할 수 있는 정밀 전투기는 소수에 불과했다. 이 부문에서 가장 중요한 두 기종은 F-117 스텔스 전투기(36대 보유)와 F-111F(64대 보유)였다. 정밀한 야간 비행이 가능한 신형 F-15E는 1월에 배치되었을 때 조준 포드targeting pod가 4개밖에 장착되지 않은 상태였다. 정밀 타격이 필요한 고가치 표적의 경우 F-117이 배치되었고, 이들은 공격 첫날 밤에 정밀 표적의 78%를 명중시켰다.[80]

데이브 뎁툴라 중령이 이끄는 호너 중장의 작전참모들은 이라크인들이 한 번 공격당한 곳으로 다시 돌아가려 하지 않는 성향을 고려해, 폭탄 4개로 방공 관제소 한 곳을 완전히 파괴하는 대신에 한 곳에 한 개씩만 투하해도 방공 관제소를 이용 불가능하게 만들 수 있다고 판단했다. 1991년 1월 17일 오전 2시 51분, F-117 전투기가 중앙 방공 통제 본부인 누카이브 요격 작전 센터에 첫 레이저 유도 폭탄을 투하했다. 작전참모들의 판단은 옳았다. 중앙 방공 통제 본부와 4개 지역 방공 관제소가 각각 폭탄 한 발을 맞은 후, 남은 전쟁 기간 동안 전혀 기능을 하지 못했기 때문이다. 첫 번째 공습 이후 이라크 전역에서 F-117 공습이 잇따랐다. 이 공습으로 모든 지역 방공 관제소와 바그다드의 통신 센터가 타격을 입었다.

F-117 전투기들은 수도 바그다드의 상공을 비행하는 동안 이라크의 대규모 방공망에 전혀 포착되지 않고 공격을 할 수 있었다. 한편 해군은 바그다드 주변의 지휘본부, 화학 시설, 전기 시설 등의 목표물을 향해 지상 공격 미사일 토마호크 52발을 발사했으며, 오전 3시 6분에서 3시 11분 사이에 목표물을 모두 명중시켰다. 공격 초기에 이뤄진 스텔스 전투기 및 순항 미사일 공격으로 이라크 방공망은 마비됐다. 또한 미군의 잇따른 재래식 공격으로 이라크군의 SAM 시설과 HARM(고속 대레이더 미사일)을 갖춘 대공 기지 대부분이 파괴됐다. 그날 밤이 지났을 때 이라크의 방공 시스템 KARI는 완전히 무력화됐다. 연합군은 이 공격으로 25대의 항공기를

잃을 것으로 예상했지만, 손실은 해군의 F/A-18 한 대뿐이었다.[81]

나머지 공중전의 결과는 예상대로 나타났다. 또한 연합군 지도자들은 한 가지 중요한 측면에서 운이 좋았다. 공중전에서 이라크군이 압박을 당하는 상황에서 사담 후세인은 지상전이 시작되기 전에 쿠웨이트에서 철수하는 선택을 할 수도 있었다. 만약 후세인이 철수했다면, 이라크가 미국에 맞서 싸웠고, 미군이 지상전을 두려워해 공격하지 않았다고 주장할 수 있었을 것이다. 물론 이런 주장은 사실과 다르지만, 후세인 입장에서는 효과적인 선전 수단이 될 수 있었다. 미국 입장에서는 다행스럽게도 후세인은 쿠웨이트에서 철수하지 않고 계속 버텼고, 그사이에 연합군은 지상전 준비를 마칠 수 있었다. 연합군이 지상전을 시작했을 때, 이라크군은 공중전에서와 마찬가지로 큰 패배를 당했다.

미국의 걸프전 승리는 군사 전문가들에게 놀라움을 안겨주었고, 완전히 새로운 전쟁 방식에 눈을 뜨게 만들었다. 미국 국방부 총괄평가국은 걸프전에 대해 평가하면서 처음부터 '군사-기술 혁명'이라는 소련식 표현을 사용했다. 총괄평가국이 1992년에 작성한 보고서에서는 "군사-기술 혁명은 새로운 기술을 군사 시스템에 적용하고 혁신적인 작전 개념 및 조직 적응과 결합해 군사 작전의 성격과 수행을 근본적으로 변화시킬 때 일어난다. …… 이런 변화는 기술 변화, 군사 시스템 진화, 작전 혁신, 조직 적응을 특징으로 한다."라고 기록돼 있다.[82] 총괄평가국은 기술뿐만 아니라 개념과 조직 적응이 중요하다는 것을 이해하고 있었지만 연구원들은 열심히 연구를 했음에도 불구하고 군사-기술 혁명의 범위와 의미에 대한 심층적인 이해가 부족했기 때문에 과도한 표현을 상당 부분 억제하지 못했다. 따라서 당시 군 수뇌부 대부분은 군사-기술 혁명이라는 용어 자체는 받아들였지만, 이런 군사 혁신을 단순한 기술의 발전으로만 생각했고, 변화의 속도가 빠를수록 군사 역량도 더 발전할 것이라고 생각했다.[83]

하지만 이들은 기술의 발전이 가져올 수도 있는 결과에 도취되어 역사적 교훈을 무시했다. 미국의 주요 육군 장성들과 제독들은 전쟁에서 마찰이 만연할 것이라는 클라우제비츠의 경고가 기술 발달에 의해 무의미해졌다고 생각했다(클라우제비츠는 전쟁에서 예상치 못한 어려움, 장애물, 불확실성 등을 '마찰'이라고 정의했다. – 옮긴이). 당시 미국 합동참모본부 부의장은 "기술이 미래의 미군에게서 '전쟁의 안개'를 걷어낼 수 있을 것이다. …… 새로운 시스템 체계 덕분에 우리는 이전과 같은 위험 없이 군사력을 사용할 수 있는 능력을 확실히 가지게 될 것이다."라고 말하기까지 했다.[84]

공군, 적어도 공군 수뇌부 사이에서도 이와 같은 생각에 동의하는 이들이 많았다. 공군 과학자문위원회가 펴낸 미래 관련 책자인 《새로운 세계에 대한 전망New World Vistas》에서 저자들은 "새로운 정보 시스템의 힘은 다양한 출처에서 확보한 데이터를 자동으로 신속하게 상호 연관시켜 전장이든 기동 작전 현장이든 작전 지역에 대한 완전한 그림을 만드는 능력에 있다."고 주장했다.[85] 1990년대 후반에 일부 열성적인 기술 옹호론자들은 새로운 기술의 등장으로 "신속하고 결정적인 작전"이 가능해졌다고 주장했다. 다시 한번 결정적 승리라는 신기루가 저 멀리서 반짝이고 있었다. 이런 생각은 2003년에 이뤄진 사담 후세인의 군대에 대한 공격에서, 중요한 것은 그의 군대를 파괴하는 것이라는 믿음을 낳았다.

이러한 생각이 현실과 얼마나 동떨어진 것인지는 21세기에 처음으로 수행된 미국의 두 전쟁을 통해 분명해졌다. 2001년에 미국은 대륙과 대양을 가로지르는 공군 및 지상 전력을 투입해 단 몇 주 만에 아프가니스탄의 탈레반을 전복시켰다. 2년 후에는 사담 후세인의 군대를 파괴하고 결국 그의 정권을 무너뜨렸다. 하지만 2001년과 2003년 미국이 재래식으로 거둔 승리는 대단해 보이기는 했지만, 이는 결국 정치전과 게릴라전으로 변질됐다. 그렇게 변질된 전쟁에 미국은 거의 준비가 돼 있지 않았고 적응 속도 또한 놀라울 정도로 느렸다. 이런 전쟁을 수행하면서 미국은 베트남에서 저지른 모든 실수를 반복했다. 그로부터 20년이 지난 지금, 탈레반은 다시 아프가니스탄을 장악했다. 이라크에서는 무기력하고 무능한 정권이 이란의 통제를 받고 있는 것으로 보인다. 이 두 차례의 전쟁에서 미국은 전쟁의 목적인 정치·전략적 성공을 거두지 못했다.

2022년 2월 24일, 블라디미르 푸틴은 무능하고 부패한 정권을 전복시켜야 한다는 명분하에 우크라이나로 군대를 출격시켰다. 하지만 푸틴은 러시아군이 전격전Blitzkrieg 형태로 신속하게 임무를 완수할 것으로 기대했지만 러시아군은 결국 예상에 훨씬 못 미치는 지지부진한 모습을 보였다. 게다가 이 러시아 군대는 1944~1945년에 동유럽의 민간인 여성들을 유린하고 강간한 그들의 선조들과 크게 다르지 않았다. 전쟁 초기에 키이우에 접근했던 러시아군 선봉대는 봄이 되자 러시아-벨로루시 국경으로 불명예스럽게 후퇴했다. 그사이 우크라이나는 즈미이니 섬을 탈환했고, 순양함 모스크바 호를 침몰시킴으로써, 흑해를 장악했다는 러시아의 주장이 기만임을 드러냈다. 그 후 러시아군은 대규모 포격을 실시하면서 도네츠크와 루한스크 주를 계속 공격했다. 하지만 이 공세는 막대한 대가를 치르면서도 거의 성과를 거두지 못했다. 9월에는 우크라이나군이 러시아군을 공격해 키이우 동쪽의 수천 평방킬로미터를 점령했다. 그리고 2022년 11월, 우크라이나는 헤르손을 탈환했다.

이 전쟁은 어떻게 끝나게 될까? 세 가지 가능성이 있다. 첫 번째는 러시아가 완전히 승리하는 것인데, 지금까지의 러시아 군대의 성과를 고려할 때 그럴 가능성은 거의 없어 보인다. 두 번째는 양측이 지쳐 기대에 미치지 못하는 휴전에 합의하는 것이다. 러시아군의 잔혹 행위를 고려할 때 우크라이나가 휴전에 합의할 가능성은 낮다. 세 번째 가능성은 우크라이나의 완전한 승리다. 하지만 그렇게 되려면 러시아군의 붕괴와 NATO의 지원이 계속되어야 한다. 그러나 이 두 가지는 모두 불확실하며 예측이 불가능한 요소들에 의존하고 있다. 확실한 것은 이 전쟁의 전장에서 어떤 일이 일어나든 러시아는 독일이 뒤통수를 맞았다는 잘못된 생각을 열광적으로 지지하면서 제3제국의 출현을 환영했던 바이마르 공화국처럼 국제 질서에 위협을 가하면서 강대국으로 계속 남을 것이라는 점이다.

우크라이나전쟁은 제1차 세계대전의 대규모 포병 전투부터 사이버 공격에 이르기까지 기존 전쟁의 모든 요소를 가지고 있다. 아이러니하게도 전쟁 전 예측과 달리 우크라이나 국민은 아마추어들이 조국을 지키기 위해 달려드는 놀라운 집단 반응을 보이고 있다. 이는 프랑스혁명 초기에 나타났던 반응과 비슷하다. 산업혁명의 영향 측면에서 보면, NATO회원국을 비롯한 여러 나라들이 우크라이나에 무기를 제공함으로써 우크라이나군을 현대화하고 있는 것으로 보인다.

러시아군의 무질서한 모습을 보면 그들이 두 달 이상 지속되는 분쟁에 뛰어들 준비가 제대로 돼 있지 않았다는 것을 알 수 있다. 반도체 칩 수입에 대한 제재가 미치는 영향을 과소평가하는 러시아의 인식은 장기적으로 보면 잘못된 판단과 실행에 의한 우크라이나 침공보다 훨씬 더 재앙적인 결과를 초래할 수 있다. 이러한 칩들은 산업용 제품뿐만 아니라 거의 모든 무기 시스템의 생산에 필수적인 요소이기 때문이다. 반도체 칩을 수입할 수 없는 상황에 처한 러시아는 장기전에 필요한 만큼의 현대식 무기를 생산할 수 없을 것이다. 러시아가 최근 필사적으로 이란산 드론을 대량 구매한 이유가 바로 여기에 있다.

우크라이나 전장에는 새로운 것과 오래된 것이 공존하고 있다. 드론은 전장의 언덕 너머 상황을 전투원들에게 전례없이 상세하게 전달한다. 또한 드론은 정밀 포격에서도 매우 중요한 역할을 한다. 우크라이나군은 미국이 지원한 HIMARS(고기동성 포병 로켓시스템) 같은 최첨단 무기로 정확하게 목표물을 타격하고, 이 로켓이 목표물을 맞추기 전에도 다른 곳으로 이 시스템을 이동시켜 또 다른 로켓을 발사할 수 있다. 이 전쟁 초반에 전차와 장갑차의 손실이 막대했기 때문에 일부에서는 전차의 시대가 끝났다는 주장이 제기되기도 했지만, 전차가 포함된 결합 무기 체계 내에서 전차와 장갑차의 역할은 여전히 중요하다. 결국 이 전쟁의 결과를 결정하는 것은 최전방에 있는 병사들이 될 것이다.

차세대 군사-사회 혁명의 출현

1945년 이후 수십 년 동안 지식의 양은 폭발적으로 늘어났다. 제5차 군사-사회 혁명이 넓은 의미에서 인류에게 미친 영향은 다른 이들의 검토에 맡기고자 한다. 이 혁명은 군사 조직에 놀라울 정도로 새로운 능력을 부여하고 전쟁의 성격을 근본적으로 변화시켰지만, 지난 5세기 동안 인류가 열정적으로 추구해온 끔찍한 전쟁의 본질 자체는 변화시키지 못했다. 이라크와 아프가니스탄에서 비극적으로 끝난 전쟁 경험은 미래의 모든 미군 및 정치 지도자들이 마음속에 깊이 새겨야 한다. 하지만 그들은 그러지 않을 것이다. 베트남전쟁 이후에 일어난 이라크와 아프가니스탄전쟁이 베트남전쟁의 비참한 되풀이에 불과했다는 사실을 생각하면 말이다. 역사에서 배우지 않으려는 미국인들은 미래에도 자신들의 실수를 반복하면서 비틀거릴 것이다. 어쩌면 우크라이나가 우리에게 무언가를 가르쳐줄지도 모른다.

CHAPTER 15

어두운 미래

하지만 두려운 것은 운명의 신비로운 힘이니, 재산도, 전쟁도, 성벽으로 둘러싸인 도시도, 어두운 바다를 헤쳐가는 배도 우리를 운명에서 벗어나게 해주지는 못하리라.

소포클레스, 《안티고네Antigone》

재래식 전쟁	핵무기나 생화학무기를 제외한 전통적인 무기체계를 사용하는 전쟁 형태. 정규군 간의 전면전을 특징으로 하며, 전선이 비교적 명확하고 군사목표가 분명한 것이 특징이다. 그러나 현대에는 비정규전, 하이브리드전 등의 등장으로 그 경계가 모호해지고 있다.
역사의 블랙스완	예측할 수 없고 극단적인 영향을 미치는 역사적 사건들을 의미. 이는 나심 탈레브가 발전시킨 개념으로, 9/11 테러나 소련의 갑작스러운 붕괴와 같이 예상치 못한 중대한 사건들을 지칭한다. 이러한 사건들은 기존의 패러다임을 완전히 바꾸어 놓는 특징이 있다.
DARPA Defense Advanced Research Projects Agency	미국 국방부 산하의 방위고등연구계획국. 1957년 소련의 스푸트니크 발사에 대응하여 설립되었다. 군사 기술의 혁신적 발전을 목표로 하며, 인터넷의 전신인 ARPANET을 개발하는 등 많은 혁신적 기술을 발전시켰다. 현재도 첨단 군사 기술 개발의 선도적 역할을 수행하고 있다.

과거 500년간의 참혹한 역사는 앞으로의 100년에 대해 많은 것을 예측하게 해준다.[1] 제프리 파커는 최근 서구의 부상에 대해 "서구의 역사는 서구의 안과 밖에서 극도로 야심찬 세력들이 벌인 격렬한 지배권 다툼의 역사였다. 이 과정에서 무자비하고 혁신적이며 결단력 있는 세력들이 안주하고 모방하며 우유부단한 세력들을 대체했다."라고 말했다.[2] 이러한 서구의 전통을 이어받은 세력들이 현재 직면한 문제는 외부의 세력들이 첨단 기술 경쟁에 뛰어들면서 상대를 경제·군사적 우위를 통해 압도하는 서구식 소모전 패러다임을 역전시키고 있다는 사실에 있다.

그 어느 때보다 강력하고 파괴적인 무기들이 설계·생산·배치되고 있는데도 그 무기들이 이번 세기에 일어날 수 있는 전쟁에서 쓰이지 않을 가능성이 높은 것은 매우 아이러니한 일이다. 이런 무기들은 엄청난 속도로 사람들을 죽이거나 불구로 만들 수 있고 대규모로 무엇이든 파괴할 수 있지만 정치·전략적 목적을 달성하기 위한 전쟁에서는 역효과를 내는 것으로 보인다. 이런 무기의 대부분은 강대국 간 전쟁의 최전선에서 사용할 목적으로 개발된 것이다. 강대국 간의 전쟁은 재래식 무기를 사용한다고 해도 인류의 생존을 위협할 정도로 치명적이기 때문에 우리는 이런 무기가 실제 전투에 사용되지 않고 전쟁 억지 용도로만 사용되기를 바랄 수밖에 없다.

아프가니스탄은 1980년대에 그랬듯이 다시 한번 전쟁의 본질적인 변화가 일어나는 무대가 되었다. 강대국들의 막대한 자원, 엄청난 훈련 비용이 투입된 첨단 기술 군대, 끊임없는 혁신, 경제력이 제아무리 많이 투입된다 하더라도, 끝까지 투쟁을 완수하겠다는 그들의 헌신과 의지를 이길 수 없을 것으로 보인다. 강대국과 약소국의 전쟁은 더 이상 강대국의 인력과 자원의 소모에 좌우되는 것이 아니라 의지력의 소모에 의해 결정된다. 적어도 여론이 상당한 영향력을 행사하는 민주주의 국가는 이제 최종 상태end state(최종 목표)가 분명하지 않은 전쟁을 계속 수행하겠다는 의지를 유지하기가 힘들어졌다.

미국 정치인들은 이 교훈을 베트남전쟁에서 얻었어야 했다. 베트남전쟁에서 미군은 엄청난 화력으로 베트콩과 북베트남군을 살상했지만 하노이 지도자들의 의지를 약화시키지 못했기 때문에 결국 패전했다. 당시 커티스 르메이의 해결책은 "북베트남을 폭격해 석기시대로 돌려놓는 것"이었다. 하지만 미국 국민은 이 해결책을 받아들이지 않았다. 위협의 정도가 미국이 군사력을 무자비하게 사용하는 것을 정당화할 만큼 크지 않다고 생각했기 때문이었다. 이라크전쟁(걸프전)과 아프가니스탄전쟁도 베트남전쟁이 미국에 준 경고와 동일한 경고를 보냈다. 따라서 앞으로 미군 지도자들은 국가의 존립이 위태로운 상황에서만 핵무기를 포함한 모든 첨단 무기를 적에게 사용하게 될 것이다.

21세기에 미국이 치르게 될 전쟁은 국가 생존을 위한 전쟁이 아닐 것이다. 지난 100년 동안 서구의 전쟁 방식은 점점 더 정교해지는 군수 지원 시스템과 효과적이고 유연한 병력 훈련·배치·사용 시스템에 의존해왔다. 하지만 지난 75년간의 경험은 약소국의 관점에서 볼 때, 강대국이 막대한 비용을 쓰고 전쟁을 지속하기 위한 사기를 잃을 때까지 버티고 견디는 것이야말로 궁극적으로 승리하는 전략이라는 것을 시사한다.

이 새로운 현실은 서구식 전쟁 수행 방식의 우위가 근본적으로 전복되고 있다는 것을 뜻할까? 맥그리거 녹스MacGregor Knox는 역사를 미래를 위한 지침으로 삼는 것이 왜 어려운가에 대해 다음과 같이 썼다.

"역사라는 부엉이는 황혼이 되어서야 날아오른다. 과거 전체는 알 수 없고, 하루가 끝나갈 때 비로소 그 윤곽이 희미하게 드러난다. 미래는 전혀 알 수 없으며, 과거는 변화가 점진적이고 예측 가능하기보다는 대부분 급진적이고 예측할 수 없다는 것을 시사한다. 하지만 역사적 경험은 매우 모호할 수 있음에도 불구하고 현재와 미래의 가능성의 범위를 이해하는 데 사용할 수 있는 유일한 지침으로 남아 있다."[3]

1991년에 소련이 붕괴함에 따라 미국의 경제·군사적 지배력은 더욱 강화됐다. 그럼에도 불구하고 그 후 30년은 처칠이 1930년대를 묘사할 때 사용한 '메뚜기의 시대locust years'(조약에 나온 곤경의 시대. 메뚜기떼가 모든 농작물을 먹어치워 흉년이 계속되었던 시기를 말한다. - 옮긴이)라는 표현으로 설명할 수 있다. 최근 몇 년 동안 미국은 이라크와 아프가니스탄에서 결정적인 승리를 추구했을 뿐만 아니라 이들 사회를 완전히 다시 만들 수 있다는 망상에 사로잡혀 있었다.

그 30년 동안 미국이 저지른 엄청난 전략적 실수를 어떻게 설명할 수 있을까? 여기서 1992년 이전 40년 동안의 대통령들과 그들에게 전략적 문제에 대해 조언했던 사람들의 세계관과 그 이후의 세계관을 대조해보는 것이 도움이 될 것 같다. 프랭클린 루스벨트, 해리 트루먼, 드와이트 아이젠하워, 존 케네디, 리처드 닉슨, 로널드 레이건은 모두 어느 정도 역사를 공부했고, 그들에게 조언한 많은 사람들, 예를 들어, 조지 마셜, 조지 케넌, 헨리 키신저, 조지 슐츠, 제임스 슐레진저 같은 사람들도 역사에 대한 조예가 깊었다. 반면, 1992년 이후의 대통령들은 역사에 대한 관심이 지나칠 정도로 부족했다. 빌 클린턴은 세계화라는 대의를 추구함으로써 미국의 경제적 미래뿐만 아니라 미국의 정치, 아이러니하게도 그의 정당에도 재앙을 가져왔다. 버락 오바마는 가장 똑똑한 미국 대통령 중 한 명이었을지 모르지만, 이라크 주둔 미군 철수, 아프가니스탄전쟁, 시리아와의 '분명한 선 긋기' 등 파괴적인 정책을 펼치면서 컬럼비아대학교와 하버드대학교 울타리를 벗어난 세계에 대한 이해가 부족하다는 것을 드러냈다. 물론 도널드 트럼프는 역사책은커녕 그 어떤 책도 펴본 적이 거의 없는 사람이었다.

일부 학자들 사이에서는 피비린내 났던 20세기 이후 세계가 비교적 평화로운 시대로 접어들고 있다는 주장이 인기를 끌고 있다. 이러한 견해를 가장 잘 대변하는 하버드대학교 심리학자 스티븐 핑커Steven Pinker는 전쟁의 효용성이 점점 줄어들고 있다고 주장한다.[4] 하지만 핑커는 추세를 잘못 읽은 데다 역사에 대한 전반적인 무지에 근거한 주장을 하고 있다. 그는 역사가 (진화론 용어를 빌려 말하면) 단속 평형punctuated equilibrium의 패턴을 따른다는 사실, 즉 역사는 때로는 고요한 바다와 같지만 때로는 사회 전체를 휩쓸고 풍경을 영원히 바꿔놓는 거대한 해일과 같다는 것을 이해하지 못하는 듯하다.

1939년 독일의 폴란드 침공과 여러 면에서 닮은 러시아의 우크라이나 침공만큼 역사의 이런 실체를 잘 보여주는 예는 없을 것이다. 2022년 2월 24일 이전까지만 해도 유럽연합, 아시아 일부 지역, 북미 등의 질서 있고 법을 준수하는 국가들은 러시아가 우크라이나에 대한 전격적인 침공에 나설 것이라고는 상상도 하지 못했다. 그 후 일어난 일은 지금도 여전히 믿기지 않는 파괴적인 군사력 오용이었다. 이것이 우리가 지금 살고 있는 세상의 현실이다. 현실 세계에서는 블라디미르 푸틴과 같은 독재자가 계속 존재할 것이다. 중산층 미국인과 유럽인들이 어떻게 생각하든 세계는 더 평화로운 곳이 될 수 없을 것이다.

지난 500년 동안의 역사에 비추어 볼 때 미래는 인류에게 수없이 많은 난제들을 안길 것이다. 그중 가장 분명한 것은 코로나 바이러스의 교활한 확산과 적응 능력이지만, 이보다 더 무서운 것은 이 바이러스가 미래의 전조일 수 있다는 사실이다. 코로나 바이러스의 가장 큰 문제는 그 바이러스가 정치적인 영향을 미친다는 사실에 있을 것이다. 이는 무책임한 정치인들과 언론인들이 코로나 바이러스가 미친 정치적 영향을 더 확산시킨 미국에만 국한되는 이야기가 아니다. 또한 이런 상황은 더 위험한 질병이 출현할 경우 인류가 어떻게 반응해야 할 것인가에 대한 중요한 경고 메시지를 인류에게 던졌다.

제2차 세계대전 이후 미국이 구축한 세계 질서가 쇠퇴하는 것도 우려스러운 일이다. 1980년대에 시작된 폭발적인 군사-사회 혁명은 이런 쇠퇴를 가속화했다. 이런 쇠퇴의 또 다른 요인으로는 미국 정치인들이 자신들이 살고 있는 세계에 대해 끔찍할 정도로 무지하다는 현실을 들 수 있다. 이는 지도자와 시민 모두의 역사 무시로 인해 더욱 악화되고 있다. 지난 20년 동안 강대국들의 무대가 크게 변화한 것 역시 국제 정치를 더욱 복잡하게 만들었다. 중국의 경제·정치적 부상은 미국에게 전례 없이 큰 장기적 도전 과제 중 하나를 안겨주었다.

결국 가장 큰 위험은 우리가 볼 수 없거나 보고 싶지 않은 것에 있다. 현재 우리가 살고 있는 세상은 불확실성으로 가득 차 있다. 사람들은 자신이 하는 행동이 대부분의 경우 연속적인 효과를 초래한다는 것을 거의 감지하지 못하고 있다. 급격하고 예측할 수 없는 변화, 즉 역사의 '블랙 스완black swan'은 우리가 사는 세상에 언제나 존재하는 것이기 때문에 미래를 예측하려는 시도는 항상 예상치 못한 곳에서 좌초된다.

비스마르크는 "정치에서는 장기적인 계획에 집중해 맹목적으로 그 계획을 밀고 나가는 일이 불가능하다. 따라서 정치에서 할 수 있는 일은 가고자 하는 길을 가기 위해 대략적인 윤곽을 제시하는 것밖에 없다."고 말했다.[5] 서구 국가들은 소련의 위협이 종식된 이후로는 전략적 틀을 마련하지 못했다는 주장도 있다. 이런 방향성 상실은 그 자체로 이미 충분히 치명적인 위협이 된다. 하지만 그보다 더 심각한 위협은 제5차 군사-사회 혁명이 전쟁의 성격뿐만 아니라 인류 사회 전체를 변화시키는 시기에 방향성 상실이 닥쳤다는 사실에 있다.

제5차 군사-사회 혁명

냉전시대는 과학기술 발전의 가속화로 군사적 가능성을 창출했을 뿐만 아니라 궁극적으로는 전 세계의 사회 구조의 전반적인 변화를 가져왔다. 냉전시대 이전의 군사-사회 혁명은 서구에서 일어났으며, 주로 정복을 통해 다른 국가와 대륙으로 전파됐다. 하지만 제5차 군사-사회 혁명은 세계 곳곳에서 일어나고 있으며, 국민국가nation state뿐만 아니라 비국가 행위자에게도 직접적인 영향을 미치고 있다. 이 혁명은 다양한 장소에서 다양한 경로로 진행되고 있지만, 이 모든 일은 동시에 일어나고 있으며 모든 것에 어느 정도로든 영향을 미치고 있다.

1960년대에 컴퓨터가 아직 초기 단계에 머물고 있을 때만 해도 과학자들이나 군대 지도자들은 기술과 혁신의 이전이 해당 분야를 넘어 전 세계에 영향을 미칠 것이라고는 거의 생각하지 못했다. 1970년대 후반에 MIT에서 열린 컴퓨터 과학자 회의에서 참석자들은 컴퓨터가 일상생활에서 어떤 용도로 사용될 수 있을지를 놓고 토론했다. 참가자 대부분은 기능을 개선하는 고전적인 패턴의 혁신을 생각하고 있었다. 새로운 기술에 어떤 시너지 효과가 내재돼 있을지 상상하는 일은 항상 어렵다. 예를 들어, 카메라, 전화기, 라디오의 기능을 결합한 휴대용 컴퓨터가 언젠가 사회 불안 상황을 전 세계로 즉시 전송하는 데 사용될 것이라고 회의에 참석한 그 누구도 예측하지 못했을 것이다.

인터넷은 1960년대에 미국 국방고등연구계획국(DARPA의 전신)의 연구에서 시작됐다. 1970년대에 이르러 이 연구는 군 연구 기관과 대학 연구소 간의 협력을 위한 초기 통신 시스템 연구로 발전했다. 하지만 당시 인터넷, 즉 DARPA넷을 개발하던 사람들 중 1990년대에 인터넷이 폭발적으로 성장해 어떤 결과가 발생할지 예측한 사람은 거의 없었다. 앞 장에서 살펴본 것처럼, 대륙간 미사일과 그에 수반되는 부속 무기 개발을 위해 미국은 점점 더 작은 마이크로프로세서를 개발해야 했고, 그로 인해 민간 시장에 공급할 수 있을 만큼 저렴한 컴퓨터가 출시돼 혁명을 일으켰다. 컴퓨터 혁명은 그 누구도 예측하지도 의도하지도 않은 결과였다.

냉전이 종식될 때까지 기술적 개선과 혁신은 대부분 군을 위한 연구 개발에 의해 촉발됐다. 하지만 냉전이 끝난 후에는 그 반대의 현상이 일어나고 있다. 블레츨리 파크에서 독일군 에니그마 기계의 수수께끼를 풀었던 개발자들의 후손들은 이제 이전 세대에는 불가능하다고 생각했던 수준의 정확도, 정교함, 규모를 가진 무기를 만들 수 있는 능력을 인류에게 부여했다. 또한 이들은 개인용 컴퓨터, 통신 위성, 휴대폰, GPS, 인터넷 등 민간 기술의 발전을 주도해 인류 사회의 성격을 바꾸어 놓았다. 민간 세계에서 컴퓨터가 주도하는 폭발적인 기술 발전은 군대에도 직접적인 영향을 미쳤다. 현재 진행 중인 컴퓨터 혁명의 대부분은 민간이 주도하고 있다. 우크라이나 군인들이 민간이 개발한 휴대용 드론과 암호화된 휴대 전화를 사용하고 있는 것이 그 대표적인 사례라고 할 수 있다.

여기에는 이분법이 존재한다. 기술적 변화와 적응의 속도가 빨라지면서 한편으로는 일상생활을 개선할 수 있는 전례 없는 가능성이 창출되고 있으며, 다른 한편으로 극초음속 미사일, 스텔스 항공기 그리고 공중전, 해전, 지상전을 위한 점점 더 복잡한 무기와 같은 인상적인 군사 능력이 출현하고 있다. 아이러니하게도 민간과 군사 영역의 이 두 가지 능력은 전쟁과 평화의 구분을 흐리게 하고 궁극적으로는 아예 그 구분 자체를 무의미하게 만들고 있다. 또한 이런 기술들은 너무나 널리 확산돼 있기 때문에 40세 이하의 디지털 네이티브들은 딱히 어떤 나라가 다른 나라보다 더 좋다는 생각을 하지 않는다.

또한 컴퓨터와 마이크로프로세서에 의존하는 민간 세계의 복잡성은 상상할 수 없는 취약성을 만들어냈다. 히로시마와 나가사키를 파괴한 소형 원자폭탄 몇 개만 미국 동부 해안 100마일 상공(약 160킬로미터)에서 폭발해도 메인 주에서 플로리다 주, 뉴욕 주에서 오하이오 주에 이르는 지역의 거의 모든 전자장치의 전원을 끌 수 있다. 이는 핵무기 폭발로 인한 효과가 아니다. 핵 폭발에 수반되는 전자기 펄스EMP가 납으로 차폐되지 않은 모든 칩을 태우기 때문에 발생하는 현상이다. 따라서 현재 강대국들이 핵무기를 사용하지 않고도 EMP 효과를 낼 수 있는 방법을 연구하고 있는 것은 놀랄만한 일이 아니다.

제5차 군사-사회 혁명은 가장 이성적이고 지적인 정치가만이 아마겟돈을 막을 수 있다는 것을 시사한다. 이를 위해서는 지난 30년 동안 특히 미국에서 부족했던 역사와 '타자'에 대한 깊은 지식이 필요하다. 게다가 우리는 탈레반, 알카에다, ISIS의 세계에 살고 있으며, 이들이 사라지지 않을 것이라는 냉혹한 현실에 직면하고 있다. 현재의 전략 환경에서는 핵무기 사용을 억제하기 위해 엄청난 기술력을 갖춘 군대뿐만 아니라 역사, 문학 등에 정통하고 때로는 7세기의 관점에서 생각할 수 있는 장교들도 필요하다. 그런데 여기에서 또 다른 아이러니가 존재한다. 현대 사회의 복잡성으로 인해 기술에 정통한 테러리스트들이 기술을 자신들에게 유리하게 활용할 수 있는 이점을 가지게 됐다는 사실이다.

선진국이 직면한 가장 큰 도전은 전쟁에 대한 서구의 접근 방식이 이제는 유럽과 북미를 훨씬 넘어 확산되었다는 점에 있을 것이다. 《캠브리지 전쟁사》 최신판은 고대 그리스 시대부터 이어진 서구의 군사적 우위를 다음과 같은 다섯 가지 요소를 들어 설명한다. "*재정*finance, *기술*technology, *절충주의*eclecticism, *규율*discipline, *공격적인 군사 전통*an aggressive military tradition에 대한 강조는 서구의 전쟁에 독특한 회복력과 치명성을 부여했다.[6] 이 다섯 가지 요소들을 이제는 유럽과 북미의 강대국들뿐만 아니라 전 세계의 주요 강대국들도 가지게 됐다.

지난 500년 동안의 안타까운 역사는 서구 국가들이 공격 본능을 통제하거나 전쟁을 피할 수 없었음을 잘 보여준다. 또한, 지난 50년간의 역사는 세계가 더 많은 전쟁을 겪게 될 것임을 암시한다. 현재 수없이 많이 존재하는 첨단 무기는 설령 인류가 핵무기 사용을 피하더라도, 미래의 전쟁은 과거의 전쟁보다 더 치명적일 것이라는 생각을 하게 한다. 시리아와 우크라이나에서의 참상은 현대의 재래식 전쟁에 의해 어느 정도로 살육과 파괴가 이뤄질 수 있는지 생생하게 보여준다.

우리의 미래

지금 우리는 전쟁과 민간 세계의 성격을 바꾸고 있는 또 다른 군사-사회 혁명의 한가운데 서 있다.

이 혁명은 이전의 어떤 군사-사회 혁명보다 더 큰 영향을 미치고 있으며, 지난 30년간의 통신 및 컴퓨터 혁명으로 인해 전 세계적인 현상으로 자리 잡았다. 트위터나 페이스북과 같은 인터넷의 사악한 산물이 초래한 사회적 변화가 이제 본격적으로 가시화되고 있다. 코로나 바이러스 팬데믹에 대한 미국인들의 분열적인 반응은 그 변화의 극히 일부일 뿐이었다. 기술 변화에 대한 소규모 행위자들(작은 국가 또는 비국가 행위자 - 옮긴이)의 적응력을 생각하면, 이제 서구의 선진국들을 비롯한 세계 곳곳의 선진국들은 제5차 군사-사회 혁명을 어떻게 활용해야 할지 예측하기 힘든 위험한 상황에 직면해 있다고 할 수 있다. 이제 우리는 예상치 못한 것들과 예측할 수 없는 것들을 누가 어떻게 결합해 자신의 이익을 위해 이용할지 알 수 없는 상황에 처해 있다. 우리는 이미 기술과 커뮤니케이션의 변화가 모두 좋은 것만은 아니라는 사실을 잘 알고 있다.

컴퓨터 혁명은 자동차부터 쇼핑 방식까지 모든 것을 변화시켰지만, 이렇게 엄청난 기술 및 사회적 변화가 전쟁의 가능성을 없애지는 못했다. 이런 변화는 각자의 이해관계 영역에서 이러한 기술 변화를 따라잡지 못하는 군사 조직은 과거의 거대한 군사-사회 혁명이 제기했던 문제보다 훨씬 더 큰 문제에 직면하게 될 것이라는 점을 시사하고 있을 뿐이다.

역사에서 우리가 얻을 수 있는 가장 중요한 교훈은 역사가 상대방뿐만 아니라 우리 자신에 대해서도 이해할 수 있는 길을 제공한다는 점일 것이다. 콜린 S. 그레이Colin S. Gray의 탁월한 저서 《또 다른 유혈의 세기An-other Bloody Century》는 이제 글로벌 전쟁 방식이라고 부를 수 있는 전쟁 방식에 대해 탁월한 전망을 제공한다. 앞으로 남은 21세기의 수십 년 동안 전쟁이 일어날 가능성은 이전 세기들보다 결코 낮지 않다. 인간의 본성은 변하지 않았고 앞으로도 변하지 않을 것이다. 푸틴의 우크라이나 침공은 1939년 히틀러의 폴란드 침공보다 더 놀랍다고 하기 어렵다. 물론 앞으로는 상황이 나아질 것이라는 희망을 가질 수는 있다. 하지만 기원전 416년에 아테네인들은 평화 협상을 제안한 멜로스인Melian negotiators들에게 다음과 같이 말했다.

"위험 속에서 큰 위로가 되는 희망! …… (그것은) 본질적으로 값비싼 것이며, 모든 것을 한 번의 기회에 걸고 있는 사람들은 파멸하고 나서야 그것이 무엇을 의미하는지 알게 된다."[7]

감사의 말

이 책이 나오기까지의 여정에 기여한 수많은 사람들이 있다. 지면 관계상 모든 분들의 이름을 일일이 거론할 수는 없기 때문에 그중 몇 분만 언급해야 할 것 같다. 나의 지적 여정은 학부 시절 하조 홀본 교수님과 함께 예일대학교에서 시작되었고, 대학원 시절에는 한스 가츠케와 도널드 케이건 교수님의 도움으로 계속 이어졌다. 이분들은 형체도 없는 흙덩어리였던 나를 합리적인 학자로 만들어주었다. 케이건 교수는 돌아가실 때까지 나에게 지속적인 영향력을 미친 분이었다. 학계와 지성계를 넘나든 나의 지적 여행에서 나는 뛰어난 교수들과 장교들을 만났고, 그들은 내게 끊임없는 가르침을 주었다. 오하이오주립대학교에서 지낸 20년 동안 동료 교수 앨런 밀레는 내가 군사 조직의 복잡성을 이해하기 시작하는 데 필요한 지침과 지혜를 제공해주었다. 그 기간 동안 존 린은 친구이자 멘토였고, 그 관계는 지금까지도 계속되고 있다. 지난 20년 동안 짐 레이시, 리처드 진라이히, 프랭크 호프만, 피터 맨수어는 군사 역사뿐만 아니라 변화에 저항하는 군 조직에 대한 나의 지식을 넓히는 데 특히 큰 도움을 주었다. 또한 실제 전략의 세계에 대한 이해 형성에 기여한 짐 매티스 국방장관도 언급하지 않을 수 없다. 또한 내 연구실의 박사 과정 학생들(마크 위시, 마리아노 추투아페, 조앤 펀드스타인, 유니스 양)도 내가 이 원고를 완성하기까지 계속 힘을 보태준 고마운 사람들이다. 앤드류 W. 마셜 재단은 내가 이 작업에 집중할 수 있도록 매우 유용한 지원금을 제공했다. 이 책의 편집과 관련해서는 철저한 편집과 교열이 어떤 것인지 제대로 내게 알려준 예일대학교 출판부의 편집자 빌 프루히트에게 깊은 감사의 마음을 전한다. 마지막으로, 이 원고가 완성될 때까지 놀랍도록 날카롭고 예리한 논평으로 원고를 이끌어준 옥스퍼드대학교 출신의 역사학자인 아내 레슬리 메리 스미스에게 진심으로 고맙다는 말을 하고 싶다.

주

CHAPTER 1 서구세계와 어두운 전쟁의 길

인용문   Michael Howard, *The Causes of War and Other Essays* (London, 1984), p. 214.

1   로마제국의 특히 흥미로운 점은 매우 긴 기간 동안 제국의 심장부가 대규모 전쟁의 영향을 받지 않았다는 사실이다. 거의 250년 동안 로마제국 본토는 전선에 포함되지 않았으며, 이 기간 동안 본토에 직접적인 타격을 준 전쟁은 몇 차례 되지 않는다. 그 기간 동안 로마제국 본토에 직접 영향을 미친 전쟁은 세 황제의 전쟁 War of Three Emperors(기원전 69~71년), 제1차 유대-로마 전쟁(기원전 67~71년), 제3차 유대-로마 전쟁(바르 코흐바 반란Bar Kokhba Revolt)(기원전 135~136년), 게르만족의 이탈리아 침략 전쟁(기원전 172~175년), 콤모두스 황제 사망 후의 내전(기원전 190~193년)이다.

2   Kyle Harper, *The Fate of Rome: Climate, Disease and the End of Empire* (Princeton, NJ, 2019).

3   Victor Davis Hanson, *The Western Way of War: Infantry Battle in Classical Greece* (New York, 1989).

4   William H. McNeil, *The Rise of the West: A History of the Human Community (Chicago, 1963). The Pursuit of Power: Technology, Armed Force, and Society Since A.D. 1000 (Chicago, 1982), and The Age of Gunpowder Empires, 1450–1800* (Washington, DC, 1989).

5   Paul Kennedy, *The Rise and Fall of the Great Powers: Economic Change and Military Conflict from 1500 to 2000* (New York, 1987), p. 4.

6   McNeill, *The Rise of the West*, pp. 569 – 570.

7   Russell F. Weigley, *The Age of Battles: The Quest for Decisive Warfare from Breitenfeld to Waterloo* (Bloomington, IN, 1991). McNeill, *The Pursuit of Power*

8   Peter R. Mansoor and Williamson Murray, eds. *The Culture of Military Organizations* (Cambridge, UK, 2019).

9   Cathal Nolan, *The Allure of Battle: A History of How Wars Have Been Won and Lost* (Oxford, 2017).

10   Winston S. Churchill, *Marlborough: His Life and Times, 4 vols.* (London, 1933 – 1938), and David Chandler, *The Art of Warfare in the Age of Marlborough*, rev. edition (New York, 1995).

11   1813년의 나폴레옹의 군대에는 1805년의 대육군보다 경험 많고 훈련된 병사의 수가 훨씬 적었다. 징집병이 많았기 때문이다. 게다가 1813년의 군대는 포병과 기병도 약했다.

12   Williamson Murray and Wayne Wei-Siang Hsieh, *A Savage War: A Military History of the Civil War* (Princeton, NJ, 2016).

13   Stephen W. Sears, *Chancellorsville* (New York, 1996).

14   Stephen W. Sears, *Landscape Turned Red: The Battle of Antietam* (New York, 1983), and for Gettysburg, see Sears, *Gettysburg* (New York, 2003).

15   Holger H. Herwig, *The Battle of the Marne: The Opening of World War I and the Battle That Changed the World* (New York, 2009).

16   David T. Zabecki, *The German 1918 Offensives: A Case Study in the Operational Level of War* (London, 2006).

17   물론 탄넨베르크 전투나 카포레토 전투 같은 전투도 있었다. 이 전투들에서 승자는 대부분의 적군을 파괴했지만 전략적 결과를 바꾸지는 못했다.

18   Reinhardt, *Die Wende vor Moskau: Das Scheitern der Strategie Hitlers im Winter 1941/1942* (Stuttgart,

1972). David Stahel, *Operation Barbarossa and Germany's Defeat in the East* (Cambridge, UK, 2009).

19   Rajiv Chandrasekaran, *Imperial Life in the Emerald City: Inside Iraq's Green Zone* (New York, 2006); Thomas E. Ricks, *Fiasco: The American Military Adventure in Iraq* (New York, 2006); Charles H. Ferguson, *No End in Sight: Iraq's Descent into Chaos* (New York, 2008); and Michael R. Gordon and Bernard E. Trainor, *Cobra II: The Inside Story of the Invasion and Occupation of Iraq* (New York, 2006).

20   Carl von Clausewitz, *On War*, ed. and trans. Michael Howard and Peter Paret (Princeton, NJ, 1976), p. 579.

21   Marcus Jones, "Strategy as Character: Bismarck and the Prusso-German Question, 1862–1878," in *The Shaping of Grand Strategy: Policy, Diplomacy, and War*, ed. Williamson Murray, Richard Hart Sinnreich, and James Lacey (Cambridge, UK, 2011), pp. 79–110.

22   Geoffrey Parker, *The Military Revolution: Military Innovation and the Rise of the West, 1500–1800*, 2nd edition (Cambridge, UK, 1996).

23   Geoffrey Parker, "The Making of Strategy in Hapsburg Spain: Philip II's 'Bid for Mastery,' 1556–1598," in *The Making of Strategy: Rulers, States, and War*, ed. William-son Murray, MacGregor Knox, and Alvin Bernstein (Cambridge, UK, 1994).

24   Geoffrey Parker, *The Army of Flanders and the Spanish Road, 1567–1659: The Logistics of Spanish Victory and Defeat in the Low Countries' Wars* (Cambridge, UK, 1972).

25   30년전쟁의 경우, 참전국들은 베스트팔렌 조약에 서명할 때 재정·경제적 붕괴의 위기에 처해 있었다.

26   총괄평가국은 기술의 변화 이상의 것이 일어나고 있음을 강조하기 위해 용어를 '군사 혁신'으로 변경했다. 이 시도는 용어를 바꾸는 데는 성공했지만, 기술이 모든 군사적 발전의 중심이라는 강력한 믿음은 바꾸지 못했다.

27   Admiral William Owens quoted in Thomas Duffy, "Breakthrough Could Give Forces Total Command of a Future Battlefield," *Inside the Navy*, 23 January 1995.

28   Admiral William Owens, "System of Systems," *Joint Force Quarterly* (January 1996).

29   USMC, FMFM 1, "Warfighting," chap. 1.

30   Williamson Murray, "Thucydides, Theorist of War," *Naval War College Review* 66, no. 4 (Autumn 2013): art. 5, https://digital-commons.usnwc.edu/nwc-review/vol66/iss4/5.

31   Williamson Murray and Allan R. Millett, eds., *Military Innovation in the Interwar Period* (Cambridge, UK, 1996). Williamson Murray, *Military Adaptation in War: With Fear of Change* (Cambridge, UK, 2011).

32   Clifford J. Rogers, ed., *The Military Revolution Debate: Readings on the Military Transformation of Early Modern Europe* (Boulder, CO, 1995). For a dissenting view, see Jeremy Black, *A Military Revolution? Military Change and European Society, 1550–1800* (London, 1991).

33   Clifford J. Rogers, in Rogers, ed., *The Military Revolution Debate*, pp. 6, 76.

34   I am indebted to Professor Holger Herwig of the University of Calgary for this point.

35   Mentioned in a treatise by Roger Bacon in 1267.

36   John Francis Guilmartin Jr., *Gunpowder and Galleys: Changing Technology and Mediterranean Warfare at Sea in the 16th Century*, rev. edition (1974; London, 2003).

37   Thucydides, *History of the Peloponnesian War*, trans. Rex Warner (London, 1954), pp. 404–405.

38   John Brewer, *The Sinews of Power: War, Money, and the English State, 1688–1783* (New York, 1989).

39   John M. Sherwig, *Guineas and Gunpowder: British Foreign Aid in the Wars with France, 1793–1815* (Cambridge, MA, 1969).

40　Quoted in Jeremy D. Popkin, *A New World Begins: The History of the French Revolution* (New York, 2019), p. 390.

41　Murray and Hsieh, *A Savage War*

42　남부 연맹을 4년간의 지옥과 같은 전쟁으로 이끈 주요 요인 중의 하나는 땅의 크기가 유럽 대륙보다 더 넓었다는 것이다. 유럽 대륙과 남부 연맹의 크기를 비교한 지도를 보면 알 수 있다. ibid., p. 42.

43　Ulysses S. Grant, *Personal Memoirs of U. S. Grant*, ed. (New York, 1999), p. 198.

44　오클라호마의 '카우보이 박물관'에는 1만여 가지의 철조망이 전시되어 있다.

45　Michael Howard, "Men Against Fire: The Doctrine of the Offensive in 1914," in *The Makers of Modern Strategy from Machiavelli to the Nuclear Age*, ed. Peter Paret with Gordon A. Craig and Felix Gilbert (Princeton, NJ, 1986), pp. 510–526.

46　Brian Bond, *Britain's Two World Wars Against Germany: Myth, Memory and the Distortions of Hindsight* (Cambridge, UK, 2014).

47　Williamson Murray, *The Change in the European Balance of Power, 1938–1939: The Path to Ruin* (Princeton, NJ, 1984), chap. 1.

48　ibid., chap. 2. 이 생각은 극우 세력뿐만 아니라 대부분의 사람들의 생각이었다.

49　James S. Corum, *The Roots of Blitzkrieg: Hans von Seeckt and German Military Reform* (Lawrence, KS, 1992). Williamson Murray, "Armored Warfare: The British, French, and German Experiences," in *Military Innovation in the Interwar Period*, ed. Murray and Millett, pp. 6–49.

50　폭격기 사령부 소속 공군 승무원의 약 50%가 작전 중 사망했다.

51　Adam Tooze, *The Wages of Destruction: The Making and Breaking of the Nazi Economy* (London, 2006), pp. 597–600.

52　독일군의 공세가 시작되자 프랑스군이 거의 즉각적인 패배에 직면하도록 만든 프랑스군 고위 지휘부의 군사적 무능력 또한 짚고 넘어가야 한다. 당시 연합군의 패배를 부른 군사적 요인에 대한 최신 연구는 다음을 참조하라. Karl-Heinz Frieser with John T. Greenwood, *The Blitzkrieg Legend: The 1940 Campaign in the West* (Annapolis, MD, 2005).

53　R. V. Jones, *The Wizard War: British Scientific Intelligence, 1939–1945* (New York, 1978); Solly Zuckerman, *From Apes to Warlords: The Autobiography (1904–1946) of Solly Zuckerman* (London, 1978); Patrick Beesley, *Very Special Intelligence: The Story of the Admiralty's Operational Intelligence Centre, 1939–1945* (London, 1977); and Michael I. Handel, ed., *Leaders and Intelligence* (London, 1989). The British official history is quite useful: F. H. Hinsley et al., *British Intelligence in the Second World War*, 5 vols. (London, 1979–1990).

CHAPTER 2　근대국가와 군사 제도의 발전

인용문　Victor Davis Hanson, *The Western Way of War: Infantry Battle in Classical Greece* (Berkeley, CA, 1984), p. 224.

1　William H. McNeill, *The Rise of the West: A History of the Human Community* (Chicago, 1963).

2　Geoffrey Parker, *Imprudent King: A New Life of Philip II* (New Haven, CT, 2014), p. 132.

3　이 위기는 중세 세계에 해로운 영향을 미치는 데 상당한 시간이 걸렸다. 하지만 페스트는 살아남은 사람들과 그들의 자손의 사고에 확실한 영향을 미쳤다. 역사의 패턴 중 하나는 역병 발생 후에 전통적인 신념이 붕괴한다는 것이다. 서기 160년대 로마제국의 황폐화는 그로부터 1세기 반 후 고대 그리스-로마 종교의 붕괴

로 이어졌다. 또한 유스티니아누스 황제 시대의 역병 발생으로 중동과 지중해 세계의 대부분에서 이슬람의 맹공격으로 기독교가 붕괴하는 현상이 나타났다. 15세기에 얀 후스Jan Hus와 존 위클리프John Wycliffe의 등장으로 예고된 16세기 초의 종교 개혁은 유럽인들의 종교적 확신을 무너뜨리고 유럽인들 간의 전쟁을 촉발했다.

4   Clifford J. Rogers, "The Military Revolutions of the Hundred Years War," in *The Military Revolution Debate: Readings on the Military Transformation of Europe*, ed. Clifford J. Rogers (Boulder, CO, 1995), p. 58.

5   Clifford J. Rogers, "The Efficacy of the English Longbow: A Reply to Kelly DeVries," *War in History 5*, no. 2 (April 1998): 233–242, and "The Development of the Longbow in the Late Medieval England and 'Technological Determinism,'" *Journal of Medieval History 37*, no. 3 (September 2011): 321–341.

6   Clifford J. Rogers, "The Battle of Agincourt," in *The Hundred Years War*, vol. 2, *Different Vistas*, ed. L. J. Andrew Villalon and Donald J. Kagay (Leiden, 2008), p. 44.

7   1970년대와 1980년대에 헨리 8세의 기함인 메리로즈 호가 발견되기 전까지 역사학자들은 장궁의 치명성에 대해 논쟁을 벌였다. 영국의 한 성의 해자에서 발견된 한 장궁은 100파운드 이상의 장력을 발휘했지만, 대부분의 역사학자들은 이 무기의 위력을 간과했다. 하지만 메리로즈 호의 잔해를 조사한 고고학자들은 평균 장력이 100파운드 이상이고 일부는 180파운드까지 이르는 138개의 장궁을 발견했다. Rogers, "The Military Revolutions of the Hundred Years War," p. 82, n38.

8   이미 사용 가능한 투석기가 대체로 더 큰 충격을 줄 수 있었는데도 왜 그런 노력을 했는지 설명할 수 있을까? 여기에는 분명히 인간의 심리가 작용했다. 군대의 지휘관들을 매료시킨 것은 초기 대포의 효율성이 아니라 폭발음과 연기 그리고 초기의 원시적인 포를 발사할 때 동반되는 불꽃이었다. Tonio Andrade, *The Gunpowder Age: China, Military Innovation, and the Rise of the West in World History* (Prince-ton, NJ, 2016).

9   Arnold, *The Renaissance at War*, p. 24.

10   William H. McNeill, *The Age of Gunpowder Empires, 1450–1800* (Washington, DC, 1989), pp. 3–5.

11   William H. McNeill, *The Pursuit of Power: Technology, Armed Force, and Society Since A.D. 1000* (Chicago, 1982), pp. 83, 86.

12   Quoted in Geoffrey Parker, *The Military Revolution: Military Innovation and the Rise of the West, 1500–1800*, 2nd edition (Cambridge, UK, 1996), p. 10.

13   I am indebted to John Lynn for this point.

14   Clifford J. Rogers, "Gunpowder Artillery in Europe, *1326–1500*: Innovation and Impact," in *Technology, Violence, and War: Essays in Honor of Dr. John F. Guilmartin, Jr.*, ed. Robert S. Ehlers Jr., Sarah K. Douglas, and Daniel P. M. Curzon (Boston, 2019), p. 40.

15   Josephus, *The Jewish War*, trans. G. A. Williamson (London, 1959), pp. 194–195.

16   David Parrott, *The Business of War: Military Enterprise and Military Revolution in Early Modern Europe* (Cambridge, UK, 2012).

17   Arnold, *The Renaissance at War*, pp. 35–47.

18   Parker's *The Military Revolution*

19   Geoffrey Parker, *Emperor: A New Life of Charles V* (New Haven, CT, 2019), p. 509.

20   Ibid., p. 509.

21   Geoffrey Parker, *The Army of Flanders and the Spanish Road, 1567–1659: The Logistics of Spanish Victory and Defeat in the Low Countries' Wars* (Cambridge, UK, 1972), p. 6.

22   Parker, *Emperor*, p. 171.

23   Parker, *The Army of Flanders and the Spanish Road*, p. 185.

24   Geoffrey Parker, *The Dutch Revolt* (Ithaca, NY, 1977), pp. 178–179.

25   Parker, *The Military Revolution*, pp. 11–13.

26   J. R. McNeill and William H. McNeill, *The Human Web: A Bird's-Eye View of World History* (New York, 2003), pp. 163–164.

27   헤로도토스는 페니키아인들이 아프리카를 일주했다고 주장했다고 기록했다. 하지만 페니키아인들은 서쪽에서 동쪽으로 항해할 때 태양이 왼쪽에 있었다고 기록했기 때문에 사람들이 그들의 이야기를 믿지 않았다고 전했다. 하지만 사실 이 기록이야말로 그들의 주장이 사실이었음을 나타낸다.

28   John Francis Guilmartin Jr., *Gunpowder and Galleys: Changing Technology and Mediterranean Warfare at Sea in the 16th Century*, rev. edition (1974; London, 2003), pp. 23–29.

29   Hugh Thomas, *Conquest: Montezuma, Cortés, and the Fall of Old Mexico* (New York, 1993), and John Hemming, *The Conquest of the Incas* (New York, 1970).

30   Guilmartin, *Gunpowder and Galleys*.

31   McNeill and McNeill, *The Human Web*, pp. 163–164.

32   Parker, *Emperor*.

33   Arnold, *The Renaissance at War*.

34   Guilmartin, *Gunpowder and Galleys*, pp. 230–231.

35   Ibid., p. 281.

36   Ibid., p. 287.

37   Parker, *Imprudent King*.

38   Geoffrey Parker, *The Grand Strategy of Philip II* (New Haven, CT, 1998). Geoffrey Parker, "The Making of Strategy in Hapsburg Spain: Philip II's 'Bid for Mastery,' 1556–1598," in *The Making of Strategy: Rulers, States, and War*, ed. Williamson Murray, MacGregor Knox, and Alvin Bernstein (Cambridge, UK, 1994).

39   Parker, *The Dutch Revolt*.

40   Ibid., p. 104.

41   Geoffrey Parker, "Dynastic War, 1494–1660," in *The Cambridge History of Warfare* (Cambridge, UK, 2005), p. 154.

42   Parker, *The Dutch Revolt*, p. 172.

43   Ibid., p. 178.

44   Ibid., pp. 123–125.

45   Colin Martin and Geoffrey Parker, *The Spanish Armada* (London, 1988).

46   Hans Delbrück, *The Dawn of Modern Warfare*, trans. Walter J. Renfroe Jr. (Lincoln, NE, 1990), p. 157.

47   Ibid., pp. 157–159.

48   William H. McNeill, *Keeping Together in Time: Dance and Drill in Human History* (Cambridge, MA, 1995).

49   Parker, "Dynastic War," p. 155.

50   Delbrück, *The Dawn of Modern Warfare*, p. 161.

51   Parker, "Dynastic War," p. 156.

52   Geoffrey Parker, *Global Crisis: War, Climate Change, and Catastrophe in the Seventeenth Century* (New Haven, CT, 2013), p. 26. Geoffrey Parker and Lesley M. Smith, eds., *The General Crisis of the Seventeenth*

Century (London, 1978).

53   Parker, *Global Crisis*, p. 32.

54   John A. Lynn, *The Wars of Louis XIV, 1667–1714* (Harlow, Essex, UK, 1999), pp. 47–48.

55   체코와 슬로바키아는 9세기까지 독립하지 못했다.

56   Parrott, *The Business of War*, p. 116–117.

57   17세기 전쟁과 기후 변화가 끼친 영향에 대해서는 다음을 참조하라. Parker, *Global Crisis*.

58   *The Thirty Years' War*, ed. Geoffrey Parker, pp. 90–91.

59   Ibid., p. 101.

60   Parrott, *The Business of War*, p. 119.

61   Michael Roberts, *Gustavus Adolphus: A History of Sweden, 1611–1632*, 2 vols. (London, 1953, 1958).

62   Michael Roberts, *Gustavus Adolphus and the Rise of Sweden* (London, 1973), pp. 99–114. Williamson Murray, "Breitenfeld: The Creation of Modern War (1631)," in *Moment of Battle: The Twenty Clashes That Changed the World*, ed. James Lacey and Williamson Murray (New York, 2013).

63   The following account of the Battle of Breitenfeld is drawn from Murray, "Breitenfeld."

64   Delbrück, *The Dawn of Modern Warfare*, p. 209.

65   Parker, ed., *The Thirty Years' War*, p. 125.

66   Parrott, *The Business of War*, pp. 127–128.

67   Parker, ed., *The Thirty Years' War*, p. 146.

68   John A. Lynn: *Giant of the Grand Siècle: The French Army, 1610–1715* (Cambridge, UK, 1997), and *The French Wars, 1667–1714* (Harlow, Essex, UK, 1999).

69   John A. Lynn, "States in Conflict, 1661–1763," in Parker, ed., *The Cambridge History of Warfare*, p. 167.

70   Lynn, *The Wars of Louis XIV*, p. 53.

71   Lynn, "States in Conflict," p. 168.

72   Paul Kennedy, *The Rise and Fall of the Great Powers: Economic Change and Military Conflict from 1500 to 2000* (New York, 1987), pp. 82–84.

73   Lynn, "States in Conflict," p. 169.

74   Lynn, *Giant of the Grand Siècle*, pp. 104–105, 486.

75   Kennedy, *The Rise and Fall of the Great Powers*, p. 75.

76   David Chandler, *The Art of Warfare in the Age of Marlborough* (New York, 1976), p. 241.

77   Lynn, "States in Conflict," p. 169.

78   Peter Paret, *Yorck and the Era of Prussian Reform, 1807–1815* (Princeton, NJ, 1966), p. 271.

79   Parrott, *The Business of War*, p. 284.

80   Lynn, "States in Conflict," p. 173.

CHAPTER 3   근대국가의 등장

인용문   Thucydides, *History of the Peloponnesian War*, trans. Rex Warner (London, 1954), pp. 404–405.

1   J. S. Bromley, ed., *The New Cambridge Modern History*, vol. 6, *The Rise of Great Britain and Russia, 1688–1725* (Cambridge, UK, 1970).

2   Williamson Murray and Mark Grimsley, "Introduction: On Strategy," in *The Making of Strategy: Rulers, States, and War*, ed. Williamson Murray, MacGregor Knox, and Alvin Bernstein (Cambridge, 1994), pp. 1–23.

3   Geoffrey Parker, "The Making of Strategy in Hapsburg Spain: Philip II's 'Bid for Mastery,' 1556–1598," in Murray, Knox, and Bernstein, eds., *The Making of Strategy*.

4   Williamson Murray, "Grand Strategy, Alliances, and the Anglo-American Way of War," in *Grand Strategy and Military Alliances*, ed. Peter R. Mansoor and Williamson Murray (Cambridge, UK, 2016), 19–46.

5   N. A. M. Rodger, *The Command of the Ocean: A Naval History of Britain, 1649–1815* (London, 2004), p. 142.

6   Rodger, *The Command of the Ocean*, pp. 189.

7   Stephen B. Baxter, *William III and the Defense of European Liberty, 1650–1702* (New York, 1966).

8   Rodger, *The Command of the Ocean*, p. 137.

9   Brendan Simms, *Three Victories and a Defeat: The Rise and Fall of the First British Empire* (New York, 2007).

10   *The Sinews of Power: War, Money, and the English State, 1688–1783* (New York, 1989). D. W. Jones, *War and Economy in the Age of William III and Marlborough* (New York, 1988).

11   Simms, *Three Victories and a Defeat*, pp. 38–39.

12   Andrew Lambert, *War at Sea in the Age of Sail, 1650–1850* (London, 2000), p. 87.

13   Brewer, *The Sinews of Power*, p. 31.

14   Rodger, *The Command of the Ocean*, p. 291.

15   John A. Lynn, *The Wars of Louis XIV, 1667–1714* (Harlow, Essex, UK, 1999), pp. 244–245.

16   Ibid., pp. 99–100.

17   Paul Kennedy, *The Rise and Fall of British Naval Mastery* (London, 1976), p. 79.

18   John Hattendorf, *England in the War of Spanish Succession: A Study of the English View and the Conduct of Grand Strategy, 1701–1713* (New York, 1987); Jamel Ostwald, "Creating the British Way of War: English Strategy in the War of the Spanish Succession," in *Successful Strategies: Triumphing in War and Peace from Antiquity to the Present*, ed. Williamson Murray and Richard Hart Sinnreich (Cambridge, UK, 2014), pp. 100–129; and William Maltby, "The Origins of a Global Strategy: England from 1558 to 1713," in Murray, Knox, and Bernstein, eds., *The Making of Strategy*.

19   David G. Chandler, *Marlborough as Military Commander* (New York, 1973), for the English side. For the French, see Lynn, *The Wars of Louis XIV*.

20   Winston S. Churchill, *Marlborough: His Life and Times*, 4 vols. (London, 1933–1938)

21   Lynn, *The Wars of Louis XIV*, p. 271.

22   Charles Spencer, *Blenheim: Battle for Europe* (London, 2004).

23   Chandler, *Marlborough as Military Commander*, pp. 148–149.

24   잉글랜드, 옥스포드셔, 우드스톡에 위치한 블렌하임 궁전의 정원에 세워진 승리의 기둥에 새겨진 글귀.

25   Chandler, *Marlborough as Military Commander*, pp. 256–266; Lynn, *The Wars of Louis XIV*, pp. 332–336.

26   저명한 전쟁 영웅이자 작가인 에른스트 윙어Ernst Jünger는 1914년에 제1차 세계대전에 참전해 하노버 연대에서 복무했다. 이 연대는 모자 배지에 지브롤터의 모습이 새겨져 있었다.

27   스코틀랜드와 잉글랜드의 합병은 1706년 7월 조인되었으며, 그 협약은 1707년 1월과 3월 각각 의회에서 통과되었다.

28   Lynn, *The Wars of Louis XIV*, p. 362.

29   Ibid., p. 359.

30   R. M. Hatton, *Charles XII of Sweden* (New York, 1968).

31   카를 12세는 1718년에 유탄에 맞아 사망했다.

32   *Frederick the Great: A Historical Profile,* trans. Peter Paret (Berkeley, CA, 1968), Christopher Duffy, *Frederick the Great: A Military Life* (New York, 1985).

33   Fred Anderson, *Crucible of War: The Seven Years' War and the Fate of Empire in British North America, 1754–1766* (New York, 2000), pp. 73–76.

34   Wayne E. Lee et al., *The Other Face of Battle: America's Forgotten Wars and the Experience of Combat* (New York, 2021).

35   Quoted in Rodger, *The Command of the Ocean*, p. 261.

36   Daniel Baugh, *The Global Seven Years War, 1754–1763: Britain and France in a Great Power Contest* (London, 2011).

37   Robert M. Citino, *The German Way of War: From the Thirty Years' War to the Third Reich* (Lawrence, KS, 2005).

38   데니얼 보Daniel Baugh는 빙이 그런 대우를 받아 마땅했다고 주장했다. Baugh, *The Global Seven Years War,* pp. 229–235.

39   Ibid., p. 267.

40   Anderson, *Crucible of War*, pp. 211–212.

41   Baugh, *The Global Seven Years War*, p. 242.

42   Anderson, *Crucible of War*, pp. 225–229.

43   그때까지만 해도 영국군 하사관은 가장 계급이 높은 식민지 장교보다도 더 나은 대우를 받았다. 하지만 그 시점부터 식민지 장교들은 같은 계급을 가진 영국군 장교와 대등한 대우를 받게 됐다.

44   Duffy, *Frederick the Great*, pp. 143–144, 150–153.

45   Anderson, *Crucible of War,* pp. 250–255. Rodger, *The Command of the Ocean*, pp. 268, 276.

46   그러나 여러 면에서 인디언들의 전쟁 방식은 덜 파괴적이었다.

47   Lee et al., *The Other Face of Battle.*

48   *Crucible of War,* pp. 349–365; Beckles Wilson, *The Life and Letters of James Wolfe* (London, 1909), p. 339.

49   Anderson, *Crucible of War*, p. 365.

50   ibid., pp. 381–383.

51   Ibid., p. 383.

52   Rodger, *The Command of the Ocean*, p. 294.

53   Ibid., p. 301.

54   Ibid., p. 305.

55   Simms, *Three Victories and a Defeat*, p. 462.

56   앤더슨의 《Crucible of War》의 마지막 장들은 런던을 배경으로 하며, 혁명의 발발에 결정적인 역할을 한 잘못된 의사결정에 대해 다뤘다.

57   Rick Atkinson, *The British Are Coming: The War for America, Lexington to Princeton, 1775–1777* (New York, 2019), p. 25.

58   Michael Stephenson, *Patriot Battles: How the War of Independence Was Fought* (New York, 2007), pp. 116–117.

59   Fred Anderson, *A People's Army: Massachusetts Soldiers and Society in the Seven Years' War* (Chapel Hill, NC, 1984).

60   Quoted in George F. Sheer and Hugh F. Rankin, *Rebels and Redcoats: The American Revolution Through the Eyes of Those Who Fought and Lived It*, reprint (1957; New York, 1987), p. 43.

61   Williamson Murray and Peter R. Mansoor, eds., *Hybrid Warfare: Fighting Complex Opponents from the Ancient World to the Present* (Cambridge, UK, 2012).

      Marl V. Kwasny, *Washington's Partisan War, 1775–1783* (Kent, OH, 1996).

CHAPTER 4   프랑스혁명과 산업혁명

인용문   Victor Davis Hanson, *The Western Way of War: Infantry Battle in Classical Greece* (Berkeley, CA, 2009), p. 225.

1   Colin Jones, *The Great Nation: France from Louis XV to Napoleon* (New York, 2003).

2   R. R. Palmer, *The Age of the Democratic Revolution: A Political History of Europe and America, 1760–1800* (Princeton, NJ, 1964).

3   David G. Chandler, *The Campaigns of Napoleon (New York, 1966)*. Alexander Mikaberidze, *The Napoleonic Wars: A Global History* (Oxford, 2020).

4   T. C. W. Blanning, *The Origins of the French Revolutionary Wars* (London, 1986).

5   William H. McNeill, *The Pursuit of Power: Technology, Armed Force, and Society Since A.D. 1000* (Chicago, 1982), p. 185. McNeill, *Plagues and Peoples* (Garden City, NY, 1976), pp. 240–246.

6   MacGregor Knox, "Mass Politics and Nationalism as Military Revolution: The French Revolution and After," in *The Dynamics of Military Revolution, 1300–2050*, ed. MacGregor Knox and Williamson Murray (Cambridge, UK, 2001); Christopher Hibbert, *The Days of the French Revolution* (New York, 1980); R. R. Palmer, *Twelve Who Ruled: The Year of the Terror in the French Revolution* (Princeton, NJ, 1941), and *The World of the French Revolution* (London, 1971); and Georges Lefebvre, *The Coming of the French Revolution*, trans. R. R. Palmer (Princeton, NJ, 1947). Jeremy D. Popkin, *A New World Begins: The History of the French Revolution* (New York, 2019).

7   Mikaberidze, *The Napoleonic Wars*, pp. 6–7.

8   Samuel F. Scott, *The Response of the Royal Army to the French Revolution, 1787–93* (New York, 1978). Elizabeth Andrews Bond, *The Writing Public: Participatory Knowledge Production in Enlightenment and Revolutionary France* (Ithaca, NY, 2021).

9   David Hackett Fischer, *The Great Wave: Price Revolutions and the Rhythm of History* (Oxford, 1996), p. 147.

10   Popkin, *A New World Begins*, pp. 139–141.

11   Paul W. Schroeder, *The Transformation of European Politics, 1763–1848* (Oxford, 1994), pp. 11–19, 136–150.

12   Carl von Clausewitz, *On War*, ed. and trans. Michael Howard and Peter Paret (Princeton, NJ, 1976), p. 591.

13   Quoted in Williamson Murray, *America and the Future of War: The Past as Prologue* (Stanford, CA, 2017), p. 7.

14   Quoted in Mikaberidze, *The Napoleonic Wars*, p. 48.

15   Quoted in Knox, "Mass Politics and Nationalism as Military Revolution," p. 64.

16   Wolfgang Kruse, "Revolutionary France and the Meaning of Levée en Masse," in *War in an Age of Revolution, 1775–1815*, ed. Roger Chickering and Stig Förster (Cambridge, UK, 2010), p. 302.

17   Quoted in Knox, "Mass Politics and Nationalism as Military Revolution," p. 63.

18   John A. Lynn, *The Bayonets of the Republic: Motivation and Tactics in the Army of Revolutionary France, 1791–1794* (Urbana, IL, 1984), p. 4.

19   Ibid., p. 7.

20   Hibbert, *The Days of the French Revolution*, pp. 170–177.

21   Ibid., p. 7–9.

22   Quoted in ibid., p. 179.

23   Quoted from Thucydides on the revolutionary situation in Corcyra, 427 BC: Thucydides, *History of the Peloponnesian War*, trans. Rex Warner (London, 1954), p. 242.

24   I am indebted to John Lynn for pointing this quote out to me.

25   Tournachon–Molin, Ville Affranchie, n.d. [1793], trans. Mitchell Abidor, 2015, Marxists.org, https://www.marxists.org/history/frane/revolution/1793/lyon.htm.

26   Hibbert, *The Days of the French Revolution*, p. 194.

27   Knox, "Mass Politics and Nationalism as Military Revolution," p. 65.

28   Quoted in Stanley Chodorow and Joseph R. Stayer, *The Mainstream of Civilization*, 5th edition (1969: New York, 1989), p. 659.

29   Quoted in Kruse, "Revolutionary France and the Meaning of Levée en Masse," p. 397.

30   Quoted in Chandler, *The Campaigns of Napoleon*, p. 143.

31   Quoted in Lynn, *The Bayonets of the Republic*, p. 56.

32   Kruse, "Revolutionary France and the Meaning of Levée en Masse," p. 311.

33   Knox, "Mass Politics and Nationalism as Military Revolution," p. 65.

34   Quoted in Wikipedia.org, s.v., "Conscription."

35   Quoted in John A Lynn, *Battle: A History of Combat and Culture from Ancient Greece to Modern America* (New York, 2003), p. 187.

36   J. P. Bertaud, *The Army of the French Revolution: From Citizen Soldier to Instrument of Power*, trans. R. R. Palmer (Princeton, NJ, 1988). See also John A. Lynn, "Nations in Arms, 1763–1815," in *The Cambridge History of Warfare*, ed. Geoffrey Parker (Cambridge, UK, 2005), p. 196.

37   Lynn, *The Bayonets of the Republic*, p. 75.

38   McNeill, *The Pursuit of Power*, p. 195.

39   Lynn, *The Bayonets of the Republic*, p. 207.

40   Quoted in Theodore Ropp, *War in the Modern World*, rev. edition (1959; Baltimore, 2000), p. 111.

41   Clausewitz, *On War*, pp. 591–592.

42   Lynn, *The Bayonets of the Republic*, pp. 43–96.

43   Popkin, *A New World Begins*, p. 364.

44   Chandler, *The Campaigns of Napoleon*, p. 24.

45   Mikaberidze, *The Napoleonic Wars*, p. 51.

46   Quoted in David Gates, *The Spanish Ulcer: A History of the Peninsular War* (New York, 1986), p. 232.

47   Chandler, *The Campaigns of Napoleon*, p. 138n.

48   Lynn, "Nation in Arms," p. 201.

49   Ibid., p. 199.

50 Schroeder, *The Transformation of European Politics*.

51 Popkin, *A New World Begins*, p. 406; Jean Matrat, *Robespierre; or, The Tyranny of the Majority* (New York, 1971), p. 271.

52 Hibbert, *The Days of the French Revolution*, pp. 260–268.

53 Crane Brinton, *A Decade of Revolution, 1789–1799* (New York, 1934), pp. 190–194.

54 Popkin, *A New World Begins*, p. 454.

55 Chandler, *The Campaigns of Napoleon*, p. xxxv.

56 For Napoleon's campaign in Italy, see ibid., pp. 53–132.

57 기존의 보조금을 사용하여, 피트는 프랑스가 영국에 선전포고한 것에 대한 대응으로 1793년에 제1차 대프 랑스 동맹을 결성했다. 이 동맹의 회원국들은 영국, 오스트리아, 프로이센, 네덜란드, 스페인이었다. 1797년 에 프랑스는 네덜란드를 정복했고, 프로이센은 1795년에 이 동맹에서 탈퇴해 오스트리아와 영국만 남게 됐 다. 캄포 포미오 조약으로 이 동맹은 종결됐다.

58 N. A. M. Rodger, *The Command of the Ocean: A Naval History of Britain, 1649–1815* (London, 2004), p. 400.

59 Chandler, *The Campaigns of Napoleon*, p. 256.

60 Mikaberidze, *The Napoleonic Wars*, p. 81.

61 Piers Mackesy, *War Without Victory: The Downfall of Pitt, 1799–1802* (Oxford, 1984).

62 John M. Sherwig, *Guineas and Gunpowder: British Foreign Aid in the Wars with France, 1793–1815* (Cambridge, MA, 1969), p. 345.

63 Ibid., p. 289.

64 Ibid., pp. 287–288.

65 Chandler, *The Campaigns of Napoleon*, p. 873.

66 Jeremy Black, *European Warfare, 1660–1815* (London, 1994), p. 57.

67 흥미롭게도, 경제사학자들은 프랑스혁명과 나폴레옹전쟁이 산업혁명의 성장에 미친 영향에 대해 별로 관 심을 보이지 않는다. 그럼에도 불구하고 그들이 제시하는 경제 통계를 보면 전쟁이 영국 경제의 성장에 기 여했음을 알 수 있다.

68 J. Steven Watson, *The Reign of George III, 1769–1815* (Oxford, 1960), pp. 375–376.

69 *The Cambridge Economic History of Europe*, vol. 6, *The Industrial Revolutions and After: Incomes, Population and Technological Change*, ed. H. J. Habakkuk and M. Postan (Cambridge, UK, 1965), p. 274.

70 R. M. Hartwell, "Economic Change in England and Europe," in *The New Cambridge Modern History of Europe*, vol. 9; *War and Peace in an Age of Upheaval, 1793–1830*, ed. C. W. Crawley (Cambridge, UK, 1965), pp. 43–44.

71 Based on table 1, "Indices of English Population and Trade in the Eighteenth Century," in Habakkuk and Postan, eds., *The Cambridge Economic History of Europe*, vol. 6, p. 8.

72 Ibid., 6: (I), p. 296. For the importance of the financial system the British had developed over the eighteenth century, see also Felix Markham, "The Napoleonic Adventure," in Crawley, ed., *The New Cambridge Modern History*, 9:329.

73 *The Fontana Economic History of Europe: The Emergence of Industrial Societies*, part 1, ed. Carlo M. Cipolla (Glasgow, 1973), p. 167.

74 R. M. Hartwell, "Economic Change in England and Europe," in Crawley, ed., *The New Cambridge Modern*

History, vol. 9, pp. 34, 44.

75   Stephen Broadberry and Kevin H. O'Rourke, eds., *The Cambridge Economic History of Modern Europe, vol. 1, 1700–1870* (Cambridge, UK, 2010).

76   Habakkuk and Postan, eds., *The Cambridge Economic History of Europe*, vol. 6: pp. 277–278.

77   R. M. Hartwell, "Economic Change in England and Europe," in Crawley, ed., *The New Cambridge Modern History*, vol. 9, p. 40.

78   Habakkuk and Postan, eds., *The Cambridge Economic History of Europe*, vol. 6, pp. 293–295.

79   R. M. Hartwell, "Economic Change in England and Europe," in Crawley, ed., *The New Cambridge Modern History*, 9:44.

80   Habakkuk and Postan, eds., *The Cambridge Economic History of Europe*, 6: (I), p.325.

81   Ibid., 6: (I), p. 318.

82   James Boswell, *The Life of Samuel Johnson, LL.D., Including a Journal of a Tour to the Hebrides* (Boston, 1832), p. 42.

83   Joel Mokyr, *The Levers of Riches: Technological Creativity and Economic Progress* (Oxford, 1990), pp. 87–88.

84   Ibid., p. 104.

85   Habakkuk and Postan, eds., *The Cambridge Economic History of Europe*, 6:326.

86   Mokyr, *The Levers of Riches*, p. 98.

87   Ibid., pp. 98–99.

88   Ibid., p. 111.

89   Habakkuk and Postan, eds., *The Cambridge Economic History of Europe*, 6: (I), pp. 274–275.

90   Watson, *The Reign of George III*, pp. 467–470. Kevin H. O'Rourke, Leandro Prados de la Escosura, and Guillaume Daudin, "Trade and Empire," in Broadberry and O'Rourke, eds., *The Cambridge Economic History of Modern Europe*, vol. 1, p. 117, figure 4.4.

91   Quoted in Felix Markham, "The Napoleonic Wars," in Crawley, ed., *The New Cambridge Modern History*, vol. 9, p.330.

92   Broadberry and O'Rourke, eds., *The Cambridge Economic History of Modern Europe*, vol. 1, p. 99.

93   John Brewer, *The Sinews of Power: War, Money, and the English State, 1688–1783* (New York, 1989), pp. 194–195.

94   Adam Nicolson, *Seize the Fire: Heroism, Duty, and the Battle of Trafalgar* (New York, 2005), p. 42.

95   Paul Kennedy, *The Rise and Fall of British Naval Mastery* (London, 1976), pp. 130–133.

96   Rodger, *The Command of the Ocean*, pp. 484–485.

97   Piers Mackesy, *The War for America, 1775–1783*, p. 178.

98   McNeill, *The Pursuit of Power*, p. 212.

99   Kennedy, *The Rise and Fall of British Naval Mastery*, p. 141.

100   McNeill, *The Pursuit of Power*, p. 210: n48.

101   ibid., pp. 209–212.

102   David A. Bell, *The First Total War: Napoleon's Europe and the Birth of War As We Know It* (Boston, 2007). Gunther E. Rothenberg, *The Art of Warfare in the Age of Napoleon* (Bloomington, IN, 1978).

103   Felix Markham, "The Napoleonic Adventure," in Crawley, ed., *The New Cambridge Modern History*, 9:312.

104   Rory Muir, *Tactics and the Experience of Battle in the Age of Napoleon* (New Haven, CT, 1998); Charles J. Esdaile, *The Wars of Napoleon* (London, 1995). Michael J. Hughes, *Forging Napoleon's Grand Armée: Motivation, Military Culture, and Masculinity in the French Army, 1800–1808* (New York, 2012).

105   Mikaberidze, *The Napoleonic Wars*, p. 185.

106   최소한 프랑스 해군이 다시는 영국 해군과의 또 다른 주요 해전을 시도하지 않았다는 의미에서 그렇다는 말이다.

107   Mikaberidze, *The Napoleonic Wars*, p. 200.

108   Ibid., p. 292.

109   Gunther E. Rothenberg, *Napoleon's Great Adversary: Archduke Charles and the Austrian Army, 1792–1814* (Bloomington, IN, 1982).

110   Sherwig, *Guineas and Gunpowder*, p. 149.

111   Schroeder, *The Transformation of European Politics*, pp. 264–268.

112   D. Leonard, *Nineteenth Century Premiers: Pitt to Roseberry* (London, 2008), p. 25.

113   Chandler, *The Campaigns of Napoleon*, p. 438.

114   Ibid., p. 502.

115   Charles Edward White, *The Enlightened Soldier: Scharnhorst and* the Militärische Geselschaft *in Berlin, 1801–1805* (New York, 1988). Peter Paret, *Yorck and the Era of Prussian Reform, 1807–1815* (Princeton, NJ, 1966).

116   Peter R. Mansoor and Williamson Murray, eds., *The Culture of Military Organizations* (Cambridge, UK, 2019).

117   Quoted in Gordon A. Craig, *The Politics of the Prussian Army, 1640–1945* (Oxford, 1955), p. 43.

118   Chandler, *The Campaigns of Napoleon*, p. 594.

119   Quoted in ibid., p. 608.

120   Richard Hart Sinnreich, "That Accursed Spanish War: The Peninsular War, 1807–1814," in *Hybrid Warfare: Fighting Complex Opponents from the Ancient World to the Present*, ed. Williamson Murray and Peter Mansoor (Cambridge, UK, 2012), pp. 104–150.

121   Kevin Linch, *Britain and Wellington's Army: Recruitment, Society, and Tradition, 1807–15* (New York, 2011).

122   Sherwig, *Guineas and Gunpowder*, pp. 255–258.

123   Gates, *The Spanish Ulcer*, pp. 230–239.

124   Mikaberidze, *The Napoleonic Wars*, p. 546.

125   Quoted in Arthur Bryant, *The Great Duke; or, The Invincible General* (New York, 1972), p. 224.

126   Gates, *The Spanish Ulcer*, p. 215.

127   Quoted in Harold Nicolson, *The Congress of Vienna: A Study in Allied Unity, 1812–1822* (New York, 1946), p. 41.

128   Martin van Creveld, *Supplying War: Logistics from Wallenstein to Patton* (Cambridge, UK, 1977). John A. Lynn, ed., *Feeding Mars: Logistics in Western Warfare from the Middle Ages to the Present* (London, 1993).

129   Creveld, *Supplying War*, p. 257–264.

130   프랑스의 토목공학자였던 샤를 미나드가 그린 나폴레옹의 러시아원정 소모전 지도는 당시 모스크바까지의 침공 경로와 후퇴 경로에서 얼마나 많은 손실이 발생했는지를 잘 보여주고 있다. 온라인에서도 확인이

가능하다. https://bigthink.com/strange-maps/229-vital-statistics-of-a-deadly-campaign-the-minard-map/.

131   이 감소는 전적으로 사상자 때문에 일어난 것은 아니었다. 수많은 병사들이 비쳅스크로 행군하는 동안 이
       탈한 데도 원인이 있었다.

132   미나드의 지도를 바탕으로 한 숫자.

133   Armand de Caulaincourt, *With Napoleon in Russia: The Memoirs of General de Caulaincourt, Duke of
       Vicenza* (New York, 1935), p. 103.

134   Chandler, *The Campaigns of Napoleon*, p. 807.

135   Peter Paret, *Yorck and the Era of Prussian Reform, 1807–1815* (Princeton, NJ, 1966), p. 195.

136   Chandler, *The Campaigns of Napoleon*, p. 873.

137   Michael V. Leggiere's *Napoleon and the Struggle for Germany: The Franco-Prussian War of 1813*, vol. 1,
       The War of Liberation, Spring 1813, and vol. 2, *The Defeat of Napoleon* (Cambridge, UK, 2015).

138   Quoted in Chandler, *The Campaigns of Napoleon*, p. 867.

139   Ibid., p. 887.

140   Ibid., pp. 935–936.

141   McNeill, *The Pursuit of Power*, p. 213.

142   Ibid., p. 213.

143   Russell F. Weigley, *The Age of Battles: The Quest for Decisive Warfare from Breitenfeld to Waterloo*
       (Bloomington, IN, 1991).

144   사상자 수의 추정치는 다음을 참조. Charles Tilly, *Coercion, Capital, and European States, AD 990–1992*
       (London, 1990), pp. 165–166. 다음에 따르면 프랑스혁명과 나폴레옹전쟁에서 죽은 프랑스인을 100만~400만
       명(혁명) 최소 300만 명(전쟁)으로 추정했다. Esdaile, *The Wars of Napoleon*, p. 300.

145   Gneisenau quoted in Rodger, *The Command of the Ocean*, p. 574; Blücher quoted in Bernard Cornwell,
       Waterloo: The History of Four Days, Three Armies, and Three Battles (New York, 2016), p. 341.

CHAPTER 5   19세기 유럽과 미국의 전쟁

인용문   Quoted in Williamson Murray and Wayne Wei-Siang Hsieh, *A Savage War: A Military History of the Civil
       War* (Princeton, NJ, 2016), p. 65.

1   James M. McPherson, *Battle Cry of Freedom: The Civil War Era* (Oxford, 1988). Murray and Hsieh, *A Savage
       War*.

2   Christopher Hibbert, *The Destruction of Lord Raglan: A Tragedy of the Crimean War, 1854–1855*
       (London, 1961). Orlando Figes, *The Crimean War: A History*, 2nd edition (London, 2012).

3   이 장에서 다룬 남북전쟁과 4차 군사-사회 혁명의 영향에 대한 내용은 주로 다음을 참조. Murray and
       Hsieh, *A Savage War*.

4   Ibid., pp. 47, 132–133.

5   *The Cambridge Economic History of Europe*, vol. 6; *The Industrial Revolutions and After: Incomes,
       Population and Technological Change*, ed. H. J. Habakkuk and M. Postan (Cambridge, UK, 1966), p. 703.

6   Mark Grimsley, "The U.S. Civil War," in *The Dynamics of Military Revolution, 1300–2050*, ed. MacGregor
       Knox and Williamson Murray (Cambridge, UK, 2001).

7   Patricia L. Faust, *The Historical Times Illustrated Encyclopedia of the Civil War* (New York, 1986).

8   William H. McNeill, *The Pursuit of Power: Technology, Armed Force, and Society Since A.D. 1000*

(Chicago, 1982), p. 233.

9   Ibid., pp. 232–233.

10   Gregor Edgar Turner, *Victory Rode the Rails: The Strategic Place of the Railroads in the Civil War* (Lincoln, NE, 1953), p. 32.

11   Ibid., p. 42.

12   Ibid., p. 105.

13   Habakkuk and Postan, eds., *The Cambridge Economic History of Europe*, vol. 6, p. 697.

14   Turner, *Victory Rode the Rails*, p. 43.

15   Faust, *The Historical Times Illustrated Encyclopedia of the Civil War*.

16   Earl J. Hess, *Civil War Logistics: A Study of Military Transportation* (Baton Rouge, LA, 2017), p. 95.

17   Ibid., p. 261.

18   Grimsley, "The U.S. Civil War."

19   Quoted in James M. McPherson, *Embattled Rebel: Jefferson Davis as Commander in Chief* (New York, 2014), pp. 119–120.

20   U.S. War Department, *The War of the Rebellion: A Compilation of the Official Records of the Union and Confederate Armies*, 128 vols. (Washington, DC, 1880–1901), series 1, vol. 32, pt. 2, pp. 280–281 (hereafter Official Records).

21   Murray and Hsieh, *A Savage War*, p. 47.

22   Milo M. Quaife, ed., *From the Cannon's Mouth: The Civil War Letters of General Alpheus S. Williams* (Detroit, MI, 1959), pp. 40–41.

23   Murray and Hsieh, *A Savage War*, p. 50.

24   ibid., pp. 54, 544–547.

25   Quoted in "General M. C. Meigs on the Conduct of the Civil War," *American Historical Review* 26, no. 2 (1921): p. 292.

26   James M. McPherson, *War on the Waters: The Union and Confederate Navies, 1861–1865* (Chapel Hill, NC, 2012).

27   Quoted in Murray and Hsieh, *A Savage War*, p. 156.

28   U. S. Grant, *Personal Memoirs of U. S. Grant* (New York, 1999), vol. 1, p. 368.

29   Mark Grimsley, *The Hard Hand of War: Union Military Policy Toward Southern Civilians, 1861–1865* (Cambridge, UK, 1995).

30   Quoted in Murray and Hsieh, *A Savage War*, p. 327.

31   프로이센-독일군이 파리를 포위하기 위해 이동한 거리는 포장도로로 이동한 250마일에 불과했다. 1870년에 조지아에는 현대화된 도로가 거의 없었다.

32   Hess, *Civil War Logistics*, p. 240.

33   Turner, *Victory Rode the Rails*, p. 326.

34   William T. Sherman, *Memoirs of General William T. Sherman, by Himself*, (New York, 1875), vol. 2, p. 399; emphasis added.

35   재선을 노린 링컨의 1864년의 선거 캠페인은 1860년 때보다 훨씬 더 치열했었다.

36   Grimsley, "The U.S. Civil War."

37   이 군대는 조지 '팝' 토마스 소장이 지휘하는 뷰엘의 컴벌랜드 군대, 제임스 맥퍼슨 소장이 지휘하는 그랜트

의 옛 군대인 테네시 군대 그리고 존 스코필드 소장이 지휘하는 새로 창설된 오하이오 군대였다.

38 *Official Records*, series 1, vol. 37, pt. 2, p. 366.

39 Quoted in Murray and Hsieh, *A Savage War*, p. 468.

40 Geoffrey Wawro, *The Austro-Prussian War: Austria's War with Prussia and Italy in 1866* (Cambridge, UK, 1996).

41 Dennis E. Showalter, *Railroads and Rifles: Soldiers, Technology, and the Unification of Germany* (Hamden, CT, 1986).

42 Gerhard P. Gross, *The Myth and Reality of German Warfare: Operational Thinking from Moltke the Elder to Heusinger* (Lexington, KY, 2016), p. 24.

43 쾨니그라츠는 결정적인 전투였다고 주장할 수 있지만, 비스마르크가 오스트리아인들에게 거절할 수 없는 제안, 즉 오스트리아는 영토를 잃지 않을 것이라는 제안을 했기 때문에 이런 결과가 나온 것뿐이다.

44 Michael Howard, *The Franco-Prussian War: The German Invasion of France, 1870–1871*, 2nd edition (1961; London, 2001). Geoffrey Wawro, *The Franco-Prussian-War: The German Conquest of France in 1870–1871* (Cambridge, UK, 2003).

45 Gross, *The Myth and Reality of German Warfare*, p. 41.

CHAPTER 6 제1차 세계대전

인용문 Thucydides, *History of the Peloponnesian War*, trans. Rex Warner (London, 1954), p. 49.

1 Winston S. Churchill, *The World Crisis*, 6 vols. (Toronto, 1923–1931), 6. Christopher Clark, *The Sleepwalkers: How Europe Went to War in 1914* (New York, 2012). Margaret MacMillan, *The War That Ended Peace: The Road to 1914* (New York, 2013).

2 Holger H. Herwig, *"Luxury" Fleet: The Imperial German Navy, 1888–1918* (London, 1980).

3 Joel Mokyr, "The Second Industrial Revolution, 1870–1914," (August 1998): 1.

4 Hew Strachan, *The First World War*, vol. 1, *To Arms* (Oxford, 2001), p. 5.

5 Avner Offer, *The First World War: An Agrarian Interpretation* (Oxford, 1989), p. 83.

6 Strachan, *The First World War*, 1:chap. 10.

7 Quoted in Offer, *The First World War*, p. 350.

8 Quoted in Gerd Hardach, *The First World War, 1914–1918* (Berkeley, CA, 1977), p. 55.

9 Isabel V. Hull, *Absolute Destruction: Military Culture and the Practices of War in Imperial Germany* (Ithaca, NY, 2005).

10 Paul Kennedy, "Military Effectiveness in the First World War," in *Military Effectiveness*, vol. 1, *The First World War*, ed. Allan R. Millett and Williamson Murray (London, 1988), p. 330.

11 Michael Howard, "Military Science in an Age of Peace," *Journal of the Royal United Services Institute* March 1974.

12 Gary Sheffield, *Forgotten Victory: The First World War: Myths and Realities* (London, 2001). Shelford Bidwell and Dominick Graham, *Fire-Power: The British Army Weapons and Theories of War, 1904–1945* (London, 1982).

13 그가 언급한 기술 혁신 중에는 비행선(제플린), 관측기구, 관측 및 연락 항공기, 폭격기, 전투기, 지상공격기, 항공사진 및 입체사진 분석, 자동차, 대량의 연료 공급 장치, 전차, 포병이 발사한 무기화된 가스, 방독면, 특수 포탄 등이 있다. David T. Zabecki, *The Generals' War: Operational Level Command on the Western*

Front in 1918 (Bloomington, IN, 2018), pp. 13–14.

14   21세기 초 테렌스 주버Terence Zuber는 *Inventing the Schlieffen Plan: German War Planning, 1871–1914*(Oxford, 2002)에서 '슐리펜 계획'은 존재하지 않았다고 주장했다. 하지만 독일 기록보관소에서 최근에 발견된 문서는 그의 이 주장을 무너뜨렸다.

15   영국군은 마른 전투와 플랑드르 전투 모두에서 중요한 역할을 했다. 또한 영국의 봉쇄는 장기적으로 독일의 전쟁 노력을 심각하게 방해했다.

16   Martin van Creveld, *Supplying War: Logistics from Wallenstein to Patton* (Cambridge, UK, 1977), chap. 4.

17   Moltke quoted in *Moltke on the Art of War: Selected Writings*, ed. Daniel J. Hughes and Harry Bell (Novato, CA, 1993), p. 92; John Horne and Alan Kramer, *German Atrocities, 1914: A History of Denial* (New Haven, CT, 2001), pp. 74–75.

18   Alistair Horne, *The Price of Glory: Verdun, 1916* (New York, 1962), p. 18.

19   Holger H. Herwig, *The Battle of the Marne: The Opening of World War I and the Battle That Changed the World* (New York, 2009).

20   Anthony Farrar-Hockley, *Death of an Army* (New York, 1968).

21   Dennis E. Showalter, *Tannenberg: Clash of Empires, 1914* (Washington, DC, 2004).

22   Geoffrey Wawro, *A Mad Catastrophe: The Outbreak of World War I and the Collapse of the Habsburg Empire* (New York, 2014).

23   Holger H. Herwig, *The First World War: Germany and Austria-Hungary, 1914–1918* (London, 1996), pp. 119–120.

24   Strachan, *The First World War*, 1: p. 110.

25   Paul Kennedy, *The Rise of the Anglo-German Antagonism, 1860–1914* (London, 1980).

26   John Hall Stewart, "French Military," in *A Documentary Survey of the French Revolution*, 8th edition (New York, 1951), pp. 472–474.

27   Gerald D. Feldman, *Army, Industry, and Labor in Germany, 1914–1918* (New York, 1992), p. 45.

28   Strachan, *The First World War*, 1: pp. 1036, 1037.

29   Ibid., 1:1049. McNeill, *The Pursuit of Power: Technology, Armed Force, and Society Since A.D. 1000* (Chicago, 1982), p. 318.

30   Douglas Porch, "The French Army in the First World War," in Millett and Murray, eds., *Military Effectiveness*, 1: pp. 197–199.

31   Strachan, *The First World War*, 1: p. 1065.

32   Ibid., 1: p. 1051.

33   Ibid., 1: pp. 1055–1058.

34   Ibid., 1: p. 1059.

35   Paul Kennedy, "Britain in the First World War," in Millett and Murray, eds., *Military Effectiveness*, 1: p. 33.

36   Hardach, *The First World War*, pp. 326–327.

37   Williamson Murray, *War in the Air, 1914–1945* (Washington, DC, 1999).

38   William H. Morrow Jr., *The Great War in the Air: Military Aviation from 1909 to 1921* (Tuscaloosa, AL, 1993), p. 55.

39   Ibid., pp. 55, 102, 112, 146.

40   Ibid., pp. 121, 123, 185.

41   Andrew Gordon, *The Rules of the Game: Jutland and British Naval Command* (London, 1996), p. 594.

42   Holger H. Herwig, "The Dynamics of Necessity: German Military Policy in the Great War," in Millett and Murray, eds., *Military Effectiveness*, 1:119–120.

43   Nicholas A. Lambert, *Planning Armageddon: British Economic Warfare and the First World War* (Cambridge, MA, 2012), p. 137.

44   Ibid., p. 162.

45   Ibid., p. 231.

46   Ibid., p. 223.

47   Ibid., pp. 272–275.

48   다음 수치를 살펴보면 이 봉쇄 작전의 누출 정도를 짐작할 수 있다. 1915년 3월, 독일의 대 미국 수출은 전쟁 전 수준의 60%였다. 미국에서 네덜란드와 스칸디나비아로 수출된 윤활유는 1914년 4월과 5월 6,448갤런에서 1년 후 41만9,485갤런으로 증가했다. 1915년 상반기에 미국에서 중부 유럽으로 수출된 면화는 전년 대비 220만 베일 증가했다. Ibid., pp. 436–438.

49   Herwig, *"Luxury" Fleet*, pp. 163–164.

50   Patrick Beesly, *Room 40: British Naval Intelligence, 1914–1918* (London, 1982). See also David Boyle, *Before Enigma: The Room 40 Codebreakers of the First World War* (London, 2016).

51   Quoted in Herwig, *The First World War*, pp. 116–117.

52   Gerhard P. Gross, *The Myth and Reality of German Warfare: Operational Thinking from Moltke the Elder to Heusinger* (Lexington, KY, 2016). 루덴도르프가 제안한 거리는 그로부터 26년 후의 독일군 기계화 부대의 역량도 넘어선 것이었다.

53   Norman Stone, *The Eastern Front, 1914–1917* (London, 1975), pp. 129–130.

54   Robert A. Doughty, *Pyrrhic Victory: French Strategy and Operations in the Great War* (Cambridge, MA, 2005), p. 142.

55   Ibid., p. 201.

56   Robin Prior and Trevor Wilson, *Command on the Western Front: The Military Career of Sir Henry Rawlinson, 1914–18* (Oxford, 1992), p. 68.

57   Quoted in Andrew Roberts, *Churchill: Walking with Destiny* (New York, 2018), p. 196.

58   Tim Travers, *Gallipoli 1915* (Bloomington, IN, 2001), p. 228.

59   David Fromkin, *A Peace to End All Peace: The Fall of the Ottoman Empire and the Creation of the Modern Middle East* (New York, 1989).

60   Quoted in Horne, *The Price of Glory*, p. 35.

61   Ibid., p. 36.

62   Doughty, *Pyrrhic Victory*, p. 287.

63   Horne, *The Price of Glory*, p. 61.

64   Ibid., pp. 327–328.

CHAPTER 7   현대전의 시작

인용문   Jonathan Boff, *Winning and Losing on the Western Front: The British Third Army and the Defeat of Germany in 1918* (Cambridge, UK, 2012), p. 243.

1   Robin Prior and Trevor Wilson, *The Somme* (New Haven, CT, 2005), p. 128.

2   J. P. Harris, *Douglas Haig and the First World War* (Cambridge, UK, 2008).

3   예를 들어, 그의 일기를 보면 전술에 대해서는 거의 아무런 언급이 없었다. National Library of Scotland, https://www.nls.uk/collections/manuscripts/collections/military-naval/haig-diary/.

4   John Keegan, chapter 4, in *The Face of Battle* (London, 1976), and Martin Middlebrook, *The First Day on the Somme* (London, 1975).

5   Prior and Wilson, *The Somme*, p. 115.

6   Ernst Jünger, *Storm of Steel*, pp. 108, 110.

7   Quoted in William Philpott, *Three Armies on the Somme: The First Battle of the Twentieth Century* (New York, 2010), pp. 261-264.

8   Robin Prior and Trevor Wilson, *Command on the Western Front: The Military Career of Sir Henry Rawlinson, 1914–18* (Oxford, 1992), p. 191.

9   G. C. Wynne, *If Germany Attacks: The Battle in Depth in the West* (London, 1940), p. 123.

10   Holger H. Herwig, *The First World War: Germany and Austria-Hungary, 1914–1918* (London, 1996), p. 202.

11   J. P. Harris, Men, *Ideas and Tanks: British Military Thought and Armoured Forces, 1903–1939* (Manchester, UK, 1995), pp. 64-69.

12   Prior and Wilson, *The Somme*, pp. 294-299.

13   John Lee, "Some Lessons from the Somme: The British Infantry in 1917," in *Look to Your Front: Studies in the First World War*, ed. British Commission for Military History (London, 1999), p. 80.

14   Herwig, *The First World War*, pp. 203-204.

15   Philpott, *Three Armies on the Somme*, p. 408.

16   Erich von Ludendorff, *Ludendorff's Own Story, August 1914–November 1918* (New York, 1919), pp. 313, 316, 321.

17   독일 전술의 발전에 대한 가장 철저한 연구 결과를 담은 책은 G. C. 윈G. C. Wynne의 《만일 독일이 공격한다면*If Germany Attacks*》이다. 하지만 안타깝게도 이 책은 제2차 세계대전 초기, 즉 지난 전쟁에서 무슨 일이 일어났는지에 관심이 없던 시기에 출간됐다.

18   Williamson Murray, *Military Adaptation in War: With Fear of Change* (Cambridge, 2011), pp. 98-103.

19   David Stevenson, *Cataclysm: The First World War as Political Tragedy* (New York, 2004), p. 181.

20   Williamson Murray, *The Change in the European Balance of Power, 1938–1939: The Path to Ruin* (Princeton, NJ, 1984), chap. 1.

21   Michael Geyer, *Deutsche Rüstungspolitik, 1860–1980* (Frankfurt, 1984).

22   Herwig, *The First World War*, pp. 262-265.

23   Gerald D. Feldman, *Army, Industry, and Labor in Germany, 1914–1918* (New York, 1992), p. 259.

24   Quoted in ibid., 273. Gerd Hardach, *The First World War, 1914–1918* (Berkeley, CA, 1977), pp. 63ff.

25   MacGregor Knox, *To the Threshold of Power, 1922/33: Origins and Dynamics of the Fascist and National Socialist Dictatorships* (Cambridge, UK, 2007), 1:184.

26   Stevenson, *Cataclysm*, p. 186.

27   Ibid., p. 190. 캐나다에서 영국으로 그 탄약을 수송하는 과정에서 희생이 매우 많이 발생했다. 예를 들어, 1917년 12월, 핼리팩스 항구에서 두 척의 배가 충돌해 그중 한 척인 탄약을 실은 화물선에 불이 붙었다. 이로 인한 폭발로 약 2,000명이 사망하고 9,000명이 부상당했다.

28   데이비드 스티븐슨은 주요 산업 역량의 손실 비율을 철강 생산의 58%, 철광석의 83%, 석탄 생산의 49%로 추산했다.

29   Ibid., p. 189.

30   Hardach, *The First World War*, pp. 98–99.

31   Quoted in William H. Morrow Jr., *The Great War in the Air: Military Aviation from 1909 to 1921* (Tuscaloosa, AL, 1993), p. 197.

32   Ibid., p. 96.

33   Robert A. Doughty, *Pyrrhic Victory: French Strategy and Operations in the Great War* (Cambridge, MA, 2005), p. 367.

34   Morrow, *The Great War in the Air*, table 4, p. 251.

35   Ibid., pp. 226–227.

36   Ibid., pp. 122, 329.

37   Ibid., p. 294.

38   Quoted in Holger H. Herwig, *"Luxury" Fleet: The Imperial German Navy, 1888–1918* (London, 1980), p. 310.

39   아이러니하게도, 영국 해군의 지도자들은 잠수함의 위협에 대응하는 수단으로 호송선단 도입을 거부했는데, 첫 번째는 호송할 배가 너무 많다는 주장(그렇지 않았음)으로, 두 번째는 (18세기에도 항해 수송 선박들이 호송선단에서 정위치에 머물렀음에도 불구하고) 민간 항해 선박장들이 정위치에 머무르기 위한 훈련이 부족하다는 이유로 거부했다.

40   무제한 잠수함 작전은 미국을 전쟁에 참여시킨 것 외에도 독일이 모든 선박을 표적으로 삼게 만들어 네덜란드와 스칸디나비아 국가들에 화물을 운송하는 중립국 선박의 수를 크게 감소시켰다. 실제로, 1915년 첫 3개월 동안 이들 국가의 항구에 도착한 선박과 1917년에 도착한 선박은 1,070척에서 313척으로 감소했다. Hardach, *The First World War*, p. 28.

41   David T. Zabecki, *The Generals' War: Operational Level Command on the Western Front in 1918* (Bloomington, IN, 2018), p. 40; Isabel V. Hull, *Absolute Destruction: Military Culture and the Practices of War in Imperial Germany*, (Ithaca, NY, 2005).

42   Allan K. Wildman, *The End of the Russian Imperial Army*, vol. 1, *The Old Army and the Soldiers' Revolt (March–April, 1917)* (Princeton, NJ, 1980).

43   영국과 캐나다 당국도 비슷한 수준으로 도움을 제공했다. 캐나다인들은 브루클린에서 러시아로 돌아가려던 레프 트로츠키를 할리팩스에서 증기선에서 끌어내어 암허스트의 포로수용소에 감금했다. 한 달 후 캐나다인들은 영국 정부의 명령에 따라 트로츠키를 석방했고, 러시아 임시정부의 요청에 따라 러시아로 돌아가도록 했다.

44   Harris, *Douglas Haig and the First World War*, pp. 279–286.

45   ibid., pp. 300–313. Gary Sheffield, *Forgotten Victory: The First World War: Myths and Realities* (London, 2001), pp. 90–199.

46   Harris, *Douglas Haig and the First World War*, p. 317.

47   Doughty, *Pyrrhic Victory*, pp. 320–352.

48   Morrow, *The Great War in the Air*, p. 199.

49   Wynne, *If Germany Attacks*, p. 302.

50   Doughty, *Pyrrhic Victory*, p. 356.

51   Richard M. Watt, *Dare Call It Treason* (New York, 1963).

52   Doughty, *Pyrrhic Victory*, p. 363.

53   Robin Prior and Trevor Wilson, *Passchendaele: The Untold Story* (New Haven, CT, 1996).

54   Brian Bond, *Britain's Two World Wars Against Germany: Myth, Memory and the Distortions of Hindsight* (Cambridge, UK, 2014), p. 134.

55   Prior and Wilson, *Passchendaele*, p. 61.

56   Ibid., p. 59.

57   For the planning and training of the troops for the operation, see ibid., pp. 70–77.

58   Fritz von Lossberg, *Lossberg's War: The World War I Memoirs of a German Chief of Staff*, ed. and trans. David T. Zabecki and Dieter J. Biedekarken (Lexington, KY, 2017), pp. 289–299.

59   Prior and Wilson, *Passchendaele*, pp. 71–72.

60   Ibid., pp. 93–95.

61   Quoted in Leon Wolff, *In Flanders Fields: The 1917 Campaign* (New York, 1958), p. 361.

62   Prior and Wilson, *Passchendaele*, p. 115.

63   Sheffield, *Forgotten Victory*, p. 262.

64   Harris, *Douglas Haig and the First World War*, pp. 388–398.

65   Ibid., pp. 398–403.

66   Knox, *To the Threshold of Power*, 1:165.

67   David Fraser, *Knight's Cross: A Life of Field Marshal Erwin Rommel* (New York, 1993), pp. 63–73.

68   Knox, *To the Threshold of Power*, 1:216.

69   Allan K. Wildman, *The End of the Russian Imperial Army*, vol. 2, *The Road to Soviet Power and Peace* (Princeton, NJ, 1987).

70   David T. Zabecki, *Steel Wind: Colonel Georg Bruchmüller and the Birth of Modern Artillery* (Westport, CT, 1994). Stevenson, *Cataclysm*, p. 307.

71   John W. Wheeler-Bennett, *The Forgotten Peace: Brest-Litovsk, March 1918* (New York, 1939).

72   Williamson Murray, "Versailles: The Peace Without a Chance," in *The Making of Peace: Rulers, States, and the Aftermath of War*, ed. Williamson Murray and Jim Lacey (Cambridge, UK, 2009), pp. 209–239.

73   Wilhelm Deist, "The Military Collapse of the German Empire: The Reality Behind the Stab-in-the-Back Myth," trans. E. J. Feuchtwanger, *War in History 3*, no. 2 (April 1996): 190.

74   Ibid., p. 195.

75   Quoted in Zabecki, *The Generals' War*, p. 93.

76   Timothy T. Lupfer, *The Dynamics of Doctrine: The Changes in German Tactical Doctrine During the First World War*, Leavenworth Papers no. 4 (Fort Leavenworth, KS, 1981), p. 41.

77   David T. Zabecki, *The German 1918 Offensives: A Case Study in the Operational Level of War* (London, 2006), p. 132.

78   Deist, "The Military Collapse of the German Empire," p. 191.

79   Harris, *Douglas Haig and the First World War*, pp. 433–434.

80   Tim Travers, *How the War Was Won: Command and Technology in the British Army on the Western Front, 1917–1918* (London, 1982), p. 22.

81   Sheffield, *Forgotten Victory*, pp. 271, 280.

82 Ibid.

83 Crown Prince Rupprecht, *Mein Kriegstagebuch*, vol. 2, ed. Eugen von Frauenholz (Munich, 1929), p. 372n. 기록에 따르면, 루덴도르프는 또한 "러시아에서 우리는 항상 중간 목표를 설정하고 그다음에 어디로 가야 할지 알아냈다."고 말했다고 한다. Quoted in Zabecki, *The German 1918 Offensives*, p. 109.

84 흥미롭게도 (1956년에야 공개된) 공식 역사 기록에 따르면 완전히 준비되어 공격 사단으로 특성화된 사단의 수가 30개 이상이었다. Reichsarchiv, *Der Weltkrieg: 1914–1918*, vol. 14, *Die Kriegführung an der Westfront im Jahre 1918* (Berlin, 1944), pp. 41–42.

85 참호 사단은 공격 사단보다 훨씬 장비가 열악한 2등급 사단이었다.

86 Jünger, *Storm of Steel*, pp. 250–255.

87 Travers, *How the War Was Won*, p. 65.

88 Zabecki, *The German 1918 Offensives*, p. 145.

89 For the BEF's conduct of the fight, see among others Harris, *Douglas Haig and the First World War*, pp. 450–467.

90 Zabecki, *The Generals' War*, p. 125.

91 Zabecki, *The German 1918 Offensives*, p. 210.

92 Ibid., pp. 216–218.

93 Ibid., p. 226.

94 Barrie Pitt, *1918: The Last Act* (London, 1962), pp. 179–181. 서부 전선에서 싸운 것으로 알려진 독일 작가, 루돌프 바인딩의 말을 인용했다.

95 Zabecki, *The German 1918 Offensives*, pp. 265–267.

96 Watson, *The People's War*, p. 524.

97 Ibid., pp. 525–526.

98 Stevenson, *Cataclysm*, p. 342.

99 Morrow, *The Great War in the Air*, p. 294.

100 Stevenson, *Cataclysm*, p. 369.

101 Harris, *Douglas Haig and the First World War*, p. 489.

102 Albert Palazzo, *Seeking Victory on the Western Front: The British Army and Chemical Warfare in World War I* (Lincoln, NE, 2000).

103 Bond, *Britain's Two World Wars Against Germany*, p. 141.

104 Pitt, *1918*, pp. 195–205.

105 Harris, *Douglas Haig and the First World War*, pp. 492–494.

106 R. Asprey, *The German High Command at War: Hindenburg and Ludendorff and the First World War* (New York, 1991).

107 J. P. Harris with Niall Barr, *Amiens to the Armistice: The BEF in the Hundred Days' Campaign, 8 August–11 November 1918* (London, 1998). Sheffield, *Forgotten Victory*.

108 Boff, *Winning and Losing on the Western Front*.

109 Edward M. Coffman, *The War to End All Wars: The American Military Experience in World War I* (Lexington, KY, 1998).

110 Stevenson, *Cataclysm*, p. 351.

111 Gary Sheffield, *Command and Morale: The British Army on the Western Front, 1914–1918* (Barnsley, UK,

2014), p. 15.

112   Bond, *Britain's Two World Wars Against Germany*, p. 143.

113   Herwig, *The First World War*, pp. 425–427.

114   Deist, "The Military Collapse of the German Empire," pp. 202–203.

115   Isabel V. Hull, *A Scrap of Paper: Breaking and Making International Law During the Great War* (Ithaca, NY, 2014).

116   Isabel V. Hull, *Absolute Destruction: Military Culture and the Practices of War in Imperial Germany* (Ithaca, NY, 2005).

117   독일은 1939년 9월 히틀러 정권의 악의적인 계획 같은 것에 기초해 제1차 세계대전을 일으키지는 않았지만, 1914년 7월 오스트리아-헝가리 제국의 무책임한 행동을 조장한 독일의 행동은 제1차 세계대전을 결국 독일이 일으켰다는 결론을 합리적으로 만든다.

118   Stevenson, *Cataclysm*, p. 434. Holger H. Herwig, "Clio Deceived: Patriotic Self-Censorship in Germany after the Great War," *International Security 12*, no. 2 (Fall 1987): 5–44.

CHAPTER 8   혁신과 전쟁 준비

인용문   Paul A. Rahe, *Sparta's First Attic War: The Grand Strategy of Classical Sparta, 478–446 B.C.* (New Haven, CT, 2019), p. 230.

1   MacGregor Knox, *To the Threshold of Power, 1922/33: Origins and Dynamics of the Fascist and National Socialist Dictatorships* (Cambridge, UK, 2007), vol. 1.

2   Williamson Murray, *The Change in the European Balance of Power, 1938–1939: The Path to Ruin* (Princeton, NJ, 1984), chap. 1.

3   재무장을 위한 독일의 경제적, 금융적 부담과 어려움에 대해서는 다음을 참조. Adam Tooze, *The Wages of Destruction: The Making and Breaking of the Nazi Economy* (London, 2006).

4   Gerhard Förster, *Totaler Krieg und Blitzkrieg: Die Theorie des totalen Krieges und des Blitzkrieges am der Militardoktrin des faschistischen Deutschlands am Vorabend des Zweiten Weltkrieges* (Berlin, 1967), p. 101.

5   Wilhelm Deist, *The Wehrmacht and German Rearmament* (New York, 1981), pp. 46–51.

6   Murray, *The Change in the European Balance of Power*, table 1-5, pp. 20–21.

7   Reichskredit Gesellschaft, April 1938, Treibstoffwirtschaft in der Welt und in Deutschland, pp. 34–38, T-84/51/1332658, National Archives and Records Service, Kew, UK (hereafter NARS).

8   Alan S. Milward, *The German Economy at War* (London, 1965).

9   Neville Chamberlain to Lord Halifax, PREM 1/276, NARS.

10   L. S. Amery, My Political Life, vol. 3, *The Unforgiving Years, 1929–1940* (London, 1955), p. 292.

11   Eden A. Smith, "King and Country-'That Abject, Squalid, Shameless Avowal,' " Notable Debates, The Oxford Union, https://oxford-union.org/pages/notable-debates; Murray, *The Change in the European Balance of Power*.

12   Winston S. Churchill, *The Second World War*, vol. 1, *The Gathering Storm* (Boston, 1948), p. 6.

13   Murray, *The Change in the European Balance of Power*, pp. 107–108.

14   Alan Beyerchen, "From Radio to Radar: Interwar Military Adaptation to Technological Change in Germany, the United Kingdom, and the United States," in *Military Innovation in the Interwar Period*, ed. Williamson

Murray and Allan R. Millett (Cambridge, UK, 1996), pp. 265–299.

15 David T. Zabecki, *The German 1918 Offensives: A Case Study in the Operational Level of War* (London, 2006), pp. 311–328.

16 Wilhelm Deist, "Die Aufrüstung der Wehrmacht," in Wilhelm Deist et al., *Das Deutsche Reich und der Zweite Weltkrieg*, vol. 1, *Ursachen und Voraussetzungen der Deutschen Kriegspolitik* (Stuttgart, 1979).

17 Ibid., p. 37.

18 전쟁 중 독일의 취약한 정보력에 대해서는 다음을 참조. Williamson Murray, "Net Assessment in Nazi Germany in the 1930s," in *Calculations: Net Assessment and the Coming of World War II*, ed. Williamson Murray and Allan R. Millett (New York, 1992).

19 Quoted in Dennis Showalter, *Instrument of War: The German Army, 1914–18* (London, 2016), p. 188.

20 Bernard R. Kroener, Rolf-Dieter Müller, and Hans Umbreit, *Das Deutsche Reich und der Zweite Weltkrieg*, vol. 5, part 1, *Kriegsverwaltung, Wirtschaft, und Personelle Ressourcen* (Stuttgart, 1988), p. 651.

21 Robert A. Doughty, "The French Armed Forces, 1918–40," in *Military Effectiveness*, vol. 2, *The Interwar Period*, ed. Allan R. Millett and Williamson Murray (London, 1988).

22 Robert A. Doughty, *The Seeds of Disaster: The Development of French Army Doctrine, 1919–39* (Mechanicsburg, PA, 1985), p. 72.

23 Paul Marie de la Gorce, *The French Army: A Military-Political History*, trans. Kenneth Douglas (New York, 1963), p. 271.

24 André Beaufre, *1940: The Fall of France*, trans. Desmond Flower (New York, 1968), p. 47.

25 공식 역사는 1940년대 후반까지 완성되지 않았으며, 마지막 권들은 1918년의 중요한 전투들을 다루었다는 점에 주목해야 한다.

26 Williamson Murray, "The Culture of the British Army, 1914–1945," in *The Culture of Military Organizations*, ed. Peter R. Mansoor and Williamson Murray (Cambridge, UK, 2019).

27 David M. Glantz and Jonathan M. House, *When Titans Clashed: How the Red Army Stopped Hitler* (Lawrence KS, 2015).

28 바르바로사 작전을 처음 세울 때 독일군 총참모부의 지리 부서는 5개년 계획에 따라 소련의 새로운 산업 시설의 상당 부분을 우랄과 그 산맥 동쪽에 배치했음을 경고했다. Williamson Murray and Allan R. Millett, *A War to Be Won: Fighting the Second World War* (Cambridge, MA, 2000), pp. 115–116.

29 John Erickson, *The Soviet High Command, 1918–1941* (London, 1962), p. 585.

30 Shimon Naveh, *In Pursuit of Military Excellence: The Evolution of Operational Theory* (London, 1997).

31 Glantz and House, *When Titans Clashed*, pp. 6–12. See also Naveh, *In Pursuit of Military Excellence*.

32 Robert Conquest, *The Great Terror: Stalin's Purge of the Thirties* (London, 1968).

33 독일의 침공에 대비해 소련군의 준비 부족 상태가 어느 정도였는지는 다음을 참조. David M. Glantz, *Stumbling Colossus: The Red Army on the Eve of World War* (Lawrence, KS, 1998).

34 Stephen Budiansky, *Blackett's War: The Men Who Defeated the Nazi U-Boats and Brought Science to the Art of War* (New York, 2013).

35 Williamson Murray, *Military Adaptation in War: With Fear of Change* (Cambridge,UK, 2011).

36 *Die Luftkriegführung* (Berlin, 1935).

37 Edward Homze, *Arming the Luftwaffe: The Reich Air Ministry and the German Aircraft Industry, 1919–39* (Lincoln, NE, 1976).

38   Deist et al., *Das Deutsche Reich und der Zweite Weltkrieg*, 1:480–481.

39   Richard J. Overy, "German Aircraft Production, 1939–1942: A Study in the German War Economy" (Ph.D. dissertation, Cambridge University, 1977), p. 2.

40   또한 이 요구는 이런 증가에 따라 1938년 당시 세계 전체 항공 가솔린 생산량의 4분의 3이 필요하게 될 것이라는 점을 간과한 것이었다.

41   제2차 세계대전이 발발한 첫해, 다우딩의 활약에 대해서는 다음을 참조. Murray, *Military Adaptation in War*, chap. 4.

42   Alan Beyerchen in "From Radio to Radar," pp. 269–299.

43   Ibid., p. 282.

44   R. V. Jones, *The Wizard War: British Scientific Intelligence, 1939–1945* (New York, 1978), p. 199.

45   P-51은 미국과 영국의 합작품이었다. 그 개발 과정에 대해서는 다음을 참조. Paul Kennedy, *Engineers of Victory: The Problem Solvers Who Turned the Tide in the Second World War* (New York, 2013).

46   미국 정치 및 군사 지도자들은 다가올 전쟁에서 육군 항공단의 역할이 더 중요해질 것이라고 생각해 1941년 6월에 육군 항공대로 이름을 바꿨다.

47   Michael Salewski, *Die deutsche Seekriegsleitung* (Frankfurt am Main, 1970).

48   Ibid., p. 29.

49   Williamson Murray, "The Battle of the British Isles: June 1940–May 1941," in Murray, *Military Adaptation in War*.

50   독일이 새로운 기술로 혁신하지 못한 것을 어느 정도 이해하는 가장 좋은 방법 중 하나는 Type VII 또는 XII 유보트의 사진과 전쟁 초기의 새로운 미군 함선을 비교한 다음, 그로부터 3년 후 각각의 모습을 비교하는 것이다. 독일의 경우 유보트는 3년이 지나도 거의 같은 모습인 반면, 미군 함선은 1943년에 레이더와 통신 장비가 함선을 중앙을 채움에 따라 완전히 달라 보인다.

51   Roskill, *Naval Policy Between the Wars*, vol. 1, *The Period of Anglo-American Antagonism, 1919–1929*, and vol. 2, *The Period of Reluctant Rearmament, 1930–1939* (London, 1966). Correlli Barnett, *Engage the Enemy More Closely: The Royal Navy in the Second World War* (New York, 1991). Corbin Williamson, "The Royal Navy, 1900–1945: Learning from Disappointment," in Mansoor and Murray, eds., *The Culture of Military Organizations*.

52   Murray, *The Change in the European Balance in Power*, chap. 2.

53   F. H. Hinsley, *Command of the Sea: The Naval Side of British History from 1918 to the End of the Second World War* (London, 1950), pp. 32–33.

54   Andrew Gordon, *The Rules of the Game: Jutland and British Naval Command* (London, 1996).

55   Williamson, "The Royal Navy, 1900–1945."

56   David C. Evans and Mark R. Peattie, *Kaigun: Strategy, Tactics, and Technology in the Imperial Japanese Navy, 1887–1941* (Annapolis, MD, 2012), pp. 347–349.

57   Ibid., p. 210.

58   Ibid., pp. 515–516.

59   Williamson Murray, "US Naval Strategy and Japan," in *Successful Strategies: Triumphing in War and Peace from Antiquity to the Present*, ed. Williamson Murray and Richard Hart Sinnreich (Cambridge, UK, 2014), pp. 280–313. Alfred F. Nofi, *To Train the Fleet for War: The U.S. Navy Fleet Problems* (Newport, RI, 2010);

Craig C. Felker, *Testing American Sea Power: U.S. Navy Strategic Exercises, 1923–1940* (College Station, TX, 2007); Thomas C. Hone, Norman Friedman, and Mark D. Mandeles, *American and British Aircraft Carrier Development, 1919–1941* (Annapolis, MD, 1999); John T. Kuehn, *Agents of Innovation: The General Board and the Design of the Fleet That Defeated the Japanese Navy* (Annapolis, MD, 2008); and Edward S. Miller, *War Plan Orange: The U.S. Strategy to Defeat Japan, 1897–1945* (Annapolis, MD, 1991).

60   샌디에이고에서 오아후까지의 거리는 2,612마일이고 호놀룰루에서 도쿄까지는 3,862마일이다. 진주만에서 호주까지는 5,388마일이다.

61   Quoted in John H. Maurer, "The Giants of the Naval War College," *Naval War College Review 37*, no. 5 (September–October 1984).

62   Hone, Friedman, and Mandeles, *American and British Aircraft Carrier Development*.

63   후에 리브스는 제독으로 승진해 결국 미국 함대의 사령관이 됐다.

64   Hone, Friedman, and Mandeles, *American and British Aircraft Carrier Development*, pp. 40–47.

65   Barry Watts and Williamson Murray, "Military Innovation in Peacetime," in *Military Innovation in the Interwar Period*, ed. Murray and Millett, p. 402.

66   James M. Grimes, "Aviation in Fleet Exercises, 1911–1939," in *U.S. Naval Administrative Histories of World War II* (Washington, DC, n.d.), 16:62, 40.

67   1937년 초부터 해군 작전참모들은 수비를 공고히 있던 일본의 수비대를 우회할 가능성을 고려하고 있었다.

68   Michael Howard, "The Uses and Abuses of History," in *The Causes of War and Other Essays* (Cambridge, MA, 1978), pp. 188–197. Murray, *Military Adaptation in War*.

69   Allan R. Millett and Williamson Murray, "Lessons of War," *The National Interest* no. 14 (1988): pp. 83–95.

CHAPTER 9 유럽의 전쟁

인용문   Winston Churchill, *The Second World War*, vol. 1, *The Gather-ing Storm* (Boston, 1948), p. 347.

1   Quoted in *Military Effectiveness*, vol. 2, *The Interwar Period*, ed. Allan R. Millett and Williamson Murray (London, 1988), p. 99.

2   Gerhard L. Weinberg, *The Foreign Policy of Hitler's Germany*, vol. 2, *Starting World War II, 1937–1939* (Chicago, 1980), and Wilhelm Deist et al., *Das Deutsche Reich und der Zweite Weltkrieg*, vol. 1, *Ursachen und Voraussetzungen der Deutschen Kriegspolitik* (Stuttgart, 1979).

3   *Hansard's Parliamentary Debates*, 5th series, vol. 345, House of Commons, (London, 1939), cols. pp. 437–440.

4   Williamson Murray, *The Change in the European Balance of Power, 1938–1939: The Path to Ruin* (Princeton, NJ, 1984), pp. 283–294.

5   Ibid., pp. 305–307.

6   Alan Bullock, *Hitler: A Study in Tyranny* (London, 1964), p. 445.

7   "Weisung des Chefs des Oberkommandos der Wehrmacht," 3 April 1939, in *Akten zur deutschen auswärtigen Politik*, series D, vol. 6, doc. 149.

8   Murray, *The Change in the European Balance of Power*, chap. 7.

9   Ibid., p. 292.

10   Williamson Murray and Allan R. Millett, *A War to Be Won: Fighting the Second World War* (Cambridge, MA, 2000), p. 46.

11   Robert M. Kennedy, *The German Campaign in Poland(1939)* (Washington, DC, 1956), and Klaus A. Maier
        et al., *Das Deutsche Reich und der Zweite Weltkrieg*, vol. 2, *Die Errichtung der Hegemonie auf dem
        Eurpäischen Kontinent* (Stuttgart, 1979), p. 3.

12   남은 전쟁기간 동안, 육군 장성들은 대규모 잔학 행위에 적극 가담했다.

13   International Military Tribunal, *Trial of Major War Criminals*, vol. 26, doc. 798 PS, pp. 342–343.

14   Adam Tooze, *The Wages of Destruction: The Making and Breaking of the Nazi Economy* (London, 2006),
        pp. 315–318.

15   Maier et al., *Das Deutsche Reich und der Zweite Weltkrieg*, 2:267.

16   General Thomas, speech to Members of the Foreign Office, in International Military Tribunal, *Trial of Major
        War Criminals*, vol. 36, doc. 028EC, p. 123.

17   Maier et al., *Das Deutsche Reich und der Zweite Weltkrieg*, 2:195.

18   Murray, *The Change in the European Balance of Power*, pp. 326–332.

19   "Directive No. 6 for the Conduct of the War," 9 October 1939, in *Blitzkrieg to Defeat: Hitler's War
        Directives, 1939–1945*, ed. H. R. Trevor Roper (New York, 1965), p. 13.

20   당시 처칠은 아직 수상이 아니었고, 히틀러는 체임벌린을 철저히 무시했다. 1939년, 누구나 그러했듯이, 히
        틀러는 독일의 공군력을 과대평가했다.

21   Williamson Murray, "The German Response to Victory in Poland: A Case Study in Professionalism," *Armed
        Forces and Society 7*, no. 2 (Winter 1981): 285–298.

22   CID Minutes of the 360th Meeting, 22 June 1939, 2/8/252, National Archives and Records Service, Kew, UK
        (hereafter NARS).

23   CID, Joint Planning Sub-Committee, "Military Implications of an Anglo-French Guarantee to Poland and
        Rumania," 28 March 1939, JP 388, 55/15/12, NARS.

24   Murray, *The Change in the European Balance of Power*, p. 319.

25   MacGregor Knox, *Mussolini Unleashed, 1939–1941: Politics and Strategy in Fascist Italy's Last War*
        (Cambridge, UK, 1986).

26   Murray, *The Change in the European Balance of Power*, p. 348.

27   CAB 65/1 WM (39), War Cabinet 20 (39), 19 September 1939, NARS.

28   CAB 65/1 WM (39), War Cabinet 37 (39), 4 October 1939, NARS.

29   Murray, *The Change in the European Balance of Power*, pp. 341–347, and John Kiszely, *Anatomy of a
        Campaign: The British Fiasco in Norway, 1940* (Cambridge, UK, 2017).

30   Allied Military Committee, "The Main Strategy of the War, Note by the French Delegation," 11 April 1940, CAB
        85/16, M.R. (J)(40)(s) 2, NARS.

31   Tooze, *The Wages of Destruction*, p. 378.

32   Quoted in Alistair Horne, *To Lose a Battle: France, 1940* (Boston, 1969), p. 170.

33   Telford Taylor, *The March of Conquest: The German Victories in Western Europe, 1940* (New York, 1958),
        p. 111. For the campaign, see also Earl F. Ziemke, *The German Northern Theater of Operations, 1940–1945*
        (Washington, DC, 1959), and Geirr H. Haarr, *The German Invasion of Norway, April 1940* (Annapolis, MD,
        2009).

34   For the disastrous British effort, see particularly Kiszely, *Anatomy of a Campaign*.

35   Taylor, *The March of Conquest*, p. 116.

36   Ibid., p. 117.

37   Stephen Roskill, *The War at Sea, 1939–1945*, vol. 1, *The Defensive* (London, 1956), chap. 10.

38   Kiszely, *Anatomy of a Campaign*.

39   에리히 레더는 1940년 5월 20일 아돌프 히틀러와의 대화에서 히틀러가 영국 침공이 필요할 수도 있다고 언급했음에도 불구하고, 독일 해군의 몇 안 되는 중무장 함선을 위험에 빠뜨리는 결정을 내렸다. 레더는 독일 해군의 전후 정치적 위상을 높이기 위해 이러한 결정을 내린 것이었다. Maier et al., *Das Deutsche Reich und der Zweite Wetkrieg*, 2:221.

40   Taylor, *The March of Conquest*; Karl-Heinz Frieser, *Blitzkrieg Legende: Der Westfeldzug, 1940*, 2nd edition (Munich, 1996) (English translation: *The Blitzkrieg Legend: The 1940 Campaign in the West* [Annapolis, MD, 2005]); Robert A. Doughty, *The Breaking Point: Sedan and the Fall of France, 1940* (Mechanicsburg, PA, 1990); and Horne, *To Lose a Battle*.

41   Williamson Murray, "Contingency and Fragility in the German RMA," in *The Dynamics of Military Revolution, 1300–2050*, ed. MacGregor Knox and Williamson Murray (Cambridge, UK, 2001).

42   당시의 Mark IV는 저속의 주포만 장착하고 있었다.

43   Frieser, *The Blitzkrieg Legend*, p. 37.

44   Ibid., p. 219.

45   Doughty, *The Breaking Point*, p. 17.

46   Ibid., pp. 77–78.

47   호트Hoth의 기갑군단은 제4군에 직접 배속되었고, 다른 두 기갑군단은 에발트 폰 클라이스트Ewald von Kleist 중장의 지휘 아래 기갑집단으로 편성됐다. 기갑집단은 군보다는 작지만 군단보다는 큰 규모의 부대다.

48   거의 모든 기갑부대 사령관들은 기갑부대가 아니라 보병부대 출신이었지만, 그들은 모두 군대의 제병연합 교리를 교육받은 사람들이었다.

49   Erwin Rommel, *The Rommel Papers*, ed. B. H. Liddell Hart (New York, 1953), pp. 8–11. Frieser in *Blitzkrieg Legende*, p. 289.

50   Frieser, *The Blitzkrieg Legend*, pp. 268–269.

51   Ibid., pp. 150–260, and Doughty, *The Breaking Point*, pp. 131–265.

52   Frieser, *Blitzkrieg Legende*.

53   Walter Lord, *The Miracle of Dunkirk* (New York, 1982). David Boyle, *Dunkirk: A Miracle of Deliverance* (London 2017).

54   General Erich Marcks, 19 June 1940, quoted in Murray, "Contingency and Fragility of the German RMA," p. 156.

55   See particularly R. V. Jones, *The Wizard War: British Scientific Intelligence, 1939–1945* (New York, 1978).

56   P. M. H. Bell, *A Certain Eventuality: Britain and the Fall of France* (London, 1974).

57   Williamson Murray, *Luftwaffe* (Annapolis, MD, 1985). tables 3 and 4. These two tables are drawn from "Front-Flugzeug-Verluste," 1940, gen. Qu. 6. Abt. (III A), Bundesarchiv/Militärarchiv (BA/MA), RL2 III/1025.

58   수치는 다음을 참조. Sir Charles Webster and Noble Frankland, *The Strategic Air Offensive Against Germany*, vol 4, *Annexes and Appendices* (London, 1961), appendix 34, p. 497.

59   Murray and Millett, *A War to Be Won*, p. 84.

60   Murray, *Luftwaffe*, p. 49.

61   Air Historical Branch (AHB), Translation No. VII/107, "Luftwaffe Strength and Serviceability Tables, August 1938–April 1945," and AHB Translation No. VII/83, "German Aircraft Losses, September 1939–December

1940.ˮ

62   Quoted in Maier et al., *Das Deutsche Reich und der Zweite Weltkrieg*, 2:386.

63   Francis K. Mason, *Battle over Britain* (London, 1969), pp. 363, 391–392.

64   Based on the quartermaster returns, 14, 21 September 1940, in BA/MA, RL gf2 III/709.

65   Murray, *Luftwaffe*, table 10.

66   Ibid., tables 5, 6.

67   1940년 작전 수행에서 가장 중요한 순간 중 하나는 존스가 장관들과 고위 공군 장교들의 반대에도 불구하고, 공군이 빔이 존재하는지 확인하기 위한 테스트를 수행해야 한다고 처칠을 설득했을 때였다. 테스트는 수행되었고, 빔이 존재한다는 것이 확인됐다. Churchill, *The Second World War*, vol. 2, *Their Finest Hour* (Boston, 1949), p. 384. See also Jones, *The Wizard War*, pp. 102–105.

68   Basil Collier, *The Defence of the United Kingdom* (London, 1957), pp. 278–279.

69   Ibid., p. 280.

70   Murray, *Luftwaffe*, table 12.

71   Roskill, *The War at Sea*, 1:349.

72   Patrick Beesly, *Very Special Intelligence: The Story of the Admiralty's Operational Intelligence Centre, 1939–1945* (London, 1977), p. 74.

73   Horst Boog et al., *Das Deutsche Reich und der Zweite Weltkrieg*, vol 6, *Der globale Krieg* (Stuttgart, 1990), pp. 336, 337.

74   Ibid., 6: p. 332.

75   John Terraine, *The U-Boat Wars, 1916–1945* (New York, 1989), and Correlli Barnett, *Engage the Enemy More Closely: The Royal Navy in the Second World War* (New York, 1991).

76   Halder Diaries. https://cgsc.contentdm.oclc.org/digital/collection/p4013coll8/id/2003/.

77   Knox, *Mussolini Unleashed*.

78   Murray and Millett, *A War to Be Won*, p. 96.

79   Knox, *Mussolini Unleashed*, p. 257.

80   Murray and Millett, *A War to Be Won*, p. 97.

81   Knox, *Mussolini Unleashed*, p. 164.

82   "Befehl für die Luftkriegführung Jugoslavien," 31 March 1941, *Luftwaffe*nkommando 4, Führungsabteilung Ia op Nr 1000/41, Wein, BA/MA, RL7/657.

83   Antony Beevor, *Crete 1941: The Battle and the Resistance* (London, 2014).

84   Hans-Otto Mühleisen, *Kreta 1941: Das Unternehmen "Mekur"* (Freiburg, 1968), p. 102.

85   Horst Boog et al., *Das Deutsche Reich und der Zweite Weltkrieg, vol. 4, Der Angriff auf die Sowjetunion* (Stuttgart, 1987); Gerhard L. Weinberg, *A World at Arms: A Global History of World War II* (Cambridge, UK, 1994); Klaus Reinhardt, *Die Wende vor Moskau: Das Scheitern der Strategie Hitlers im Winter 1941/1942* (Stuttgart, 1972); David Stahel, *Operation Barbarossa and Germany's Defeat in the East* (Cambridge, UK, 2009); and David M. Glantz and Jonathan M. House, *When Titans Clashed: How the Red Army Stopped Hitler* (Lawrence, KS, 2015).

86   Tooze, *The Wages of Destruction*, p. 385.

87   Reinhardt, *Die Wende vor Moskau*, p. 113.

88   "Bericht des Herrn Dr. C. Krauch über die Lage auf dem Arbeitsgebiet der Chemie in der Sitzung des Generalrates

am 24.6.41," T-84/217/1,586,749, NARS.

89   Tooze, *The Wages of Destruction*, p. 412.

90   Ibid., p. 415.

91   Ibid., pp. 436–437.

92   Reinhardt, *Die Wende vor Moskau*, p. 30.

93   Ibid., pp. 177–178.

94   Tooze, *The Wages of Destruction*, p. 454.

95   Stahel, *Operation Barbarossa and Germany's Defeat in the East*, p. 129.

96   Boog et al., *Das Deutsche Reich und der Zweite Weltkrieg*, 4:183–188

97   R. L. DiNardo, *Mechanized Juggernaut or Military Anachronism? Horses and the German Army of World War II* (New York, 1991), pp. 35–42.

98   Stahel, *Operation Barbarossa and Germany's Defeat in the East*, p. 131.

99   Boog et al., *Das Deutsche Reich und der Zweite Weltkrieg*, 4:180–183.

100   Stahel, *Operation Barbarossa and Germany's Defeat in the East*, p. 132.

101   Murray, *Luftwaffe*, table 12.

102   Ibid., table 20.

103   Bernhard R. Kroener, Rolf–Dieter Müller, and Hans Umbreit, *Das Deutsche Reich und der Zweite Weltkrieg*, vol. 5, *Organisation und Mobilisierung des Deutschen Machtbereichs* (Stuttgart, 1988), p. 513.

104   Boog et al., *Das Deutsche Reich und der Zweite Weltkrieg*, 4:150–151.

105   Franz Halder, *The Halder War Diary, 1939–1942*, ed. Charles Burdick and Hans–Adolf Jacobsen (Novato, CA, 1988), p. 346.

106   Boog et al., *Das Deutsche Reich und der Zweite Weltkrieg*, 4:446.

107   Omer Bartov, *Hitler's Army: Soldiers, Nazis, and War in the Third Reich* (Oxford, 1991).

108   Halder, *The Halder War Diary*, p. 233.

109   Quoted in John Erickson, *The Soviet High Command, 1918–1941* (London, 1962), p. 587.

110   Quoted in Adam Ulam, *Expansion and Coexistence: Soviet Foreign Policy, 1917–73* (New York, 1974), p. 284.

111   David Irving, *The Rise and Fall of the Luftwaffe: The Life of Field Marshal Erhard Milch* (Boston, 1973), p. 123.

112   Murray and Millett, *A War to Be Won*, p. 121.

113   Halder, *The Halder War Diary*, pp. 446–447.

114   Murray and Millett, *A War to Be Won*, p. 124.

115   David M. Glantz, *Barbarossa Derailed: The Battle for Smolensk, 10 July – 10 September 1941*, vol 4, *Atlas* (London, 2015).

116   Roger R. Reese in *Why Stalin's Soldiers Fought: The Red Army's Military Effectiveness in World War II* (Lawrence, KS, 2011).

117   Stahel, *Operation Barbarossa and Germany's Defeat in the East*, p. 215.

118   Ibid., p. 282.

119   Murray and Millett, *A War to Be Won*, p. 125.

120   Halder, *The Halder War Diary*, p. 506.

121   Christian Streit, *Keine Kameraden: Die Wehrmacht und die sowejtischen Kriegsgefangenen, 1941–1945* (Stuttgart, 1978).

122   Quoted in Martin van Creveld, *Supplying War: Logistics from Wallenstein to Patton* (Cambridge, UK, 1977), p. 171.

123   David Stahel, *Kiev 1941: Hitler's Battle for Supremacy in the East* (Cambridge, UK, 2012), pp. 250–251.

124   Reinhardt, *Die Wende vor Moskau*, p. 69.

125   David Stahel, *Operation Typhoon: Hitler's March on Moscow, October 1941* (Cambridge, UK, 2013), p. 151.

126   Ibid., p. 115.

127   전쟁 후, 여러 독일 장군들은 1941년 가을, 라스푸티차(러시아의 진흙탕 도로)가 특히 심했다고 주장했다. 하지만 사실, 그 해는 라스푸티차가 비교적 심하지 않았다. *Die wende vor Moskau*, pp.78-76.

128   Ibid., pp. 139–140.

129   David Stahel, *Retreat from Moscow: A New History of Germany's Winter Campaign, 1941–1942* (New York, 2019), p. 18.

130   Reinhardt, *Die Wende vor Moskau*, p. 77.

131   David Stahel, *The Battle for Moscow* (Cambridge, UK, 2015), p. 69.

132   Reinhardt, *Die Wende vor Moskau*, p. 71.

133   Halder, *The Halder War Diary*, pp. 596–600.

134   Stahel *Retreat from Moscow*, p. 141.

135   Ibid., pp. 13–14.

136   Quoted in ibid., p. 91.

137   Ibid., pp. 9–10.

CHAPTER 10   제2차 세계대전

인용문   Carl von Clausewitz, *On War*, ed. and trans. Michael Howard and Peter Paret (Princeton, NJ, 1976), p. 86.

1   Gerhard L. Weinberg, *A World at Arms: A Global History of World War II* (Cambridge, UK, 1994), pp. 190–193.

2   A. J. P. Taylor, *The Origins of the Second World War* (London, 1961).

3   Eberhard Jäckel's *Hitler's Weltanschauung: A Blueprint for Power* (London, 1972).

4   MacGregor Knox, *To the Threshold of Power, 1922/33: Origins and Dynamics of the Fascist and National Socialist Dictatorships* (Cambridge, UK, 2007), 1:340.

5   Ibid., 1:346.

6   Jügen Förster, "Das Unternehmen 'Barbarossa' als Eroberungs–und Vernichtungskrieg," in Horst Boog et al., *Das Deutsche Reich und der Zweite Weltkrieg*, vol. 4, *Der Angriff auf die Sowjetunion* (Stuttgart, 1987), pp. 413–450.

7   Quoted in Wolfram Wette, *The Wehrmacht: History, Myth, Reality*, trans. Deborah Lucas Schneider (Cambridge, MA, 2006), p. 96.

8   Ibid., p. 128.

9   Christian Streit, *Keine Kameraden: Die Wehrmacht und die sowjetischen Kriegsgefangenen, 1941–1945* (Stuttgart, 1978).

10   Quoted in Roger R. Reese, *Why Stalin's Soldiers Fought: The Red Army's Military Effectiveness in World*

War II (Lawrence, KS, 2011), p. 23.

11   Ibid., pp. 151–175.

12   Richard J. Evans, "World War II, from the Ground Up," 20, November 2011, https://www.nytimes. com/2011/11/20/books/review/inferno-the-world-at-war-1939-1945-by-max-hastings-book-review.html. 이와 아주 상반되는 견해에 대해서는 다음을 참조. Michael D. Doubler, *Closing with the Enemy: How GIs Fought the War in Europe, 1944–1945* (Lawrence, KS, 1994), and Peter R. Mansoor, *The GI Offensive in Europe: The Triumph of American Infantry Divisions, 1943–1945* (Lawrence, KS, 1999).

13   Andrew Roberts, "High Courage on the Axe Edge of War," *The Times* (London), March 2007.

14   Williamson Murray, *Luftwaffe* (Annapolis, MD, 1985), table 30.

15   Halder, *Kriegstagebuch*, vol. 3, entry for 22 February 1942, p. 540.

16   Burkhart Müller-Hillebrand, *Das Heer, 1933–1945*, vol. 3, *Der Zweifronten Krieg* (Frankfurt am Main, 1969), table 2, "Verluste Panzerkampfwagen."

17   Klaus Reinhardt, *Die Wende vor Moskau: Das Scheitern der Strategie Hitlers im Winter 1941/1942* (Stuttgart, 1972), p. 258.

18   Horst Boog et al., *Das Deutsche Reich und der Zweite Weltkrieg*, vol. 6, *Der Globale Krieg* (Stuttgart, 1990), p. 871.

19   Hermann Göring to Erhard Milch, June 1941, Milch Documents, vol. 57, p. 3213, Imperial War Museum, London. See also Richard Suchenwirth, *Command and Leadership in the German Air Force* (Alabama, 1969), pp. 99–101.

20   Murray, *Luftwaffe*, table 22, p. 104.

21   Boog et al., Das Deutsche Reich und der Zweite Weltkrieg, 6: pp. 563–564.

22   Murray, *Luftwaffe*, table 18.

23   "Übersicht über Soll, Istbestand, Verluste, und Reserven der fliegende Verbände," Gen. Qu. 6. Abt. (1), Bundesarchiv/Militärarchiv (BA/MA), RL 2 III/717.

24   Tooze, *The Wages of Destruction: The Making and Breaking of the Nazi Economy* (London, 2006), pp. 448–449.

25   Bernhard R. Kroener, Rolf-Dieter Müller, and Hans Umbreit, *Das Deutsche Reich und der Zweite Weltkrieg*, vol. 5, *Organisation und Mobilisierung des Deutschen Machtbereichs* (Stuttgart, 1988), p. 523.

26   Ibid., based on the table on p. 526.

27   Ibid., based on the table on p. 584.

28   Quoted in Tooze, *The Wages of Destruction*, p. 493.

29   Ibid., pp. 411–412.

30   Boog et al., *Das Deutsche Reich und der Zweite Weltkrieg*, 6:548.

31   Tooze, *The Wages of Destruction*, pp. 411–412.

32   Boog et al., *Das Deutsche Reich und der Zweite Weltkrieg* 6:1207.

33   Boog et al., *Das Deutsche Reich und der Zweite Weltkrieg*, 4:part 3.

34   루르 지역 군수 감독부의 전쟁 일지에 따르면, 1943년 4월 1일부터 6월 30일에 처음으로 여성 노동력이 투입됐다.

35   Streit, *Keine Kameraden*, p. 9.

36   Tooze, *The Wages of Destruction*, p. 517. 독일 무기의 품질이 전쟁 동안 얼마나 하락했는지는 1942년에 스

위스가 구매한 50대의 Bf 109 항공기의 상태를 보면 알 수 있다. 이 항공기들은 1960년대까지 운용됐다. 하지만 1944년에 스위스가 추가로 구매한 50대의 Bf 109 항공기는 너무 조악하게 만들어져 1940년대 후반에 폐기됐다.

37   Ibid., pp. 553–555.

38   Ibid., p. 557.

39   Ibid., p. 597.

40   노동자들의 주택이 파괴된 것으로 인한 톤수 손실 추정치는 노동자들의 결근뿐만 아니라 폭격으로 인한 사망 및 부상의 영향도 포함한 것이다. Kriegstagebuch der Rüstungsinspektion VI, 1 April–30 June1943, BA/MA, RW 20/6/9.

41   Max Hastings, *Bomber Command* (New York, 1979), p. 208.

42   Tooze, *The Wages of Destruction*, p. 598.

43   다음 장을 참조하라.

44   Murray, *Luftwaffe*, table 45, "Production of New and Reconditioned Fighter Aircraft—June–December 1943." 물량을 늘려 히틀러에게 잘 보이기 위해, 매달 생산된 항공기 수를 높이려는 노력의 일환으로, 손상이 30% 이하인 항공기는 공장으로 다시 보내져 수리된 후 새로운 항공기로 간주됐다.

45   Phillips Payson O'Brien, *How the War Was Won: Air-Sea Power and Allied Victory in World War II* (Cambridge, UK, 2015), p. 297.

46   Ibid.

47   W. K. Hancock and M. M. Gowing, *British War Economy* (London, 1949), p. 352.

48   Ibid., p. 347.

49   Ibid., p. 519.

50   그 차이는 영국이 폭격기를 생산한 반면, 독일은 전투기를 만들었기 때문이다.

51   Sir Charles Webster and Noble Frankland, *The Strategic Air Offensive Against Germany*, vol. 2, *Endeavor* (London, 1961), pp. 110–111.

52   O'Brien, *How the War Was Won*, p. 35.

53   F. H. Hinsley et al., *British Intelligence in the Second World War* (London, 1979), vol. 1. Patrick Beesley, *Very Special Intelligence: The Story of the Admiralty's Operational Intelligence Centre, 1939–1945* (London, 1977). R. V. Jones, *The Wizard War: British Scientific Intelligence, 1939–1945* (New York, 1978). Ralph Bennett, *Ultra in the West: The Normandy Campaign, 1944–45* (London, 1980), *Ultra and Mediterranean Strategy, 1941–1945* (London, 1989).

54   Jim Lacey, *Keep from All Thoughtful Men: How U.S. Economists Won World War II* (Annapolis, MD, 2011), appendix 3.

55   Ibid., pp. 96–116.

56   James Lacey, *The Washington War: FDR's Inner Circle and the Politics of Power That Won World War II* (New York, 2019), p. 367.

57   Arthur Herman, *Freedom's Forge: How American Business Produced Victory in World War II* (New York, 2012), pp. 240–241. 소련이 모스크바 동쪽으로 생산 센터를 이전한 후와 마찬가지로 미국이 누린 이점은 대규모 대량 생산 공장이 공습 범위 밖에 있었다는 사실이다.

58   Murray, *Luftwaffe*, table 24, "Average Monthly Production by Half Years: Four-Engine Aircraft."

59   Ibid., table 33, "Aircraft Written Off: Eighth Air Force 1943 (Heavy Bombers)," and table 34, "Crew Losses Eighth

Air Force 1943 (Heavy Bombers)."

60   David Fairbank White, *Bitter Ocean: The Battle of the Atlantic, 1939–1945* (New York, 2006), p. 201.

61   M. M. Postan, *British War Production* (London, 1952), p. 415.

62   "Der Tonnage Wettlauf, Der Kampf um die Seetransportkapazität 1939–1943," in Boog et al., *Das Deutsche Reich und der Zweite Weltkrieg*, 6:308.

63   Based on the numbers in O'Brien, *How the War Was Won*, p. 56.

64   Clark G. Reynolds, *The Fast Carriers: The Forging of an Air Navy* (New York, 1968), p. 411.

65   O'Brien, *How the War Was Won*, p. 121.

66   Nikita Khrushchev, *Memoirs of Nikita Khrushchev, vol. 1, Commissar, 1918–1945* (College Park, PA, 2005), pp. 675–676.

67   Hancock and Gowing, *British War Economy*, p. 239.

68   The American Historical Association, "How Much of What Goods Have We Sent to Which Allies?" in Horace Taylor, *How Shall Lend-Lease Accounts Be Settled?* (Washington, DC, 1945), https://www.historians.org/about-aha-and-membership/aha-history-and-archives/gi-roundtable-series/pamphlets/em-13-how-shall-lend-lease-accounts-be-settled-(1945).

69   Guy Hartcup, *The Effect of Science on the Second World War* (New York, 2000), p. 43.

70   애덤 투즈는 전쟁으로 인한 경제 손실을 GDP의 25%로 추정한다. Tooze, *The Wages of Destruction*, p. 588.

71   David M. Glantz and Jonathan M. House, *When Titans Clashed: How the Red Army Stopped Hitler* (Lawrence, KS, 2015), pp. 71–72.

72   Frederick Kagan, "The Evacuation of Soviet Industry in the Wake of 'Barbarossa': A Key to Soviet Victory," *Journal of Slavic Military Studies 8*, no. 2 (June 1995): 387–414.

73   Ibid.

74   Glantz and House, *When Titans Clashed*, p. 101.

75   Tooze, *The Wages of Destruction*, p. 588.

76   O'Brien, *How the War Was Won*, table 15.

77   Ibid., pp. 63–64.

78   Ibid., p. 68.

79   1942년부터 미국인들도 블레츨리 파크에 투입돼 에니그마 코드 해독을 기반으로 한 울트라 정보 활용에 참여했다.

80   Gordon Welchman, *The Hut Six Story: Breaking the Enigma Codes* (London, 1997), p. 169.

81   크립은 예를 들어, 같은 방송이 매일 같은 시간에 잡히거나 특정 발신자가 각 메시지에 동일한 주소 앞부분을 사용하는 경우에 추출할 수 있었다.

82   한 여성이 Y 서비스에서 일한 경험에 대해서는 다음을 참조. Aileen Clayton, *The Enemy Is Listening* (New York, 1980).

83   David Kahn, *Seizing the Enigma: The Race to Break the German U-Boat Codes, 1939–1945* (Garden City, NY, 1991).

84   Ralph Bennett, *Behind the Battle: Intelligence in the War with Germany, 1939–45* (London, 1994), pp. 133–167.

85   스탈린이 이 증거를 믿지 않았던 것은 히틀러가 소련의 농업 지역을 진심으로 장악하고 싶은 것은 아니라는 판단 때문이었다.

86   David Glantz, *Soviet Military Deception in the Second World War* (London, 1989).

87   J. C. Masterman, *The Double-Cross System in the War of 1939 to 1945* (New Haven, CT, 1972).

88   Hinsley et al., *British Intelligence in the Second World War*, vol. 5.

89   Jones, *The Wizard War*, pp. 103–104.

90   이 침몰은 느린 속도로 항해하면서 효과적인 감시를 하지 않았으며 대응할 항공기를 준비하지 않은 함장의 극도로 무능한 임무 수행의 결과였다. 그의 무능함은 글로리어스의 손실뿐만 아니라 허리케인 전투기 한 대대와 조종사들의 손실로 이어졌으며, 그 과정에서 대대장만이 살아남았다.

91   이 성공의 의미를 분석하는 내용은, 마지막 장을 참조하라.

92   Andrew Hodges, *Alan Turing: The Enigma* (London, 1983), pp. 219–221.

93   Monika Renneberg and Mark Walker, eds., *Science, Technology, and National Socialism* (Cambridge, UK, 1994), p. 6.

94   Alan D. Beyerchen, *Scientists Under Hitler: Politics and the Physics Community in the Third Reich* (New Haven, CT, 1977).

95   유일한 예외는 V-2 로켓 프로그램이었는데, 이 경우 전체 프로그램이 군대 내에서 시작되었지만 민간 과학자들이 군대의 관료 체계 내에 확고히 자리 잡고 있었다.

96   Stephen Budiansky, *Blackett's War: The Men Who Defeated the Nazi U-Boats and Brought Science to the Art of War* (New York, 2013).

97   Quoted in Hartcup, *The Effect of Science on the Second World War*, p. 15.

98   Ibid.

99   V-2 프로그램에 대한 심층적인 연구에 따르면, 이 프로그램의 비용은 맨해튼 프로젝트 비용의 3분의 1에 해당하는 것으로 추정된다. 공격 반경이 약 6마일에 불과한 무기를 위해, 독일은 감당할 수 없는 자원을 할당했던 것이었다. Michael J. Neufeld, *The Rocket and the Reich: Peenemünde and the Coming of the Ballistic Missile Era* (Washington, DC, 1995).

100   Basil Collier, *The Defence of the United Kingdom* (London, 1957), pp. 275–281, and appendix 34, p. 510.

101   Quoted in Budiansky, *Blackett's War*, p. 127.

102   Hartcup, *The Effect of Science on the Second World War*, pp. 25–26.

103   제임스 굿리치(James Goodrich는 그들이 상부의 지시, 아마도 히틀러의 지시로 그렇게 했다고 추정했다. 하지만 독일의 오만함이 공동 공진기형 마그네트론을 무시한 원인일 가능성이 훨씬 높다. The Digital Collections of the WWII Museum (https://www.ww2online.org/search-page?keyword=goodrich%2C%20james).

104   Hartcup, *The Effect of Science on the Second World War*, p. 38.

105   Quoted in David Irving, *The Rise and Fall of the Luftwaffe: The Life of Field Marshal Erhard Milch* (Boston, 1973), p. 210.

106   David J. Bercuson and Holger H. Herwig, *Bismarck: The Story Behind the Destruction of the Pride of Hitler's Navy* (London, 2002), p. 134.

CHAPTER 11   공중전과 해상전

인용문   Carl von Clausewitz, *On War*, ed. and trans. Michael Howard and Peter Paret (Princeton, NJ, 1976), p. 119.

1   사실 이는 '전략적 목표'라고 하기는 어렵다. 육해공군이 전쟁 내내 모두 전술적 목표에만 집중했기 때문이다.

2   Williamson Murray, "The Axis," in *Grand Strategy and Military Alliances*, ed. Peter R. Mansoor and

Williamson Murray (Cambridge, UK, 2016), pp. 313–342.

3   Horst Boog et al., *Das Deutsche Reich und der Zweite Weltkieg*, vol. 6, *Der globale Krieg* (Stuttgart, 1990), p. 302.

4   Phillips Payson O'Brien, *How the War Was Won: Air-Sea Power and Allied Victory in World War II* (Cambridge, UK, 2015), p. 484.

5   John Terraine, *The U-Boat Wars, 1916–1945* (New York, 1989); for the German side see the excellent discussion in Boog et al., *Das Deutsche Reich und der Zweite Weltrkrieg*, 6:275–404. Patrick Beesley, *Very Special Intelligence: The Story of the Admiralty's Operational Intelligence Centre, 1939–1945* (London, 1977), David Kahn, *Seizing the Enigma: The Race to Break the German U-Boat Codes, 1939–1945* (Garden City, NY, 1991), Nicholas Monsarrat, *The Cruel Sea* (London, 1951). F. H. Hinsley et al., *British Intelligence in the Second World War*, 5 vols. (London, 1979–1990).

6   워커와 그가 이끄는 호송선단은 그가 1944년 해상에서 숨을 거두기 전까지 결국 20척의 유보트를 침몰시 켰다. Correlli Barnett, *Engage the Enemy More Closely: The Royal Navy in the Second World War* (New York, 1991), p. 802.

7   The account of the battle over convoy HG 76 is in ibid., pp. 396–399.

8   Williamson Murray and Allan R. Millett, *A War to Be Won: Fighting the Second World War*, (Cambridge, MA, 2000), p. 249.

9   Boog et al., *Das Deutsche Reich und der Zweite Weltkrieg*, 6:339–345. 이밖에, 대서양에서 작전을 수행했 던 이탈리아의 잠수함은 17만7,057톤의 연합군 선박을 침몰시켰다.

10   Montgomery C. Meigs, *Slide Rules and Submarines: American Scientists and Subsurface Warfare in World War II* (Washington, DC, 1990), p. 53.

11   Beesley, *Very Special Intelligence*, pp. 114–115.

12   마셜은 독일의 유보트 공격이 전체 연합군의 전략적 상황과 미국이 경제력을 발휘하는 능력을 심각하게 저 해하고 있다고 직접 킹에게 썼다. Terry Hughes and John Costello, *The Battle of the Atlantic* (New York, 1977), p. 203.

13   Williamson Murray and Allan R. Millett, *A War to Be Won: Fighting the Second World War* (Cambridge, MA, 2000), p. 252.

14   Boog et. al, *Das Deutsche Reich und der Zweite Weltkrieg*, 6: pp. 348–349.

15   Ibid., 6: p. 357.

16   Ibid., 6: p. 348.

17   Ibid., 6: p. 356.

18   Ibid., 6: p. 352.

19   Ibid., 6: p. 356.

20   Martin Middlebrook's *Convoy* (New York, 1976) represents a clear account of the battle between the U-boats and Convoys HX 229 and SC 122.

21   Boog et al., *Das Deutsche Reich und der Zweite Weltkrieg*, 6: pp. 359–360.

22   Ibid., 6: p. 365.

23   Murray and Millett, *A War to Be Won*, p. 256.

24   Ibid., pp. 177–191.

25   Stephen Budiansky, *Blackett's War: The Men Who Defeated the Nazi U-Boats and Brought Science to the*

Art of War (New York, 2013), pp. 142 – 143. 이밖에도 해안사령부를 설득해 공군 전투기를 검은색 말고 하얀색으로 페인트칠하라고 권함으로써, 유보트가 이를 파악하는 데 애를 먹게 했다. 20% 정도의 효과를 발휘한 것으로 보인다.

26   David Fairbank White, *Bitter Ocean: The Battle of the Atlantic, 1939–1945* (New York, 2006), p. 201.

27   Sir Charles Webster and Noble Frankland, *The Strategic Air Offensive Against Germany*, vol. 1, *Preparation* (London, 1961), p. 177.

28   정찰용 스핏파이어에 장착된 카메라는 전투기 버전에 장착된 총과 거의 같은 무게였다.

29   독일 공군의 연구개발 부서는 장거리 호위 전투기가 "기술적으로 불가능하다."라고 지도부에 확신시켰다. 하지만 그로부터 몇 달 후인 1944년 겨울-봄에 P-51이 독일 전투기 부대를 무너뜨렸다. Anthony Verrier, *The Bomber Offensive* (New York, 1969), p. 310.

30   David Stubbs, "A Blind Spot? The Royal Air Force (RAF) and Long-Range Fighters, 1936 – 1944," *Journal of Military History 78*, no. 2 (April 2014): 673 – 702.

31   Sir Charles Webster and Noble Frankland, *The Strategic Air Offensive Against Germany*, vol 4, *Annexes and Appendices* (London, 1961), appendix 13.

32   Webster and Frankland, *The Strategic Air Offensive Against Germany*, 1:406 – 411.

33   *Kriegstage Buch Oberkommado der Wehrmacht*, vol. 2, entry for 3 June 1942, p.400. Nicolaus von Below, *Als Hitlers Adjutant, 1937–45* (Mainz, 1980), pp. 311 – 312.

34   Williamson Murray, *Luftwaffe* (Annapolis, MD, 1984), table 29, "German Losses—January to October 1942."

35   Ibid., table 25, "German Losses Jun – Dec 1942 by Theater."

36   Ibid., table 30, "German Losses by Theater Jan – Nov 1943."

37   Below, *Als Hitlers Adjutant*, pp. 335 – 336.

38   중형 대공포대는 88mm, 105mm, 128mm 고속포로 구성되었다.

39   Edward B. Westermann, *Flak: German Anti-Aircraft Defenses, 1914–1945* (Lawrence, KS, 2001), pp. 272, 273, 287.

40   Ibid., p. 273.

41   석탄 및 철강 생산시설에 대한 폭격의 영향에 대해서는 앞 장을 참조하라.

42   Sir Charles Webster and Noble Frankland, *The Strategic Air Offensive Against Germany*, vol 2, *Endeavor* (London, 1961), pp. 110 – 111.

43   Martin Middlebrook, *The Battle of Hamburg: Allied Bomber Forces Against a German City in 1943* (London,1980). 목재 창고는 발트 해에서 독일로 도착한 목재를 환적하는 일을 담당했다.

44   OKW Wehrwirtschaftsstab, "Erfahrubgen bei Luftangriffen," von Oberst Luth, Wwi O/WK Kdo X, 15 January 1944, T-79/81/000641, National Archives and Records Service, Kew, UK (hereafter NARS); Murray and Millett, *A War to Be Won*, p. 311.

45   Arthur Harris to Winston Churchill, 3 November 1943, PREM 3/14/1, NARS.

46   Interview with D. C. T. Bennett, Royal Air Force Archives, https://www.nationalarchives.gov.uk/help-with-your-research/research-guides/royal-air-force-personnel.

47   Murray, *Luftwaffe*, appendix 1. See also Allen Fabyanic, "A Critique of United States Air War Planning, 1941 – 1944" (Ph.D. dissertation, St. Louis University, 1973).

48   Wesley F. Craven and James L. Cate, *The Army Air Forces in World War II*, 7 vols. (Chicago, 1948 – 1958), 2: pp. 670 – 672.

49   Friedhelm Golücke, *Schweinfurt und der strategische Luftkrieg, 1943* (Paderborn, Germany, 1980).

50   사실, 손실률은 그보다 더 높았다. 왜냐하면 르메이의 부대는 전투 중 손상으로 인해 북아프리카에 20대의 B-17을 남겨두고 철수했기 때문이다.

51   Webster and Frankland, *The Strategic Air Offensive Against Germany*, 2: 274.

52   O'Brien, *How the War Was Won*, p. 297.

53   Craven and Cate, *The Army Air Forces in World War II*, 2:698 – 699.

54   "Statistical Summary of Eighth Air Force Operations, European Theater, 17 August 1942 – 8 May 1945," Air Force Archives, Maxwell Air Force Base.

55   O'Brien, *How the War Was Won*, p. 297.

56   Albert Speer, *Inside the Third Reich: Memoirs* (London, 1970), p. 286; Golücke, *Schweinfurt und der strategische Luftkrieg*, pp. 351 – 380.

57   Murray, *Luftwaffe*, tables 38 and 46. The tables are based on the figures on fighter pilot strength and losses in "Übersicht über Soll, Istbestand, Einsatzbereitschaft, Verluste und Reserven der fliegenden Verbänden," Genst. Gen. Qu.6. Abt. (I), Bundesarchiv/Militärarchiv RL 2 III/722, 723, 724, 725.

58   Murray, *Luftwaffe*, table 37.

59   승무원 손실 비율이 항공기 비율보다 높았던 이유는 승무원 수가 더 적었기 때문이다.

60   Ibid.

61   Paul Kennedy, *Engineers of Victory: The Problem Solvers Who Turned the Tide in the Second World War* (New York, 2013).

62   Robert Frank Futrell, *Ideas, Concepts, Doctrine: Basic Thinking in the United States Air Force, 1907–1960* (Montgomery, AL, 1989), p. 139.

63   Quoted in Williamson Murray, *Strategy for Defeat of the Luftwaffe: 1933–1945*, "Ultra: History of US Strategic Air Forces Europe vs German Air Forces," p. 155. https://www.ibiblio.org/hyperwar/AAF/AAF-*Luftwaffe*/AAF-Luftwaffe-6.html. fn149.

64   Murray, *Luftwaffe*, table 50.

65   Ibid., table 52.

66   Ibid.

67   I am indebted to Dr. Horst Boog of the Militärgeschictliche Forschungs-amt for that point.

68   Solly Zuckerman, *From Apes to Warlords: The Autobiography (1904–1946) of Solly Zuckerman* (London, 1978).

69   Air Historical Branch, "Air Attacks Against German Rail Systems During 1944," Luftwaffe Operations Staff/Intelligence, no. 2512/44; "Air Operations Against the German Rail Transport System During March, April, and May 1944," 3 June 1944.

70   아이러니하게도, 프랑스 서부와 벨기에에서 교통망을 파괴하는 데 성공한 연합군의 공군력은 결국 연합군에게 부메랑이 되어 돌아왔다. 8월과 9월에 독일 국경까지 성공적으로 진격한 후, 그들은 자신들의 후방에서 지원을 보조해줄 교통망이 파괴된 것이라는 점을 깨달았다.

71   Max Hastings, *Das Reich: The March of the 2nd SS Panzer Division Through France, June 1944* (London, 1981).

72   Major Ansel E. M. Talbert, "The Handling of Ultra Information at Headquarters Eighth Air Force," 31/20/16, NARS.

73   Speer's memorandum to Hitler on the fuel situation, 29 July 1944, Speer Collection, FD 2690/45 GS, vol. 3, Imperial War Museum, London.

74   Murray, *Luftwaffe*, table 58, p. 275.

75   Me 262는 전후에 주로 독일 공군 지도자들이 만들어낸 근거 없는 이야기들에 둘러싸여 있다. 실제로 Me 262의 운용 지연은 히틀러가 그것을 전투폭격기로 만들라는 요구와는 아무런 관련이 없었다. 잇따른 생산 지연은 몇 시간 이상의 작동 시간을 견딜 수 있는 엔진을 제공하지 못했기 때문이다. 독일 기술자들이 그 문제를 해결하기 전까지 이 항공기는 죽음의 덫이었다.

76   오브라이언은 "항공기 프레임, 항공기 엔진 그리고 항공기를 무장하고 작동시키는 데 필요한 무기와 기계의 제작이 전쟁 기간 동안 매년 독일 생산의 최소 50%를 차지했으며, 특정 시기에는 55%에 이르렀다."라고 추정했다. Phillips Payson O'Brien, *How the War Was Won*, p. 3.

77   1944년 봄, 독일 공군은 독일 영토에서 제국 방어를 위해 6,387문의 중형 대공포, 9,333문의 경형 대공포, 그리고 5,360개의 탐조등을 운영하고 있었다. 대공 방어에 참여한 총 인원은 111만900명으로, 그 중 52만 8,000명은 독일 공군 병사였고, 나머지는 여성, 히틀러 유겐트 회원 그리고 소련 전쟁 포로들이었다. 1943년 11월에 독일이 점령한 유럽 지역에 배치된 독일 대공포 병력은 1만3,500문의 중형 대공포, 3만7,500문의 경형 대공포 그리고 136만5,585명의 군인 및 민간인으로 구성되어 있었다. O'Brien, *How the War Was Won*, p. 305.

78   O'Brien, *How the War Was Won*, p. 305. 웨스터만은 25~27% 사이로 추정한다. 11장의 46번 주 참조.

79   U.S. Strategic Bombing Survey, "V-Weapons (Crossbow) Campaign," Military Analysis Division, report no. 60, January 1947.

80   Murray and Millett, *A War to Be Won*, p. 335.

81   Meigs, *Slide Rules and Submarines*.

CHAPTER 12 지상전

인용문   Quoted in Gerhard P. Gross, *The Myth and Reality of German Warfare: Operational Thinking from Moltke the Elder to Heusinger* (Lexington, KY, 2016), p. 189.

1   Walter Warlimont, *Inside Hitler's Headquarters, 1939–1945* (New York, 1964), p. 208. 그는 미국 여성과 결혼해 상당 기간 미국에서 살았기 때문에 훨씬 더 많은 것을 알았을 것이다.

2   Earl F. Ziemke, *Stalingrad to Berlin: The German Defeat in the East* (Washington, DC, 1968).

3   Based on table VI.1.2 in Horst Boog et al., *Das Deutsche Reich und der Zweite Weltkrieg*, vol 6, *Der globale Krieg* (Stuttgart, 1990), p. 792.

4   Ibid., 6:786–788. R. L. DiNardo, *Mechanized Juggernaut or Military Anachronism? Horses and the German Army of World War II* (New York, 1991). 무기 시스템 외에서, 1942~1945년의 독일 군대는 적군과 비교해 제1차 세계대전 당시와 더 가까웠다.

5   Based on table VI.1.6 in Boog et al., *Das Deutsche Reich und der Zweite Weltkrieg*, 6: p. 806.

6   Ibid., 6: p. 947. See also insightful thinking in ibid., 6:1206–1210.

7   David M. Glantz and Jonathan M. House, *When Titans Clashed: How the Red Army Stopped Hitler* (Lawrence, KS, 2015), p. 120.

8   Boog et al., *Das Deutsche Reich und der Zweite Weltkrieg*, 6: pp. 976–997.

9   David Glantz, *Soviet Military Deception in the Second World War* (London, 1989).

10   Boog et al., *Das Deutsche Reich und der Zweite Weltkrieg*, 6: pp. 1000–1007.

11   Ziemke, *Stalingrad to Berlin*, p. 55.

12   Boog et al., *Das Deutsche Reich und der Zweite Weltkrieg*, 6: p. 1031–1033.

13   Williamson Murray, *Luftwaffe* (Annapolis, MD, 1985), p. 148.

14   Glantz and House, *When Titans Clashed*, p. 140.

15   Ibid., p. 148.

16   Ibid., p. 142.

17   Williamson Murray and Allan R. Millett, *A War to Be Won: Fighting the Second World War* (Cambridge, MA, 2000), p. 291.

18   Ibid., p. 285.

19   David M. Glantz, *Zhukov's Greatest Defeat: The Red Army's Epic Disaster in Operation Mars, 1942* (Lawrence, KS, 1999), p. 106.

20   Glantz and House, *When Titans Clashed*, p. 145.

21   Murray and Millett, *A War to Be Won*, pp. 292–293.

22   Boog et al., *Das Deutsche Reich und der Zweite Weltkrieg*, 6:1081.

23   전쟁이 끝난 뒤 귄터 블루멘트리트 장군은 블라우 작전의 경제적 기반에 대해 질문받았을 때 "전쟁의 경제적 측면에 대해 잘 알지 못했기 때문에 그에 대해 알지 못했다."라고 대답했다. B. H. Liddell Hart, *The Other Side of the Hill: Germany's Generals, Their Rise and Fall, with Their Own Account of Military Events, 1939–1945* (London, 1948), p. 297.

24   Karl-Heinz Frieser et al., *Germany and the Second World War*; David M. Glantz and Jonathan M. House, *The Battle of Kursk* (Lawrence, KS, 1999); and William S. Dunn Jr., *Kursk: Hitler's Gamble, 1943* (Westport, CT, 1997). For an excellent examination of the literature on the battle, see Robert M. Citino, *The Wehrmacht Retreats: Fighting a Lost War, 1943* (Lawrence, KS, 2012), pp. 317–320. Dennis E. Showalter, *Armor and Blood: The Battle of Kursk, the Turning Point of World War II* (New York, 2013).

25   Citino, *The Wehrmacht Retreats*, p. 119.

26   Ibid., pp. 109–111.

27   Richard Overy, *Why the Allies Won* (London, 1995), p. 96.

28   Frieser et al., *Germany and the Second World War*, 8: pp. 128–138.

29   Erich von Manstein, *Verlorene Siege* (Bonn, 1955), p. 502.

30   Frieser et al., *Germany and the Second World War*, 8: p. 152.

31   David M. Glantz, "Soviet Military Strategy During the Second Period of the War, November 1942–December 1943: A Reappraisal," *Journal of Military History 60* (January 1996): 115–150.

32   Citino, *The Wehrmacht Retreats*, p. 225.

33   Murray and Millett, *A War to Be Won*, p. 393.

34   Major General I. S. O. Playfair, *The War in the Mediterranean and Middle East*, vols. 2–4 (London, 1956, 1960, 1966).

35   Ralph Bennett, *Ultra and Mediterranean Strategy, 1941–1945* (London, 1989).

36   Murray and Millett, *A War to Be Won*, p. 273.

37   Ibid., p. 271.

38   Rick Atkinson, *An Army at Dawn: The War in North Africa, 1942–1943* (New York, 2002).

39   Warlimont, *Inside Hitler's Headquarters*, p. 272.

40 Boog et al., *Das Deutsche Reich und der Zweite Weltkrieg*, 6:730-731.

41 RAF Historical Branch, "The Luftwaffe in the Battle for Tunis: A Strategical Survey," a study prepared by the Luftwaffe's 8th Abteilung, 17 October 1944, Translation no. VII/v.

42 Murray, *Luftwaffe*, p. 158.

43 Frieser et al., *Germany and the Second World War*, 8:1109.

44 Jim Lacey, *Keep from All Thoughtful Men: How U.S. Economists Won World War II* (Annapolis, MD, 2011), pp. 117-129.

45 Murray and Millett, *A War to Be Won*, p. 303.

46 Rick Atkinson, *The Day of Battle: The War in Sicily and Italy, 1943-1944* (New York, 2007). Carlo D'Este, *Bitter Victory: The Battle for Sicily, 1943* (New York, 2008).

47 Michael Howard, *Strategic Deception in the Second World War* (London, 1996), pp. 71-103.

48 Murray and Millett, *A War to Be Won*, p. 302.

49 Carlo D'Este, *Patton: A Genius for War* (New York, 1995).

50 Murray and Millett, *A War to Be Won*, p. 380. 예를 들어, 미군의 브루클린급 순양함은 10분에 5인치 포탄 1,500개를 독일군에 투하할 수 있었다.

51 Ibid., p. 385.

52 이 병참 지원이 없었다면 미국은 독일 전선에서 병력을 지원할 수 없었을 것이며, 1944년 가을에는 전선이 서쪽으로 훨씬 더 밀려 있었을 것이다.

53 Carlo D'Este, *Decision in Normandy* (London, 1983). Rick Atkinson, *The Guns at Last Light: The War in Western Europe, 1944–1945* (New York, 2014). Charles B. MacDonald, *The Mighty Endeavor: American Armed Forces in the European Theater of Operations in World War II* (Oxford, 1969).

54 콰잘레인 상륙작전(세 개 사단)과 노르망디 해안 상륙작전에서 제공된 포격 지원의 차이는 상당했다. 마리아나 제도 상륙작전에서는 전함 7척, 중순양함 3척, 구축함 18척이 약 이틀 동안 포격을 가했다. 오마하와 유타 지점에서는 전함 2척, 경순양함 4척, 구축함 18척이 작전을 지원했다.

55 Craig L. Symonds, *Operation Neptune: The D-Day Landings and the Allied Invasion of Europe* (Oxford, 2016).

56 Murray and Millett, *A War to Be Won*, pp. 420-421.

57 Ibid., pp. 422-425.

58 프랑스 남부에서 노르망디에 도착하는 데 이틀이 걸릴 예정이었던 제2SS기갑사단은 실제로는 2주가 걸렸으며, 그 기간 동안 끔찍한 학살을 여러 번 저질렀다. Max Hastings, *Das Reich: The March of the 2nd SS Panzer Division Through France, June 1944* (London, 1981).

59 John Buckley, *Monty's Men: The British Army and the Liberation of Europe, 1944–5* (New Haven, CT, 2013).

60 Murray and Millett, *A War to Be Won*, p. 431. Mark J. Reardon, *Victory at Mortain: Stopping Hitler's Panzer Counteroffensive* (Lawrence, KS, 2002).

61 Antony Beevor, *The Battle of Arnhem: The Deadliest Airborne Operation of World War II* (London, 2018). Cornelius Ryan's *A Bridge Too Far* (New York, 1974). R. W. Thompson, *The 85 Days* (New York, 1957).

62 Charles B. MacDonald, *The Battle of the Huertgen Forest* (Washington, DC, 1963).

63 Charles B. MacDonald, *A Time of Trumpets: The Untold Story of the Battle of the Bulge* (New York, 1985). Antony Beevor, *Ardennes 1944: Battle of the Bulge* (New York, 2015).

64   Frieser et al., *Germany and the Second World War*, 8: p. 275.

65   Murray and Millett, *A War to Be Won*, p. 395.

66   Ibid., p. 400.

67   Frieser et al., *Germany and the Second World War*, 8: p. 445.

68   Ibid., pp. 435–441.

69   Glantz and House, *When Titans Clashed*, pp. 196–201.

70   Frieser et al., *Germany and the Second World War*, 8: p. 526–527.

71   Glantz and House, *When Titans Clashed*, pp. 204–207.

72   Frieser et al., *Germany and the Second World War*, 8: p. 554.

73   Glantz and House, *When Titans Clashed*, p. 180.

74   1944년 7월, 스탈린은 장성을 포함하여 6만 명에 이르는 독일군 포로들을 모스크바 시내에서 행군하도록 명령했다. 포로들의 모스크바 행군 영상은 현재 유튜브에서 볼 수 있다.

75   Frieser et al., *Germany and the Second World War*, 8: p. 591.

76   Ibid., 8: p, 592.

77   Murray and Millett, *A War to Be Won*, p. 452.

78   Milovan Djilas, *Wartime* (New York, 1977), p. 429.

79   1945년 2월의 상황을 고려할 때, 얄타 협정은 서방 강대국들에게 좋은 거래처럼 보였다. 1945년 4월에 라인 강 동쪽으로의 미군의 진격이 소련 구역과 동독이 될 지역 깊숙이까지 이뤄진 것에 대해 전쟁이 끝난 뒤 공화당은 비난을 퍼부었다. 이는 공화당이 1945년 2월의 현실을 완전히 무시했기 때문에 일어난 일이었다.

CHAPTER 13 태평양전쟁

인용문   Carl von Clausewitz, *On War*, ed. and trans. Michael Howard and Peter Paret (Princeton, NJ, 1976), p. 75.

1   John Toland, *The Rising Sun: The Decline and Fall of the Japanese Empire, 1936-1945* (New York, 1970). For the period 1937 to May 1942, see Richard B. Frank, *Tower of Skulls: A History of the Asia-Pacific War, July 1937–May 1942* (New York, 2020).

2   일본인들은 추축국들이 보여주기를 거부했던 독일 공군의 레클린 극비 연구소에 마치 초대를 받은 것처럼 가장해 들어갈 수 있었다. 다음을 인용. Tomiuko Ishuzu of the National Institute of Defense Studies in Tokyo.

3   일본의 교육이 강렬한 민족주의 감정을 육성하고 장려하는 데 중요한 역할을 했다는 점을 과소평가해서는 안 된다. 특히 독일인들이 일본의 교육 시스템을 구축하는 데 많은 조언을 제공했기 때문에, 독일인들이 일본 시스템에 미친 영향을 과소평가해서도 안 된다.

4   Richard B. Frank, *Downfall: The End of the Imperial Japanese Empire* (New York, 1999), pp. 28–29.

5   Quoted in ibid., p. 28.

6   Ronald H. Spector, *Eagle Against the Sun* (New York, 1985); Samuel Eliot Morison's magisterial *History of United States Naval Operations in World War II*, 15 vols. (New York, 2001); *The Two-Ocean War: A Short History of the United States Navy in the Second World War* (New York, 1963).

7   H. P. Willmott, *Empires in the Balance: Japanese and Allied Pacific Strategies to April 1942* (Annapolis, MD, 1982), *The War with Japan: The Period of Balance, May 1942–October 1943* (Wilmington, DE, 2002).

8   Paul S. Dull, *A Battle History of the Imperial Japanese Navy* (1941–1945) (Annapolis, MD, 1978).

9   맥아더의 접근 방식은 미 해군이 태평양을 건너 지원을 할 수 있을 때까지 방어군이 버틸 수 있다는 믿음에 기반을 두고 있었을 것이다. 이는 완전히 비현실적인 믿음이었다. Spector, *Eagle Against the Sun*, pp.

106–119, 135–138.

10   Louis Morton, *United States Army in World War II: The War in the Pacific: The Fall of the Philippines* (Washington, DC, 1984).

11   Spector, *Eagle Against the Sun*, p. 138.

12   John B. Lundstrom, *The First South Pacific Campaign: Pacific Fleet Strategy, December 1941–June 1942* (Annapolis, MD, 1976), and *The First Team: Pacific Naval Air Combat from Pearl Harbor to Midway* (Annapolis, MD, 1984). Ian W. Toll, Pacific *Crucible: War at Sea in the Pacific, 1941–1942* (New York, 2012), pp. 202–230.

13   Samuel Eliot Morrison, *Coral Sea, Midway and Submarine Actions, May 1942–August 1942* (Boston, 1980). Spector, *Eagle Against the Sun*, pp. 158–162.

14   Jonathan B. Parshall and Anthony P. Tully, *Shattered Sword: The Untold Story of the Battle of Midway* (Washington, DC, 2005). Craig L. Symonds, *The Battle of Midway* (Oxford, 2011).

15   W. J. Holmes, *Double-Edged Secrets: U. S. Naval Intelligence in the Pacific During World War II* (Annapolis, MD, 1979); Edward J. Drea, *MacArthur's ULTRA: Codebreaking and the War Against Japan, 1942–1945* (Lawrence, KS, 1992); Ronald Lewin, *The American Magic: Codes, Ciphers, and the Defeat of Japan* (New York, 1982); and John Prados, *Combined Fleet Decoded: The Secret History of American Intelligence and the Japanese Navy in World War II* (New York, 1993).

16   Parshall and Tully, *Shattered Sword*, p. 94.

17   Ibid., pp. 146–161.

18   파셜Parshall과 털리Tully는 이 전투에 대한 설명에서 일본 공격 부대가 이륙 준비가 된 상태로 비행 갑판에 위치한 것이 아니라, 장갑과 연료 보급이 막 완료되고 있는 격납고 갑판에 있었다고 분명히 지적했다. 일본군은 항공모함의 격납고 갑판에서 항공기를 재무장하고 재급유했는데, 일본 항공모함은 미국 항공모함과 달리 바다로 함교 창문이 나있지 않아 환기가 잘 되지 않았다. 따라서 미군 폭탄이 항공기들 사이에서 폭발했을 때, 폭발이 증폭돼 항공모함의 중심부로 집중됐다. Ibid., p. 231.

19   Richard B. Frank, *Guadalcanal: The Definitive Account of the Landmark Battle* (New York, 1990). James D. Hornfischer, *Neptune's Inferno: The U.S. Navy at Guadalcanal* (New York, 2011).

20   Frank, *Guadalcanal*, p. 126.

21   Ibid., p. 127.

22   Bruce Loxton with Chris Coulthard-Clark, *The Shame of Savo: Anatomy of a Naval Disaster* (Annapolis, MD, 1994).

23   Quoted in Hornfischer, *Neptune's Inferno*, pp. 95–96.

24   Frank, *Guadalcanal*, pp. 142–157.

25   Williamson Murray and Allan R. Millett, *A War to Be Won: Fighting the Second World War* (Cambridge, MA, 2000), p. 211.

26   Parshall and Tully, *Shattered Sword*, p. 417.

27   Frank, *Guadalcanal*, pp. 351–356, 361–365.

28   Figures are based on the discussion in ibid., pp. 607–616.

29   Ibid., p. 615.

30   Ibid.

31   Murray and Millett, *A War to Be Won*, p. 217.

32   Clay Blair Jr., *Silent Victory: The U.S. Submarine War Against Japan* (Annapolis, MD, 2001). Richard H. O'Kane, *Clear the Bridge: The War Patrols of the U.S.S. Tang* (Navato, CA, 1996). Charles A. Lockwood, *Sink 'em All: Submarine Warfare in the Pacific* (New York, 1951).

33   Mark P. Parillo in *The Japanese Merchant Marine in World War II* (Annapolis, MD, 1993)

34   Willmott, *The War with Japan*, p. 167.

35   Murray and Millett, *A War to Be Won*, p. 352.

36   Clark G. Reynolds, *The Fast Carriers: The Forging of an Air Navy* (New York, 1968).

37   슬림의 회고록은 뛰어난 장군이 쓴 몇 안 되는 정직하고 깊이 있는 회고록 중 하나로 평가받고 있다. 이 회고록은 리더십과 장군의 역할에 대해 진지하게 생각하는 사람들에게 필독서로 꼽히는 율리시스 S. 그랜트의 회고록에 견줄 만하다. Field Marshal William Slim, *Defeat into Victory: Battling Japan in Burma and India, 1942–1945* (London, 1956). Louis Allen, *Burma: The Longest War, 1941–1945* (London, 1984).

38   George MacDonald Fraser, *Quartered Safe Out Here: A Harrowing Tale of World War II* (London, 2000).

39   마운트배튼 경은 군사적인 면에서는 천재가 아니었지만, 뛰어난 재능을 가진 사람들을 알아보고 지원하는 능력을 가지고 있었다. 그는 과학자 솔리 주커먼을 발견하고 지원했다. 진정한 귀족 정신을 가진 마운트배튼 경은 많은 영국 상류층을 특징짓는 오만함과 속물근성을 전혀 가지고 있지 않았다.

40   Fraser, *Quartered Safe Out Here*.

41   Murray and Millett, *A War to Be Won*, pp. 356–357.

42   PBS가 제작한 훌륭한 영화 〈태평양에서의 승리Victory in the Pacific〉는 일본 민간인들이 절벽에서 뛰어내려 자살하는 장면으로 시작된다. 이 장면은 미군 해병대와 해군 카메라맨이 촬영한 것이다.

43   미군과 일본군의 전쟁 마지막 단계에서의 잔혹함은 한 해병대 병사의 뛰어난 전시 회고록에 잘 기록돼 있다. E. B. Sledge, *With the Old Breed: At Peleliu and Okinawa* (New York, 1981).

44   Samuel Eliot Morison, *History of United States Naval Operations in World War II*, vol. 12, *Leyte, June 1944–January 1945* (Boston, 1956).

45   Ibid., pp. 430–431.

46   James D. Hornfisher, *The Last Stand of the Tin Can Sailors: The Extraordinary World War II Story of the U.S. Navy's Finest Hour* (New York, 2005).

47   Murray and Millett, *A War to Be Won*, p. 497.

48   For the Battle of Manila, see Richard Connaughton, John Pimlott, and Duncan Anderson, *The Battle for Manila* (London, 1995).

49   Spector, *Eagle Against the Sun*, p. 524.

50   Kenneth P. Werrell, *Blankets of Fire: U.S. Bombers over Japan During World War II* (Washington, DC, 1996), p. 82.

51   이러한 연구 및 개발은 전후 미국의 항공산업이 폭발적으로 성장하는 데 큰 역할을 했다.

52   Frank, *Downfall*, p. 33.

53   Quoted in ibid., p. 64.

54   Wesley F. Craven and James L. Cate, *The Army Air Forces in World War II*, 7 vols. (Chicago, 1948–1958), 5:614.

55   당시까지 소이탄은 주로 마그네슘으로 만들어졌지만, 네이팜탄은 젤화된 가솔린으로 구성되어 더 뜨겁게 타오르는 데다 사방으로 불을 확산시키기 때문에 진화하기가 소이탄보다 훨씬 더 어려웠다.

56   Craven and Cate, *The Army Air Forces in World War II*, 5:615.

57   Frank, *Downfall*, pp. 8–19.

58   Murray and Millett, *A War to Be Won*, p. 513.

59   George Feifer, *Tennozan: The Battle of Okinawa and the Atomic Bomb* (New York, 1992).

60   야마토는 4월 7일에 출항했으며, 곧바로 미국의 급강하 폭격기와 뇌격기에 의해 격침됐다.

61   Murray and Millett, *A War to Be Won*, pp. 515-516.

62   D. M. Giangreco, *Hell to Pay: Operation Downfall and the Invasion of Japan, 1945–1947* (Annapolis, MD, 2009), pp. 80-81.

63   Ibid., p. 118.

64   Edward J. Drea, "Previews of Hell: Intelligence, the Bomb, and the Invasion of Japan," *Military History Quarterly 16*, no. 1 (Spring 1995): 51-57.

65   Quoted in Giangreco, *Hell to Pay*, p. 47.

66   Ibid., pp. 61-91.

67   Quoted in Frank, *Downfall*, p. 226.

68   Quoted in Giangreco, *Hell to Pay*, p. 78.

69   Max Hastings, *Retribution: The Battle for Japan, 1944-45* (London, 2009), pp. 458-482.

70   Ibid., pp. 444-457.

71   David M. Glantz, *August Storm: Soviet Tactical and Operational Combat in Manchuria, 1945* (Leavenworth, KS, 1983), p. 33. 흥미롭게도 일본 천황은 전쟁의 마지막 순간 그리고 전후에 행해진 연설에서 일본 패망과 관련한 소련의 개입에 대해서는 딱 한 번 언급했을 뿐이다. Frank, *Downfall*, pp. 345-346.

72   Quoted in Frank, *Downfall*, p. 347.

73   일본 천황의 연설 대본은 없으며 당시의 항복 연설을 재구성한 것이다. Robert J. C. Butow, *Japan's Decision to Surrender* (Stanford, CA, 1954), pp. 175-176.

74   Frank, *Downfall*, p. 345.

75   Ibid.

CHAPTER 14   일어나지 않은 전쟁

인용문   Quoted in Max Hastings, *Vietnam: An Epic Tragedy, 1945-1975* (London, 2018), p. 752.

1   John Lewis Gaddis, *The Cold War: A New History* (London, 2007), p. 7.

2   이 부분은 나의 좋은 친구 존 린의 도움을 얻었다.

3   1982년 아르헨티나와 영국 간의 전쟁을 마지막 식민지 전쟁으로 간주하는 사람들이 많다. 하지만 이는 말도 안 되는 생각이다. 포클랜드에는 아르헨티나 사람들이 대규모로 거주한 적이 없기 때문이다.

4   18세기와 19세기에 차르 러시아가 카프카스와 중앙아시아에서 구축한 식민 제국은 소련에 의해 계승됐으며, 결국 1990년에 소련과 함께 결국 붕괴되었다. Adam Ulam, *Expansion and Coexistence: Soviet Foreign Policy, 1917–73* (New York, 1974), pp. 403-404.

5   Adam Ulam, *Expansion and Coexistence: Soviet Foreign Policy, 1917–73* (New York, 1974), pp. 403-404

6   Adam B. Ulam, *Stalin: The Man and His Era* (Boston, 1973); Simon Sebag Montefiore, *Stalin: The Court of the Red Tsar* (New York, 2003); Robert Conquest, *The Great Terror: A Reassessment* (Oxford, 1990); Timothy Snyder, *Bloodlands: Europe Between Hitler and Stalin* (New York, 2010); and Karl Schlögel, *Moscow, 1937*

(Chicago, 2005). 스탈린의 이념적 견해가 세계 정세에 대해 현실적인 평가를 내리는 데 얼마나 방해 요소가 됐는지는 전쟁 말기에 잠시 동안 그가 미국과 영국이 시장 경쟁에서 실제로 서로 등을 돌릴 가능성을 고려 했다는 사실에서 알 수 있다.

7   Quoted in Gaddis, *The Cold War*, pp. 25-26.

8   "X," "The Sources of Soviet Conduct," *Foreign Affairs*, July 1947.

9   여기에는 미국의 군사 및 경제 원조가 상당히 중요한 역할을 했지만, 그리스 공산주의자들을 지원하던 기지들이 티토와 스탈린의 반목으로 제거된 것도 그만큼 중요한 역할을 했다.

10 유럽부흥계획안이라는 이름을 마셜 플랜이라는 이름으로 바꾼 것은 트루먼이었다. 결점이 있긴 했지만 트루먼은 대체로 관대한 사람이었다.

11 Paul Kennedy, *The Rise and Fall of the Great Powers: Economic Change and Military Conflict from 1500 to 2000* (New York, 1987), p. 433.

12 Ibid., p. 426.

13 마오쩌둥은 소련에서 그다지 열렬한 환영을 받지 않았음에도 불구하고 소련과 스탈린과의 동맹을 끊지 않았다. Sergei N. Goncharov, John W. Lewis, and Xue Litai, *Uncertain Partners: Stalin, Mao, and the Korean War* (Stanford, CA, 1993).

14 Gaddis, *The Cold War*, p. 41.

15 Allan R. Millett, *The War for Korea, 1945–1950*, vol. 1, *A House Burning* (Lawrence, KS, 2005), and *The War for Korea, 1950–1951*, vol. 2, *They Came from the North* (Lawrence, KS, 2010).

16 Millett, *They Came from the North*, pp. 29-37.

17 Ibid., pp. 64-65. For an analysis of NSC 68, see Paul Y. Hammond, "NSC-68: Prelude to Rearmament," in *Politics and Defense Budgets*, ed. Warner Schilling, Paul Y. Hammond, and Glen Snyder (New York, 1962).

18 Millett, *They Came from the North*, pp. 87-106.

19 Ibid., pp. 75-84.

20 Ibid., pp. 208-213.

21 Quoted in Gaddis, *The Cold War*, p. 45.

22 Millett, *They Came from the North*, pp. 334-355.

23 Ibid., p. 368.

24 Williamson A. Murray, "The Post-War World, 1945-1991," in *The Cambridge History of Warfare*, 2nd edition, ed. Geoffrey Parker (2005: Cambridge, UK, 2020), p. 389.

25 Andrew Krepinevich and Barry Watts, *The Last Warrior: Andrew Marshall and the Shaping of Modern American Defense Strategy* (New York, 2015), p. 18.

26 Millett, *They Came from the North*, pp. 366-367.

27 Ibid., pp. 383-415.

28 Testimony of General Omar Bradley before the Senate Committees on Armed Services and Foreign Relations, May 15, 1951. *Military Situation in the Far East*, hearings, 82d Congress, 1st session, part 2, p. 732 (1951).

29 Walter A. McDougall, . . . *The Heavens and the Earth: A Political History of the Space Age* (Baltimore, MD, 1985).

30 F. A. Hayek, *The Road to Serfdom: Text and Documents—The Definitive Edition* (1944; Chicago, 2007).

31 한 소련 경제학자는 1990년에 소련이 수확한 9,000만 톤의 감자 중 단지 2,100만 톤만이 소비자에게 도달했다고 추정했다. Andrew W. Marshall and Abraham N. Shulsky, "Assessing Sustainability of Command Economies

and Totalitarian Regimes: The Soviet Case," *Orbis*, February 2018.

32   Krepinevich and Watts, *The Last Warrior*, p. 150.

33   Robert M. Gates, *From the Shadows: The Ultimate Insider's Stories of Five Presidents and How They Won the Cold War* (New York, 1996), p. 319.

34   Also, the high point of the Vietnam War.

35   Figures based on World Bank reports.

36   Mark Tractenberg, "Assessing Soviet Economic Performance in the Cold War: An Intelligence Failure?" *Texas National Security Review 1*, no. 2 (March 2018).

37   See particularly Dimitri (Dima) Adamsky, "The Art of Net Assessment and Uncovering Foreign Military Innovations: Learning from Andrew W. Marshall's Legacy," *Journal of Strategic Studies 43* (July 2020): 5.

38   Ibid.

39   Krepinevich and Watts, *The Last Warrior*, 131. 그 노력이 얼마나 성공적이었는지는 의문의 여지가 있다. 같은 기종의 하나인 SU-15 전투기 요격기가 1983년 9월 1일 대한항공 007편을 격추한 것으로 알려져 있다.

40   Melvin G. Devile, *Always at War: Organizational Culture in Strategic Air Command, 1946–62* (Annapolis, MD, 2018).

41   David A. Rosenberg, "American Atomic Strategy and the Hydrogen Bomb Decision," *Journal of American History* (June 1979). "The Origins of Overkill: Nuclear Weapons and American Strategy, 1945–1960," in *Strategy and Nuclear Deterrence*, ed. Steven E. Miller (Princeton, NJ, 1984).

42   Stephen Budiansky, *Code Warriors: NSA's Codebreakers and the Secret Intelligence War Against the Soviet Union* (New York, 2016), p. 123.

43   미국의 첫 번째 수소폭탄인 MK-17의 무게가 4만1,000파운드나 됐다는 사실은 공군이 B-36과 B-52 같은 대형 폭격기를 필요로 했던 이유를 설명해준다. Krepinevich and Watts, *The Last Warrior*, p. 32.

44   Meyers K. Jacobsen, *Convair B-36: A Comprehensive History of America's "Big Stick"* (Atglen, PA, 1997).

45   Robert SHopkins, *Boeing KC-135 Stratotanker: More Than Just a Tanker* (Leicester, UK, 1997).

46   Krepinevich and Watts, *The Last Warrior*, p. 48.

47   Nicholas Michael Sambaluk, *The Other Space Race: Eisenhower and the Quest for Aerospace Security* (Annapolis, MD, 2015).

48   Norman Polmar and Robert S. Norris, *The U.S. Nuclear Arsenal: A History of Weapons and Delivery Systems Since 1945* (Annapolis, MD, 2009).

49   Robert F. Futrell, "The Influence of the Air Power Concept on Air Force Planning, 1945–1962," paper presented at the Eleventh Air Power History Symposium, U.S. Air Force Academy, Colorado Springs, CO, 1984, p. 19.

50   Wayne Thompson, *To Hanoi and Back: The U.S.A.F. and North Vietnam* (Washington, DC, 2000). Marshall L. Michel III, *Clashes: Air Combat over North Vietnam* (New York, 2007). See also Hastings, *Vietnam*, chap. 4.

51   I am indebted to Major General William Mullen, USMC, ret., for this point.

52   컴퓨터 칩 기술의 놀라운 발전상을 알아보는 한 방법은 1990년대 TV 시트콤 〈세인펠드Seinfeld〉에 나왔던 전화기와 오늘날의 휴대폰을 비교해보는 것이다.

53   Budiansky, *Code Warriors*, pp. 110–112.

54   Ibid., pp. 214–216.

55   Ibid., p. 216.

56   Ibid., p. 213.

57   미국인들은 V-2 과학자들의 정수를 얻었기 때문에 더 많은 빚을 그들에게 졌다고 할 수 있을 것이다. 게다가 소련은 제2차 세계대전 이전부터 장거리 로켓을 개발하고 있었다.

58   McDougall, . . . *The Heavens and the Earth*, p. 250.

59   Ibid., p. 154.

60   욤키푸르전쟁 초기에 이스라엘이 저지른 중대한 실수들, 특히 패배할 것 같았던 어려운 상황에서 이스라엘이 저지른 전술적 및 작전적 수준에서의 실수들에 대해서는 다음을 참조. Williamson Murray, *Military Adaptation in War: With Fear of Change* (Cambridge, 2011).

61   Rebecca Grant, "The Bekaa Valley War," *Air Force Magazine*, June 2002.

62   Dima Adamsky, *The Culture of Military Innovation: The Impact of Cultural Factors on the Revolution in Military Affairs in Russia, the US, and Israel* (Stanford, CA, 2010), p. 94.

63   Grant, "The Bekaa Valley War"; Adamsky, *Culture of Military Innovation*.

64   지상전에서 이에 상응하는 예로는 1991년 걸프전쟁 중 73 이스팅에서 미국 기갑부대에 의해 이라크 기갑여단이 격파된 일을 들 수 있다.

65   Krepinevich and Watts, *The Last Warrior*, p. 129.

66   처음 시작할 때, 기관의 명칭은 Advanced Research Projects Agency였다.

67   JSTARS는 공중 및 지상 전투에서 떨어져서 작전할 수 있는 지휘통제 항공기로, 시스템을 사용해 공중 전투를 통제하면서 지상 차량의 이동을 모니터링할 수 있는 능력을 갖추고 있었다.

68   Krepinevich and Watts, *The Last Warrior*, p. 155.

69   NATO에 이런 무기들이 도입되면서 영국과 유럽 대륙에서 대규모 시위가 발생했으며, 이런 시위들은 주로 KGB와 그들의 동조자들에 의해 조직되었다.

70   Krepinevich and Watts, *The Last Warrior*, pp. 169–170.

71   Gates, *From the Shadows*, p. 539.

72   Adamsky, *The Culture of Military Innovation*, chap. 2.

73   동부 전선에서 심부 침투 전투가 전쟁 후반까지 나타나지 않은 사실은 두 가지 요인이 반영된 결과였다. 첫째, 스탈린의 붉은 군대 장교단 숙청은 최고 수준의 유능하고 창의적인 장교들을 대부분 제거하고 아첨꾼들로 대체했다. 이 끔찍한 숙청은 2년이나 계속됐다. 두 번째 요인은 1944년이 되어서야 붉은 군대가 심부 침투 전투를 지원할 수 있는 지프와 미국산 트럭이라는 병참 인프라를 갖추게 되었다는 사실이다.

74   Adamsky, *The Culture of Military Innovation*, p. 27.

75   Ibid., p. 27.

76   Barry Watts and Williamson Murray, "Military Innovation in Peacetime," in *Military Innovation in the Interwar Period*, ed. Williamson Murray and Allan R. Millett (Cambridge, UK, 1996), pp. 376–377.

77   AK-47은 20세기에 나온 가장 정교한 소형 무기라고 할 수 있다.

78   Williamson Murray and Kevin M. Woods, *The Iran-Iraq War: A Military and Strategic History* (Cambridge, UK, 2014).

79   Williamson Murray with Wayne Thompson, *Air War in the Persian Gulf* (Baltimore, MD, 1996), pp. 67, 102.

80   Government Accounting Office, "Operation Desert Storm, Evaluation of the Air Campaign," pp. 62, 67–70.

81   Murray, *Air War in the Persian Gulf*, pp. 101–124.

82   Quoted in Krepinevich and Watts, *The Last Warrior*, p. 205.

83   Murray and Millett, eds., *Military Innovation in the Interwar Period*, and Murray, *Military Adaptation in War*.

84   Quoted in Williamson Murray, *America and the Future of War: The Past as Prologue* (Stanford, CA, 2017), pp. 30–31.

85   U.S. Air Force, *New World Vistas: Air and Space Power in the 21st Century* (Washington, DC, 1995).

CHAPTER 15 어두운 미래

인용문   Sophocles, *Antigone,* in *Great Books of the Western World,* ed. Robert Maynard Hutchins (Chicago, 1952), p. 139.

1   Colin S. Gray, *Another Bloody Century: Future Warfare* (London, 2005).

2   Geoffrey Parker and Leif A. Torkelson, "Epilogue: The Future of Western Warfare," in *The Cambridge History of Warfare,* 2nd edition, ed. Geoffrey Parker (2005; Cambridge, UK, 2020), p. 465.

3   MacGregor Knox, "What History Can Tell Us About the 'New Strategic Environment,'" in *Brassey's Mershon American Defense Annual, 1995–1996,* ed. Williamson Murray (Washington, DC, 1996).

4   Steven Pinker, *The Better Angels of Our Nature: Why Violence Has Declined* (New York, 2011).

5   Quoted in Marcus Jones, "Strategy as Character: Bismarck and the Prusso-German Question, 1862–1878," in *The Shaping of Grand Strategy: Policy, Diplomacy, and War,* ed. Williamson Murray, Richard Hart Sinnreich, and James Lacey (Cambridge, UK, 2011), p. 86.

6   Peter Mansoor and Geoffrey Parker, "The New World Disorder, 1991–2019," in Parker, ed., *The Cambridge History of Warfare,* p. 451.

7   Thucydides, *History of the Peloponnesian War,* trans. Rex Warner (London, 1954), p. 404.

찾아보기

고현석 옮김

연세대학교 생화학과를 졸업하고 《서울신문》 과학부, 《경향신문》 생활과학부, 국제부, 사회부 등에서 기자로 일했다. 과학기술처와 정보통신부를 출입하면서 과학 정책, IT 관련 기사를 전문적으로 다루었다. 현재는 과학과 민주주의, 우주물리학, 생명과학, 문화와 역사 등 다양한 분야의 책을 기획하고 우리 말로 옮기고 있다. 옮긴 책으로 안토니오 다마지오의 《느낌의 진화》와 《느끼고 아는 존재》를 비롯하여 《지구 밖 생명을 묻는다》, 《코스모스 오디세이》, 《의자의 배신》, 《세상을 이해하는 아름다운 수학 공식》, 《측정의 과학》, 《보이스》, 《제국주의와 전염병》, 《큇Quit》, 《우리는 어떻게 움직이는가》 등이 있다.

500년간 지속된 서구의 군사혁명과
전쟁으로 가는 어두운 길
전쟁이 만든 세계

초판 1쇄 발행 2025년 3월 15일

지은이 윌리엄슨 머리
옮긴이 고현석
펴낸이 성의현
펴낸곳 미래의창

편집주간 김성옥
책임편집 정보라

출판 신고 2019년 10월 28일 제2019-000291호
주소 서울시 마포구 잔다리로 62-1 미래의창빌딩(서교동 376-15, 5층)
전화 070-8693-1719 **팩스** 0507-0301-1585
홈페이지 www.miraebook.co.kr
ISBN 979-11-93638-21-7 03900

※ 책값은 뒤표지에 있습니다.

생각이 글이 되고, 글이 책이 되는 놀라운 경험. 미래의창과 함께라면 가능합니다.
책을 통해 여러분의 생각과 아이디어를 더 많은 사람들과 공유하시기 바랍니다.
투고메일 togo@miraebook.co.kr (홈페이지와 블로그에서 양식을 다운로드하세요)
제휴 및 기타 문의 ask@miraebook.co.kr